Peter Scholl-Latour:
Leben mit Frankreich
Stationen eines halben Jahrhunderts

Mit einem Nachwort
zur Taschenbuchausgabe

Deutscher
Taschenbuch
Verlag

dtv

Von Peter Scholl-Latour
ist im Deutschen Taschenbuch Verlag erschienen:
Mord am großen Fluß (11058)

Ungekürzte Ausgabe
Mit einem Nachwort zur Taschenbuchausgabe
Juli 1991
Deutscher Taschenbuch Verlag GmbH & Co. KG, München

ISBN 3-421-06399-0
Umschlaggestaltung: Celestino Piatti
Umschlagfoto: Josef Kaufmann, Köln
Gesamtherstellung: C. H. Beck'sche Buchdruckerei,
Nördlingen
Printed in Germany · ISBN 3-423-11399-5

Das Buch

Frankreich, von den Deutschen entweder hochgelobt als »Inbegriff all dessen, was das Menschenleben schön und würdig macht« (Friedrich Sieburg), oder einst als der »Erzfeind« geschmäht – dieses Frankreich von 1945 bis heute, von de Gaulle bis Mitterrand, ist Gegenstand dieses Buches. Der Saarländer Peter Scholl-Latour hat fast fünfzig Jahre in und mit diesem Land gelebt und ist tief in das Wesen Frankreichs eingedrungen. Nach dem Motto Montaignes »Ich belehre nicht, ich erzähle« versteht Scholl-Latour es, in Reportagen und Reflexionen Menschen und historische Augenblicke der letzten fünf Jahrzehnte lebendig werden zu lassen. Vor dem faszinierten Leser entsteht das Nachbarland in seiner ganzen Farbigkeit, Vielfältigkeit und in seinen Widersprüchen. Man beginnt, die Mentalität der Franzosen zu verstehen, die trotz ihres ausgeprägten Individualismus fest in die historische Tradition ihres Landes eingebunden sind. Scholl-Latour nimmt uns mit nach Paris und Marseille, nach Reims und Toulouse; er macht uns bekannt mit de Gaulle und seiner »Grandeur«, mit Pompidou und Giscard, mit denen Frankreich zum modernen Industriestaat wurde, und mit Mitterrand, dem Sozialisten, und seinem Gegenspieler, dem Gaullisten Chirac. In all dem läßt Scholl-Latour deutlich werden, wie eng wir, bei aller Andersartigkeit, mit diesem Land verbunden sind und wie aus der einstigen »Erzfeindschaft« längst eine Schicksalsgemeinschaft geworden ist.

Der Autor

Peter Scholl-Latour wurde am 9. März 1924 in Bochum geboren. Nach einem Studium an den Universitäten Mainz, Paris und Beirut, das er mit der Promotion abschloß, wurde er Journalist: 1960 bis 1963 Afrika-Korrespondent der ARD, 1969 bis 1971 Programmdirektor des WDR-Fernsehens und von 1975 bis 1983 Leiter des Pariser ZDF-Studios; von 1983 bis 1988 Herausgeber der Zeitschrift ›Stern‹. Er lebt heute in Paris. Veröffentlichungen u. a.: ›Der Tod im Reisfeld‹ (1980), ›Allah ist mit den Standhaften‹ (1983), ›Mord am großen Fluß‹ (1986), ›Der Ritt auf dem Drachen‹ (1988), ›Der Wahn vom Himmlischen Frieden‹ (1990), ›Das Schwert des Islam‹ (1990).

Inhalt

Vorwort

»Je n'enseigne pas, je raconte«
»Ich belehre nicht, ich erzähle«

MONTAIGNE

Diesem Buch hätte ich gern einen französischen Titel gegeben: »L'Adieu à la Gloire«. Doch die Übersetzung »Abschied vom Ruhm« hätte zu Fehldeutungen geführt. Das Wort *gloire* klingt wie ein Trompetenstoß – »un appel de clairon« –, und die deutsche Vokabel »Ruhm« wird dem nicht gerecht.

Es handelt sich um eine betont subjektive Schilderung Frankreichs, und natürlich läßt sie manche Fragen offen. Wie bei meinen anderen Büchern bin ich stets vom eigenen Erlebnis ausgegangen. Das ist nun einmal meine Art des Schreibens, und so erwartet es wohl auch der geneigte Leser. Zwangsläufig weitet sich der persönliche Rückblick immer wieder zum Essay aus. Auch diese Exkurse sollten am Erfahrungswert gemessen werden.

Das Buch ist dem intimen Umgang mit Frankreich gewidmet. Über weite Strecken ist es zur Betrachtung deutsch-französischer Beziehungen geworden. So entspricht es dem neuen Verständnis der Franzosen von ihrer Rolle in Europa, und ich betrachte das als gutes Omen.

Diese zwanzig Stationen eines halben Jahrhunderts sind von der Erinnerung beherrscht. Ich habe nicht gezögert, dabei auf Niederschriften zurückzugreifen, die – unverändert, wie ich sie damals entwarf – der Spiegelung der Zeitstimmung dienen mögen.

Aus Gründen der Diskretion habe ich die Namen von einigen guten Bekannten und Freunden abgeändert. Der chronistischen Relevanz tut das keinen Abbruch.

P. S.-L.

Die Einweihung

Die schwere Eisentür fällt dröhnend hinter mir ins Schloß. Ich taste mich zögernd in das Halbdunkel der Zelle. Die vom grellen Licht der Verhörlampe geblendeten Augen brauchen einige Zeit, ehe sie die vagen Konturen eines rechteckigen Raumes wahrnehmen. Die blaugestrichene Glühbirne verbreitet nur Dämmerlicht. Auf den vier Strohsäcken regen sich Gestalten. »Qui êtes-vous? Vous êtes Français, ils vous ont maltraité? – Wer sind Sie? Sind Sie Franzose, wurden Sie mißhandelt?« fragt eine klare, in dieser Umgebung seltsam mondän klingende Stimme. Auch im Französischen läßt sich aus ein paar Worten die Klassen- oder Bildungszugehörigkeit des Gesprächspartners entnehmen.

Der Zufall hatte es in diesem Januar 1945 gefügt, daß ich im Gestapo-Gefängnis Graz einem mit vier Franzosen belegten Kerker zugewiesen worden war. Die Männer, die ich noch immer nicht deutlich sehen konnte, rückten mir einen Strohsack zurecht und suchten mit brüderlichem Zureden den Schock des Verhörs zu lockern. Drei von ihnen – das erzählten sie gleich – waren Metallarbeiter aus der Gegend von Saint-Etienne. Sie waren in ein steirisches Werk zwangsverpflichtet worden. Vor ein paar Wochen hatten sie versucht, sich nach Slowenien abzusetzen und sich der dortigen jugoslawischen Aufstandsbewegung anzuschließen. Schon bei den Vorbereitungen dieses Unternehmens waren sie denunziert und verhaftet worden. Auch ich gab – wohlweislich nur in Bruchstücken und mit der Angabe, ich sei Lothringer – die eigene Geschichte zum besten: meine durch Leichtsinn verursachte Festnahme kurz vor dem Übergang zu den Tito-Partisanen im Raum östlich von Maribor, den Transport in Handschellen unter scharfer Bewachung ins Gefängnis von Graz, mein nächtliches Verhör.

»Wie sah der *Gestapiste* aus, der Sie vernommen hat?« fragte der Mann mit der klaren, eleganten Aussprache. Meine Augen hatten sich jetzt an das trübe Licht gewöhnt. Er war zierlich gewachsen, hielt sich jedoch kerzengerade und trug Reithosen. Ich schilderte ihm den Polizisten: einen pickligen jungen Mann mit öligem schwarzem Haar und einem starken Balkan-Akzent. Es war mein Pech, daß er in meinen Taschen neben falschen Papieren einen Schlagring mit spitzen Eisenkanten entdeckt hatte, den er während des Verhörs durch Schläge in meinen Nacken ausprobierte. Schmerz empfand ich dabei nicht, so sehr war ich auf die Beantwortung der Fragen konzentriert.

Viel zu vertuschen gab es allerdings nicht. Ich war von einer SS-Streife gestellt worden, als ich im Begriff stand, mich einer vorgeschobenen Brigade Titos anzuschließen. Ideologische Neigung war dabei nicht im Spiel. Nach vergeblichen Versuchen, im Westen zu den Alliierten durchzukommen, bot mir der jugoslawische Widerstand eine letzte Chance, mich aus der fatalen Schlinge zu lösen. Die Umstände meiner Festnahme waren eindeutig. Ich stand unter Partisanenverdacht.

»Da sind Sie wohl dem ›Hongrois‹ in die Hände gefallen, einem Volksdeutschen aus Ungarn. Er gehört hier zu den gefürchtetsten Folterern«, kommentierte der Unbekannte. »Aber es ist an der Zeit, daß ich mich vorstelle: Ich bin der Baron Jean de La Ferronnière, Oberleutnant der französischen Armee, und heiße Sie willkommen. Wir sind Schicksalsgefährten, und – Sie werden es merken – wir empfinden uns als Brüder, welches auch die soziale Herkunft sei.« Die drei Arbeiter – Lucien, Louis und Jacques – beugten sich über meinen Nacken und wuschen mir das verkrustete Blut ab.

Plötzlich fiel die Spannung, die Angst der letzten vierundzwanzig Stunden auf wunderbare Weise von mir ab. In der Enge dieser überheizten, modrigen Zelle, wo es von Ungeziefer wimmelte, kam ein Gefühl der Geborgenheit auf. Ich fühlte mich aufgenommen in diese kleine Gemeinschaft, irgendwie auch zurückversetzt in meine Internatsjahre in der französischen Schweiz. Die Sprache schob sich wie ein schützender Mantel zwischen meine bange Einsamkeit und die schreckliche Realität.

Das Grau eines verschneiten Wintermorgens quälte sich durch die vergitterten Fenster. Der Ausblick war durch ein schräg gestelltes Brett versperrt, so daß wir nur ein Stück wolkigen Himmels und das Treiben der Schneeflocken beobachten konnten. Der kleine Baron, der pedantisch auf Ordnung und Haltung in der Zelle achtete, wies mich in den Gefängnisalltag ein. »Zu essen gibt es fast nichts, nur warme Wasserbrühe und angefaulte Kartoffeln. An die Wanzen gewöhnt man sich. Das Schlimmste ist die Untätigkeit und das Warten auf das nächste Verhör.« Durch Klopfzeichen an der Wasserleitung war eine begrenzte Verständigung mit der Nebenzelle möglich, wo ein Freund des Barons, ein Jurastudent aus Lyon namens Hervé Sollier, einsaß. Auf welche Weise die beiden tatsächlich in die Fänge der Gestapo geraten waren, versuchte ich erst gar nicht zu erfahren. Vorsicht, Schweigen, Festhalten an fiktiver Verharmlosung gehörten jetzt zu den Gesetzen des Überlebens.

»Il faut garder la tête haute – wir müssen den Kopf hochhalten«, mahnte der Baron. »Wir vertreiben uns hier die Zeit mit einfachen Ratespielen. Jeder erzählt aus seinem Leben, über seine beruflichen Kenntnisse. Ich gebe ein wenig Geschichtsunterricht, und jetzt, wo Sie da sind, können wir gemeinsam literarische Kenntnisse auffrischen. Das hilft in unserer Situation.« Er hatte zwei Jahre Medizin studiert, ehe er 1940 als Reserveoffizier in Gefangenschaft geriet. Aus der Gymnasialzeit erinnerte sich Jean an eine mir vertraute Anthologie französischer Dichter. In den folgenden Tagen deklamierten wir vor den andächtig lauschenden Gefährten aus Saint-Etienne unser jeweiliges Repertoire. Meine Stärke lag eher bei Victor Hugo und Fragmenten seiner »Légende des siècles«. Er konterte mit Monologen aus den Tragödien Corneilles und Zitaten der »Parnassiens«. Baudelaire schätzte er weniger als den pompösen Neoklassizisten Hérédia mit seinen epischen Alexandrinern zu Ehren jener Konquistadoren, »die es müde waren, ihre hochmütige Armut zu ertragen« und sich den goldenen Verheißungen der westlichen Hemisphäre hingaben. Das Lieblingsgedicht des Barons, das ich nach zwei Tagen auswendig konnte, war einem obskuren Poeten des ausgehenden Jahrhunderts, Albert Samain, entliehen. »Im Garten der Infantin« war eine Sammlung elegischer Verse, aus denen die Trauer um eine verflossene Traumwelt ritterlicher Ideale und schwermütigen Stolzes sprach. Erst sehr viel später sollte ich erfahren, daß dieser etwas fade, gestelzte Albert Samain zu den Lieblingsdichtern des Generals de Gaulle zählte.

Der Baron verkörperte in seiner Person die ganze Zerrissenheit des besiegten und gedemütigten Frankreich. Der kühle, auf Distanz bedachte Blick seiner braunen Augen wirkte schmerzlich, wenn er über das Schicksal der Seinen sprach. Er war als *hobereau,* als ultrakonservativer Landjunker, in der Gironde aufgewachsen. Seine Familie hatte sich mit der Republik und deren Antiklerikalismus nie ausgesöhnt. Zu den Pächtern ihrer Domäne hatte die Sippe der La Ferronnière, die an allen Enden sparen mußte, um ihr kleines Château instand zu halten, ein paternalistisches Verhältnis bewahrt, eine Art spätfeudalistischer Lehnstreue, die auch den Armen und Kranken zugute kam.

Natürlich stand man der »Action Française«, ihren ultranationalistischen Thesen, ihrem Antisemitismus, ihrem Ruf nach einem starken Königtum im erneuerten Ständestaat nahe. »Für uns alle in meiner Umgebung«, gestand Jean, »insbesondere für unsere Studentengruppe in Bordeaux, die mit den jungen Monarchisten, den ›Camelots du Roi‹ sympathisierte, war es eine Tragödie, als der Papst die ›Action Française‹ und deren Propheten Charles Maurras verurteilte, ja die gleichnamige Zeitschrift auf den ›Index librorum prohibitorum‹ setzen ließ. Manche haben sich über diese Entscheidung des Vatikans hinweggesetzt, über diese opportunistische Anpassung der Kurie an die Zeitströme eines verfaulten Parlamentarismus, einer Demagogie des allgemeinen Stimmrechts. Sozial wollten wir auch sein, aber nicht im neojakobinischen Jargon eines marxistisch verbrämten Christentums. Nun, meine eigene Familie hat die Absage an Rom nicht vollzogen. Was wäre uns denn geblieben nach der Trennung von Thron und Altar?«

Es sollte viel schlimmer kommen für die La Ferronnière. Die verhaßte Republik, »la gueuse«, war unvorbereitet und halbherzig in den Krieg gegen Deutschland gestolpert, die Niederlage wie ein Gottesgericht über Frankreich hereingebrochen. Der Baron räumte ein, daß manche seiner adligen Gesinnungsgenossen den Zusammenbruch der Dritten Republik mit klammheimlicher Genugtuung zur Kenntnis genommen hatten. Jetzt war Schluß mit der Allmacht der Freimaurerlogen, dem Kaziken-Klüngel der Radikalen Partei, der Spekulation der Börsenjobber, dem Bündnis zwischen Metöken und linkslastigen Freidenkern, die immer noch der 1938 gescheiterten Volksfront, der Einheit mit den gottlosen Kommunisten nachtrauerten. An ihre Stelle sollte die nationale und christliche Erneuerung treten. Die monarchistischen Reaktionäre waren auf schmerzliche Weise bestätigt worden. Aber gleichzeitig blutete ihr Herz über die Erniedrigung des Vaterlandes.

»Der Marschall Pétain hatte zutiefst recht, als er in der Stunde der Kapitulation seinen Landsleuten zurief, die Genußsucht habe über die Bereitschaft zum Opfer triumphiert«, ereiferte sich Jean. Der Marschall, als Sieger von Verdun verehrt, hatte dem Wunsch der Ultrakonservativen entsprochen, als er die Republik ebenso abschaffte wie die Devise »Freiheit, Gleichheit, Brüderlichkeit« und sie durch einen konturlosen französischen Reststaat, »L'Etat Français«, in der unbesetzten Südzone sowie durch die neue Trilogie »Arbeit, Familie, Vaterland« ersetzte.

»Mein Vater ist dem ›Conseil du Maréchal‹, dem höchsten Beratungsgremium Pétains, beigetreten. Deshalb ist er nach der Landung der Amerikaner, nach der Machtergreifung der Roten und der Gaullisten wie ein gewöhnlicher Verbrecher in den Kerker geworfen worden. Wir hatten vergeblich darauf gewartet, daß der legitime Thronprätendent Frankreichs, Henri Comte de Paris, sich der nationalen Wiedergeburt zur Verfügung stellen würde. Aber wir wurden im Stich gelassen. Die Intriganten in der Umgebung des Marschalls – die Lavals, Darlans, ganz zu schweigen von den zwielichtigen Linksfaschisten Doriot und Déat – haben die Restauration verhindert, und der Graf von Paris hat sich vergeblich bei den Gaullisten angebiedert. Sehen Sie doch«, fügte der Baron mit einem Blick auf den Zellengenossen Jacques hinzu, »wie hellhörig das einfache, gesunde Volk von Frankreich auf das gescheiterte Experiment von Vichy reagiert hat. Jacques hat mir bei einem unserer politischen Gespräche gestanden, daß auch er zutiefst überzeugt war, Philippe Pétain sei in aller Heimlichkeit dabei, die Lilien des Kapetinger-Thrones neu zu pflanzen.«

Ein *collaborateur*, ein Befehlsempfänger der Deutschen, wollte Jean de La Ferronnière jedoch auf keinen Fall sein. Am Feldzug gegen den Bolschewismus, der am 22. Juni 1941 begann, hätte er mit Begeisterung teilgenommen. Er war drauf und dran, sich aus seinem Gefangenenlager freiwillig in jene »Légion tricolore contre le bolchévisme« zu melden, die im Schatten einer fadenscheinigen deutsch-französischen Zusammenarbeit aufgestellt wurde. Was ihn in letzter Minute gehindert habe, sei der Zwang gewesen, eine deutsche feldgraue Uniform anzuziehen. Das kleine Ärmelschild »France« mit den blau-weiß-roten Farben erschien ihm als unzureichendes Alibi neben dem Hakenkreuz.

In den Augen der strikten französischen Patrioten war Jean auf andere Weise schuldig geworden. Er hatte sich im Gegensatz zu den übrigen gefangenen Offizieren bereit gefunden, das Lager zu verlassen, sich in den Arbeitsprozeß des Dritten Reiches eingereiht, an der deutschen Kriegswirtschaft mitgewirkt. Jean hatte zweifellos unter dieser verfehlten Entscheidung, die in den Augen seiner Kameraden einer Fahnenflucht gleichkam, schwer gelitten. Nach einigen Monaten ziemlich freizügiger Tätigkeit im Planungsbüro eines Rüstungsbetriebes hatte er dilettantisch und naiv, wie das seine Art war, eine geheime Zelle gründen wollen und davon geträumt, mit amerikanischen – wohlweislich nicht mit britischen – Agenten in Verbindung zu treten, Widerstand zu leisten. So war er in die Fänge der Gestapo geraten.

Die Protektion des Marschalls Pétain konnte ihm zu diesem Zeitpunkt nichts mehr nützen, denn der war nach dem Blitzfeldzug der Alliierten quer durch ganz Frankreich ins Schloß Sigmaringen geflüchtet. Immerhin, so beteuerte Jean, seien ihm Prügelei und Folter erspart geblieben. »Ich habe die *gestapistes* beeindruckt«, meinte er treuherzig, »indem ich ihnen fest in die Augen geschaut und gesagt habe: ›Ich bin Edelmann und Offizier. Mich schlägt man nicht.‹« Er mußte wohl ein recht harmloser Fall gewesen sein, daß die Schergen Himmlers ihn verschonten. Die anderen Franzosen, Hervé Sollier aus der Nebenzelle insbesondere, hatten keinen Anspruch auf solche Vorzugsbehandlung. Hervé war am späten Nachmittag, wie wir durch Signale aus der Nebenzelle erfuhren, als blutendes und stöhnendes Bündel vom Verhör zurückgeschleppt worden.

Natürlich spürte der Baron de La Ferronnière, in welch abscheuliche Gesellschaft ihn die reaktionäre Familientradition gesteuert hatte, mit welchen Verbrechen die angebliche »révolution nationale« von Vichy behaftet war. Schon lange vor der Dreyfus-Affäre sei man bei ihm zu Hause stets gegen die Juden gewesen. Im sozialistischen Regierungschef Léon Blum, der der Volksfront vorstand und mit ihr scheiterte, habe er die Verkörperung semitischer Machtintrige, marxistischen Sittenverfalls, heuchlerischer Plutokratie gesehen. Doch die Judenverfolgungen, die nach 1940 auch im unbesetzten Frankreich einsetzten, waren ihm ein Greuel. »Mein Vater hat, wo immer er konnte, flüchtigen Juden Hilfe gewährt, oft auch falsche Papiere besorgt«, beteuerte er. »Er sah darin eine christliche Pflicht.« Die sich zynisch gebenden Ultrakonservativen in Adel und Bourgeoisie hätten damals geklagt, Hitler habe ihnen sogar die Freude am Antisemitismus verdorben.

Er war eben ein unzeitgemäßer Mann, der zierliche Baron de La Ferronnière. Sein altes Geschlecht hatte ihn müde und verletzbar gemacht. Er war »ein kleiner Marquis«. Jean hatte sich nach einem aufrechten, gottgefälligen Leben, nach der Ehe mit einer standesgemäßen Person heiteren Gemüts gesehnt, wie sie auf den Gütern Aquitaniens aufwuchsen, er hatte bei Kriegsausbruch von Heldentaten auf dem Schlachtfeld geträumt, ähnlich jenen Saint-Cyriens von 1914, die mit weißen Handschuhen ins Gefecht zogen – und dann war er in diese gräßliche Kompromittierung geschlittert, in die widerliche Nachbarschaft jener unappetitlichen Mordgesellen und Psychopathen, die den Großteil der militanten französischen Kollaborateure mit dem Hitler-Reich stellten.

Bei meinem zweiten Verhör, das ein ruhiger, älterer Gestapobeamter aus Graz vornahm, wurde mir mitgeteilt, daß ich vom Reichssicherheitshauptamt angefordert sei und deshalb mit dem nächsten Gefangenentransport nach Berlin in die Prinz-Albrecht-Straße gebracht werden sollte. Eine solche Einweisung in diese Zentrale der NS-Repression kam in jenen Tagen einem Todesurteil gleich. Es war mein Glück, daß der Aufenthalt im Grazer Gefängnis sich um knapp drei Wochen verlängerte. In der oberen Etage war eine Flecktyphus-Epidemie ausgebrochen. Alle Häftlingstransporte wurden wegen Infektionsgefahr bis auf weiteres eingestellt.

Seltsam, wie der Mensch sich an die außergewöhnlichsten Bedingungen anpaßt. Der Hunger war bitter. Die Angst vor dem Verhör ließ uns nicht aus den Klauen. Die Jagd auf Wanzen – als Wettbewerb betrieben – war ein recht trostloser Zeitvertreib, selbst wenn wir mehrere Dutzend blutstrotzender Parasiten als Trophäe von Zelle zu Zelle melden konnten. Beliebteste Unterbrechung war der wöchentliche Gang zur Dusche, wo ich den anderen französischen Häftlingen vorgestellt wurde. Wir schüttelten uns pudelnackt im nassen Kellertrakt mit betontem Zeremoniell die Hand. In diesen Augenblicken einer völlig unbegründeten Ausgelassenheit, die wohl auf die belebende Wirkung des heißen Wasserstrahls zurückzuführen war, ermutigten wir einander am Beispiel jener Anwärter auf die Guillotine, die sich in der Conciergerie zur Zeit der jakobinischen *terreur* bemüht hatten, möglichst graziös und unbefangen aufs Schafott zu steigen.

Jean de La Ferronnière hat uns alle – auch die drei braven Arbeiter aus Saint-Etienne, von denen zumindest einer den Kommunisten nahestand – dazu gebracht, an langen Gebetsübungen teilzunehmen. »... et délivrez-nous du mal – und erlöse uns von dem Übel« – das kam in dieser Situation leicht über unsere Lippen, und die Bitte um Fürsprache im Ave Maria: »... maintenant et à l'heure de notre mort – jetzt und in der Stunde unseres Todes« klang ganz banal.

Der 21. Januar 1945 ragte aus dieser klösterlichen Routine heraus und erfüllt mich noch rückblickend mit Staunen. Zu früher Stunde hatten wir die braune Brühe aus dem Blechnapf geschlürft und möglichst lange an dem winzigen Brotstück gekaut, da wandte sich der Baron mit feierlichem Gesicht an seine Zellengenossen. »Meine Freunde«, sagte er im Tonfall eines Predigers, »dieses ist ein besonderer Tag. Am 21. Januar 1793, vor genau 152 Jahren, wurde unser König Ludwig XVI. durch die Schreckensherrschaft der Revolution zum Fallbeil geführt und enthauptet. Er war ein guter König, ein heiliger König, wie Papst Pius VI. nach der Hinrichtung verkündet hat. Laßt uns deshalb gemeinsam niederknien und für den ermordeten König Frankreichs ein Vaterunser beten.«

Wir haben der Aufforderung des Barons Folge geleistet – mehr um dem liebenswerten Haftgefährten einen Gefallen zu tun, als daß uns der Sinn nach einer solch anachronistischen Veranstaltung gestanden hätte. Als wir noch knieten, drang eine barsche Mikrophonstimme durch die Zellentür, hallte unheimlich über den leeren Gang. Eine Reihe von Häftlingen wurde zum Verhör aufgerufen. Wir bekreuzigten uns, als wir feststellten, daß kein Name aus unserer kleinen Gemeinschaft darunter war.

*

Der Gefangene, den die bange Sorge um die elende Zukunft und die Erwartung des Todes umgibt, folgt vermutlich einem heilsamen Schutzreflex, wenn er die imaginäre Flucht in eine heitere oder zumindest tröstliche Vergangenheit antritt. Während ich des Abtransports nach Berlin harrte, hielt ich mich in der Erinnerung bei dem verflossenen Lothringer Sommer des Jahres 1944 auf.

Der Landstrich zwischen Metz und Diedenhofen gehört gewiß nicht zu den lieblichsten Gegenden Frankreichs. Zudem war dieses Département Moselle seit dem deutschen Siegeszug von 1940 dem Großdeutschen Reich Hitlers unter der Bezeichnung »Gau Westmark« einverleibt und mit dem früheren Saargebiet administrativ verflochten worden. Den Einwohnern von Metz hatte es wenig genutzt, daß sie sich vor den anrückenden Divisionen des Hakenkreuzes um die Liebfrauenstatue im Zentrum der Altstadt scharten und »Sauvez, Dieu, la France« sangen. Doch in jenem warmen Sommer 1944 – wie unendlich lang waren die vier Jahre der Besatzung erschienen und wie unwirklich schnell hatte sich das Schicksalsrad wieder gedreht – staute sich in den Lothringer Dörfern, vor allem aber in Metz, diesem historischen Vorposten der Grande Nation, ein Gefühl von Zuversicht und Trotz. Die Alliierten waren in der Normandie gelandet, hielten zur Stunde zwar nur einen erweiterten Brückenkopf zwischen Cotentin und Arromanches, aber sie waren nicht ins Meer geworfen worden und spannten die Muskeln zum Stoß ins französische Hinterland.

Damals waren die Wiesen und Getreidefelder im Raum von Ückingen und Hayingen, von Busenweiler und Sankt-Avold noch mit rotem Klatschmohn, mit weißen Margeriten und blauen Kornblumen übersät, eine Farbsymphonie, die den Patrioten die angestammte, verfemte Trikolore ersetzen mußte. Die jungen Burschen unter achtzehn Jahren, die sich – ebenfalls ein Akt des Protestes – am Sonntag besonders zahlreich zum Hochamt einfanden, trugen je einen Klatschmohn, eine Kornblume, eine Margerite am Rockaufschlag. Sie tuschelten – in dialektal gefärbtem Französisch – über ihre Chance, der Zwangsrekrutierung durch die deutsche Wehrmacht oder gar durch die Waffen-SS doch noch entgehen zu können. Ihre älteren Brüder waren zum Teil an der Ostfront verschollen. Die wenigsten dieser Sonntagspatrioten hätten sich jedoch – selbst zu dieser späten Stunde – bereit gefunden, den waghalsigen Absprung in den Untergrund zu wagen.

Mein Vater, der sich als Arzt in Ückingen niedergelassen hatte, trug sich mit melancholischen Ahnungen. Er wußte, daß er dieses Land Lothringen, in dem er seine Kindheit verbracht und von dem er sein ganzes Berufsleben lang im Ruhrgebiet geschwärmt hatte, bald wieder verlassen würde. Eine gewisse Idylle war noch erhalten geblieben an den grünen Wassern der Mosel zwischen den sanften Bodenwellen mit den spitzen Kirchtürmen, die durch die rostigen Stahlkonstruktionen der Hochöfen von Hagendingen nicht entzaubert wurde. Vermutlich dichteten wir zusätzliche Harmonie in diese sommerliche Industrielandschaft. Das Wasser der Mosel war immerhin noch nicht so verschmutzt, daß wir auf das Schwimmen verzichtet hätten, und im Garten des Landhauses von Ückingen – pompös »le château« genannt – blühten die Rosen dunkelrot in der Abendsonne.

»Dieses ist die Stunde, wo, auf den Halmen bebend, jede Blume verduftet wie ein Weihrauchgefäß – chaque fleur s'évapore ainsi qu'un encensoir.« Ich zitierte den Vers von Baudelaire, der mir aus der Schulzeit haften geblieben war, ehe wir uns ans Radio setzten, um dem letzten Frontbericht aus der Normandie zu lauschen.

Am folgenden Tag reiste ich mit einiger Beklemmung nach Berlin zurück, wo seit der Zerschlagung der Verschwörung in der Bendlerstraße die letzte Illusion über eine erträgliche Kriegsbeendigung geplatzt war. Rund um den zerbombten und ausgebrannten Alexanderplatz der Reichshauptstadt hatte sich in jenen Tagen eine gallische Unterwelt etabliert, ließ auf ihre Weise das von Alfred Döblin beschriebene Ganoven-Milieu noch einmal aufleben. Es wimmelte dort von französischen Dirnen, französischen Zuhältern, französischen *gestapistes.* Am zahlreichsten waren die Schwarzhändler. Daneben gab es natürlich die große Masse der braven, aus Frankreich verschleppten Zwangsarbeiter und auch jene, die freiwillig nach Deutschland gekommen waren und sich vom Einsatz in den Rüstungsbetrieben einen spärlichen Zugewinn versprachen. Gelegentlich tauchten in den Kaschemmen junge Männer in feldgrauer Waffen-SS-Uniform mit dem blau-weiß-roten Schild am Ärmel auf. Spuren von Widerstandsgeist waren in dieser klebrig-mißtrauischen Umgebung kaum auszumachen. Sollte sich wirklich einmal ein Emissär des »Freien Frankreich« hierhin verirren, wurde er zur leichten Beute der Denunzianten.

Noch leuchtender als die paar Sommertage von Ückingen erschien mir in meiner Rückbesinnung der Lothringer Herbst des Jahres 1944. Zwei Monate nach dem Abstecher an die Spree war ich wieder per Eisenbahn nach Metz gereist. Auf der Suche nach meiner Familie stieß ich in der Rue Sainte-Marie, die auf den Namen eines deutschen Obersten umbenannt worden war, auf Simone, die frühere Sprechstundenhilfe meines Vaters. Simone quartierte mich kurz entschlossen in der verlassenen Praxis an der Esplanade ein. Dank ihr erschien mir die graue Stadt Metz in jener Woche wie die magisch verklärte Welt des »Zauberers Muzot«. Durch die Römerstraße patrouillierten noch die Streifen der Feldgendarmerie, aber die amerikanischen Vorhuten kampierten bereits hinter den Höhen von Rozerieulles. Zwischen Ückingen und Diedenhofen hatte ein alliierter Vorstoß die Mosel zur Frontlinie gemacht.

Das Tabakgeschäft der Madame Geiger (auf französisch Jéjère gesprochen) lag im Gassengewirr der verschachtelten Altstadt. Ihre Tochter Simone war eine blonde, blauäugige Lothringerin, kaum zwanzig Jahre alt, die sich mit den spärlichen Mitteln jener Zeit nach Pariser Postkartenvorbild als *femme fatale* zu stilisieren suchte, in Wirklichkeit jedoch ein lebensprühendes, sentimentales und leicht durchtriebenes Provinzmädchen war. Wenn sie mit wiegenden Hüften und auch im Alltag provozierendem Brustausschnitt über die Römerstraße oder Rue Serpenoise an meinem Arm spazierenging, drehten sich alle Männer nach ihr um. Kein Wunder, daß ich mich Hals über Kopf in Simone verliebte! Wir trafen uns wiederholt im Schatten der Metzer Kathedrale, und diese gotische Trutzburg erschien mir imposanter als das Straßburger Münster, an dem meine im Elsaß geborene Mutter so sehr hing.

Der erste Höhepunkt unserer Beziehung war ein Rendezvous in der elterlichen Wohnung in der Rue de la Garde, wo unser Schäferstündchen durch den Bombenangriff eines amerikanischen Kampfflugzeugs auf die nahe Moselbrücke dramatisiert wurde. Nach einer Woche feierten wir sogar – halb im Ernst, halb im Scherz – Verlobung in der verlassenen Praxis hoch über der Esplanade. Die Freundin Monique, Tochter eines Kneipenwirts, eine fränkisch üppige Schönheit und durchaus kein Kind von Traurigkeit, hatte den Alkohol beschafft, und wir zelebrierten unsere unverhofften *fiançailles* wie eine blühende, dem Schicksal ausgeborgte Idylle, deren Zerplatzen an den dumpfen Artillerieschlägen – vom Westwind herübergetragen – abzuzählen war.

Simone hatte mir ein Lothringer Kreuz aus Goldplaqué geschenkt, keine wertvolle Anstecknadel, aber in jenen Tagen ein durchaus bekennerhaftes Symbol. Am 18. Juni 1940 hatte Charles de Gaulle als Zeichen seiner engen persönlichen Bindung an Ostfrankreich und vor allem aus Protest gegen die Annexion der sogenannten Westmark durch das Dritte Reich das Lothringer Kreuz zum Wahrzeichen und zum Wappenschild jener »Freien Franzosen« gemacht, die sich von London und Übersee aus gegen die Kapitulation des Pétain-Regimes auflehnten.

Es gehörten die ganze Torheit der Jugend und eine Art Wirklichkeitsentfremdung dazu, wie sie wohl nur in Tagen eines totalen Umbruchs aufkommt, daß ich mir dieses golden schimmernde Signal des Widerstandes an den Rockaufschlag heftete und mich damit nicht nur im zuverlässigen Freundeskreis produzierte. Als ich Simone ins Restaurant Moitrier einlud, das vor dem Krieg als gastronomischer Höhepunkt der Stadt Metz gepriesen und wo selbst in diesen kläglichen Kriegszeiten – auf Marken natürlich – ein genießbares Essen serviert wurde, trug ich das gaullistische Emblem provokativ zur Schau. Die Lothringer Kellner wandten den verblüfften Blick nicht von meinem Rockaufschlag, während die an den Nebentischen tafelnden Wehrmachtsoffiziere vielleicht meinten, es handele sich um eine obskure slowakische Auszeichnung. Erst bei meiner Verhaftung habe ich mich – aus Gründen der Selbsterhaltung – von diesem *corpus delicti* getrennt. Es verschwand in dem Fäkalieneimer, der mir im slowenischen Grenzraum von Maribor in die eiskalte Zelle geschoben worden war.

Die schwärmerische Vorstellung vom blonden Körper der Lothringerin, das Nachklingen ihres unermüdlichen Geplappers, ihr Bild, umrahmt von den sonnigen Herbstschleiern der Symphorien-Inseln, das einfältige Glück einer sentimentalen Woche haben mir in den Fluchtträumen meiner Grazer Gefängniszelle und den langen Winternächten des Januar 1945 über das Schlimmste hinweggeholfen. Ich kostete – romantisch erzogen, wie das meiner Generation anstand – die innige, klassische Verbindung von Liebe und Tod.

Vom Balkon der Praxis aus zeigte mir Simone den leeren Sockel auf der baumbestandenen Gegenseite der weitgestreckten Esplanade. Da hatte bis zum Einmarsch der Deutschen die Statue des Marschall Ney gestanden, jenes Böttcher-Sohnes aus Saarlouis, den Napoleon als »le brave des braves – den Tapfersten der Tapferen« gelobt hatte. Auf einem gelblichen Photo, das sie in der Rue de la Garde herauskramte, war sie als Schulmädchen mit ihrer Klasse im braven schwarzen Kittel vor der Bildsäule Neys abgelichtet. Der Marschall hatte dabei nicht – was seinem hohen Rang angemessen gewesen wäre – den Degen geschwungen, sondern er hatte, wie ein gewöhnlicher Grenadier, das Gewehr im Anschlag, um an der zugefrorenen Beresina auf die anstürmenden Kosaken zu schießen. In der Stunde der äußersten Bedrängnis beim Rückzug aus Rußland bewies der Herzog von Elchingen – dazu hatte Napoleon ihn 1808 gemacht –, daß er aus dem Mannschaftsstand der Revolutionsarmee hervorgegangen war und zu jenen Soldaten des Kaisers gehörte, die den Marschallstab im Tornister trugen.

Simones verstorbener Vater hatte lange Jahre in der französischen Armee gedient. Als Feldwebel war er pensioniert worden. Daß die Familie – wie so viele andere Lothringer – im Zuge der nationalsozialistischen Germanisierungspolitik nicht nach Innerfrankreich abgeschoben oder gar nach Westpolen in den »Warthegau« umgesiedelt wurde, verdankte sie dem gut deutschen Namen Geiger – »Jéjère pour les amis« – und vielleicht auch dem blonden Haarschopf der beiden Töchter.

Die Saga des Marschall Ney war mir aus frühen Kindheitsjahren vertraut. Mein Vater war ein glühender Napoleon-Verehrer, was ihn in den Jahren vor 1933 nicht hinderte, an berittenen Maskeraden des »Stahlhelm« teilzunehmen und mit einem kleinen Trupp unter schwarz-weiß-roter Fahne durch die sonntäglichen Straßen von Bochum zu reiten. Später sollte er sogar die Hakenkreuzbinde des nationalsozialistischen Fliegerkorps anlegen, um seiner Leidenschaft für das Ballonfahren weiter frönen zu können. Aber seine eigentliche nostalgische Verehrung – im Raum zwischen Rhein, Mosel und Saar damals nicht ungewöhnlich – galt dem großen Korsen, dessen Bild in seinem Arbeitszimmer hing. Man braucht nicht Heine oder Goethe zu zitieren, um diese Bewunderung für den Vollender der Revolution zu erklären. Die preußische Überfremdung der Rheinlande nach 1815 hatte einige geschichtsversponnene Außenseiter zu dieser Anhänglichkeit bewogen.

Zu den Anekdoten und Legenden aus dem Leben Napoleon Bonapartes, die mein Vater mir vor dem Einschlafen erzählte, gehörte natürlich die Geschichte des Marschall Ney, des Saarländers, der aus dem Nichts aufgestiegen, als treuester Paladin des *empereur* galt, der aber nach der Absetzung und Verbannung Napoleons sich den heimkehrenden Bourbonen an den Hals warf. Seinem einstigen Idol, das von Elba aufbrach und auf Paris marschierte, hatte sich Ney anfangs im Auftrag Ludwigs XVIII. mit wüsten Verwünschungen entgegengestellt, war dann aber doch mit wehenden Fahnen zum Kaiser übergegangen.

Für beide, Napoleon und Ney, endeten die Hundert Tage mit dem Desaster von Waterloo. Als der Marschall wegen Verrats am Bourbonenkönig, der im Troß der Alliierten zurückgekehrt war, vor ein Kriegsgericht gestellt werden sollte, verlangte Ney, den seine steile Karriere zum »Pair de France« erhoben hatte, von seinesgleichen gerichtet zu werden. Das wurde ihm in dieser restaurativen Versammlung zum Verhängnis. Am Ende der Prozedur stand der Tod durch Erschießen. »Bei aller Bravour und Treuherzigkeit war er ein rechter Sohn seiner saarländisch-lothringischen Grenzheimat«, hatte mein Vater damals kommentiert, »immer hin und her gerissen, gespalten in seinem Bewußtsein, vom Schicksal gebeutelt.«

Schon im ausgehenden Mittelalter ging der Spruch von den Einwohnern dieser vielfach gequälten Provinz rings um die Bistümer Metz, Toul und Verdun: »Lorrain vilain, traître à Dieu et au prochain

– gemeiner Lothringer, Verräter an Gott und am Nächsten.« Dabei liebte mein Vater dieses Land seiner Kindheit über alles.

Die amerikanische Offensivkraft, so schien es in diesem Oktober 1944, war vor den Außenbastionen von Metz zum Erliegen gekommen. An eine unauffällige Durchquerung der festgefügten Linien war nicht zu denken. Nach einem langen verliebten Nachmittag an der Esplanade begleitete mich Simone zum Metzer Bahnhof. Wir leisteten uns die in solcher Stunde üblichen Treueschwüre; sie waren sogar ernst gemeint. Ich bestieg den klapprigen Zug, der in Erwartung von Tieffliegerangriffen verdunkelt in Richtung Sarrebourg abdampfte. Am Rande dieses verschlafenen lothringischen Städtchens war die Front in Bewegung geraten. Auch hier stellte ich jedoch nach kurzer Besichtigung im Morgengrauen fest, daß ein Durchkommen nach Westen unmöglich war, zumal ich über keinerlei örtliche Komplizen verfügte. Ein paar freundliche deutsche Fallschirmjäger nahmen mich bis zum Dorf Finstingen, heute Fénétrange, auf ihrem Fahrzeug mit. Es war ein Wunder, daß ich nicht schon an jenem Tag verhaftet wurde.

Der trübe, regnerische Nachmittag im Wirtshaus von Fénétrange schmeckte nach bitterer Ernüchterung. Über die Dorfstraße rollten Nachschubkolonnen und schwere Panzer mit dem Balkenkreuz. Die Einwohner hatten sich in ihren Wohnungen eingeschlossen. Auf die Mauern waren ein paar große V-Zeichen gepinselt, dazwischen das Kreuz von Lothringen. Die deutschen Patrouillen gaben sich schon nicht mehr die Mühe, diese Signale der Auflehnung zu übertünchen.

Ich war nicht der einzige Gast in der ungeheizten Wirtsstube von Fénétrange. Am Nebentisch diskutierte eine Gruppe von vier Franzosen. Die drei Männer waren in Zivil, trugen jedoch die breite schwarze Baskenmütze, die bei der gefürchteten *milice* des Pétain-Regimes zur Uniform gehörte. Die einzige Frau fröstelte in einer Lederjacke. Die Leute machten einen gehetzten, lauernden Eindruck. Mir schien, als trügen sie das Kainszeichen des Verrats auf der Stirn. Nach ein paar Sätzen wußte ich, daß es sich um flüchtende Kollaborateure, Zulieferer der Gestapo handelte, die jetzt im Reichsgebiet ihr Heil vor den wahllosen Exekutionskommandos der entfesselten Widerstandskämpfer, der *maquisards,* suchten. Am Nebentisch war von deutschen Wunderwaffen die Rede, die den Lauf des Krieges noch einmal wenden würden, von einer deutschen Großoffensive, die im Falle eines Separatfriedens mit den Sowjets die alliierten Positionen im Westen überrollen sollte. Es handelte sich um das übliche Wunschdenken der hoffnungslos Geschlagenen und Verfemten.

Der Intellektuelle der Gruppe, vielleicht war er Redakteur eines antisemitischen Kampfblatts während der Okkupation gewesen, hob sein Glas mit Apfelmost – ein anderes Getränk wurde ohnehin nicht serviert: »Ich habe im Radio gehört, daß die Schweinehunde der Befreiungskomitees jetzt auch Charles Maurras eingesperrt haben und ihn richten werden. Das geschieht diesem alten Opportunisten recht, und darauf hebe ich mein Glas.«

Die anderen prosteten nicht zurück. Wußten sie überhaupt, wer Charles Maurras war, der Barde des extremen französischen Chauvinismus, der Gründer der Zeitung *Action Française* und Inspirator des weitverbreiteten Antisemitismus der Vorkriegsjahre? Im Angesicht der schändlichen Niederlage und einer willfährigen Kollaboration mit den Deutschen, die dem blinden Maurras die Schamröte ins bleiche Gesicht treiben mußte, hatte er sich von den erbärmlichsten Machenschaften und Überlebenskünsten der Pétainisten distanziert. Aber für die Gaullisten und mehr natürlich noch für die Kommunisten war dieser alte, bärtige Polemiker gegen die Republik und die Volkssouveränität ein Verräter an der Nation, schlimmer noch, ein giftiger Verführer, der einem Teil der französischen Konservativen die Argumente des Landesverrats geliefert hatte.

Die Wirtsstube von Fénétrange – das war mein letzter Eindruck von Lothringen, ehe ich auf langen Umwegen, wiederum zwei Monate später, Anfang Januar 1945 in die Gestapo-Zelle von Graz eingewiesen wurde. So erwachsen war ich immerhin schon damals: Ich wußte, daß meinem Liebesabenteuer mit Simone keine Zukunft beschieden war. Mir stand der Gang durch den Orkus bevor, und von Simone wußte ich sehr wohl – das verringerte meine Zuneigung zu der Lothringer »Braut« keineswegs –, daß ihr amouröses Temperament eine lange Zeit der Einsamkeit oder gar des entsagungsvollen Wartens nicht ertragen würde. Was sollte es auch? Sie hatte mir strahlende Stunden geschenkt. »Ton souvenir en moi luit comme un ostensoire«, deklamierte ich Baudelaire in meinen endlosen Gefängnisnächten von Graz: »Deine Erinnerung leuchtet in mir wie eine Monstranz ...«

Ich hatte Pech gehabt. Hätte ich in Metz eine Woche länger ausharren können, wäre ich vom amerikanischen Überraschungsstoß, der die lothringische Frontstadt fast kampflos aufbrach, überrollt worden. Ich erfuhr von dem Ereignis erst, als ich schon wieder in Berlin eingetroffen war.

Wie die Rückgewinnung dieses ostfranzösischen Bollwerks, das bereits im Westfälischen Frieden dem Königreich der Bourbonen einverleibt worden war, im damaligen alliierten Hauptquartier von Nancy gefeiert wurde, habe ich erst sehr viel später aus dem Mund des französischen Hochkommissars im Saarland, Gilbert Grandval, erfahren, der 1944 an der Spitze des gaullistischen Widerstandes in Ostfrankreich gestanden hatte. General Patton, der draufgängerische Panzerstratege, hatte in Nancy hohe US-Militärs und auch die französischen Befehlshaber an seine Tafel geladen. Während des Essens wurde ihm von einer Ordonnanz eine dringende Mitteilung überreicht. Patton las die Meldung, stand mit strahlender Miene auf, hob das Glas und verkündete mit Stentorstimme: »Gentlemen, ich habe Ihnen eine großartige Mitteilung zu machen. Wir haben heute die erste deutsche Stadt erobert. Metz ist in unserer Hand.« Die Franzosen verharrten mit versteinerten Gesichtern. In ihre Genugtuung über den Waffenerfolg mischte sich die Bitterkeit darüber, daß dieser polternde Amerikaner die Grenzen ihrer Nation und das Gralszeichen des Lothringer Kreuzes so sträflich verkannte.

*

Der Befehl zum Aufbruch kam plötzlich. Kaum war Zeit, meine Grazer Zellengenossen in die Arme zu schließen. Ich wurde in einen großen vergitterten Transitraum eingewiesen, in dem ein sehr unterschiedliches Völkchen versammelt war. »Morgen um sechs Uhr werden Sie zum Bahnhof geleitet und unter scharfer Bewachung nach Wien überführt«, verkündete ein Gefängnisbeamter.

Es gibt die umsichtigen, die schweigsamen Gefangenen und diejenigen, die um jeden Preis ihre Leidensgeschichte zum besten geben müssen. Ein junger, bleicher Mann, der noch den grauen Wehrmachtsrock trug – Achselklappen und Hoheitsadler mit Hakenkreuz waren abgerissen worden –, stellte sich als Fahnenflüchtiger vor. Eine SS-Streife hatte ihn im Berghof seiner Eltern in Kärnten aufgespürt, wo er sich zu verstecken suchte. Er war bereits zum Tode durch Erschießen verurteilt und sah der baldigen Exekution entgegen. Der Fahnenflüchtige hatte einen starren, abwesenden Blick, als sähe er durch den Gesprächspartner hindurch, ein Merkmal naher Todesgewißheit, wie ich in den kommenden Wochen lernen sollte.

Ein schmächtiger Juwelier aus Düsseldorf suchte ebenfalls die Aussprache. Mit seiner jüdischen Frau, die vor dem Abtransport ins Lager Theresienstadt stand, hatte er bei Verwandten in der Steiermark unterschlüpfen wollen. Nach der Verhaftung bei einer Kontrolle im überfüllten Eisenbahnwaggon hatte die Jüdin sich in ihrer Grazer Frauenzelle erhängt. Vorher hatte sie ihrem Mann über den Kalfaktor einen Zettel zukommen lassen. Sie hoffe, schrieb sie darauf, daß ihr Freitod ihrem Mann die Einweisung in ein Konzentrationslager ersparen möge. Selbst dem grauhaarigen, mürrischen Gestapobeamten hatte das offenbar imponiert. »Ich wünschte mir, unsere deutschen Frauen brächten so viel Mut und Charakter auf wie Ihre!« hatte er dem völlig verdutzten Düsseldorfer gesagt, als er den Juwelier vor der Einweisung in den Sammeltransport zu sich bestellte.

Ein wieselähnlicher Österreicher, der angeblich wegen Abhörens von Feindsendern und Weitergabe defaitistischer Meldungen einsaß, versuchte sich einzuschmeicheln, fragte nach den Umständen der Verhaftung, war auf abstoßende Weise neugierig. Vermutlich war er ein Spitzel. Bei diesen vorsichtigen Kontakten erfuhr ich nebenbei, daß das Konzentrationslager Mauthausen bei Linz als ein Ort des Todes und der systematischen Vernichtung galt, während Dachau als »Sanatorium« gepriesen wurde. Makabre Verzerrung der Begriffe!

Die Hälfte der Durchgangszelle war mit einer Gruppe russischer Kriegsgefangener belegt. Die Männer hatten kahlgeschorene Schädel, trugen erbärmliche Uniformfetzen am Leib. Sie bildeten eine resignierte, dumpfe Gruppe für sich, sprachen auch kaum untereinander. Bei einem Fluchtversuch aus ihrem Lager waren sie überwältigt und schrecklich mißhandelt worden. Mir fiel ein breitschultriger Franzose mit schwarzem Bart auf, der sich radebrechend um die Russen bemühte. Er hatte sein Reisebündel aufgeschnürt und verteilte seine letzten Habseligkeiten an die verständnislosen Rotarmisten. Mehr als drei Paar Socken, etwas Unterwäsche und zwei Pullover hatte er allerdings nicht zu bieten. »Der Graf von Saint-Luc übt tätige Nächstenliebe«, tuschelte der verdächtige Österreicher; »bei diesen roten Gottlosen hat er sich vielleicht die falschen Lämmer ausgesucht.«

Der Comte de Saint-Luc war mir dem Namen nach wohlbekannt, obwohl ich ihm bei der wöchentlichen Dusche nie begegnet war. Dieser Geistliche genoß bei den französischen Häftlingen den Ruf eines Heiligen. Er hatte sich freiwillig als Arbeiter nach Deutschland gemeldet, gewiß nicht, um zum Endsieg des Dritten Reiches beizutragen, sondern um sich des Seelenheils seiner verschleppten oder verirrten Landsleute anzunehmen. Der Abbé war nach und nach zu einer Sammelfigur christlicher Zuversicht und patriotischen Aufbegehrens geworden. Er war von einem anderen Schlag als der schmächtige Baron de La Ferronnière. Ihm war nicht nur die hünenhafte Kraft seiner frühen Vorfahren erhalten geblieben, die im Zeichen des Kreuzes um das Heilige Land gestritten hatten, er hatte auch das robuste Gemüt jener mönchischen Ritterorden bewahrt und sah sich durch Anfechtungen und Kerkerhaft zusätzlich bestätigt.

Meine Lothringer Euphorie war mit dem brutalen Szenenwechsel verflogen. Ich nutzte eine Pause im Bemühen des Priesters, um mich ihm vorzustellen und ihn um das Anhören meiner Beichte zu bitten. Der Abbé nahm mich in eine Ecke beiseite. Wir setzten uns auf die Pritsche. Mir fiel aus der Nähe die Unbekümmertheit seiner blauen Augen auf. Mein Sündenregister war schnell aufgezählt, schien den Herrn von Saint-Luc auch nicht sonderlich zu beeindrucken. »Ego te absolvo a peccatis tuis ...«, sagte er fast routinemäßig und schlug mir mit einem kurzen Lachen auf die Schulter. »Ich kümmere mich wieder um meine Russen«, meinte er dann; »etwas christliche Nächstenliebe, in Ermangelung christlicher Seelsorge, kann diesen Bolschewiken vielleicht guttun. Allzu lange ist Rußland der Kirche schon entfremdet.«

Der Abbé de Saint-Luc stand wohl jenem derben Landpfarrer nahe, der – wie ich viele Jahre danach den »Antimémoires« von André Malraux entnahm – den vor den Nazis flüchtenden Juden serienweise gefälschte Taufscheine ausstellte, aber Wert darauf legte, diesen Pseudo-Proselyten ein wenig Wasser aufs Haupt zu träufeln im Namen der Heiligen Dreifaltigkeit. »Man weiß ja nie«, hatte der Landpfarrer dazu geäußert, »vielleicht hilft es doch dem Seelenheil.«

Bei einbrechender Dunkelheit setzte sich Saint-Luc wieder neben mich auf die Pritsche. Er hatte schon mehrere Haftanstalten durchlaufen. »Was Ihnen bevorsteht, wird viel schlimmer sein als Ihre bisherigen Zellenverhältnisse«, sagte er nachdenklich. »In den Lagern haben sich die Pforten der Hölle aufgetan. Ich bin kein hochtrabender Mensch und neige nicht zur Mystik. Aber das Tier der Apokalypse regt sich.« Er spottete ein wenig über die modernistischen Sozialtendenzen, die sich auch in der französischen Kirche – insbesondere im gallikanischen Lyon – neuerdings kundtaten. Bei aller Bemühung um das Wohl der Gesellschaft hätten gewisse Prälaten und auch die Jesuiten von Fourvières immer weniger vom Jenseits – vom Himmel gelegentlich, von der Hölle schon gar nicht – gesprochen. Aber plötzlich habe sich das Böse offenbart, die Last der Erbsünde und die Macht Satans. »Sie werden es vielleicht noch erleben«, fuhr er ohne jedes Pathos fort, »das Übel in dieser Welt, die Kräfte der Finsternis sind so gewaltig und furchterregend, daß sie die Notwendigkeit des Göttlichen, des absolut Guten herausfordern. Das Teuflische erscheint uns hier als eine Art negativen Gottesbeweises, als die unverhoffte Theodizee. Welchen Sinn hätte sonst dieses Inferno?«

Er kam auf die Verfolgung der Juden zu sprechen. Bei ihm zu Hause sei man alles andere als philosemitisch gewesen. Aber hier sei er zu neuer Erkenntnis gelangt. »Weshalb entfesseln sich denn die Dämonen der Vernichtung immer wieder gegen jenes uralte Volk des Abraham und des Moses, das einst am Berge Sinai der Gesetzestafel teilhaftig wurde? Weshalb sind die Kinder Israel zweitausend Jahre lang – auch auf Betreiben unserer Heiligen Mutter der Kirche – stets verfolgt, gequält und verbrannt worden bis hin zu dem grauenhaften Morden unserer Tage, das sich im Zeichen des neuheidnischen Rassenwahns austobt? Dafür gibt es nur einen plausiblen Grund: Aus dem Hause Israel ist jene Jungfrau hervorgegangen, die auserkoren wurde, den Sohn Gottes zu gebären. Damit hat sie das heilige Erlösungswerk ermöglicht. Kein Wunder, daß die Mächte des Bösen mit allen Mitteln wüten, um die Überlebenden dieses auserwählten Geschlechtes auszurotten.«

Ich solle versuchen zu schlafen, riet mir der Abbé. Er selbst zog seine groben Schuhe aus, schob sie als Unterlage unter den mächtigen Kopf, streckte sich auf das blanke Holz, bekreuzigte sich und versank in tiefen Schlummer. Wie er auf dem Rücken dalag, die Hände verschränkt, glich er jenen *gisants,* jenen in Stein gehauenen Fürstengestalten des Mittelalters, die man in den Gruften der gotischen Kathedralen findet.

Im hallenden, blau beleuchteten Flur des »Pankraz« zu Prag war unser eben eingetroffener Gefangenentransport längs der Mauer ausgerichtet. Die SD-Chargen der Haftanstalt stolzierten erregt und sichtlich angetrunken vor uns auf und ab und bellten dazu. Sie trugen gut geschnittene feldgraue Uniformen mit Totenkopf und Schaftstiefeln. »Wer ist hier Jude?« brüllte ein blonder Rabauke. Ein dunkelhaariger junger Mann hob zögernd den Arm. Der SD-Mann baute sich vor ihm auf. »Du willst mich wohl schlagen mit deinem erhobenen Arm, du Sau!« brüllte er und knüppelte den Juden nieder. Der junge Mann wurde in die unteren Verliese des »Pankraz« verschleppt. »Die Kerle hier haben heute noch nichts gefressen«, schrie ein SD-Scharführer. »Wir haben doch einen Juden geschlachtet. Der wird für alle reichen.«

Unter den Häftlingen breitete sich kaltes Entsetzen aus. Ein holländischer KZler im gestreiften »Pyjama«, der an Ruhr litt, entleerte seine Gedärme auf den Fliesenboden. Die SD-Bewacher schäumten vor Wut. »Die Schweine sind verseucht. Wir werden euch an die Wand stellen und alle erschießen, damit wir nicht auch noch verrekken.« Schon wurden wir zum Abmarsch in den Innenhof kommandiert. Wir stellten uns vor der Erschießungsmauer auf, wie wir mit Sicherheit annahmen, und harrten unseres Schicksals. Hinter den vergitterten Fenstern der hohen Gegenwand suchte ich nach den Mündungen von Maschinengewehren. Erst eine halbe Stunde später, als wir in den Gang zurückgetrieben und auf verschiedene Großzellen verteilt wurden, merkten wir, daß die SD-Männer sich einen Scherz geleistet hatten. Mir kam diese Erkenntnis ohne merkliche Erleichterung.

Wir legten uns eng gedrängt nieder. Ich fand keinen Schlaf auf dem Strohsack und tastete heimlich die linke innere Schuhsohle ab, wo ich eine Rasierklinge verborgen hatte. Die Aussicht, notfalls mit dem Durchschneiden der Pulsader dem Schlimmsten zu entgehen, war ein karger Trost. Das Grauen, das der Abbé de Saint-Luc angekündigt hatte, war über uns gekommen.

Einen Vorgeschmack dessen hatten wir schon in der Durchgangsstation Wien, im Gefängnis an der Elisabether Promenade, bekommen, in deren überfüllter Transitzelle sich Szenen von Goyascher Intensität abspielten. Eine Bande russischer Zivilgefangener, offenbar Kriminelle, wie sie – späteren Aussagen zufolge – auch die stalinistischen Straflager Sibiriens terrorisierten, fiel wie Wölfe über die Neuankömmlinge her und plünderte sie aus. Es kam zu erbitterten Kämpfen mit Zähnen und Krallen um die armseligsten Gegenstände. Ein zum Skelett abgemagerter KZ-Häftling klammerte sich an sein Stück Brot wie eine Mutter an ihr Kind und brach schluchzend zusammen, als ihm diese letzte Ration entrissen wurde.

Auf der Bahnfahrt zwischen Linz und der Grenze zum Protektorat Böhmen und Mähren wurde unser Zug von einem amerikanischen

Tiefflieger beschossen. Ausgerechnet unser Zellenwagen, den der Pilot als solchen nicht ausmachen konnte, wurde von der Maschinengewehrgarbe erfaßt. Die Häftlinge schlugen wie wahnsinnig gegen die Eisenwände. Einer der begleitenden Polizisten stellte sich breitbeinig mit gezogener Pistole in den Gang und suchte uns einzuschüchtern. Er wurde als einziger getroffen und brach tot zusammen.

Der Zug kam in einem Dorfbahnhof zum Stehen. Kein Gefangener war auch nur verletzt. Wir forderten schreiend die Zivilisten auf dem Bahnsteig auf, die Türen des Zellenwaggons zu öffnen. »Freies Österreich« schrien ein paar »Politische« aus der »Ostmark«. Aber niemand kam uns zu Hilfe, und schon eilten ein paar Soldaten der Waffen-SS herbei, um jeden Ausbruchsversuch zu verhindern. Unter schwerer Bewachung wurden wir in einen eiskalten Güterwaggon verfrachtet und rollten weiter nach Prag. Im Durcheinander des Tieffliegerangriffs und der Verladung waren – wie wir später erfuhren – unsere Begleitpapiere verlorengegangen, was sich als Gnade des Schicksals erweisen sollte.

Wir schliefen noch nicht lange in unserer Prager Zelle, da wurde die Tür aufgerissen und grelles Licht eingeschaltet. »Aufstehen!« Zwei SD-Männer klopften mit Eisenstäben an die Gitter der Lichtschächte, um zu prüfen, ob sie nicht angesägt wären. Dann teilten sie unsere Belegschaft von rund vierzig Mann in zwei Gruppen ein. Auf die eine Seite wurden die russischen Kriegsgefangenen – hohlwangige, gutmütig wirkende Gestalten in braunen Lumpen – abgedrängt; gleich neben ihnen verängstigte Italiener der überrumpelten Badoglio-Armee in ihren grünlichen Militärmänteln. Durch einen schmalen Freiraum getrennt und offenbar etwas privilegiert lagerten die wenigen Deutschen, aber auch ein krauses Sammelsurium aus Holländern, Ungarn und sonstigen Nationalitäten. Sogar zwei düstere, sich gegenseitig anknurrende Armenier gigantischen Wuchses waren dabei.

Mehrere Deutsche trugen Wehrmachtsuniformen. Zwei Feldwebel fielen mir auf. Sie waren noch mit dem Eisernen Kreuz erster Klasse und der goldenen Nahkampfspange ausgezeichnet, was die SD-Schergen mit erstaunter Anerkennung registrierten. Sie seien wegen Wehrkraftzersetzung festgenommen worden, behaupteten die Feldwebel, aber in der kleinen Gefangenengruppe sprach sich schnell herum, daß sie wegen Homosexualität aus der Wehrmacht ausgestoßen worden waren. Vermutlich würden sie bald mit dem rosa Dreieck der Schwulen in ein KZ eingewiesen.

Ein sympathischer Leutnant erzählte mir seine Geschichte. Er hatte – in Jugoslawien eingesetzt – nach dem Attentat gegen Hitler seiner Enttäuschung über den Fehlschlag dieses Unternehmens im Kameradenkreis freien Lauf gelassen. Sein bester Freund hatte ihn als Defaitisten denunziert. Nun sah der Leutnant seiner Abkommandierung in ein Strafbataillon entgegen.

So ausgeprägt ist der Überlebensinstinkt, daß das Entsetzen der ersten Stunden bald schon einer gewissen Gewöhnung zu weichen begann. Unter den Bewachern befanden sich offenbar nicht nur Sadisten und Henker. Ein SD-Mann, dem wir das Schlimmste zugetraut hätten – eine Verbrechervisage mit niederer Stirn und zusammengewachsenen Augenbrauen –, erwies sich als halbwegs zugänglich, fast gönnerhaft. Er brachte uns am zweiten Tag etwas ausgetrockneten Kuchen, der eigentlich für tschechische Gefangene von deren Prager Verwandtschaft am Portal des »Pankraz« abgegeben worden war. Auf dem Flur begegneten wir flüchtig zwei abgeschossenen britischen Piloten, die Vorzugsbehandlung genossen. Im Vorbeigehen grüßten uns die Engländer mit einem verstohlenen V-Zeichen.

Am zweiten Tag entdeckte ich auch Marcel. Marcel war ein schmächtiger, in sich gekehrter Franzose. In der Zelle war er völlig isoliert, und ich zerrte seinen Strohsack kurzerhand auf die Seite der Deutschen herüber. Marcel war offenbar an seinem Arbeitsplatz verhaftet worden. Er trug noch den blauen Monteuranzug. Das hagere, graue Gesicht war von Folterungen gezeichnet. Ein paar Zähne waren ihm ausgeschlagen worden. Es dauerte eine Weile, bis er Zutrauen zu mir faßte. »Ich kann Ihnen ruhig meine Geschichte erzählen«, sagte er am dritten Tag, als es dunkel wurde. Jedesmal bei Einbruch der Dunkelheit verkrampfte sich die Angst in Magen und Darm. »Ich habe nichts mehr zu verlieren, und ich kann auch keinem meiner Genossen mehr schaden. Meine nächste Bestimmung ist Mauthausen, und dort werden sie mir nicht nur das rote Dreieck der Politischen auf die Zebra-Kluft nähen, sondern auch den schwarzen Punkt für ›Nacht-und-Nebel‹-Fälle. Das bedeutet: Ich werde zu den unerträglichsten Arbeiten im Steinbruch eingeteilt und so schnell wie möglich zu Tode geschunden.«

Ursprünglich war Marcel Automechaniker bei Renault in Boulogne gewesen. Seit langem gehörte er der kommunistischen Partei an. Den Angriff des Dritten Reiches auf die Sowjetunion hatte er wie eine Erlösung empfunden nach den Monaten schmachvollen Taktierens der KPF mit der deutschen Besatzungsmacht. Er hatte bei Renault Zellen des Widerstands organisiert. Dann meldete er sich freiwillig zum Arbeitseinsatz nach Deutschland, und zwar im geheimen Auftrag der Partei. In einem schlesischen Rüstungsbetrieb hatte er versucht, die französischen Arbeiter im Sinne der Weltrevolution zu indoktrinieren. Er hatte präzise Anweisungen und technische Kniffe mit auf den Weg bekommen. Marcel war ein Experte für Industrie-Sabotage. Er versah seine Arbeitskollegen mit relativ harmlosen Gift- und Reizstoffen, die es ihnen erlaubten, sich wochenlang krankschreiben zu lassen. Beim Nahen der Roten Armee hatte er sogar versucht, eine kleine Kampfgruppe aufzustellen, hatte sie mit selbstgefertigten oder im Betrieb entwendeten Waffen ausgerüstet, und dabei war er gefaßt worden.

Marcel war kein gebildeter Mann. Der alte fromme Spruch »sanguis martyrum semen Christianorum – Das Blut der Märtyrer ist der Samen der Christenheit« war ihm unbekannt. Aber in seiner Einstellung zur marxistischen Erlösungstheorie war er ein eifernder Bekenner. Vom Wert seines Opferganges war er zutiefst überzeugt und haderte nicht mit dem Schicksal. Ein Schwärmer war er keineswegs. Ich hätte ihm sogar im Falle einer kommunistischen Machtergreifung das Zeug zum »politischen Kommissar« zugetraut. Die Herrschaft der Werktätigen, der Sieg des Proletariats – das waren für ihn Gewißheiten der Zukunft; sie erfüllten ihn mit Zuversicht über den eigenen Tod hinaus.

Wir sprachen über die Verhältnisse im befreiten Frankreich. »De Gaulle als Adliger steht in einem anderen Lager als wir«, meinte Marcel; »das heißt nicht unbedingt, daß er ein Klassenfeind ist.« Immerhin habe er Maurice Thorez – den Generalsekretär der Kommunistischen Partei Frankreichs, der 1939 vor seiner Einberufung zur französischen Armee desertiert und nach Rußland geflüchtet war – nach Paris zurückkommen lassen und ihm einen Ministerposten in der provisorischen Regierung angeboten. »Ich habe gehört, daß die Kräfte der Reaktion, vor allem die Berufsmilitärs, dabei sind, die wackersten Widerstandskämpfer, die ›Francs-Tireurs Partisans‹, zu entwaffnen«, sagte Marcel sorgenvoll. »Dabei haben die FTP die Hauptlast des Kampfes im Untergrund, in den Maquis, getragen und die höchsten Opfer gebracht. Aber die Bourgeoisie, die schon wieder zur Macht drängt, nachdem sie sich an Pétain geklammert hatte, merkt natürlich, daß wir Kommunisten bei den Francs-Tireurs Partisans das Sagen haben.«

Für die Kollaborateure, für Pierre Laval und auch für den greisen Marschall Pétain, hatte Marcel nur einen Urteilsspruch parat: die standrechtliche Erschießung. »Tu vas voir« – jetzt kam sogar ein wenig Pathos in seinen Pariser Faubourg-Akzent – »du wirst sehen, daß die Arbeiterklasse sich diesmal durchsetzen wird. Wir werden endlich das Testament der Communarden vollstrecken. Der Volksaufstand, der 1871 unter den Kartätschen und Exekutionskommandos der Versaillais zusammenbrach, ist heute zu einer unwiderstehlichen Bewegung geworden. ›La France sera rouge et socialiste – Frankreich wird rot sein und sozialistisch‹.« Die totale Hingabe an sein klassenkämpferisches Ideal hatte Marcel über die Dürftigkeit seiner durchschnittlichen Arbeiterexistenz hinausgehoben.

Die sowjetischen Armeen – so erfuhren wir in jenen Tagen durch die Kalfaktoren – hatten eine Großoffensive eingeleitet, die deutschen Stellungen im Warthegau durchbrochen und die Oder erreicht. Es keimte Hoffnung im »Pankraz«. Die Weisung wurde schnarrend verlesen, daß alle Gefangenentransporte in Richtung Reichshauptstadt und die KZ-Lager Oranienburg und Sachsenhausen umgeleitet, daß die betroffenen Häftlinge nach Möglichkeit an ihre Ausgangspunkte zurückgeschickt würden. Für mich bedeutete das: Von meiner Einlieferung ins Reichssicherheitshauptamt in Berlin konnte keine Rede mehr sein. Ich würde mit dem nächsten Zellenwaggon in Richtung Graz in Bewegung gesetzt, eine an sich absurde Verschiebeübung, die in der strategischen Krisenlage des schrumpfenden Großdeutschen Reiches die Pedanterie der repressiven SS-Verwaltung enthüllte.

Für Marcel allerdings stand die Bahnstrecke nach Mauthausen weit offen. Wir wurden auseinandergerissen, obwohl auch meine Fahrt über Linz führen würde, also in die unmittelbare Nachbarschaft des gefürchteten Todeslagers. »Bonne chance«, sagte Marcel zum Abschied und drückte mir die Hand. Ich wagte nicht, ihm dasselbe zu wünschen.

Jeden Morgen war Pierre Buchoud als erster auf den Beinen, noch ehe die Eisentür der »Intelligenz-Zelle« aufgerissen und die stinkenden Blechnäpfe ausgeteilt wurden. Im Wiener Gefängnis an der Elisabether Promenade, im Volksmund »Liesl« geheißen, trug der Hauptmann Buchoud eine extravagante Kluft: die knallrote Hose mit dem blauen Streifen der französischen Offiziersschule Saint-Cyr und einen khakifarbenen Militärpullover. Der Capitaine begann sofort nach dem Wecken mit seiner Morgengymnastik. Er war ein rotblonder Lothringer aus Nancy, von bäuerlicher, untersetzter Statur. Aus seinen blauen Augen strahlte eine fast aggressive Zuversicht. Im kurzen Winterkrieg 1939/40 an der Warndt-Front, während der »drôle de guerre«, wie man in Paris sagte, hatte er, als Oberleutnant in einem *bataillon de choc* dienend, zwei deutsche Panzerfahrzeuge geknackt, war dafür mit der Ehrenlegion dekoriert und zum Hauptmann befördert worden.

Die Jahre der Kriegsgefangenschaft hatten ihn in keiner Weise gebrochen. Welcher Art von Verschwörung er sich dort angeschlossen hatte – offenbar war ihm aus dem Lager heraus sogar Funkkontakt zu den Alliierten gelungen –, hat er mir nicht erzählt. »In der Haft sagt niemand die Wahrheit«, erklärte er kategorisch. Es muß wohl ziemlich dilettantisch zugegangen sein bei diesem Offizierskomplott. Nach der Festnahme war er der Gestapo übergeben und gefoltert worden. »Sie haben mich hinter dem Rücken angekettet, an einem Flaschenzug hochgezerrt und stundenlang an den Knöcheln hängen lassen. Es war ein Glück, daß ich vor Schmerz ohnmächtig wurde, ehe sie mich zur Aussage pressen konnten. Mein Freund Lemaître, der Oberleutnant im Gefängnistrakt unter uns, ist bei Bewußtsein geblieben und hat am Ende ausgepackt. Aber das kann ihm niemand übelnehmen. Ich versuche alles, um ihm darüber hinwegzuhelfen und ihn aufzuheitern.«

Die schwer vergitterten Fenster unserer Zelle gingen auf den inneren Gefängnishof. Sie erlaubten im Gegensatz zu den sonst üblichen Lichtschächten freien Ausblick auf das Gegengebäude. Nach seinen Leibesübungen, die sehr gute Kondition verrieten, schob Buchoud seinen rotblonden Haarschopf, so weit er konnte, zwischen die Eisenbarren. »Lemaître«, schrie er nach unten. Der Oberleutnant war schon zur Stelle und meldete sich. »Ils l'ont dans le cul«, brüllte Buchoud, den höchst obszönen Refrain eines alten Militärliedes, der besagen sollte, daß die Deutschen sich ihre Siegeshoffnung in den Hintern stecken könnten. Zu uns hallte die etwas brüchige Stimme des Lieutenant Lemaître aus der unteren Etage herauf: »Ils l'ont dans le cul«, rief auch er wie ein Echo.

Als ich bei Nacht, aus Prag kommend, von einem Wächter in den dunklen Haftraum der »Liesl« geschoben worden war, hatte sich mir gleich eine mächtige Pranke auf die Schulter gelegt. »Ich heiße Stephan Gyurek und bin hier Zimmerkommandant«, sagte eine österreichisch gefärbte Stimme; »ich begrüße dich in der Wiener Intelligenz-Zelle.« Warum der Sammelraum diesen Namen verdiente, wurde mir nie ganz klar. Eine sehr unterschiedliche Gesellschaft war hier zusammengewürfelt. Nur ein paar Fälle sind mir in Erinnerung geblieben: ein eleganter junger Wiener aus reichem Hause, der aufgrund eines Asthmaleidens vom Wehrdienst freigestellt worden war und sich in den letzten Kriegsmonaten einem versnobten politischen Salon angeschlossen hatte, wo man österreichischen Widerstand gegen Hitler mimte, in Wirklichkeit jedoch über den Austausch regimekritischer Witze nicht hinauskam; ein silberhaariger Graf aus der Steiermark, der sich als mannhafter Gegner des Nationalsozialismus darstellte, aber wohl wegen seiner Neigung für schöne Epheben in die Fänge der Gestapo geraten war; ein vitaler Hauptmann der ungarischen Honved – so elegant und fesch, als stamme er aus einem Roman von Arthur Schnitzler –, der offenbar massiven Schwarzhandel mit Heeresgut betrieben hatte; ein Diplomat des kurzlebigen slowakischen Staates von Hitlers Gnaden, der sich im Auftrag seines geistlichen Staatschefs Josef Tiso in Dalmatien bemüht hatte, Kontakt mit den Briten aufzunehmen, um der bevorstehenden Okkupation durch die Rote Armee in letzter Minute zuvorzukommen.

Die beherrschende Figur in dieser kleinen Truppe von etwa zwanzig Gestapo-Häftlingen war zweifellos der Kommunist Stephan Gyurek. In endlosen Debatten versuchte er, auch mich zum Marxismus-Leninismus zu bekehren. Dabei erwies er sich als hervorragender Dialektiker. Bei den ersten Verhören war er verprügelt und aufs äußerste gepeinigt worden. Aber in dem Maße, wie das Kriegsglück sich wendete und die Armeen Stalins aus dem ungarischen Raum auf das Burgenland vorrückten, waren die Vernehmungsmethoden geschmeidiger geworden. Bei der letzten Vorladung durch seinen »Spezialisten«, gab Stephan lachend zum besten, habe der hochgebildete, aber bislang unerbittliche Zivilbeamte der Staatspolizei ihm einen Sessel angeboten und so locker mit ihm geplaudert, daß er beinahe um eine Tasse Tee gebeten hätte. »Sie haben schon Angst vor uns«, sagte Stephan mit grimmiger Genugtuung, »und ich mache ihnen natürlich Hoffnung. Als Polizist habe er doch nur seine Pflicht erfüllt und könne ohne Furcht sein, habe ich meinem Spezialisten gesagt. Unsere sowjetischen Freunde werden ohnehin kurzen Prozeß mit diesen Bestien machen.«

Der Weitertransport nach Graz verzögerte sich. Die alliierte Luftwaffe bombardierte die Schienenwege, die nach Süden führten. Eines Tages schlug auch in der »Liesl« eine schwere amerikanische Bombe ein. Es entstand Panik im getroffenen Gefängnisflügel. In der folgenden Nacht fielen Schüsse. Scheinwerfer tasteten die hohen Mauern ab. Die Wachmannschaften waren überreizt. Einer Gruppe russischer Kriegsgefangener war es tatsächlich gelungen, ihre Gitter durchzusägen und nach einem akrobatischen Kraftakt über die Dächer zu entkommen. »Der Sowjetstaat wird nach dem Sieg jeden gefangenen Russen zur Rechenschaft ziehen«, kommentierte Stephan; »der Ausbruchsversuch wird den Genossen dann zugute gehalten werden.«

Capitaine Buchoud wirkte auf mich wie ein Fels in der Brandung. In seinem Offizierslager (Oflag) hatte er an verschiedenen Lehrgängen teilgenommen, die von gefangenen Hochschulprofessoren abgehalten wurden. Dabei hatte er einen Russisch-Kurs belegt. Buchoud war der Gegentyp des Barons de La Ferronière. Ihm wäre nicht der Gedanke gekommen, Gedichte zu rezitieren oder toten Königen nachzutrauern. Er war schon als Kind in der Kadettenanstalt La Flèche im Geiste einer kämpferischen Republik erzogen worden. Gegenüber seinen Oflag-Gefährten bewahrte er Distanz. Die französischen Offiziere in Gefangenschaft hätten in den Jahren nach der Niederlage von 1940 ein wenig rühmliches Bild abgegeben, erzählte er. Die absurde, unermüdliche Diskussion über eventuelle Beförderungschancen nach der Befreiung hätten alle anderen Gedankengänge der Aktiven vernebelt.

Buchoud hatte seit vier Jahren keine Frau mehr gesehen. So begeisterte er sich an den Silhouetten der weiblichen Häftlinge, die hinter den Gitterstäben des gegenüberliegenden Gebäudes zu erkennen waren. Die Freude war groß, als er dort zwei Französinnen erspähte. Er verbrachte Stunden damit, sich über ein gängiges Zeichen-Alphabet mit diesen beiden Mädchen, die vermutlich einem zweifelhaften Gewerbe nachgingen, zu verständigen. »Was schert es mich schon, daß sie Nutten sind«, winkte Buchoud ab; »mir ist erzählt worden, daß unter den KZ-Insassen zwei Kategorien mehr Mut und Härte als die meisten anderen bewiesen hätten, die Adligen und die Zuhälter.« Von den Französinnen erfuhren wir, daß bei den inhaftierten Frauen aufgrund der schlechten Ernährung die Menstruation ausblieb.

Unsere Gefängniswärter waren recht verträglich geworden. Es waren altgediente Männer, die uns die letzten Meldungen von der Front zuflüsterten. Buchoud stellte sorgfältige strategische Überlegungen an. Seine Prognose für das Kriegsende lautete auf Mai oder Anfang Juni. Er sollte recht behalten. Die übrigen Haftgefährten konnten sich ein so schnelles Ende des Dritten Reiches immer noch nicht vorstellen.

Mein Wille zum Überleben war nun aufs äußerste angespannt. Aber mein Gesundheitszustand stimmte mich sorgenvoll. Ein entsetzlicher Juckreiz plagte mich. Ich verfiel in einen fiebrigen Dämmerzustand, und als ich Mitte März 1945 doch noch aus der Wiener Intelligenz-Zelle herausbeordert wurde, um einer Massenverfrachtung nach Süden eingereiht zu werden, erkannte ich den Capitaine Buchoud nur noch durch einen Schleier. Er kramte in der Tasche seines Offiziersmantels und drückte mir heimlich einen Riegel Schokolade als Wegzehrung in die Hand, ein königliches Abschiedsgeschenk.

*

Warum ich diese Kerkerszenen und eher zufälligen Begegnungen mit ein paar versprengten Franzosen an den Anfang dieses Buches stelle? Weil am Rande des Abgrunds die wahre Natur des Menschen, die *condition humaine,* sich am eindringlichsten offenbart. Im Roman von André Malraux über die Anfänge der chinesischen Revolution – »La Condition Humaine« – spielt sich der dramatische Vorgang in einem Verlies der Armee Tschiang Kai-scheks ab. Kommunisten aus aller Herren Länder erwarten in Hankau ihre gräßliche Hinrichtung in der Kesselfeuerung einer Dampflokomotive. Der Revolutionär Katow, ein Russe, besitzt nur noch eine Zyankali-Kapsel, und die überreicht er in einer Geste höchster Selbstaufopferung, der perfekten proletarischen Nächstenliebe, dem chinesischen Genossen Souen. Er nimmt anstelle dieses Kampfgefährten die Qual der Verbrennung bei lebendigem Leib auf sich.

Was mich mit den Franzosen in der Gestapohaft verband, war weder die Selbstlosigkeit der Ideologie noch das gleichsam literarische Pathos, das Malraux seinen Helden unterstellt. Statt einer Zyankali-Kapsel hatte der Capitaine Buchoud mir nur einen Riegel Schokolade zugesteckt. Aber im Auf und Ab dieser Haftwochen, in der Erwartung des Todes, erlebten wir Augenblicke einer schwer deutbaren Exaltation. Die Einzelschicksale wurden in dieser Grenzsituation dramatisch überhöht. In der Stunde der Demütigung und der Schmach erschienen mir diese Gefährten eines dunklen Zufalls in einer Aura erzwungener Heiligkeit. Im Umgang mit den bescheidenen Bekennern, die mir außerhalb dieser Extremsituation vermutlich höchst trivial vorgekommen wären, spürte ich einen Hauch jener fränkischen Legende, die die frühesten Chronisten der Kapetinger und ihrer Kreuzzüge in heroischer Verbrämung an die Nachwelt weitergaben. Schon Friedrich Sieburg, obwohl er die moribunde Dritte Republik in ihrer genußsüchtigen Mediokrität, in ihrer Absage an die jenseitigen, tradierten Werte vorfand, hatte mit sicherer Intuition über »Gott in Frankreich?« geschrieben. In den diversen Gefängnissen der Gestapo – im Licht der Erniedrigung, nicht des Ruhmes, der *gloire* – hatte ich eine Initiationsschwelle überschritten, öffnete sich mir der Zugang zur mystischen Natur des französischen Nationalbewußtseins.

*

Auf dem Rücktransport von Wien nach Graz wurde ich von heftigen Fieberstößen geschüttelt. Die Reise verlief chaotisch. Wegen Bombenschäden wurden wir bei Wiener Neustadt vorübergehend auf Lastwagen verladen. Die Fahrt war ein Alptraum. In den kalten Vorfrühlingsnächten schliefen die Häftlinge zur gegenseitigen Aufwärmung eng ineinander verschachtelt. Jede Stunde wurde ein Signal gegeben, weil unsere abgemagerten Hüften unerträglich schmerzten, und wir veränderten unsere Lage um hundertachtzig Grad. Im Schüttelfrost klapperten mir die Zähne so stark, daß ich meine unmittelbaren Nachbarn weckte.

Die Ankunft in Graz erlebte ich in einem schmerzlichen Nebel. In der Entlausungsanstalt des Polizeigefängnisses, wo ich ein paar Stunden verbrachte, stellten die Bewacher mit allen Zeichen des Ekels fest, daß meine Kleidung von Läusen und anderem Ungeziefer nur so wimmelte. Zu Fuß schleppte ich mich mit einer kleinen Gruppe Leidensgenossen in ein Arbeitslager, das administrativ der Zentrale des Konzentrationslagers Mauthausen unterstellt war. In der Dämmerung entdeckten wir elektrifizierte Stacheldrahtverhaue, Wachtürme mit bewaffneten Posten. In den Holzbaracken waren die Pritschen übereinander geschichtet. Die Haare wurden mir abrasiert. Eine schwarzgrüne Häftlingsmütze, die mir wie eine Narrenkappe vorkam, wurde mir verpaßt. Die Bewacher stammten – ihrer Aussprache nach zu urteilen – überwiegend aus Kroatien oder Slowenien. Sie benahmen sich rauh und grobschlächtig. Bösartig waren sie nicht. Am nächsten

Morgen wurde ich zu Sägearbeiten abkommandiert. Dort brach ich zusammen. Der Sanitäter, selber ein Häftling, diagnostizierte Flecktyphus.

Dann geschah das Wunder. Ein polternder Lagerführer mit starkem Ruhrgebiet-Akzent ließ mich ins Gaukrankenhaus Graz einweisen. Ein alter Zivilist mit Armbinde und Karabiner brachte mich zur Straßenbahnstation, begleitete mich bis zu einem hochgelegenen Gebäudekomplex, schloß meine Handschellen auf und lieferte mich ein.

Von der zweimonatigen Haft war ich schrecklich abgemagert. Die Knie waren breiter als die Schenkel. Der Flecktyphus suchte mich mit besonderer Virulenz heim, wie ich später vom Pflegepersonal erfuhr. Das Gehör, die Artikulationsfähigkeit, sogar das Sehvermögen waren aufs äußerste beeinträchtigt. Wie Schemen nahm ich die Nonnen vom Orden des heiligen Vinzenz von Paul wahr mit ihren riesigen weißen Flügelhauben, das warme Bad, in das ich gehoben, die saubere Wäsche, in die ich gebettet wurde. Trotz des Fiebers, das sich zwischen 41 und 42 Grad bewegte, soll ich stets gelächelt haben, wenn ich zu Bewußtsein kam, hat mir der freundlich um mich besorgte österreichische Arzt später berichtet.

In den Krankenhauspapieren wurde ich weiter als Schutzhäftling geführt. Aber niemand stellte mir nach. Allmählich überwand ich die Krankheit, nahm Anteil am Leben im großen Pflegesaal der Flecktyphus-Station, wo die Serben und Kroaten in der Mehrheit waren. Die einen hatten unter Milan Neditsch, die anderen unter Ante Pawelitsch gekämpft. Mein unmittelbarer Nachbar war ein italienischer Leutnant der Badoglio-Armee aus Foggia, mit dem ich mich schnell anfreundete. Vor dem Fenster erblühte ein großer Kirschbaum in der milden Frühlingssonne. Stundenlang genoß ich den Anblick dieser weißen Pracht wie eine Verheißung des Überlebens. Mit fortschreitender Gesundung war meine Appetitlosigkeit einem schrecklichen Hunger gewichen. Die junge Schwester Agnes, die mich besonders hingebungsvoll betreute, brachte mir jeden Abend ihre eigene Essensration, damit ich schneller zu Kräften käme.

Der Stationsarzt flüsterte mir morgens die letzten Nachrichten vom Zusammenbruch des Dritten Reiches zu. Eines Tages trat er mit einer schwarz umrandeten Zeitung an mein Bett. Das Bild Hitlers füllte die Titelseite. Darüber las ich die Schlagzeile: »Der Führer ist gefallen«. Da überkam mich eine geradezu explosive Freude, der animalische

Triumph, überlebt zu haben. Ich war inzwischen wieder imstande, kleine Spaziergänge im Krankenhauspark zu machen, und nahm Kontakt zu einer Anzahl französischer Zivilarbeiter der verschiedenen Abteilungen auf. Sie waren meist im Zuge des »service du travail obligatoire«, der Zwangsverpflichtung, ins Großdeutsche Reich verfrachtet worden. Aufgrund meines Häftlingsstatus, der durch meinen kahlgeschorenen Kopf deutlich unterstrichen wurde, akzeptierten mich die Franzosen von Anfang an als ihren Wortführer.

Am frühen Morgen des 8. Mai 1945 erfuhr ich aus einer knappen Sondermeldung des Senders Alpenland von der deutschen Kapitulation. Der Mitteilung über das Ende der nationalsozialistischen Herrschaft folgte das Deutschlandlied in der ursprünglichen, elegischen Fassung Haydns. Da überkam mich – bei aller Genugtuung über die Rettung – Ergriffenheit und Wehmut im Gedanken an den Untergang des Deutschen Reiches und der deutschen Nation.

Den ganzen Tag über rollte die SS-Division Wiking in perfekter Formation am Gaukrankenhaus Graz vorbei gen Westen, als zöge sie noch einmal in die Schlacht. Vom Park aus beobachtete ich diese eilige Absetzbewegung von der nahen ungarischen Front. Den SS-Formationen ging es darum, die rettenden britischen Vorhuten zu erreichen, die – von Italien kommend – in Kärnten eingerückt waren. Am Rande der motorisierten Kolonnen der Division Wiking flüchteten auch russische Hilfsverbände, die auf seiten der Wehrmacht gekämpft hatten, Bataillone der Wlassow-Armee und kompakte Trupps von Krim-Tataren, deren erschöpfte asiatische Gesichter zu Stein erstarrt waren. Zwei Tage später sollte ich dieses Streugut des Krieges unter Bewachung von Rotarmisten wieder nach Osten zurückfluten sehen, der Rache Stalins, den sibirischen Lagern und dem Tod in den Bergwerken der Tundra entgegen.

Die Besetzung von Graz durch die Rote Armee vollzog sich während der folgenden Nacht. Es kam zu einigen Ausschreitungen und Vergewaltigungen. In aller Frühe brachte mir Schwester Agnes meine Trainingsjacke, die mich durch die Gefängnisse begleitet hatte. Sie hatte auf meine Bitte ein blau-weiß-rotes Kennzeichen aufgenäht. Ich zog mich an, setzte die Baskenmütze auf, von der ich mich ebenfalls nie getrennt hatte, und begleitete die Nonne bei ihren Behördengängen in die Stadt. Dieser männliche Schutz war nicht überflüssig in der beklemmenden Unruhe der ersten Besatzungsstunden. Die Rotarmisten in ihren erdbraunen Uniformen waren überall, darunter viele

Mongolen aus Zentralasien. Kein Panzer war zu sehen, nur wenige brüchige Lastwagen. Hingegen bewegten sich unzählige Panje-Wagen auf den Straßen von Graz. Auf der großen Wiese vor dem Eingang des Spitals weideten kleine robuste Pferde. Die Rotarmisten kampierten daneben, aßen dicke Scheiben Graubrot mit Speck. Die Ankunft der Russen glich einem Hunneneinfall.

Aufgrund meiner blau-weiß-roten Etikettierung, die mich gewissermaßen in die Rolle eines Alliierten versetzte, verlief die Erledigung unserer Verwaltungsgeschäfte ohne jedes Problem. Zwei Tage später wurde ich von den Franzosen des Gaukrankenhauses beauftragt, Schritte bei der sowjetischen Kommandantura zu unternehmen, um die Repatriierung nach Frankreich zu beschleunigen. Mit Erleichterung erfuhr ich, daß eine Verschiffung über Odessa, die wir ursprünglich befürchteten, nicht stattfände, sondern daß wir bei gegebenem Anlaß die sowjetisch-britische Demarkationslinie zwischen Steiermark und Kärnten in Richtung Norditalien passieren würden.

Bevor mir die Russen irgendein Papier ausstellten, verwiesen sie mich an eine sogenannte »französische Kommandantura«, die ich dann auch in einer überfüllten Schreibstube der Bürgermeisterei entdeckte. Dort wehte die Trikolore neben der roten Fahne mit Hammer und Sichel. Zwielichtige Gestalten hatten sich der Vertretung Frankreichs bemächtigt. Diese selbsternannten Repatriierungs-Kommissare von Graz wirkten auf den ersten Blick wie Ganoven und waren es vermutlich auch. Schon wieder wurde das Unterste nach oben gekehrt. Hatte ich mit Zuhältern, windigen Kollaborateuren, Anpassern oder gar getarnten Vichy-Milizionären zu tun?

An meinen hohlen Wangen, am geschorenen Schädel und an meiner grimmigen Entschlossenheit merkten diese seltsamen Amtsträger gleich, daß ich aus dem Lager oder aus dem Gefängnis kommen mußte. Die übrigen Antragsteller, darunter eine grell bemalte Pariserin, die beteuerte, sie sei am Morgen dreimal von Russen vergewaltigt worden, wurden beiseite geschoben. Die Schreibtisch-Helden der »französischen Kommandantura« hatten sich der politischen Lage angepaßt. Sie trugen rote Armbinden und rote Halstücher. Den Brustrevers hatten sie mit Hammer und Sichel verziert. »Am liebsten würden sie sich auch noch die Eier rot anstreichen«, sagte ein redlicher französischer Arbeiter neben mir.

Im Nu hatte ich die gewünschten Papiere für mich und die mir anvertraute Heimkehrergruppe des Spitals. Das dubiose Dokument bedurfte jedoch des Gegenstempels der sowjetischen Behörden. Auch diese Formalität verlief ohne Verzögerung. Ein netter russischer Hauptmann klopfte mir auf die Schulter, unterschrieb und stempelte das Papier. Dabei drückte er mir eine Einladung zum Nachmittagskonzert im Stadttheater in die Hand. So wurde es mir vergönnt – eingeklemmt in eine verschüchterte Menge zerlumpter Zivilisten aus allen Teilen Europas –, einem Chor der Roten Armee zu applaudieren. Untermalt von mächtigen Trompetenstößen stimmten die martialischen Sänger eine dröhnende Hymne zu Ehren des großen Völkervaters Josef Stalin an.

Eine letzte Kontrolle teils jovialer, teils bärbeißiger Russen lag hinter uns. Die Schranke öffnete sich. Wir gingen auf eine Villa zu, vor der Soldaten wie von einem anderen Stern postiert waren. Die Engländer der 8. Armee trugen schmucke Sommeruniformen. Ihre Barette zierten rote und grüne Pompons. Die braungebrannten sportlichen Männer waren gut genährt und glatt rasiert. Über ihnen am Mast wehte der Union Jack wie ein Symbol der Freiheit. Der alte Maschinenschlosser aus meiner kleinen Gefolgschaft, der im heimischen Saint-Ouen stets kommunistisch gewählt hatte, dem jedoch beim Spektakel des siegreichen Stalinismus Zweifel an der Erlösungsbotschaft Moskaus gekommen waren, stellte sich vor der Flagge des Vereinigten Königreichs feierlich auf und zog seine speckige Schirmmütze. »Dieser Fahne erweise ich meinen Respekt«, sagte er. Der britische Sergeant grüßte lässig zurück und versorgte uns mit Konservenkost. Wir stapelten die Kisten auf dem Panje-Wagen, den wir mitsamt einem herrenlosen Pferd am Vortag requiriert hatten.

Es war das gleiche Dutzend französischer Zivilisten, die ich von nun an über die Pässe Kärntens der italienischen Grenze entgegenführte. Die Euphorie der neugewonnenen Freiheit beschleunigte auf wunderbare Weise meine Genesung. Nur die Fußgelenke waren abends noch geschwollen. Ab Villach ging unsere Fahrt auf Lastwagen der britischen Streitkräfte weiter. Beim Anblick dieser siegreichen Armee, dieser strahlenden jungen Männer, die aus dem Niltal aufgebrochen, über Libyen, Tunis und Italien bis an Hitlers Alpenfestung vorgerückt waren, überkam mich eine Melancholie, die nicht frei war von Neid. Diese jungen Engländer, Australier, Kanadier, denen man anmerkte, daß sie ihre Kriegserlebnisse bereits als die »besten Jahre ihres Lebens« zu glorifizieren begannen, waren aus den fernen, bunten Gestaden eines geheimnisvollen Orients aufgebrochen. Sie waren frei von den Ängsten und Demütigungen des geschundenen europäischen Kontinents, gehörten offenbar einer besseren, heiteren Welt an. In diesen Tagen ist vermutlich mein Entschluß gereift, mich sofort nach Überschreiten der französischen Grenze zum Expeditionskorps nach Ostasien zu melden, wo der Krieg gegen Japan noch im Gange war.

Selbst wenn man einer so erbärmlichen Rotte angehört wie wir sie bildeten, ist die erste Alpenüberquerung in Richtung Italien ein begeisterndes Erlebnis. Die Szene aus Titus Livius kam mir in den Sinn, die Geste Hannibals, der seinen Heerscharen den Weg zum Reichtum der Po-Ebene weist. Unsere Reise über Venedig, Verona, Brescia, Mailand und Turin war alles andere als ein ruhmreicher Eroberungszug! Wir waren Streugut des Krieges, schliefen auf dem Fußboden geräumter Klassenzimmer, wurden mit mageren Portionen abgespeist. An die Gastlichkeit der lombardischen Bauern denke ich dankbar zurück. Sie fragten nicht lange nach unserer Herkunft oder unserem politischen Bekenntnis, wenn wir in wenig vertrauenerweckendem Aufzug an ihr Tor klopften. Sie holten uns an den großen Familientisch, wo die ganze Sippe mit nie weniger als sechs Kindern versammelt war. Die Matrone, breithüftig, gutherzig und selbstbewußt, schlug das Kreuz und teilte jedem seinen Teller Polenta zu. Der Fremde wurde genauso bedacht wie die eigenen Angehörigen.

In Turin tauchten ein paar französische Offiziere und Ärzte auf, um erste Kontrollen und medizinische Untersuchungen vorzunehmen. Unter den Arkaden der piemontesischen Stadt fielen mir grün-weiß-rote Anschläge auf mit der Beschriftung: »La Valle d'Aosta è italiana e rimarrà« und »La Valle di Susa è italiana e rimarrà«. Das Aosta-Tal – und das Susa-Tal – sei italienisch und werde italienisch bleiben. Das war ein Hinweis auf die Annexionsabsichten des gaullistischen Frankreich, das – von der eigenen katastrophalen Niederlage noch in keiner Weise genesen – bereits die Hand ausstreckte zur territorialen Abrundung auf Kosten des italienischen Nachbarn. Bewaffnete französische Elemente waren in die beiden piemontesischen Täler eingedrungen und suchten der Pariser Forderung auf Anschluß dieser frankophonen Randgebiete jenseits der Alpen durch ihre Präsenz Nachdruck zu verleihen. Die Italiener waren offenbar nicht bereit, dieses *fait accompli* widerstandslos hinzunehmen. Unter amerikanischem Druck sollten die Franzosen dann auch wenige Wochen später Aosta und

Susa räumen. Im Friedensvertrag mit Italien mußte sich Paris mit zwei winzigen Grenzberichtigungen im Abschnitt von Tende und Brigue begnügen.

Als unser Konvoi am späten Abend in Susa eintraf, wurden wir von französischen Soldaten begrüßt. Es war keine sehr ansehnliche Militäreinheit, die über den Mont-Cenis-Paß gekommen war. Die Partisanen des Maquis waren nur mühselig diszipliniert worden. Ihre Uniformierung war buntscheckig, die Befehlsgewalt der zum Teil selbsternannten Offiziere fragwürdig. Diese aus der Résistance hervorgegangene Territorial-Einheit gebärdete sich revolutionär. Neben der blau-weiß-roten Trikolore flatterten rote Wimpel. Die improvisierten Soldaten dieser kläglichen »Armée d'Italie« – oft Widerstandskämpfer der letzten Stunde – suchten vergeblich an die Tradition der *levée en masse*, des Massenaufgebots unter dem »großen Carnot«, anzuknüpfen.

In dem Gasthof, wo wir mit US-Rationen und Rotwein bewirtet wurden, verharrte ich vor einem Farbdruck, der einen Krieger der Französischen Revolution darstellte. Dieser Grenadier trug weder Schuhzeug noch ordentliche Uniform. Er sah so schlampig aus wie die Soldaten von Susa. Aber von ihm ging die Gewißheit der historischen Sendung aus. Er lehnte lässig an einer blau-weiß-roten Schranke und rauchte seine Pfeife. Über ihm proklamierte das Grenzschild: »Ici commence le pays de la liberté – Hier beginnt das Land der Freiheit.«

Bis in die späte Nacht wurde in Susa getrunken und gegrölt. Die Siegerpose dieser undisziplinierten französischen Vorhut wirkte gespielt, beinahe peinlich. Die Lieder, die hier angestimmt wurden – die Kenntnis der Texte brach ohnehin nach dem zweiten Vers ab –, gehörten einer anderen Zeit an. Da wurde von der Madelon gesungen, dem kessen Serviermädchen des Ersten Weltkriegs, von den »Africains«, den Algier-Franzosen, die über das Mittelmeer kamen, um den heiligen Boden des Vaterlandes zu verteidigen und zu Füßen der Trikolore zu sterben. Da ertönte auch der Refrain: »Vous n'aurez pas l'Alsace et la Lorraine – Ihr werdet Elsaß und Lothringen nicht bekommen, denn Euch zum Trotz bleiben wir Franzosen – car malgré vous nous resterons Français«! Enttäuscht und schwermütig legte ich mich auf die Pritsche im Gasthaus von Susa. Ein paar Betrunkene auf der Straße stimmten zu später Stunde die Marseillaise an: »Le jour de gloire est arrivé ...« Kläglicher Tag des Ruhms.

Jenseits der Grenze, in Savoyen, wurde es ernst. Der Mont Cenis lag kaum hinter uns, und schon erwartete uns feindseliges Mißtrauen in Saint-Jean-de-Maurienne. Zehn Monate nach der Befreiung Frankreichs herrschten hier noch Bürgerkriegsstimmung und die Nachwehen jener Revolutionsjustiz der *maquisards*, der zahlreiche Kollaborateure, aber auch viele Unschuldige zum Opfer gefallen waren. Die bewaffneten Partisanen trugen blau-weiß-rote Armbinden mit den Initialen FFI (Forces Françaises de l'Intérieur – Französische Streitkräfte des Inneren) oder FTP für Francs-Tireurs Partisans. Die kommunistischen FTP forschten nach ehemaligen Mitgliedern der verhaßten Vichy-Miliz und nach Soldaten der französischen Waffen-SS. Jeder von uns mußte den Oberkörper entblößen. Die Sansculotten des Jahres 1945 suchten in unseren Achselhöhlen nach dem Blutgruppenzeichen, das den Angehörigen der SS eintätowiert worden war. Wir mußten froh sein, daß wir mißmutig durchgewinkt wurden und wieder unsere Lastwagen besteigen konnten. Am Rande der Gebirgsstraße entdeckte ich deutsche Kriegsgefangene mit hohlen Wangen und furchtsamen Blicken. Es war ein grausames, oft mörderisches Los für Wehrmachtsangehörige, in die Gewalt französischer Partisanen geraten zu sein.

In Annecy änderte sich die Situation schlagartig. Wir wurden in einem luxuriösen Kurhotel einquartiert. Die Verpflegung war vorzüglich. Das Fenster meiner Suite, die ich mit drei Gefährten meines Aufbruchs aus Graz teilte, öffnete sich auf den stillen, idyllischen Alpensee, den Lamartine besungen hat. Die Offiziere des Fünften Büros, die uns höflich nach unserem Lebenslauf und den Umständen unseres Aufenthalts in Deutschland während der letzten Jahre befragten, gehörten der regulären Armee an. Der elegante Major mit Menjou-Bärtchen und randloser Brille, der mich verhörte, fand mich offenbar sympathisch. Nach einer halben Stunde besaß ich einen Passierschein mit blau-weiß-rotem Querbalken, der mir die individuelle Weiterreise nach Metz freigab.

In Lyon machte ich Zwischenstation. Nach kurzem Suchen entdeckte ich die gutbürgerliche Wohnung am Rhône-Quai, wo mein Zellennachbar aus dem Grazer Gefängnis, Hervé Sollier, zu seiner Familie zurückgefunden hatte. Ich stieß auf einen verbitterten, verhärmten Mann, der vorzeitig gealtert war. Gemeinsam mit dem Baron de La Ferronnière war er kurz nach meinem Abtransport in Richtung Prag nach Mauthausen verschleppt worden. Er sprach voller Bitterkeit über die Schikanen, die nach der Befreiung des Konzentrationslagers für all jene Franzosen, deren Résistance-Zugehörigkeit dubios war, begonnen hatte. Er selbst war von amerikanischem Sanitätspersonal aufgepäppelt worden, aber andere Häftlinge, darunter der königstreue Baron, wurden der Obhut französischer Ärzte übergeben. Als diese feststellten, daß Jean de La Ferronnière, der in Mauthausen an Flecktyphus erkrankt war, auf der Suchliste der Vichy-Sympathisanten stand und daß sein Vater schwer kompromittiert war, hätten sie die Pflege eingestellt und ihn kaltblütig sterben lassen.

Hervé hatte sich von der Entrüstung über diesen blinden Vergeltungsakt noch nicht erholt. »Schau dir doch die Verhältnisse im befreiten Frankreich an!« sagte er. »Unsere Stadt Lyon wird als Hochburg der Résistance gefeiert. Aber kurz vor der alliierten Landung in der Normandie hat die Masse der Bevölkerung noch dem Marschall Pétain zugejubelt. Im Kriege hat sich hier eine schreckliche Sequenz von Verrat und Tortur abgespielt. Auf die Greuel der Gestapo ist leider die Willkür der Epurations-Tribunale gefolgt und die Begleichung allzu vieler persönlicher Feindschaften unter dem Tarnmantel hohler politischer Phrasen.«

In Nancy hoffte ich, Capitaine Buchoud aus der Wiener »Intelligenz-Zelle« wiederzutreffen. Die bescheidene Wohnung seiner Mutter in einem nördlichen Randviertel hatte er mir genau beschrieben. Die freundliche alte Dame teilte mir mit, daß ihr Sohn schon wieder bei der Armee sei und mit allen Mitteln versuche, seine unterbrochene militärische Karriere in Ostasien fortzusetzen. Dort trieb der Krieg gegen Japan seinem dramatischen Höhepunkt entgegen. An die Atombomben von Hiroshima und Nagasaki, die dem Widerstand Nippons im August 1945 ein jähes Ende setzen sollten, dachte damals noch niemand.

Auch in Metz, dem vorläufigen Endpunkt meiner Reise, hatten sich die Dinge nicht beruhigt. Die *libération*, die heißersehnte Befreiung, hatte den Opportunisten und Denunzianten ein weites Feld geöffnet. In der Rue de la Garde traf ich die Mutter Simones an. Sie sah mich sorgenvoll und ein wenig ängstlich an. »Mon pauvre Pierre«, wiederholte sie immer wieder. Schließlich rückte sie mit der Nachricht heraus, von der sie wohl annahm, daß sie mich zutiefst verletzen würde. Simone, meine blonde Braut aus dem Lothringer Herbst des Vorjahres, hatte sich nach Nancy abgesetzt und arbeitete dort als Krankenpflegerin im Hospital der US-Army. »Sie konnte nicht in Metz bleiben«, beteuerte Madame Geiger. Simone sei gelegentlich mit deutschen Offizieren ausgegangen, und man hätte ihr daraus – obwohl das nur Österreicher und nie Preußen gewesen seien – einen Strick drehen können. »Du weißt gar nicht, wie diese Pseudo-Widerständler, diese jungen Lumpen sich hier aufgeführt haben. Den Mädchen, die mit den Deutschen geflirtet hatten, wurden die Köpfe kahlgeschoren.« Simone habe sich in Nancy mit einem älteren Chirurgen verlobt, der im Rang eines Obersten der amerikanischen Streitkräfte stand, und ich müsse doch einsehen, daß sich ihrer Tochter hier eine große Chance böte.

Es bereitete mir Mühe, Madame Geiger davon zu überzeugen, daß ich volles Verständnis für den gesunden Überlebensinstinkt ihrer Tochter empfand. Was hätte ich als Einundzwanzigjähriger schon in wirrer Zeit mit dieser kapriziösen Metzer Braut anfangen können?

Zwei Tage zuvor hatte ich mich ohnehin freiwillig zum französischen Expeditionskorps für Fernost gemeldet und befand mich bereits auf der Suche nach einer Einheit, die möglichst bald in Richtung auf den asiatischen Kriegsschauplatz verschifft würde. In jenem heißen Frühsommer 1945 schlug es für mich »25 Uhr«, wie der rumänische Schriftsteller Constantin Virgil Gheorghiu später formulieren sollte. Ehe ich in Marseille in khakifarbener Kolonialuniform an Bord des britischen Truppentransporters »Andes« ging, der drei Wochen später vor der indochinesischen Küste am Cap Saint-Jacques anlegen sollte, wurde ich – auf der Suche nach dem *bataillon de choc*, zu dem ich mich gemeldet hatte – durch die verschiedensten Truppengattungen geschleust.

Meine Irrfahrt führte über Alençon in der Normandie, den Truppenübungsplatz Valdahon im Jura, über Obernai im Elsaß, wo ich vorübergehend dem 7. algerischen Schützenregiment eingegliedert war, ja über eine kurze Besatzungspräsenz im Saarland und an der Mosel, wo ich mal bei einer flandrischen Infanterie-Division, mal bei einem Kolonial-Bataillon aus Senegal Dienst tat. Erst in Indochina bestätigte der Oberkommandierende des Fernost-Expeditionskorps, General Leclerc de Hauteclocque, durch persönliche Order, daß ich der kleinen Elitetruppe des Fregattenkapitäns Ponchardier, dem Fallschirmkommando gleichen Namens zugewiesen wurde, das nach dem Vorbild des britischen »Special Air Service« ausgerichtet war.

*

Man schrieb den Februar 1946. Wir waren nach zweiwöchigem Einsatz im Partisanengebiet des Mekong-Deltas nach Saigon zurückverlegt worden. Da wurde ich zur Bewachung jenes festungsähnlichen Gefängnisses abgestellt, das sich damals noch – gleich neben dem Palast des Gouverneurs von Cochinchina – mit seinen weißgetünchten Mauern und Zinnen wie ein Zerrbild des Kolonialismus behauptete. Ich machte nachts meine Rundgänge durch die grell beleuchteten Flure.

Hinter den Zellengittern wimmelte es von Gefangenen. Die Hitze und der Gestank waren fürchterlich. Die vietnamesischen Häftlinge, meist Angehörige der prokommunistischen Aufstandsbewegung Vietminh, aber auch Jünger der kriegerischen Sekten Cao Dai oder Hoa Hao erhielten einmal am Tag eine Schale Reis mit *nuoc mam*, jener scharfen, würzigen Soße, die man aus faulem Fisch gewinnt. Ehe ich auf den Wachturm kletterte, hatte ich der Massenabfütterung von mehreren hundert Häftlingen beigewohnt. Sie kauerten in der annamitischen Hockstellung auf dem Boden. Die Wärter brüllten und sorgten mit Stockhieben für Ordnung. Bei den Verhören, so hatte ich vernommen, kam es zu Folterungen. Die Gefangenen waren wegen der Hitze nur mit einer kurzen Hose bekleidet. Ihre teils ängstlichen, teils stumpfen Blicke hatten auch mich gestreift. Auf dem Wachturm sah ich zum strahlenden Firmament der Tropennacht auf. Ausnahmsweise zündete ich mir eine Zigarette an, um den ätzenden *nuoc mam*-Geruch zu verdrängen.

Welch seltsamer Schicksalsweg hatte mich dazu gebracht, im Verlauf eines knappen Jahres so radikal die Rolle zu wechseln, vom Gefangenen zum Bewacher! Die Situation war unwürdig und unerträglich. Am folgenden Tag bestand ich darauf, sofort einer Patrouille im Kampfgebiet zugeteilt zu werden. Ich fühlte mich zutiefst erleichtert, ja wie gereinigt, als ich wieder unter der stechenden Sonne der Trockenzeit – die Maschinenpistole an der Hüfte, vom eigenen Schweiß fast geblendet – den trockenen, krustigen Boden der Reisfelder Cochinchinas unter dem Marschstiefel spürte.

Unter dem Kreuz von Lothringen

Colombey-les-Deux-Eglises, 2. August 1986

Das monumentale Lothringer Kreuz aus rosa Granit ragt über dem höchsten waldigen Hügel bei Colombey empor. Es hat die herbe Landschaft verwandelt. An diesem brütend heißen Sommertag ist alles anders als sonst. Zu normalen Zeiten hängt hier der Himmel schwer und grau über den dunklen Forsten. Die Niederungen weiten sich zu Schlachtfeldern. Die Höhen bieten sich als Linien des Widerstandes an. Wahrhaft, dieses ist kein Frankreich für Touristen. Das mächtige Lothringer Kreuz hat die Gegend sakralisiert, ihr die Aura einer Pilgerstätte verliehen. Auf dem bescheidenen Dorffriedhof von Colombey, zwischen Bauern und *manants*, ruht der General de Gaulle unter seiner schlichten Grabplatte wie der Großmeister eines unzeitgemäßen Ordens vom Heiligen Gral.

»Wo kann schon ein aktiver Offizier seinen Landsitz wählen, wenn nicht auf halbem Wege zwischen Paris und dem Rhein?« Mit diesen Worten soll Charles de Gaulle seine Niederlassung in Colombey-les-Deux-Eglises begründet haben. Er diente damals, zwischen den beiden Weltkriegen, in der Garnisonsstadt Metz. Diesen störrischen Charakter zog es ohnehin nicht in die lieblichen Landschaften der *douce France*. Colombey war von Metz aus schnell zu erreichen, und die Abgeschiedenheit des Hauses »La Boisserie«, umgeben von einem weiten Park hinter starken Mauern, bot eine ideale Pflegestätte für Anne, die kranke Tochter der de Gaulle.

Diese herbe Provinz, wo der Kalkboden der Champagne in den Sandstein Lothringens übergeht, entsprach auf zwiespältige Weise jener erhabenen Vorstellung, die sich de Gaulle stets von Frankreich gemacht hat. Nicht in der Gegenwart – was könnte den hochmütigen Offizier schon mit der derben lothringischen Landbevölkerung verbinden, die in den Alltag lebte, als gelte es, die selbstzufriedene Rückständigkeit der Dritten Republik zu verkörpern? Die Mißachtung de Gaulles für die Franzosen als Individuen mag in dem kümmerlichen

Dorf Colombey neue Nahrung gefunden haben – hier, wo die Bauern seit der Säkularisierung und der Landverteilung durch die große Revolution den mächtigen Atem der Geschichte kaum noch gespürt hatten, es sei denn, am fernen Horizont grollten die Gewitter der germanischen Invasionen.

Wer in Colombey siedelte, der sah die Rheingrenze als die entscheidende Schicksalsfrage Frankreichs an und konnte sich schwerlich erwärmen für eine militärische Ausbreitung in Afrika und Asien, wie sie die Dritte Republik unter dem Trauma der Niederlage von 1870 forciert hatte. Wenn der Ostwind um das Haus »La Boisserie« blies, das wie ein Artillerie-Beobachtungsposten die Straßen nach Saint-Dizier und Bar-sur-Aube beherrscht, dann mochte der Colonel de Gaulle mit dem Lothringer Maurice Barrès bedenken, daß in diesem Teil Europas die Toten mächtiger seien als die Lebenden.

Diese Landschaft ist konzentriertes Abendland. Hier, am Ufer des Flüßchens Aube, zeigen die Bauern noch auf einen Getreideacker, umzäunt von pathetischen Trauerweiden, wo eine versprengte Tausendschaft Hunnen vernichtet und untergepflügt wurde. Sie hatten die Schlacht auf den nahen Katalaunischen Feldern, wo die Heerscharen Attilas ihre entscheidende Niederlage erlitten, nur um ein paar Stunden überlebt. Später hat in dem düsteren Gehölz, das heute den merkwürdigen Freimaurer-Namen »Forêt du Grand Orient« trägt, der heilige Bernhard von Clairvaux sein Eremitendasein geführt, ehe er, vom Willen Gottes berührt, die abendländische Ritterschaft, die sich in sinnlosen Bruderkriegen erschöpfte, zur Befreiung des Heiligen Grabes aufrief und ihr ein großes christliches Ziel setzte. So mächtig und begeisternd klang die Stimme des Predigers, daß bei seinem Nahen die Bauersfrauen Männer und Söhne einsperrten, damit nicht auch sie wie ihre adligen Herren den Ruf des Kreuzes hörten und sich dem großen Zug gegen die Ungläubigen anschlössen.

In diesem Dreieck zwischen Champagne, Lothringen und Burgund tobte der Krieg zwischen den Armagnacs und jenen Bourguignons, die sich gegen den rechtmäßigen Thronerben Frankreichs mit der Krone von England und den britischen Invasoren verbündet hatten, als in Domrémy das Mädchen Johanna die Stimmen vernahm, die sie zur Rettung des Königs und zur Befreiung Frankreichs aufforderten. Colombey und Domrémy liegen beinahe in Blickweite voneinander. Nach der Zerschlagung des burgundischen Großreiches Karls des

Kühnen versank das Land zwischen Verdun und Langres im lotharingischen Zwischenschlaf.

Wenige Meilen von der Klause Charles de Gaulles entfernt liegt in dem Städtchen Brienne, von Unkraut überwuchert, die ehemalige Artillerieschule, in der ein junger Korse, Napoleon Buonaparte, zum Subaltern-Offizier der Bourbonen-Monarchie ausgebildet worden war – eine rauhe und kalte Durchgangsstation für diesen feingliedrigen Sohn des Mittelmeers –, ehe ihn der Strudel der Revolution mitriß. Und gar nicht weit von Brienne, zu Füßen der Hügelkette, die nach Colombey führt, dehnt sich die Ebene von La Rothière, von einer Pappelallee wie mit dem Lineal halbiert. Hier führte Kaiser Napoleon I. sein letztes Aufgebot, die Halbwüchsigen, die man halb spöttisch, halb gerührt »les Marie-Louise« nannte, in den Kartätschenhagel der verbündeten Preußen und Österreicher und unter die Säbel der in Frankreich eingefallenen Kosaken.

Bis in diese lothringische Abgeschiedenheit trug ungefähr hundert Jahre später an klaren Tagen der Nordostwind das Dröhnen der Materialschlacht von Verdun, wo ein unbekannter Hauptmann de Gaulle im Stahlgewitter aushielt und verwundet in deutsche Gefangenschaft geriet. Das letzte und unrühmlichste Kapitel dieser langen historischen Folge spielte sich 1940 ab, als die deutschen Panzer auf Brienne vorstießen, das immer noch, der napoleonischen Tradition getreu, ein großes Munitionslager beherbergte. »Faites sauter Brienne – Sprengen Sie Brienne in die Luft, ehe die Deutschen kommen!« So lautete der Befehl, den der französische Platzkommandant von seinem vorgesetzten Stab erhielt. Statt aber nur das Munitionsdepot in die Luft zu jagen, was mit der Order gemeint war, sprengte der für die Verteidigung verantwortliche Offizier das ganze Städtchen Brienne Haus für Haus – und ließ das Munitionsdepot unberührt.

Zum Zeitpunkt dieses selbstzerstörerischen Schildbürgerstreichs wurde der provisorisch zum Brigadegeneral beförderte Charles de Gaulle in das Kabinett Paul Reynaud berufen und ahnte bereits, daß mit der namenlosen Katastrophe, die Frankreich heimsuchte, für ihn die Stunde der Bewährung schlug.

Aufbruch zur Pilgerfahrt

Am frühen Morgen waren wir von Vézelay aufgebrochen. Das gigantische romanische Gotteshaus, das die westburgundische Landschaft weithin beherrscht und in allen Reiseführern gefeiert wird, hatte mich enttäuscht. Von den Stufen dieser Basilika hatte der heilige Bernhard zu den versammelten Rittern des Abendlandes gesprochen. Vielleicht wehte auch an jenem fernen Tag des Mittelalters ein glühender Wind aus Süden, trug rötliche Staubteilchen aus der Sahara bis nach Mittelfrankreich und vermittelte den aufbrechenden, nach Heldentaten dürstenden Kreuzfahrern eine Vorahnung jener morgenländischen Wüste, die sie zur Befreiung des Heiligen Grabes durchqueren mußten.

Der Kapetinger-König Philipp August, der 1214 bei Bouvines die überlegene Heerschar des römischen Kaisers Otto IV. von Braunschweig besiegte und somit die Loslösung des westlichen Frankenreiches aus der karolingischen Erbmasse bestätigte, war in Vézelay mit Richard Löwenherz von England zum heiligen Gelöbnis zusammengekommen. Von dieser kurzfristigen Beschwörung abendländischer Einheit würden viele folgende Jahrhunderte vergeblich schwärmen.

Das heutige Dorf Vézelay hält diesem historischen Anspruch nicht stand. Ein Stück *vieille France* hat sich in den engen Gassen im Umkreis der Basilika erhalten. Das Provinzbürgertum lebt hier seit der großen Revolution und der Brechung der Adelsprivilegien in ermattender Konsanguinität. Die Sparsamkeit grenzt an Geiz, die gesellschaftliche Abkapselung an Sterilität. Die Höflichkeit gegenüber dem Fremden gerät – wie so oft in Frankreich – zur Maske prüfender Distanz. Die beklemmende Welt eines François Mauriac lebt hier fort.

Ein Eindruck zeitloser Verwunschenheit kam erst auf, als ich mich in die Abgeschiedenheit eines winzigen, stilvollen Gasthofs flüchtete und die Blütenpracht des ehemaligen Klostergartens genoß. Im unteren Dorfteil, wo die Touristenbusse aus Deutschland und Holland parkten, dröhnten die schmuddeligen Kneipen von Rock und Beat. Das jugendliche Publikum – um verchromte Juke-Boxes geschart – gab sich mit säuerlichem Wein und Coca Cola zufrieden. Die polternde Ausgelassenheit dieser Landburschen, die der angestammten Agrargesellschaft bereits entfremdet, aber an städtische Lebensformen noch nicht angepaßt waren, wirkte fast abstoßend.

Am Abend zuvor hatten wir kurz im Städtchen Clamecy, dem Geburtsort Romain Rollands, Station gemacht. Die enge Hauptstraße, wo die Geschäfte sich an Häßlichkeit der Auslagen überboten, war wegen Saisonschlußverkauf überfüllt. Lautsprecher priesen Sonderangebote an. Zwischendurch übertrugen sie die Klänge eines Zwei-Mann-Orchesters, das sich mit Akkordeon und Pauke auf einem Lastwagen aufgebaut hatte. Die Musikanten hatten rote Trinkergesichter. Der Bauch im T-Shirt quoll ihnen über den Gürtel. Ihr Repertoire bestand aus altmodischen *valses musettes.* Ich horchte auf, als der Paukenschläger zum Mikrophon griff und das törichte, aber immer noch muntere Lied Maurice Chevaliers aus den dreißiger Jahren über die kleine Tonkinesin anstimmte: »Je l'appelais ma Tonkinoise, ma Tonki-ki, ma Tonki-ki, ma Tonkinoise ...« Erinnerungen an Indochina, an seine zierlichen Frauen, an die Reisfelder und die Deiche des Roten Flusses im fruchtbaren Dreieck von Tonking kamen plötzlich auf.

Im Kontrast dazu lastete vornehme Stille, Stein gewordene Arroganz auf jenen Adels- und Patrizierhäusern, die sich – vom Alter geschwärzt – an die frühgotische Kirche von Clamecy schmiegten. In der tiefen Provinz, in der *France profonde,* haben die privilegierten und etablierten Schichten eine klare Trennwand zwischen sich und dem gemeinen Volk gezogen und behaupten diese Sonderstellung mit hartnäckiger Mißgunst. Das finstere Außengemäuer der Kirche wirkte beklemmend. Durch irgendeinen Zufall sind hier die Heiligen und Engel fast sämtlich aus ihren Nischen und von ihren Sockeln gestürzt worden. Erhalten blieben jedoch die teuflischen Wasserspeier, höllische Monstren, ein sündiges Liebespaar, das sich im Schatten des Sensenmannes umarmt, und ein Skelett, das an die Vergänglichkeit alles Irdischen mahnt. Nach dieser Abschweifung ins Unheimlich-Sakrale erschien die Jahrmarktsmenge des Ausverkaufsrummels besonders zudringlich und vulgär.

Dem Gastronomie- und Hotelführer Gault et Millau vertrauend, hatten wir südlich von Auxerre zum Abendessen einen Tisch in Les Bézards reserviert. Die Ernüchterung war herb. Was auf dem Prospekt als restaurierte Pracht einer alten Commanderie des kriegerischen Templerordens dargestellt worden war, erwies sich als billige Imitation. Im Speisesaal gaben sich Repräsentanten der provinziellen Aufsteigerklasse ein Stelldichein. Sie rivalisierten in gekünstelter

Blasiertheit mit den Modellen des *bon chic, bon genre,* die ihnen von den einschlägigen Pariser Hochglanzmagazinen vermittelt wurden. Mich irritierten sie zutiefst. Das Essen – von den ambulanten Küchenpäpsten aufs höchste gepriesen – erwies sich als Klischee jener *nouvelle cuisine,* die mit winzigen Portionen, stilisierter Saftlosigkeit, verspielten Extravaganzen und unangemessenen Preisen die weltweite Gemeinde der Gourmet-Snobs erobert hatte.

Beim Cognac, der an der mittelalterlich verkitschten Bar serviert wurde, kam ich mit einem kräftigen Mann ins Gespräch, den der gelbe Malaria-Teint und die Ordensbändchen am Revers seiner Jacke als ehemaligen Kolonialoffizier auswiesen. Auch er beklagte das prätentiöse Raffinement der »neuen Küche«. »Ich halte es mit de Gaulle, meinem alten Patron«, sagte der Colonel; »der hatte eine unverhohlene Vorliebe für die *cuisine grand-mère,* das, was er *les plats canaille* nannte. Dieser Koch Bocuse, der als Werbeagent Frankreichs an die Stelle Brigitte Bardots getreten ist, erinnert mich an Marthe Richard.« Marthe Richard war als französische Meisterspionin im Ersten Weltkrieg berühmt geworden. Nach 1945 hatte sie als Abgeordnete der Nationalversammlung eine heftige Kampagne gegen die Prostitution geführt und in dieser Eigenschaft ein nach ihr benanntes Gesetz zur Schließung sämtlicher Freudenhäuser erzwungen. Aber ich sah den Zusammenhang nicht. Der Colonel feixte mir etwas einfältig zu. »Mit ihrer heuchlerischen Prüderie hat Marthe Richard dem uralten französischen Hang zur *grivoiserie,* zur derben, ungezügelten Sexualität, ein Ende gesetzt«, sagte er, »und dieser Bocuse bedroht auf ähnliche Weise die angestammte gallische Freude am deftigen, herzhaften Essen, an der *bouffe.* Was fad und aseptisch ist, wird heute zur Mode. Rabelais muß sich im Grabe umdrehen. Das Frankreich des Pantagruel wird zur fernen exotischen Reminiszenz. Sehen Sie sich doch hier das feine Publikum an. Der letzte wohl, der seine Sehnsucht nach ›Thélème‹ unverdrossen besang, war der aufsässige und dazu noch antimilitaristische Chansonnier Georges Brassens gewesen; das muß ausgerechnet ich alter Troupier eingestehen.«

Die Weiterfahrt in Richtung Colombey führte durch Sens und Troyes, durch reife Kornfelder, durch Weingärten und verschlafene Siedlungen. Das Land strotzte vor Fruchtbarkeit. Die Außenviertel der alt-ehrwürdigen Stadt Sens erschreckten durch ihre Stillosigkeit, durch die häßlichen Mietskasernen, die riesigen Kaninchenställen glichen. In Troyes sah es nicht besser aus. Hier hatte ein krampfhaft um Originalität bemühter Bildhauer die Tristesse moderner Funktionsarchitektur durch Produkte seiner unzulänglichen Kunst aufzulockern versucht. Gipsweiße Krüppel und Kobolde trieben ihr Unwesen auf einem mit Unrat übersäten Rasen. Welcher Niedergang des Geschmacks, des Sinns für Proportionen offenbarte sich doch zwischen den herrlichen Bauten der alten Stadtkerne und diesen dürftigen Fehlprodukten zeitgenössischer Wohn-»Kultur«.

Seltsam, wie ich auf dieser verschlungenen Reise nach Ostfrankreich, nach Colombey und Domrémy, stets hin und her gerissen wurde zwischen historisierender, mythisch bewegter Verklärung dieses Landes und dem ärgerlichen Überdruß, dem Unwillen geradezu an einer »postmodernen« Gesellschaft, die den an sie gestellten, viel zu hoch gesteckten Ansprüchen gar nicht gerecht werden kann. War ich bereits in den Sog des Generals geraten? Zu Beginn seiner Memoiren beschreibt de Gaulle das von ihm verehrte Frankreich in der Sprache eines verzückten Minnesängers als »eine Märchenkönigin, ein Madonnenfresko«, während er später – auf der Höhe der absolutistischen Wahlmonarchie – seine unzulänglichen Landsleute, die ihn zwangsläufig immer wieder enttäuschen mußten, als »Kälber« abqualifizierte. »Les Français sont des veaux.«

»Die Eichen, die man fällt«

Der erdrückenden Hitze und dem Umstand, daß den Franzosen die Stunde des Mittagessens heilig ist, verdankte ich es wohl, daß ich den Hügel von Colombey-les-Deux-Eglises unter dem gewaltigen Lothringer Kreuz als einsamer Pilger besteigen durfte. Die paar Gendarmen, die die Gedenkstätte schützten, nahmen keine Notiz von mir. Im Vorbeigehen fiel mir eine umzäunte Anpflanzung von Zedern auf, eine Spende von Bewunderern oder Getreuen aus dem Libanon. »In den komplizierten Orient reiste ich mit einfachen Vorstellungen«, hatte der Hauptmann de Gaulle geschrieben, als er während der zwanziger Jahre vorübergehend in das französische Mandat der Levante abkommandiert worden war.

Auf dem Sockel des Monuments las ich in klobigen Lettern einen Satz, den de Gaulle angeblich geprägt hatte: »Il existe un pacte vingt fois séculaire entre la Grandeur de la France et la Liberté du Monde – Seit zwanzig Jahrhunderten besteht ein Pakt zwischen der Größe Frankreichs und der Freiheit der Welt.« Diese hochtrabende Formel forderte zum Widerspruch heraus. Vor zwanzig Jahrhunderten hatte noch nicht einmal die Eroberung Galliens durch Julius Caesar stattgefunden. Selbst zehn Jahrhunderte wären im geschichtlichen Rückblick eine recht anmaßende Elle für die Existenz einer französischen Nation, geschweige denn französischer *grandeur*. Von der Freiheit der Welt im Rückblick auf den Keltenhäuptling Vercingetorix, den Frankenkönig Chlodwig oder die Weltuntergangsstimmung des Jahres Tausend zu sprechen, die mit dem Übergang der späten Karolinger auf die ersten Kapetinger zusammenfiel, käme einer historischen Fehlinterpretation gleich. Die Größe der Welt – das war im Mittelalter die Größe Gottes.

Warum hatten die Gefolgsleute des toten Charles de Gaulle bei der Beschriftung seines Denkmals nicht auf den Titel jener mönchischen Chronik aus Nogent zurückgegriffen, die den ersten Kreuzzug schilderte: »Gesta Dei per Francos«, was in der Übertragung bedeuten könnte: »Gott bedient sich der Franzosen, um seine Taten zu vollbringen.« Sie wären dem mystischen Patriotismus des Generals eher gerecht geworden. Zu Zeiten Ludwigs des Heiligen identifizierte man die Größe des westlichen Frankenreiches mit der Ehre Gottes.

Aber de Gaulle nahm es, wie der spätere Justizminister Alain Peyrefitte bestätigte, nicht so genau mit den Zeitabläufen gallischer Vergangenheit. Als der General bei einer seiner Provinzreisen den Vorbeimarsch schlecht gedrillter Armee-Einheiten abnahm, bemerkte er wütend: »In zweitausend Jahren haben sie nicht einmal gelernt, im Gleichschritt zu marschieren.« Bei diesem willkürlichen Rückgriff auf neblige Vorzeiten befand er sich übrigens im Einklang mit vielen seiner Landsleute, begrüßte ihn doch eines Tages ein Bürgermeister in der Picardie mit den Worten: »Mon général, seit dem Frankenkönig Chlodwig hat kein Staatsoberhaupt Frankreichs geruht, unser Dorf zu besuchen.«

Vor dem Eingang zur Boisserie parkten nur wenige Autos, darunter ein Wohnwagen aus der Bundesrepublik. Der Sohn des Generals, Admiral Philippe de Gaulle, hat das stattliche, efeu-umrankte Anwesen zur Besichtigung freigegeben. Die unteren Räume dieses Schlößchens, dem ein spät angefügter runder Turm Wehrhaftigkeit verleiht, waren bis in alle Details getreulich erhalten geblieben wie an jenem Novemberabend 1970, als de Gaulle durch einen plötzlichen Herzanfall hingerafft wurde. »Les chênes qu'on abat – Die Eichen, die man fällt.« Mit dieser Zeile Victor Hugos zelebrierte damals André Malraux, einst Kulturminister des Generals, den Tod seines liebsten Helden.

Bis zur Öffnung des Eingangsgitters am schattigen Park der Boisserie mußte ich ein paar Minuten warten. Der museale Rundgang war erst wieder ab vierzehn Uhr freigegeben. Ich stand vor der hohen Steinmauer, die das Innere dieser herrischen Einsiedelei abschirmt, wie an jenem Septembertag 1958, als Konrad Adenauer auf Einladung des Generals nach Colombey-les-Deux-Eglises aufgebrochen war und Dutzende von Journalisten sich auf der Landstraße drängten.

Adenauer war mit bangen Erwartungen in die ostfranzösische Provinz gereist. Seine außenpolitischen Ratgeber – noch ganz in der supranationalen Europa-Vorstellung Robert Schumans, Jean Monnets und Walter Hallsteins befangen – hatten ihm den einstigen Rebellen der »France Libre« als einen unverbesserlichen Chauvinisten, als Deutschenhasser und Totengräber der keimenden europäischen Einigung beschrieben. Allen voran hatte der damalige Botschafter Bonns in Paris, Herbert Blankenhorn, ein vernichtendes, gehässiges Porträt von dem Mann entworfen, der vom Putsch der Algerien-Armee und von der Selbstauflösung der Vierten Republik mit einem Schlag und ohne nennenswerten Widerspruch an die Spitze Frankreichs befördert worden war.

Niemand hatte dem Patriarchen aus Rhöndorf rechtzeitig erklärt, welch ungewöhnliche Auszeichnung es für ihn bedeutete, als erster und einziger ausländischer Staatsmann im Privatdomizil des Generals empfangen zu werden. Die Begegnung von Colombey wurde zum historischen Akt. Der Funke sprang über zwischen den beiden alten Abendländern. Schon an diesem ersten Nachmittag wurden die präferentielle deutsch-französische Zusammenarbeit und das Konzept des Elysée-Vertrages entworfen. Adenauer verließ die Boisserie als glücklicher, beschenkter Mann. Der hier geschlossene Männerbund, die gegenseitige Hochachtung sollten sich bis zum Ende bewähren. Aber die Unterschiedlichkeit der Charaktere wurde durch einen Satz de Gaulles illustriert, den der deutsche Dolmetscher Hermann Kusterer aus einer späteren Konversation überliefert: »Ich bewundere und beneide Sie«, hatte der General zum rheinischen Kanzler gesagt; »Sie glauben, daß die Wirklichkeit wirklich ist; ich habe dabei meine Schwierigkeiten.«

Gleich nach dem Eintritt in die wohltuende Kühle des Erdgeschosses fällt mein Blick auf eine rheinische Madonna aus dem 15. Jahrhundert, ein persönliches Geschenk Adenauers, wie eine Plakette anzeigt. Daneben hängt eine Darstellung Antwerpens aus dem 17. Jahrhundert. Hiermit erschöpfen sich schon die künstlerischen Sehenswürdigkeiten einer ansonsten banalen, fast spießigen Inneneinrichtung. Für die Ausstattung dieser Landresidenz scheint Yvonne de Gaulle, die biedere, prüde Gattin des Generals, »Tante Yvonne« genannt, zuständig gewesen zu sein. Die Besucher verharren nachdenklich vor dem Bridgetisch, auf dem de Gaulle seine Patience legte, als ihn der Tod ereilte. Im Sessel hat er regelmäßig auf dem Fernsehschirm die Abendnachrichten verfolgt und, wie er seine Getreuen wissen ließ, besonderen Spaß am »Spiel ohne Grenzen« gefunden.

Über der Tür hängen ein paar dürftige Imitationen von Negermasken, wie sie auf den Märkten von Dakar und Abidjan den Touristen feilgeboten werden. Auf dem Kaminsims reihen sich eine ganze Serie von Grubenlampen und daneben die Widmungsphotos ausländischer Staatsoberhäupter, darunter Eisenhower, Nixon, Kennedy und sogar Franklin D. Roosevelt, trotz dessen tiefer Abneigung für den Chef des »Freien Frankreich«. Kein antiker Teppich, kein wirklich schönes Möbelstück sind zu entdecken. Eine Bronzefigur, ein kraftvoller Fischer, der einen Kahn mit der Aufschrift »Frankreich« mühsam aus dem Schlick zieht, grenzt an Geschmacklosigkeit.

Ein paar Ahnenbilder hingegen verdienen Beachtung, insbesondere jener königliche Staatsanwalt, *procureur du roi*, 1720 porträtiert. Er bestätigt, daß die Familie de Gaulle nicht aus dem Schwert-, sondern aus dem Amtsadel hervorgegangen ist. Die mächtige Nase dieses Urahnen, sein abweisendes Gesicht verraten Ähnlichkeit mit dem berühmten Nachfahren. Ein mannshohes Schwert aus dem Hundertjährigen Krieg wirft die Frage auf, wie die damalige Ritterschaft diese überdimensionalen Waffen wohl zu führen vermochte.

Wir treten in die Turmstube. Der Blick vom Schreibtisch schweift weit über Wälder und Äcker, über sanfte Täler und Höhen. Hier hat er seine Erinnerungen geschrieben – von sich selbst in der dritten Person berichtend wie Julius Caesar im »Bellum Gallicum« –, seine Reden und Pressekonferenzen entworfen. Hier hat er sich seinen Meditationen gewidmet über den Sinn der menschlichen Existenz, über das Schicksal Frankreichs. Vergeblich suche ich nach jenem Spruch Friedrich Nietzsches, der angeblich zu Lebzeiten de Gaulles gerahmt auf der Schreibtischplatte lag und möglicherweise erst nach dem Tod entfernt wurde: »Alles ist leer, alles ist gleich, alles war«, was de Gaulle bei Gesprächen mit seinen unverzagten Ordensbrüdern – insbesondere während der zwölfjährigen »Durchquerung der Wüste«, jenen Jahren zwischen seinem Rücktritt 1946 und seiner Neuberufung durch das Volk im Jahre 1958 – auf französisch komprimiert hatte: »Et puis, rien ne vaut rien«.

Ein Mann im marineblauen, etwas abgeschabten Sonntagsanzug mit dem blau-weiß-roten Flügelzeichen der »Freien Franzosen« F.F.L. am Revers – er mochte zwischen sechzig und siebzig Jahre alt sein – trat mit seinem Sohn an das Turmfenster der Boisserie. Der Veteran war zutiefst bewegt. Tränen standen in seinen Augen. »Hier hat er gesessen, gearbeitet, gelitten«, sagte der Vater. »Präg dir dieses Panorama ein«, gemahnte er seinen Sohn mit großer, umfassender Armbewegung. »Morne plaine«, fügte er hinzu, »dumpfe Ebene.«

Diese Beschreibung paßt überhaupt nicht zu den Hügeln und Hängen von Colombey. Aber der alte Mann hatte – wohl ohne es zu merken – einen Vers aus »La Légende des siècles« von Victor Hugo zitiert, war aus seiner Schulerinnerung auf jenes Gedicht verfallen, das den Untergang Napoleons glorifiziert: »Waterloo, Waterloo, Waterloo ... morne plaine«. Im Unterbewußtsein dieses Frontkämpfers des Zweiten Weltkrieges verwob sich bereits die Legende Napoleon Bonapartes, das »Mémorial« von Sankt Helena, mit dem Vermächtnis des einsamen Generals von Colombey.

Beim Weggang verweilte ich an dem rechteckigen Eßtisch, dessen Ehrenplatz de Gaulle stets für sich beansprucht hatte, wer auch immer seine Gäste waren – mit einer einzigen Ausnahme: Als der Thronprätendent der Linie Bourbon-Orléans, Henri Graf von Paris, nach Colombey kam, wies der General ihm den Stuhl an der Stirnseite des Tisches an. Er wollte damit wohl jenen vierzig Königen seinen Respekt zollen, die Frankreich gemacht hatten, »qui ont fait la

France«. Dieser hochmütige Offizier, den schon seine Jahrgangskameraden auf der Militärschule Saint-Cyr mit einem »Monarchen im Exil« verglichen hatten, war bestimmt von Natur aus royalistisch veranlagt. Aber Vernunft und Erfahrung ließen ihn zum Retter der Republik, zum Wiederhersteller der französischen Demokratie werden. Denjenigen, die insgeheim tuschelten, de Gaulle begünstige die Kandidatur des Thronanwärters Henri auf seine Nachfolge an der Spitze der Fünften Republik, antwortete der General mit der ihm eigenen, verletzenden Bissigkeit: »Der Graf von Paris gäbe einen vorzüglichen Präsidenten ab ... für das französische Rote Kreuz.«

Der winzige Friedhof neben der Kirche von Colombey wird ebenfalls von Gendarmen bewacht. Das Familiengrab der de Gaulles unterscheidet sich nicht von denen der übrigen Dorfbewohner. Unter der schlichten weißen Marmorplatte ruhen der General, seine Frau Yvonne und jene Tochter Anne, das kranke Sorgenkind, dem die besondere Zuneigung des Vaters gegolten hat. In der alten geduckten Kirche zeigt der Sakristan den Platz, an dem der General betete. Es ist schon ein seltsamer Zufall, daß das Meßopfer hier zwischen zwei bunten Glasfenstern zelebriert wird, die auf der einen Seite des Schiffes Ludwig den Heiligen, auf der anderen die Jungfrau von Orléans darstellen.

Das Seelenamt, die Bestattung de Gaulles, die in aller Schlichtheit im Winter 1970 in diesem Rahmen stattfanden, hatte ich mir als Fernsehkorrespondent in Paris ganz anders ausgemalt. Im Sommer 1966 hatte ich einen Dokumentarfilm unter dem Titel »Was kommt nach de Gaulle?« produziert. Als Einstimmung war mir ein ungewöhnliches Szenario eingefallen, die Simulation des feierlichen Staatsbegräbnisses zu Ehren des verstorbenen Gründers der Fünften Republik, der sich zu diesem Zeitpunkt im Elysée-Palast noch bester Gesundheit erfreute. Ich ließ einen pompösen Trauerzug mit Fackeln, Trommelwirbel und Chopinscher *marche funèbre* durch Paris defilieren.

Die Bilder zu diesem nächtlichen makabren Schauspiel hatte mir die Überführung des zu Tode gefolterten Résistance-Helden Jean Moulin ins Pantheon an einem bitter kalten Wintertag des Jahres 1965 geliefert. Ein paar deutsche Zuschauer fragten am Abend der Ausstrahlung dieses Fernsehfilms beim Westdeutschen Rundfunk an, warum denn die Agenturen den Tod des französischen Staatschefs nicht gemeldet hätten. Das Auswärtige Amt in Bonn war über meine »Frivolität« im

Umgang mit einem noch lebenden und befreundeten Staatschef zutiefst schockiert und entschuldigte sich beim französischen Botschafter François Seydoux de Clausonne. Aber Seydoux, selber ein alter Gaullist, sah keinerlei Anlaß zur Entrüstung. »In dem Moment, wo Sie den General in Ehren und in Würde sterben und zu Grabe tragen lassen, habe ich nicht den geringsten Einwand, am wenigsten de Gaulle selber, der ein Vertrauter des Todes ist und mit diesem Gefährten ein fast brüderliches Verhältnis pflegt«, hatte er beschwichtigt. Sehr viel später sollte ich erfahren, daß der General sich im Elysée-Palast eine Kassette des beanstandeten Films hatte vorführen lassen und davon höchst angetan gewesen war.

Die wirkliche Bestattungszeremonie fiel ganz anders aus – schlichter, einfacher und großartiger. Jeder Aufwand, jeder Pomp waren aus Colombey verbannt, als die Panzerlafette mit der sterblichen Hülle de Gaulles zum Dorffriedhof rollte. Yvonne de Gaulle hatte den Sarg nur kurze Zeit im Salon der Boisserie offengehalten für die engsten Familienangehörigen, für die *compagnons*, die Gefährten des »Freien Frankreich«, die bei Nacht herbeigeeilt waren.

Als der amtierende Präsident und Nachfolger Georges Pompidou, mit mehreren Stunden Verspätung benachrichtigt, in Colombey eintraf, stand er bereits vor einem verschlossenen Sarg. Madame de Gaulle ließ Pompidou fühlen, daß sie ihn als unerwünschten Erben, als ungeeigneten Nachlaßverwalter auf Distanz halten wollte. Das Wort von »den Eichen, die man fällt«, wurde ironisch umgemünzt in »die Särge, die man schließt – les cercueils qu'on ferme«. In Notre-Dame de Paris, vor einem leeren Katafalk, fanden sich inzwischen die Staatschefs der ganzen Welt zusammen – von Nixon bis Podgorny, von Ben Gurion bis zum Schah des Iran –, um dem ersten Widerstandskämpfer Frankreichs die letzte Ehre zu erweisen. »Teste David cum Sibylla ...«

Am Abend des Todes von Charles de Gaulle brachte das Deutsche Fernsehen eine Sondersendung mit einem biographischen Rückblick und einem Kommentar, der mir aufgetragen wurde. »Der General de Gaulle«, so begann ich, »hat einen guten Tod gehabt«, und ich endigte die Würdigung mit den Worten: »Wenn Charles de Gaulle in einem anderen, in einem frommen Jahrhundert gelebt hätte, er wäre heiliggesprochen worden.« Die deutsche Öffentlichkeit nahm diesen Satz widerspruchslos hin.

Nicht alles ist weihevoll an der postumen Verehrung, die dem großen Toten von Colombey entgegengebracht wird. Der nationale Kitsch hat sich seiner bemächtigt. Unweit des Friedhofs bieten die Souvenirhändler gräßlich kolorierte Erinnerungsbilder und häßliche Statuen an. Da schwelgt der Händlergeist in Blau-Weiß-Rot und gestikuliert mit dem Lothringer Kreuz. Der Gipfel der Geschmacklosigkeit war eine Darstellung des Generals in einer Glaskugel. Wenn man sie schüttelte, geriet de Gaulle in ein künstliches Schneetreiben. Warum mußte ich plötzlich an ein Kapitel aus dem »Miroir des limbes« von André Malraux denken. Vermutlich weil dieser Chronist – zu Gast in der Boisserie – die Winterlandschaft beschrieb, die sich vor dem Turmfenster ausbreitete.

Besessen von der *grandeur*

Der Schnee und de Gaulle. Die Szene, die Malraux im »Spiegel der Vorhölle« beschreibt, ist auf den 11. Dezember 1969 datiert, ein halbes Jahr nach dem Rücktritt des Generals. Sie gibt ein langes Gespräch am Kaminfeuer der Boisserie wieder. Zwei alte Männer dialogisieren in Gegenwart der Katze Grigri über den Sinn und den Un-Sinn alles Seins, alles Handelns, über die *grandeur,* immer wieder über die *grandeur,* erdrückende Wiederholung und Besessenheit. Und über den Tod natürlich, wobei Stalin zitiert wird. »Am Ende gewinnt nur der Tod«, hatte der Georgier zu de Gaulle gesagt, als der Franzose sich im Herbst 1944 im Kreml um eine Art Rückversicherungsvertrag bemühte.

Über dem Dorf Colombey und dem Wald, den die gaullistische Hagiographie stets als »forêt gauloise«, als gallischen Wald, beschreibt, fiel der Schnee, den Malraux in seiner dichterischen Eingebung als »merowingisch«, also germanisch, empfindet. Was an diesem Dezember-Gespräch ist Wahrheit, was Dichtung? Unter der Feder des Autors der »Condition Humaine« wird die Anekdote zur Legende, die Erinnerung zur »antimémoire«, die Wahrnehmung zum »imaginären Museum«. Die Literatur profitiert davon, und die Erfindung erscheint oft wirklichkeitsnäher als die spröde Wahrheit. Bei Malraux nährt sich das Genie stets von seinem Hang zur Mythomanie.

Im Dschungel Kambodschas hatte er einst die überwucherten Tempel der Khmer geplündert und sich nach seiner Verhaftung zum Antikolonialismus bekehrt. Im großen Strudel der chinesischen Revolution war er bestenfalls ein Statist. In späteren Jahren wurde er Mao Tse-tung vorgestellt, aber sein fabelhafter Gedankenaustausch mit dem »großen Steuermann« wurde als Produkt einer begnadeten Phantasie entlarvt. Im spanischen Bürgerkrieg leistete der hypernervöse Bordschütze Malraux wohl einen schwachen Beitrag für die Sache der Republikaner. Seine Chronik »L'Espoir« hingegen tauchte diesen Abschnitt iberischer Verwirrung in Blut und Gold. Dem französischen Widerstand schloß sich Malraux – an der Spitze der von ihm gebildeten Brigade »Elsaß-Lothringen« Colonel Berger genannt – reichlich spät an. Dennoch besingt er wie kein anderer die Opfer der Gestapo-Verhöre und der Konzentrationslager, »das Volk der Schatten, ... die Brüder im Orden des Todes ...«

Aus seinem winterlichen Kamingespräch in der Boisserie stammt auch das Zitat des Generals, das von zwanzig Jahrhunderten französischen Ruhms kündet und das zu Füßen des Denkmals eingemeißelt ist. De Gaulle erscheint sehr viel glaubwürdiger in den paar Repliken, wenn er der seherischen Exaltation seines Gastes einen Dämpfer versetzt: »Man wird ein großes Lothringer Kreuz errichten auf dem Hügel, der die anderen überragt«, sagte de Gaulle und blickte in das Schneetreiben hinaus, »alle Welt wird es sehen können. Aber da niemand kommen wird, wird niemand das Kreuz sehen. Es wird die Waldkaninchen zum Widerstand anregen.«

Warum de Gaulle ausgerechnet André Malraux in sein Vertrauen zog, diesen hektischen Intellektuellen, der aus der Weite internationalistischer Klassenkampfideale den Rückzug in die Enge eines virtuos verklärten, aber abgeschabten Nationalismus angetreten hatte? Am Kamin der Boisserie mag Plutarch als unsichtbarer Partner zugegen gewesen sein. Die beiden Greise entsannen sich ihrer ersten lateinischen Übersetzung aus einem Büchlein mit dem Titel »De viris illustribus«. War de Gaulle – eingedenk der Vergänglichkeit allen Ruhms – auf der Suche nach einem Chronisten, einem Biographen? Dachte er an Alexander den Großen, der am Grabe des Achilles diesen »glücklichen Jüngling« beneidete, weil er zur Schilderung seiner Taten einen Homer gefunden hatte?

In Frankreich erfährt selbst der erfolgreiche Staatsmann seine höchste Genugtuung in seiner Bestätigung als Literat, als *homme de lettres*.

Wie sollte der humanistisch versierte Gymnasiallehrer Pompidou darunter leiden, daß er nur eine Anthologie seiner liebsten Autoren der Nachwelt hinterließ! Ganz zu schweigen von Giscard d'Estaing, der sich an der Lektüre des frivolen Maupassant delektierte, statt sich an der Orgelsprache eines Chateaubriand zu berauschen. Erst Mitterrand, Bannerträger unentwegter Gegnerschaft und dann Kontinuator der de Gaulleschen Staatsidee, hat an den schriftstellerischen Glanz des Befreiers Frankreichs wieder angeknüpft.

Literarische und philosophische Gaben waren in den Augen de Gaulles wohl die höchste Qualifizierung. Deshalb nahm er den Schriftsteller und Journalisten Robert Brasillach so ernst, daß er ihn 1945 wegen erwiesener Kollaboration erschießen ließ mit der gleichen Unerbittlichkeit, mit der er den General Salan, den Putschisten von Algier, zwanzig Jahre später am liebsten vor das Exekutionspeloton gebracht hätte. Zu den Intellektuellen, so geht aus dem Gespräch mit Malraux hervor, bleibt sein Verhältnis gespalten; er beklagt, daß sie zu Seiltänzern werden, wie zu Zeiten der Schlacht von Roßbach, als sie in den Salons der Aufklärung Epigramme verfaßten zu Ehren Friedrichs von Preußen. War es nicht auch Autoren-Eitelkeit – weit mehr als der Streit über Vorzüge und Nachteile der Stellungs- oder der Bewegungsstrategie –, die ein paar Jahre vor Ausbruch des Zweiten Weltkrieges zum Zerwürfnis zwischen dem Oberst de Gaulle und seinem betagten Gönner, dem Marschall Philippe Pétain, führte? Pétain hatte de Gaulle mit dem Abfassen einer militärischen Studie beauftragt und – so heißt es – sich darüber entrüstet, daß dieser Untergebene, bei dessen Sohn Philippe er sogar Pate gestanden hatte, sich gegen die ihm zugedachte Rolle des anonymen Auftragschreibers, des *nègre,* auflehnte.

Was ist in diesem Kamingespräch Erfindung von Malraux, was wirkliche Aussage de Gaulles? Die in den Sand gezeichneten Mäuse, die den Strick des zum Tode verurteilten Malers durchnagen, sind auch in dieser Fortführung der »Antimémoires« am Werk. Da wird über so gegensätzliche Autoren wie André Gide und Edmond Rostand geplaudert, beide schon seltsam verstaubte Figuren in einer sich überstürzenden Zeitenfolge. Da steht der Satz de Gaulles: »Wenn die Geschichte Frankreichs uns die Ehe mit Deutschland – le mariage avec l'Allemagne – auferlegt, so sei es denn.« Und dann die glaubwürdige Klage des Einsiedlers von Colombey: »Wir sind die letzten Europäer Europas ... nach dem Christentum ... Frankreich wird Europa nicht schaffen können, und der Tod Europas ist für Frankreich die Gefahr des Todes.«

Draußen fällt der »merowingische Schnee«, und Malraux fügt hinzu: »Was war denn schon Europa zu Zeiten Alexanders? ... Die Wälder jenseits des Fensters.«

Hügel der Eingebung

In der »Auberge de la Montagne« von Colombey suchen wir Zuflucht vor dem afrikanischen Südwind. Das Publikum ist ländlich und betagt. Sie sind zum Grab de Gaulles gewallfahrt und haben das riesige Lothringer Kreuz nicht den Kaninchen überlassen. Das Mädchen, das uns kühlen Wein einschenkt, könnte einem Gemälde Manets entliehen sein. Vor der Weiterfahrt blättere ich in alten Gazetten, die neben dem Garderobenständer gestapelt sind. Dabei entdecke ich im *Figaro* eine erstaunliche Erklärung der ehemaligen Sozialministerin Georgina Dufoix. Diese Parteigängerin Mitterrands verglich den Zustrom nordafrikanischer, vor allem algerischer Arbeiter und Immigranten in das heutige Frankreich mit der Invasion der Franken in das spätrömische Gallien. Es bestehe also kein Grund zur Beunruhigung. Frankreich sei von Anfang an ein Schmelztiegel der Rassen gewesen.

Ähnliche Torheit blüht wohl zu beiden Seiten des Rheins, hat doch unlängst ein deutscher Fernsehjournalist, der das Entstehen Preußens beschrieb und dem für die staatstragende, ja staatsbildende Rolle der zugewanderten Hugenotten die Bilder fehlten, kurzerhand Filmszenen aus heutigen Flüchtlingsheimen in West-Berlin vorgeführt. Den exotischen Scharen über Schönefeld eingesickerter Tamilen, Iraner und Ghanaer wurde von diesem Kommentator eine ähnlich bereichernde Funktion zugewiesen wie den vom Sonnenkönig vertriebenen Calvinisten, die sich dem Großen Kurfürsten verdingten und den Grundstein zu Preußens Gloria legten.

Der *Canard Enchaîné,* das satirische Wochenblatt, stets ätzend und dabei hervorragend informiert, hatte in einer etwas vergilbten Ausgabe den Sohn de Gaulles, Philippe, aufs Korn genommen. Admiral Philippe de Gaulle – »Sosthène«, wie die Vertrauten ihn spöttisch nannten – sah seinem Vater auf frappierende Weise ähnlich. »Sosthène« hatte schon als Seemann nicht immer eine glückliche Figur abgegeben. »An Land ist er total unbedeutend, auf See ist er gefährlich«, soll es in den Kasinos der französischen Marine, »La Royale«, geheißen haben. Jetzt, nach seiner Pensionierung, drängte sich Philippe de Gaulle in die Politik und ließ sich zum Senator wählen – ungeachtet der Tatsache, daß sein Vater den Senat, diese zweite, leicht angestaubte Kammer Frankreichs, zugunsten einer moderneren Volksvertretung hatte abschaffen wollen und bei diesem Referendum zu Fall gekommen war. Die Karikatur im *Canard* zeigte denn auch einen auf Wolken thronenden General, der sich über die parlamentarische Ambition seines Sohnes die Haare rauft.

Jacques Chirac – so berichtete *L'Est Républicain* – hatte in diesem Sommer einem Reporter leutselig und etwas defensiv versichert, er sei »un premier ministre heureux«, er fühle sich glücklich als Regierungschef. Während ich diese Notiz beiseite legte und aus der »Auberge de la Montagne« auf die Dorfstraße blickte, die zum Friedhof führt, kam mir eine Anekdote aus dem Leben de Gaulles in den Sinn. »Mon Général, sind Sie glücklich?« war de Gaulle einmal von seinem alten Kampfgefährten d'Astier de la Vigerie gefragt worden. De Gaulle hatte den hochadligen und etwas kauzigen Frager kopfschüttelnd gemustert: »D'Astier, vous êtes complètement idiot – Sie sind ein totaler Narr«, hatte er ihn zurechtgewiesen. »Le bonheur ça n'existe pas – Das Glück gibt es doch gar nicht.« Kein Wunder, daß die Zeitung *Le Monde* dem allzu agilen »Neogaullisten« Chirac eine geistige Verwandtschaft mit den lebensbejahenden und ach so trivialen Politikern der Radikalen Partei, den »Kaziken« der Dritten Republik unterstellte.

Ganz anders François Mitterrand! Er hätte die Frage nach dem *bonheur* mit ähnlich klerikaler Hoffart abweisen können wie der von ihm zu Lebzeiten befehdete General. Mitterrand neigte wohl ebenfalls dazu, die Suche nach dem Glück – *pursuit of happiness* – als angelsächsisches Importgut jüngeren Datums abzulehnen. Der sozialistische Staatschef, so entdeckte ich bei meiner zufälligen Presseschau von Colombey-les-Deux-Eglises, hatte an Pfingsten einen recht ungewöhnlichen Ausflug angetreten. Wie jedes Jahr war er, mit einer kleinen Gruppe Getreuer, zu einer Höhe auf dem westlichen Saône-Ufer gepilgert. Dort bestieg er den Felsen von Solutré, eine der ältesten prähistorischen Stätten Frankreichs. Mitterrand gefiel sich wohl – fast bäuerlich gewandet, mit flatterndem Hemd, Halstuch, Schirmmütze und Wanderstock – in der Rolle eines physiokratischen Philosophen, während er auf den Feldwegen des fruchtbaren Burgund ausschritt.

In diesem Frühjahr 1986 hatte er eine zusätzliche, ganz unerwartete Exkursion unternommen. Er war ins lothringische Land nach Saxon-Sion aufgebrochen und hatte dem Politiker und Schriftsteller Maurice Barrès gehuldigt. Was hatte Mitterrand, diesen verspäteten Rousseau-Jünger und Aufklärer, dazu veranlaßt, eines so gegensätzlich veranlagten Mannes wie Maurice Barrès zu gedenken, der um die Jahrhundertwende als Barde der konservativen Reaktion, der klerikalen Intoleranz, des ultranationalistischen Chauvinismus aufgetreten war? Warum zog es selbst Mitterrand, Sozialist der späten Stunde, zu jener »colline inspirée« – zum »Hügel der Eingebung« von Saxon-Sion –, den Barrès in einer recht extravaganten Novelle beschrieben hat? Stand auch er insgeheim – hierin durchaus vergleichbar mit Charles de Gaulle – im Banne einer bodenständigen, bäuerlichen Mystik, die hier in der lothringischen Überschneidungszone zwischen Germanien und Rom aus den verschütteten Werten des Abendlandes aufstieg?

Von Colombey-les-Deux-Eglises war es nur eine Stunde Autofahrt bis zu dieser vorgeschobenen Schanze gallischer Selbstbehauptung.

Natürlich war ich enttäuscht vom »Hügel der Eingebung«, so wie ein unvoreingenommener Besucher der Grotte von Lourdes nur ernüchtert sein kann. Die gewaltige Marienstatue, ganz in Weiß und in sulpizianischem Kitsch ausgeführt, blickte streng nach Nordosten, der Welt der Barbaren entgegen. Die Höhe von Saxon-Sion – der Name des kargen Dorfes ließe sich mit »Sächsisch-Zion« übersetzen – beherbergt bis heute ein Kloster der Karmeliterinnen. Die überlebensgroßen Gipsfiguren des Kalvarienweges hoben sich vom dunklen Efeu der Umfriedung des Monasteriums ab. Die Rehabilitierung der Kunst des späten 19. Jahrhunderts, die sich in Paris dank der Eröffnung des Museums der Gare d'Orsay anbahnt, dürfte dieser süßlichen Frömmelei kaum zugute kommen.

Seltsame Welt des Maurice Barrès! Da ist von der vielgepriesenen cartesianischen »clarté«, von Klarheit und Rationalität, die angeblich den französischen Geist von der wirren Romantik der Germanen unterscheiden, wenig zu spüren. In seinem kleinen Band »La colline inspirée« ist sogar der zentralisierende Patriotismus monarchischer oder jakobinischer Prägung zugunsten lothringischer Eigenbrötelei, lotharingischer Nostalgie verdrängt. Da ist vom verlorenen Frankenreich Austrasien die Rede, dem sein Held, der Abbé Baillard, nachtrauert, ja sogar von der nebligen Götterwelt Wotans.

Dieser Priester Léopold Baillard, eine Art Monseigneur Lefèbvre des 19. Jahrhunderts, der dem aufklärerischen Einfluß der Hauptstadt Paris mißtraut, denkt durchaus noch in imperialen Zusammenhängen, hat nicht verdrängt, daß seine Provinz erst im Jahr 1766 unter Ludwig XV. an die französische Krone fiel. Bei seinem Bemühen um die Stiftung einer mystischen abendländischen Ordensgemeinschaft ersucht Léopold sogar um eine Audienz in der Wiener Hofburg beim österreichischen Kaiser, der der Dynastie Habsburg-Lothringen entstammt.

Das deutsche Wesen, so scheint es, wurde für den Politiker Maurice Barrès, den unermüdlichen Revanchisten, der das gesamte linke Rheinufer für Frankreich beanspruchte, erst feindselig, ja widerwärtig, seit es sich unter den drohenden Zügen einer preußisch-protestantischen Expansion kundtat. Man sage nicht, der Rassismus sei den Franzosen fremd. Bei Barrès, einem Vorläufer der kleriko-faschistischen »Action Française«, riecht es nach Blut und Boden, und über den zu Unrecht verurteilten Capitaine Dreyfus hat er in antisemitischer Aufwallung die gehässigsten Zeilen geschrieben.

Eine verwirrende Mystifikation tut sich auf dem »Hügel der Eingebung« kund, an jenem Ort, wo angeblich »der Geist weht«. Da heißt es von den illuminierten Anhängern des verdächtigen Predigers Léopold Baillard, sie hätten sich eine eigene Philosophie der lothringischen Geschichte zurechtgelegt, die weit über die Grenzen ihrer Provinz hinausragt. »Unter dem Befehl eines Lothringer Fürsten, Gottfried von Bouillon, begannen die Kreuzzüge«, so liest man. »Unter dem Befehl eines Herzogs von Lothringen, Karl V., gingen sie zu Ende. Wir Lothringer haben den Islam aufgehalten. Mit unserem Landesherrn Antoine und den Herzögen von Guise haben wir den Wall gegen die Protestanten aufgerichtet. Auf diese Weise äußerten diese Lothringer ihren Haß gegen den Rationalismus, den sie beschuldigten, den christlichen Kult der Gerechtigkeit durch die Vergötzung der Kraft und des Erfolges zu ersetzen.«

Der gleiche Barrès schrieb bei anderer Gelegenheit: »Ich bin Atheist, aber ich bin Katholik.« Noch zu Zeiten Ludwigs XIV. – damals waren nur die drei Bistümer Metz, Toul und Verdun durch den Westfälischen Frieden dem Königreich Frankreich als vorgeschobene Stützpunkte fest einverleibt – galt die Bevölkerung des Lothringer Herzogtums als kaisertreu und reichsverbunden. Der große Baumeister des Sonnenkönigs, Vauban, hatte die Bedeutung dieser Außenposition klar erkannt. »Die übrigen Festungen Frankreichs mögen Provinzen schützen, aber Metz schützt den Staat«, hatte Vauban gesagt. Vielleicht war es erst der Verlust Ost-Lothringens, des Départements Moselle mit der Stadt Metz an das Hohenzollern-Reich, der diese bislang in ihrer Loyalität recht indifferente Provinz zur Bastion des französischen Patriotismus, ja zum Hort des Revanchismus gegen Deutschland machte. In jenen Tagen formulierte der spätere Marschall Lyautey den sonst unverständlichen Satz, der auf dem Sockel seines Denkmals am Invaliden-Dom zu lesen ist: »Der lothringische Patriotismus ist vom französischen Patriotismus nicht zu trennen.«

Wie sehr sich doch auch dieser Marschall Lyautey, dem die Dritte Republik die Eroberung und Befriedung Marokkos verdankte, als arroganter Außenseiter abgekapselt hat! Er mochte die vulgäre Republik nicht und träumte von einer elitären Monarchie. Als »prince lorrain – lothringischer Fürst« wurde er von seinen Zeitgenossen beschrieben. Das Ursprungsdorf seiner Familie, das den Namen Lyautey trägt, schmiegt sich an die Auffahrt zur »colline inspirée«.

Lyautey fühlte sich – nach eigener Aussage – unwohl an den südlichen Mittelmeergestaden Frankreichs. Insbesondere die Stadt Béziers im Languedoc war ihm zuwider. Er hätte sich ein europäisches Mittelreich zwischen Loire und Elbe gewünscht, das am Ende des Hundertjährigen Krieges – auf Burgund gestützt – beinahe entstanden wäre. An der Torheit Herzog Karls des Kühnen, an der listigen Staatskunst des französischen Königs Ludwig XI. und am Ungestüm der helvetischen Reisläufer, die im Dienst des Lilienthrones standen, war dieser Anlauf der Geschichte zerschellt. So war Saxon-Sion nicht nur zur literarischen Gedenkstätte eines umstrittenen politischen Autors und zum Wallfahrtsort Mariens, der Schutzpatronin Lothringens, geworden, so wurde der »Hügel der Eingebung« zum Symbol der deutsch-französischen »Erbfeindschaft«.

Ich trat an die Brüstung des Kreuzweges und blickte nach Norden. Das Industrierevier von Pompey im Vorfeld Nancys – veraltet, rußig, unwirtschaftlich – zeichnete eine Dunstglocke gegen den blassen Horizont. Ganz in der Ferne konnte ich die vertraute turmlose Silhouette der Kathedrale von Metz erahnen. Bismarck hatte sich gegen die Annexion dieser französischen Festung gesträubt und nur widerstrebend dem Drängen des preußischen Generalstabs nachgegeben, der am liebsten noch das Eisenbecken von Briey dem Reichsbesitz einverleibt hätte.

Die Belagerung von Metz im Kriege 1870/71, Auftakt zur katastrophalen Niederlage Napoleons III. bei Sedan, war für de Gaulle ein durchaus aktuelles Ereignis. Seine Mutter hatte ihm von ihrer kindlichen Verzweiflung erzählt, als die Eltern in Tränen ausbrachen bei der Nachricht: »Bazaine hat kapituliert.« Marschall Bazaine, der »Verräter von Metz«, wie er von den Patrioten beschimpft wurde, war auch in den abendlichen Erzählungen meines Vaters aufgetaucht. Seine lothringischen Schulkameraden aus Thionville hatten oft das Lied gesungen: »Hast du Bazaine gesehen, ce gros cochon, er hat mit den Deutschen die Pfeife geraucht – il a fumé la pipe avec les Allemands.«

Die europäische Versöhnungsbewegung hat sich inzwischen der »colline inspirée« bemächtigt. Vor den schäbigen Unterkünften für Ausflügler und Pilger haben deutsche und französische Jugendgruppen ein Mahnmal errichtet, worin das Wort »Frieden« gemeißelt ist. Der Geist der Feindschaft und des Revanchismus wird verbannt. Hier wehen einträchtig nebeneinander die Fahnen Frankreichs und Deutschlands, Belgiens und Luxemburgs, das alte gelb-rote Wappen Lothringens, das blaue Symbol Europas mit den zwölf goldenen Sternen und das gelbweiße Emblem des Vatikans. Hier haben sich auf Emailleschildern die Grenzgemeinden Kleinblittersdorf und Grosbliederstroff, die durch den Lauf der Saar getrennt sind, ewige Freundschaft geschworen. Eine Besuchergruppe aus dem deutschen Bistum Freiburg hinterließ die Plakette: »Ihr seid alle Brüder«.

In engen Kurven führt die Straße an den verschlafenen Flecken Saxon-Sion und Lyautey vorbei. Der Blick schweift nach Osten, wo die Vogesen im blauen Dunst flimmern. »La ligne bleue des Vosges«, »Niemals davon sprechen, immer daran denken«, so lautete die Losung des französischen Nationalismus zwischen 1871 und 1914. Der Agitator Déroulède gab keine Ruhe mit seiner Forderung nach Revanche. Den Erwerb immer neuer Kolonien in Afrika und Asien durch die Regierungen der Dritten Republik kanzelte er, der nur an Elsaß-Lothringen dachte, mit der Formel ab: »Ich habe zwei Schwestern verloren, und ihr habt mir zwanzig Mägde geschenkt.«

Die Dörfer Lothringens, die ich bei meiner Fahrt nach Domrémy durchquere, sind sämtlich nach gleichem Muster angelegt. Die braunen Häuser mit den flachen Dächern kleben aneinander, werden lediglich von anspruchslosen spitzen Kirchtürmen überragt. Die Straße erfüllt die Funktion eines großen gemeinsamen Bauernhofes. Gleich neben den Wohnetagen öffnen sich die Stallungen. Früher schoben sich die Misthaufen bis an den Asphalt oder die Pflastersteine der zentralen Chaussee, sehr zur Entrüstung deutscher Touristen. Inzwischen ist der Kompost durch chemische Düngung ersetzt, der *fumier* vor der Tür verschwunden. Schöner und stimmungsvoller sind diese Dörfer nicht geworden durch dieses Zugeständnis an die Hygiene.

Im Vorbeifahren merke ich mir den Namen einer stattlichen Ortschaft: Vaucouleurs. Wenige Menschen halten sich im Freien auf. Alte Männer sitzen rauchend auf Holzstühlen und Bänken längs der Route Départementale. Das ländliche Lothringen gibt seine jungen Menschen an die urbanen Ballungszentren ab. Die Dörfer leeren sich.

Das späte Augustlicht hüllt das Land in Schwermut und Zeitlosigkeit.

Johanna und der General

Domrémy ist bäuerlich geblieben. An diesem Abend erschien das Dorf unberührt und weihevoll. Die gewaltigen Kronen der Bäume fielen mir auf. Auch heute mochten aus ihnen Stimmen zu vernehmen sein, wenn der Herbstwind sie zauste. Mein alter Freund André-Marie Gérard kam mir in den Sinn. Der Ostfranzose mit den roten Wangen, dem krausen Backenbart, der kühnen Nase – ein Typus, der im Béarn beheimatet sein könnte und den Ritterporträts der Religionskriege gleicht – hatte die umfangreiche Bibliothek, die der *Pucelle*, der Jungfrau von Orléans, gewidmet war, um einen zusätzlichen Band vermehrt. »Jehanne, la mal jugée« hatte er seine Studie betitelt, was man auf zweifache Weise übersetzen konnte: »Johanna, die zu Unrecht Verurteilte« oder »Johanna, die falsch Beurteilte«.

Für André-Marie Gérard war das Mädchen von Domrémy keine abstrakte historische Gestalt. Für diesen pensionierten Direktor des französischen Rundfunks und ehemaligen Fliegeroffizier führte eine direkte Linie von den geharnischten Bogenschützen der Ritter Dunois und La Hire bis zu den *compagnons* des General de Gaulle, der nicht von ungefähr das christliche Kreuz Lothringens der Swastika des germanischen Neuheidentums entgegenhielt. Hatte Johanna, wie Friedrich Sieburg auf seinen schönsten, lyrischen Seiten schreibt, das »Nationalgefühl als Idee erfunden«?

Zweihundert Jahre zuvor hatte Philipp der Schöne – auf die Feldzüge Ludwigs des Heiligen und den unerbittlichen Eroberungs-Kreuzzug gegen die okzitanischen Albigenser gestützt – alle Voraussetzungen des französischen Staates der Zukunft geschaffen, seine Ausrichtung festgeschrieben. Philippe le Bel hatte sich in »gallikanischer« Auflehnung der römischen Theokratie widersetzt und den Papst Bonifaz VIII. auf unerhörte Weise gedemütigt. Er war unablässig bemüht, die mächtigen Vasallen und Feudalherren seiner Krone unterzuordnen, sie gefügig zu machen. Die ruchlose Vernichtung des einflußreichen Templerordens fügte sich auf schreckliche Weise in diesen Einigungs- und Verselbständigungsprozeß; Philipp hatte auch die Tradition der »Legisten« eingeleitet, jener scharfsinnigen und pedantischen Rechtsgelehrten, meist bescheidener Herkunft, die mit unermüdlicher Spitzfindigkeit die Erb- und Herrschaftsansprüche der Kapetinger nach allen Seiten expandieren ließen.

Im Buch »Les rois maudits – Die unseligen Könige« – beschreibt Maurice Druon jene demütigende Zeitspanne des 13. und 14. Jahrhunderts, als Frankreich an den Rand der Auflösung geriet. Das Unheil sei über das Lilienbanner gekommen, nachdem der Großmeister der Templer mit schrecklichen Verwünschungen auf der Ile de la Cité den Flammentod erlitt. Die Erlösung setzte erst ein, als in Rouen die Asche der Johanna von Domrémy in die Seine gestreut und der Fluch durch dieses Mirakel behoben wurde. Ein mittelalterliches Mysterienspiel ist das Leben der Jehanne geblieben.

Wenn ich André-Marie Gérard lauschte in seiner lichtlosen Parterre-Wohnung am Rande von Montmartre, dann waren auch die Gaullisten unter der Losung »Dieu le veut« angetreten. Für alle, die damals beiseite gestanden hatten, als Frankreich an sich selbst zu verzweifeln drohte, hatte André-Marie nur Zorn und Verachtung übrig, an ihrer Spitze für jenen Premierminister Pompidou, der sich – Gérard zufolge – in die Vertrautheit des Generals eingeschlichen, sich unentbehrlich gemacht habe, obwohl er sich während des ganzen Zweiten Weltkriegs dem Heldentum, dem Widerstand versagt hätte. Zwischen 1940 und 1944 hatte Pompidou weiterhin Griechisch und Latein unterrichtet, als sei Albert Lebrun noch Präsident einer friedfertigen und im Rückblick recht heruntergekommenen Dritten Republik.

Der Geograph und Soziologe Fernand Braudel hat kurz vor seinem Tod die innere Zerrissenheit und bleibende Vielfalt dieses vermeintlichen französischen Zentralstaates unter dem Titel »Identité de la France« kritisch analysiert. Seit Braudel ist auch die Rolle der Jungfrau von Orléans als Erweckerin der französischen Nation ein wenig relativiert worden. Nicht nur der Historiker Ernest Renan hatte nach der Niederlage von 1870 mit anstößigem Bedauern darüber reflektiert, was aus den nördlichen Kernlanden Frankreichs hätte werden können, wenn sie unter der Krone der Plantagenets zu einem machtvollen franko-englischen Gemeinwesen zusammengewachsen wären, wobei sich die »langue d'oïl«, die Sprache des französischen Nordens, ohnehin als Amts- und Umgangssprache auf beiden Seiten des Ärmelkanals durchgesetzt hätte.

„Was Ihr den Geist der Zeiten heißt ...« Vergessen wir nicht, daß die »Pucelle« – ganz im Sinne ihrer Epoche – von der Wiedervereinigung der Christenheit und der Rückeroberung des Heiligen Grabes träumte, daß sie bereit war, auch dem Römischen Kaiser ihre Waffendienste anzubieten, um Jerusalem zu befreien, ja sogar – weiblicher Landsknecht des Heiligen Geistes – den ketzerischen Hussiten-Sturm niederzuwerfen. Unterstand das Dorf Domrémy und die Burg von Vaucouleurs – am Rande Lothringens, der Champagne, Burgunds und des »Bar mouvant« gelegen – überhaupt der französischen Krone der Valois oder gehörte es zu jenem »Sacrum Imperium Romanum«, in dem sich die Stämme Germaniens sammelten?

Mehr noch als unter dem Hundertjährigen Krieg sollte die Gegend von Domrémy unter den Schrecken des Dreißigjährigen Krieges leiden, der das Reich zweihundert Jahre später heimsuchte. So schlimm haben hier die Söldnerhaufen aus aller Herren Länder gehaust, daß die Bauern in die Wälder flüchteten, dort wie Wölfe lebten und 1643 auf Geheiß eines Marschall de la Ferté Semeterre in Hetzjagden zur Strecke gebracht wurden.

Die Verehrung der Jeanne d'Arc hat sich durch die Jahrhunderte im Volk erhalten, obwohl die französischen Monarchen mit Distanz und heimlicher Scham auf dieses Hirtenmädchen blicken mußten. Die Valois und Bourbonen erinnerten sich recht widerwillig an ihren verzagten, unansehnlichen Vorfahren Karl VII., der, von der eigenen Mutter als Bastard verschmäht, nur auf Betreiben Johannas – ohne eigenes Verdienst und Zutun – in der Kathedrale von Reims zum König gekrönt wurde. In aller Glorie entfaltete sich der nationale Kult um die »Pucelle« paradoxerweise erst unter der antiklerikalen, von Freigeist und Freimaurertum gezeichneten Republik. Sogar die Protestanten Frankreichs bekannten sich zu dieser Außenseiterin, die als Ketzerin auf dem Scheiterhaufen der Inquisition geendet hatte. Die Gegner der Krone, die sich im 19. Jahrhundert der stets präsenten Gefahr dynastischer Restauration entgegenstellten, feierten in Jeanne das Mädchen aus dem Volk, das die Nation gerettet hatte, aber von ihrem König verraten worden war. Für ihre Heiligsprechung am 30. Mai 1920 gab wohl die Tatsache den Ausschlag, daß Frankreich den Krieg gegen die Mittelmächte bestanden und – mit Hilfe seiner Alliierten – gewonnen hatte. Der Vatikan wollte in opportunistischer Ausnutzung der Stunde das Gewicht einer bei aller *laïcité* zutiefst im Katholizismus wurzelnden Dritten Republik nutzen und ihrem Prestige-Anspruch schmeicheln.

Das Dorf Domrémy war von jeher geweihter Boden. An dieser Schnittstelle uralter römischer Straßen, die von Lyon nach Trier führten, hatte der heilige Bernhard, der offenbar aus der mythischen Geschichte der Franken nicht wegzudenken ist, gewirkt. Hier am Ufer des bescheidenen grünen Flüßchens, das den anspruchsvollen Namen Maas trägt, hatten sich Philipp August und Richard Löwenherz verabredet, ehe sie gen Vézelay weiterzogen. An den Balken des Geburtshauses der Jeanne d'Arc suchte ich nach Stigmata besonderer Art. Angeblich hatten die Kosaken, die 1814 auf Paris zuritten, auf Weisung ihrer Popen ihre Säbel an dieser heiligen Stätte des Okzidents gewetzt.

Franklin D. Roosevelt, der offenbar wenig Neigung und überhaupt kein Gespür für Frankreich besaß, der de Gaulle als einen lästigen, arroganten Träumer ablehnte, verglich den Chef der »Freien Franzosen« höhnisch und, wie er meinte, verletzend mit Joan of Arc. Ohne es zu wissen, hatte er damit den Kern des gaullistischen Abenteuers im Zweiten Weltkrieg getroffen.

Vor vielen Jahren hatte ich in Asnières einen der frühesten gaullistischen Untergrundkämpfer, den Germanisten Pierre Bertaux, nach seiner Meinung über Friedrich Sieburg gefragt. Bertaux, der es fertigbrachte, seine literarischen Interessen – er genoß auch in Deutschland großes Renommee als Hölderlin-Experte – mit einer Beauftragung als hoher Sicherheitsbeamter zu vereinen, hatte kurz nachgedacht. Sieburg habe über die Jungfrau von Orléans trefflich und rührend referiert, lautete sein Urteil. Aber den Zugang zum bleibenden Mythos der Nation habe er sich selbst verschlossen, als er während des Zweiten Weltkriegs im Propagandastab des Hitler-Botschafters Abetz tätig geworden sei, sich mit den Kollaborateuren der deutschen Besatzung, mit den Bourguignons des 20. Jahrhunderts, eingelassen habe. Seitdem habe sich ihm das Verständnis für die französische Weiterentwicklung versperrt. »Sehen Sie«, fuhr Bertaux mit einem entschuldigenden Lächeln fort, »Friedrich Sieburg hat über das Mädchen von Domrémy intelligent und einfühlsam theoretisiert, aber wir haben an der Seite de Gaulles in der direkten Nachfolge der Jeanne d'Arc gelitten und gefochten. Wir haben unter dem Lothringer Kreuz der Kriegsjahre das Wunder von Orléans und Reims wiederholt, wir haben es miterlebt.«

Wieder kam mir Malraux in den Sinn mit seiner Laudatio auf Jeanne d'Arc zur 500-Jahr-Feier ihres Flammentodes: »In dieser Welt, wo Frankreich zweifelte, Frankreich zu sein, die Armee, eine Armee zu sein ... erneuerte sie die Armee, den König, erneuerte sie Frankreich. Vorher gab es nichts mehr: Plötzlich gab es die Hoffnung und – auf sie gestützt – die ersten Siege ...« Wer dächte hier nicht an de Gaulle in seiner hoffnungslosen Einsamkeit von London, als er am 18. Juni 1940 an seine Landsleute appellierte: »Frankreich hat eine Schlacht verloren; aber Frankreich hat nicht den Krieg verloren!« Malraux war es auch, der daran erinnerte, daß die Heilige Jungfrau von Orléans am 18. Juni 1429 den Engländern die entscheidende Niederlage von Patay zufügte.

Seine »Mémoires de Guerre« leitet Charles de Gaulle mit den oft belächelten, pathetischen Sätzen ein, die ihm das Rauschen der Bäume von Domrémy eingegeben haben könnte: »Mein ganzes Leben lang habe ich mir eine gewisse Idee von Frankreich gemacht. Dabei inspiriert mich das Gefühl ebenso wie die Vernunft. Meine affektive Neigung treibt mich natürlich dazu, mir Frankreich wie eine Märchenprinzessin, wie ein Madonnenfresko vorzustellen und ihm ein hervorragendes, einmaliges Schicksal zu unterstellen. Instinktiv habe ich den Eindruck, daß die Vorsehung Frankreich geschaffen hat für den vollendeten Erfolg oder für das exemplarische Unglück. Wenn das Land jedoch in seinen Taten und Gesten der Mittelmäßigkeit anheimfällt, überkommt mich das Gefühl einer absurden Anomalie, die ich den Franzosen und nicht dem Genie des Vaterlandes anlaste. Meine positive Veranlagung überzeugt mich andererseits, daß Frankreich nur sich selbst gerecht wird, wenn es ganz vorne steht; daß lediglich die großen Vorhaben imstande sind, die Fermente der Zerrissenheit auszugleichen, die dieses Volk in sich trägt; daß unser Land hohe Ziele anvisieren, sich kerzengerade halten muß, wenn es nicht in tödliche Gefahr geraten soll. Kurzum, Frankreich kann meiner Überzeugung nach nicht Frankreich sein ohne Größe – sans la Grandeur.« Wen wundert es, daß François René de Chateaubriand zu den Lieblingsautoren de Gaulles gehörte. Er hatte sich dessen Beschwörung zu eigen gemacht: »Levez-vous, orages désirés – Kommt auf, ihr sehnlich erwarteten Gewitter!«

Beim Aufbruch von Domrémy war mir auf der Brücke über die Maas eine Erinnerungstafel mit blau-weiß-rotem Rand aufgefallen. Sie überlieferte eine episodische Waffentat des Zweiten Weltkriegs: »In Erinnerung an dreizehn junge Soldaten des 306. Infanterie-Regiments, die am 18. Juni 1940 an dieser Stelle bei der Verteidigung von Domrémy-la-Pucelle gefallen sind.« Am Tag des Aufrufs de Gaulles zum Widerstand gegen den deutschen Sieger waren diese Rekruten auf dem Felde der Ehre gefallen vor dem Geburtshaus der heiligen Johanna. Wer sollte da noch Zweifel hegen an der legendären Kontinuität, an der Heilsgeschichte Frankreichs?
Auf der Suche nach der kürzesten Strecke nach Reims und Paris verirrte ich mich noch einmal in den Umkreis von Bar-sur-Aube. Ganz in der Ferne reckte sich das Lothringer Kreuz vor einem purpurroten Sonnenball.

»Karl von Gallien«

Meine persönliche Beziehung zu der Gegend von Colombey-les-Deux-Eglises war vor mehr als zwanzig Jahren durch die Bekanntschaft mit Daniel Fort vertieft worden. Seit meiner Niederlassung in Paris verbrachte ich, wenn sich die Gelegenheit dazu bot, das Wochenende im Landhaus der Familie Fort, am Rande des Dörfchens Juvanzé. Von Colombey trennten uns nur zwei bewaldete Bodenwellen. Die Eltern Daniels waren Gaullisten der ersten Stunde. Der alte Universitätsprofessor war früh zur Widerstandsbewegung gestoßen. Kaum jemand hätte diesem verschlossenen Calvinisten die Untergrundtätigkeit zugunsten des Generals in London zugetraut. An der

Hochschule von Caen in der Normandie, wo er geduldig die Fäden der Résistance sammelte, galt er als eine Art *père tranquille,* als ein gemütlicher, etwas spießiger Zeitgenosse, dem man allenfalls aufgrund seiner protestantischen Konfession eine oppositionelle Haltung zum Regime des Marschalls Pétain in Vichy unterstellte.

Dort triumphierte nach der Niederlage von 1940 im Zeichen der fränkischen Doppelaxt, der *francisque,* ein streitbarer Katholizismus monarchistischer Prägung – eine tief verwurzelte Tendenz der französischen Politik, die am liebsten die Revolution, die Republik und die Rehabilitierung des Hauptmanns Dreyfus rückgängig gemacht hätte. Unter den schmählichen Auspizien der Kollaboration mit Hitler war in Vichy endlich ein Flügel der rechtsextremen, ultranationalistischen »Action Française« an die Macht gelangt – soweit man im unbesetzten Frankreich überhaupt von Macht sprechen konnte –, und angesichts des dort vorherrschenden katholischen Integrismus hatten die französischen Protestanten schneller als die meisten anderen geistigen Familien Frankreichs den Weg zur Résistance gefunden. Das Regime des Marschalls Pétain erfüllte sie mit atavistischer Befürchtung, die Widerrufung des Duldungsedikts von Nantes könne sich wiederholen.

Die Familie Fort war seit zwei Generationen in Juvanzé ansässig. Wurzeln hatte sie hier nicht geschlagen. Ihr geräumiges Landhaus war an die alte Dorfkirche angelehnt, deren barocke Altarfiguren ohne Pflege verschmutzten und zerbröckelten. »Die Gegend ist völlig entchristianisiert«, sagte der alte Professor mit tadelnder Stimme. Seine Sympathie galt dem ausgemergelten katholischen Vikar, der jeden Sonntag auf dem Motorrad aus Bar-sur-Aube angefahren kam, um vor einer Handvoll Gläubiger die Messe zu lesen. Die Forts fühlten sich dem Süden Frankreichs verbunden, wo sich die Inseln des Protestantismus allen Stürmen und Anfechtungen durch die allerchristlichsten Könige zum Trotz erhalten hatten. Wenn es sich einrichten ließ, fuhr der Professor mit seiner strengen, weißhaarigen Frau in das Cevennen-Gebirge – in jene steinige Landschaft, in der sich einst der verzweifelte reformierte Aufstand der *camisards* jahrelang gegen die Dragoner Ludwigs XIV. behauptet hatte, angeführt von bibeltrunkenen Fanatikern, »les fous de Dieu«, wie sie sich selbst nannten.

Die Cevennen, »le désert – die Wüste«, wie die Protestanten mit frommem Schauder sagten, waren für die Eltern Daniel Forts der Ort geblieben, wo der Geist wehte, »le lieu où souffle l'Esprit«. Sie verfügten dort über eine überzeugendere »colline inspirée« als der katholische Reaktionär Barrès auf seiner Höhe von Saxon-Sion. Für die resolute Madame Fort, die nicht frei war von calvinistischer Selbstgerechtigkeit, mag der Widerstand gegen Vichy ein zeitgenössischer Nachtrag gewesen sein zum verzweifelten Kampf der *camisards* und Hugenotten um ihre Selbstbehauptung in einem überwiegend katholischen Staat.

Daß sich die Hoffnung der meisten französischen Protestanten auf einen katholischen Brigadegeneral übertrug, der sich bei aller gallikanischen Distanzierung gegenüber dem Vatikan stets als treuen Sohn der römischen Kirche betrachtete – unter der Voraussetzung, daß der Heilige Vater der Stellung Frankreichs als ältester Tochter der Kirche gebührend Rechnung trug –, das ist eines der Wunder des Gaullismus.

Die Calvinisten hatten, seit das Duldungsedikt von Nantes durch den Sonnenkönig zerrissen worden war, generationenlang nur am Rande des französischen Staatswesens existiert. Sie hatten sich stets auf die Seite der Revolutionäre, der Republikaner, ja der Umstürzler geschlagen, obwohl sie damit ihrer eigenen konservativen Grundstimmung oft genug Gewalt antun mußten. Der Kampf gegen Thron und Altar war für sie eine Frage der konfessionellen Existenz.

Endlich, seit dem 18. Juni 1940, seit ein unbekannter Offizier von London aus gegen die in Vichy triumphierende Reaktion zum Kampf aufrief, hatten sie das Lager wechseln und sich nach und nach einreihen können in die Partei der Ordnung, wie de Gaulle sie verkörperte – ein Mann, der im Laufe der Erfolge, der Rückschläge und der zähen Wiedererringung der Macht wahrhaft monarchische Züge entwickelt hatte. In Charles de Gaulle haben die französischen Calvinisten zum ersten Mal seit dem Übertritt Heinrichs IV. zum Katholizismus wieder einen König gefunden. Das galt nicht nur für die Familie Fort, die mit beinahe mystischer Treue an ihrem großen Nachbarn von Colombey-les-Deux-Eglises hing. Das traf auch auf die in der hohen Ministerialbürokratie unverhältnismäßig stark vertretene protestantische Gruppe zu, an deren Spitze der Pastorensohn Couve de Murville wohl das beste Zeugnis ablegte für die Hinwendung der französischen Calvinisten zum Gaullismus, ja für deren enge Bindung an die Person des Generals.

Das Ruhmesblatt aus dem Leben des Professors hing unter Glas in der Bibliothek, deren hohe Fenster *à la française* den Blick auf eine herrschaftliche Terrasse und eine romantische Krümmung des Flüßchens Aube freigaben. Auf dem vergilbten Papier proklamierte der »Préfet« Fort, der erste Präfekt im befreiten Frankreich, daß die Regierungsgewalt von nun an durch den General Charles de Gaulle ausgeübt würde. »Vive la France, vive de Gaulle«, schloß der Aufruf. Wenn der Professor, der nicht sehr gesprächig war, wider seine Gewohnheit aus der Zeit der Landung der Alliierten in der Normandie und von der ersten Nacht erzählte, die der General unter seinem Dach verbracht hatte, dann glaubte man plötzlich durch die brüchige Stimme dieses alten Skeptikers die Begeisterung jenes Pamphletisten Béranger zu hören, der den Napoleon-Kult unter der Restauration der Bourbonen mit Inbrunst angefacht hatte.

Beim Spaziergang durch die regenfeuchten Wiesen, die von der Terrasse zum sumpfigen Ufer des Flusses führten, hatte mich Daniel an diesem Wochenende seinem Onkel Jacques vorgestellt, einem hochgewachsenen, kahlköpfigen Mann mit dem Auftreten eines Obristen. Er hielt ein kleinkalibriges Gewehr in der Hand, hatte eben mit der Kugel einen Fisch erlegt und hätte am liebsten das Feuer gleich auf eine Gruppe von Camping-Ausflüglern eröffnet, die – der Kälte und Nässe trotzend – am anderen Ufer der Aube die herbe Wildnis mit dem häßlichen gelben Farbklecks ihres Zeltes und dem Lärm ihres Transistors entweihten.

Auch Onkel Jacques war ein Veteran des Gaullismus. Er hatte sich schon kurz nach 1940 über den Kanal abgesetzt und in der anfangs kleinen Truppe der »Freien Franzosen« unter dem Lothringer Kreuz mit der Waffe gekämpft. Diese Verbindung hatte sich nie gelöst. Als 1958 im Zeichen der Wirren von Algier die Rückkehr de Gaulles an die Macht vorbereitet wurde, beteiligte sich Onkel Jacques aktiv an verschiedenen Komplotten. Solange allgemein angenommen wurde, de Gaulle würde sich für den Verbleib Algeriens bei Frankreich einsetzen, diente Onkel Jacques, als ob er nach dem Krieg niemals Botschafter der Vierten Republik gewesen wäre, wieder freiwillig als Colonel im Dschebl von Nordafrika und befehligte eine Einsatzgruppe jener *commandos de chasse*, die die aufständischen Algerier mit den eigenen Partisanenmethoden jagten. In dieser Eigenschaft begegnete Onkel Jacques eines Tages – während de Gaulle die Offizierskasinos, *les popotes*, besuchte – seinem alten Kriegsherrn. »Sie hier?« fragte de Gaulle mit einem Anflug von Spott, »Für Ihr Alter ist das doch wohl nicht mehr die richtige Beschäftigung.«

Was Onkel Jacques – als klar geworden war, daß de Gaulle Algerien in die Unabhängigkeit entlassen würde und er sich damit den Haß der Aktivisten der Armee, die Morddrohungen der Algier-Franzosen zuzog – nicht hinderte, unbeirrt dem Lothringer Kreuz die Treue zu halten. Er schloß sich dem gefährlichen Untergrundkampf gegen die Feinde des Generals an, die in jenen Monaten Algier faktisch beherrschten.

Die Abenteuer Daniels, dem ich die Bekanntschaft der Familie Fort verdankte, waren bescheidenerer Natur. Bei Kriegsende ging er noch zur Schule; später studierte er Orientalistik und die arabische Sprache. Als junger Offiziersanwärter, als *aspirant,* hatte er in Algerien gedient. Der Abschied von seinem Arabisch-Professor, einem cholerischen Algier-Franzosen, hatte ihn zutiefst schockiert. »Bringen Sie möglichst viele Fellaghas um«, empfahl ihm dieser Mann, dessen Aufgabe es hätte sein sollen, die Verständigung zwischen Maghrebinern und Franzosen zu fördern. Nach seiner Entlassung aus dem Militärdienst hatte Daniel in Marokko und Mali unterrichtet und sich schließlich dem Journalismus zugewandt. Während der Kongo-Krise hatte ich ihn in Leopoldville kennengelernt, und wir waren schnell Freunde geworden.

An diesem Samstag im Juli 1965 saßen wir bis spät in die regnerische Sommernacht vor den brennenden Scheiten am Kamin des Landhauses von Juvanzé. Unvermeidlich war die Plauderei in eine politische Diskussion eingemündet. Onkel Jacques war schweigsam hinzugekommen. Ich mußte an jenen Tag im vergangenen Herbst denken, als die Familie Fort unser ganzes deutsches Kamerateam zum Tee eingeladen hatte. Es war mir nicht entgangen, daß der alte Professor und seine Frau bei aller Höflichkeit und Gastfreundschaft von dem Gedanken besessen waren, ob diese jungen Deutschen, die das Französische mit dem Akzent der Besatzungstruppen radebrechten, wirklich anders wären als ihre Väter. Auch in dieser späten Kaminstunde wurde das Mißtrauen gegenüber dem germanischen Nachbarn wieder wach, das durch die triumphale Deutschland-Reise de Gaulles im September 1962 eingeschläfert worden war.

Die deutsch-französischen Beziehungen hatten sich seitdem laufend verschlechtert. Im Juni 1965 brachte de Gaulle seinen Besuch am Rhein, der im Zuge der regelmäßigen Konsultationen des Elysée-Vertrages fällig war, ohne Jubel und Blumen hinter sich. Mit Bundeskanzler Erhard hatte er mürrisch Allgemeinheiten ausgetauscht, war nur bei einem Empfang im Palais Schaumburg aufgetaut, als er seinem Freund Adenauer beide Hände reichte, und hatte bei seinem Rückflug an die Seine Mißstimmung und trotziges Aufbegehren hinterlassen. Wenige Tage später leitete Außenminister Couve de Murville die Krise des Gemeinsamen Marktes ein, und der Stuhl Frankreichs in Brüssel blieb leer. Selbst Daniel, der frei war von den Ressentiments der älteren Generation, zeigte sich besorgt über die deutsch-französische Zukunft.

Daniel war ein nuancierter Gaullist. Ihn störte manches an der Selbstherrlichkeit des Regimes. Das Prestigebedürfnis des Generals reizte ihn zum Widerspruch, und voll bitteren Spotts kommentierte er die Parade des 14. Juli, als de Gaulle nach der Begrüßung einer Delegation sowjetischer Generäle mit allen Zeichen der Genugtuung dem Vorbeimarsch schlecht ausgerichteter und nachlässig uniformierter französischer Regimenter beigewohnt hatte. »Es gibt nur eine Erklärung für die Freude de Gaulles an solchen Schauspielen«, sagte Daniel, »er ist inzwischen so kurzsichtig, daß er die krumme Haltung der Gewehrläufe und die zerknitterten Sommerhemden der Soldaten gar nicht mehr wahrnimmt. Er sieht nur eine homogene Khakimasse vorbeiziehen, und wenn die Musik stimmt, stimmt alles.«

Für Daniel Fort wie für die meisten Franzosen wurde das Verhältnis zu Charles de Gaulle durch das persönliche Erlebnis und das Temperament bestimmt. Der phlegmatische junge Calvinist, dessen frühe Behäbigkeit mit den lebhaften schwarzen Augen kontrastierte, war gewiß von Hause aus für den ersten Widerstandskämpfer Frankreichs voreingenommen. Aber seine individuelle Entscheidung ging auf den Algerien-Krieg zurück, als die Phraseologie der republikanischen Linken durch den sozialistischen Generalresidenten Robert Lacoste ad absurdum geführt wurde, der im Auftrag eines sozialistischen Regierungschefs für die Niederkämpfung des algerischen Anspruchs auf Selbstbestimmung verantwortlich zeichnete.

Daniel war in seinem Gaullismus entscheidend bestärkt worden, als der General nach seiner Machtergreifung die Propaganda für das »französische Algerien« als eine Lüge oder bestenfalls als eine Legende entlarvte. Er war Anhänger des gaullistischen Entkolonisierungsprogramms – nicht aus Liebe zu den Farbigen oder gar zu den Arabern, deren staatsbildende Fähigkeiten er nüchtern als gering veranschlagte, sondern weil er eine endlose Verstrickung Frankreichs in Kolonialkriege und Übersee-Expeditionen als verhängnisvoll für das

Schicksal der Nation erachtete, das sich wohl oder übel in Europa entscheiden würde.

»Wir haben Glück mit de Gaulle«, erklärte Daniel, »weil er ein ›métropolitain‹ ist, weil er stets im Mutterland diente – mit der Ausnahme eines kurzen Aufenthalts in der Levante. So blieb er verschont von dem romantischen Engagement der Kolonialarmee, deren Offiziere nie vergessen können, daß sie Seite an Seite mit algerischen Kamelreitern oder marokkanischen ›goumiers‹ gekämpft haben. De Gaulle hat Frankreich zum Rückzug auf Europa gezwungen. Die totale Integration Algeriens in die französische Republik, die von den aufsässigen Offizieren der Algier-Armee gefordert wurde, hat de Gaulle mit der brüsken Bemerkung ad absurdum geführt, er wünsche nicht, daß Colombey-les-Deux-Eglises eines Tages in Colombey-les-Deux-Mosquées umbenannt werden müsse, daß aus ›Colombey zu den beiden Kirchen‹ ein Ort unter dem Namen ›Colombey zu den beiden Moscheen‹ werde.«

Gerade diesen kühlen Realismus hatten jene Militärs nicht verwunden, die nach den turbulenten Maitagen von 1958 in dem törichten Glauben, de Gaulle werde Frankreich für alle Zeiten in Nordafrika verankern, in den Städten und Douars von Algerien Plakate kleben ließen: »Tabki Fransa fil Djazair – Frankreich bleibt in Algerien«, die muslimische Hilfskräfte, die sogenannten *harki*, rekrutiert hatten und die sich – nachdem de Gaulle mit den Rebellen verhandelte – persönlich entehrt fühlten, als sie diese *harki* den schäumenden Rachegelüsten der Nationalisten ausliefern mußten.

Objektivität konnte man in jenen Jahren nach dem Algerien-Krieg von den Franzosen nicht erwarten, wenn es um die Beurteilung de Gaulles ging. Historischer Abstand war nicht Sache des Bürgers der Fünften Republik. Der Mann im Elysée-Palast forderte leidenschaftliche Ablehnung oder bedingungslose Gefolgschaft geradezu heraus. Es bedurfte schon des tief eingefleischten, beinahe anarchischen Individualismus der französischen Nation, um eine periodische Umkehr der Gesinnung zustande zu bringen, um aus treuen Gaullisten von einem Jahr zum anderen engagierte Antigaullisten, um aus prinzipiellen Gegnern des Generals pragmatische Anhänger zu machen. Das Wort des Soziologen Raymond Aron behielt seine volle Gültigkeit, wonach jeder Franzose entweder Gaullist ist oder Gaullist war oder Gaullist sein wird. In der Ablehnung oder in der Zustimmung – jeder Franzose geriet in das Magnetfeld des Generals, keiner entzog sich dem Sog seiner Persönlichkeit.

Nicht nur die Franzosen. Daniel hatte genauso intensiv wie ich die Entfaltung »des schwarzen Gaullismus« in Afrika erlebt. Dort blieben die eingeborenen Politiker, die die französisch-sprachigen Republiken regierten, von der Statur des Mannes, der ihnen bereits 1940 von Brazzaville aus Menschenwürde und Bürgerrechte zusicherte, zutiefst beeindruckt. Jeder dieser schwarzen Potentaten bemühte sich, seine mehr oder weniger bescheidene Residenz in eine Kopie des Elysée-Palastes umzuwandeln. Das französische Kolonialimperium hat Charles de Gaulle aufgelöst, aber sein Stil hat auf Afrika abgefärbt. Die jungen Staaten, die er ohne Begeisterung aus der Taufe hob, tragen weiterhin seinen Stempel. Gab es nicht in Brazzaville, ausgerechnet in der Götterwelt der ursprünglich antikolonialistischen Matswa-Sekte, einen Fetisch Ngol, eine Zauberpuppe, die man am Generals-Képi erkennt und die niemand Geringeren darstellte als den ersten Präsidenten der Fünften Republik? In diesem Sinne war der Gaullismus weit über das Mutterland hinausgewachsen.

Daniel hatte die Verandatür geöffnet. Die Regenwolken waren nach Osten weitergetrieben. Vom reingewaschenen Nachthimmel leuchtete der Mond auf die Weiden am Ufer der Aube. Die Frösche begannen ihr Konzert. »Das sind schwache Stimmchen gegen die Frösche Afrikas«, meinte Daniel.

»Wenn du erst die Ochsenfrösche von Indochina gehört hättest«, wandte ich ein, »aber du warst ja nicht in Vietnam.« Am Kongo hatten die Veteranen unter den französischen Zeitungsleuten Daniel stets damit geneckt, daß er keine Ostasien-Erfahrung besäße und nur zweitrangige afrikanische Erlebnisse gesammelt habe. »Für dich ist Algerien der Prüfstein deiner Einstellung zu de Gaulle gewesen«, sagte ich zu Daniel, »für manchen anderen war schon der Indochina-Krieg ein ähnlicher Test.«

Ich erzählte ihm mein Erlebnis aus dem Mai 1946. De Gaulle war vier Monate vorher zurückgetreten und hatte mit allen Zeichen des Abscheus die von ihm installierte Vierte Republik, die bereits am Fieber des Parteienhaders krankte, dem sogenannten *tripartisme* überlassen, einer Koalition von Christlichen Volksrepublikanern, Sozialisten und Kommunisten. »On ne participe pas à une bataille de singes – Man nimmt an einer Affenschlacht nicht teil«, hatte der verächtliche Kommentar des Generals gelautet.

Kein Wunder, daß die in der Regierung vertretenen Kommunisten leidenschaftlich gegen den Versuch der Rückeroberung Indochinas durch das französische Expeditionskorps agitierten und für ihren Genossen Ho Tschi Minh Partei ergriffen. Diese vom französischen Militär als Dolchstoß empfundene Kampagne hatte sogar in den mageren Gazetten von Saigon ein Echo gefunden, wo eine kleine linksprogressistische Zeitung im Mai 1946 einen defaitistischen Artikel über die Kolonialsoldaten des Generals Leclerc veröffentlichte unter dem Titel »Ehre und Profit, die Devise des französischen Expeditionskorps in Fernost«.

Wohl auf Betreiben der militärischen Abwehrdienste hatte sich an jenem schwülen Monsunabend von Saigon auf dem Boulevard Norodom ein Zug von Soldaten unter Anleitung einiger Offiziere gebildet, die Druckerei und Redaktionsräume des antikolonialistischen Blattes zertrümmerten und dann wie eine Parteikundgebung an den überfüllten Caféterrassen der Rue Catinat vorbeizogen. Die Kolonne sang das Lied der Zweiten französischen Panzerdivision, die als erste alliierte Truppe in Paris und Straßburg eingerückt war, als plötzlich und unvermutet ein blutjunger Leutnant mit der roten Mütze der Spahis, der an der Spitze marschierte, in den Ruf ausbrach: »Vive de Gaulle, de Gaulle au pouvoir – de Gaulle an die Macht!«

Der Ruf wurde von den Soldaten begeistert wiederholt. Die Schreibstubenoffiziere mit den eurasischen Mätressen, die vor dem Hotel Continental ihren Cognac-Soda tranken, die vietnamesischen Rikscha-Kulis, die dieser Demonstration als verständnislose Zuschauer beiwohnten, konnten nicht ahnen, daß sie genau zwölf Jahre vor der Gründung des Wohlfahrtsausschusses von Algier durch General Massu einer symbolischen Vorwegnahme des Sturzes der Vierten Republik beiwohnten, daß sie Zeugen wurden, wie die Zenturionen zum ersten Mal den Aufstand probten.

Wenn die afrikanischen Epigonen, die algerischen Bewunderer und die indochinesischen Komplizen in die Rechnung nicht einbezogen würden, bliebe eine Beurteilung de Gaulles stets lückenhaft und einseitig, nahm Daniel seinen Faden wieder auf. Vielleicht sei die Quelle vieler Mißverständnisse bei der Betrachtung der Fünften Republik durch die Deutschen, Italiener oder Holländer in der Neigung zu suchen, den General stets nur im Hinblick auf seine europäische Wirkung zu bewerten.

„Wie steht es mit den deutschen Gaullisten?« fragte er plötzlich. Meine Antwort war weder für ihn noch für mich befriedigend. Wie soll man einem Franzosen erklären, daß die sogenannten deutschen Gaullisten eine Zeitlang hofften, im Generalspräsidenten einen ideologischen Verbündeten gegen den Kommunismus zu finden. Eine absurde Vorstellung für jeden, der ihn ein wenig studiert hatte. Wie sollte ich Daniel auseinandersetzen, daß in Deutschland die Bereitschaft, der Person de Gaulles Wohlwollen oder Verständnis entgegenzubringen, je nach Landschaft und Konfession variierte, daß man südlich und westlich der Rhein-Main-Linie »gaullistischer« reagierte als jenseits des alten römischen Limes und daß die überwiegend katholischen Länder eher geneigt schienen, aus der Verklammerung der Bundesrepublik mit Frankreich – ob es nun gaullistisch war oder nicht – das erste Gebot deutscher Außenpolitik zu machen, als die evangelischen Provinzen Deutschlands. De Gaulle und die Deutschen? Stellte man damit nicht die Frage nach dem heimatlichen Standort, nach der Erziehung, der Konfession, ja nach dem Temperament des betroffenen Bundesbürgers?

»Wann hast du eigentlich zum ersten Mal von de Gaulle gehört?« fragte Daniel. Das war eine alte Geschichte aus dem Frühsommer 1940. Im Collège Saint-Michel zu Fribourg in der Schweiz hatten meine Mitschüler im französisch-sprachigen Gymnasium die glanzlose Niederlage Frankreichs bestürzt und beklommen miterlebt. Mit der Macht der Dritten Republik brach für viele von ihnen eine Welt zusammen. In jenen Tagen, als das Frankreich Friedrich Sieburgs zu Ende ging, als die aufklärerische Republik mit ihrem fortschrittlichen Rationalismus unter den Schlägen des Dritten Reiches einstürzte und die Quellen der nationalen Mystik sich wieder auftaten wie zur Zeit des Hirtenmädchens von Domrémy – da wurde auch im Collège Saint-Michel das ohnehin lange Abendgebet durch ein Ave Maria ergänzt, das der Vorbeter mit der Aufforderung einleitete: »Prions pour la France«.

Einer unserer Internen, Marcel Pilloux, ein dunkelhaariger, exaltierter Waadtländer, litt mehr als alle anderen unter dem Debakel der französischen Armee. In seiner Verzweiflung ging er so weit, in den dunklen Schriften des Astrologen Nostradamus nachzublättern, um neue Hoffnung für die Rettung Frankreichs zu schöpfen. Es war wohl am 20. Juni 1940, als ein strahlender, siegesbewußter Marcel Pilloux auf mich zukam. »Es ist nichts verloren für Frankreich«, sagte er,

»hast du heute die Zeitung *La Liberté* gelesen? In London hat ein gewisser General de Gaulle ein Komitee der ›Freien Franzosen‹ gegründet und setzt den Kampf fort. Charles de Gaulle – Karl von Gallien. Wenn einer so heißt, dann muß der liebe Gott etwas Großes mit ihm vorhaben.«

Für mich bleibt Marcel Pilloux, der später Priester wurde in der Diözese des Bischofs von Genf, Lausanne und Fribourg, der erste Gaullist.

Konfetti des Kolonialreichs

Mayotte, 22. August 1986

Der Indische Ozean leuchtet blau und unendlich. Winzig erscheint in dieser Weite die Insel Mayotte mit ihrem felsigen Vorsprung Dzaoudzi, wo die roten Wellblechdächer der Verwaltungsbauten im tropischen Grün fast untergehen. Unsere »Cessna« beschreibt eine weite Kurve vor der Landung. Die Lagune mit ihrem ausgefransten Rand gleicht einer riesigen Qualle. Über einem weißen Steingebäude weht die blau-weiß-rote Fahne. »Was Sie hier sehen, ist ein letzter Fetzen unseres früheren Kolonialreichs«, sagt Julien Souture; »von Saint-Pierre et Miquelon vor der Küste Neufundlands bis zum Atom-Atoll Mururoa im Ostpazifik reihen sich diese Überbleibsel unserer verblichenen Weltgeltung. Wir nennen das mit traurigem Spott *les confettis de l'Empire*. Ein imperialer Karneval droht daraus zu werden.« Wir diskutieren den militärischen Nutzen der Lagune von Mayotte, die von den Marineoffizieren als erstklassige Flottenbasis auf halbem Wege zwischen Rotem Meer und Kap der Guten Hoffnung gepriesen wird. Aber die kurze Rollbahn, auf der wir landen, widerspricht diesen grandiosen strategischen Absichten.

Julien Souture war als technischer Berater im Innenministerium des Komoren-Archipels tätig, in Wirklichkeit aber zuständig für die politische Polizei und die Abwehr fremder Agenten. Dieser Mutterland-Franzose aus dem Poitou, der zuvor niemals in Übersee gedient hatte und deshalb frei war von spätkolonialer Wehmut, stand dem Staatschef der Islamischen Republik der Komoren, Scheikh Ahmed Abdallah Abderrahman, zur Seite, der über drei Inselchen im Indischen Ozean mit knapp dreihunderttausend Einwohnern herrschte und sich nicht damit abfinden konnte, daß die ehemalige französische Protektoratsmacht ihm die Souveränität über das vierte Eiland des Archipels, Mayotte, verweigerte. Mit seinen siebzigtausend Menschen bräunlicher oder schwarzer Hautfarbe hatte sich Mayotte für den Verbleib beim französischen »Mutterland« entschieden und strebte das Statut eines französischen Übersee-Départements an, wollte also integrierter Bestandteil der fernen Republik sein. Der Präzedenzfall der Insel Réunion, ebenfalls im Indischen Ozean gelegen, hatte die Einwohner von Mayotte wohl auf diese abstrus erscheinende Forderung gebracht.

Souture war eine vielschichtige Persönlichkeit. Er gehörte zu jenen französischen Sicherheitsbeamten, die dem Angeklagten oder Verdächtigen mit einer Spur Komplizenschaft begegnen – halb Beichtvater, halb Inquisitor, wohl wissend um die Anfälligkeit der menschlichen Natur. Er trug einen Vollbart wie ein Missionar oder ein italienischer Gewalttäter der »Brigate Rosse« und hatte wie ich im »Institut des Sciences Politiques« in Paris studiert. Wir waren uns nähergekommen, während wir unsere zeitlich verschobenen Erinnerungen an die Rue Saint-Guillaume austauschten, über die Konditorei »Basile« plauderten, die heute verschwunden ist, über den Nachmittagstee mit den Töchtern der gehobenen Bourgeoisie, die bei »Sciences Po« den Stoff für gepflegte Salon-Konversation suchten und eventuell einen vorteilhaften, aufstrebenden Ehepartner fürs Leben.

Julien hielt nicht viel von der Absplitterung Mayottes und von dessen Verbleib bei Frankreich. »Wir handeln uns hier nur unnötige Schwierigkeiten mit der Komoren-Regierung ein, werden von der ›Organisation für Afrikanische Einheit‹, der OAU, an den Pranger gestellt und agieren wider alle politische Vernunft«, meinte er kopfschüttelnd. Gewiß, die Mehrheit der farbigen Bevölkerung von Mayotte sei für die *départementalisation.* Der Mindestlohn, der auf Mayotte gezahlt wurde, betrug immerhin tausendeinhundert Mutterlands-Franken – zu jener Zeit knapp vierhundert D-Mark –, und pro Kind und Quartal kämen zweihundert französische Franken, also etwa siebzig D-Mark, hinzu, was für die Lehm-, Wellblech- und Strohhüttenbewohner dieser fernen Außenposition ein triftiger Grund sei, noch mehr Nachkommenschaft in die Welt zu setzen, als sie das ohnehin schon taten. Tatsächlich sei die rassische Zusammensetzung unterschiedlich auf den diversen Komoren-Inseln. Während in der »Islamischen Republik« eine Oberschicht arabisch-omanischen und auch persisch-schirazischen Ursprungs weiterhin den Ton angab, hatte sich auf Mayotte die negroide Unterschicht durchgesetzt – ehemalige Sklaven des Sakalaven-Volks aus Madagaskar, Macua aus Mosambik –, die sich dagegen sträubte, ihren ehemaligen Unterdrückern wieder ausgeliefert zu werden.

Im Gegensatz zu der Komoren-Hauptstadt Moroni, die erst 1886 einverleibt wurde, hatte sich Paris schon 1841 des Eilands Mayotte bemächtigt. Die erste französische Präsenz ging sogar auf die stürmischen Jahre der Revolution zurück, als die Insel Bourbon in Réunion umgetauft wurde und eine Handvoll Aristokraten nach Mayotte flüchtete, um dort fast ausnahmslos an Malaria und Amöbenruhr einzugehen. Souture zeigte mir den verwahrlosten Friedhof dieser ersten Pioniere auf dem felsigen Kap von Dzaoudzi.

»Noch heute lebt hier ein alter Baron de Saint-Aubain«, erwähnte er lachend; »ich weiß nicht, ob er von diesen adligen Pionieren abstammt. Jedenfalls hat er Wurzeln geschlagen, mit vier schwarzen Frauen zusammengelebt und zahlreiche Kinder gezeugt. Seine derzeitige Gefährtin, eine waschechte Sakalavin, pflegt er seinen Besuchern als ›Madame la Baronne‹ vorzustellen. Aber es gibt auch andere, weniger liebenswerte und verschrobene Figuren unter den Weißen von Dzaoudzi. Da ist ein ehemaliger Verhör-Spezialist unserer Algerien-Armee, der wegen seiner Folterungen aufständischer französischer OAS-Offiziere in El Biar berüchtigt war und jetzt als Hotelier, Bordellbesitzer und Zwischenhändler für alle möglichen Gewerbe ein Vermögen zusammengerafft hat. Da gibt es einen spießigen Apotheker, ein tropisches Gegenstück zum Pharmacien Homais aus Flauberts ›Madame Bovary‹, der sich unter dem Kreuz des Südens zum Royalismus bekehrt und einen Club Gleichgesinnter gegründet hat. Da gibt es dreihundertdreißig sogenannte Entwicklungshelfer und eine Überzahl ›kleiner Weißer‹, *des petits blancs* aus dem Mutterland, die Sie hier im Supermarché beobachten können, mit viel zu knappen Shorts auf dem feisten Hintern, mit engen T-Shirts über dem schlaffen Busen, mit rot verbrannten Nasen. Sie sparen sich in ein paar Jahren Aufenthalt das Geld für eine kleine Eigentumswohnung zusammen, manchmal sogar eine Vorortvilla bei Paris, denn die Bezüge sind natürlich besser als zu Hause, und sie vermitteln von Frankreich ein Bild von Raffgier, Vulgarität und Geiz. Der ›schreckliche Méline‹, wie Ihr Landsmann Ernst Jünger den begnadeten Pamphletisten Céline umschrieben hat, wäre in Mayotte auf seine Kosten gekommen.« Louis-Ferdinand Céline, Autor der »Reise ans Ende der Nacht«, war ein ebenso engagierter Antikolonialist wie Antisemit gewesen.

Warum denn ausgerechnet diese Außenposition zwischen Madagaskar und Dar-es-Salam als Bestandteil der Republik erhalten bleiben müsse, reflektierte Souture weiter. Natürlich habe das innenpolitische

Gründe. Der Abgeordnete von Mayotte, kein Einheimischer übrigens, sondern ein dunkelhäutiger Antillen-Franzose, ehemaliger Ratgeber Giscard d'Estaings, habe sich zum Wortführer der Integrationsbewegung gemacht und verfüge über erheblichen Einfluß im Palais Bourbon, dem Sitz der Nationalversammlung. Auch Premierminister Chirac müsse auf ihn Rücksicht nehmen, zähle doch jede Stimme in dieser schwierigen Phase der Pariser *cohabitation.* Bei den nächsten Präsidentschaftswahlen im Mai 1988 käme es auf die bescheidenste überseeische Wählergruppe an. Zwanzigtausend »Mahorais« – so werden die Einwohner von Mayotte genannt – könnten bei einem knappen Ergebnis den Ausschlag geben.

Die Fremdenlegion, die ich aus Indochina und Algerien in ruhmvoller Erinnerung hatte, war hier nur noch der Schatten ihrer selbst, die meiste Zeit zum Bau- und Pioniereinsatz verurteilt. Bei den zweihundert Mann, die auf Mayotte stationiert sind, wurde weiterhin auf straffe Disziplin geachtet. Ich sah die jungen Männer mit Tarnjacke, Shorts und Schirmmütze an der Fähre warten, ehe sie – schwitzend unter ihren Mörsern und Maschinengewehren – die verkarsteten, steilen Hügel erkletterten. Nur zehn Deutsche waren darunter, hingegen viele Portugiesen, einige Engländer und eine Anzahl Franzosen, die, um eine neue Identität zu erwerben, sich als Schweizer oder Belgier hatten anwerben lassen. Eine maßgebliche Rolle schien ein gut aussehender, aber deklassiert wirkender Feldwebel zu spielen, den man mir als »homosexuel militant« vorstellte. Wie lautete noch der zotige Refrain des schönen Legionsmarsches, des Lieds vom »Boudin«: »Les sapeurs venant par derrière ...«

Viel Abwechslung bot das Legionärsleben nicht. »Was bleibt ihnen übrig nach Dienstschluß«, fragte Souture, »la bringue et les négresses – die Sauferei und die Negerinnen. Damit hauen sie ihren Sold von fünftausend Francs im Monat – etwa tausendsiebenhundert D-Mark – auf den Kopf.« Ich sah mir daraufhin die eingeborenen Mädchen etwas genauer an, die mit freimütiger Koketterie den Blicken des Fremden standhielten. Manche hatten sich eine weiße Paste ins schwarze Gesicht geschmiert. Das sei ein Schutzmittel gegen die Sonne, erklärte Julien; gelegentlich gäben die Frauen durch diese Kriegsbemalung auch zu erkennen, daß sie ihre Periode hätten.

Überall auf den Komoren, so erfuhr ich, sei die Homophilie unter den Einheimischen weit verbreitet. Angeblich empfänden neunzig Prozent der männlichen Bevölkerung – auch wenn sie ansonsten ein durchaus normales Leben als brave Familienväter führten – Neigungen für das gleiche Geschlecht. In der Hauptstadt Moroni habe ich sogar eine Moschee für »Schwule« besichtigt, und mein Verdacht, es handele sich um einen dummen Scherz, wurde durch den eindeutigen Habitus der frommen Beter nachhaltig widerlegt. Erhebliche Unruhe ist in dieser Gemeinde entstanden, seit die furchterregende Ausbreitung der Aids-Seuche auf dem afrikanischen Kontinent publik wurde. Mit besonderem Mißtrauen werden jene weißen *gays* aus Südafrika beobachtet, die als Touristen zahlreich und als Träger dieses unheimlichen Virus gefürchtet sind. Auf Mayotte wurden zwei akute Fälle von Erkrankung an dieser neuen Seuche gemeldet.

Die katholische Kirche von Dzaoudzi war durch Tropenfäulnis geschwärzt. Die weiße Marienstatue hatte den Protesten einiger empörter muslimischer Prediger standgehalten. Als die Legionäre jedoch auf der höchsten Erhebung dieses Kaps ihrem Schutzpatron, dem heiligen Michael, ein Denkmal errichten wollten, kam es zur hochoffiziellen Demarche des Präsidenten der Islamischen Republik der Komoren. Von dem frommen Projekt mußte Abstand genommen werden.

Frankreich würde gewiß nicht ärmer, wenn es auf Mayotte verzichtete, so kamen wir nach unserem Ausflug überein. Im Gegenteil, es könnte dadurch seine Präsenz auf den übrigen Komoren-Inseln festigen und ausbauen. Die Unabhängigkeitsbewegung auf der bunt gemischten Insel Réunion würde durch eine solche Entscheidung kaum Auftrieb erhalten. Der frühere Premierminister de Gaulles, Michel Debré, der vor der Machtergreifung des Generals so wacker für das »französische Algerien« gestritten hatte, ja in seiner Postille *Kurier des Zorns* alle Befürworter der algerischen Unabhängigkeit und der Preisgabe als Vaterlandsverräter vor ein Kriegsgericht bringen wollte, hielt auf Réunion den überwiegend marxistisch ausgerichteten *indépendantistes* die Waage und seine Wähler mit großzügigen Geschenken bei der Stange. Es war schwer zu begreifen, daß dieser ultranationalistische Abgeordnete, wegen seiner Unbestechlichkeit und seiner empfindlichen Ehrbegriffe bekannt, nach dem Scheitern seiner politischen Ambitionen in der heimischen Touraine, wo er in Amboise weiterhin Bürgermeister blieb, sich mit allen Mitteln auf der exotischen Vulkaninsel Réunion engagierte. Er hatte sich dort seinen Abgeordnetensitz mit Mitteln erkämpft, die in diesem Milieu der Bestechlichkeit und massiver politischer Beeinflussung keineswegs unschuldig anmuteten.

Am Nachmittag flogen wir zur »Grande Comore« zurück, der Hauptinsel der Islamischen Republik. Manches erinnerte mich an Sansibar. Die Oberschicht, die früheren Sklavenhändler arabischen Ursprungs, war hier nicht entmachtet oder massakriert worden wie auf der Dar-es-Salam vorgelagerten Gewürzinsel, die heute Bestandteil der Republik Tansania ist. Die Eroberer und Kaufleute aus Oman und Südpersien waren durch Generationen intensiver Vermischung fast ebenso schwarz gefärbt wie ihre ehemaligen Leibeigenen. Ein schäbiges Abbild von Sansibar hatte sich erhalten. Den bigotten Männern im weißen Gewand traute niemand mehr die unerbittliche Energie und Raffgier ihrer Ahnen zu, vor deren Raubzügen ganz Ostafrika bis hin zu den Großen Seen gezittert hatte.

Die Ortschaften auf der Großen Komore waren mit mächtigen Schutzmauern aus Lavasteinen umfriedet. Diese Defensivmaßnahmen kündeten von den mörderischen Überfällen der malaiischen Herren, Hova oder Merina genannt, die aus Madagaskar herübersegelten und auf den Komoren Tod und Entsetzen verbreiteten. Die Komoren könnten eine tropische Idylle sein, aber es gibt wohl keine friedliche Zufluchtstätte mehr, selbst auf der entlegensten Gewürzinsel. Die Bucht vor dem Hotel »Itsandra« bietet all die Schönheit, die die Südsee auf ihren Prospekten verspricht und in Wirklichkeit meist verweigert. Das Hotel hat alten kolonialen Charme bewahrt. Julien Souture hat mich in vieldeutiger Absicht dorthin gefahren nach der Audienz bei Staatspräsident Ahmed Abdallah.

Der Präsident mit dem scharfgeschnittenen Gesicht wirkte autoritär und schien sich gar nicht bewußt zu sein, auf welch schwachen Stützen sein Regime ruhte. Er forderte natürlich mit Nachdruck und im Namen des gesunden Menschenverstandes die Vereinigung Mayottes mit seiner Zwergrepublik, die auf ihrem grünen Fahnentuch neben dem Halbmond des Islam vier Sterne – einen davon für Mayotte – leuchten läßt. Die Sanktionen gegen Südafrika bezeichnete er als blanken Unsinn. Den islamischen Fundamentalismus, der auch auf den Komoren bei den Angehörigen der diversen Bruderschaften nach Anhängern sucht, glaubte er in Schach halten zu können.

Die Autokratie Ahmed Abdallahs stützt sich nicht so sehr auf die schwarze Präsidialgarde, die noch im Frühjahr und Herbst 1985 zum Militärputsch ausgeholt hatte, sondern auf eine Verfügungstruppe von dreißig weißen Söldnern, Franzosen und Belgier. Dank dieser buntgescheckten Truppe, aus der die Profis des französischen Geheimdienstes inzwischen abgezogen worden sind, hatte Abdallah überhaupt die Macht an sich reißen können.

Drei Jahre lang – von 1975 bis 1978 – war der Archipel dem egalitären Experiment, dem gottesfeindlichen Afro-Marxismus des schwarzen Volkstribunen Ali Soilih, ausgeliefert gewesen. Mit seiner jugendlichen Schlägertruppe hatte dieser anfangs beliebte Demagoge auf den Komoren ein Schreckensregiment errichtet, das sich angeblich am Wahnwitz der »Roten Khmer« von Kambodscha ausrichten wollte. Nachdem die Killer Ali Soilihs in der Moschee des malerischen Städtchens Ikori ein Blutbad unter den Betern angerichtet hatten, war die Stunde reif für die Intervention der Söldner. Die Landung fand zweifellos mit französischer Marine-Unterstützung statt. Der Kampf war kurz. Aus dem grün angestrichenen Bunker, der die Bucht von Moroni schützen sollte, fiel in jener Nacht kein einziger Schuß. Es gab nur einen Toten, das war der marxistische Präsident Ali Soilih in Person.

Die paar Söldner, denen der Coup gelang, standen unter dem Befehl eines zwielichtigen Belgiers, Roger Ghis, »Commandant Charles« genannt, der sich schon am Kongo einen blutigen Namen gemacht hatte, als seinesgleichen nicht nur die schwarzen »Simba« jagten, sondern Elfenbein, Gold und Edelsteine raubten, ja sich mit den abgeschnittenen Ohren ihrer erlegten Feinde schmückten. Inzwischen war Commandant Charles, der sich mit den französischen Sicherheitsbehörden überworfen hatte, durch einen Algier-Franzosen, Hauptmann Marquès, abgelöst worden. Diese Söldner hatten auf Pariser Anweisung Ahmed Abdallah zum Staatschef gemacht. Von ihnen hing auch dessen weiteres Schicksal ab.

Der Wirt des Hotel »Itsandra«, Christian, hatte sich nur widerwillig auf das Gespräch mit Souture eingelassen. Er war ein schmächtiger Mann mit Brille und schmalem Schnurrbart, alles andere als ein Draufgänger, wie es schien. Er hätte Buchhalter, im Milieu allenfalls ein kleiner Hehler sein können. Und doch hatte er zu jener kleinen Truppe gehört, die die Komoren im Handstreich erobert und den Staatschef Ali Soilih kaltblütig umgebracht hatte. Den Südafrikanern und Briten war ein ähnlicher Coup auf den Seychellen total mißlungen. Am lächerlichen Aufgebot einer Kompanie tansanischer Soldaten, die der dortige Präsident France-Albert René nach Mahé gerufen hatte, war ihr Überfall gescheitert, obwohl das alte Kriegsroß Mike Hoare, der berühmte Held vieler Söldner-Legenden des Kongo, das Luftlandeunternehmen anführte.

Im Restaurant des »Itsandra« beobachteten wir drei muskelstrotzende Südafrikaner, Gangstergestalten wie aus einem amerikanischen Thriller, die sich an Langusten und Muscadet gütlich taten. »Die Komoren spielen eine diskrete strategische Rolle im Indischen Ozean dank ihrer Lage vor der Küste Ostafrikas«, erklärte Julien. »Auf den Seychellen haben die Russen sich seit der gewaltsamen Machtergreifung des Marxisten und ehemaligen Priesters René mit einer kleinen KGB-Antenne etablieren können. Der dortige Sowjetbotschafter Orlow gilt als der Koordinator aller Aktivitäten des Ostblocks in diesem Raum. Die Amerikaner wiederum verfügen über die Insel Diego Garcia, deren Rollbahn für schwerste Atombomber verlängert wurde. Auch der Sowjet-Freund René läßt übrigens seine eigene Leibgarde durch einen belgischen Söldner ausbilden. Dieser abtrünnige Mann Gottes hat sich sogar in dunkle Machenschaften mit dem italienischen Mafioso Mario Ricci eingelassen.«

Die Südafrikaner, so erfuhr ich, bauten im Norden der Großen Komore – dort, wo eine bizarre schwarze Felsformation das »Loch des Propheten« freigab – an einem internationalen Touristen-Hotel. Sie verfügten in der Person des »Commandant« Bob Denard, eines ehemaligen Obermaats der französischen Marine, über einen aktiven Interessenvertreter. Bob Denard war eine der umstrittensten Figuren im Halbdunkel der französischen Geheimdienste. Dieser Indochina-Veteran, der angeblich in ein Attentat gegen den früheren Ministerpräsidenten Pierre Mendès-France verstrickt war, hatte sich in den Kongo- und Katanga-Wirren als Söldner verdingt. 1975 wirkte er an der Machtergreifung Ali Soilihs auf den Komoren mit, überwarf sich danach jedoch mit diesem wirren Marxisten. Zwischendurch hatte er in Angola und Benin sein umstürzlerisches Wesen getrieben, in Cotonou mit katastrophalem Ausgang. Schließlich räumte er nach Absprache mit Paris seinen ehemaligen Protégé Ali Soilih durch einen Putsch aus dem Wege und installierte den stockkonservativen Präsidenten Ahmed Abdallah wieder an der Spitze der Islamischen Republik Komoren. Als Dank war er vorübergehend zum Verteidigungsminister des Archipels befördert worden.

Bob Denard war offiziell zum »Comorien« geworden und – wie so mancher seiner Söldner – zum Islam übergetreten, was neben anderen Vorzügen Ehescheidungen erleichterte und Polygamie ermöglichte. Zur Zeit meines Aufenthalts hielt er sich in Südafrika bei seinen neuen Auftraggebern auf. Ich hatte am frühen Morgen seine für komorische

Verhältnisse prächtige Villa auf den Vulkanhängen oberhalb Moronis besucht. Von der Terrasse schweifte der Blick über die Stufenlandschaft der Ylang-Ylang-Plantagen und die felsige Küste. In der Villa waren mir vor allem ein heroisches Phantasie-Wappen über dem Kamin und zwei gekachelte Badezimmer aufgefallen, eines in Himmelblau, eines in Bonbonrosa.

Hinter seiner Residenz hatte Denard tatsächlich eine kleine Privat-Moschee bauen lassen. Das grün gefärbte Minarett diente als Wasserturm, aber über dem Eingang der Gebetsnische, die streng nach Mekka ausgerichtet war, kündigten die arabischen Schriftzeichen von der Größe Gottes: »Allahu akbar«. So waren die letzten verlorenen Söhne Frankreichs an den Gestaden des Indischen Ozeans, wo einst die Portugiesen Albuquerques die Botschaft Christi mit Feuer und Schwert zu verbreiten suchten, zu Renegaten ihres Glaubens geworden, zu Handlangern des Propheten Mohammed und seines Koran. Gehörte nicht der saudische Finanzmagnat Kaschoggi zu den heimlichen Drahtziehern ihrer verschwörerischen Umtriebe? Bezogen nicht die Aufständischen der Widerstandsbewegung Renamo, die die marxistisch-leninistische Volksrepublik Mosambik an den Rand des Abgrunds gedrängt hatten, einen Teil ihrer Waffen über die Komoren? Angeblich waren französische Söldner in dieses einträgliche Geschäft verwickelt, und die Gerüchte wollten nicht verstummen.

Der Hotelbesitzer Christian wurde an jenem Abend von einer blonden, verblühten Amerikanerin mit Beschlag belegt. Sie kam auch an unseren Tisch, küßte Julien auf beide Wangen und ließ sich dann bei den drei südafrikanischen Kolossen zum Abendessen nieder. »Das ist Marjorie«, erklärte Souture; »sie ist Journalistin und Schriftstellerin, ›free lance‹ versteht sich. Sie schreibt angeblich ein Buch über die Komoren. Die CIA läßt grüßen.« Nebenbei verriet er mir, die Rückkehr Christians in sein heimisches Baskenland werde durch den Umstand hinausgezögert, daß er in Frankreich eine zweijährige Gefängnisstrafe zu verbüßen habe.

Im übrigen sei der Groll einiger französischer Söldner auf ihr Mutterland durchaus verständlich. Manche von ihnen hätten an Himmelfahrtskommandos teilgenommen, die in Paris inszeniert, aber immer wieder desavouiert worden seien. Das bitterste Erlebnis in der Untergrund-Karriere Christians habe sich im Tibesti-Gebirge, im nördlichsten Streifen der afrikanischen Republik Tschad unweit der libyschen Grenze, abgespielt. In dieser Felswüste, wo schon die Ethnologin

Françoise Claustre jahrelang als Geisel festgehalten worden war, seien sie eingesetzt worden, um drei französische Photographen aus ihrer Gefangenschaft bei den Tubu-Rebellen herauszuhauen. Unter den Verschleppten – das habe eine große Rolle gespielt – sei eine blonde Aristokratin gewesen, die über eminente und sehr intime Beziehungen zu den Spitzen der Fünften Republik verfügte. Da diese junge, offenbar nymphoman veranlagte Dame jedoch auch Gefallen an der räuberischen Sahara-Wildheit ihrer Geiselnehmer gefunden hatte, befanden sich die gedungenen »Befreier«, die auf abenteuerliche Weise in die Mondlandschaft des Tibesti gelangt waren, in einer absurden und höchst gefährlichen Situation. Sie mußten bei ihrem riskanten Evakuierungsplan auf die exotischen Schäferspiele dieser Pariser Salonlöwin Rücksicht nehmen.

»Die Helden sind müde geworden«, lächelte Julien. »In Kürze wird Premierminister Chirac hier eintreffen. Es wird ihm nicht leichtfallen, den wütenden Abdallah der Freundschaft Frankreichs zu versichern und gleichzeitig den Separatisten von Mayotte den Beitritt zur fernen Metropole brüderlich zu öffnen.« Aber zur Zeit seines sozialistischen Vorgängers war es offenbar zu sehr viel peinlicheren Situationen gekommen. Da ließ der sozialistische Minister für wirtschaftliche Zusammenarbeit, Christian Nucci, der später in einen Unterschlagungsskandal beim Entwicklungshilfeprojekt »Carrefour du Développement« verwickelt wurde, bei seiner Ankunft wissen, »er liebe das gute Leben – qu'il aimait bien vivre«. Diese Äußerung wurde von seiner Begleitung und den zuständigen Behörden dahingehend interpretiert, daß sein Aufenthalt auf den Komoren durch schwarze und weiße Gefährtinnen erheitert werden solle. Hohe Beamte seien als Kuppler mißbraucht worden, hieß es in den Klatschrunden der *petits blancs* und der französischen Gendarmen. Frauen von Entwicklungshelfern hätten sich durch die Gunst des sozialistischen Ministers ähnlich geehrt gefühlt wie einst die Kurtisanen am Hof des *ancien régime* durch das Wohlwollen des Monarchen. »Allons, les mecs«, habe Christian Nucci seine feucht-fröhlichen Vertrauten immer wieder bei diesen Eskapaden angefeuert.

Julien verhielt sich schweigsam und lächelte, als ich ihn auf diesen Kolonialtratsch ansprach. »Eines ist sicher«, sagte er, »das Niveau unseres Einflusses in diesem Teil der Welt ist auf tragische Weise abgesunken, wenn Sie an jenen erstaunlichen Pionier Humblot denken, der den ganzen Archipel mit seinen Pflanzungen und Destillerien

überzog, der die Früchte des Gewürzbaumes Ylang-Ylang zum begehrten und einträglichen Exportartikel machte. Schauen Sie sich heute die verwahrlosten Terrassenkulturen, die verrotteten Industrieanlagen und Kontore Humblots an. Der chaotische Niedergang, der sich des gesamten schwarzen Erdteils bemächtigt hat, greift schon auf die Komoren über. Und wir Franzosen klammern uns an die zwanzigtausend Wählerstimmen von Mayotte.«
Auf der Rückfahrt vom Hotel »Itsandra« nach Moroni schalteten wir das Autoradio ein. Ein harter Beat schlug uns entgegen. Im Gebrüll der Stimmen unterschied ich die endlos wiederholten Worte: »... interplanetary war ...«. Das alte Kolonialhaus, das der Junggeselle Souture am Rande von Moroni bewohnte, roch nach tropischer Fäulnis. Ein alter, zahnloser Diener meldete, »Miss Marjorie« habe nach Souture gefragt. »Wenn die gute Marjorie eine Spur von Begabung für Literatur besäße, hier fände sie tatsächlich Stoff für eine Novelle oder einen Roman. Hier sind alle Elemente vereint, die einen Joseph Conrad, einen Graham Greene, einen Evelyn Waugh, einen Henri de Monford, ja sogar den ›Sex and Crime‹-Schreiber de Villiers hätten inspirieren können. Aber sie geht wohl anderen Aktivitäten nach.«

Gleich neben dem Haus des Sicherheitsbeamten befand sich das politische Gefängnis der Komoren. »Gehen wir doch ein paar Minuten hinüber und plaudern mit den Häftlingen«, schlug Souture vor, »es ist ohnehin ein Gefängnis ohne Gitter, fast ohne Wachpersonal.« Tatsächlich saßen die Gefangenen vor den geöffneten Türen ihrer niedrigen Steinhütten. Bei Nacht wurden sie locker eingesperrt, bei Tage arbeiteten sie in dem wild wuchernden Gemüsegarten ihrer Anstalt. Drei junge Männer, Rädelsführer des letzten Putschversuchs vom April 1985, gingen auf Julien zu und begrüßten ihn ungezwungen per Handschlag. Sie sprachen sogar ein wenig über Politik, über mangelnde Demokratie, über soziale Mißstände, über die Privilegien der weißen Söldner. Tatsächlich hatte das Komplott bei der schwarzen Präsidialgarde Anklang gefunden, hätte zum Umsturz führen können, wenn es nicht so dilettantisch eingefädelt gewesen wäre.

Zum nächtlichen Whisky gesellte sich uns ein weißhaariger, von langen Tropenjahren ausgezehrter Mann bei. Er ließ sich in einen verschlissenen Sessel fallen. Julien begrüßte den späten Besucher mit allen Zeichen des Respekts. Er stellte ihn als »Commissaire divisionnaire« Jagoudet vor. Der pensionierte hochrangige Polizeioffizier hatte sich in den Dienst der Komoren-Republik gestellt – vermutlich um seine Bezüge aufzubessern, weil er auf sein Gewerbe nicht verzichten und sich schwer von Afrika trennen konnte. Einst hatte er an der Elfenbeinküste alle Register des dortigen Sicherheitsapparates gezogen und auch das Vertrauen des klugen Präsidenten Houphouet-Boigny genossen. Bei einem Aufruhr in Abidjan sei er von schwarzen Randalierern aus dem Fenster geworfen worden, habe einen Schädelbasisbruch erlitten und sich von diesem Sturz nie ganz erholt, hieß es in Moroni. Jedenfalls verfügte Jagoudet über eine penibel geführte Kartei, in der alle potentiellen Revolutionäre und Unruhestifter der Insel, vor allem auch die früheren Angehörigen der bewaffneten Miliz des roten Tyrannen Ali Soilih, registriert waren.

„Wir halten hier eine Schlüsselposition des Westens«, sagte der Commissaire divisionnaire. Sein starrer, visionärer Blick war in die tropische Nacht gerichtet. »Die kommunistische Unterwanderung ist auf den Komoren am Werk. Vor ein paar Tagen haben wir entdeckt, daß die Albaner mit ihrer Wühlarbeit begonnen haben.« Die Albaner auf den Komoren! Seltsame Phantasmagorien blühten auf den Gewürzinseln des Ylang-Ylang. Der Monsun des Indischen Ozeans, so schien mir in jener Nacht, spielte mit den Konfetti des Kolonialreichs.

Die goldenen Schnörkel des Elysée

Paris, 17. September 1986

Es knallte über Paris, als habe ein Düsenjäger die Schallmauer durchbrochen. Dann heulten die Sirenen der Rettungswagen und der Feuerwehr aus allen Himmelsrichtungen. Die Explosion mußte in etwa einem Kilometer Entfernung stattgefunden haben. Der Kellner des Café Vauban berichtete kopfschüttelnd und entrüstet, was er eben im Radio gehört hatte. In der Rue de Rennes, präzis um 17.25 Uhr, zur Hauptgeschäftszeit, war vor dem Bekleidungsgeschäft »Tati« eine Bombe explodiert und hatte nach ersten Angaben ein halbes Dutzend Tote und eine Vielzahl von Verletzten gefordert. »Diese Araber schrecken vor nichts zurück«, sagte der Kellner; »sie haben genau ausgerechnet, daß sich an diesem Mittwochnachmittag die einfachen Leute mit ihren Kindern bei ›Tati‹ drängeln, um billige Winterkleidung einzukaufen.«

Die französische Hauptstadt war in den letzten Tagen von einer ganzen Serie blindwütiger Terroranschläge heimgesucht worden. Die Sicherheitsdienste zeigten sich ratlos. Das Gerücht kam auf, die Mehrzahl dieser Attentate sei das Werk eines Familien-Clans aus dem Libanon, der Gebrüder Abdallah, deren Drahtzieher und Oberhaupt Georges Ibrahim unter der Anklage der Komplizenschaft bei diversen politischen Morden in einem französischen Gefängnis seiner Verurteilung entgegensah. Vermutlich sollte die französische Regierung durch eine Folge wahlloser Gemetzel erpreßt und Georges Ibrahim freigebombt werden.

Diese Familien-Vendetta aus der Levante traf die Franzosen besonders schmerzlich. Das Morden – so schien es zunächst – ging dieses Mal nicht nur von schiitischen Fanatikern aus. Bei den Abdallahs handelte es sich um levantinische Christen, um Mitglieder jener maronitischen Glaubensgemeinschaft, die schon zur Zeit der Renaissance den Papst als Kirchenoberhaupt anerkannte. Jahrhundertelang hatten diese Maroniten den Schutz der französischen Krone, zuletzt die massive Unterstützung durch die republikanische Mandatsmacht genossen. Georges Ibrahim Abdallah, im Geist französischer Ordensleute erzogen, hatte die *civilisation française* gewissermaßen mit der Muttermilch eingesogen.

In der Kaserne Mortier – in der »piscine«, dem Schwimmbad, wie die Pariser Zentrale des französischen Geheimdienstes D.G.S.E. genannt wird – mußten sich die Verantwortlichen des »Service Action« schwere Vorwürfe machen, daß sie den Drahtzieher Georges Ibrahim Abdallah, diesen finsteren Verschwörer mit dem Rauschebart und dem kantigen Profil eines assyrischen Großkönigs, der ihnen eher zufällig ins Netz gegangen war, nicht gleich im Zuge eines Unternehmens »Homo« (so lautete der Spezialausdruck) beseitigt hatten. Jetzt saß er im Gefängnis »La Santé« ein, genoß den Schutz seines Staranwalts Vergès, der übrigens auch den deutschen Gestapo-Chef von Lyon, Klaus Barbie, verteidigte.

Bomben und Medien

Rund um die Métro-Station »Clémenceau« an den Champs-Elysées patrouillierten bewaffnete Gendarmen mit kugelsicherer Weste. Sie schirmten den Elysée-Palast gegen die Gebrüder Abdallah und ihre vermeintlichen Komplizen aus dem schiitischen und maghrebinischen Umfeld ab. Die Ordnungshüter beobachteten mich scharf, als ich das Restaurant »Le Laurent« betrat. Einen levantinisch wirkenden Passanten hielten sie an und prüften eingehend seine Papiere.

Premierminister Jacques Chirac hatte markige Erklärungen zur Bekämpfung des Terrorismus abgegeben, aber die Eingeweihten ahnten, daß er diese muskelprotzende Pose gegenüber den Kräften des Schattens, die aus dem Orient auf die französische Hauptstadt übergriffen, schwerlich würde durchhalten können. Immerhin hatten die Erklärungen einer konservativ und entschlossen auftretenden Regierung jenen extremen Rechtsgruppen vorübergehend das Wasser abgegraben, die im Geiste eines rassistisch geprägten Nationalismus alle Araber und Berber als potentielle Bombenleger verfemen wollten. So war es still geworden um jene Schlägertruppe »Karl Martell«, die in Erinnerung an den karolingischen Hausmeier – er hatte die Sarazenen vor eintausendzweihundertfünfzig Jahren bei Tours und Poitiers besiegt – ihr Mütchen an wehrlosen algerischen Fremdarbeitern kühlen wollten.

Im »Laurent« war ich mit José Frèches, einem engen Mitarbeiter des Premierministers, verabredet. Wie es sich geziemte, war dieser zierliche, lebhafte Südfranzose, der mich beim Apéritif in den letzten Stand des Mediengerangels einweihte, Absolvent der staatlichen Eliteschule »Ecole nationale d'administration« (ENA), deren Zöglinge seit dem Zweiten Weltkrieg systematisch, unwiderstehlich und auch solidarisch jenseits aller Parteizugehörigkeit die Entscheidungsposten in Verwaltung und Wirtschaft okkupieren. Frèches hatte durch die Veröffentlichung einer Studie über alle Sparten der modernen Kommunikationswissenschaft – das Schwergewicht lag auf Hörfunk und Fernsehen – seine Kompetenz bewiesen. In seinem Büro an der Rue de Varenne, gegenüber dem Regierungssitz, dem Hôtel Matignon, lief die Reorganisation des »paysage audiovisuel français« – abgekürzt PAF – auf vollen Touren. Spätestens seit sich de Gaulle des staatlichen Fernsehens mit Monopolanspruch bemächtigt hatte, waren sich alle Regenten der Fünften Republik der Unentbehrlichkeit der Mattscheibe als Instrument politischer Massenbeeinflussung zutiefst bewußt.

Nicht jeder verfügte über die telekratischen Gaben dieses großen Vorgängers. Valéry Giscard d'Estaing war in seinen frühen Ministerjahren im Rollkragenpullover vor die Kamera gegangen, um – ähnlich wie mit seinen Akkordeon-Darbietungen und seinen gelegentlichen Fahrten in der plebejischen U-Bahn – eine Volksverbundenheit vorzuspiegeln, die ihm indes keiner abnahm. Später hatte er als Staatschef die Télévision so penetrant für seine Zwecke mißbraucht, daß das Publikum seiner dauerhaften Selbstdarstellung vor dem Kaminwinkel des Elysée-Palastes – neben einem blau-weiß-roten Blumenstrauß, am Ende sogar in Gesellschaft seiner gelangweilten Gattin Anne-Aymone – vollends überdrüssig wurde. Die Präsidentschaftswahl von 1981, so spottete man in der politischen Kulisse, habe Giscard d'Estaing schon deshalb verlieren müssen, weil sich die Franzosen eine Fortsetzung seiner fast täglichen, hoheitsvollen Auftritte in der »Glotzkiste«, in den *étranges lucarnes,* während einer zusätzlichen Amtszeit von sieben Jahren nicht zumuten wollten.

José Frèches war im Amt des Regierungschefs mit der Umstrukturierung und Teilprivatisierung des Rundfunks beauftragt. Das Thema ging allen Franzosen unter die Haut. Die audiovisuellen

Medien standen vor dem Sprung in eine neue, stürmische Entwicklungsphase, auch wenn Verkabelung und Satelliten-Ausstrahlung noch in den Anfängen steckten. Daraus ergab sich der Zwang zur internationalen, vorzugsweise europäischen Ausweitung und Verflechtung. Meine Bindung an den größten, in der Bundesrepublik ansässigen Medienkonzern brachte es mit sich, daß ich mich in Paris immer wieder nach den Möglichkeiten deutsch-französischer Zusammenarbeit auf diesem Gebiet erkundigte.

Trotz ihrer dröhnenden Bekenntnisse zum wirtschaftlichen Liberalismus und zur freien Rundfunkentfaltung konnten sich die maßgeblichen Neogaullisten ebensowenig aus dem ererbten, eingefleischten Etatismus lösen wie ihre sozialistischen Vorgänger. Die führenden »Enarquen«, die Absolventen der Verwaltungshochschule ENA, hatten ja schließlich auf den gleichen Bänken dieselben staatsbetonenden Thesen aufgesogen, betrachteten die Privatisierung des Fernsehens als eine quasi-monarchische Oktroyierung von Privilegien. Chiracs Handlungsfreiheit wurde zusätzlich durch die prekären parlamentarischen Verhältnisse gehemmt. Der konservative Pressemagnat Frankreichs, Robert Hersant, Besitzer des *Figaro* und einer Vielzahl von Provinzblättern, gegen den sogar François Mitterrand nicht offen zu Felde ziehen mochte, verfügte im Parlament über elf ihm ergebene Abgeordnete. Für die bürgerliche Regierungsmehrheit waren diese Interessenvertreter unentbehrlich.

Bei diesen Informationsgesprächen hatte ich auch Raymond Barre aufgesucht, den früheren Premierminister Giscard d'Estaings. Er hatte seine politische Zentrale am Boulevard Saint-Germain gleich neben dem »Café de Flore« etabliert. Der Professor für Wirtschaftswissenschaften und »beste Ökonomist Frankreichs«, wie man ihn mit Anerkennung, aber auch mit einem Anflug von Ironie nannte, stand in Wartestellung, hatte von Anfang an die erzwungene Koexistenz zwischen dem sozialistischen Staatschef Mitterrand und dem konservativen Premierminister Chirac, die *cohabitation*, als eine Farce, als eine Irreführung der Öffentlichkeit, ja als verfassungsrechtlichen Irrweg bezeichnet. Jeder wußte, daß Raymond Barre im Mai 1988 für das Amt des Staatschefs kandidieren würde.

An jenem Morgen empfing uns der füllige und doch behende Mann mit der selbstzufriedenen Jovialität, die ihn auszeichnet und die Karikaturisten erfreut. Seine professorale, besserwisserische Diktion hatte er um ein paar Akzente bereichert, die gaullistische Mimikry verrieten. Über seinem Schreibtisch prangte ein großes, seherisches Porträt des Generals, als dessen Erbe sich auch Raymond Barre – »gaullien et chrétien-démocrate« – stilisieren wollte. Ein einziges zusätzliches Photo stand auf dem Kaminsims. Es zeigte den ehemaligen Premierminister im herzlichen Gespräch mit Helmut Schmidt. Kenner der Barreschen Psychologie versicherten mir später, dieses Erinnerungsbild sei speziell für die deutschen Besucher herausgekramt worden.

Barre hatte die ursprünglich von Mitterrand begünstigte Einschaltung des Italieners Berlusconi ins französische Mediengeschäft und die exorbitanten Ansprüche Hersants mit unverhohlenem Mißvergnügen kommentiert. Ihm selbst schwebe ein deutsch-französisches Tandem in der Rundfunkentwicklung vor, und Luxemburg sei dafür als Scharnier besonders geeignet. Ähnliches war mir im Hôtel Matignon mehrfach beteuert worden. Auch das audiovisuelle Europa solle sich auf die »Achse Paris–Bonn« stützen. Diese Zusammenarbeit sei die einzige Chance, die totale Beherrschung der kontinentalen Rundfunklandschaft durch die amerikanischen Multis und Mediengiganten abzuwenden und die damit verbundene Ausschöpfung eines immensen Werbeaufkommens zugunsten der Europäer zu sichern. »Bleiben wir doch unter uns«, ermunterte uns Raymond Barre beim Abschied.

Obwohl die Masse der Franzosen in jenen Tagen noch der fragwürdigen *cohabitation* von Links und Rechts ihre massive Zustimmung schenkte, ließ sich dieser bedächtige Mann offenbar nicht aus seiner sprichwörtlich guten Laune bringen. Seine Augen hatten während des Gesprächs überlegen geblinzelt. In seiner Umgebung hieß es, er beobachte die Beziehungen zwischen Mitterrand und Chirac wie ein fröhlicher Bär. Als *nounours*, als besserwisserisches Plüschbärchen stellte ihn das Fernsehen in seiner allabendlichen Muppets-Show dar. Er selbst zitierte gern die Fabel La Fontaines vom Wettlauf zwischen dem Hasen und der Schildkröte.

In der Direktionsetage von »Télédiffusion de France«, der staatlichen Organisation, die alle technischen Aspekte des französischen Rundfunks beherrscht, ging es sehr pragmatisch zu. Gemeinsam mit der Bundesrepublik hatte Frankreich die Konstruktion von direkt strahlenden Rundfunksatelliten – TDF 1 und TV-SAT – in Angriff genommen, ein kühnes Projekt, das zum Zeitpunkt seiner Betriebsbereitschaft leider schon technisch überholt war. Nun legten es beide Regierungen darauf an, die diversen Satelliten-Kanäle höchstbietend an öffentliche und vor allem private Fernsehveranstalter zu vermieten, um einen Teil der Entwicklungskosten abzudecken. Die Transponder-Vergabe wurde beiderseits des Rheins als Voraussetzung für die Zuteilung terrestrischer Fernsehfrequenzen gehandhabt, was einer freundlichen Erpressung gleichkam.

Noch stand das Unternehmen unter einem ungünstigen Stern. Nach den amerikanischen Fehlschlägen mit der Raumfähre »Space Shuttle« war auch eine europäische Trägerrakete Ariane vor der Küste von Französisch-Guayana in den Ozean gestürzt. Paradoxerweise boten die Chinesen der amerikanischen Supermacht, aber auch bescheideneren Kunden wie den Schweden ihre Raketentechnik an, die mit verblüffender Zuverlässigkeit zu funktionieren schien. Claude Contamine, zu jener Zeit Generaldirektor von TDF, sah darin ein Zeichen weltpolitischer Umschichtung und eine zusätzliche Herausforderung der technologischen Solidarität Europas.

Wir kamen dabei auf die Thesen André Glucksmanns zu sprechen, jenes »neuen Philosophen«, der sich mit seinem Plädoyer für die Atomstrategie Wut und Entrüstung der deutschen Pazifisten und Nukleargegner zugezogen hatte. Der ehemalige Maoist, dessen kluger Indianerkopf zur Galionsfigur einer antimarxistischen Kehrtwendung der französischen Intelligenzija geworden war, hatte im Hinblick auf die Medienlandschaft der Zukunft eine gewagte, aber faszinierende Theorie aufgestellt.

Glucksmann verglich das Aufkommen der Übertragungssatelliten mit der Erfindung der Artillerie während des Hundertjährigen Krieges. Der Einsatz von Kanonen als *ultima ratio regum* habe das Rittertum – mit seinen Burgen, mit seinen Eisenrüstungen, seinem nostalgischen Ehrenkodex –, das immer noch von der Artus-Runde schwärmte, der Lächerlichkeit und dem Untergang preisgeben. Damit sei langfristig sogar das Ende des Feudalzeitalters eingeleitet worden. Auf ähnliche Weise würde das Kreisen zahlloser Rundfunksatelliten – in einer späteren perfektionierten Ausführung – und die damit verbundene Möglichkeit, rund um die Welt alle nur vorstellbaren TV-Programme mit Hilfe immer kleinerer und preiswerterer Individual-Antennen zu empfangen, das Ende des ideologischen Zeitalters einläuten. Wenn die Sowjetunion erst einmal der Einstrahlung westlicher Fernsehprogramme in unbeschränktem Maße ausgesetzt sei, was etwa der heutigen Berieselung der DDR durch die westdeutschen TV-Stationen entspräche, würde die bislang erfolgreiche Praxis des marxistischen Totalitarismus, die nahtlose ideologische Abschirmung und Abkapselung, unterlaufen. Das sowjetische Regime müsse sich dann dem geistigen und kulturellen Wettbewerb stellen. Der Niedergang der alles beherrschenden Gesellschaftsdoktrin und ihrer Dogmen sei in Reichweite.

Solche philosophischen Zukunftsvisionen, das hatte ich bei diversen Konferenzen und Sachvorträgen in der Bundesrepublik immer wieder festgestellt, stießen bei den deutschen Wirtschaftsmanagern, aber auch bei den Intellektuellen auf herablassende Skepsis. In einer Domäne, wo der amerikanische Ausdruck *hardware* als Zauberformel kursierte, hielt man östlich des Rheins nicht viel von gallischer Brillanz. Bezeichnenderweise wurde Programmgestaltung und künstlerische Kreativität im Fachjargon mit dem gräßlichen Lehnwort *software* abqualifiziert. Die Zukunftsspekulationen Glucksmanns schreckten vor allem jene selbsternannten alternativen Progressisten ab, denen der eigene Verzicht auf analytische Geschichtsbetrachtung offenbar auch den Blick in die Zukunft versperrte.

Beim Verlassen des »Laurent« stellte ich fest, daß die Sicherheitsmaßnahmen noch verstärkt worden waren. Der Elysée-Palast glich einer belagerten Festung. Dabei war François Mitterrand kein ängstlicher Mann. Jahrelang hatte er sich in seinem eher bescheidenen Appartement in der Rue de Bièvre, das er weiterhin bewohnte, gegen auffälligen Personenschutz gewehrt. Erst die jüngste Attentatswelle zwang ihn zu Zugeständnissen. In seinem Unmut über die umständlichen Vorkehrungen der Polizisten mußte er sich wieder einmal den Vergleich mit seinem großen Vorgänger gefallen lassen. Der General hatte die besorgte Präsenz seiner »Gorillas« mit dem Wort beiseite geschoben: »De Gaulle interessiert mich nur als historische Figur.«

Der Posten der »Garde républicaine« vor dem Eingang des Elysée-Palastes wies mich an, das gegenüberliegende Trottoir der Rue Saint-Honoré zu benutzen. Durch das Portal blickte ich in den leeren Innenhof, die Trikolore hing schlaff im grauen Dunst. Diese Verlassenheit des Sitzes des französischen Staatspräsidenten war mir schon beim letzten Besuch vor etwa vier Monaten aufgefallen. Mit einer kleinen Gruppe deutscher Chefredakteure hatte ich Hans-Dietrich Genscher nach Paris begleitet. Der deutsche Außenminister hatte aus Anlaß der Verleihung des Großkreuzes der Ehrenlegion für Presse-Eskorte gesorgt.

Die Zeremonie verlief knapp und würdig. François Mitterrand betrat auf die Minute pünktlich den kleinen Ehrensaal. Für einen Politiker, der wegen seiner Verspätungen berüchtigt und dessen Schlampigkeit bei der Termingestaltung der Alptraum seiner Mitarbeiter ist, war das ganz ungewöhnlich. »Er hat wohl nichts mehr zu tun?« flüsterte ein Spötter. Tatsächlich wirkte das Elysée wie ein verwunschenes Schloß, gemessen an der hektischen Geschäftigkeit früherer Tage. Der Schwerpunkt der Macht hatte sich offenbar in die Rue de Varenne, in das Hôtel Matignon verlagert, wo die Lakaien ständig damit beschäftigt waren, die Türen von Limousinen aufzureißen, und die *huissiers* prominente Gäste von Premierminister Chirac einwiesen.

Diese Verschiebung der Gewichte äußerte sich auch im Protokollarischen. Im Elysée ging es jetzt ungezwungen, fast formlos zu. Lange Jahre hatte Genscher in Paris als Verfechter der engen Anlehnung Bonns an Washington gegolten. War es späte Einsicht oder Pragmatismus, war es innenpolitisches Kalkül, um seine liberale Partei nach der »Wende« auf einen differenzierten Kurs vor allem zur bayerischen CSU zu bringen? Neuerdings galt Genscher – mehr noch als Helmut Kohl – als Verfechter einer kontinental-europäischen, das heißt einer französischen Priorität. Seine kühle Haltung gegenüber der Strategischen Verteidigungs-Initiative (SDI), zu der die Amerikaner die Bundesrepublik als Zulieferer drängen wollten, unterstrich Genscher noch durch sein Eintreten für das französische Forschungsprogramm »Eureka«. Im Außenministerium am Quai d'Orsay war zu hören, der beste und einflußreichste Botschafter Frankreichs sei der langjährige Chef des Auswärtigen Amtes. Man war sich aber auch der taktischen Beweglichkeit des gebürtigen Sachsen bewußt.

Neben der breiten, jovialen Gestalt Genschers, der sich von zwei lebensfrohen Ehepaaren seines rheinischen Freundeskreises hatte einrahmen lassen, erschien mir François Mitterrand geschrumpft, beinahe mumifiziert. Der Teint war wachsbleich. Aber die Augen blickten lebhaft, wie stets in spöttischer Abwehr. Gerüchte über eine schleichende, unheilbare Krankheit waren seit Jahren von der französischen Presse kolportiert worden. Den Präsidenten schien das nicht weiter anzufechten.

Unsere kleine Gruppe bewegte sich nach der Ordensverleihung mit der Unbefangenheit von Touristen durch die schwülstigen Säle des Elysée-Palastes. Ein einmaliger Vorgang: Der Sprecher des deutschen

Auswärtigen Amtes hielt ein kurzes Presse-Briefing vor den roten Samtvorhängen der »salle des fêtes«. Eine solche zwischenstaatliche Intimität wäre noch zu Zeiten Giscard d'Estaings undenkbar gewesen. Bislang war stets darauf geachtet worden, daß alle deutschen Verlautbarungen in Paris – es sei denn, es handelte sich um gemeinsame Erklärungen – auf dem exterritorialen Boden der Botschaft der Bundesrepublik Deutschland abgegeben wurden, keinesfalls jedoch im Allerheiligsten des Elysée.

Wir verharrten noch eine Weile im Festsaal, dessen vergoldeter Zierat mit pausbäckigen Putten und halbnackten Nymphen de Gaulle stets irritiert hatte. Dabei wurde ich unwillkürlich zum Cicerone meiner aus Deutschland angereisten Kollegen. Ich überraschte mich dabei, wie ich mit den Gesten und der Diktion eines Museums-Custos die Führung übernahm. Hier hatte de Gaulle stets seine Pressekonferenzen abgehalten, erklärte ich. Plötzlich kam mir jene Hofveranstaltung des Spätsommers 1965 in den Sinn, die mit der gegenwärtigen Situation unter François Mitterrand verwunderliche Parallelen aufwies. Auch damals stand Frankreich vor den Ungewißheiten einer Präsidentenwahl.

Im Museum der Zeitgeschichte

Am 9. September 1965 war General de Gaulle der Frage nach seinen Wahlkampfplänen noch einmal ausgewichen. »In zwei Monaten werden Sie wissen, ob ich kandidiere«, hatte er listig geantwortet. Die Finte löste einen Sturm des Gelächters aus im überfüllten Festsaal des Elysée-Palastes. Dabei gab es nicht den geringsten Anlaß zur Heiterkeit. Die Tatsache, daß der General-Präsident drei Monate vor dem Termin der Wahl des französischen Staatsoberhauptes seine Karten immer noch nicht aufdeckte, zeugte nicht gerade von hoher Achtung vor seinen Wählern. Das Katz-und-Maus-Spiel in der Kabinettspolitik und in der Diplomatie gehörte gewissermaßen zur *règle du jeu,* zur Spielregel. Aber auf eine Präsidentschaftswahl übertragen, die betont plebiszitäre Züge trägt, könnte diese Taktik leicht beleidigend wirken für das souveräne Volk.

Tausend Menschen sind unter dem vergoldeten Stuck versammelt, Journalisten und Höflinge. So sehr sie sich sträuben, so kritisch die Kommentare auch gleich am Ausgang sein werden, sie sind doch schon wieder in den Bann dieses alten Mannes geraten, der eben mit unsicheren Bewegungen hinter dem roten Vorhang hervorgetreten ist und das Hochamt des Gaullismus zelebriert, die sogenannte Pressekonferenz im Elysée-Palast. Jeder sucht in dem aschfahl gepuderten Gesicht nach den Spuren der schleichenden Krankheit, die angeblich an ihm nagt. Ich kann keine wesentlichen Veränderungen an ihm feststellen seit der Südamerika-Reise des vergangenen Jahres, die schon im Schatten einer unmittelbar bevorstehenden Prostata-Operation stand. Schwere Säcke hängen unter den kleinen Augen. Die ungestüme Nase beherrscht das Profil. Die Karikaturisten, die de Gaulle als Elefanten zeichnen, haben einen sicheren Blick. Nicht nur politisch gesehen ist er ein Lebewesen aus einer anderen Zeit, ein Saurier, wie ein britischer Diplomat bemerkte, der hinzufügte: »Hoffentlich lebt er keine vierhundert Jahre.«

Die Kurzsichtigkeit des Generals, die gelegentlich an Blindheit grenzen soll, erspart ihm den Anblick der goldenen Schnörkel. Der General mag den Elysée-Palast nicht. Er hätte viel lieber die Residenz des französischen Staatschefs nach Vincennes verlagert, in jenes Schloß am proletarischen Ostrand von Paris, dessen Architektur einen Querschnitt durch die ganze französische Geschichte bietet. In Vincennes hatte schon Ludwig der Heilige unter einer Eiche Recht gesprochen. Statt dessen sieht sich Charles de Gaulle in diesen verspielten Käfig gesperrt, das frühere Lustschloß der Pompadour, einen Palast, in dem das Komplott geschmiedet wurde, das zur Errichtung des Zweiten Kaiserreichs führte. So sehr er sich gegen jede Gemeinsamkeit mit Napoleon III. sträubt – der Besiegte von Sedan, der in der ersten Periode seiner Regierungszeit ein großzügiger und moderner Herrscher war, versperrt ihm oft genug den Zugang zu der imposanten Linie der Kapetinger, denen de Gaulle sich verwandt fühlt.

Dieses Spähen von tausend Menschen nach dem Gesundheitszustand eines alten Mannes, diese massive Indiskretion hat etwas Bedrückendes. Wenn de Gaulle auf Fragen horcht, bewegt sich sein Kopf in eigenartiger Zuckung, ein Tick, der schon in Südamerika auffiel. Aber sobald er zu sprechen beginnt, ist er beherrscht, souverän, so sicher wie eh und je. De Gaulle lebt in der Zwangsvorstellung, er könne alt werden, ohne es zu merken. Er hat das Beispiel des Marschalls Pétain vor Augen. »La vieillesse est un naufrage – das Alter ist ein Schiffbruch«, hat de Gaulle im Hinblick auf Pétain gesagt. Nun steht er selber auf ungewisser Kommandobrücke.

Wer wird dem König sagen, daß er nackt ist? Wer wird de Gaulle sagen, daß er alt geworden ist? Der General verläßt sich auf einen Test. Solange sein phänomenales Gedächtnis funktioniert, sind seine geistigen Fähigkeiten intakt. Das ist eine gewichtige Nebenbedeutung dieser Pressekonferenz, die in Wirklichkeit eine lange Rezitation ist, »un magistral devoir de rhétorique«, eine brillante Pflichtübung der Rhetorik-Klasse, wie sie in den Jesuiten-Gymnasien, die der General einst besuchte, zum Pensum gehörte. Eineinhalb Stunden lang frei zu sprechen, einen Text zu deklamieren, dessen Niederschrift bereits vor Beginn der Pressekonferenz festliegt, der durch sein stilistisches Niveau verdient, in eine Anthologie der politischen Literatur Frankreichs aufgenommen zu werden – welcher Politiker Europas wäre außer de Gaulle noch dazu in der Lage?

Dabei ist jedes Wort auf seine Wirkung, seine Nuancen und seinen Doppelsinn geprüft, und der barocke Satzbau bewegt sich in der großartigen Kadenz eines Predigers des Grand Siècle. Gleich wird unter den Presseleuten das Getuschel beginnen: Er sei doch etwas müde, die Stimme sei stockender geworden, er habe ein wenig lethargisch gewirkt. Sie lauern auf jede Pause im Vortrag, und wenn sich herausstellt, daß ein gewisses Zaudern im Redefluß nicht die Folge von Gedächtnisschwäche war, sondern einer effektsicheren Absicht entsprach, dann sind sie teils enttäuscht, teils erleichtert. Es ist ein grausames Spiel zwischen dem alten Mann auf dem Podium und der Meute auf den unbequemen goldenen Stühlen.

Das Orakel hat sich heute menschlich gegeben. De Gaulle ist frei von der aggressiven Nervosität, die er auf jener Pressekonferenz im Januar 1963 zur Schau trug, als er den Engländern die Tür zum Gemeinsamen Europäischen Markt vor der Nase zuschlug. Er verzichtet auf die ätzende Schlagfertigkeit, mit der er unlängst über Dominique Pado von *L'Aurore* herfiel, als dieser sich nach seiner Gesundheit erkundigte: »Es geht mir nicht schlecht, aber seien Sie unbesorgt, eines Tages werde ich bestimmt sterben.«

Als ihn heute ein Korrespondent, provozierend und der eigenen Blasphemie wohl bewußt, fragt, was der General von der Gerontokratie, der Herrschaft der Greise in der Politik, halte, huscht ein beinahe belustigtes Lächeln über den Elefantenrüssel. De Gaulle sucht dieses Mal keinen Eklat. Mag er das Nato-Bündnis praktisch aufkündigen, mag er den Gemeinsamen Markt mit neuen und anmaßenden Forderungen belasten, die dessen Existenz in Frage stellen, mag er den

Werdegang der europäischen Einigung in geradezu skandalöser Verzerrung aufzeichnen und die historische Wahrheit mißhandeln, er tut es mit sanfter, väterlicher Stimme, deren gelegentliche Brüchigkeit er auszukosten scheint. Der schlaue alte Mann glaubt, daß das breite Volk in Frankreich, die Millionen kleiner Leute, die ihm ihr Votum schenken sollen, durch diese Anfälligkeit, diese würdige Debilität, gerührt und auf seine Seite gezogen werden. Was kümmern ihn da schon die hämischen Glossen von ein paar hundert Journalisten?

Die Minister sitzen links zu seinen Füßen wie eine Schulklasse, in der ersten Reihe Georges Pompidou, der sich unter buschigen Brauen eine undurchdringliche Maske auferlegt, und André Malraux, von nervösen Zuckungen geplagt, den Blick auf de Gaulle gerichtet, als gelte es, einen kostbaren El Greco zu entschlüsseln. Während der kunstvollen Sprachkonstruktionen des Generals stellt sich von Zeit zu Zeit ein Journalist auf die Zehenspitzen, um die Reaktion der Regierungsmitglieder zu registrieren. Wissen sie schon, ob de Gaulle am 5. Dezember 1965 Präsidentschaftskandidat sein wird? Eine Meldung ist nach außen gesickert, wonach zwölf Minister überzeugt seien, daß de Gaulle sich wieder stellt, zwölf andere seien der Meinung, er gäbe im Winter sein Amt auf. Nur Pompidou habe sich in Schweigen gehüllt. Aber der Proporz dieser Prognose ist zu perfekt, als daß er nicht einer wohlüberlegten Taktik zur Verwirrung der Gegenkandidaten entspräche.

Die einzige, die eine Antwort wüßte, ist Yvonne de Gaulle. Und schon wuchern die Gerüchte. Yvonne de Gaulle, von der jedermann weiß, daß sie nichts so ersehnt wie einen Verzicht ihres Gemahls und seine Rückkehr ins Landhaus von Colombey-les-Deux-Eglises, sei in letzter Zeit besonders aufgeräumt und bester Laune, berichten die Gazetten. Flugs wird daraus geschlossen, der General habe ihr anvertraut, daß er im Dezember dem Elysée-Palast den Rücken kehren werde.

Politische Prognosen sind das nicht mehr. Das ist Hofklatsch. Aber symptomatisch sind diese *ragots*, dieses Geflüster und das politische Gewicht, das ihm beigemessen wird, für die Reibungslosigkeit, ja für die geheime Wonne, mit der ein Teil Frankreichs nach einigen Jahrzehnten wechselvoller Experimente mit der parlamentarischen Republik zurückgefunden hat zur Urform des französischen Staates, zur großen höfischen Tradition, zur Monarchie. Der Wahl-Monarch Charles de Gaulle mit dem Profil eines Ludwig XI., der Selbstherrlichkeit eines Sonnenkönigs und der hausväterlichen Bedächtigkeit eines Ludwig XVIII. hat Platz genommen am Ende der großen Ahnengalerie, die von Hugo Capet bis zu Napoleon III. reicht. In ihrem Unterbewußtsein ist die Mehrzahl der Franzosen – bei aller Beteuerung ihrer republikanischen Prinzipien – wohl zufrieden mit einem der Größe des Staates und der öffentlichen Sache angemessenen Regierungsstil, dem die südfranzösischen Winkeladvokaten der Dritten und ihre Nachfolger der Vierten Republik nur blau-weiß-rote Bauchschärpen, gefräßige Provinzkomitees und die Kumpanei der *camarades* entgegenzusetzen hatten.

Das Frankreich de Gaulles klammere sich an die nationale Souveränität wie »eine alte Jungfer an ihre Tugend«, hat die seriöse Abendzeitung *Le Monde* diese Pressekonferenz mit Häme kommentiert.

*

Andere Szenen drängten sich mir an diesem 17. September 1986 mit plastischer Deutlichkeit auf. In dieser »salle des fêtes« des Elysée-Palastes hatte ich am 21. Mai 1981 die Amtsübernahme, die Inthronisierung François Mitterrands erlebt. Die großen Körperschaften der Republik, die Repräsentanten der *corps constitués,* waren im Quadrat angetreten. Sie waren meist noch Männer des alten Regimes, begegneten dem ersten sozialistischen Staatschef, dessen wechselvolle Vergangenheit jedem bekannt war, mit Skepsis, bangen Ahnungen, teilweise mit offener Feindseligkeit. Da standen die Generale mit dem goldbetreßten roten Képi, die Präfekten in silberbesetzter, schwarzer Uniform, die Universitätsrektoren im feierlichen Talar, die hohen Richter im Hermelin und der Generalstaatsanwalt in blutroter Robe, die in Marineblau gekleideten Honoratioren der verschiedenen Stände.

Die Militärs hatten noch die antinuklearen Bekenntnisse des sozialistischen Tribuns Mitterrand in den Ohren. »Ihr werdet einen französischen Jimmy Carter erleben«, hatte ein Verteidigungsattaché der US-Botschaft gewarnt. Die Juristen sahen mit bösen Ahnungen der Auflösung und Verwirrung aller Strafvollzugsregelungen entgegen, zumal einer der Lieblingsjünger Mitterrands, der ultraliberale Staranwalt Badinter, als Justizminister in Aussicht stand. Die hohen Professoren befürchteten demagogische und nivellierende Zugeständnisse an die starke, marxistisch unterwanderte Lehrergewerkschaft. Die Präfekten wußten um die Regionalisierungspläne und die beabsichtigte

Beschneidung ihrer departementalen Allmacht, die auf Napoleon zurückreichte.

Im schlecht geschneiderten dunklen Anzug, von seiner Frau Danielle im blau-weiß-rot gestreiften Hemdblusenkleid mit gebührendem Abstand gefolgt, betrat der neue Staatschef diese abweisende Arena. Er stand am Ziel. Fast vierzig Jahre lang hatte er auf diese Stunde gewartet, alle Verrenkungen der Vierten Republik auf sich genommen, unzähligen Koalitionsregierungen als Minister angehört, ehe er nach der Machtübernahme de Gaulles die Rolle des unerbittlichen Zensors, des kompromißlosen Verneiners an sich riß.

Seinen brillanten literarischen Veröffentlichungen war zu entnehmen, daß Mitterrand wenn schon nicht über Herz, so doch über große Sensibilität verfügte. Sein Gesicht erstarrte an diesem ersten Tag als Herrscher des Elysée zu jener Cäsaren-Maske, von der er sich bei öffentlichen Anlässen nicht mehr trennen würde. Seine Bewegungen waren unverändert. Er schob den steifen Oberkörper nach vorn und schien die Beine nachzuziehen, »der Gang eines Provinz-Notars«, wie ein Kritiker meinte. Aber der neuen, außerordentlichen Situation, der massiven Herausforderung war er gewachsen. Er wußte, daß die französische Staatselite mit monarchischer Autorität, ja mit Arroganz geführt, im Notfall gezüchtigt sein wollte. De Gaulle hatte seine Gegner, aber auch seine Höflinge, wenn sie sich schwankend, lau oder unfähig zeigten, mit »eiserner Verachtung«, mit dem »mépris de fer« bestraft. Mitterrand ließ sich die Insignien des Großmeisters der Ehrenlegion überreichen, leistete mit fester Stimme den Eid auf die Verfassung der Fünften Republik, die er einst als »permanenten Staatsstreich« diffamiert hatte, und gab allen zu spüren, daß er die Prärogativen seines Amtes bis zur Neige auszukosten gedachte.

Zwei Schritte von mir entfernt standen in brüderlicher Gemeinschaft der Oberste Mufti der Moschee von Paris und der neue Großrabbiner Sirat, der erste Sepharde, der der mächtigen israelitischen Glaubensgruppe Frankreichs vorstand. Gleich daneben Jean-Marie Lustiger, Kardinal von Paris, dessen jüdische Eltern aus Polen eingewandert waren. Diese drei Söhne Abrahams fügten sich in das Dekorum der pompösen Szenerie. Der ganze Vorgang war so unzeitgemäß feierlich, daß Willy Brandt, als Ehrengast ins innere Karree aufgenommen, beim Verlassen des Saals grübelnd innehielt. »Das ist noch ein Staat!« entfuhr es ihm, und mir war, als klänge ein wenig Neid in seiner rauchigen Stimme.

Trügerische *cohabitation*

Strömender Regen über dem abendlich glitzernden Paris. Immer noch heulen die Sirenen der Ambulanzen und Einsatzfahrzeuge der Polizei. Die engen Straßen des XV. Arrondissements sind verstopft. Der Mißmut der heimkehrenden Berufstätigen versackt in Depression. Das Restaurant »L'Olympe« gehört zu den neuen Modelokalen, wo sich ein paar Eingeweihte – *branchés* oder *câblés*, wie das neue Medienvokabular lautet – ein Stelldichein geben.

Meine kurzen Abstecher an die Seine sind durch den gedrängten Ablauf gastronomischer Verabredungen zu einer wahren Belastung geworden. Das Essen ist weiterhin unverzichtbares Ritual. Ich bin zu früh gekommen und sitze ein paar Minuten allein. Am Nebentisch fällt mir der General de Bénouville auf, glatzköpfig und befehlsgewohnt, in Begleitung einer mediterranen Schönheit. Bénouville war die rechte Hand des Flugzeugkonstrukteurs und Finanzmagnaten Marcel Dassault gewesen, des reichsten Mannes Frankreichs, der kräftig in der Politik mitmischte und den Aufstieg des jungen Chirac von früher Kindheit an mit Wohlwollen und aktivem Einsatz förderte. Der winzige, trotz Schal und Hut stets fröstelnde Dassault mit der brüchig schnarrenden Stimme ist vor kurzem gestorben, und die Erben oder Nachlaßverwalter – dazu zählt Bénouville – tun sich schwer.

Marcel Dassault hatte schon im Ersten Weltkrieg Flugzeugpropeller entworfen, als er noch Marcel Bloch hieß. Während ich im »Olympe« am Kir nippe, denke ich an eine weit zurückliegende Begegnung mit ein paar Flugzeug-Ingenieuren von Sud-Aviation, der großen Dassault-Firma aus Toulouse, die im Sommer 1953 in geschäftlichem Auftrag nach Rio de Janeiro gekommen waren. »Warten Sie ab«, hatte einer der Luftfahrtexperten nach reichlichem Alkoholgenuß gewitzelt. »Aus Bloch ist Dassault geworden, und mich würde es nicht wundern, wenn der Alte sich demnächst d'Assault mit Apostroph schreiben würde. Monsieur d'Assault, Herr von Angriff, das klingt doch ganz gut. Was halten Sie davon?« Seine Kollegen hatten sich verlegen geräuspert.

Thierry und Jacques dampften vor Feuchtigkeit, als sie das »Olympe« betraten. Wir hatten uns eine Weile nicht gesehen. »Was fehlt dir am meisten im fernen, nordischen Hamburg?« fragte Thierry. Ich überlegte nicht lange. »Die politische Konversation«, antwortete ich. Dabei meinte ich nicht die politischen Debatten, die ideologischen Bekenntnisse, die es an der Alster zur Genüge gab, sondern die mehr oder minder geistreiche Plauderei über die Geschehnisse in Staat und Gesellschaft, wobei es unter wohlerzogenen Leuten, *entre gens de bonne compagnie,* zum Spiel gehörte, die persönliche Überzeugung nie zur Schau zu stellen, das Visier der eigenen politischen Ausrichtung nie ganz zu lüften und die Ironie als verfeinertes Werkzeug der Toleranz zu handhaben.

Natürlich kamen wir gleich auf den Bombenanschlag in der Rue de Rennes zu sprechen, der erst fünf Stunden zurücklag. Thierry, blond und blauäugig wie so manche Sprößlinge des französischen Adels, hatte in Algerien gedient und später als Moderator des französischen Fernsehens einen großen Bekanntheitsgrad erlangt. Vor zwei Tagen war er von einer Fernsehreportage im mörderischen Stadt-Dschungel von West-Beirut zurückgekehrt. Ehrlich gesagt, ich hätte ihm diesen Mut nicht zugetraut. Dieser Sohn und Enkel von Marineoffizieren verbarg wohl hinter der Dandy-Attitüde, die er mit einiger Eitelkeit zur Schau trug, hinter der Nonchalance, die alles andere als intellektuell wirken sollte, eine atavistische Veranlagung, die ihn die Gefährdung des eigenen Lebens geringschätzen ließ. Furcht und vorsichtiges Einlenken gegenüber physischer Gefährdung wären ihm wohl unstandesgemäß und vulgär vorgekommen.

Jacques Alexandre war von ganz anderem Schlag. Sein Schädel war fast so kahl wie der des Generals de Bénouville am Tisch nebenan. Auch Jacques kam aus dem Journalismus. Wir hatten in den turbulenten Regierungszeiten Lumumbas im ehemals belgischen Kongo Freundschaft geschlossen, als er noch mit dem Tonbandgerät für den französischen Staatsrundfunk über die wirren Geschehnisse im »Herzen der Finsternis« berichtete. Später hatte er Karriere gemacht, die Sprossen der Hierarchie im Rundbau der »Radiodiffusion française« am Quai Kennedy erstiegen. Raymond Barre, der im August 1976 Jacques Chirac als Premierminister des damaligen Staatspräsidenten Giscard d'Estaing ablöste, hatte einen guten Griff getan, als er Jacques in seinen unmittelbaren Ratgeberstab berief und ihn mit der Pressearbeit betraute. Jacques war ein vorzüglicher *porte-parole* gewesen. Nach dem Regierungsantritt der Sozialisten hatte er sich dem privaten Mediengeschäft zugewandt und war nun mit der Verkabelung der Stadt Paris beschäftigt. Seine Fäden zu Barre waren nicht abgerissen.

Die französische Polizei hatte beschlossen, die Jagd auf die Brüder Abdallah durch Ausschreibung hoher Belohnungen und das Ankleben zahlloser Fahndungsblätter zu intensivieren. Aber schon ging das Gerücht, die Bombenleger seien mit syrischer Hilfe in den Orient entkommen, und in Wirklichkeit handle es sich um die Tat maghrebinischer Komplizen und persischer Drahtzieher. Jacques Chirac sah sich zähneknirschend gezwungen, gegenüber Damaskus leisezutreten, obwohl für die französischen Abwehrexperten kein Zweifel bestand, daß der Clan der Abdallahs ohne aktiven Schutz irgendeines syrischen Geheimdienstes längst aufgeflogen wäre. Seit langem hatte der Premierminister die Rachsucht der Perser auf sich gelenkt. Er war in seiner ersten Amtszeit unter Giscard d'Estaing der engagierteste Verfechter einer engen Militärkooperation mit dem irakischen Diktator Saddam Hussein und dessen Baath-Partei gewesen. Von dieser Belastung konnte er sich auch jetzt schwer befreien; ein paar französische Geiseln in den Kerkern der schiitischen Hizbullahi des Libanon mußten für diese Kompromittierung büßen.

Der pathetische Appell Jacques Chiracs an die Solidarität aller Franzosen angesichts der blutrünstigen Herausforderung aus dem Orient, seine markigen Sprüche, die doch nur eine lähmende Ratlosigkeit übertönen sollten, kämen dem Premierminister in einer ersten Phase zugute, da der Staatschef und Rivale Mitterrand sich auf einer Auslandsreise befinde, meinte Jacques. Die Franzosen hätten die Illusion verloren, sich mit Hilfe geschmeidiger Zweideutigkeit aus dem Teufelskreis von Terror und Repression heraushalten zu können. Die tödliche Bedrohung, die auf sie zukam und die sich jeder rationalen Analyse entzog, würde sich über längere Zeit hinziehen. Es sei übrigens nicht gewiß, daß Frankreich mit dem Terrorismus im Innern so wirksam und am Ende so gelassen fertig würde wie die italienische Schwesterrepublik, der man – in typisch gallischer Selbstüberschätzung – eine solche stoische Überlebensfähigkeit gar nicht zugetraut hatte.

Die Namen Mitterrand und Chirac waren gefallen. Das Thema *cohabitation* war an der Reihe. Inzwischen hatten die beiden Konkurrenten an der Spitze des Staates diese allzu intim klingende Bezeichnung ihres erzwungenen Zusammenlebens durch das neutralere Wort »Koexistenz« ersetzt. Im Gegensatz zu allen Wildwestfilmen würde bei der *cohabitation* derjenige verlieren und »ins Gras beißen«, der als erster den Revolver zöge, so glossierten die Pariser Kolumnisten.

Dem Neben- und Miteinander zwischen dem sozialistischen Staatschef und dem neogaullistischen Premierminister war eine fatale zeitliche Grenze gesetzt. Im Mai 1988 würde der Präsident der Republik neu gewählt.

Die beiden Protagonisten hüteten sich weiterhin, ihre Gegnerschaft zur Schau zu stellen oder es gar zum Eklat kommen zu lassen. Die Grundpositionen in der Innen- und Sozialpolitik waren unvereinbar; da mußten die auswärtigen Angelegenheiten und die stets hochgesteckten strategischen Ambitionen herhalten, um den Anschein der Gemeinsamkeit zu wahren. Alles andere war Taktik und Kalkül. Seit langem hörte man von intimen Kennern des Premierministers, Jacques Chirac könne nur dem offiziellen Etikett zufolge als Gaullist oder als Neogaullist – was bedeutete das schon – eingestuft werden. Nach de Gaulle gäbe es ohnehin keinen Gaullismus mehr, hatte der General vor seinem Hinscheiden wissen lassen. Mit dem wahren Lothringer Kreuz war Jacques Chirac nur sehr oberflächlich in Berührung gekommen. Chiracs Position war gewiß nicht leicht, blickte er doch unentwegt in das rätselhaft ironische Antlitz einer Sphinx. François Mitterrand, dessen Lebensweg einen Stendhal oder einen Balzac hätte inspirieren können, stand im Begriff, vollends zum Fabelwesen zu erstarren. Schon François Mauriac hatte diesen ehrgeizigen Landsmann, den er von Jugend auf kannte, unter Bezug auf die Studien Mitterrands über die Medici einen »Florentiner« genannt. Machiavelli hatte hier einen Jünger gefunden. Der Staatschef war ein Großmeister des Ränkespiels und vollends undurchschaubar geworden, seit ihn nur noch sein Bild in der Geschichte interessierte.

Für den überraschenden historischen Sinneswandel hatten die Franzosen selbst gesorgt. Nach dem Wahlsieg der bürgerlichen Parteien im März 1986 hatten die gescheiten Analytiker auf den verfassungsrechtlichen Widersinn der *cohabitation*, auf die totale Unverträglichkeit der beiden Charaktere in Elysée und Matignon verwiesen. Aber das Volk empfand dieses unverhoffte Ergebnis des Urnengangs, diesen ungewöhnlichen *modus vivendi* zwischen Links und Rechts als ein Geschenk des Himmels. Frankreich sei es leid, im Zustand des permanenten ideologischen Bürgerkrieges zu leben, schrieben die Leitartikler, die diese Entwicklung keineswegs prognostiziert hatten. Die Franzosen, so ergaben die Meinungsumfragen, preßten die Politiker geradezu in das Prokrustes-Bett der *cohabitation.* Nicht erst seit der Revolution von 1789 war das Land ja gespalten in Jakobiner und königstreue *chouans*, in Republikaner und Monarchisten, in Freigeister und Klerikale, in Pétain-Anhänger und Gaullisten, in Konservative und Fortschrittler, in die »Partei der Ordnung« und die »Partei der Bewegung«, wie in der Rue Saint-Guillaume gelehrt wurde. Der Bruch ging viel weiter zurück, mindestens bis zu jenen Religionskriegen, die das Lilien-Reich viel schlimmer verwüstet hatten, als die vom eigenen Dreißigjährigen Krieg faszinierten deutschen Historiker wahrnahmen.

Eine neue nationale Harmonie sei im Zeichen der *cohabitation* entstanden – diesem utopischen Traum hatten sich die Franzosen ein paar Monate hingegeben. Die Demoskopen fanden heraus, daß Mitterrand und Chirac auf der Welle dieses landesweiten Konsens Traumzahlen der Zustimmung erzielten, während die klugen Skeptiker und Warner – an ihrer Spitze Raymond Barre – vorübergehend mit steil absinkenden Kurven gestraft wurden. Sah nicht alles nach Entkrampfung und Glättung aus? Die Kommunisten waren beim letzten Urnengang auf weniger als zehn Prozent geschrumpft. Die Neogaullisten entpuppten sich als Neokaziken einer wiedergefundenen Dritten Republik. Sie wurden nicht müde, einem fadenscheinigen »Liberalismus« als höchstem Prinzip ihrer Regierungspolitik zu huldigen, ungeachtet des zutiefst konservativen Beigeschmacks, der diesem Wort im Französischen anhaftet.

Der General von Colombey mochte sich im Grabe umdrehen. Die katholischen Bischöfe, die die angestammte Identifizierung ihrer Kirche mit der ultramontanen Intoleranz durch eine abrupte Kehrtwendung, durch Preisgabe transzendentaler Glaubenssubstanz und krampfhafte Bemühung um ein sozial-fortschrittliches Image wettzumachen suchten, trafen sich neuerdings zu brüderlichen Gesprächen mit den Großmeistern der Freimaurerlogen. Klerikalismus und Laizität waren keine Gegenpole mehr. Wer mochte noch von jener »Gesellschaft des Karfreitag« reden, die im 19. Jahrhundert den Kreuzestod Christi aus Haß auf die Kirche mit gewaltigen Gelagen feierte und die Speisereste auf die Straße und die Häupter der entsetzten Kirchgänger warf?

Jacques war sich des demoskopischen Abstiegs seines früheren *patron* Raymond Barre und des Standes der öffentlichen Stimmung wohl bewußt. »Barre befindet sich in der Talsohle, in einer schwierigen Phase«, gestand er. »Aber warten wir ab. Ihr kennt doch das Sprichwort: ›Verjagt die natürliche Veranlagung, sie kehrt im Galopp zurück – chassez le naturel, il revient au galop.‹ Im übrigen sind neue Spannungen und Spaltungen vorgezeichnet. Tatsache ist, daß die Franzosen des ideologischen Widerstreits überdrüssig sind. Aber schon knackt es im Gebälk. So wie die Arbeiterparteien sich nach dem Linkssieg von 1981 mit ihrem forcierten, wirklichkeitsfremden Sozialismus an den Rand des wirtschaftlichen Abgrunds drängten, ehe Mitterrand das Steuer herumriß, laborieren heute die bürgerlichen Regierungsparteien an einem pseudoliberalen ›Thatcherismus‹ herum, der ihnen am Ende beim breiten Volk nur Tadel und Enttäuschung einbringen kann. Wir sollten uns in ein paar Monaten zu diesem Thema wieder sprechen.«

Ich brauchte eine Weile auf dem Heimweg, ehe ich ein Taxi fand. Ein kalter Wind war aufgekommen und hatte die Regenwolken vertrieben. Ungeduldig wartete ich unter dem Schild eines Taxistandes. Gleich neben mir befand sich eine Mülltonne. In der Dunkelheit näherte sich ein junger Mann in Turnschuhen, der ein Abfallpaket hineinwarf. Im Licht der Straßenlampe erkannte ich, daß er Nordafrikaner war. Ich stellte verwundert und ein wenig verärgert fest, daß ich mich instinktiv ein paar Meter von der Mülltonne entfernte, als ticke dort bereits der Mechanismus einer Zeitbombe.

Die Leichentücher der Könige

Reims, 18. September 1986

In Sainte-Menehould bin ich von der Autobahn A 4 abgewichen. Die kurvenreiche, fast leere Départemental-Straße D 31 führt durch grüne Bodenwellen der Stadt Reims entgegen. Hinter mir liegt die Mühle von Valmy und die pflichtgemäßige Erinnerung an jene Kanonade des Jahres 1792, die der Französischen Revolution den Weg nach Europa öffnete. Über dem Dorf Suippes haben sich schwarze Wolken zusammengeballt. Das Gewitter hallt in der Ferne wie Artilleriefeuer, und die Abendsonne leuchtet blutrot. An dieser Stelle war im Jahr 451 der Einfall der Hunnen Attilas, der »Geißel Gottes«, von dem vereinten Aufgebot gallo-römischer Legionen und germanischer Kriegshaufen auf den Katalaunischen Feldern zerschlagen worden. Das war wohl auch an einem gewittrigen Tag; denn die Legende besagt, die gegnerischen Heere seien mit solcher Wut aufeinandergeprallt, daß die Erschlagenen bei Nacht den Kampf in den Wolken weiterführten.

Wer kennt heute schon den Namen Suippes? In den französischen Zeitungsspalten war der Flecken im vergangenen Juli aufgetaucht, als Premierminister Chirac im benachbarten Manöverlager eine Panzerdivision besichtigte und vor den versammelten Offizieren verkündete, er, der Regierungschef, und nicht Staatspräsident Mitterrand habe über die nationale Verteidigungskraft und deren Finanzierung zu befinden. Ein paar Tage darauf sah sich der Staatschef veranlaßt, seinerseits nach Ostfrankreich zu fliegen, um seine Vorrangstellung in wehrpolitischen Fragen, vor allem in der alles beherrschenden Nuklearstrategie, durch einen improvisierten Ausflug zur 4. Luftlande-Division im Fort de Frémont zu bekräftigen. Der politische Kommentator könnte meinen, die Rivalität des frühen Frankenreichs sei dort in der kreidigen Champagne wieder aufgebrochen: Auf der einen Seite der aufstrebende Hausmeier, der »Maire de Palais« – damit wäre Jacques Chirac gemeint, der als »Maire de Paris« seine Stellung ausgebaut hatte, ehe er Premierminister wurde. Auf der anderen Seite François Mitterrand, den Chirac gern in die Rolle eines Merowinger-Königs drängen möchte – eines herumvagabundierenden »Faulkönigs«, wie es im frühen Mittelalter hieß, auf dessen Nachfolge dieser ein begehrliches Auge wirft. Seltsame Kontinuität der politischen *cohabitation* an der Spitze des Franken-Staates!

Längs der D 19 versperrt eine blau-weiß-rote Schranke den Weg zum Truppenlager Mourmelon-le-Grand, wo im Juli 1962 de Gaulle und Adenauer den Vorbeimarsch deutscher und französischer Regimenter abnahmen. Dann folgen endlose Friedhöfe aus dem Ersten Weltkrieg mit den schlichten weißen Kreuzen der Gefallenen. Am Stadtrand von Reims ist das Fort de la Pompelle mit den zerschmetterten Kasematten und verschütteten Laufgräben in der Trostlosigkeit des Stellungskrieges von 1918 erhalten geblieben. Dieser Fetzen Champagne-Boden, der in vier Jahren mehrfach den Besitzer wechselte, hat sich mit deutschem und französischem Blut vollgesogen.

Am Ende der Reise stehen die Kathedrale von Reims und die Basilika des heiligen Remigius. Die Touristen drängen sich am goldenen Reliquienschrein. Etwas ratlos blicken sie zu dem steinernen Engel am Nordportal auf. Sein weltberühmtes Lächeln wirkt simpel, fast töricht; wer weiß heute noch, daß Heiligkeit und Einfalt in inniger Beziehung stehen?

An dieser Stelle hatte der Bischof Remigius, Sohn eines gallo-römischen Patriziers, im Jahre des Herrn 498 den ungestümen heidnischen Frankenkönig Chlodwig und dreitausend seiner Krieger getauft. Bis dahin hatten sich die germanischen Völker, deren große Invasionen und Wanderungen bis nach Nordafrika führten – West- und Ostgoten, Burgunder, Vandalen –, zur arianischen Form des Christentums bekehren lassen. Sie waren der Lehre des Bischofs Wulfila gefolgt, der die Wesensgleichheit Christi mit Gott dem Vater leugnete. Die allmähliche Integration dieser Neuankömmlinge der Geschichte in die ehrwürdigen Strukturen des Imperium Romanum hätte sich halbwegs harmonisch vollziehen, ja in Italien und Spanien eine dauerhafte Symbiose bewirken können, wenn ihre religiöse Häresie nicht die päpstliche Autorität verneint und herausgefordert hätte. Der Stuhl Petri wurde zum wirksamsten Bollwerk der Latinität gegen diese Fremdlinge.

Die Franken hingegen – eben noch dem Kult ihrer barbarischen Gottheiten Odin, Thor und Freya verhaftet – unterwarfen sich mit der Bekehrung von Reims von Anfang an der römisch-katholischen

Rechtgläubigkeit. Aus jener grauen Vorzeit des Mittelalters leitet sich der Anspruch Frankreichs ab, die »älteste Tochter der Kirche – fille aînée de l'église« zu sein. Jeder Zusammenprall mit anderen germanischen Völkern, jede Ausweitung des fränkischen Herrschaftsbereichs nach Süden und Osten würde von nun an vom päpstlichen Segen begleitet sein. In Reims war jener Bund geschlossen worden, den dreihundert Jahre später der in Aachen residierende, in Rom gekrönte Kaiser Karl der Große zur europäischen Institution erhöhen sollte.

»Papst und Kaiser, diese beiden Hälften Gottes«, schrieb der Dichter Victor Hugo noch im 19. Jahrhundert. In Reims wurzelt nicht nur das heutige Frankreich; hier wurde der Keim gelegt zum »Heiligen Römischen Reich«, das sich erst sehr viel später, im 15. Jahrhundert, mit dem Zusatz »Deutscher Nation« territorial und völkisch bescheiden ließ.

Das »Te Deum« von Reims

Ich war von Aachen nach Reims aufgebrochen, um über die Partnerschaft zwischen diesen beiden Städten zu schreiben. Die Idee kam mir schon im Herbst 1977, als mir die Laudatio für den belgischen Außenminister Leo Tindemans anläßlich einer Preisverleihung in Paderborn aufgetragen worden war. Dabei fielen mir die gemeinsamen Ursprünge der Städte Paderborn und Le Mans auf. Um seine östliche Pfalz zu konsolidieren, diesen Vorposten seiner Macht im stets aufsässigen Sachsenland mit der Aura des Sakralen zu umgeben, hatte Karl der Große die Reliquien des heiligen Liborius aus ihrem goldenen Schrein von Le Mans nach Ostwestfalen überführen lassen. Nach dem Zweiten Weltkrieg hatten die beiden Städte sich auf diese ferne, weihevolle Verbindung besonnen. Auf den Gebeinen des Liborius wurde der Ansatz einer aktiven Partnerschaft, einer *jumelage,* begründet, die sich durchaus nicht nur in Prozessionen erschöpfte, sondern alle nur denkbaren Formen geselliger Gemeinsamkeit begünstigte. Selbst die Wahl eines Kommunisten zum Bürgermeister von Le Mans konnte dem keinen Abbruch tun. Die christdemokratischen, konservativen Ädilen der Bischofsstadt Paderborn hatten eine gewisse Genugtuung empfunden, als der marxistische Bürgermeister ihrer westgallischen Schwesterstadt zum Libori-Fest in den von Charlemagne gegründeten Dom pilgerte.

Das Jahr 1986 sei zum Jahr der Freundschaft zwischen den beiden europäischen Kernländern proklamiert worden, so war in den Kanzleien von Bonn und Paris zu hören gewesen, wenn auch die konkreten Vorbereitungen dazu auf sich warten ließen und das ganze Projekt mit einem mißlungenen Kulturgipfel in Frankfurt Enttäuschung hier wie dort hinterließ. Der weit verbreiteten Europa-Müdigkeit auf beiden Seiten des Rheins war ich mir bei der Berichterstattung über Reims wohl bewußt. Die rührenden, allzu beflissenen Versuche deutsch-französischer Verbrüderung im bescheidenen Rahmen kommunaler Aktivität waren von deutschen Presseorganen mit der rüden Bemerkung abgetan worden: »Außer Spesen nichts gewesen.« Was vor mir lag, war bestenfalls eine Reportage über die versöhnliche Trivialität des Alltags im Gemeinsamen Europäischen Markt, über biedere Folklore und grenzüberwindenden Tourismus, über parallele Wirtschaftsinteressen und bildungsfördernde Vereinsmeierei. Doch es kam ganz anders. Kaum hatte ich diese Reise angetreten, da geriet ich in den Sog der Geschichte, ihres Pomps und ihrer Tragik.

Noch stärker muß der Photograph Guido Mangold, der mir vorausgereist war, diese Wucht der Vergangenheit empfunden haben. Er gehört der jüngeren Generation an. Erst an Ort und Stelle entdeckte er, daß die Frontstadt Reims in den Materialschlachten zwischen 1914 und 1918 bis auf wenige Häuser durch deutsches Artilleriefeuer zerstört worden war. Über den stürmischen deutschen Vormarsch zu Beginn des Ersten Weltkrieges hatte Rudolf G. Binding seine Novelle geschrieben: »Wir fordern Reims zur Übergabe auf«. Während der knapp einwöchigen deutschen Besetzung, ehe die Marne-Schlacht das Schicksal wendete, hatte der Hohenzollern-Kronprinz die französische Königsstadt inspiziert.

Die ehrwürdige Kathedrale wurde schon im Herbst 1914 durch Brand und Granaten so schwer verwüstet, daß sie erst 1938, ein Jahr vor Ausbruch des Zweiten Weltkriegs, wieder eingeweiht werden konnte. Die Bevölkerung hatte die ersten Monate der Schlacht in den Champagner-Kellern zwischen den hohen Flaschenregalen überlebt; dort ging sogar der Schulunterricht weiter. In jenen vier Jahren schien es den Franzosen, als wolle die kaiserlich-deutsche Invasionsarmee das heiligste Symbol der französischen Nation auslöschen. Das Gebälk der Krönungskirche stand in Flammen, und die Bronze des geschmolzenen Daches ergoß sich durch die teuflischen Fratzen der Wasserspeier auf den Domplatz.

Das Zusammenfinden zwischen Aachen und Reims im Zeichen der Städtefreundschaft war deshalb kein leichter Gang. Die Initiative kam von den Deutschen, deren Heimatstadt ihrerseits in der letzten Phase des Zweiten Weltkriegs während des mühseligen amerikanischen Vordringens an der Rur verwüstet worden war. Die Aachener hielten – beflügelt vom Gedanken des europäischen Zusammenschlusses – nach einer ebenbürtigen Partnerstadt in Frankreich Ausschau. Am sinnvollsten kam Reims für eine *jumelage* in Frage. Die Residenz Karls des Großen ließ sich in der Vorstellung der Aachener wohl nur mit jener großartigen gotischen Kulisse im Herzen der Champagne und des alten fränkischen Austrasien assoziieren, vor der sich sämtliche Könige Frankreichs – bis hin zum glücklosen Autokraten Karl X. im Jahr 1824 – hatten salben und krönen lassen.

Wenn die Widerstände am Ende doch überwunden wurden und die mißmutige Zurückhaltung der Kommunalräte von Reims abendländischer Einsicht wich, so war das im wesentlichen der pathetischen Verbrüderungsgeste zwischen Charles de Gaulle und Konrad Adenauer zu verdanken. Als die beiden würdigen Staatsmänner sich im Sommer 1962 wie gotische Statuen im hohen Schiff der Krönungskathedrale von Reims vor dem Hochaltar aufstellten, um das deutsch-französische Te Deum zu zelebrieren, mußten die alteingefleischten Ressentiments der Champagne einer neuen Hoffnung weichen. Es dauerte immerhin noch fünf Jahre, bis 1967, ehe diese Partnerschaft perfekt war.

Aber dann setzte eine Werbung um gegenseitige Sympathie ein, eine Kette von Besuchen, von Verbindungen und Verbrüderungen auf allen Ebenen, wie sie in der Geschichte der zahllosen *jumelages* einzigartig ist. In den vergangenen zwanzig Jahren haben rund fünfundzwanzigtausend Menschen die Reise von Reims nach Aachen und umgekehrt angetreten.

Die Liste der engagierten Verbände und Berufsgruppen ist lang. Der völkerverbindende Anspruch bewegt sich zuweilen im bescheidenen Mantel des Spießertums. Erheiternde Kuriositäten konnten nicht ausbleiben. Immerhin – die Aufzählung ist eindrucksvoll: da treffen sich zwölf Oberschulen und Gymnasien, es verbinden sich Sängerchöre und Ballettschulen, katholische Frauen wetteifern mit den Angehörigen der reformierten konfessionellen Minderheit. Es fraternisieren die Reserveoffiziere, die Funkamateure, die Pfadfinder, die Anwälte; die Wandervereine, die Kaufmannsgilden, die Polizeibeamten, die Sportler, die Feuerwehrleute, die Briefmarkensammler. Deutsche und französische ehemalige Kriegsgefangene haben zueinander gefunden und die Matrosen beider Kriegsmarinen, obwohl die Häfen fern sind. Die Gewerkschaften – DGB und Force Ouvrière – stehen nicht nach. Die Aero-Clubs von Aachen und Reims warten mit eindrucksvollen Schauflügen auf. Sogar die FKK-Anhänger, in Frankreich *nudistes* genannt, huldigen gemeinsam ihrem Naturkult. Es ergeben sich seltsame Nebeneffekte, so die Kontakte zwischen kommunistischen Funktionären beider Partnerstädte und sogar ein Versuch der DDR, die enge Verbindung mit der Bundesrepublik durch Einladungen nach Mecklenburg zu unterlaufen.

Die Deutschen aus Aachen nehmen ganz selbstverständlich am großen nationalen Mysterienspiel teil, das jedes Jahr vor der Kathedrale von Reims zelebriert wird. Dabei wird der heiligen Johanna gedacht. Ein blondes Mädchen aus Reims, in das Lilienbanner des alten Frankreich gekleidet, steigt vom Pferd und wird vom Bischof feierlich begrüßt. Sie wiederholt den epischen Höhepunkt im Leben der Jungfrau von Orléans, die an dieser Stelle dem umstrittenen König Karl VII. – den Engländern und Burgundern zum Trotz – zur feierlichen Bestätigung als Herrscher Frankreichs von Gottes Gnaden verhalf. Nach dem Hochamt in der Kathedrale ziehen Deutsche und Franzosen zum Kriegerdenkmal, und die Aachener singen das Lied vom guten Kameraden.

Ist es wirklich so, daß die Selbständigkeit des westlichen Frankenreiches, das Heranwachsen dieses Nationalgebildes zum mächtigsten Kontinentalstaat des Abendlandes, sich stets im Gegensatz zum Heiligen Römischen Reich Deutscher Nation vollzog und sich aus dessen territorialer Verstümmelung mehrte? Michel Jobert, früherer Außenminister Pompidous, äußerte noch dieser Tage, Frankreich habe sich in seiner Identität immer nur gegen das »Reich« behauptet. Eine recht einseitige Betrachtung.

Die großen französischen Könige sahen sich durchaus nicht in der Rolle von Separatisten. Schon der Franziskaner Jean de la Roquetaille schwärmte im Jahre des Herrn 1356 von einer chiliastisch beglückenden Vision: Der König von Frankreich war zum Kaiser des Heiligen Römischen Reiches gewählt worden, besiegte Sarazenen und Tataren und errichtete auf den rauchenden Trümmern des Krieges eine tausendjährige christliche Friedensherrschaft. Jedesmal wenn das westliche Teilgebilde des großen karolingischen Erbes voll Kraft strotzte, kam die imperiale Erinnerung, die imperiale Versuchung auf. So rivalisierte der Valois Franz I. mit Karl V. um die deutsche Kaiserkrone, und die Entscheidung zugunsten des Habsburgers wurde nur mit Hilfe des Goldes der Fugger und aufgrund der Bestechlichkeit der Kurfürsten davongetragen. Der Machtvorstellung eines Ludwig XIV. wohnte mit Sicherheit ein abendländischer Hegemonialdrang inne. Bei ihrer Krönung in Reims ließen sich die Erben der Kapetinger stets mit dem legendären Schwert Karls des Großen gürten. Bis zu Ludwig XV. hin wurden die Leichentücher der verstorbenen französischen Könige am Grab des Urkaisers zu Aachen deponiert.

Wenn Frankreich im Zeichen des Sieges oder der Niederlage an die Grenzen seines Nationalbewußtseins und seiner nationalen Selbstbescheidung stieß, richtete sich der faszinierte Blick der Staatslenker und auch der Dichter auf jenen Dom und jenen Sarkophag in Aachen, wo die verflossene Einheit des Abendlandes zu schlummern scheint. Der bereits zitierte Victor Hugo ließ in seinem Theaterstück »Hernani« den Habsburger Kaiser Karl V. in der Gruft Karls des Großen auftreten und ihn dort den längsten Monolog der französischen Literatur aufsagen. »Charlemagne, pardon ...« lauten die ersten Worte.

Kein Wunder, daß Napoleon Bonaparte die hohe Stunde seiner europäischen Herrschaftsberufung in Aachen schlagen hörte. Vor ihm hatte die Revolutionsarmee des General Dumouriez schon 1792 der Bildsäule Karls des Großen auf dem Aachener Markt die rote phrygische Mütze der Jakobiner übergestülpt. Als Napoleon in Aachen eintraf, hatte er die bourbonische Lilie durch den römischen Adler ersetzt. Die ergebenen Schmeichler des großen Korsen hatten dem Denkmal Karls des Großen ein Plakat umgehängt: »Nur Napoleon hat mich übertroffen.«

Auf der Höhe seiner Macht wandte sich der selbstgekrönte Kaiser der Franzosen mit der anmaßenden Botschaft an den Papst: »N'oubliez pas que je suis Charlemagne – Vergessen Sie nicht, daß ich Karl der Große bin!« Der von Napoleon eingesetzte französische Bischof von Aachen, Berdolet, verstieg sich zu der Huldigung: »Sire, bei Ihrem Eintritt in diesen Tempel« – gemeint war der Dom zu Aachen – »wird die Asche Karls des Großen wieder lebendig. Sein Schatten lächelt Napoleon zu, und die Seelen der beiden Helden vereinigen sich.« Berdolet war es auch, der eine der ehrwürdigsten Reliquien der Stadt, den authentischen Talisman Karls des Großen, an den kaiserlichen Hof nach Paris verschleppte. Dieses Amulett ist heute im

»Musée du Tau« gleich neben der Kathedrale von Reims zu besichtigen und wird von den Aachener Gästen mit gemischten Gefühlen bewundert.

Was das Fest der Jeanne d'Arc für Reims ist, das dürfte die Karlspreis-Verleihung für die Stadt Aachen sein. Der prominenteste Franzose, der dort im Rathaussaal geehrt wurde, war der Lothringer Robert Schuman. Er gehörte mit dem Rheinländer Adenauer und dem Trentiner Alcide de Gasperi zu den Vätern jener europäischen Nachkriegskonstruktion, die von manchen Gaullisten anfänglich als »Europa des Vatikans« verspottet wurde. Die französischen Nachzügler eines aggressiven Nationalismus, wie ihn Maurice Barrès zu Beginn des Jahrhunderts predigte, hatten sehr wohl erkannt, daß der Ursprungsgedanke des neuen Abendlandes, das sich da zusammenfand, in jenem uralten lotharingischen Zwischenreich wurzelte, wo der Traum der verlorenen karolingischen Reichseinheit nie ganz erloschen war. Mit Konrad Adenauer hatte die Bundesrepublik die resolute Abkehr von einem völkisch-nationalen Selbstverständnis der Deutschen angestrebt, das sich in der Ablehnung und Besiegung alles Welschen bestätigte.

Deshalb mutet es seltsam an, wenn bei der Fronleichnamsprozession in Aachen ein paar Studenten-Corporationen in vollem Wichs antreten. Auch wenn sie katholischen Verbindungen angehören, sollten sie nicht verdrängen, daß der Burschenschaftsgeist sich nach 1815 in anti-welscher Deutschtümelei gefiel. Seitdem wurde das Spottlied auf die Niederlage des Römers Quintilius Varus in zahllosen Kneipen gesungen: »Als die Römer frech geworden, zogen sie nach Deutschlands Norden ...« Beim Wartburg-Fest wurde der »Code Napoléon« neben anderen aus Frankreich importierten Schriften der Aufklärung auf dem Scheiterhaufen verbrannt.

Es war nur logisch, daß das Dritte Reich Adolf Hitlers mit einem fränkischen und christlichen Kaiser des Abendlandes, der seine Eroberungen und Heidenbekehrungen unter anderem auf den Teutoburger Wald ausdehnte, nichts anzufangen wußte. Im Geschichtsunterricht der Nationalsozialisten wurde Karl der Große als »Sachsenschlächter« hingestellt, und der wahre germanische Held hieß Widukind. Der Stadt Aachen blieb es erspart, von Hitler auch nur ein einziges Mal besucht zu werden. Hingegen drängte sich der Reichsmarschall Göring in den alten, nach byzantinischem Vorbild erbauten Dom. Wo selbst Napoleon beiseite gestanden hatte, entblödete sich

Hermann Göring nicht, den Marmorthron Karls des Großen mit seinem breiten Hinterteil zu entweihen.

Aber selbst der völkisch-germanische Wahn des Dritten Reiches geriet im Laufe seiner Eroberungszüge durch ganz Europa und mit seinen ausschweifenden Zielsetzungen unter den Zwang einer historischen Neukonzeption. Fast hätten am Ende die offiziellen braunen Geschichtsklitterer die aufsässigen Sachsen des Herzogs Widukind – ähnlich wie die Eidgenossen Wilhelm Tells – als separatistische Aufrührer gegen die kaiserliche Zentralmacht geschmäht. Es gehört zu den tragischsten Kapiteln deutsch-französischer Verirrungen, daß gegen Ende des Krieges eine SS-Brigade Karl der Große – »La Brigade Charlemagne« – aufgestellt wurde, die sich fast ausschließlich aus jungen Franzosen rekrutierte. Diese fehlgeleiteten und mißbrauchten Söhne des westlichen Frankenreichs wurden dazu bestimmt, das letzte Aufgebot für die Verteidigung des Führerbunkers im brennenden Berlin zu stellen.

Was de Gaulle und Adenauer in der Kathedrale von Reims eingeleitet hatten, versuchten die Nachfolger Valéry Giscard d'Estaing und Helmut Schmidt im Dom von Aachen nachzuvollziehen – auf ihre Weise und mit geringem Aufwand. Der Großbürger Giscard, der sich in der Erbfolge des ruhmlosen Königs Ludwig XV. gefiel, war wenig geneigt, vor dem Sarkophag Karls des Großen den Hernani-Monolog zu wiederholen. Die Pariser Presse bescheinigte ihm ohnehin, daß er keinen Sinn für die Tragik der Politik und somit für historische Größe besäße. Was den hanseatischen Bundeskanzler Helmut Schmidt betraf, so war ihm jedes historisierende Pathos ein Greuel – und mit dem karolingischen Erbe identifizierte er wohl jenen Flügel der CDU, der ihm am fernsten stand. War es nicht ein Wunder, daß dieser anglophile Hamburger die enge deutsch-französische Bindung dennoch zur Priorität seiner Außenpolitik erhob? Die Aachener mögen damals empfunden haben, daß wenig Wärme und schon gar keine Begeisterung bei den beiden deutsch-französischen Hauptdarstellern aufkam. Das höfische Gehabe der französischen Delegation, die den »Quellenhof« für sich beanspruchte, erregte Verwunderung.

Immerhin hat dieser Staatsakt in Aachen, so wird in Reims augenzwinkernd kolportiert, ein konkretes Ergebnis hinterlassen. Giscard d'Estaing zuliebe wurde im Erdgeschoß des Rathauses der alten Kaiserstadt, wo die deutsch-französischen Gespräche stattfanden, eine zusätzliche Toilette eingebaut. Vielleicht liegt etwas Versöhnliches in der Tatsache, daß »Clochemerle« nun auch zu einem deutsch-französischen Begriff geworden ist. Clochemerle, das weiß jeder Franzose, ist eine Burleske aus der Zeit der Dritten Republik, wo sich die verfeindeten Notabeln einer Kleinstadt um die Errichtung einer Bedürfnisanstalt streiten und sie am Ende mit großem patriotischem Aufwand einweihen.

Der Alltag der Partnerschaft

Ganz ohne Mißklänge und Mißverständnisse geht es zwischen den beiden befreundeten Bürgerschaften natürlich nicht ab. Die erste deutsche Frau aus Darmstadt, die mit einem heimkehrenden französischen Kriegsgefangenen schon 1945 in das Dorf Villers-Franqueux kam, betrat damals noch feindlichen Boden. Ein paar Monate zuvor hatte eine Horde von Pseudo-Widerstandskämpfern im Herbst 1944 jene armen französischen Mädchen, die angeblich ein Verhältnis mit deutschen Soldaten gehabt hatten, schimpflich durch die Straßen von Reims gejagt und ihnen die Köpfe kahlgeschoren. Die Darmstädterin von Villers-Franqueux hat sich inzwischen voll angepaßt, lebt in Harmonie mit ihren Nachbarn, bedauert lediglich, daß im französischen Fernsehen so viele Filme über die Nazi-Greuel gezeigt werden. Die deutschen Ehefrauen im Raum von Reims treffen sich regelmäßig zum etwas nostalgischen Kaffeekränzchen.

Problematischer war das Schicksal jener deutschen Kriegsgefangenen, die nach ihrer Freilassung als Landarbeiter oder Mechaniker in der Champagne blieben. Sie verfielen oft der Einsamkeit, manche dem Alkohol; einer von ihnen beging Selbstmord. Bezeichnend ist auch, daß im grenzüberschreitenden Verbund der ehemaligen Kriegsgefangenen auf deutscher Seite nur solche vertreten sind, die an der Ostfront in die Hände der Russen fielen. Bizarr mutet an, daß die Universität Reims, eine ziemlich glanzlose Neugründung, sich bislang weigerte, die international renommierte Technische Hochschule von Aachen als gleichwertigen Partner anzuerkennen.

Selbst an der Spitze hat es Berührungsängste gegeben. In den Jahren 1977 bis 1983 gehörte der Bürgermeister von Reims der Kommunistischen Partei an, und für den heutigen Maire der Stadt des heiligen Remigius, Jean Falala, stellt das enge Freundschaftsverhältnis zu den

Deutschen eine beachtliche Überwindung dar, wurde doch sein Vater von der Gestapo umgebracht.

Noch im Jahre 1969 hatte ich erlebt, wie der deutsche Luftwaffen-Oberst Rudel, der in der Bundesrepublik wegen seiner anhaltenden Sympathie für das Dritte Reich suspekt erschien, mit dem erfolgreichsten Jagdflieger der Freien Franzosen, Pierre Clostermans, fraternisierte. Zu einer kleinen Katastrophe kam es, als beim Karneval von Reims, einer ziemlich übel beleumdeten Veranstaltung, eine Aachener Prinzengarde in der prächtigen Uniform des Rokoko anmarschierte. Die deutschen Fastnachts-Soldaten wurden – dem Brauch der Champagnerstadt gemäß – mit Mehl und Eiern beworfen, ja die Auswüchse der entfesselten Radaubrüder von Reims nahmen solche Formen an, daß die eigene Stadtverwaltung dem Karnevalstreiben dieser *voyoux* und *loubards* per Dekret ein Ende setzte. Den Orden wider den tierischen Ernst wird man mit Sicherheit der französischen Partnerstadt nicht verleihen können.

Vor allem sind es die Angehörigen der alten Generation, die die Ruinen des Ersten und die Schmach des Zweiten Weltkrieges so lebhaft in Erinnerung haben, daß sie das völkerverbindende Treiben mit Mißtrauen und Abneigung beobachten. Die Jugend hingegen hat den Feindschaften der Vergangenheit endgültig den Rücken gekehrt. Sie hat – gelegentlich im Zeichen einer zu Unrecht geschmähten Amerikanisierung – Gemeinsamkeiten des Lebensgefühls und eine erfreuliche Unbefangenheit entwickelt. Das Geschichtsbewußtsein kommt dabei allerdings zu kurz. So geschah es, daß deutsche Oberschüler aus Aachen vor dem Bild des »Te Deum« in der Kathedrale von Reims die Frage stellten, wer von den beiden alten Männern denn eigentlich de Gaulle und wer Adenauer sei.

Guido Mangold, der an einem warmen Sommerabend die prächtigen Fassaden der Place Royale photographierte, äußerte seine Verwunderung darüber, wie erstorben die Stadt Reims nach Einbruch der Dunkelheit sei. Die Hauptstadt der Champagne erschien ihm als verschlossenes Gehäuse. Die Einwohner von Reims sind – ihrem eigenen Eingeständnis zufolge – herb, verschlossen, introvertiert. Die Grenzen der Stände, Klassen und Cliquen sind hier oft noch streng gezogen. Die Verbrüderung mit den Deutschen aus Aachen gedeiht offenbar besser als die Annäherung zwischen der Bourgeoisie der Villenviertel und den kleinen Leuten aus den Sozialbauten.

Dieser fröstelnde Malthusianismus, der Reims anhaftet, hat Tradition. Die Region produziert und verkauft Champagner mit Erfolg und gewaltigem Gewinn in die ganze Welt. Aber ansonsten ist es um Industrie und Gewerbe bescheiden bestellt. Die Textilbetriebe sind der Krise anheimgefallen. Heute rächt sich die Verweigerung der konservativen Stadtverwaltung von Reims, der aufkommenden Industrialisierung im 19. Jahrhundert die Tore zu öffnen aus Angst, das Entstehen eines klassenbewußten Proletariats könne die bestehende Ordnung stören.

Seltsamerweise sind es deutsche Unternehmer, unter anderen Böhringer und Henkel, die seit dem Zweiten Weltkrieg zur Belebung und Diversifizierung der Wirtschaft in der Champagne beitragen. Ähnlich geht ja das berühmte perlende Getränk, das den Ruhm dieser gesegneten Gegend ausmacht, zum Teil auf Familien zurück, die vor Generationen aus germanischen Ländern einwanderten. Wer kennt sie nicht: Roederer, Mumm, Taittinger, Heidsieck, Krug. Am Rande sei erwähnt, daß der renommierte französische Gastronomieführer *Gault et Millau* bei der Erwähnung des exklusiven Restaurants »Boyer« dem deutschen Maître d'hôtel namens Werner, der »Frankreich und seine Weine liebt«, eine Zeile widmet. Im Hotel »Boyer« wird übrigens ein Gericht serviert – gebratenes Täubchen mit weichgeschmortem Knoblauch und Petersilie –, das nach dem deutschen Feinschmecker-Journalisten Gert von Paczensky benannt ist. Darüber mag man wohl vergessen, daß der Versailler Vertrag eine spezielle Klausel enthielt, die die Verwendung des Wortes Champagner für deutschen Schaumwein verbot.

Fast möchte der Besucher meinen, die Stadt Reims sei der kühle, nordische, spröde und abweisende Partner in dieser Vereinigung, während in Aachen sich ein lebhaftes, kontaktfreudiges, fröhliches Völkchen von beinahe mediterranem Temperament tummelt. So empfinden es jedenfalls die Reimser und genießen die rheinische Ausgelassenheit jedesmal, wenn sie zum Ausflug über die Grenze ansetzen. Ganz ohne Zweifel hat die europäische Einigung für Aachen konkrete und psychologische Vorteile gebracht, die der Stadt Reims in ihrer fröstelnden Erstarrung verweigert blieben. Aachen ist heute nach Belgien und Holland orientiert, weit geöffnet und blickt wie eh und je mit Abstand auf jene Kölner Bucht, wo – den überheblichen Spaßvögeln der Kaiserstadt zufolge – die »euro-asiatische Steppe« beginnt. Ist es das uralte Erbgut der am Rhein stationierten römischen

Legionen, ist es Breughelsche Urwüchsigkeit, die die rheinische Stadt Aachen für die Einwohner des in fränkischer Krönungsnostalgie versunkenen Reims so attraktiv machen? Vielleicht spürt die Champagnerstadt auch, daß sie spätestens seit dem Bau der Autobahn A4 zu nahe an die alles beherrschende Metropole Paris gerückt ist, daß sie seitdem Gefahr läuft, zu einem Vorort der menschenwimmelnden Kapitale degradiert zu werden.

Bemerkenswert erschien uns das innige Verhältnis, das eine junge Aachenerin und einen jungen Mann aus Reims verbindet. Antje war über ein kulturelles Austausch-Stipendium in die Redaktion der Zeitung *Union de Reims* gekommen und lernte dort den Graphiker Gérard kennen. Er ist dunkelblond, verhalten, eher germanisch wirkend. Sie hat schwarzes Haar, strotzt vor Lebensfreude und sieht so aus, wie mancher Deutsche sich klischeehaft die Französin vorstellt. Das deutsche Mädchen Antje mag ihren Freund Gérard, weil er so phantasievoll und zärtlich ist und weil er »toll riecht«. Ob sie »Das Parfum« von Patrick Süskind gelesen hat? Er, Gérard, der Franzose, schätzt an Antje ihre urwüchsige Kraft, »sa puissance«, ihre Unabhängigkeit, und er erfreut sich an ihren französischen Sprachfehlern.

Noch eine Anekdote: Im Sommer 1986 besuchte eine französische Gymnasialklasse aus Reims die Partnerstadt Aachen und unternahm einen Ausflug nach Bonn. Dort scharte sie sich zum Gruppenphoto um die überlebensgroße Büste Konrad Adenauers vor dem Bundeskanzleramt. Beim Spaziergang im Garten des deutschen Regierungssitzes begegnete ihnen rein zufällig die massige Gestalt Helmut Kohls. Der Bundeskanzler fand sich sofort bereit, lächelnd inmitten der Gäste aus Reims für ein Bild zu posieren. Diese Jovialität hat die jungen Leute aus Reims überrascht und beeindruckt. »Bei Mitterrand wäre so etwas nicht möglich gewesen«, sagte einer von ihnen und traf damit vielleicht im Kern den Unterschied zwischen dem populistischen deutschen und dem eher feierlichen französischen Staatsbewußtsein von heute.

Die deutschen Touristen, die in den Sommermonaten in Reims zahlreich vertreten sind, sollten sich nicht damit begnügen, jene geweihte Stelle aufzusuchen, wo de Gaulle und Adenauer 1962 ihre sehr persönliche und immer noch hoffnungsträchtige Interpretation der *grande illusion* inszenierten. Sie sollten zum häßlichen Backsteinkomplex hinter dem Bahndamm gehen, »Lycée Roosevelt« genannt, wo sich 1945 das Hauptquartier der alliierten Streitkräfte befand.

In diesem Gebäude ist der große Kartenraum pietätvoll erhalten, wo am 7. Mai 1945 – zwei Tage vor dem Berliner Übergabezeremoniell – die Kapitulation des Großdeutschen Reiches durch Generaloberst Jodl unterzeichnet wurde. Im Sinne einer europäischen, abendländischen, ja – warum nicht? – karolingischen Rückbesinnung sollten die Besucher dieser »salle de reddition« bedenken, daß die eigentlichen Akteure an diesem schicksalhaften Tag die Amerikaner und die Russen waren. Die Deutschen waren die Besiegten und die Franzosen nicht viel mehr als Statisten.

Der Rhein im Wasserglas

Zwischen Bar-le-Duc und Verdun ist die Chaussee von merkwürdigen Kilometersteinen gesäumt. Man hat ihnen bronzene Stahlhelme aus dem Ersten Weltkrieg übergestülpt. Über diese *voie sacrée,* diesen Weg der Weihe und des Untergangs, waren die französischen Verstärkungen in das Gemetzel der größten und sinnlosesten Abnutzung vorgerückt. Am Ende stand die Ahnung, ja fast die Gewißheit des Todes, der sich durch das Dröhnen der Materialschlacht aus der Ferne ankündigte. Wie schnellebig dieses Jahrhundert ist! Meditationen drängen sich auf. Da wird heute bei offiziellen Begegnungen, auf Banketten und Gedenkfeiern von deutsch-französischer Aussöhnung, von Freundschaft, ja von Schicksalsgemeinschaft, Allianz und Union gesprochen. Vor fünfzig Jahren war das Wort Erbfeindschaft noch gang und gäbe in den Beziehungen zwischen den beiden fränkischen Nachfolgestaaten. Wie lange hat sie tatsächlich gedauert, diese vielbesungene Erbfeindschaft, dieser »Ruf wie Donnerhall« zum Schutz des deutschen Rheins, diese arrogante Replik Alfred de Mussets: »Wir haben ihn in einem Wasserglas gehalten, Euren deutschen Rhein«; das gallische Starren auf die »blaue Linie der Vogesen« und die germanische Provokation »Siegreich wollen wir Frankreich schlagen!«?

Knappe hundertfünfzig Jahre haben sich Deutsche und Franzosen tatsächlich als unversöhnliche Gegner gegenüber gestanden. Dagegen hat die englisch-französische Feindschaft fast tausend Jahre gedauert. Da können die Chronisten auf Wilhelm den Eroberer und die Schlacht von Hastings zurückgreifen, auf den schwarzen Prinzen, der Aquitanien verwüstete oder auf den Scheiterhaufen der Jeanne d'Arc. Die düstere Serie setzt sich in der Neuzeit fort mit dem Verlust der »schönen Provinz« Québec, mit der Seeschlacht von Trafalgar und dem Untergang der napoleonischen Garde bei Waterloo. Noch 1898 standen das Vereinigte Königreich und die Dritte Republik am Rande der bewaffneten Auseinandersetzung wegen des sudanesischen Lehmdorfes Faschoda am Oberen Nil, wo Lord Kitchener den Hauptmann Marchand unter Drohung seiner Kartätschen zwang, zugunsten des Union Jack die blau-weiß-rote Trikolore einzuholen. Im Juli 1940 gab die Londoner Admiralität den Befehl zur Versenkung der französischen Mittelmeer-Flotte im algerischen Mers-el-Kebir. Im Frühjahr 1945, als das »perfide Albion« – der Ausdruck stammt aus dem französischen Sprachschatz – das eben befreite Frankreich nötigte, seine Levante-Armee unter demütigenden Umständen aus Damaskus und Beirut abzuziehen, da hatte de Gaulle an seinen Gönner und Bündnispartner Winston Churchill geschrieben: »Wenn ich die Mittel dazu besäße, ich würde England den Krieg erklären.«

Hat wirklich die britische Flotte Frankreich daran gehindert, die große transozeanische, weltumspannende Vormacht zu werden, zu der es dank seiner ausgedehnten Strände und der nautischen Begabung seiner Küstenbevölkerung berufen schien? Eine neue Schule französischer Historiker und Soziologen spricht von der europäisch-kontinentalen Besessenheit des Lilienreichs, von seiner ausschließlichen Fixierung auf die Ausweitung des *pré carré*. Das viel zitierte Testament Richelieus, das dem Bourbonen-Staat den Rhein von Basel bis zur Mündung als natürliche Grenze vorgab, ist als Fälschung entlarvt worden, und dennoch entsprach diese geographische Vorstellung einer tiefen nationalen Sehnsucht. Wurzelte dieser zähe, unermüdliche »Drang nach Osten« in der halb verschütteten Erinnerung, daß zu Zeiten des tragischen Charlemagne-Enkels Lothar der Anspruch auf die abendländische Kaiserkrone, die höchste fränkische Legitimation, mit dem Besitz dieses »lotharingischen« Zwischenreiches verknüpft worden war? Wie zahlreich waren die germanischen Eindringlinge gewesen, die über den Limes und den Rhein in das moribunde, aber immer noch wirtschaftlich blühende Gallien des ausgehenden Römischen Imperiums eindrangen? Die Franken, denen die »Grande Nation« ihre ersten nebulösen Ursprünge verdankt, sollen nicht mehr als hundertfünfzigtausend gewesen sein, was gering war, gemessen an einer gallo-romanischen Urbevölkerung von fünf Millionen Menschen.

Aber wo verlief denn die ethnische Unterscheidung zwischen Kelten und Germanen? In der »Gallia Belgica« hatten sich die beiden Rassen schon vor der Eroberung durch Julius Caesar aufs engste vermischt. Die Völkerwanderung nach Westen hatte sich ja nicht in Form von spasmischen, gewalttätigen Eruptionen vollzogen, sondern in der Regel als stetige Einsickerung, gefolgt von unmerklicher Assimilation. Es waren germanische Legionäre und Zenturionen, die gegen Ende der römischen Weltherrschaft den harten Kern der imperialen Selbstbehauptung stellten und gelegentlich einen Soldatenkaiser auf den Schild hoben. Später bildete die Verbindung fränkischer Fürstensippen und gallo-römischer Patrizierfamilien die Voraussetzung zum Entstehen jener Merowinger-Gebilde Neustrien und Austrasien, aus denen das karolingische Abendland hervorgehen sollte.

Auf dieser Strecke, der ich in östlicher Richtung durch die kreidige und verlauste Champagne – *crayeuse et pouilleuse* – folgte, fragte ich mich zum wiederholten Mal, warum die germanischen Ursprünge der fränkischen Staatsgründung im nördlichen Gallien zumindest von den Historikern des 19. und des frühen 20. Jahrhunderts so beharrlich verdunkelt, ja verdrängt worden sind. Gewiß gab es da den Grafen Gobineau mit seinen in Persien aufgefangenen Vorstellungen von der genetischen Überlegenheit des »blonden Ariers«. Da war sogar Ernest Renan, der die Niederlage von 1870 insgeheim als Merkmal rassischer Inferiorität deutete, von den erobernden blonden Preußen auf verdächtige, leicht homophile Weise fasziniert war und von einer protestantischen Einheit Nordfrankreichs mit England schwärmte, die sämtliche Territorien südlich der Loire ihrer mediterran-katholischen Rückständigkeit überlassen hätte; eine absurde These angesichts der Tatsache, daß der französische Calvinismus im Midi – von der Provence bis zum Béarn – seine kräftigsten Wurzeln besitzt.

Zwei Strömungen mögen wesentlich dazu beigetragen haben, jenes fränkisch-germanische Stammgut zu überschatten, das sich in den Feudalstrukturen und der Rechtspflege des Mittelalters, im monarchischen Konzept der Kapetinger, vor allem auch im gewalttätigen Bau jener Kathedralen offenbarte, die den Italienern »gotisch«, das heißt barbarisch erschienen. Die anti-welsche Deutschtümelei, die sich östlich des Rheins dem Kulturimperialismus der Bourbonen entgegenstemmte, hat die Franzosen in die Rolle von Wahrern der Latinität verwiesen und sie darin bekräftigt. In dem Maße, wie die *civilisation française* und die französische Sprache als ein Sekundärphänomen abgewertet, das germanische Original-Genie, die Ursprünglichkeit des Teutonischen im Literarischen wie im Politischen herausgestellt wurde – Fichte, aber auch Lessing waren daran hervorragend beteiligt –, empfand sich Paris als tatsächliche Nachfolgerin Roms, lateinischer Rationalität, klassischen Formbewußtseins. Die gallikanische Kirche hat das ihre dazu beigetragen, aber auch die cartesianische Philosophie, die heute noch als Gegenstück zur germanischen Emotionalität bemüht wird.

Eine andere Denkschule hat im 19. Jahrhundert den endgültigen Bruch zur fränkischen Überlieferung bewußt und geradezu verbissen angestrebt. Diese Reaktion kam aus den Provinzen südlich der Loire, wo die Eroberer aus dem Norden, »les Français«, wie man sie im Mittelalter feindselig nannte, seit dem Albigenser-Kreuzzug eine schmerzliche Erinnerung im kollektiven Unterbewußtsein hinterlassen hatten. Die Dritte Republik – wir werden ausführlich darauf zurückkommen – stellte in mancher Hinsicht die Revanche des galloromanischen, antiklerikalen, eher plebejischen Midi über die germanisch-aristokratischen Strukturen des Nordens dar. Wenn vielen Mediterranen der südlichen »langue d'oc« schon die Landsleute der nördlichen »langue d'oïl« suspekt waren, mit welcher Abneigung blickten sie da erst auf jene rauhen alemannischen Stämme, die jenseits des Rheins kampierten.

Dennoch war es einem urtypischen Sohn des Mittelmeers vorbehalten, die Trümmer des karolingischen Imperiums wieder zusammenzuschweißen, und sei es nur für die Dauer eines Dezenniums. Im eigentlichen Frankreich war Napoleon Bonaparte nie ein beliebter, er war allenfalls ein bewunderter Herrscher. Der wahre Bonapartismus, aus dem später der Napoleon-Kult erwuchs, entfaltete sich vor allem in jenen nördlichen und östlichen Grenzregionen – in Wallonien, im Rheinland, in Lothringen, im Elsaß –, wo der karolingische Gedanke nie ganz erloschen war.

Der Korse, der französisch mit einem stark italienischen Akzent sprach, obwohl er die Schriftsprache mit vorbildlicher Präzision meisterte, war ein gallischer Nationalist ganz besonderer Art. »Unmöglich ist nicht französisch«, hatte er proklamiert, was als Ausfluß chauvinistischen Denkens gewertet werden mag. Aber seine Vorstellung von der »Nation« bewegte sich an den Antipoden jener völkisch-schicksalhaften Zwangszugehörigkeit, die dem deutschen Nationalbegriff von Anfang an anhaftete und schließlich zu den schrecklichen

Exzessen des Hitlerschen Rassenwahns führen sollte. In der Praxis war Napoleon noch weit entfernt vom voluntaristischen Konzept des »plébiscite de tous les jours«, der täglichen Volksabstimmung, wie eine moderne französische Staatsdoktrin formuliert. Aber er pflegte eine Art »ökumenischen Nationalismus«, war doch der *civilisation française* – einzigartig auf der Welt – keine geographische oder ethnische Grenze gesetzt.

Angeblich wurde in der »Grande Armée«, die im Sommer 1812 auf Moskau zumarschierte, mehr deutsch als französisch gesprochen. Als sich in einer früheren, glücklicheren Phase seiner Feldzüge ein paar Hofschranzen beim Kaiser beschwerten, die Elsässer, die bei ihm in großer Zahl Dienst taten, würden sich stets auf Deutsch unterhalten, statt der Sprache der *révolution universelle* zu huldigen, antwortete Napoleon zurechtweisend: »Mögen sie doch deutsch sprechen, Hauptsache, sie führen den Säbel auf französisch – pourvu qu'ils sabrent français.«

Chruschtschow in Verdun

Am Ende der *voie sacrée*, jenseits der Maas, deckte dichtes Gehölz die Krater des Schlachtfeldes von Verdun gnadenvoll zu. Gegen den Horizont zeichnete sich der Turm des Beinhauses in Form einer überdimensionalen Granate vom gelblichen Nachmittagshimmel ab. Von Reims war ich gestartet, dem neuen Sanktuarium deutsch-französischer Hoffnung. In Verdun war ich angelangt, am Kalvarienberg deutsch-französischer Verirrung.

Anfang September war auch François Mitterrand zu den endlosen Gräberfeldern von Verdun gepilgert. Er zollte dem letzten großen Abwehrsieg Frankreichs seinen Tribut. Es waren zwar keine deutschen Gäste zugegen, aber jedem französischen Teilnehmer dieser Gedenkstunde wurde eine Plakette angeheftet, auf der sich ein deutscher und ein französischer Soldat in der Uniform von 1916 umarmen. Dieser nationalen Feier war unter grauen Wolken und Regenschauern das Treffen am Fort Douaumont mit Bundeskanzler Kohl vorangegangen: jene ergreifende und etwas linkische Geste der Verbrüderung im Herbst 1984, als die beiden Staatsmänner vor der Narbenlandschaft der Stahlgewitter Hand in Hand verharrten.

Hatte sich schon 1960 an dieser Stelle eine dem Außenstehenden schwer begreifliche deutsch-französische Intimität gezeigt? Hatte sogar Nikita Chruschtschow sie zu spüren bekommen? Der Kreml-Gewaltige hatte seine Frankreich-Tournee mit wohlwollender und polternder Überheblichkeit hinter sich gebracht. Er gab dem französischen Gastgeber sehr deutlich zu verstehen, daß der ernst zu nehmende Partner der Sowjetunion Amerika hieße. Er ließ durchblicken, daß Rußland vom Lebensstandard und der industriellen Produktionskapazität der Vereinigten Staaten fasziniert sei, daß Frankreich ihm hingegen reichlich verstaubt, altmodisch, verspielt und kleinbürgerlich vorkomme.

De Gaulle war in seinen Augen eine unzeitgemäße Don-Quichotte-Gestalt, dessen Freundschaft mit dem beargwöhnten Bundeskanzler Adenauer nicht unbedenklich war, drohte doch dadurch eine Achse Bonn–Paris zustande zu kommen, die das Zusammenspiel und die uneingestandene Komplizenschaft der beiden Supermächte in Frage stellen könnte.

Über die französische Fähigkeit, eine eigene Atomstreitmacht aufzustellen, äußerte sich Chruschtschow noch abfälliger als die Amerikaner. Nach der Überzeugung des sowjetischen Ministerpräsidenten und Ersten Sekretärs des ZK der KPdSU würden die Deutschen die Führung in Europa über kurz oder lang an sich reißen, es sei denn, die amerikanisch-sowjetische Direktverständigung hinderte sie daran. Die Franzosen waren in seinen Augen die ahnungslosen Komplizen bei der Wiedergeburt deutscher Machtentfaltung.

Chruschtschows Appell an die französischen Revanchegefühle war ohne Echo verhallt. Auch sein Besuch in Verdun hatte die Rachegeister nicht wecken können. An jenem tristen Aprilmorgen 1960, als die kalten Nebel wie giftige Gasschwaden des Ersten Weltkriegs über die Höhe von Douaumont schlichen, hatte der kurzbeinige rote Zar auf die vorbereitete antideutsche Brandrede vor dem Beinhaus des größten Schlachtfeldes verzichtet. Die endlose Parade der Kreuze im Nebel, das gemeinsam, wenn auch gegeneinander vergossene Blut von Franzosen und Deutschen duldete keine Einmischung von jenseits der Grenzen des Abendlandes. So schien es wenigstens an diesem fröstelnden Frühlingstag, als die Verheißungen der deutsch-französischen Versöhnung noch jung waren.

An dieser Stelle will ich auf den 1. Juni 1966 zurückblenden, auf die nachträgliche Apotheose der Vernichtungsschlacht, auf jene Verklärung dieser schrecklichen historischen Fehlleistung, wie allein de Gaulle sie zu zelebrieren verstand. Es war der fünfzigste Jahrestag von Verdun.

»Gipfel des Ruhms«

Als mythische Verherrlichung nationaler Größe war die Fünfzig-Jahr-Feier der Schlacht von Verdun gedacht; sie wurde zur Heerschau menschlicher Gebrechlichkeit. Die Zeitungen hatten fünfhunderttausend Pilger zu dieser Stätte nationaler Bewährung angekündigt. Doch in der Nacht der Erinnerung waren nicht mehr als fünfundzwanzigtausend Veteranen vor dem endlosen Schachbrett der Kreuze am Beinhaus von Douaumont versammelt.

Sie waren fast alle über siebzig Jahre alt, die Greise, die auf der *voie sacrée* der Erinnerung nach Verdun gekommen waren. Sie waren den Stahlgewittern des Krieges, in denen die Blüte ihrer Generation gefallen war, entkommen. Aber jetzt standen auch sie unwiderruflich am Rande des Grabes. Das halbe Jahrhundert, das ihnen das Los der Schlacht zusätzlich zu leben gewährt hatte, erschien ihnen rückblickend als eine knappe Gnadenfrist.

Der Abend über Douaumont war klar und kalt. Wie der weiße Arm eines Skeletts tastete der Scheinwerfer vom Turm des Beinhauses die Friedhöfe ab. Die alten Männer fröstelten auf den eisernen Stühlen, die man ihnen zugewiesen hatte. Eben hatten sie noch gelärmt, während sie ihre Quartiere in den Kasernen von Verdun bezogen, wo die Rekruten von heute jedes Bett mit einem Strauß Feldblumen geschmückt hatten. Dann waren sie im Autobus auf die tragische Höhe von Fleury und Douaumont gefahren. Sie faßten noch einmal aus der Feldküche einen Schlag Essen und tranken den *gros rouge*, den Rotwein, der zur unentbehrlichen Tagesration des *poilu* von 1914 gehört hatte. Sie waren sich einen Moment lang wie Mordskerle vorgekommen, daß sie dem Tod so lange ein Schnippchen geschlagen hatten. Ein paar von ihnen hatten unter dem gerührten Blick der Kriegerwitwen das Lied vom fröhlichen Mädchen Madelon angestimmt.

Jetzt saßen die Veteranen vor der sinkenden Sonne, die die zerstörten Kasematten des Fort de Vaux noch einmal wie mit roter Feuersbrunst erhellte. Die Kälte der einbrechenden Nacht kroch ihnen allmählich in die müden, gichtigen Knochen wie ein kühler Vorbote des Todes. Die meisten trugen die Baskenmütze verwegen auf dem gelichteten grauen Haar. Ihre Orden hingen in vierfacher Reihe an den von der Reise zerknitterten Jacken. Viele stützten sich auf Stöcke. Der eine oder andere trug einen verbeulten Helm oder den roten Fes der Zuaven. Fast jeder hatte seinen alten Brotbeutel über die Jahre gerettet, von besorgten Anverwandten vor der Abreise mit Proviant gefüllt. Das Alter hatte die sozialen Schichten verwischt. Vorherrschend waren die gedrungenen, bäuerlichen Typen mit rauhem Akzent, weingeröteten Gesichtern und knorrigen Gliedern.

Die Alten musterten all jene, die nicht zu den Jahrgängen der Schlacht von Verdun gehörten, wie Eindringlinge und blickten mit einer gewissen feindseligen Herablassung auf die Jüngeren. Sie hatten damals standgehalten, hatten das Wort Pétains »On ne passe pas« wahrgemacht, waren ohne Aufmucken zur Schlachtbank am Toten Mann hinaufgezogen.

Ihre Nachfolger von 1940 hingegen hatten ihr Erbe verwirtschaftet, und der neuesten Generation mit den langen Haaren und der wüsten Musik trauten sie auch nicht viel zu. *Les anciens* waren die letzten Zeugen dafür, daß Frankreich eine große kriegerische Nation war, ehe dieses glänzende Geschichtsbild durch die Niederlage von 1940 getrübt wurde.

Dumpfe Trommelwirbel leiteten die Feier ein. Der Mond schien auf die Parade der Kreuze. Zwischen den Gräbern waren die Traditionsfahnen wie ein flatternder Wald angetreten, den die Scheinwerfer blau-weiß-rot umspielten. Vier alte Männer bewegten sich mühsam – zwei davon über Krückstöcke gebeugt – auf einen Katafalk zu, um dort die Flamme zu entzünden. Die *clairons* bliesen zur Totenehrung. Am Eingang des Mausoleums, vor dem runden Tor, das zu den Gebeinen von dreihunderttausend französischen und deutschen Soldaten führt und über dem in goldenen Lettern »Pax« steht, salutierte General de Gaulle, eine riesige graue Gestalt zwischen den vom Alter geknickten Veteranen.

Aus den Lautsprechern dröhnten Musik und die Stimmen von Schauspielern, die den Ablauf der Schlacht schilderten und Auszüge aus Werken von Henry de Montherlant und Jules Romains über diese größte kriegerische Begegnung der Geschichte verlasen. Bengalische

Feuer loderten wie riesige Brände über den heiß umstrittenen Höhen. Unerträgliches gallisches Pathos mischte sich mit ehrwürdigem Geschichtsbewußtsein und milder Rührung. Vertreter der fünf Religionen und Konfessionen lösten sich an der Flamme ab, rezitierten über die Lautsprecher ihre Gebete und endeten alle versöhnlich mit dem semitischen Wort »Amen – so sei es«. Die kleinen Sänger der »Croix de Bois« sangen im Playback.

»Zuviel Theater«, murmelte ein junger Saint-Cyrien neben mir. Aber dann verstummte er.

Zwischen den Gräbern waren Tausende von Fackeln aufgeflammt. Ergriffenheit hatte sich aller Anwesenden bemächtigt. Die Veteranen blickten mit leeren, tränenden Augen auf das Schauspiel und sahen über die Lichter hinweg, deren Qualm die Traditionsfahnen wie Pulverdampf einhüllte, zu jenen Höhen hinauf, wo sechshunderttausend Menschen ihr Leben gelassen hatten und wo die Vegetation bis auf den heutigen Tag durch den Einschlag von fünfzig Millionen Granaten verkrüppelt bleibt. Die Greise klammerten sich an die Schäfte ihrer Fahnen; sie trugen sie längst nicht mehr, sie stützten sich auf sie. Immer mehr brachen unter dieser blau-weiß-roten Last zusammen. Sie hörten wohl gar nicht mehr die Chöre, die sich auf der Bühne des Ehrenmals produzierten. Die Feier löste sich auf.

Der eine oder andere rüstige Veteran schulterte eine zusammengerollte Fahne und entfernte sich humpelnd in Richtung auf die Kreuze, als folge er dem Ruf der Gespenster am Toten Mann. Er wollte frierend und müde allein sein mit jenen, die ihm vorangegangen waren vor fünfzig Jahren und denen er bald nachfolgen würde. Morgen würde er wieder im Kreise seiner Familie sein, die ihn mit seiner klirrenden Ordensreihe wohlwollend belächelte – der Opa hatte seinen Ausflug gehabt. Die Jungen würden fragen: »Pépère, wie war es in Verdun?« Die Tochter würde seine Erkältung und sein Rheuma kurieren müssen und über die Torheit des alten Mannes den Kopf schütteln. Vielleicht beneideten die Überlebenden diejenigen, die vor einem halben Jahrhundert in der Fülle ihrer Kraft gegangen waren und deren jugendliches Bild durch den frühen Tod vor den Gebrechen des Alters bewahrt blieb.

Am Morgen des Pfingstsonntags zelebrierte der Erzbischof von Auch, ein ehemaliger Frontkämpfer von Verdun, am Eingang des Beinhauses das Seelenamt. Der Altar war mit einem Seidentuch bespannt, auf dem das *croix de guerre*, der französische Tapferkeitsorden, abgebildet war. Kardinal Feltin, Erzbischof von Paris, ebenfalls ein Veteran von Douaumont, erinnerte mit tränenerstickter Stimme an das Opfer der Hunderttausende. Wieder einmal waren katholische Kirche und französische Nation zu einer mystischen Einheit zusammengewachsen, so wie es der Dichter Charles Péguy gesehen hatte, der 1914 an der Marne fiel. Feltin erinnerte an das entscheidende Verdienst des Generals Philippe Pétain und gab damit das Stichwort für Charles de Gaulle.

Charles de Gaulle war nicht nur nach Verdun gekommen, um die *gloire* von 1916 zu zelebrieren. Der General wollte auch versuchen, die Schmach des Jahres 1940 zu löschen. Ein Name war symbolisch für den erfolgreichen Widerstand Frankreichs im Ersten und die glanzlose französische Niederlage im Zweiten Weltkrieg: der Name des Marschalls Philippe Pétain. De Gaulle und Pétain verkörperten gemeinsam die Tragödie der jüngsten französischen Geschichte. Unter dem Befehl Pétains hatte der Hauptmann de Gaulle auf den Höhen von Verdun gekämpft, ehe er – zum dritten Mal verwundet – in deutsche Gefangenschaft geriet. Nach dem Kriege hatte der Marschall bekanntlich die Karriere des jungen und begabten Stabsoffiziers de Gaulle gefördert, bis sie sich zerstritten.

Der Zank mit Pétain artete in schicksalhafte Gegnerschaft aus, als der Marschall nach der Besetzung Nordfrankreichs durch die Deutschen in Vichy den »Etat Français« errichtete und die Kollaboration guthieß, während der unbekannte Brigadegeneral de Gaulle von London aus zum Widerstand aufrief. Beide Männer waren gezwungen, sich gegenseitig im Namen des Vaterlandes zum Tode zu verurteilen. Erst unlängst erfuhr man, daß de Gaulle nach seiner Regierungsübernahme in Paris im Sommer 1944 dem Marschall raten ließ, seinen Lebensabend im Schweizer Exil zu beschließen, statt sich der rachsüchtigen französischen Justiz von 1945 zu stellen. Während der Gerichtsverhandlung gegen den »Chef de l'Etat Français« hatte de Gaulle den Geschworenen durch einen Mittelsmann nahegelegt, den Marschall nur zu fünf Jahren Verbannung zu verurteilen. Falls de Gaulle damals an der Macht geblieben wäre, hätte er auf keinen Fall den alten verdienstvollen Mann in der modrigen Festung auf der Ile d'Yeu als Häftling sterben lassen.

Pétain und de Gaulle verkörperten zwei scheinbar unversöhnliche Gesichter der französischen Geschichte. Aber de Gaulle wäre der monarchischen Tradition Frankreichs untreu geworden, hätte er nicht versucht, auch über die Spaltungen der jüngsten Vergangenheit den Mantel der nationalen Union zu breiten. Mit Rücksicht auf seine eigene Überzeugung und auf einen Teil des französischen Volkes, der sich heute noch mit der Résistance identifiziert, konnte er die von vielen Veteranen geforderte Überführung der Leiche des Marschalls nach Douaumont nicht gutheißen. Doch in seiner Rede am Totenmal, die wie ein meisterhafter Vortrag in der Kriegsschule begann, zollte de Gaulle dem siegreichen Feldherrn von Verdun höchstes nationales Lob.

Mochte zur gleichen Stunde auf der Insel Yeu, wo Pétain seine vorläufige Ruhestätte gefunden hat, ein Trüpplein von Unentwegten das alte Lied seiner Anhänger der Vichy-Zeit – »Maréchal, nous voilà« – in den Wind des Atlantiks singen; hier in Douaumont versöhnte de Gaulle mit der breiten V-Geste seiner ausgestreckten Arme das revoltierende Freie Frankreich von 1940 mit den Pétain-treuen Frontkämpfern von 1916. Hier wurde die Legende der nationalen Einheit Frankreichs neu geschmiedet, auch wenn die exakte Historie dabei ein wenig zu kurz kam.

Von diesem Tag der Pfingstfeier in Verdun an würde der greise Marschall in die Überlieferung eingehen als der Schild Frankreichs, als der greise Mann, der in den schlimmen Jahren 1940 bis 1944 seinen Ruhm dem Überleben der Nation opferte und im demütigenden Gespräch mit Hitler auf dem Bahnhof von Montoire verhinderte, daß Frankreich von einem Gauleiter des »Führers«, von einem Quisling oder gar als Generalgouvernement verwaltet wurde. Ergänzten sich nicht diese beiden Gestalten, Pétain als Schild und de Gaulle als Schwert der Nation, de Gaulle, der, außerhalb des Mutterlandes kämpfend, dafür gesorgt hatte, daß Frankreich 1945 wieder auf der Liste der Sieger stand? Pétain und de Gaulle, sie bildeten von nun an ein feierliches Diptychon auf dem Altar des Vaterlandes.

Die Veteranen hatten die Huldigung an den Marschall Pétain mit Beifall aufgenommen. De Gaulle leitete den letzten Teil seiner Ansprache ein. Er wandte sich an die Deutschen: Nicht an die paar deutschen Touristen in Verdun, die in hellen Hosen und Dirndlkleidern über den Rhein gereist waren, und auch nicht an jenen isolierten deutschen Frontsoldaten von Douaumont, der ganz allein – aus Ludwigsburg kommend – bis in die späte Nacht durch die leeren Straßen von Verdun auf der Suche nach einem Quartier geirrt war, bis ihn ein französischer Feldwebel brüderlich am Arm genommen und ihn in seiner Kaserne in eine Stube voll junger Rekruten geführt hatte, wo man den alten Mann bei Rotwein und Bier von seinen Fronterlebnissen des Jahres 1916 erzählen ließ. De Gaulle sprach nicht zu jenen Deutschen, die die direkte Allianz mit dem ehemaligen Erbfeind zugunsten einer schimmernden Trabantenstellung als Vorzugsverbündete der Amerikaner verwarfen und die Frankreich für seinen Austritt aus der Nato bestrafen wollten. Er hoffte wohl gar nicht, viel Echo zu wecken bei den emsigen Feiertagsbürgern der Bundesrepublik, die zu dieser Stunde über die Autobahnen rollten und die pfingstlich grünen Auen aufsuchten.

Dieser Appell de Gaulles an die Deutschen klang nicht so kraftvoll wie seine Rede zwei Jahre zuvor in Straßburg. Der Aufruf war nicht frei von Resignation, als könnten ihn nur jene Deutschen hören, die in der französischen Erde von Douaumont ihre letzte Ruhestätte gefunden hatten und die über die Schlacht von Verdun hinaus Kunde gaben von der grandiosen Sinnlosigkeit einer verjährten deutsch-französischen »Erbfeindschaft«.

Die Deutschen waren zur Fünfzig-Jahr-Feier von Douaumont ebensowenig eingeladen worden wie die Amerikaner. Die Bundesregierung hatte um eine Beteiligung deutscher Frontkämpfer an dieser Gedenkstunde ersucht. In Paris hatte man ausweichend auf eine eventuelle spätere Feier an der Somme verwiesen. In Verdun wollte Charles de Gaulle offenbar Frankreichs späten *jour de gloire* in nationaler Intimität begehen, als sei er sich bewußt, daß er einen Schlußstrich unter die kriegerische Geschichte seines Landes setzte. Er wollte in nationaler Einsamkeit diese letzte Seite patriotischer Größe umblättern.

»Franzosen und Deutsche«, rief de Gaulle über die Friedhöfe, »haben hier den Gipfel ihres Ruhms erreicht, aber sie mußten erkennen, daß die Frucht dieser gewaltigen Anstrengungen am Ende nur Leiden war.« Er forderte die Deutschen auf, jenen Vertrag des Jahres 1963 nicht verdorren zu lassen, der die Zusammenarbeit Frankreichs mit Deutschland als »unmittelbarem und privilegiertem« Partner bekräftigen sollte. »Unmittelbar und privilegiert«, so hieß das Angebot damals, als die Bahn noch in Richtung auf eine deutsch-französische Nation der Zukunft offenzustehen schien. An dieser historischen Stätte von Verdun, erinnerte de Gaulle, habe sich vor tausendeinhundertdreiundzwanzig Jahren das Reich Karls des Großen gespalten, die getrennte Geschichte Deutschlands und Frankreichs ihren Ausgang genommen. Die karolingischen Erben, die das große Vermächtnis verspielten, hießen auf westlicher Seite Karl der Kahle und im östlichen Reichsteil Ludwig der Deutsche. Wie anders hätte dieser Erinnerungstag von Verdun gestaltet werden können, wenn die deutsch-französische Versöhnung in den letzten drei Jahren ausgereift wäre, wenn Charles de Gaulle und Ludwig Erhard diesem Festakt der Toten gemeinsam eine zukunftweisende Bedeutung verliehen hätten. Aber das waren wohl Träume in Douaumont.

Die Feier war zu Ende. Die Lautsprecher hallten über die Schlachtfelder: »Eine Traditionsfahne ist im Gedränge verlorengegangen. Sie kann am Eingang des Beinhauses abgeholt werden.«

»Schlecht gelaunte Italiener«

Tourrettes-sur-Loup, 2. Januar 1987

Der Winter ist mir die liebste Jahreszeit in diesem Département der Seealpen. Nicht wegen der »Promenade des Anglais«, wo um die Jahrhundertwende die reichen Engländer das milde Klima des Mittelmeers und eine für sie exotische Lebensform suchten. Es ist das rauhe, gebirgige Hinterland, das mich anzieht und fesselt. Gewiß, die sonnigen Tage fehlen hier nicht, aber oft genug ziehen dichte Nebel auf, brauen sich zu grauen Wattepolstern zusammen, lasten auf den kahlen Höhen, die zu den kargen Plateaus der Haute-Provence überleiten. Selbst der Baou, der festungsähnliche Sockel, der Saint-Jeannet überragt, verschwindet dann im Dunst, ganz zu schweigen von jenen nackten Felskuppen des Col de Vence, wo sich nur der Ginster zwischen den Steinen duckt.

Irgendwie fühle ich mich in dieser abweisenden Landschaft an den Libanon erinnert, an die christlichen Bergdörfer des Metn und Kesruan, an Bikfaya oder Baskinta, wo der mediterrane Winter ähnlich abweisend und feuchtkalt ist. Die Einheit des Mittelmeers wird an diesen düsteren Tagen, so scheint mir, deutlicher als in den strahlenden Sonnenstunden, wenn in der fernen Weite des blau strahlenden Meeres die weißen Segel der Sportboote leuchten. Die Dörfer hier – Tourrettes-sur-Loup, Gourdon oder auch Eze – sind sämtlich auf steilen Felsvorsprüngen angelegt. Die bescheidenen Kirchen gehen oft auf das 13. oder 14. Jahrhundert zurück. In der Mitte behauptet sich meist ein quadratisches Kastell. Wurden diese Burgen gegen die Einfälle der Sarazenen, der nordafrikanischen Seeräuber gebaut, oder hatten die Berber und Araber sich an dieser Küste im Mittelalter so festgekrallt, daß sie erst mühselig durch die christliche Ritterschaft vom Nordgestade des alten »Mare Nostrum« verdrängt werden mußten? Im Küstengebirge »Les Maures« hatten sie sich, wie der Name besagt, jedenfalls hartnäckig behauptet.

Wer die Städte, die Dörfer der Côte d'Azur und ihres Hinterlandes besucht, mag die Vergeblichkeit dieser christlichen Abwehr ermessen. Heute sind ja die Maghrebiner stärker vertreten als zur Epoche maurischer Seeherrschaft. In der Altstadt von Vence – die übrigens mit Lahnstein eine aktive Partnerschaft eingegangen ist – sind die engsten, lichtlosen Gassen von algerischen Familien okkupiert worden. Die kehligen Laute des Maghreb sind hier zu hören, und die Kinder – kraushaarig, von breithüftigen Müttern mit Kopftuch begleitet – sind weit zahlreicher als in den feineren Vierteln der Europäer. Auf den ersten Blick haben sich diese Exoten aus Nordafrika ziemlich reibungslos eingeordnet. Als Hilfsarbeiter sind sie geschätzt. Da sie zunehmend zur koranischen Religionsbefolgung zurückfinden, meiden sie den Alkohol. Es kommt selten zu Zwischenfällen. Wie in Algier und Anaba sitzen die Älteren plaudernd oder besinnlich auf den Parkbänken.

Daß sich hier soziologische Unvereinbarkeit anstaut, daß der Rassenkonflikt auch in den scheinbar sorglosen Ortschaften schwelt, wird dem Eingeweihten erst allmählich bewußt. Mir persönlich sind sie lieb, diese Einwanderer aus der nahen Welt des Islam. Meinem Landhaus habe ich durch ein paar arabische und persische Möbel oder Dekorationsstücke einen Hauch Orient verleihen können. In die Außenmauer zwischen den Efeu habe ich ein verwittertes Reliefstück aus Baalbek eingefügt. Es stellt zwei Jünglinge dar. Vielleicht handelt es sich um einen Grabstein. Jedenfalls spannt dieses Fragment einen Bogen zu jener gigantischen hellenistischen Tempelruine, die das antike Rom in der libanesischen Hochebene der Bekaa hinterließ. Islamische Eiferer haben dem einen Jüngling das Antlitz zerkratzt. Heute ist das Städtchen Baalbek eine Hochburg bärtiger schiitischer Fanatiker geworden.

Die Vielfalt Frankreichs wird an diesem Grenzdépartement besonders deutlich, das erst im Jahr 1860 von Napoleon III. dem Königreich Piemont und Sardinien entrissen wurde als Gegenleistung für seine militärische Hilfe bei der nationalen Einigung der Apenninenhalbinsel durch das Könighaus Savoyen. Noch heute, so empfinden es die Zuwanderer aus dem Norden, ist diese Gegend zutiefst italienisch geprägt, bildet das Flüßchen Var eine deutliche Markierung zwischen der eigentlichen Provence und diesem Stück Riviera, dessen Einverleibung dem fränkischen Westreich endlich erlaubte, die natürliche Grenze der Alpen zu erreichen.

Bezeichnend für diese Sonderstellung ist die beharrliche Weigerung des Départements Alpes-Maritimes, an der Regionalversammlung »Provence – Côte d'Azur« teilzunehmen, die an dieser südlichsten Küste Frankreichs die Distanzierung vom lähmenden Pariser Zentralismus vorantreiben soll. Noch heute ist die ockerfarbene Altstadt von Nizza ein Stück norditalienischer Baukultur. Politische Konsequenzen ergeben sich aus dieser natürlichen Zuordnung zum benachbarten Piemont und Ligurien hingegen nicht. Zur Zeit Mussolinis haben die Schwarzhemden bei ihren Kundgebungen auf der Piazza Venezia die Einverleibung Nizzas und Korsikas in den faschistischen Staat zwar in mächtigen Sprechchören gefordert. Ein nennenswertes Echo haben sie damit an der französischen Riviera nicht gefunden. Im Sommer 1940 blieb die italienische Offensive im Grenzort Mentone stecken.

Der Dialekt der Landbevölkerung klingt im Umkreis von Tourrettes noch piemontesisch. Aber die Ureinwohner sind längst in die Minderheit gedrängt. Zur Zeit der Abtretung an das bonapartistische Zweite Kaiserreich zählte Nizza ganze dreißigtausend Einwohner; heute ist es von achthunderttausend Menschen bevölkert. Nicht nur aus allen Provinzen Frankreichs sind zahllose Rentner und auch Geschäftemacher in diese vom Klima begünstigte Zone geströmt, wo der Tourismus allmählich zur alles beherrschenden Industrie angewachsen ist. Die Heimkehrer und Vertriebenen des ehemaligen französischen Kolonialreichs – die *pieds noirs*, die Algier-Franzosen – ließen sich hier nieder, die Korsen, die Vietnamesen, viele Zuzügler aus Schwarzafrika. Mit der jüngsten Einwanderungswelle kamen die Portugiesen. Im Dorf Tourrettes, das nicht viel mehr als zweitausend Einwohner zählt, gibt es gewiß die alteingesessenen Familien, deren Großväter zwischen den kargen Terrassenkulturen sich mit dem kümmerlichen Ertrag ihrer Olivenernte und dem Verkauf von Ziegenkäse durchschlagen mußten. Heute sind sie jedoch durch die hemmungslose Grundstücksspekulation zu Wohlstand, ja zu diskretem Reichtum gelangt. Neben diesen Bodenständigen, die allen Fremdarbeitern und Immigranten mit Mißtrauen und heimlicher Verachtung begegnen, haben die Clans der Portugiesen ihre Sippenfäden gesponnen. Sie haben sich unentbehrlich gemacht als Handwerker oder Gärtner. Ohne sie kommt keiner der Villen- oder Landhausbesitzer mehr aus, die aus dem kühlen Norden Frankreichs, aus den feuchten Niederlanden und aus Deutschland zugewandert sind. Eine Mischbevölkerung ist hier entstanden, entfaltet sich in immer neuer Vielfalt, hat zur Aktivierung, ja Industrialisierung dieser Randzone dynamisch beigetragen.

Im Kulturellen ist sie jedoch – trotz »Fondation Maeght« und »Musée Fernand Léger« – einer schrecklichen Verflachung erlegen. Die scheußlichen Betonkästen der zeitgenössischen Massentouristik haben die Küste verunstaltet, ja verwüstet. Sie erklettern sogar die Hänge, haben die Zugänge des mittelalterlichen Städtchens Vence verschandelt, auch wenn die riesigen Werbeplakate, die die Landschaft zusätzlich heimsuchen, von sonniger Lebensqualität und naturbezogener Idylle schwärmen. Selbst aus meiner Höhe von Tourrettes blicke ich auf die schmucklosen Streichholzschachteln der »Résidence du Loup« und die barbarischen Pyramiden-Dreiecke des Luxusprojekts »Marina Baie des Anges«. Neben zahllosen Beispielen oder Überresten mediterraner menschlicher Wärme, liebenswertem südfranzösischen *savoir vivre* macht sich das lärmende, protzige Gehabe der Geschäftemacher, Schmarotzer und Pseudo-Mondänen fast levantinischen Zuschnitts breit. Dadurch entsteht ein rüder Umgangston, eine ärgerliche Aggressivität, die die Bemerkung Jean Cocteaus zu bestätigen scheint, die Franzosen seien schlecht gelaunte Italiener.

Kalifornien am Mittelmeer?

Ein Stück Kalifornien sei hier im extremen Südost-Winkel des französischen »Hexagons« entstanden, liest man immer wieder. Die Lokalpatrioten verweisen voll Stolz auf die Gründung einer elektronischen Industrie für Mikrochips, eine Art französisches »Silicon Valley« bei Valbonne. Den Ausländern kommen Zweifel an der Effizienz eines solchen Unternehmens angesichts der hoffnungslosen Rückständigkeit der einheimischen Klempner und Elektriker.

Sehr kalifornisch hingegen wirkt der Bürgermeister von Nizza, Jacques Médecin, Parteigänger und Abgeordneter der RPR-Partei Jacques Chiracs, aber beileibe kein Gaullist. Jacques Médecin ist in zweiter Ehe mit einer attraktiven Amerikanerin verheiratet, und seine Wähler werfen ihm vor, er verbringe allzu viele Wochen des Jahres in Los Angeles. Schon der Vater Médecins, nach dem die Hauptgeschäftsstraße Nizzas benannt ist, war hier *maire*, eine Erbfolge, die in Frankreich häufig ist. Um die schillernde, hedonistische Figur Jacques

Médecins ranken sich Gerüchte und Verdächtigungen. Kein geringerer als der englische Schriftsteller Graham Greene hat ihn zur Zielscheibe seiner Entrüstung in diversen Korruptions- und Erpressungsaffären gemacht, ohne jedoch einen schlüssigen Beweis erbringen zu können. Ein französischer Kinofilm hatte einen dem Nizzaer Bürgermeister peinlich ähnlichen Politiker vorgeführt, der mit Hilfe seiner Mafiosi einen recherchierenden Journalisten, durch Jean-Louis Trintignant dargestellt, zur Strecke brachte.

Von sizilianischen Verhältnissen ist viel die Rede in den begüterten, schattigen Alleen jenseits der Promenade des Anglais. Noch heute rätselt man über das Schicksal eines tollkühnen und beim Volk beliebten Gangsters namens Spaggiari – als Fallschirmjäger geübt –, der sich nach einem sensationellen Bankeinbruch durch einen akrobatischen Sprung aus der Verhör-Etage des Polizeipräsidiums dem Zugriff der Gerichte entzog.

Die *chronique scandaleuse* über das Spielcasino »Ruhl« will nicht abreißen. Im März 1980 hatte sich der korsische Generaldirektor dieses Etablissements, Jean-Dominique Fratoni, unter dem Verdacht der Veruntreuung und des Betrugs fluchtartig in die Schweiz abgesetzt. Er wurde in Abwesenheit zu 13 Jahren Gefängnis verurteilt. Die Wiedereröffnung des »Casino Ruhl« unter Beteiligung der »Société Niçoise des Bains de Mer« und des Fürstentums von Monaco war im Dezember 1986 durch Innenminister Charles Pasqua genehmigt und mit schillerndem Luxus begangen worden. Der frühere Fratoni-Freund Médecin zeigte sich Seite an Seite mit Fürst Rainier und Prinzessin Caroline. Diese Lizenz hat neuen Gerüchten und Spekulationen Nahrung gegeben, zumal sich eine Reihe von Attentaten gegen die neuen Nutznießer richtete, darunter einen Intimus des Bürgermeisters, dem man nun unterstellte, er sei Pressionen der Nizzaer Unterwelt ausgeliefert. Niemand sprach mehr von Agnès Le Roux, einer reichen Erbin, die sich mit Fratoni überworfen hatte und seitdem von der Bildfläche verschwunden, vermutlich ermordet worden war.

Bedenkliche Begleiterscheinung dieser obskuren politischen Geschäfte und rüdester Immobilien-Spekulation: die Stimmen der rechts-extremistischen »Nationalen Front« haben bei den Wahlen des März '86 die 25-Prozent-Marke überschritten. Wie sich denn die Regierung in Paris zu der Entwicklung in den Alpes-Maritimes stelle, hatte ich einen Stadt-Ädilen Nizzas gefragt. Paris sei gar nicht mehr weit entfernt, war die Antwort; viele Geschäftsleute würden morgens an die Seine fliegen und abends nach Abwicklung ihrer Anliegen zurückkommen; aber man fühle sich von Paris vergessen und fast in die Ecke gestellt.

Immerhin ist den Parteigängern des Ultranationalisten Le Pen ein gewichtiges Argument zur Anheizung des Fremdenhasses entzogen worden. Die Allmacht der Petrodollars und die unerträgliche Arroganz der arabischen Ölscheichs sind geschrumpft. In Nizza und in Cannes sind die Emire, Prinzen und Petroleum-Magnaten der arabischen Halbinsel diskreter geworden. Das war vor wenigen Jahren noch anders, als die Tochter des saudischen Multimilliardärs Adnan Kaschoggi, weil sie angeblich unvorteilhaft in einer Gesellschafts-Chronik abgebildet worden war, bei dem Chefredakteur der größten Regionalzeitung *Nice Matin* ultimativ vorstellig wurde und die Absicht äußerte, dieses florierende und recht angesehene Blatt kurzerhand aufzukaufen.

Adnan Kaschoggi selbst steht bei den Mitarbeitern von *Nice Matin* nicht im besten Ruf. Nachdem der Saudi beim Tode seines Vaters verlangt hatte, daß die gesamte erste Seite der Zeitung diesem Trauerfall mit dickem schwarzen Rand gewidmet werde, kam man schließlich – gegen angemessene Zahlung – überein, dem Ableben dieses arabischen Protzen wenigstens die zweite Seite einzuräumen. Äußerste Konfusion entstand, als der tote Vater Kaschoggi auf dem einzigen vorhandenen Archivbild in arabischer Tracht, in Keffieh und wallender Dischdascha, dargestellt war, der Sohn Adnan jedoch auf einem Porträt in europäischer Kleidung bestand. Schließlich brachte ein privater Jumbo-Jet Kaschoggis – einzig zu diesem Zweck nach USA entsandt – das gewünschte Bild in Rekordzeit nach Nizza. Ein Kurier von *Nice Matin* nahm das kostbare Dokument am Flugplatz in Empfang, und das Gelächter war groß in der Redaktion, als ihr statt der erwarteten Luxusablichtung ein winziges Photomaton-Produkt überreicht wurde. Immerhin zierte es in angemessener Vergrößerung und *blow up* die zweite Seite von *Nice Matin* inmitten eines lobhudelnden Nekrologs.

Die Côte d'Azur ist längst zum kosmopolitischen Schmelztiegel geworden. Die belgischen Residenten, die an dieser Küste die Sonne suchen, die ihnen Ostende und Zeebrugge verweigern, sind im Département Alpes-Maritimes zu mehr als dreißigtausend vertreten. Die Holländer überschwemmen die Riviera mit ihren Campingwagen. Die Deutschen kommen in massiven Kontingenten; die wohlhabenden unter ihnen bilden in den Luxusvierteln eine finanzielle Oberschicht und vermitteln den eingeborenen Südländern immer noch die Vorstellung eines intakten Wirtschaftswunders jenseits des Rheins.

Die Germanen haben sich oft landsmannschaftlich zusammengefunden. In der Umgebung von Théoule und La Napoule hat sich eine Art Bonner Klüngel niedergelassen und genießt den gelegentlichen Besuch hochgestellter Politiker oder Ministerialbeamter aus der Heimat. Sammelpunkt dieser rheinischen Frohnaturen und ihrer transrhenanischen Landsleute ist die »Association franco-monégasque«, die ein paarmal im Jahr nach Monte Carlo einlädt. Die Operettenwelt des Prinzen Rainier scheint intakt. Der Schatten Grace Kellys wird weiter beschworen. Die realen oder erfundenen Eskapaden der Prinzessinnen haben die Leser der Regenbogenpresse Europas immer noch nicht ermüdet. Ein Besuch der Prinzessin Caroline bei den feierlich gewandeten Vertretern des deutschen Establishments an der Côte d'Azur – man merkt der Armen die Langeweile ihrer fürstlichen Pflicht allzu deutlich an – bildet den Höhepunkt mondäner Selbstbestätigung im Zinnsoldatenreich der Familie Grimaldi.

Fürst Rainier war seinerzeit unter de Gaulle heftig gebeutelt worden. Der General hatte nicht viel übrig für die Steuerprivilegien und die gelegentlichen Souveränitätsansprüche dieses anachronistischen Zwergstaats. Inzwischen haben sich die Beziehungen zwischen Paris und Monte Carlo entspannt. Die »Société des Bains de Mer« mitsamt dem Casino wirft wieder fette Dividenden ab. Die geschäftliche Verbindung zu dem inzwischen verstorbenen griechischen Reeder Onassis trägt ihre Früchte. Schließlich können sich die Grimaldis darauf berufen, daß ihre territorial geschrumpfte Dynastie mindestens ebenso alt ist wie jene Kapetinger, deren Thronbesteigung als Könige des westlichen Frankenreichs im fernen, nebligen Norden Galliens vor tausend Jahren in diesem April 1987 begangen wird.

An diesem Abend haben uns Heinz Quirrenbach, maßgeblicher Vertreter dieser Bonner Runde von Théoule, und seine Frau Nana, die vorzüglich französisch spricht, ins nahe Restaurant »L'Oasis« zum Diner eingeladen. Bei Tisch saß ich neben einem kleinen breitschultrigen Südfranzosen, der nachlässig, fast wie ein *bohémien* gekleidet war. Auf den ersten Blick erinnerte er an einen abweisenden Kobold. Sein Kopf war mächtig wie der eines Stiers, und die Augen blickten prüfend, etwas traurig. In dieser Luxusherberge fiel der

Mann sichtlich aus dem Rahmen, wurde jedoch vom Chef mit äußerster Ehrerbietung hofiert.

César Balduccini gilt als der bedeutendste lebende Bildhauer Frankreichs – falls sich dieses konventionelle Wort auf den Meister von »Kompression« und »Expansion« anwenden läßt. Der gebürtige Marseiller ist unter dem Namen César zu weltweitem Ruhm gelangt. Bei den Filmfestspielen von Cannes ersetzt der »César« den »Oscar« Hollywoods. Während meines letzten Pariser Aufenthalts hatte ich lange vor dem in Erz gegossenen Zentauren Balduccinis verweilt, der wie ein bedrohliches Trojanisches Pferd den Eingang zum Grand Palais versperrte. Das bärtige Haupt dieses mythischen Doppelwesens war eine getreue Replik des Kopfes seines Schöpfers. Die sexuelle Besessenheit, die sich im Werk Césars häufig widerspiegelt, war auch hier präsent. Bei einer anderen Skulptur Césars, dem berühmten bronzenen Daumen, der den Eingang der »Colombe d'Or« von Vence ziert, ist die phallische Anspielung unübersehbar.

Ich überlegte eine Weile an diesem Abend im »L'Oasis«, wo ich diesem in sich gekehrten Menschen schon einmal begegnet war. Seine Biographie, sein Aufstieg aus ärmsten Verhältnissen über die »Ecole des Beaux-Arts« in Paris und den steinigen Weg zögernder, oft von skeptischem Neid gehemmter Anerkennung bis zum höchstbezahlten Meister war mir wohl bekannt; auch die heimliche, den wenigen Freunden eingestandene Angst, in die Misere der frühen Jahre zurückgeschleudert zu werden. Er hatte schockiert, als er seine scheinbar wahllos aussortierte Materie aus Blech, Stahl und Autowracks, aus selbsttätig expandierenden Kunststoffen, aus Polyurethan und Kristallglas zu faszinierenden Konturen knetete und preßte. Schließlich fiel mir ein, wo wir uns in den sechziger Jahren, auf dem Höhepunkt einer konzeptionellen Krise des Meisters, begegnet waren. Es war in einer winkligen mittelalterlichen Gasse von Haut-de-Cagnes, wo der bereits international bestätigte Bildhauer sich in der bescheidenen Gaststube einer befreundeten Wirtin nützlich machte und die wenigen Gäste, die ihm zusagten, mit seltenen Kostproben eines beißenden, etwas makabren Humors erfreute. Daß er genau in diesem Jahr 1965 mit seiner dickbäuchigen »Victoire de Villetaneuse« den Höhepunkt seines Schaffens erreicht hatte – eine kopflose, plump und schwanger wirkende Siegesgöttin, nach dem trüben Pariser Vorort benannt, der erst 22 Jahre später durch einen Studententumult in ganz Frankreich zum Begriff werden sollte –, war ihm in jener schmerzlichen Phase des Zweifels an sich selbst kaum bewußt.

In den sechziger Jahren hatte er einen mächtigen schwarzen Schnurrbart getragen. Jetzt wirkte er sehr viel stiller, aber es ging von diesem alternden Künstler immer noch der Atem unbändiger mediterraner Vitalität aus. Da stand er neben Picasso und Giacometti – über die dumpfen Abstraktionen eines Beuys, dem stets der Geruch der Scharlatanerie anhaftet, durch die Freude am Spiel, durch den lateinischen Formeninstinkt weit erhaben. Seit die exklusiven Kreise des In- und des Auslandes sich diesem robusten Emporkömmling beugten, war er zum *chou-chou* diverser mondäner Veranstaltungen geworden. Doch er war sich treu geblieben, und seine Präsenz unter den »feinen Leuten« war stets von Abwehr und einer kaum wahrnehmbaren Feindseligkeit gezeichnet. Welch ungeheure Reserven kreativer Potenz, die bis in die untersten Schichten des Hafenproletariats reichen, verkörpern sich doch in diesem sonderbaren Mann.

Am Abend dieser Begegnung machte ich einen kleinen Umweg über Haut-de-Cagnes, um in mein Haus in Tourrettes zu gelangen. Trotz der winterlichen Saison wimmelte es von Nachtschwärmern. Ich parkte zu Füßen des Hügels, auf dem die wehrhafte Grimaldi-Zitadelle thront. Die teuersten Automarken drängten sich längs der steilen Auffahrt. Die *jeunesse dorée* der Umgebung – auch aus dem nahen Nizza – traf sich in Haut-de-Cagnes, in dieser Traumwelt provençalischer Gassen und Mauernischen, die der architektonischen Barbarei der Côte wie durch ein Wunder entgangen war. Aber die heitere und beschauliche Atmosphäre von einst war verlorengegangen, zerhackt durch die afro-amerikanischen Rhythmen zahlloser Nachtbars, die sich um den zentralen Platz neben der Grimaldi-Burg drängten. Die Diskotheken hießen »Jimmy's«, »Blue Moon«, »Le Club« oder – altmodisch-französisch – »Le Guinchoir«. Bei Nacht paukten sie das alte Festungsdorf aus seinem Schlaf. Erst gegen Morgen verstummten sie, kurz bevor vollgepackte Busse mit weißhaarigen Rentnern und Senioren, Angehörige des *troisième âge*, zum touristischen Ausflug herangekarrt wurden.

Vor zwanzig Jahren waren hier noch bekannte Künstler und Kabarettisten aufgetreten, hatten nach dem Streß und den Enttäuschungen der Seine-Hauptstadt ihr Refugium in Haut-de-Cagnes aufgeschlagen. Mittelpunkt dieses etwas nostalgischen Treffs war zu jener Zeit die »Diseuse« Suzy Solidor. Sie hatte sich mit ein paar Wahlverwandten in jenem Keller niedergelassen, der jetzt »Le Guinchoir« beherbergte und von Beat, Rock oder Pop dröhnte. Die Notizen, die ich von jenem Septemberabend des Jahres 1965 machte, klingen heute wie das Zitat aus einer »Suche nach der verlorenen Zeit«.

»Gott spricht zu den Franzosen«

Suzy Solidor ging von Tisch zu Tisch. Und auch uns fragte sie: »Sind Sie zum ersten Mal da?«

»Ja«, antwortete ich, »zum ersten Mal« – und sagte nur die halbe Wahrheit. Es stimmte zwar, daß ich Suzy Solidor persönlich noch nie begegnet war, aber mein Vater war während der deutschen Besetzung von Paris in ihrem Kabarett zu Gast gewesen. Er hatte mir damals die Chansonnière und ihre Porträt-Galerie so eindringlich geschildert, daß ich sie wiederzuerkennen glaubte.

»Ich lade Sie ein, nächste Woche wiederzukommen zur Vernissage meines zweihundertdreiundzwanzigsten Porträts«, sagte Suzy. Sie hingen noch alle an den gewölbten Kellerwänden des Kabaretts von Haut-de-Cagnes, in der gleichen Anordnung wie vor zwanzig Jahren in Paris. Suzy zählte wie ihr eigener Museumswärter die Namen auf: Fujita, Raoul Dufy, Tristan Bérard – »der ist besonders ausgefallen« –, Cocteau, van Dongen, Kisling und viele andere.

Sie hatte dem Alter Einhalt geboten. Die Hüften hatten sich verbreitert, und der Schritt war schwer geworden wie der eines Legionärs. Aber dem kantigen bretonischen Kopf unter dem blonden Helm konnten die Jahre nichts anhaben. Über dem tief ausgeschnittenen schwarzen Kleid, das den braungebrannten Rücken freiließ, trug sie eine purpurrote Stola, die ihre Hände – mit barbarischen Ringen und Armbändern belastet – ständig neu drapierten. Im Profil betrachtet – die stark gebogene Nase, die herrisch aufgerissenen und gar nicht wohlwollenden blauen Augen – glich sie einem Kurienkardinal. Und dann wieder, wenn sie ein Lied trällerte, erinnerte sie an Maurice Chevalier, ohne dessen abgenutztes Vorstadt-Argot.

Suzy Solidor empfing ihre Gäste mit herablassender Höflichkeit. Das Publikum war gemischt. Am Nebentisch saß ein korsischer Zuhälter mit seiner Beschützten, einem blassen, schönen Mädchen in

Abendkleid und Nerzstola. Im übrigen sah man französische Familien mittleren Jahrgangs, darunter auch ein paar unternehmungslustige Greise, die sich an der Unanfechtbarkeit Suzy Solidors durch das Alter wohl selber verjüngen wollten.

Im Kabarett Suzy Solidors treten – von einem weißhaarigen Conférencier abgesehen – nur Frauen auf, blonde und braune, junge und alte, elegische und frivole, weibliche und männliche. Das mittelalterliche Städtchen Haut-de-Cagnes genießt an der Côte d'Azur den Ruf eines zeitgenössischen Lesbos. Die steilen Gassen kann auch der Andrang der Wochenendtouristen nicht aus ihrer provençalischen Selbstgenügsamkeit wecken. Die Treppendurchgänge und Zinnen könnten der Kasba von Algier entliehen sein, einer Kasba ohne Gestank wohlgemerkt. Die schmalbrüstigen Häuser, die innen zu antiken Schmuckkammern ausgebaut sind, werden oft von älteren Damen bewohnt, mit strenger, kurzer Haartracht, glatten Röcken oder deftigen Männerhosen und flachen Absätzen. An ihrer Spitze steht eine stämmig gewachsene Irin mit heiserer, gebieterischer Stimme und dem Auftreten eines retirierten Gardeoffiziers. Sie läßt den schweren Spazierstock nie aus der Hand.

Die dem anderen Geschlecht abholden Damen von Cagnes beherrschen den friedlichen Ferienort, aber sie tun es auf eine unauffällige Weise. Von ihnen geht eine gewisse herbe Tristesse aus. Sie drängen ihre Veranlagung niemandem auf. Sie leben in ihrer eigenen Welt, haben zu den toleranten und höchst normalen provençalischen Ureinwohnern eine freundliche, beinahe herzliche Beziehung. Sie gehören zu Cagnes wie jene unzähligen buntgescheckten Katzen, die die Tolpatschigkeit der wenigen zugewanderten Hunde mit kopfschüttelnder Mißbilligung beobachten.

Suzy Solidor sang ein bretonisches Chanson, in dem das Meer und ein scheidender Matrose eine große Rolle spielten. Das Lied hatte bestimmt schon mein Vater gehört. Es klang ein wenig verstaubt, wie »Ma pomme« oder »Valentine« von Maurice Chevalier. Man konnte dieser herrischen Vestalin mit der roten Stola schwerlich zumuten, daß sie die zappelnden transozeanischen Weisen des Tages nachahmte. Nach den Seemannsliedern kam die Erotik zu ihrem Recht in einer für den Ausländer unverständlichen Folge von Allusionen und Wortspielen, die in der kühlen, unverbindlichen Sprache des galanten 18. Jahrhunderts vorgetragen wurden. Der Abstand zur Zote wurde oft nur durch die Rokoko-Eleganz der Formulierung gewahrt.

Die älteren Herren warfen maliziöse Seitenblicke, während die Lesbierinnen auf der Treppe mit rätselhaftem Lächeln Höflichkeitsbeifall spendeten. Die wenigen jugendlichen Gäste blickten beinahe verlegen vor sich hin. Die Libertinage der Aufklärung, die derben Cochonnerien des Montmartre der Dritten Republik fanden keinen Widerhall bei einer Generation, die das Liebesspiel allenfalls als harte Form der Selbstbestätigung betreibt, aber für die genüßliche Tändelei der Altvorderen kaum Verständnis mehr aufzubringen scheint. Diese älteren Bonvivants mitsamt ihren Ehefrauen, die sich bei den schlüpfrigen Andeutungen auf die Schenkel schlugen und kicherten, gehörten in den Augen der wenigen jugendlichen Paare einer wunderlichen altmodischen Gattung von Voyeuren an.

»Die hier anwesenden Ausländer mögen mir verzeihen«, fuhr Suzy Solidor nach einem frivolen Chanson fort, »wenn ich zwischendurch einmal einen nationalen, ja chauvinistischen Ton riskiere. Ich rezitiere Charles Péguy: ›Gott spricht zu den Franzosen‹.«

Französisches Volk,
Die Völker dieser Erde sagen, du seiest leichtfertig,
Weil du rasch zu handeln verstehst.
Die Pharisäer unter den Völkern behaupten, du seiest oberflächlich,
Weil du dich schnell entscheidest.
Du bist am Ziel angekommen, ehe die andern aufbrachen.
Aber ich habe dich gewogen, so sagt Gott, und ich habe dich nicht zu leicht befunden.
Du hast die Kathedralen gebaut, denn dein Glaube war stark.
Du hast die Kreuzzüge entfacht, denn deine Liebe hat Bestand.
Was gar die Hoffnung betrifft, so bist du vor allen anderen bevorzugt.
Wie ärgerlich, so sagt Gott, wenn es diese Franzosen nicht gäbe,
Eine Menge Dinge würde ich vollbringen, die dann kein Mensch mehr begriffe ...

Die Ausländer hatten ihren Ohren nicht getraut oder trösteten sich damit, falsch verstanden zu haben. Die französischen Gäste hingegen sahen sich keineswegs fassungslos an. Sie klatschten artig, waren vielleicht etwas besinnlich geworden. Aber niemand hatte es als Geschmacklosigkeit oder als Stilbruch empfunden, daß diese üppige und zeitlose Venus-Priesterin, die in ihrem bewegten Leben auf allen Altären der Liebe geopfert hatte, diese eitle Frau, die sich in einem Dutzend Aktporträts an den Wänden spiegelte und sich darin verjüngte, ohne Übergang und ohne Warnung Charles Péguy zitierte, den frommen Dichter, der die Kathedrale von Chartres zum Sammelpunkt der christlichen Erneuerung Frankreichs erwählt hatte, der am Vorabend des Ersten Weltkrieges in mystischer Vorwegnahme des Gaullismus eine romantische Synthese schuf zwischen gallischem Nationalismus und gallikanischem Katholizismus.

Als Suzy Solidor ihre Gäste huldvoll entließ, waren die bunten Glühbirnen des Schloßplatzes – ein spätes Überbleibsel des Bastille-Tages, der in Cagnes von der provençalischen Urrasse wie ein Familienfest gefeiert wird – erloschen. Ob Suzy Solidor sich zum Gaullismus bekannte, das erschien mir höchst ungewiß. Aber der Nationalismus der unverwüstlichen Diseuse von Cagnes steht dem patriotischen Pathos des Barden im Elysée-Palast nicht nach. Suzy Solidor oder »Boule de Suif«? Die Helden Maupassants sind nicht ausgestorben.

»Wir sind die wahren Kapetinger«

Paris, 18. Februar 1987

An dieser Stelle im früheren Hallen-Zentrum erscheint mir Paris wie ein verwunschener Garten, zu Stein erstarrt, wie die Kulisse zu einem Science-fiction-Film. Seit dem Vormittag ist Schnee gefallen, und er ist – für Paris völlig ungewöhnlich – liegen geblieben. Das Thermometer ist auf minus vier Grad gesunken, eine für die Seine-Hauptstadt sibirische Kälte. Um elf Uhr abends sind wenige Menschen unterwegs. Der Winter hat sie in die schlecht geheizten Wohnungen getrieben. Alles erscheint unwirklich. Der gußeiserne »Pavillon Baltard« ist abmontiert und an den Stadtrand verbannt worden. Jahrelang hatte an dieser Stelle ein scheußlicher Krater, ein gigantisches Loch – »le trou des Halles« – von den umstrittenen architektonischen Neuerungsabsichten der Ära Pompidou und des Bürgermeisters Chirac gekündet.

Ein Dekorum aus Aluminium, Glas und Zement ist an die Stelle des alten »Bauchs von Paris« getreten, den Emile Zola besungen hat. In meinen Studenten- und frühen Journalistenjahren bin ich oft zu nächtlicher Stunde durch die stinkenden Gassen geschlendert – nicht um die bei Touristen renommierte Zwiebelsuppe zu schlürfen oder mich im »Pied de Cochon« sehen zu lassen, sondern um mich in eine lebenstrotzende, mittelalterlich anmutende Welt zurückzuversetzen. Hier schien die Zeit stehengeblieben, seit Eugène de Sue »Les mystères de Paris« beschrieb mit der schrecklichen Alten – Fledermaus, »la chouette« genannt – und anderen Horrorgestalten. Die ganze Nacht hindurch rollten die Lastwagen mit ihren Obst-, Gemüse- und Fleischladungen aus allen Provinzen Frankreichs heran.

Rund um diesen betriebsamen Viktualienmarkt, der die Verkehrsprobleme der Millionenstadt ins Unermeßliche steigerte, hatten sich Gestalten angesiedelt, die den *truands,* den Diebes- und Räubergilden aus dem »Glöckner von Notre Dame«, verwandt blieben. Sie waren nicht eigentlich gefährlich gewesen, diese Nachtmenschen der »Halles de Paris«, aber sie erlaubten – weit mehr noch als etwa die schäbige, widerliche »Bowery« von New York – den Blick in die Abgründe menschlicher Natur.

Neben der unermüdlichen Gefräßigkeit der Lebensmittelhändler und ihrer unter der Last ächzenden Gehilfen, der »forts des Halles«, neben den Schattengängern der Metropole, die am *zinc,* an der blankgescheuerten silbrigen Theke Zuflucht beim Absinth und beim *gros rouge,* dem dicken Rotwein, suchten, neben den Clochards, von denen oft eine verzweifelte Fröhlichkeit ausging, wenn die bittere Kälte sie nicht zwang, auf den stinkenden, aber wärmenden Abluftgittern der Untergrundbahn zu nächtigen, beherrschten die Liebesdienerinnen diese Welt, die so ganz nach dem Geschmack eines Pantagruel gewesen wäre. Vor allem die Rue Saint-Denis und ihre Nebengassen waren das Revier einer volkstümlichen, derben Prostitution, die an dieser Stelle auf zweitausendjährige Tradition zurückblickte. Die Damen des Gewerbes waren auf abenteuerliche Weise kostümiert oder provozierend enthüllt. In den Nachkriegsjahren ließen sich die sukzessiven Wellen offizieller Prüderie an der Zahl der Polizei-Razzien abmessen, die bei den *putes* absatzklappernde Flucht in den rettenden Eingang irgendeines Stundenhotels auslösten.

Die Vorstellung fiel schwer, daß präzis an dieser Stelle, wo die *jollieuses,* wie man sie im Mittelalter nannte, zu jeder Stunde und bei jeder Witterung ihrem sündhaften Gewerbe nachgingen, immer wieder jene Barrikaden errichtet wurden, auf denen – dem Gemälde von Delacroix zufolge – die barbrüstige Marianne unter phrygischer Mütze, das Gewehr in der Hand, der Reaktion die heldische Stirn bot. Umgeben war sie vom kämpferischen Bürgertum in Gehrock und Zylinder und von jenem Großstadtproletariat, das noch frei war von klassenkämpferischer Ideologie. Wie sang doch Gavroche, der pfiffige Gassenjunge von Paris, den Victor Hugo während der Revolutionstage von 1830 auf einer Barrikade der Rue Saint-Denis im Kugelhagel der Ordnungskräfte verbluten läßt? »Si je tombe par terre, c'est la faute à Voltaire; le nez dans le ruisseau, c'est la faute à Rousseau – Wenn ich zu Boden falle, ist Voltaire daran schuld, mit der Nase in die Gosse, da ist Rousseau dran schuld ...«

Als bei dem Juni-Aufstand von 1848 gegen die Orléans-Monarchie der liberale Abgeordnete Baudin sich zum republikanischen Pöbel gesellte und man diesem Vertreter des parlamentarischen Establishments seine Deputierten-Bezüge von 25 Francs pro Tag vorwarf, hatte er mit gallischem Pathos seinen proletarischen Kritikern wütend zugeschrien: »Ich werde euch zeigen, wie man für 25 Francs zu sterben versteht«, war mit dem Gewehr in der Hand auf die Brüstung geklettert, hatte sich dem Feind gestellt und war tödlich verwundet zusammengesunken.

Die großen Boulevards, die während der Herrschaft Napoleons III. in eindrucksvoller Weise ausgebaut wurden und den Autoverkehr im heutigen Paris überhaupt ermöglichen, verraten nur scheinbar urbanen Weitblick. In Wirklichkeit schnürten sie das aufsässige Quartier rund um die Rue Saint-Denis wie ein Quarantänegürtel ab, und sie sind auch nach ordnungspolitischen Richtlinien entworfen worden. Auf diesen breiten Alleen konnten die Regierungstruppen sich voll entfalten und die Kanonen jede Widerstandsinsel in direktem Beschuß niederkartätschen.

Selbst an diesem eiskalten Abend standen die Mädchen fröstelnd auf dem Trottoir der Rue Saint-Denis. Aber ihre Kundschaft war längst nicht mehr die gleiche, seit der »Bauch von Paris« an die Südgrenze der Seine-Hauptstadt nach Rungis verlagert wurde. Der brave Pariser Durchschnittsbürger und Arbeiter, der kurz vor dem Heimgang sich noch schnelle Erleichterung verschaffen wollte, war abgelöst worden durch Horden von Gastarbeitern, meist maghrebinischen Ursprungs, oder durch nordische Touristen, die nach einem Abstecher in diese verkommenen und übelriechenden Gassen bei ihrer Rückkehr in die skythische Heimat protzen konnten, sie wüßten alles über Paris und *l'amour*. Im vielbesungenen Pigalle, der angeblichen »Mausefalle« am Montmartre, ging es ja – von ein paar langweiligen Nacktrevuen abgesehen – auch nicht viel besser zu.

Südlich des Boulevard Réaumur glitzerte bereits die Modernität des neuen Einkaufszentrums. Auf klägliche Weise übrigens. In den Nebengassen, die von der Renovierung noch nicht erfaßt waren, reihten sich Sex-Shops an Peep-Shows. Leuchtreklamen verkündeten Live-Demonstrationen. Lange würde dieser faule Zauber ohnehin nicht dauern. Die Immobilien-Makler hatten die lukrative Kernlage dieses einst verwahrlosten Viertels erkannt. Wohnhäuser wurden restauriert, komfortable Appartements eingerichtet und zu Liebhaberpreisen angeboten. In den unterirdischen Verkaufsgalerien des »forum des Halles« siedelten sich *fast food*-Restaurants und teure Boutiquen an. Der Kommerz bemächtigte sich der pittoresken Enklave zwischen Châtelet und Boulevard Poissonnière. In der Gasse der »grande truanderie – des großen Ganoventums«, wo die Halsabschneider des Mittelalters und der Renaissance ihr Stammquartier behauptet hatten, zog das chinesische Luxuslokal »Wang« eine erlesene bürgerliche Kundschaft an.

»Ist denn Paris von der grassierenden Angst, von der Panik vor der Aids-Seuche noch gar nicht gestreift worden?« hatte ich gefragt. Tatsächlich erschien mir in diesen Tagen die französische Hauptstadt frivoler denn in vergangenen Jahren, als die sukzessiven konservativen Regierungen, die Sozialisten jedoch nicht minder, dem sehr überzogenen Ruf ihrer Metropole als Weltzentrum für Laster und geschlechtliche Ausschweifung mit einer Serie von Sittlichkeitsverordnungen ein Ende setzen wollten. Auf jeder Litfaßsäule und Reklamefläche wurde jetzt aggressive, erotische Nacktheit für irgendeinen banalen Gebrauchsartikel plakatiert. Verführerische, kaum bekleidete Blondinen mit Katzenmasken über dem sinnlichen Mund boten galante Rendezvous oder auch nur obszöne Konversation über die neue Kommunikationstechnik des »Minitel« an. Prostitution per Computer und Elektronik.

Die witzigste Glossenschreiberin von Paris, Claude Sarraute, hatte bei einem Ausflug nach London zu ihrer spitzen Feder gegriffen, um diese exhibitionistische Welle, diese Gleichgültigkeit gegenüber der »neuen Pest« anzuprangern. Jenseits des Ärmelkanals, so schrieb sie in *Le Monde,* gehe es bei der Bekämpfung von Aids seriös, sachlich und problembewußt zu. Dort würde auf mächtigen Plakaten suggestive Reklame für Kondome und »safer sex« gemacht. Südlich der »Manche« jedoch, wo unlängst noch jede Werbung für Verhütungspraktiken aus Gründen der Bevölkerungspolitik gesetzlich geahndet wurde, hinke man den Erfordernissen der Zeit wieder einmal nach, obwohl die neue Lustseuche in Frankreich schon mehr Opfer gefordert habe als in den meisten anderen Ländern Westeuropas. Ihrer souveränen Verachtung gegenüber Präservativen, die offenbar allen gallischen Vorstellungen von der *ars amandi* widersprechen, haben die Franzosen mit der volkstümlichen Bezeichnung »capote anglaise – englischer Mantel« Ausdruck gegeben. Dabei käme, wie Claude Sarraute registrierte, der alte Hang zur Anglophobie zu ihrem Recht, worauf die Briten mit der Vokabel *french letters* diese französische Verunglimpfung heimgezahlt hätten. Daß es noch eine deutsche Variante zu diesem Thema gab, war der Autorin offenbar entgangen.

Rund um das »trou des Halles« tut sich mir eine seltsame Fabelwelt auf. Die Passanten sind selten und bis zu den Augen vermummt. Die maghrebinischen Streuner, die mit jedem Mädchen anbandeln möchten, die *loubards,* denen man sogar Gruppenvergewaltigung zutraut, haben sich in irgendwelche Höhlen verzogen. Sogar der Uringestank wird durch die Kälte gebannt. Die Jongleure und stummen Mimen, die *bateleurs,* die Lautenschläger und Akkordeonspieler, die an wärmeren Abenden die Passanten zur Kasse bitten, sind verschwunden. Nur zwei Feuerschlucker trotzen mit nackten Armen dem Frost, blasen rote Flammen in die Nacht, Salamander-Brüder jener Wasserspeier, die von der Dachrinne der Kirche Saint-Eustache auf die aufdringlichen Veränderungen im »trou« von Paris starren. Am runden Platz René Cassin, wo sich die Pflastersteine zu sinnlosen Ornamenten verschlingen, wächst ein gigantischer Steinkopf aus dem Trottoir. Er ist mit einem überdimensionalen rechten Ohr versehen, das in lauschender Haltung verharrt, als wehe irgendeine Botschaft von der Tour Saint-Jacques oder von jenem grellbemalten »Centre Pompidou« herüber, dessen Röhrenbau im Pariser Volksmund »la raffinerie« heißt.

Der ungewohnte Schnee übt einen magischen Zauber aus. Die platten Extravaganzen einer sich fortschrittlich oder sogar surrealistisch gebärdenden Bildhauerei, der Infantilismus dieses Disneylands aus Beton vermischt sich mit der grandiosen historischen Kulisse von zehn gewachsenen Jahrhunderten zu einem beklemmenden Labyrinth. Der nächtliche Spaziergänger gewinnt erst wieder festen Boden, wenn er die klassische Harmonie der Place des Victoires erreicht, jenes kreisförmig angelegte Fassaden-Prunkstück des Grand Siècle, in dessen Mittelpunkt hoch zu Roß Ludwig XIV., Louis le Grand, den gebieterischen Feldherrnarm ausstreckt.

Lamentationen im »Bauch von Paris«

Ein paar Schritte weiter entdecke ich das Restaurant »L'Escargot«, wo ich am Mittag mit dem Chefredakteur des *Figaro* getafelt hatte. Die Gaststätte stammt aus dem 16. Jahrhundert und ist wegen ihrer Schnecken nach Burgunder Art berühmt. Die bemalte Täfelung der Decke ist dem Appartement der großen Schauspielerin Sarah Bernard entliehen, die um die Jahrhundertwende als Darstellerin des »Aiglon« von Edmond Rostand das Pariser Publikum zu Begeisterungsstürmen und Tränen der Rührung hingerissen hatte. In jenen Jahren der Revanche-Stimmung empfanden die Franzosen wohl mit besonderer Inbrunst das traurige Schicksal dieses einzigen, früh in österreichischer Obhut verstorbenen Sohnes Napoleons und Marie Louises, dem der kaiserliche Vater schon bei der Geburt den Titel eines »Königs von Rom« verliehen hatte.

Max brauchte mir nicht ins Gedächtnis zu rufen, daß Adolf Hitler zu Beginn der deutschen Besetzung Frankreichs und in Hoffnung auf eine Kollaboration, die nicht gedeihen konnte, die sterblichen Reste dieses Napoleoniden zu einem symbolischen Staatsakt mißbraucht hatte. Aus der Wiener Kapuzinergruft war der »junge Aar«, der bei den Habsburgern als Herzog von Reichstadt aufgewachsen und im Juli 1832 an Schwindsucht gestorben war, in den Invalidendom neben den Marmorsarg seines großen Vaters transferiert worden, eine Geste, derer die Franzosen noch heute mit zwiespältigen Gefühlen gedenken.

Max war – wie sollte es anders sein – ein Gefährte aus alten Kolonialtagen. Wir hatten uns kennen- und schätzengelernt, als die Sturmtruppen des Generals Vo Nguyen Giap im Frühjahr 1951 zum Sturm auf Hanoi ansetzten und mit letzter Kraftanstrengung des französischen Expeditionskorps in der Schlacht von Vinh Yen zurückgeschlagen wurden. Später hatten sich unsere Wege immer wieder in Afrika gekreuzt. Max war sich selbst treu geblieben. Sein Haar stand wie eh und je im Bürstenschnitt nach oben. Die lebhaften Augen funkelten gar nicht harmlos hinter den Brillengläsern. Es war wohl kein leichter Job, Chefredakteur des *Figaro* zu sein. In seinen seltenen Leitartikeln gefiel sich Max in der Rolle eines Zensors gallischen Niedergangs. Bei den Kollegen war er gelegentlich angeeckt, wenn er zu scharfen Maßnahmen gegen den Terrorismus oder gar zur Wiedereinführung der Todesstrafe aufrief.

Vielleicht war Max nicht der richtige Gesprächspartner, um über die Krise der französischen Gesellschaftsstrukturen, über den scheinbaren Orientierungsverlust der jungen französischen Generation zu diskutieren. Er gestand auch seine Ratlosigkeit unumwunden ein. Seine Schwiegertochter – in Tahiti aufgewachsen und mit polynesischem oder chinesischem Blut in den Adern – war nach einem heftigen Disput über die Bewahrung der kulturellen Eigenart der Inselvölker des Pazifik nach Papeete zurückgeflogen. »Du kennst doch Tahiti«, sagte Max achselzuckend; »die seriöse Wissenschaft hat die paradiesischen Wunschvorstellungen einer Margaret Mead längst als schönfärberische Chimäre entlarvt. Da wird nur noch für Touristen und Folklore-Schwärmer Hula-Hula getanzt, und die aufgesetzte Ausgelassenheit der braunen Naturkinder, die früher vor ihren Dämonen zitterten und später durch die protestantischen Missionare völlig aus dem psychischen Gleichgewicht geworfen wurden, schlägt allzu oft in ›fiu‹ um, in lethargischen Trübsinn.« Das Gerede vom »guten Wilden«, so stellten wir fest, kam allmählich außer Mode. Rousseau hatte nie einen Fetzen der Dritten Welt gesehen, und die literarisch verklärten Darstellungen der Rothäute der Neuen Welt, die der Romantiker Chateaubriand zur Zeit der Revolution und des Empire den Franzosen vorgaukelte, seine Schriften über die ›Natchez‹ und den ›Méschacebé‹ waren Produkte seiner ausschweifenden Phantasie.

Max war alles andere als ein »Rassist«. Diese modische Beschimpfung, die in unseren Tagen so leicht jedem angehängt wird, der die Unzulänglichkeiten der farbigen Völker ebenso nüchtern und emotionslos beschreibt wie die Niedergangserscheinungen der europäischen Nationen, war mir – wie ich beim Dessert zum besten gab – in den Straßen von Dakar im Senegal bei meinem letzten Aufenthalt häufig entgegengeschlagen. Irgendein schwarzer Straßenhändler stellte sich dem ahnungslosen weißen Passanten, der nicht einmal ein Tourist zu sein brauchte, in den Weg, packte ihn am Hemdsärmel und drängte ihm falsche Goldreifen und abscheuliche Negermasken auf, die mit Schuhwichse in den Hinterhöfen der Rue de Bayeux geschwärzt worden waren. Um den Angesprochenen zu erpressen und den Handel perfekt zu machen, holte der Straßenverkäufer zum feierlichen Handschlag aus. Wenn der Überrumpelte sich weigerte, spielte er den Beleidigten: »Ah, du willst mir die Hand nicht drücken; du bist also ein Rassist!«

Für die geistige Kluft zwischen uns Veteranen und den jungen Leuten, die mit gutem Recht die Welt nach ihren Vorstellungen zu gestalten suchten, hielt Max eine partielle, aber recht einleuchtende Erklärung parat. »Zu unserer Zeit«, so meinte er, »lebten die jungen Männer entweder als einsame Wölfe oder in mehr oder minder kameradschaftlichen Gruppen.« Das Verhältnis zum weiblichen Geschlecht sei vom Jagdtrieb gekennzeichnet gewesen, von einer Unbeständigkeit und Spannung, die durch die systematische Trennung der Geschlechter während der Schulzeit, durch eine inexistente Sexualerziehung und die ständige Angst vor der ungewollten Befruchtung dramatisiert wurde. Jetzt taten sich die Pärchen mit oder ohne elterlichen Segen schon im Gymnasialalter zusammen. Spätestens ab achtzehn Jahren bildeten sie solide, durch den stabilisierenden Instinkt der Frau geprägte Dauerverhältnisse, die von der feierlich eingesegneten Ehe kaum noch zu unterscheiden waren.

Natürlich habe das noch nicht zur Herrschaft des Weibes geführt, aber seit die Muskelkraft im täglichen Überlebenskampf überflüssig, allenfalls im Leistungssport geschätzt sei, seit die *procréation* kontrollierbar geworden sei, setze sich der feminine Instinkt, die atavistisch gezüchtete List, die auf Jahrtausende machistischer Unterdrückung zurückgehe, in wachsendem Maße durch. »Wenn ich die gezähmten, domestizierten jungen Männer von heute sehe«, deklamierte Max, das Glas Burgunder in der Hand, »wenn ich die jungen Paare beobachte, so kommen sie mir vor wie ›des petits vieux‹, wie ›kleine Alte‹.«

Hier unterbrachen wir unsere Lamentation und wurden uns bewußt, daß wir in die Rolle von Ewiggestrigen hineinschlitterten, die die eigenen frühen Jahre verklärten und sich zu lächerlichen Denkmälern stilisierten. Aber die Zeit der Blumenkinder, der Hippies, der totalen Libertinage, der öffentlichen Hinnahme aller erotischen Absonderlichkeiten, des triumphalen Gefühls, dem uralten Schuldgefühl des Sexus entronnen zu sein, alle pseudo-moralischen Schranken überwunden zu haben – Henry Miller hatte hier mit den »Stillen Tagen in Clichy« als Bahnbrecher gewirkt –, diese Hochstimmung der Emanzipation und der Permissivität war in Frage gestellt, vom Einsturz bedroht. Hatte die sittensprengende Promiskuität sich am Ende ins Gegenteil verkehrt, eine leicht spießige Bändigung der männlichen Aggressionsinstinkte eingeleitet, so wirkte jetzt das Aufkommen der neuen Pandemie, der unheimlichen Geißel Aids – in Frankreich »Sida« genannt –, die in den Massenblättern zur Sensation aufgezäumt, zur Hysterie gesteigert wurde, wie jenes Strafgericht, das einst Sodom und Gomorrha vernichtete.

»Make love not war« hatte im Mai 1968, als das Regime des General de Gaulle ins Wanken geriet, auf den Mauern des Quartier Latin gestanden. Die behelmten, mit Schilden, Schlagstöcken und Maschinenpistolen bewaffneten Gendarmen und Bereitschaftspolizisten der »Compagnies républicaines de sécurité« (CRS) mußten sich im Angesicht der leichtbekleideten, tänzelnden, spöttischen und sich überlegen gebärdenden Studentinnen der Mai-Revolution – »à l'ombre des jeunes filles en fleur« *à la mode '68* – wie eine schwer bewegliche, archaische, ja zum Aussterben verurteilte Gattung vorkommen.

Jetzt, so kamen wir überein, drohte sich alles umzukehren, ähnlich wie in jener Epoche nach der Entdeckung der Neuen Welt, als das Aufkommen der Syphilis, als Gottesstrafe empfunden, dem verklemmten Puritanismus Auftrieb gab, der mittelalterlichen Freizügigkeit des Geschlechtslebens ein Ende bereitete, die Badestuben verbannte und die Hexenverfolgung zur Massenpsychose anwachsen ließ. Selbst das sinnenfrohe, scheinbar so unbeschwerte Rokoko war von dieser schrecklichen Drohung überschattet. »Was taugen schon diese Schlachten«, spottete Voltaire über die Feldzüge seiner Zeit; »da kämpfen zehntausend Syphilitiker auf der einen Seite, zehntausend Lues-Infizierte auf der anderen Seite – les syphilitiques contre les vérolés.«

Es war uns klar, daß wir schlichtweg Glück gehabt hatten, daß unsere Sturm- und Drangzeit in jene kurze Zwischenphase gefallen war, in der die Syphilis medizinisch überwunden, die Aids-Seuche noch nicht aufgekommen war. Aus unseren Rundfunkanstalten hatte ich gehört, daß die Bereitschaft von Reportern und Kamerateams, zur Berichterstattung in die Dritte Welt und insbesondere nach Afrika aufzubrechen, drastisch nachgelassen habe, seit der schwarze Erdteil von der schleichenden Immun-Insuffizienz in katastrophalem, noch gar nicht ermeßbarem Umfang heimgesucht wurde. Jedenfalls, so beendeten wir dieses in jenen Tagen nicht gerade originelle Gespräch, sei die gängige These, alles Übel käme von der Zivilisation, alles Gute hingegen aus der Natur, auf grausame und unentrinnbare Weise widerlegt worden.

»Bon chic, bon genre«

Ich hatte Max dann bis zum Eingang des massiven Redaktionsgebäudes des *Figaro* in der Rue du Louvre begleitet. Gemessen an der früheren Unterbringung dieser Zeitung am Rond-Point-des-Champs-Elysées, wo man Wert auf vornehme, großbürgerliche Patina legte, ging es in dieser neuen Unterkunft recht unordentlich und bescheiden zu. Schräg gegenüber, in den Räumen des *Figaro Magazine*, einer

Wochenendbeilage, die sich zur erfolgreichsten illustrierten Zeitschrift Frankreichs gemausert hatte, gebärdete man sich sehr viel distinguierter. Hier gab Louis Pauwels den Ton an, Mitglied der Académie Française, ein Schriftsteller, der – seinen politischen Gegnern zufolge – den ohnehin vorhandenen Rechtsdrall des *Figaro* in die Nachbarschaft der konservativen Reaktion rückte.

Ein paar Wochen zuvor hatte ich Pauwels gegenübergesessen, als ich für die französische Ausgabe meines Islam-Buches auf Anregung des Pariser Verlags werben ging. Wir hatten uns nicht lange mit den Ayatollahs und den Ulama des Orients aufgehalten. Pauwels – großgewachsen, blauäugig, rötlich-blond – schien seine Gesprächspartner bereits nach ihrer Kleidung, nach ihrem Akzent, nach ihren physischen Merkmalen einzuordnen. Er stammte aus kleinen Verhältnissen, hatte sich aber eine betont elitäre Lebensphilosophie, einen fast heidnischen Ästhetizismus zugelegt.

»Worauf gründet sich der Erfolg des *Figaro Magazine*?« dozierte er; »ich umgebe mich ausschließlich mit jungen Leuten.« Seine Mitarbeiter waren höchstens vierzig Jahre alt, wirkten selbstbewußt und *good looking*. »Mein Prinzip lautet: Erfolgreich ist, was schön ist, und damit stehe ich in bewußter Antithese zum angeblichen Zeitgeist, für den nur das Häßliche, Abartige interessant und berichtenswert ist. Blicken Sie in diese Seiten« – er hielt mir das neueste Exemplar hin – »sie sind gefüllt mit Anmut und Eleganz.«

Tatsächlich tummelten sich dort langbeinige, blonde Mädchen der gehobenen Bourgeoisie. Vom *Figaro Magazine* waren sie zu einer Weltreise eingeladen worden und posierten als verwöhnte Fotomodelle, obwohl sie diesen Job finanziell wohl gar nicht nötig hatten. Neben ihren unbestreitbaren körperlichen Vorzügen trugen sie eine aufreizende soziale Arroganz zur Schau. Von ähnlichem Kaliber waren die jungen Herren, nach gediegener Mode und sehr leger gekleidet, die modernes Erfolgsmanagement angelsächsischen Stils demonstrieren sollten und denen man natürlich die *fils à papa* ansah. Nun war es keine Exklusivität des *Figaro Magazine* – neben vorzüglichen, professionell illustrierten Reportagen –, die *beautiful people* vorzustellen. Aber hier wurde fast eine biologische Auslese getroffen, und den Snobs war ein Motto suggeriert worden, das sich im Sprachgebrauch der Pariser Salons wiederfand: »Bon chic, bon genre« oder »b.c. b.g.« in der Abkürzung. In abgewandelter, sehr zeitgenössisch orientierter Form rezitierte Louis Pauwels im Gefolge des Hellas-

Bewunderers Ernest Renan sein »Gebet auf der Akropolis«. Er gehe wohl, warf ich ein, von dem alten griechischen Prinzip *kalokagathos* aus, daß Schönheit und Güte – letzteres im Sinne von Qualität – eng verknüpft, beinahe identisch seien, und Pauwels stimmte erfreut zu.

Doch irgend etwas störte mich an diesen Epheben- und Najaden-Bildern, an diesem in den Alltag gezerrten Elysium. Das alte Kriegsroß Max hatte wohl Ähnliches empfunden. Parallel zu dieser Schickeria-Bewunderung für die Anmut der Gestalt, zur Verehrung der Kraft hatte sich in Frankreichs düstersten Stunden gelegentlich ein verdächtiger Hang offenbart, fremde Überlegenheit zu akzeptieren, wenn sie nur groß, blond und blauäugig daherkam. Ernest Renan war es so ergangen mit den preußischen Ulanen von 1870, und im Katastrophenjahr 1940, als die verstörten französischen Flüchtlingstrecks von den Panzerkolonnen und Grenadierbataillonen der deutschen Wehrmacht überholt wurden, die mit dem Helm am Koppel und aufgekrempelten Ärmeln marschierten, war – angesichts dieser gotischen Eroberer – allzu oft der Ausruf erklungen: »Ah, qu'ils sont beaux – wie schön sie doch sind!«

Der Herzog und der Zeitungszar

Der oberste Herrscher über das Zeitungsimperium, dessen erfolgreichstes Aushängeschild der *Figaro* ist, der sich aber darüber hinaus etwa ein Drittel der französischen Provinzpresse einverleibt hat, allen Konzentrationsverboten der Sozialisten zum Trotz, ließ sich nur selten und dann mit ungnädiger Miene in der Öffentlichkeit sehen. Robert Hersant, der »Bannerträger der Reaktion«, wie er von seinen zahlreichen Feinden beschimpft wurde, war, wie das bei Ultrakonservativen oft der Fall ist, ein Selfmademan, der, von der eigenen Erfahrung ausgehend, der Überzeugung anhing, die Welt und der Erfolg ständen dem Tüchtigen offen. Dieser mächtig gewachsene Mann mit dem schütteren blonden Haar und den wasserblauen Augen wies eine gewisse Ähnlichkeit mit Jean-Marie Le Pen auf, dem Fischersohn aus der Bretagne, der über den Dienst als Fallschirmjäger-Offizier in Algerien, durch die dubiose, aber immense Testamentszusage eines gleichgesinnten Freundes und die Gründung der rechtsradikalen Nationalen Front zu Berühmtheit gelangt war.

Welch ungestümer Machtwille Robert Hersant beflügelte, hatte er mit dem Erwerb der großen Provinz-Zeitung *Le Progrès de Lyon* bewiesen. Bei dieser Gelegenheit waren auch die verschwiegenen Querverbindungen der französischen Innenpolitik vorübergehend ans Licht der Öffentlichkeit geraten. Zwischen dem konservativen Pressemagnaten Hersant, dem die Linke eine jugendliche Verirrung in die Reihen der Pétain-Gefolgschaft vorwarf, und dem sozialistischen Präsidenten François Mitterrand bestanden alte, uneingestandene Beziehungen. Die Polemik zwischen den beiden war stets oberflächlich, sparte die unversöhnlichen Bruchstellen aus. Rührte dieses Stillhalteabkommen noch aus der Zeit der Vierten Republik, als der junge Abgeordnete Robert Hersant sich dem Idol aller französischen Progressisten, Pierre Mendès-France, genähert hatte? Über dieses kompromittierende Zweckbündnis zwischen dem »französischen Axel Springer«, wie er gelegentlich und fälschlich in Deutschland genannt wird, und dem zum republikanischen Heiligen stilisierten Mendès-France, aus dem die Linke nach seinem Tod am liebsten einen zweiten Jean Jaurès gemacht hätte, war es merkwürdig still in all jenen Pariser Klatschkolumnen, die sonst mit ätzender Schonungslosigkeit den menschlichen Schwächen der Großen nachjagen.

An diesem frostigen Februartag ist Robert Hersant für das gesamte französische Fernsehpublikum ein Begriff geworden. Die von der Regierung Chirac ins Leben gerufene »Nationale Kommission für Kommunikation und Freiheit« (CNCL) hatte – einmaliger Vorgang in Frankreich – ein öffentliches *hearing* veranstaltet, um die Kandidaten auszusieben, die sich um finanzielle Beteiligung, Management und vor allem Programmgestaltung der zur Privatisierung ausgeschriebenen Fernsehkanäle bewarben. Mochte der Herzog de Broglie, der der CNCL vorstand, auch mit aristokratischer Gelassenheit den Eindruck größter Entscheidungsfreiheit vortäuschen, das Spiel war im voraus gemacht, die Würfel waren gefallen, nachdem sich herausgestellt hatte, daß der energischste Befürworter der Rundfunkprivatisierung, Robert Hersant, auf keinen Fall die Steuerung des bislang öffentlich-rechtlichen Programms »TF 1« übernehmen wollte und konnte. Er wußte um die brodelnde Stimmung unter den dreitausend Angestellten und Redakteuren dieser angesehenen Anstalt. Zu Recht befürchtete die Regierung Chirac, daß die Benennung des Patrons des *Figaro* einen medienpolitischen Aufstand, ganz bestimmt einen lang hingezogenen Sendestreik auslösen könnte und daß die Folgen beim Wahlvolk verheerend wären. Also war Hersant eine Vorzugsbeteiligung am neuen Fünften Privatprogramm, »La Cinq«, zugeschoben worden, ein beachtlicher publizistischer Brocken.

Robert Hersant war durchaus nicht als Bittsteller vor die Zuteilungsbeauftragten der französischen Medienkommission getreten. Durch seine Statur beherrschte er die Versammlung. Die Anwesenden wurden zu Nebenchargen. Er hatte alle Trümpfe auf seine Seite gebracht, indem er den italienischen Fernsehkönig Silvio Berlusconi, einen Condottiere des Bau- und Mediengeschäfts aus Mailand, als Partner akzeptierte. Ausgerechnet Berlusconi, murmelten die Eingeweihten, die genau ein Jahr zuvor daran Anstoß genommen hatten, daß die sozialistische Regierung Fabius in einer ihrer letzten Amtshandlungen überstürzt den Fünften Kanal an diesen Lombarden, einen Freund des damaligen sozialistischen Regierungschefs Italiens, Bettino Craxi, verhökert hatte.

Der Italiener war klug genug, sich während des *hearing* zurückzuhalten. Mit seinem mediterranen Teint, dem fast napoleonischen Typ, den glatt angelegten schwarzen Haaren, dem lebhaft amüsierten Blick bildete er einen bewußten Kontrast zu dem Kelten Hersant, der mit ausgesuchter verbaler Höflichkeit, aber einer geradezu imperialen Allüre seine gut fundierten Argumente vortrug. »Wir erheben den Anspruch, zum Veranstalter des Fünften Kanals berufen zu werden«, darauf beschränkte sich im wesentlichen der Antrag des *Figaro*-Besitzers, »weil wir die Besten sind, weil wir die modernsten elektronischen Studios installiert haben, weil wir die französische Fernseh-Kreation mit voller Konsequenz fördern werden und weil wir – im Gegensatz zu unseren gedruckten Erzeugnissen – der Meinungsvielfalt im Fernsehen weiteste Entfaltung zugestehen.«

Berlusconi beschränkte sich darauf, den Joker zu spielen. Dieser Industriekapitän, der nicht nur jenseits der Alpen als einer der dynamischsten Unternehmer Europas gilt und von seinen Landsleuten als »Su Emitenza« bewundert wird, gab sich bei dieser Vorstellung mit der traditionellen Rolle des Hof-Lombarden, des agilen und finanziell potenten Geschäftebesorgers, zufrieden und überließ seinem neuen Partner Hersant den majestätischen Auftritt. »So unbeweglich und kalt müssen die blauen Augen Philipps des Schönen seine Barone gemustert haben«, kommentierte ein Zuschauer. Eine zusätzliche List des Zeitungszaren hatte darin bestanden, als dritten Kandidaten, wenn auch nur pro forma, einen schwarzbärtigen Frankokanadier zu seiner Rechten zu plazieren, um die weltumspannende frankophone Mission seines Unternehmens zu unterstreichen. Wenn Québec ins Spiel kommt, die verlorene *belle province* jenseits des Atlantiks, klingt in jedem französischen Kulturbeauftragten eine nostalgische Saite an.

Daß am folgenden Tage die Luxemburger Rundfunkgesellschaft CLT mit der Zuteilung des bescheidenen Sechsten Fernsehsystems, »Metropole 6«, gegen heftige Konkurrenz gerade noch zum Zuge kam, war den europäischen Ambitionen des französischen Staates zu verdanken und dem allseits beteuerten Willen, mit dieser bescheidenen Konzession den Grundstein zu legen für eine langfristige deutsch-französische TV-Kooperation, die das Großherzogtum gewissermaßen als Scharnier oder Drehscheibe nutzen würde. Ob diese hochgestimmten Absichten realisierbar sein würden, ob eine hemmungslose amerikanische Konkurrenz binnen weniger Jahre – gestützt auf neue Medium-Power-Satelliten mit mehrsprachigen Tonkanälen einerseits, auf miniaturisierte, elektronisch gesteuerte Empfangsantennen, die jedem Privatmann zu reduzierten Preisen angeboten würden, andererseits – nicht eine völlig originäre Umdisposition im anbrechenden Medienkrieg erzwingen mußte, blieb bei diesem intrigenreichen Vorgefecht höchst ungewiß. Der Vorgang soll hier in solcher Ausführlichkeit auch nur geschildert werden, um die stets auf die Staatsräson, weit weniger auf den geschäftlichen Ertrag orientierte Prädisposition der zuständigen französischen Instanzen hervorzuheben.

Bei der Vergabe des Sechsten Programms an die Luxemburger CLT kam es zu einem kleinen Zwischenfall, der über die Beharrlichkeit französischer Kulturbeflissenheit im Zeitalter futuristischer Medientechnologie Bände spricht. Als einer der Anwälte des Luxemburger Sendebetriebs, Jean Stock, als künftiger Programmdirektor bei seinem sehr professionellen Vortrag das Wort *reformatage* benutzte, forderte er den Widerspruch eines Mitglieds der nationalen Zuteilungskommission heraus. Michel Droit, Mitglied der ehrwürdigen, von Richelieu gegründeten »Académie Française«, der es obliegt, über die Reinheit der französischen Sprache zu wachen, nahm Anstoß an diesem Neologismus. Dieser Schriftsteller und frühere Fernseh-Journalist, im Auftrag der »Académie« am Gremium der CNCL beteiligt, ließ sich nach einem ausführlichen, humorvollen Wortwechsel mit Stock von der Angemessenheit der Wortschöpfung *reformatage* überzeugen. Er versprach sogar, sich für die Homologierung dieses Ausdrucks einzusetzen, wenn bei der unendlich langsamen und peinlichen Überprüfung des Vokabulars der Buchstabe R an die Reihe käme. Zwischen den würdigen Literaten des Quai Conti, die bei feierlichen Anlässen noch mit Dreispitz und Schwert im silberverzierten, apfelgrünen Habit tagen, und den seelenlosen Computern mitsamt ihren roboterähnlichen Bedienern war eine sehr gallisch anmutende Verbindung zustande gekommen.

Die Launen der Marianne

Beim *Figaro,* so hieß es in Kollegenkreisen, war den Redakteuren nahegelegt worden, jede Kritik an der Regierung Chirac und deren Minister zu unterlassen – bis zum 24. Februar. Dann seien sie wieder frei in ihren Meinungsäußerungen, soweit sich das mit der generell konservativen Linie des Hauses vertrug. Der 24. Februar war der Grenztermin, den sich die »Nationale Kommission für Kommunikation und Freiheit« gesetzt hatte, um über die endgültige Zuteilung der neuen Fernsehsysteme zu entscheiden. Nach dieser Schonfrist würden auch im *Figaro* die journalistischen Kriterien bei der Beurteilung der Regierungsarbeit, ihrer Erfolge und ihrer Fehlschläge, zu ihrem Recht kommen.

Tatsächlich war es Zeit, von der trügerischen Euphorie der *cohabitation* Abschied zu nehmen. Das Wort Franz I., »souvent femme varie – wie wechsellaunisch die Frauen sind!«, ließ sich auch auf »Madame la France« anwenden, zumal Marianne, deren Büste in allen Bürgermeistereien seit den sechziger Jahren mit dem Schmollmund der Brigitte Bardot, später mit den Zügen der Catherine Deneuve dargestellt wird, guten Grund hatte, unter ihrer phrygischen Mütze über eine Neuzuwendung ihrer Gunst zu grübeln. Im Spätherbst 1986 hatten die Meinungsumfragen noch mit schöner Regelmäßigkeit hohe Popularitätsquoten für Mitterrand und Chirac erbracht. Die friedliche, fast freundliche Koexistenz der beiden politischen Urströmungen des französischen Polit-Temperaments – der »Partei der Ordnung« und der »Partei der Bewegung« – wurde von einer soliden Mehrheit als Gnade des Schicksals gefeiert.

Das Ende dieser kollektiven Selbsttäuschung wurde von der Pariser Jugend, von Studenten und Schülern herbeigeführt. Ein neues Hochschulgesetz der Minister Monory und Devaquet sollte an den hoffnungslos überlaufenen französischen Universitäten einige Auslesekriterien einführen. Die Besten, Fleißigsten und Begabtesten sollten bevorzugt werden. Auch unter den diversen Hochschulen war eine Qualifizierung geplant, die zwangsläufig zu einer Abwertung der von zweitrangigen Fakultäten verliehenen Diplome geführt hätte. Eine drastische Erhöhung der Studiengebühren ließ die Entrüstung der Studiker, die mit einer Gesamtzahl von zwei Millionen eine beachtliche *groupe de pression* bildeten, überschäumen. Sie stellten ein beachtliches Wählerreservoir, ein überaus mobiles Demonstrationspotential, fast eine neue Klasse dar.

So gut wir können, werden wir die soziologischen Eigenheiten, die kollektive psychologische Ausuferung dieser völlig unberechenbaren Studentenrevolte, die sich im Nu über ganz Frankreich ausbreitete, noch im Detail erörtern. Aber hier sei bereits festgehalten, daß die Regierung Chirac, die sich bisher etwas darauf einbildete, im Zeichen des Neoliberalismus der Nation ihren Rhythmus der Verwandlung im Stakkato vorzuschreiben, in eine Sackgasse rannte, in ihrer Aktionsmöglichkeit über Nacht gelähmt war und sich auf eine glatte Kapitulation einlassen mußte. Sie zog das Gesetz Monory/Devaquet sang- und klanglos zurück. Schon wurde dieser Dezember 1986 mit dem Mai 1968 verglichen.

Mit den Studentenunruhen war es nicht getan. Ausgerechnet zu Beginn der Winterferien und der Familienfeiern des Jahresendes brach bei der französischen Eisenbahn ein spontaner, von der Basis und sogenannten »Koordinations-Komitees« getragener Streik aus, vor dessen verhängnisvollen Auswirkungen die zuständigen Ministerien ebenso hilf- und ratlos standen wie die etablierten Gewerkschaften inklusive der prokommunistischen »Confédération Générale du Travail« (CGT). Jacques Chirac gelang es zwar, nach unerträglichen Wochen des Zuwartens und des Zauderns den Ausstand der Lokomotivführer und Eisenbahner ins Leere laufen zu lassen, aber sein Ansehen als starker Repräsentant staatlicher Autorität, der allen Krisensituationen gewachsen schien, war ernsthaft erschüttert.

Dazu gesellte sich nämlich in den sibirisch kalten Winterwochen die Arbeitsniederlegung bei den staatlichen Elektrizitätswerken, die insbesondere die frierenden und immobilen Pariser an den Rand der Verzweiflung und der Raserei brachten. Es folgte ein Aufstand der Lehrer, die sich gegen eine autoritätsbezogene neue Regelung zugunsten der Schuldirektoren mit Aufmärschen und Unterrichtsverweigerung zur Wehr setzten, eine *de facto*-Abwertung des Franc, die durch deutsches Entgegenkommen und eine Aufwertung der D-Mark kaum kaschiert wurde, und ein wirtschaftlicher Rückgang, der sich vor allem in den Exportzahlen niederschlug. Sogar die Hydra der Inflation hob ihr drohendes Haupt, und es hätte nur noch eines handfesten Skandals bei der Verteilung der Fernsehfrequenzen bedurft, um die TV-besessenen Franzosen endgültig in jenen Zustand der *morosité*, des Mißmuts und des Trübsinns, zurückfallen zu lassen, der von den Herolden des Neoliberalismus als Merkmal sozialistischer Schlamperei und Gleichmacherei stigmatisiert worden war.

Die Sphinx im Elysée-Palast hatte mit sicherem Instinkt die Zeichen der Zeit erkannt. Mitterrand solidarisierte sich mit der revoltierenden Jugend. In seinem südfranzösischen Feriensitz Fort Brégançon empfing er demonstrativ eine Delegation von Lokomotivführern. Die Lehrer genossen ohnehin seine Sympathie. Und er machte kein Hehl daraus, daß Frankreich für einen Wirtschaftsliberalismus à la Reagan oder à la Thatcher ein völlig ungeeignetes Experimentierfeld sei. Sogar Mitterrands Vorgänger Giscard d'Estaing ließ sich die Gelegenheit nicht nehmen, aus dem Hinterhalt auf seinen Pseudo-Verbündeten Chirac zu schießen, dem er die Verantwortung für die eigene Niederlage bei den Präsidentschaftswahlen von 1981 anlastete. Giscard sprach von der mangelnden sozialen Sensibilität eines unzulänglich interpretierten Liberalismus.

Das Mißvergnügen der Franzosen an der verlorenen Illusion nationaler Einmütigkeit und sozialer Versöhnung übertrug sich vorübergehend auch auf den sozialistischen Staatschef, dessen Popularitätskurve, weniger steil zwar als die Quote Chiracs, aber signifikant nach unten tendierte. Würde Mitterrand wirklich noch einmal kandidieren? Diese obsessionelle Frage beschäftigte nun die gesamte politische Klasse. Der Blick auf Präsident Reagan jenseits des Atlantiks mochte den französischen Staatschef abschrecken, sich für eine zusätzliche Amtsdauer von sieben Jahren zur Verfügung zu stellen, die er im Alter von 71 Jahren antreten müßte. Andererseits konnte man Mitterrand nachfühlen, daß ihm die Förderung Michel Rocards schwerfiel, des einzigen Sozialisten, der außer ihm selbst eine Chance auf Erfolg hatte.

Michel Rocard war als Sproß des protestantischen Großbürgertums zur Welt gekommen. In frühen Jahren hatte er als Verfechter utopischer kooperativer Modelle des Sozialismus von sich reden gemacht, wie sie allenfalls im Jugoslawien Titos zaghaft praktiziert und ins Fiasko gesteuert worden waren. Er wurde zum Gründer einer ultralinken Splitterpartei PSU, die von den gestandenen Anhängern der SFIO als »Parti Socialiste Universitaire« verhöhnt wurde. Mit deutlichem Vorbehalt und erheblicher Verspätung hatte er sich der Sozialistischen Partei angeschlossen, die Mitterrand – mit der Rose in der Faust – aus der Wählerflucht und der ideologischen Verirrung zur schlagkräftigen Massenpartei hochgeführt hatte.

Vor genau sechs Jahren, am Abend des 19. Oktober 1980, war ich in den nördlichen Pariser Vorort Conflans-Sainte-Honorine geeilt, als die Nachricht platzte, Michel Rocard, der dort als Bürgermeister fungierte, wolle sich – gegen Giscard natürlich, aber auch gegen Mitterrand – als Präsidentschaftskandidat vorstellen. Ich hatte einen *coup d'éclat*, einen zivilen »achtzehnten Brumaire«, erhofft. Aber in der überfüllten »Mairie« von Conflans-Sainte-Honorine entdeckte ich nur einen schmächtigen, von der eigenen Kühnheit überwältigten Intellektuellen mit schwarzer Haartolle über der hohen Stirn und einer gewaltig vorspringenden lateinischen Nase. Der Kandidat Rocard verlas – unter Verzicht auf das rhetorische Pathos, das in Frankreich nun einmal unentbehrlich ist – eine Proklamation, an deren Überzeugungskraft er selbst nicht zu glauben schien.

Vielleicht war es diese bescheidene Unbeholfenheit, diese entwaffnende Ehrlichkeit auch, deren Charme ich bei verschiedenen Interviews erlebt hatte, die Rocard mit breitgestreuter Sympathie belohnte und ihm jahrelang bei den in Frankreich leidenschaftlich betriebenen *sondages* einen beachtlichen Vorsprung vor allen seinen Rivalen verschaffte, in welche Couleur sie sich auch kleideten, welche wohlkalkulierten Tricks sie auch ausspielten. Unter den Haien der Politik wirkte er wie »Tintin« aus dem Bilderbuch.

Hatten die Kommentatoren vor drei Monaten noch herablassend über den rundlichen Professor Barre gespottet, der mit seiner Verurteilung der *cohabitation* den Stimmungsumschwung im breiten Volk verkannt zu haben schien, so galt er plötzlich als Favorit der öffentlichen Meinung, ließ in den Umfragen Chirac weit hinter sich, überrundete Rocard und kratzte am bislang ungetrübten Glanz François Mitterrands. Nach den jüngsten Enttäuschungen sozialistisch-konservativer Koexistenz sehnten sich die Franzosen offenbar – für eine Zeitlang – nach einem *père tranquille* oder auch nach einem Zuchtmeister, der Wirtschaft und Finanzen in Ordnung hielte. Ein neuer

Raymond Poincaré war gefragt wie im Jahr 1924, ein neuer Antoine Pinay wie im Jahr 1958, ein Ökonom, der Frankreich in dem einzigen Wettkampf, der zählte – nämlich bei der industriellen und technologischen Selbstbehauptung innerhalb der Europäischen Gemeinschaft –, zu Höchstleistungen verhelfen könnte und dem man auch einen festen internationalen Stand zutraute. Dieses Format, so schien es, wurde von Raymond Barre personifiziert, seit er sich – glaubhafter als Chirac – in die Nachfolge de Gaulles gedrängt hatte.

Rue Monsieur-le-Prince

Mit hochgestelltem Mantelkragen schlage ich die Richtung zur Rue Monsieur-le-Prince ein, die sich vom Carrefour de l'Odéon zum Hügel der heiligen Genoveva hinaufschlängelt. Irgendwie empfinde ich diesen Winter in Paris intensiver als in mancher deutschen Großstadt, in der das Thermometer viel tiefer sinkt. Paris sei die nördlichste Metropole des Mittelmeerraums, hat jemand geschrieben, und der Frost steht ihr schlecht. Die kleinen Restaurants in der Rue Monsieur-le-Prince sind mit überwiegend studentischem Publikum gefüllt. Es geht dort hoch her, denn die jungen Leute heizen sich mit Rotwein ein, bevor sie sich in ihre kalten Dachstuben und klammen Betten verziehen. In der leeren Gasse komme ich mir im eisigen Wind wie ausgeschlossen vor von dieser lärmenden, wortverliebten Geselligkeit. Die Gestalt der Fantine aus den »Elenden« Victor Hugos kommt mir in den Sinn, die bettelnd und hungernd am Pariser Winter und an der Gleichgültigkeit der Besitzenden zugrunde ging.

Seit der Eroberung Süd-Vietnams durch die Kommunisten haben sich Chinesen und vietnamesische Händler in der Rue Monsieur-le-Prince niedergelassen. Gelackte Enten, die gefüllten Teigrollen, *nem* genannt, die Fischsauce *nuoc mam* sind hier in gleicher Qualität zu finden wie einst in Saigon. »Perles d'Asie« lese ich über einem der Läden. Jean-Paul hat rein zufällig eine Wohnung in dieser engen Straße gefunden. Aber diese fernöstlichen Gastronomen gleich um die Ecke muten ihn vertraut an und stimmen ihn vermutlich etwas melancholisch, hatte doch auch er den Höhepunkt seines Berufslebens in Indochina verbracht. Wie ich an diesem Abend durch den Schneematsch zu ihm wate, so war ich einst in der drückenden Schwüle der

Saigoner Nacht regelmäßig in seine großzügige Wohnung in der Rue Tu Do zum Abendessen gekommen. Wenn er noch nicht zu Hause war, weil ihn eine dringende Pressedepesche der »Agence France Presse« in seinem Büro festhielt, hatte sich seine Köchin Thi Ba, »dritte Schwester« genannt, zu mir gesellt und in artiger, für eine Dienerin ganz ungewöhnlicher Selbstsicherheit Konversation mit mir gepflegt.

Der Zutritt zu Nummer 60 der Rue Monsieur-le-Prince war durch eine massive, hochgeschwungene Holztür versperrt. Im heutigen Paris ist die allgegenwärtige, gefürchtete und unentbehrliche *concierge,* der Friedrich Sieburg ein Kapitel widmete und deren Tyrannei ich in meinen Studentenjahren noch ausgesetzt war, durch gleichgültige, radebrechende Portugiesinnen oder Spanierinnen ersetzt worden, die es sich dank der Errungenschaft der Elektronik bequem machen können. Um das Tor zu Nummer 60 zu öffnen, drückte ich auf die Tasten gemäß dem Code, den Jean-Paul mir angegeben hatte. Das Gebäude mochte aus dem 17. Jahrhundert stammen. Der Innenhof besaß altertümlichen Charme. Jean-Paul bewohnte ein kleines Appartement im Hinterhaus, und da – wie in Paris üblich – kein Namensschild den Bewohner angab, suchte ich einige Zeit auf der Wendeltreppe zwischen der zweiten und vierten Etage, ehe ich die richtige Wohnung fand.

Jean-Paul hatte eine kleine Runde von Freunden versammelt. Es war erstaunlich, wie weit sein Bekanntenkreis reichte. Als er mir auf der Türschwelle die Hand zur Begrüßung reichte, glich er irgendwie – von hinten angeleuchtet – mit seinem breiten Schnurrbart und der krausen schwarzen Mähne, mit seinen lebensfrohen, forschenden Augen – dem großen Autor der »Menschlichen Komödie«, der an dieser Stelle, wie auf einer Plakette unter der Hausnummer stand, vor hundertfünfzig Jahren seine Kerzen und seinen Kaffee gekauft hatte. »Un sanglier joyeux – ein fröhlicher Eber«, so war Honoré de Balzac dargestellt worden, und diese liebevolle Beschreibung paßte ein wenig zu Jean-Paul, wenn er zu Hause unter guten Bekannten in geselliger Laune war. Seit er sich von der sozialistischen Zeitung *Le Matin* getrennt hatte, war er gelegentlich von Sorgen um seine berufliche Neuorientierung geplagt, wenn ihm auch – aufgrund erheblichen Privatvermögens – nicht der literarische Produktionsdruck im Nacken saß wie dem Erfinder des »Vater Goriot«. Bekanntlich hatte Honoré de Balzac deshalb so viel *chandelles et café* verbraucht, weil er aus finanzieller Not seine Nächte mit dem pausenlosen Niederschreiben seines Feuilletons – denn als solches galt die »Comédie humaine« für seine Zeitgenossen der Restauration – am Schreibtisch durchwachte. Als Zwangsarbeit war dieses großartige, epochale Sittengemälde der damaligen französischen Gesellschaft aus Aristokraten, Emporkömmlingen und Lumpen zu Papier gebracht worden.

Die alten mächtigen Balken, die die Decke abstützten, ein paar abstrakte Bilder und vor allem eine Anzahl rätselhafter Buddha-Köpfe gaben der *garçonnière* ihr Gepräge. Aus dem schwarzen Erdteil, wo Jean-Paul ebenfalls etliche Jahre verbracht und wo wir uns inmitten der Kongo- und Katanga-Wirren angefreundet hatten, waren weder Baluba-Masken noch Yoruba-Statuetten vorhanden.

Die übrigen Gäste waren bereits eingetroffen und hatten es sich vor dem Kaminfeuer gemütlich gemacht. Raoul war ehemaliger Chefredakteur von *Paris Match*, einer der großen Namen des französischen Journalismus, der sich mit fortschreitendem Alter in ein kleines *château* seiner heimatlichen Auvergne zurückgezogen, es aber in der dortigen Einsamkeit nicht ausgehalten hatte. Jetzt war er an die Seine zurückgekehrt und trug jene elegante Herablassung gegenüber der Hektik einer ihm sich entfremdenden Aktualität zur Schau, die seinem fortgeschrittenen Alter und seinem professionellen Rang gut anstand. Er distanzierte sich bewußt vom wölfischen Ehrgeiz seiner jüngeren Kollegen, der *jeunes loups*.

Der andere Teilnehmer unserer Runde, Hervé, war aufgrund der jüngsten politischen Umschichtung noch einmal ins Rampenlicht gerückt worden und gestaltete ein Programm des öffentlich-rechtlichen Fernsehens. Er hatte schon als Jüngling an der Résistance teilgenommen, war mit seinem Bruder in ein deutsches Konzentrationslager deportiert worden. Nach seiner Befreiung war Hervés Vater in Erfüllung eines Gelübdes mit seinen beiden geretteten Söhnen nach Lourdes gewallfahrt. Über diese Pilgerstätte entspann sich eine Diskussion. Der junge Hervé hatte nur deren Scheußlichkeit, das unerträgliche Treiben der Devotionalien-Händler entdeckt. Claude hingegen, der alles andere als ein bigotter *calotin* war, blieb von dem barbarischen, zutiefst mittelalterlich wirkenden Zeremoniell fasziniert, wenn die Krüppel und Siechen in das eiskalte Wasser der wunderspendenden Quelle getaucht wurden – ohne wirkliche Hoffnung auf Heilung, aber in Erfüllung tellurischer Ur-Riten.

Das Kaminfeuer drohte zu erlöschen. Beim Suchen nach Brennstoff stieß ich auf eine Nummer von *Le Monde* mit einem Artikel des

Grafen von Paris auf der ersten Seite. Der Comte äußerte sich unter dem Titel »Permanenz der Monarchie« zum tausendsten Jahrestag der Gründung der französischen Monarchie. Der Herzog Hugo Capet hatte in der Ile-de-France die fruchtbarsten und verkehrsgünstigsten Ländereien des merowingischen Neustrien im Jahre des Herrn 987 zusammengefaßt und sich von den Feudalherren der Umgebung zum »Rex Franciae« proklamieren lassen. Viel ist von diesem Gründungsvater nicht überliefert worden. Es gibt nicht einmal eine zeitgenössische Darstellung des Königs Hugo. Den Namen Capet verdankte er seiner Lehensherrschaft über ein benachbartes Kloster, die ihm gestattete, im weitfallenden Mantel, in der *cappa magna* eines Abtes, aufzutreten. Seine größte Leistung mag darin bestanden haben, daß er für die französische Dynastie die Thronfolge des erstgeborenen männlichen Erben einführte, eine Praxis, die später durch die »salische Erbregelung« – von spitzfindigen »Legisten« frei erfunden – untermauert wurde.

Im 13. Jahrhundert war die Dynastie der Kapetinger, wie sie nunmehr hieß, durch die legendäre Figur Ludwigs des Heiligen überhöht worden. Später mochte die Kontinuität – beim Ausbleiben männlicher Erben – durch die Nebenlinie der Valois, der Bourbonen, schließlich sogar der Orléans recht und schlecht gewahrt werden; im Verlauf von achthundert Jahren mochten Ruhm und Schmach, Sieg und Niederlage wechseln – so erhaben blieb dennoch die kapetingische Überlieferung im Unterbewußtsein des Volkes erhalten, daß selbst die geschichtsbewußten Jakobiner ihr auf grausame Weise huldigten. Am 21. Januar 1793 ließen sie den Bourbonen Ludwig XVI., den sie auf eine plebejische Egalität reduzieren wollten, unter dem bürgerlichen Namen »Louis Capet« aufs Schafott zerren.

»Daß ich nicht lache«, sagte Raoul, »der Graf von Paris als Erbe oder Nachfolger der Kapetinger!« Zu Beginn des Zweiten Weltkrieges hatte der Thronprätendent sich unter einem Pseudonym zur Fremdenlegion gemeldet, da er, wie alle Angehörigen der ehemaligen Herrschaftshäuser, nicht in der französischen Armee dienen durfte. Dieses diskriminierende Gesetz einer rachsüchtigen Revolution war später auf Antrag des Erzrepublikaners Edouard Herriot – Bürgermeister von Lyon, ehemaliger Ministerpräsident der Dritten Republik und hochrangiger Freimaurer – widerrufen worden. Der Graf von Paris sei ein guter Republikaner, hatte Herriot damals erklärt, und dieser typische Kazike der Radikalen Partei mußte es ja wissen.

Wenig glorreich war, wie Raoul hinzufügte, die zwielichtige Rolle des Comte de Paris nach der Landung der Amerikaner in Algier gewesen, als er wohl Hoffnung in eine orléanistisch-parlamentarische Restauration gesetzt hatte. Er wurde in die finstersten Intrigen verwickelt, die zur Ermordung des Admirals Darlan führten, jenes engen Vertrauten des Marschalls Pétain, der nach 1940 den Kriegseintritt Vichy-Frankreichs auf seiten der Achsenmächte erwogen hatte und dennoch im Herbst 1942 von General Eisenhower vorübergehend als Statthalter über Französisch-Nordafrika akzeptiert worden war.

Henri Graf von Paris war selbst bei jenen dünngesäten Royalisten in Verruf geraten, die unter einem blassen Intellektuellen namens Renouvin angetreten waren und immer seltener ihren Schlachtruf »Vive le Roy« an die Mauern des Quartier Latin schmierten. Der gealterte Prätendent hatte in den letzten Jahren schwer unter der eigenen Familie gelitten. Einer seiner zahlreichen Söhne war vor Gericht zitiert und verurteilt worden, weil er angeblich bei einem sensationellen Antiquitäten-Raub in Südfrankreich Schmiere gestanden hatte. Der älteste Sohn war aus der Erbfolge wegen Scheidung ausgeschlossen worden. Die »Famille de France«, die sich in den sechziger Jahren – glücklich und harmonisch – im *Paris Match* porträtieren ließ, war in sich zerfallen.

Jeanne, die Frau Hervés, eine hochgewachsene, blonde Nordfranzösin, hatte sich bisher kaum ins Gespräch gemischt. Sie bedurfte keiner Bestätigung durch feministische Aufdringlichkeit. Sie war Bibliothekarin, schrieb gelegentlich über literarische Themen und war – bei aller Zurückhaltung und Schweigsamkeit – ein Monument weiblichen Selbstbewußtseins. »Ist es nicht merkwürdig«, sagte sie nachdenklich, »daß wir in diesem Jahr die tausendjährige Geburt Frankreichs aus den Händen des obskuren Hugo Capet feiern, und gleich darauf begehen wir am 14. Juli 1989 den zweihundertsten Jahrestag der Französischen Revolution.« Im Rückblick erschien ihr der Sturm auf die Bastille, die Machtergreifung des Dritten Standes, der Sturz der Bourbonen keineswegs als ein Bruch, kaum eine Zäsur der französischen Geschichte, sondern als eine folgerichtige, notwendige Fortschreibung und Verjüngung. Doch jetzt, am Ausgang des zweiten Millenniums, entdecke Frankreich die bittere Tatsache, daß der Begriff der Nation – von vierzig Königen geschmiedet, durch Napoleon exaltiert und aufs äußerste strapaziert, durch fünf Republiken im Volk verwurzelt – einer traditionsgelösten jungen Generation des

21. Jahrhunderts als obsolet, als kleinlich und schmalbrüstig – *mesquin et étriqué* – erscheinen mochte. Sie sei keine schwärmerische Europäerin, sondern beklage eher eine Entwicklung, die so viel von dem auslöschen würde, was das Leben in Frankreich bislang lebenswert machte. Als Mitterrand in seiner letzten Neujahrsansprache beteuerte: »Frankreich ist unser Vaterland; Europa ist unsere Zukunft«, habe sie diese nüchterne Feststellung nicht als Signal der Hoffnung, sondern als Eingeständnis von Resignation empfunden.

»Europa?« fragte Raoul. »Wer liebt uns denn schon in Europa? Die Engländer verabscheuen uns, die Spanier hassen uns, die Italiener fühlen sich uns auf schmerzliche Weise ähnlich, die Belgier empfinden unsere kulturelle Bevormundung als unerträglich. So paradox es klingt: Nur die Deutschen mögen uns, vielleicht weil sie uns nicht ganz ernst nehmen. Soll das Europa sein?«

Wir wandten uns trivialeren Themen zu. Aber bei Tisch, während Jean-Paul aus seiner winzigen, qualmenden Küche Gänseleber-Salat und Lammfilet hervorzauberte, brach es aus Hervé heraus. »Die historischen Kapetinger, das sind wir. Die Legitimität der Gründer Frankreichs ist von de Gaulle wieder aufgenommen worden, und wir alle, die wir Gefährten waren in der Stunde der drohenden nationalen Auslöschung, sind Träger dieses neuen monarchischen, wenn auch nicht dynastischen Bundes – Nous sommes les vrais Capétiens historiques.«

Es hätte nicht viel gefehlt, und mit steigendem Rotweinkonsum wäre die Tafelrunde des König Artus zur historischen Referenz erhoben worden. Als der Streit um die Nachfolger des Generals begann – Epigonen oder Usurpatoren, wie Hervé sie nannte –, fiel mir die Proklamation Georges Pompidous ein, die er am Tage nach dem Tode de Gaulles erlassen hatte. »La France est veuve – Frankreich ist verwitwet«, begann der Text, wohl das beste Stück Prosa, das der Studienrat und Präsident Pompidou der Nachwelt hinterlassen hat. In ähnlicher Stimmung, wenn auch weniger emotional, hatte der Historiker Robert Aron im Dezember 1965 in der Monatszeitschrift *Le vingtième siècle fédéraliste* eine innenpolitische Schlappe de Gaulles, ein vorübergehendes Verblassen seines Bildes in der öffentlichen Gunst kommentiert. Schon damals lautete der Titel: »La mort du roi – Der Tod des Königs«.

»Seit der Hinrichtung Ludwigs XVI.«, hieß es dort, »wird der Geist der Franzosen von zwei widerstreitenden Komplexen beherrscht: der Sehnsucht nach der Legitimität und der Lust am Königsmord. Legitimität und Königsmord«, schrieb Aron, »sind die beiden stillenden Brüste der französischen Demokratie: sie spenden ihre Milch unregelmäßig, eine oft saure und selten nahrhafte Milch, die dem Lande recht und schlecht erlaubt zu überleben, seine Einheit zu wahren. Was seinerzeit den Ruhm de Gaulles ausmachte, war seine Übereinstimmung mit der Nation, sein Anspruch, beide Grundströmungen des Landes zu repräsentieren. Er verkörperte die Legitimität, weil er den zerbrochenen französischen Staat wieder aufgerichtet hatte. Aber Jeanne d'Arc, die Gleiches vollbrachte, hat niemals versucht, sich an die Stelle Karls VII. zu setzen oder ihn vor einen Gerichtshof zu stellen. De Gaulle vertrat auch den Königsmord, indem er den berühmten Greis Pétain, der ebenfalls im Namen Frankreichs hatte sprechen wollen, zum Tode verurteilen ließ. Auf doppelte Weise hat de Gaulle also jener Wankelmütigkeit der Franzosen geschmeichelt, die sich aus Stolz und Masochismus zusammensetzt, die in den Tagen des Regimewechsels und des politischen Umbruchs ihr Lebenselement findet. So hat de Gaulle aber auch den Ansturm vorbereitet, der ihn seinerseits zu Fall bringen könnte, den Aufstand all derer, die Geschmack am Königsmord gefunden haben und für sich die Legitimität beanspruchen. Wenn sich heute die Angriffe gegen de Gaulle mit beinah revolutionärer Heftigkeit entfesseln, so nicht wegen seiner politischen Ideen oder wegen deren Verwirklichung, die seine Nachfolger – wer sie auch sein mögen – zum großen Teil übernehmen werden. Was sich gegen de Gaulle wendet, ist die Axt, die er gegen andere geführt hat. Wer dem Königsmord gehuldigt hat, kann keine Dynastie gründen. Hier sehe ich den tiefen Grund, und, ich möchte sagen, die tragische Schicksalhaftigkeit, die de Gaulle daran hindern wird, seine Nachfolge sicherzustellen, und die ihn so verwundbar macht. Er ist ein Gelegenheitsmonarch und ein König ohne Königtum.«

Robert Aron, der kluge Lothringer Jude, schien alles vorausgesehen zu haben, die Pompidous, Giscards und Mitterrands, die Mairevolution von 1968 und die im Lande Descartes' schwer faßbare Studentenauflehnung des Dezember 1986. Im *Canard Enchaîné* hatte die wöchentliche Chronik »La Cour« den Hof des neuen Sonnenkönigs im ätzenden Stil des Herzogs von Saint-Simon geschildert und Charles de Gaulle natürlich im Gewande Ludwigs XIV. dargestellt. Mit der Amtsübernahme Georges Pompidous verlor diese Rubrik ihren monarchisch-erblichen Charakter. Georges Pompidou, zweiter Präsident der Fünften Republik, war nur noch als »Regent« karikiert. Er war kein Thronfolger, er war die Antithese des Gründers.

Der Zeichner des *Canard Enchaîné,* Moisan, ein lebenstrotzender Champenois – breitschultrig, rotbackig, vital bis zum Exzeß –, dem die besten Einfälle beim schweren Rotwein kamen, eine wahrhaft Rabelaissche Figur, hatte mir zum ersten, vorübergehenden Abschied von Paris eine seiner kraftvollen Skizzen dediziert. »Wer kommt nach de Gaulle?« war der Titel meines Films gewesen, der auf den Fehlschlag der Volksbefragung von 1969 und den anschließenden Rücktritt des Generals verwies. Moisan hatte – Rücken an Rücken – de Gaulle in Blau und Pompidou in Rot skizziert, in der höfischen Kleidung samt Perücke des Sonnenkönigs. Jetzt war Moisan vor ein paar Tagen gestorben, aber die Karikatur behielt symbolischen, geschichtsträchtigen Wert. Dieser Pompidou war ein unerwünschter, ein ungeliebter Nachfolger. Die Dissonanz zwischen diesen beiden sich dennoch ergänzenden Charakteren der Fünften Republik hatte ich im Juli 1965 wie folgt beschrieben.

Pompidou auf dem Luftkissen

Premierminister Georges Pompidou hat sich vor den Kameras des französischen Fernsehens interviewen lassen. Das ist nicht das erste Mal. Aber dieses Jahr blieb vor den Sommerferien die rituelle Pressekonferenz de Gaulles aus, und der französische Urlaubsreisende nahm als letzten Eindruck von der politischen Bühne der Fünften Republik das Gesicht Georges Pompidous mit an die Côte d'Azur, in die Bretagne oder an den Strand von Biarritz.

Sie sind ein ungleiches Paar, de Gaulle und Pompidou, wenn sie auf der Tribüne der Champs-Elysées die Parade des 14. Juli abnehmen. »Don Quichotte und Sancho Pansa«, spotteten ein paar intellektuelle Zuschauer. Aber auf dem Fernsehschirm verbreitet der rundliche Premierminister mit den buschigen Augenbrauen eine eigentümliche Faszination. Er ist neben dem General, wenn auch auf andere Weise, ein geborener Telekrat. Dort, wo de Gaulle wie ein Monument, manchmal wie eine Übertreibung seiner selbst erscheint, dort, wo de Gaulle nacheinander die Rollen spielt, die sein Publikum von ihm erwartet –

Verkörperung der Staatsräson, aufgeklärter Monarch, entrüstetes Bewußtsein der Nation, Vatergestalt, Kassandra und manchmal auch den müden alten Mann, der die Franzosen an seine Seite ruft, da ist Georges Pompidou lediglich der überlegene Mann des Intellekts, *la bête à concours,* wie man die brillanten Absolventen der französischen großen Schulen nennt. Es ist ein unbestrittener Trumpf des Premierministers, daß seine Zuschauer vor dem Fernsehschirm sich mit den Ellbogen anstoßen und sich zuraunen: Seht doch, wie gescheit er ist! In Frankreich ist Intelligenz nicht verdächtig.

Georges Pompidou bringt mehr mit für sein Amt als den Ruf geistiger Brillanz. Ein Mendès-France hatte durch seine fischige Kälte auf die Franzosen lähmend gewirkt. Michel Debré, der Vorgänger Pompidous als Premierminister der Fünften Republik, beunruhigte durch seine bittere jakobinische Leidenschaftlichkeit. Pompidou erscheint »tout en rondeur«, wie die Franzosen sagen, als ein Mann ohne Ecken. Ein Mann vor allem, der aus der heimatlichen Auvergne den gesunden Menschenverstand des Bauern mitbringt.

Mit dem schnurrenden Kater »Raminagrobis« hat ihn der Schriftsteller François Mauriac verglichen. Doch das ist ein Kater von besonderer Art, ein gestiefelter Kater, der Siebenmeilenstiefel angezogen hat. Für das Frankreich von 1965 stellt Georges Pompidou einen Henry Ford *à la française* dar. In Frankreich träumt kaum jemand davon, vom Schuhputzerjungen zum Industriemagnaten aufzusteigen. Aber aus bescheidenen bürgerlichen Verhältnissen stammend, über Diplome der großen Schulen und den Staatsdienst, den *conseil d'état* insbesondere, der immer noch einen unausgesprochenen Adel verleiht, an die Spitze der Regierung zu rücken im Gefolge eines de Gaulle, und das alles scheinbar mühelos dank einer überragenden Intelligenz und angenehmer Manieren – welcher ehrgeizige junge Franzose würde von einer solchen Karriere nicht bestochen? Schließlich muß auch Georges Pompidou einmal, als er direkt aus seinem Provinzgymnasium in Albi kam, dem Monstrum Paris gegenübergestanden haben wie der junge Arrivist Rastignac, von dem Balzac erzählt, und auch er muß damals gesagt haben: »A nous deux maintenant – Jetzt sind wir beide dran!«

Die Gegner Pompidous – hier sind sich extreme Rechte und äußerste Linke einig – werfen dem Premierminister seine Bindungen an die Rothschild-Bank vor, die einen aus Antisemitismus, die anderen aus Antikapitalismus. Das Bankgeschäft ist im katholischen Frankreich, zumindest bei den bäuerlichen Schichten, nicht sonderlich angesehen. Die Bank gilt bei der breiten Masse als ein Geschäft für Juden und Protestanten. Das Überwechseln des Beamten Pompidou aus dem *conseil d'état*, jenem Verwaltungsgericht, das früher als der Appellhof des Königs bekannt war, in die Rothschild-Bank der Rue Laffitte, war in den Augen der gehobenen französischen Verwaltungskaste ein fürstlich vergoldeter Abstieg. Als solchen mag auch Georges Pompidou, dem wie jedem anderen standesbewußten Franzosen der *service public*, der öffentliche Dienst, im Blut steckt, seinen Berufswechsel empfunden haben.

Doch dieser Kontakt mit der großen Geschäftswelt, mit der *intendance*, der Zahlmeisterei, wie de Gaulle herablassend sagt, gibt ihm jetzt die Autorität, zu den Franzosen viel überzeugender über wirtschaftliche Fragen zu sprechen als der General, dessen Exkurse über Goldwährung und Planwirtschaft schon deshalb auf die Skepsis der Fachleute stoßen, weil sie im feierlichen Stil des Predigers Bossuet vorgetragen werden. Pompidou, so sagt sich der Zuhörer, muß als früherer Handlungsbevollmächtigter der Rothschild-Bank ja etwas vom Geschäft verstehen, und nur wenige bedenken, daß dieser *professeur agrégé* für klassische Literatur, als er in das Unternehmen des Baron Guy berufen wurde, gerade einen Scheck von einem Wechsel unterscheiden konnte.

Der Vergleich mit Henry Ford ist wirklich nicht ganz abwegig. So wie der amerikanische Millionär im Klischeestil des *American way of life* demonstrieren sollte, daß dem Tüchtigen und Hemdsärmeligen der Weg zum Reichtum offensteht, so dokumentiert Pompidou, daß Intelligenz, auf welches Sachgebiet – Erziehung, Jurisprudenz, Politik oder Finanz – sie auch angesetzt wird, den Weg zum Gipfel öffnet. Und der Gipfel in Frankreich, das ist nicht ein weltweiter Konzern, eine Riesenindustrie oder fabulöser Reichtum, das höchste Ziel in Frankreich ist politische Macht und ein Amt an der Spitze des Staates.

Wie haben sie zueinander gefunden, de Gaulle und Pompidou? Nicht in der heroischen Résistance, aus der alle übrigen alten Gaullisten hervorgegangen sind. Als Studienrat in Paris, als junger *agrégé* im Lycée Louis-le-Grand, hatte Pompidou zwar mit der Widerstandsbewegung sympathisiert, aber aktiv hat er sich nie engagiert, genausowenig wie er später der gaullistischen Sammlungsbewegung »Rassemblement du Peuple Français« (RPF) oder unter der Fünften Republik der gaullistischen Mehrheitspartei »Union pour la Nouvelle République« (UNR) beitrat. Pompidou hatte gute Freunde in der Umgebung de Gaulles, und als der General 1944 im befreiten, aber chaotischen Paris die Räder der Regierung wieder in Gang bringen wollte, brauchte er einen Verbindungsmann zur Universität im bescheidenen Rang eines Kabinett-Attachés. »Kennen Sie einen Studienrat, der schreiben kann?« soll de Gaulle damals gefragt haben. Man präsentierte ihm Georges Pompidou.

Der Zufall, das Glück kamen Pompidou immer zu Hilfe. Seine Karriere habe sich wie auf einem Luftkissen bewegt, schreibt ein französischer Biograph. Mit Kompetenz und einem untrüglichen Urteil hat dieser scheinbare Dilettant die gewonnenen Positionen stets ausgebaut, zuerst bei de Gaulle und dann bei Rothschild in jenen Jahren des Exils, als der General zürnend aus Colombey-les-Deux-Eglises die Spiele der Vierten Republik mit seinen Sarkasmen verfolgte. Während jener Durststrecke – der *traversée du désert*, des Zugs durch die Wüste, wie die getreuen Gaullisten die zwölf Jahre der Abwesenheit de Gaulles von der Spitze des Staates nennen – schuf Pompidou, ohne es zu wissen und ebenfalls durch Zufall, die solideste Basis für seinen Aufstieg zum Amt des Premierministers, ja zum präsumtiven Nachfolger de Gaulles. Er hatte Yvonne de Gaulle, der Frau des Generals, mit Rat und Tat geholfen, als deren Stiftung für geistig zurückgebliebene Kinder nach dem Rücktritt de Gaulles im Jahre 1946 in finanzielle Bedrängnis kam. Die Stiftung hieß im Gedenken an die früh verstorbene Tochter »Fondation Anne de Gaulle«. Das ganze Herz Madame de Gaulles hing an diesem Sozialwerk. Die Hilfe Pompidous wurde nicht vergessen. Wer die diskrete, schüchterne, aber in manchen Dingen bestimmende Rolle der »Generalin« kennt, der weiß, welch wertvolle Verbündete Georges Pompidou in jenen bitteren Tagen in Yvonne de Gaulle gewonnen hatte.

Da sitzt er vor den Kameras der »Télévision Française«, Enkel eines Auvergne-Bauern, der noch im Mannesalter von der alten gichtkranken Mutter wie ein kleiner Junge gemaßregelt wurde, wenn die Ernte nicht fristgerecht eingebracht worden war, Sohn eines südfranzösischen Lehrers, der in seiner Jugend dem Sozialistenführer und Pazifisten Jean Jaurès zur Seite gestanden hatte und der für seinen Sohn keinen größeren Ruhm erträumte als die Berufung zum Universitätsprofessor; ein beispielhaftes Produkt gallischer Bauernvitalität und republikanischer Bildungsbeflissenheit. Es haftet ihm auch heute noch die Pose des Dilettanten an, die der schlaue Student der »Ecole Normale Supérieure« ebenso pflegte wie den beinahe legendären Ruf seiner Faulheit. Wahrscheinlich haben ihn die fruchtbaren, müßigen und heiteren Jahre der ENS entscheidend geformt.

Jules Romains hat das unvergeßliche Porträt dieser Anstalt gezeichnet. Die enorme Farce, der *canular,* gehört seit eh und je zu den Haustraditionen dieser Intellektuellen-Brutstätte in der Rue d'Ulm, und heute, wenn die Augen Pompidous unter den buschigen Brauen listig funkeln und die Anrede des Interviewers unter der mächtigen Nase eine diskrete Lachfalte zu kerben scheint, fühlt sich der gebildete französische Zuschauer vor dem Fernsehapparat wie ein Komplize.

Das Fernseh-Interview brachte keine Sensation. Hauptthema war der fünfte französische Vierjahresplan. Der Premierminister gab eine gewisse Verlangsamung der wirtschaftlichen Expansion zu. Er übte Kritik an der mangelnden Initiative der französischen Unternehmer. Er sprach die Franzosen an, als wären sie allesamt als Kleinaktionäre am Unternehmen Frankreich beteiligt. Er schuf Vertrauen auf pfiffige, bäuerliche Art. Einen Grundzug seines Wesens gab Pompidou preis, als er seine Ausführungen über die Krise des Gemeinsamen Europäischen Marktes, die im übrigen die Argumente de Gaulles Punkt für Punkt wiederholten, mit den Worten begann: »Es gibt stets für alles eine Lösung.« Mit anderen Worten: Es wird schon halb so schlimm werden. Die französischen Kommentatoren schlossen daraus auf eine gütliche Beilegung der EWG-Krise spätestens zu Anfang des kommenden Jahres. Die Lachfalten Pompidous boten eine Gewähr dafür, mochte der General sich noch so unnahbar in olympische Gereiztheit hüllen.

»Faites-vous connaître – Machen Sie sich bekannt«, soll de Gaulle vor ein paar Monaten gesagt haben. Das war die inoffizielle Investitur. Seitdem tritt der Premierminister, der seiner Natur nach ein Mann der Kabinette, ja der Verschwiegenheit wäre, mehr und mehr in den Vordergrund. »Le destin secret de Georges Pompidou – Das geheime Schicksal von Georges Pompidou« heißt ein Buch, das in diesem Sommer auf den Markt gekommen ist, gedacht wohl als Ferienlektüre für die Legion von Managern, Politikern und Intellektuellen, die sich vor der Abreise aus Paris die Reisetasche voller Neuerscheinungen stopfen. Der Autor, Merry Bromberger, der sich durch die Beschreibung der Hintergründe des Algerien-Kriegs einen Namen gemacht hat, schildert Pompidou von der Kuhweide im Auvergne-Dorf Montboudif bis zum Regierungssitz im Hôtel Matignon als einen Hans im

Glück und dann wieder als eine lässige Intelligenzbestie, der bei aller natürlichen und affektierten Trägheit alles gelingt. Der Mann hat, wenn man der Feder Brombergers Glauben schenkt, auf geradezu unverschämte Weise Fortune besessen.

»Ist das eine geschickte Art, für einen Politiker zu werben?« fragen die französischen Kritiker des Buches. Macht man Pompidou auf diese Weise beim breiten Publikum populär? Denn die Absicht der Public Relations liegt dieser Biographie zweifellos zugrunde. Die Zeitschrift *Le Nouvel Observateur* wirft Bromberger vor, einen Zyniker der Macht und der Karriere als *bonhomme*, als Biedermann, getarnt zu haben. Der *Observateur* geht von der pessimistischen Annahme aus, daß der Durchschnittswähler dem politischen Kandidaten seine allzu konsequente Glückssträhne nicht verzeihen wird, und unterstellt, daß Pompidou in der Stunde der Bestätigung an Neid und Mißgunst der Massen scheitern könnte. Aber spricht nicht die ungeheure Popularität und Faszination eines Kennedy in jüngster Vergangenheit dafür, daß auch die moderne Gesellschaft Frankreichs unter dem Einfluß amerikanischer Vorstellungen neuerdings Führer sucht, die in einer Person Macht und Glück vereinen? Ist die alte griechisch-lateinische Vorstellung, daß Macht stets von Tragik umwittert sein muß – eine Überlieferung, die in der Figur de Gaulles zu klassischer Größe reifte –, nicht ein Erbstück vergangener Generationen, die noch unberührt waren vom naiven Glücksideal der Neuen Welt?

Es wäre verwegen, die politischen Chancen Georges Pompidous, wenn er sich eines Tages an de Gaulles Stelle als Präsidentschaftskandidat vorstellen müßte, heute schon exakt bemessen zu wollen. Aber in diesem Augenblick würde ihm zweifellos zugute kommen, daß er dem General so gar nicht gleicht, daß er gewissermaßen einen Antitypus zu de Gaulle darstellt. Auf de Gaulle kann kein de Gaulle folgen, das wäre den Franzosen nicht zuzumuten. Das wäre sogar de Gaulle nicht recht, der keinen Vorgänger kennt und sich einen gleichgearteten Nachfolger nicht vorstellen mag. In diesem Sinne schrieb *Le Monde:* »Frankreich kann sich nicht ständig in einem Mann verkörpern, der wie ein nationales Denkmal seiner selbst erscheint. Eine solche Situation bietet sich alle zwei bis drei Jahrhunderte einmal. Zwischendurch muß Frankreich jenen Männern überlassen werden, die der Vorstellung vom typischen Franzosen entsprechen: Männer von rundem und friedlichem Aussehen, die jedoch

Charakter und Energie besitzen, Männer, hinter deren Lässigkeit und Lust am Leben sich stiller Mut, Arbeitseifer und viel gesunder Menschenverstand verbergen. Für de Gaulle ist Georges Pompidou so etwas wie sein gutes Gewissen.«

Die wirklichen Aussichten Pompidous? Wir stehen erst am Anfang seiner Bemühungen um Wirkung in der Öffentlichkeit. So amerikanisiert ist immerhin auch Frankreich schon, daß der Kandidat »aufgebaut« werden muß. »The making of the President« hat kaum begonnen, und selbst die feindseligen Linksintellektuellen, die diesen lässigen Erfolgsmenschen insgeheim für einen Opportunisten halten und ihm die Flucht aus ihrer Körperschaft niemals verzeihen können, lassen alle Wetten offen. »Georges Pompidou«, so heißt es im *Nouvel Observateur,* »wird die Franzosen davon zu überzeugen suchen, daß er besser als de Gaulle Frankreich verkörpert – womit er vielleicht recht hat.«

Claude Pompidou, die Gattin des Premierministers, hatte den politischen Aufstieg ihres Mannes von Anfang an mit gedämpften Erwartungen begleitet. Die elegante blonde Frau, Tochter eines Provinzarztes aus Nantes, die sich in der Umgebung von Pariser Literaten, Schauspielern und Schlagersängern fast ebenso wohl fühlt wie einst Jacqueline Kennedy in ähnlichem Kreise, muß dieses Jahr auf ihr übliches Ferienziel Saint-Tropez verzichten. Dort könnte das Paar Pompidou zu häufig in der Gesellschaft von Françoise Sagan, Sacha Distel, von Bernard Buffet oder Brigitte Bardot gesehen werden, und das würde doch manchen Provinzspießer stutzig machen. Statt dessen sind Georges und Claude Pompidou an die rauhe bretonische Küste gefahren, haben dort Wind und Regen geerntet und der Staatsräson ihren Tribut gezollt.

*

Später wucherte die latente Spannung zwischen den beiden Männern de Gaulle und Pompidou zur Unverträglichkeit der Temperamente aus. Der mißgünstige Verdacht des Alten gegen den Jüngeren, die ungeduldige, vitale, von verzweifeltem Kopfschütteln akzentuierte Auflehnung des Jüngeren gegen die Besserwisserei des Alten wurden für alle Eingeweihten des Elysée, ja sogar für die Außenstehenden sichtbar. Ohne spürbare Reibung war dieses Zusammenwirken der beiden *compères* so lange abgelaufen, wie Pompidou als inoffizieller

Berater, als »graue Eminenz« im Schatten agierte. Der psychologische Bruch hingegen war auf den Tag seiner offiziellen Berufung zum Regierungschef zu datieren. »Das kommt davon, wenn man seine langjährige Geliebte am Ende heiratet«, glossierte man in jenen Salons, wo man selbst die Grals-Politik eines de Gaulle am liebsten zum *vaudeville* reduzieren möchte.

Immerhin hatte André Malraux bei einem Bankett im Sommer 1965 dem Auvergnaten mit den dichten Augenbrauen noch bedeutungsvoll und mit knarrender Stimme zugeprostet: »Monsieur le Premier Ministre, je bois à votre destin – Ich trinke auf Ihr Schicksal.« Im Oktober des gleichen Jahres – während in Paris Wetten abgeschlossen wurden, ob de Gaulle sich erneut der Präsidentschaftswahl stellen würde – hatte ich eine Reportagereise in die Normandie unternommen und mich dort zwei Stunden lang mit einem Präfekten über diese Geheimnistuerei und ihre Absichten gestritten. Der Präfekt war nicht davon abzubringen, daß Pompidou – auf oberstes Geheiß – berufen sei, am 5. Dezember nach dem höchsten Amt zu greifen.

Bestärkt wurde er in seiner Überlegung durch ein geradezu mythisch anmutendes Ereignis. Georges Pompidou hatte mit viel Pomp und protokollarischem Aufwand der Rückgabe des Mont Saint-Michel an die Mönche des Benediktinerordens präsidiert. Es war ein Bild aus anderen Zeiten, wie die Mönche barfuß, mit hochgeschürzten Kutten, fromme Litaneien singend, über den von der Ebbe freigelegten Strand zum Heiligtum des Erzengels pilgerten. Die Frühgeschichte der nahen keltischen Bretagne, die Christianisierung und Latinisierung dieser rebellischen Außenbastion am grollenden Atlantik wurden hier noch einmal wie in einem Mysterienspiel vorgeführt. Zwischen den hageren Schädeln der Mönche, den Mitren der Bischöfe und Äbte, deren Auftritt einer fränkischen Chronik entliehen schien, wirkte der rundlich-joviale Lebemann Pompidou zunächst wie ein Außenseiter. Aber nach und nach fügte er sich in das Bild. Das skeptische Auge wurde feierlich. Stimme und Rede verzichteten auf jede unangebrachte Brillanz. Er machte sich gar nicht schlecht als rechter Arm, als weltlicher Vertreter des Monarchen von Paris angesichts des einschüchternden Aufgebots und der liturgischen Pracht der Römischen Kirche. Im Zwielicht des Heiligtums, im Flackern der Kerzen, während der gregorianische Wechselgesang vom Rauschen des Ozeans wie von einer Orgel untermalt wurde, verlieh ihm die kräftig gebogene Nase ein beinahe bourbonisches Profil. »Heute ist Georges

Pompidou im Heiligtum des Erzengel Michael als Thronfolger Frankreichs bestätigt worden«, flüsterte der Chor der Journalisten.

Aber in jenen Wochen gezielter Ungewißheit, als aus dem Elysée-Palast die Nebelgranaten der Desinformation verschossen wurden und in den Zeitungskommentaren mißmutige Verwirrung aufkam, hatte eine weitere Expedition des Premierministers, dieses Mal in die Ardennen, eine ganz andere Indikation erbracht. In Sedan, dem Ort zweifacher französischer Niederlage, würde Pompidou zu erkennen geben, ob er den Auftrag erhalten hat, die Nachfolge anzutreten oder nicht, beteiligte ich mich damals am Ratespiel der Nation. Aber der Premierminister absolvierte seine Ardennen-Tournee wie eine Pflichtübung. Er versuchte kein einziges Mal, Kontakt mit der Bevölkerung zu gewinnen, und nahm den gelegentlichen Applaus kaum zur Kenntnis. Das war nicht die Provinzreise eines Kandidaten. Auf der Rückfahrt im Sonderzug mit den Journalisten zeigte er sich munter und entspannt. Er muß sich tödlich gelangweilt haben in den öden Straßen von Charleville, wo schon Arthur Rimbaud von Ausbruch oder trunkenen Schiffen träumte und in Ermangelung farbiger Landschaftsbilder in dieser grauen Provinz eine dichterische Farbsymbolik, eine bunte Palette für Vokale erfunden hatte:

»A – noir, E – blanc, I – rouge, U – vert, O – bleu; voyelles,
Je dirai quelque jour vos naissances latentes ...«

Zwischen de Gaulle und Pompidou seien die Beziehungen etwas abgekühlt, behauptete man in jenen Wochen. »Ich habe Ihnen geraten, daß Sie sich im Lande bekanntmachen, aber nicht, daß Sie auffallen sollen«, hat der Präsident angeblich zum Regierungschef gesagt. In ausländischen Illustrierten war Madame Pompidou mit dem Nudistenstrand von Pampelonne bei Saint-Tropez in Zusammenhang gebracht worden. Obwohl diese Vorwürfe nicht stichhaltig waren, soll Yvonne de Gaulle sich tadelnd geäußert haben.

Das erklärt wohl jenen Zwischenfall, den mein Mitarbeiter Siegfried Brösecke bei seinen Dreharbeiten in Südfrankreich auslöste. Ich hatte ihn gebeten, unter anderem im Landhaus der Pompidous in Cajarc im Département Lot Außenaufnahmen zu machen und den dortigen Bürgermeister zu fragen, was man in Cajarc vom Premierminister hielt. Als Brösecke auf den geschmackvoll restaurierten Bauernhof zuging, in dem der Premierminister sich eingerichtet hatte, stellte er erfreut fest, daß Madame Pompidou gerade mit ein paar Freunden anwesend war und auf der Freitreppe ein Sonnenbad nahm. Er bat um die

Filmerlaubnis, die ihm Claude Pompidou gerne erteilte. Sie führte ihm zunächst zwei Schimmel vor, die bereits auf den Bildseiten von *Paris Match* verewigt worden waren. Als Brösecke sie selbst aufzunehmen wünschte, tauschte sie erst ihren Bademantel gegen Hose und Bluse aus. Dann stellte sie sich freundlich der Kamera inmitten ihrer Bekannten, die einer Beatles-Platte lauschten und der äußeren Erscheinung nach eher den Kreisen von Saint-Germain-des-Prés entsprachen als der steifen Hofgesellschaft des Elysée. Brösecke verabschiedete sich in aller Herzlichkeit und telefonierte uns am nächsten Morgen seinen Erfolg nach Paris.

In der Hauptstadt hatte sich inzwischen der Staatsapparat in Bewegung gesetzt. Claude Pompidou hatte ihrem Mann gegenüber beiläufig erwähnt, daß sie von einem deutschen Kamerateam in Cajarc gefilmt worden sei. Das reichte aus, um beim Premierminister schreckliche Ahnungen zu wecken. Offenbar nahm er an, seine Frau mitsamt der Freundesgruppe sei aus dem Versteck und ohne ihr Wissen aufgenommen worden, während sie in knapper Bekleidung der Sonne des Midi huldigten.

Die deutsche Botschaft wurde von Simone Servais, dem weiblichen Presseattaché Pompidous, alarmiert. Im Hôtel Matignon war man wohl darauf gefaßt, anzügliche und bösartig interpretierte Bilder in der nächsten Ausgabe der französischen Oppositionspresse erscheinen zu sehen. Um unseren guten Willen und unser reines Gewissen zu beweisen, aus Galanterie gegenüber Madame Pompidou und weil uns am Ende auch keine andere Wahl geblieben wäre, überreichte ich selbst Simone Servais die unentwickelte Filmrolle aus Cajarc, die wirklich nichts Sträfliches und auch nichts Sensationelles enthielt. Dieser Übergabe war ein langes Gespräch vorausgegangen, das der attraktiven blonden Amtsperson erlaubte, Autorität und weiblichen Charme alternieren, ja sogar eine gewisse unterkühlte Koketterie spielen zu lassen. Wir bekamen den Film bald zurückgestellt, mit den Komplimenten des Premierministers.

Das Zerwürfnis

Nun, de Gaulle ist in jenem Winter 1965 natürlich in die Wahlschlacht gezogen. Er wurde allerdings nur mit Mühe – nach einer demütigenden Stichwahl gegen Mitterrand, dessen tatsächliche Gipfelbesteigung von jenem Tag datiert – in seinem Präsidentenamt bestätigt. Und

Georges Pompidou sollte tatsächlich vier Jahre später im Elysée-Palast Nachfolger jenes Mannes werden, der von sich selbst behauptet hatte, de Gaulle besäße keinen *successeur*.

Der Übergang war schmerzlich für den greisen General. Seit der Studentenrevolte des Mai '68, der er sich fassungs- und verständnislos ausgesetzt sah, war die magische Wirkung dieses »Zauberers Merlin« zerbrochen, und – was schlimmer war – er zweifelte selber an seiner bislang unfehlbaren Intuition. Der Premierminister Pompidou hingegen hatte die Schwächung der erdrückenden Kommandeursgestalt mit unverhohlener Erleichterung quittiert, wirkte ganz pragmatisch darauf hin, daß die intellektuelle Aufregung des Quartier Latin nicht auf die damals noch mächtig strukturierten Kampfformationen der kommunistisch gesteuerten Gewerkschaft CGT überspränge, verhandelte mit den *syndicalistes* im Hôtel Matignon, machte Zugeständnisse, gewann sogar Sympathien und sorgte durch dreißigprozentige Lohnzugeständnisse – eine scheinbar unerträgliche, aber schnell verkraftete Konzession – für das Stillhalten der organisierten Arbeiterklasse.

De Gaulle hat Pompidou diese flexible Standhaftigkeit nie gedankt, vermutlich hat er ihm sogar den Erfolg geneidet. Die Rivalität, ja die Feindschaft zwischen Staatschef und Premierminister ist in der Verfassung der Fünften Republik gewissermaßen vorprogrammiert. Diese Tatsache zu enthüllen bedurfte es nicht der argwöhnischen *cohabitation* zwischen Mitterrand und Chirac.

Kehren wir zurück in die Rue Monsieur-le-Prince und die verstaubte Diskussion über die »historischen Kapetinger«. Die Gäste am Kaminfeuer waren schnell übereingekommen, daß Georges Pompidou nicht der Erbe war, den de Gaulle sich gewünscht hätte. Aber wen konnte er sich überhaupt vorstellen an der Spitze dieses legendären Fabelwesens »la France«, das er wie eine Madonna verehrte, aber dessen Realität im Alltag ebenso unauffindbar erschien wie das Einhorn der mittelalterlichen Sage. Hatte er tatsächlich einmal mit dem Gedanken gespielt, seinen unbedarften Sohn Philippe zu nominieren, wie ein postum veröffentlichter Brief anzudeuten scheint? Jedenfalls war es ein unerklärlicher Mißgriff und eine Geste typisch monarchischen Undanks, Pompidou in die Wüste zu schicken, nachdem die Fünfte Republik das Erdbeben des Mai '68 mit Ach und Krach überlebt hatte. Anstelle des Auvergnaten berief er den protestantischen Außenminister Couve de Murville zum Regierungschef.

Der Pastorensohn Couve stammte aus dem Midi wie die meisten französischen Calvinisten, die im Lande geblieben waren, aber in seiner blonden, eisigen Unnahbarkeit mutete er die Mehrheit seiner Landsleute geradezu skandinavisch an. Zwar hatte er auf zahllosen internationalen Konferenzen die unversöhnlichsten gaullistischen Thesen im Hinblick auf europäische Supranationalität oder atlantische Integration mit schneidender Intransigenz und einer höchst britisch wirkenden *stiff upperlip* vorgetragen, aber die »Barone« und die wahren *compagnons* des Generals erinnerten gelegentlich daran, daß die Bekehrung Couves zum Lothringer Kreuz relativ spät stattgefunden habe. Nachdem er als Mitglied einer französischen Finanzkommission an den Implementierungs-Verhandlungen des Waffenstillstandes in Wiesbaden teilgenommen und – vielleicht in geheimer patriotischer Mission – im Außenministerium Vichys gedient hatte, war Couve in aller Seelenruhe mit einem offiziellen »ordre de mission« aus der provisorischen Thermal-Hauptstadt Pétains im Schlafwagen nach Madrid gefahren und hatte sich dort dem »Freien Frankreich« zur Verfügung gestellt. Zu diesem Zeitpunkt waren die Amerikaner bereits in Nordafrika gelandet.

War Pompidou dem General in den Rücken gefallen nach seiner Entlassung? Hatte er Verrat an dieser erdrückenden Vatergestalt geübt? Um diese recht müßig wirkende Frage kreiste die hitzige Debatte in der alten Wohnung der Rue Monsieur-le-Prince. Es war zu abscheulichen Gerüchten und Unterstellungen gekommen, und so erklärte sich wohl die Überempfindlichkeit Pompidous, die wir anläßlich der Fernsehreportage im Ferienaufenthalt seiner Frau Claude im Sommer 1965 zu spüren bekommen hatten.

Schließlich war im Herbst 1969, während de Gaulle sein letztes, aussichtsloses Referendum einleitete, aus Machenschaften, Verleumdungen und wohl auch ein wenig Leichtsinn ein Sittenskandal zusammengebraut worden, der an die mittelalterlichen Ausschweifungen der Töchter Philipps des Schönen in der »Tour de Nesle« oder an die Halsbandaffäre der Marie Antoinette anzuknüpfen schien. Bei erotischen Veranstaltungen – ganz im Stil jener Spiele übrigens, denen der Regent Philippe d'Orléans zu Beginn des 18. Jahrhunderts frönte – soll neben schönen Filmschauspielerinnen und einem jugoslawischen Leibwächter Alain Delons namens Markovic auch das Ehepaar Pompidou kompromittiert worden sein, so lautete die infame Botschaft. Und das Gerücht wurde vollends zur Sensation, als besagter

Markovic, Kronzeuge der Verleumder, auf einer Matratze als blutüberströmte Leiche entdeckt wurde und der Verdacht der Mordvollstreckung sich auf eine berüchtigte Figur der korsischen Unterwelt richtete.

Die offizielle Rehabilitierung des entlassenen Premierministers und seiner Ehefrau Claude hatte damals auf sich warten lassen. Georges Pompidou soll mit der Wut eines Mediterranen auf diese Besudelung seiner Familienehre reagiert und seit jenen Tagen Maurice Couve de Murville, der sich bei der Unterdrückung des Skandals angeblich zögernd verhielt, zutiefst verabscheut haben. Charles de Gaulle und vor allem Madame Yvonne, die den Pompidous einst so nahegestanden hatte, ließen sich Zeit, ehe sie neue Huld zu erkennen gaben und zu einem weithin publizierten Abendessen im engen Familienkreis einluden.

War es wirklich diese Folge von Demütigungen, die Georges Pompidou Anfang 1969 dazu veranlaßte, die letzte Chance zu vernichten, die de Gaulle überhaupt besaß, seine leichtfertig verfügte Volksbefragung über die *participation*, die Beteiligung der Arbeitnehmer am Betriebsgewinn, und vor allem über die Ablösung des Senats durch eine Wirtschaftskammer, zu überleben?

Hervé war von dieser Überzeugung nicht abzubringen. Bei einem Aufenthalt in Rom hatte der Auvergnate erklärt, er stehe als Präsidentschaftskandidat zur Verfügung, falls das Referendum fehlschlagen und der General daraus die von ihm angekündigte Konsequenz des Rückzugs ins Privatleben wahr machen würde. Bis dahin lebten die Franzosen in der ängstlichen Ungewißheit, was denn geschähe, welches Vakuum entstände, wenn *le Vieux*, wie ihn seine Getreuen nannten, nach Colombey-les-Deux-Eglises – dieses Mal endgültig – zurückkehrte. Seit der resolute, im Strudel der Mai-Unruhen bewährte Pompidou in Rom und dann noch einmal in Genf seine Bereitschaft verkündet hatte, in die Bresche zu springen, war vielen Wählern, gerade auch des bürgerlichen Lagers, gar nicht mehr bange um den Bestand der Fünften Republik.

Pompidou, so argumentierte dagegen Raoul, habe dabei seine patriotische Pflicht erfüllt, indem er seinen Landsleuten eine Nachfolge ohne Chaos und gesellschaftlichen Umsturz in Aussicht stellte für den Fall, daß die Mehrheit der Franzosen – was ohnehin vorauszusehen war – dieses Mal »nein« sagen würde zur gebieterischen und etwas erpresserischen Forderung des Generals. Schon damals ging es um den Kandidaten Mitterrand, dessen Wahlsieg um jeden Preis durchkreuzt werden mußte, hatte doch Pompidou dem Herausforderer der Linken auf dem Höhepunkt einer hitzigen Debatte im Palais Bourbon pathetisch zugerufen: »Ich werde verhindern, Monsieur Mitterrand, daß Frankreich in Ihre furchterregenden Hände fällt – dans vos mains redoutables«, ein halber Alexandriner aus der Tragödie »Athalie« von Jean Racine, ein spontanes Zitat aus der großen Theaterwelt Ludwigs XIV. Die Zuschauer auf den Tribünen der Nationalversammlung hatten es genossen, daß die Routine parlamentarischer Rhetorik eine Sekunde lang zum Höhenflug in die klassische Literatur ansetzte.

Die Konversation drehte sich längst im Kreise. Jean-Paul schenkte uns – leise Aufforderung zum Aufbruch – einen Marc de Bourgogne ein. Ob nun eine glücklose Folge von Valois-Königen dem »kapetingischen« Gründungsmonarchen der Fünften Republik gefolgt, ob der Staat gar einer neuen Gattung volkstümelnder Orléanisten anheimgefallen sei – dieses Thema gab nicht einmal ein Sujet für ein Geschichtsseminar im »Institut d'Etudes Politiques« ab. Immerhin saß jetzt Jacques Chirac im Hôtel Matignon, und dieser »Neogaullist« – von den Weihen des wahren Gaullismus kaum gestreift – hatte sich stets der engen Freundschaft Pompidous gerühmt und sich zur Fortsetzung dessen Werkes verpflichtet.

Andererseits residierte François Mitterrand seit fast sechs Jahren im Elysée und wachte eifersüchtig darüber, daß seine wahl-monarchische Sonderstellung an der Spitze des Staates durch die Umtriebigkeit des Premierministers Chirac nicht entscheidend beeinträchtigt wurde. Ich mußte an jene Reklame für Malerfarbe denken, die in den fünfziger Jahren die französischen Métro-Stationen dekorierte. Man sah dort eine Folge von vier »Mariannen«, Symbole einer unbeständigen Republik – mit roter phrygischer Mütze, blau-weiß-rot gestreiftem Rock, von I bis IV numeriert –, die sich gegenseitig überpinselten. »Les républiques passent«, stand dazwischen in riesigen Lettern; »la peinture Ripolin reste – Die Republiken vergehen; die Farbe Ripolin bleibt.« Aus einer respektlosen Warenwerbung lasse sich vielleicht eine politische Analogie ableiten, gab ich zum besten, und Jean-Paul hob sein Glas: »Laßt uns trinken auf die Monarchie Ripolin.«

Die Pflastersteine des Quartier Latin

Paris, 19. Februar 1987

Ein Taxi war um zwei Uhr nachts nicht aufzutreiben. Auf meinem Rückweg zum Carrefour de l'Odéon bemerkte ich schwarze Maueranschriften rund um das Portal des Hauses Nummer 12 in der Rue Monsieur-le-Prince. Ich mußte sie beim Kommen im Schneegestöber übersehen haben. Die alten Steine wurden dadurch in eine »ex voto«-Stele verwandelt. Mehrfach las ich den Namen Malik Oussekine und das Datum 5. 12. 1986. An diesem Tag war hier der maghrebinische Student Oussekine von einer Motorrad-Streife der französischen Polizei niedergeknüppelt und tödlich verletzt worden, als er in diesen Hauseingang flüchtete. »Passant – Wanderer! Erinnere dich, daß an dieser Stelle Malik für die Freiheit der Meinung – ›la liberté d'expression‹ – gestorben ist«, verkündeten die schwarzen Lettern, als habe hier eine Thermopylen-Schlacht stattgefunden. »Die Blumen der Trauer sind verwelkt«, las ich weiter, »aber es bleiben die Tränen – restent les larmes.« Pietätlos war dahinter gepinselt worden: »de crocodile«.

Haben diese beiden Wochen vom 24. November bis zum 8. Dezember 1986 tatsächlich Frankreich verändert? Wurde hier eine Mutation des gesellschaftlichen Verhaltens offenbar, wie manche Kommentatoren – beschwingt durch ihre Jugenderinnerungen an die Mai-Revolution von 1968 – überstürzt und nostalgisch verkündeten? Das Ausmaß des Studenten-Aufruhrs, der durch die neue Hochschulordnung des Ministers Devaquet ausgelöst wurde, durch das bereits erwähnte Selektionsverfahren, das sich nur äußerst zögerlich gewisse amerikanische Modelle aneignen wollte, war zweifellos umfangreicher als bei den Unruhen von 1968. Damals war der Protest und das gewalttätige Aufbegehren im wesentlichen auf ein präzises Planquadrat zwischen Saint-Germain-des-Prés und Mutualité, zwischen der Place Saint-Michel und dem Observatoire begrenzt worden. Dieses Mal sprang der Fakultätsstreik, dann die Revolte auf fast sämtliche Universitätsstädte Frankreichs über, und die Gymnasiasten, *les lycéens*, schlossen sich in dichten Kohorten der Bewegung an. Auf dem Höhepunkt der Kundgebung vom Dezember 1986 sollen eine halbe Million junger Menschen auf den Straßen von Paris defiliert haben, von der Bastille zur Esplanade des Invalides.

Hatte ich den Beginn der Mai-Revolution 1968 verpaßt, weil ich in Begleitung de Gaulles nach Rumänien gereist war, so erreichte mich im Spätherbst 1986 die erste Nachricht von den neuen Pariser Studenten-Unruhen im Sultanat Oman. Beide Male war die Überraschung total für Beobachter und Regierende. 1968 war die Fakultät von Nanterre der schwelende Herd des Aufstandes gewesen. 1986 war die Universität Paris XIII das Sammelbecken jugendlicher Empörung, eine nicht sonderlich renommierte Bildungsfabrik in der schäbigen nördlichen Bannmeile.

Wiederum kam es nicht zu blutigen Straßenschlachten. Barrikaden wurden nicht errichtet. Ein paar Autos brannten. Schaufenster wurden von Außenseitern, die mit der Protestbewegung wenig zu tun hatten, nur selten zertrümmert. Und sofort intervenierte der Ordnungsdienst der Studenten, wenn vermummte Chaoten zur Plünderung schritten. Immerhin hatte es drei Schwerverletzte gegeben – ein Schädelbruch, ein erblindetes Auge, eine abgerissene Hand –, als ein Demonstrant die vor seinen Füßen qualmende Tränengasgranate zurückschleudern wollte. Aber auch die Ordnungstruppen des Innenministeriums, die »Compagnies Républicaines de sécurité« (CRS), erlitten Verluste, wenn mit zunehmender Erhitzung der Gemüter Steine und Eisenbarren gegen sie geschleudert wurden. »Eins zu null«, hallte der Triumphschrei aus der sonst so disziplinierten Menge, als ein junger CRS blutend zusammenbrach.

Vielleicht hätte alles mit einem Kompromiß geendet. Die Regierung Chirac hätte ein paar Zugeständnisse gemacht, der sympathische Chemie-Professor Devaquet, der voll guter Absichten seine Hochschulreform entworfen hatte, war ohnehin zum Einlenken bereit. Er trug schwer an der Bürde eines Amts, für das er nicht geschaffen schien. Aber da kam der Tod Malik Oussekines. Nach einem besonders heftigen Zusammenprall mit der Polizei – ein CRS war, von einem Ziegelstein getroffen, zu Boden gesunken – schwärmten die Knüppel-Spezialisten der Polizeitruppe auf ihren Motorrädern aus. In der Rue Monsieur-le-Prince verfolgten sie den Maghrebiner Oussekine in den Hauseingang Nummer 12 und prügelten wild auf ihn ein. Der Ausgang dieses brutalen Übergriffs wäre wohl nicht tödlich gewesen, wenn Malik nicht an einem schweren Nierenleiden und an Herzinsuffizienz gelitten hätte. Aber nun lag er leblos im Flur. Er war zum Märtyrer geworden.

Die Studentenbewegung kippte augenblicklich um. Die Kirmesstimmung verwandelte sich in blanken Haß. Eine Verständigung mit der Regierung kam nicht mehr in Frage. Das Gesetz mußte weg. Premierminister Chirac, eingedenk der Tatsache, daß im Juni 1984 die sozialistische Regierung Mauroy über eine antiklerikal gefärbte Erziehungsreform gestürzt war, die die Rechte der privaten, das heißt der katholischen Schulen beschneiden sollte, warf das Handtuch. Seinerzeit hatten sich vor allem die erwachsenen Parteigänger der *école libre* in aller Ruhe und Disziplin zu gigantischen Umzügen formiert. Jetzt stand man fassungslos einer jugendlichen Explosion gegenüber, die mit ihrer eigenen Motivation nicht ins reine kam.

Die Hochschulreform, die den Namen ihres Autors, »Loi Devaquet«, trug, wurde sang- und klanglos zu den Akten gelegt. Der Minister trat zurück. Die Studenten hatten diese »Kapitulation« erzwungen. In langen Trauerzügen gedachten sie des algerischen Einwanderersohns Malik Oussekine. Es gab kaum Transparente. Etwa dreißigtausend Jugendliche folgten einem Blumenstrauß, der von einem Antillenneger und einer blonden Französin getragen wurde. Staatspräsident Mitterrand, begleitet von dem jüdischen Friedensnobelpreisträger, Elie Wiesel, begab sich in die bescheidene Wohnung der Eltern Oussekines, arbeitsame, ehrbare Leute, die ihre Trauer mit großer Würde trugen.

Es war schon ein seltsamer Vorgang: Da war jahrelang über den wachsenden Rassismus in Frankreich berichtet worden, über die Auflehnung nicht nur des Bürgertums, sondern auch der einheimischen Arbeiterschaft gegen diese Überschwemmung durch vier Millionen Neueinwanderer, unter denen die Maghrebiner, Senegalesen und Malier immer neuen Nährstoff für Xenophobie lieferten. Da hatte der rechtsextremistische Tribun Jean-Marie Le Pen bei den letzten Parlamentswahlen im März 1986 fast zehn Prozent der Stimmen davongetragen. Die Attentatswelle libanesischer, palästinensischer und armenischer Terroristen hatte die Volkswut angeheizt. Vor allem die jungen Algerier der zweiten Generation – *les beurs* genannt –, entwurzelt, mit ihren braven, fügsamen Eltern meist überworfen, aggressiv, oft hysterisch überreizt, hatten sich den Zorn der kleinen Leute zugezogen. In den trostlosen gigantischen Wohnwaben der Vororte galten sie als lärmende Unruhestifter, Drogensüchtige, Halbkriminelle.

Und jetzt führten die französischen Studenten und Schüler nur einen Namen auf den Lippen: »Malik!« Irgendwie erinnerte mich diese Solidarisierung mit dem jungen Moslem an die ersten Sprechchöre des Mai 1968, als das Quartier Latin gegen die Ausweisung Daniel Cohn-Bendits mit dem Ruf protestierte: »Wir alle sind deutsche Juden – nous sommes tous des juifs allemands!«

Daniel Cohn-Bendit, inzwischen Herausgeber des Frankfurter Blättchens *Pflasterstrand* und aktives Mitglied der grün-alternativen Bewegung in der Bundesrepublik, war Ende November 1986 an die Seine geeilt, um diese neue Generation von Protestlern in Augenschein zu nehmen. Von ein paar demonstrierenden Studenten wurde er erkannt: »Der Rothaarige dort, das ist doch der Typ von 1968«, hieß es. »Hello, man!« wurde er ausgerechnet auf amerikanisch angerufen. »Dany le rouge« wurde um ein paar Autogramme gebeten, ja man bot ihm eine Flasche Kronenbourg-Bier an. Aber ansonsten galt er bereits als Veteran, wurde schmerzlich an den Slogan seiner eigenen Sturm- und Drangjahre erinnert, die er in Frankfurt krampfhaft zu verlängern suchte: »Trau keinem über dreißig«.

Diese Jugendrevolte des Spätherbstes '86 wollte mit den Vorläufern von 1968 nichts zu tun haben. Verwahrloste Kleidung, ungeschminkte Gesichter bei den Mädchen, lange Mähnen der Jünglinge waren nicht gefragt. Auch die soziologische Zusammensetzung hatte sich verschoben. Gewiß, auch dieses Mal waren es wieder die Kinder der Bourgeoisie, die den Ton angaben. Aber daneben – fast ebenso zahlreich – sammelten sich die Farbigen, Schwarze von den Antillen und vor allem die Maghrebiner, gaben Kunde nicht nur von einem episodischen Amalgam, sondern von einer unaufhaltsamen ethnischen Umschichtung der gesamten »métropole«.

Die Leitbilder dieser neuen Generation hießen nicht mehr Mao Tsetung, Ho Tschi Minh oder gar Marx und Lenin. Die politischen Dogmen waren tabu. Man wollte nicht die Gesellschaft – deren Hauptthemen Erfolg und Freizeit hießen – verändern oder gar umstürzen, man wollte sicher sein, an ihr teilhaben zu können. Da wurde ein junger Tunesier zitiert: »Ich will erfolgreich studieren und immens reich werden, um dann allen Armen und Hungernden der Welt helfen zu können.« Ein Teil dieser pragmatischen Anführer, denen jede Ideologie ein Schrecken war, die die Parteien der Linken ebenso ablehnten wie die der Rechten, hatten verschiedene Phasen des Engagements durchlaufen: für die Palästinenser Yassir Arafats, für »Solidarnosč« und Lech Walesa, für »Greenpeace«, und jetzt waren sie bei »SOS-Racisme« angelangt.

Diese weitverzweigte Organisation hatte unter der magischen Beschwörung eines gutaussehenden Mulatten von den Antillen mit dem schönen Namen Harlem Désir im Juni 1985 ein gewaltiges Volksfest auf der Concorde inszeniert und gegen jede rassistische Diskriminierung Front gemacht. Das Abzeichen von SOS-Racisme war eine schwarze abwehrende Hand mit der Unterschrift: »Ne touche pas à mon pote – Hände weg von meinem Kumpel!« Keine strukturierte Interessenvertretung wurde von den jungen Gegnern des Gesetzes Devaquet geduldet. Mit Kommunismus wollten sie schon gar nichts zu tun haben. »Der Leninismus ist tot«, lautete eine der Parolen. Selbst die Studentenverbände mußten vorsichtig im Schatten taktieren, wenn auch die sozialistisch orientierte UNEF-ID immer wieder versuchte, die Bewegung in ihrem Sinne zu kanalisieren. »SOS-Racisme« hatte noch die besten Chancen, akzeptiert zu werden, denn die Forderung – ursprünglich höchst trivial auf den Bildungszugang, die Universitätsdiplome, die Studiengebühren bezogen – lautete: *égalité.*

Die Kinder des Clowns

Die Soziologen »vergaßen ihr Latein«, wie man auf französisch sagt. Da bekannten sich die jungen Intellektuellen zu dem »Clown« Coluche, der unter ärmlichsten Verhältnissen als Michel Collucci geboren und vor ein paar Monaten auf seinem Motorrad tödlich verunglückt war. Aber Coluche war zunächst ein pöbelnder, ordinärer Hanswurst gewesen, der keine Obszönität ausließ, die Verkörperung einer für bürgerliche Gemüter abstoßenden Vulgarität. Er hatte sich – zur Verhöhnung des steifen, höfischen Rituals der etablierten Politiker – bei den Präsidentschaftswahlen von 1981 als Kandidat aufstellen lassen und sich seinen Anhängern fast splitternackt auf der Bühne mit blau-weiß-roten Federn im Hintern präsentiert. Später war Coluche als Charakterdarsteller in durchaus seriösen Filmen aufgefallen. Und dann entdeckte er plötzlich sein Herz für die Leidenden und die

Darbenden – die »neuen Armen«, wie man sie auch in Frankreich nennt. Er hatte unter riesigen Zelten am Rande der schäbigsten Faubourgs seine »Restaurants du cœur«, seine »Restaurants des Herzens«, eröffnet, brachte mit viel Betriebsamkeit gewaltige Spenden zusammen und verteilte warme, kostenlose Mahlzeiten guter Qualität an all diejenigen, die außerhalb der Wohlstandsgesellschaft vegetierten.

Wer sollte das noch verstehen? An die Stelle des legendären »Che« Guevara, der die Anführer des Mai '68 inspirierte und damals von allen Mauern blickte, war der Clown Coluche getreten, mit seinem ätzenden Humor und seiner befremdenden Mildtätigkeit. Als hochbegüterter Apostel der Armen hatte der Einwanderersohn Coluche den Abbé Pierre verdrängt, der sich schon in den fünfziger und sechziger Jahren mit seinen Emmaus-Jüngern um die »misérables« des 20. Jahrhunderts verdient gemacht hatte.

An der Spitze dieser spontanen Bewegung stand ein neutrales »Koordinations-Komitee«. Es wachte eifersüchtig darüber, daß kein Personenkult aufkam, keine parteipolitische Usurpation stattfand. Als sich dennoch eine Pasionaria in den Vordergrund drängte, die hübsche, dunkelhaarige Studentin Isabelle Thomas, die in Villetaneuse den Aufruhr geschürt hatte, bei SOS-Racisme wohlbekannt war und nun Interviews für die Zeitschriften *Elle* und *Paris-Match* gab, ja sogar in der Diskussions-Runde des TV-Stars Michel Polac auftrat – da war die Reaktion unerbittlich. Sie wurde aus dem Koordinations-Komitee ausgeschlossen. Besagter Ausschuß sollte sich übrigens sang- und klanglos selbst auflösen, nachdem die Schlacht gewonnen, das Gesetz Devaquet zu Fall gebracht war und der Minister für Forschung und Hochschulen seinen Rücktritt eingereicht hatte.

Bemerkenswert war die Zahl der beteiligten Mädchen und ihre Furchtlosigkeit. Der »Gavroche« des Winters 1986 war weiblichen Geschlechts und wurde gelegentlich mit jener »Gigi« identifiziert, die mit zerschlissenen Jeans und einer Schiffermütze auf dem Kopf die Revolution zu stilisieren suchte. Am Mai 1968 habe sie im Bauch ihrer Mutter teilgenommen, hatte »Gigi« wissen lassen, ehe ihre Zugehörigkeit zur kommunistischen Studentenorganisation ruchbar und sie folgerichtig beiseite geschoben wurde.

Die Idole dieser Jugendlichen, die die französische Presse als »Kinder Coluches und der Rock-Musik« beschrieb, waren unter jenen Sängern und Konzertgruppen zu suchen, die im Zeichen der *gentil-*

lesse, des »Nett-Seins«, auftraten, mit dieser Masche großes Geld verdienten und sich nicht genierten, mit ihrem Wohlstand zu protzen. Ganz jung waren sie nicht mehr, diese *chanteurs*, etwa fünfunddreißig Jahre im Durchschnitt. Renaud war darunter, der chromglänzende Luxusautos fuhr, aber jeden Abend mit blassem Teint, stumpfen Augen und struppigem Haar auf der Rock-Bühne als »ewiger Verlierer« auftrat, als *loser* – auch dieser Amerikanismus war in Frankreich heimisch geworden.

Manchen Erwachsenen erschien dieser Renaud, der von neuer Brüderlichkeit schwärmte und die Seelenlosigkeit der Beton-Zivilisation mehr beklagte als verdammte, wie ein »heruntergekommener Tintin«, ein später, trister Bruder jener unbeschwerten Lausbubenfigur aus einer beliebten Comic-strip-Serie, einer *bande dessinée*, die jedem französischen Schüler dieses Jahrhunderts vertraut war. Es gehörte feuilletonistisches Wohlwollen dazu, um Renaud als Patenkind des großen Georges Brassens zu präsentieren.

Zu den Galionsfiguren gehörte der zornige Sänger Balavoine, der bei der Rallye Paris–Dakar mit dem Hubschrauber abgestürzt war. Da waren die Rock-Gruppen »Téléphone« und »Indochine« und vor allem der Erfolgs-»Liedermacher« Jean-Jacques Goldman, der seinen Geschmack am wohlgeordneten Familienleben und am Luxus offen zur Schau trug. Goldman, ehemaliger Student der renommierten Handels-Hochschule HEC, hatte allein mit seinem antirassistischen Liebes-Chanson »Je te donne toutes mes différences – Ich schenke dir alle meine Unterschiede« eineinhalb Millionen Schallplatten verkauft.

Als Malik Oussekines in einem Schweigemarsch gedacht wurde, waren die Veteranen von 1968 dabei: Bernard-Henri Lévy, Alain Geismar, André Glucksmann, um nur die bekanntesten zu nennen. Aber die Jungen wollten mit ihnen nichts zu tun haben. »Mai '68 war ein Bordell«, hieß es da kategorisch. Die Mai-Revolutionäre von 1968 seien humorlose Burschen gewesen, behaupteten die 86er, womit sie die Wahrheit auf den Kopf stellten. Es habe sich damals nur um Kinder der Bourgeoisie gehandelt, die sich amüsieren wollten und die jetzt, fast zwanzig Jahre später, im Establishment ihre wohldotierten Posten bezogen hätten. Unter Ausnutzung ihrer um so präziseren Kenntnis jugendlicher Aufbegehrungsreflexe würden diese Renegaten jetzt noch repressiver, ja geradezu »pervers« in ihren jeweiligen Führungspositionen gegen die *underdogs* agieren.

Mit Abstand gesehen, war der Jugend-Tumult des November und Dezember 1986 ein recht prosaisches, fast korporatistisches Ereignis. Die Slogans waren von trauriger Dürftigkeit. Die Selbstbemitleidung überschlug sich nach dem tragischen Tod Malik Oussekines. Vor gefüllten Hörsälen wurde andererseits immer wieder über das Phänomen Bernard Tapie diskutiert und gelegentlich polemisiert. Tapie war jener forsche Selfmademan, der sich durch die Sanierung bankrotter Unternehmen zum Multimillionär und Industriekapitän hochgerangelt hatte.

Bernard Tapie, sportlich, »good looking«, Erfolgsmensch durch und durch, repräsentierte einen Typus, der in den angestammten Strukturen Frankreichs bisher nicht zum Zuge gekommen war, es sei denn als Scharlatan. Dieser *homme à femmes,* dieser Frauenliebling, dieser Schlager singende Kapitalist, wurde zur Verkörperung jenes Liberalismus *à la française,* der den jungen Akademikern von Villetaneuse so abscheulich und so begehrenswert zugleich erschien. Denn sie wollten ja gleichzeitig eine »moralische und eine pragmatische Generation« sein. Das Ziel dieser vom Erfolg faszinierten »Anti-Yuppies« war es ja nicht, die etablierten Werte zu verwerfen, sondern sich als deren Wortführer zu bewähren. Statt die bestehende Gesellschaft in Frage zu stellen, wollten sie sich integrieren, an ihren Vorteilen teilhaben.

Die Journalisten der Pariser Redaktionen verirrten sich in den eigenen Wortspielen. Waren es nun die Kinder von Coluche und des Rock oder die verschämten Kinder Bernard Tapies oder gar die Kinder Cory Aquinos? So weit war der schwärmerische, philanthropische Tiers-Mondismus an der Seine bereits gediehen. Die exotische Ferne kannten diese Mädchen und Jünglinge bestenfalls aus dem Urlaub im Club Méditerranée und nicht wie ihre Großväter aus der harten kolonialen Zucht. Die Dritte-Welt-Mythologie, der zum Programm erhobene Antirassismus bildeten das geheime Bindeglied zwischen den jungen blonden *bourgeois* und den dunkelhäutigen Exoten.

»Die einzige Reform, die wir vorschlagen«, hatte Harlem Désir proklamiert, »das sind die Menschenrechte.« Handelte es sich wirklich um eine »love generation«, wie es in der Presse hieß? Vollzog sich hier tatsächlich im Namen der *égalité* die brüderliche Aufnahme, die Angleichung aller farbigen Ausländer, der Neubürger, insbesondere auch der *beurs*?

Das Wort *beur* war aus der Verballhornung, aus der spielerischen Umkehrung des Wortes »Arabe« hervorgegangen. Das Lied »Aziza«, einer maghrebinischen Einwandrerin gewidmet, stand zwar an der Spitze der Hitparade, wie auch ein Song über Äthiopien und das weltweit gefeierte »We are the World«. Aber bei diesen konfusen Protest-Darstellern fand auch ein altes Schlagwort der Gegner jeglicher Entwicklungshilfe für die Dritte Welt Anklang: »La Corrèze avant le Zambèze«. Die Corrèze, ein recht vernachlässigtes Département Zentralfrankreichs, habe Priorität vor dem afrikanischen Sambia. Die Internationale war längst durch die dröhnenden Rock- und Pop-Klänge des Privatsenders NRJ – sprich »énergie« – verdrängt. Pauschal bewertet war der Spätherbst '86 wohl eine recht kurzatmige, ja frivole Veranstaltung.

Die Feindbilder dieser jungen Leute, die sich in malerischer, oft anmutiger Pose neben den monumentalen Bronzeköpfen an den Bastille- und Republik-Denkmälern photographieren ließen, waren hingegen sehr deutlich gezeichnet. Da erschien der Pressezar Robert Hersant als der Herrscher eines Imperiums des Bösen. Im *Figaro Magazine* hatte Louis Pauwels seiner Enttäuschung freien Lauf gelassen. Hatte er noch im September '86 eine Wende-Jugend hoch gelobt, die die pétainistischen Staatsparolen »Arbeit, Familie, Vaterland« wieder zu Ehren kommen ließ, so entdeckte er jetzt eine »Horde von Zombies, deren Blöken unverständlich« bleibt. »Diese Jugend ist von einer geistigen Aids-Epidemie – ›Sida mental‹ – befallen«, schrieb Pauwels. »Sie haben ihre natürlichen Immunreflexe verloren; alle zersetzenden Viren fallen sie an. Wir fragen uns, was in diesen Köpfen vorgeht? Nichts! Aber dieses Nichts frißt sie auf.«

Den harmlosen Professor Devaquet haben die Studenten von Villetaneuse zur Strecke gebracht. Doch ihre wütende Forderung nach Rücktritt des Innenministers Charles Pasqua ist ohne jede Wirkung geblieben. Dieser stämmige, joviale und verschlagene Südfranzose läßt sich durch die Schreie »Pasqua – Mörder!« nicht aus der Fassung bringen. Es spricht nicht für den Wortschatz der demonstrierenden Akademiker, daß sie diesen knallharten Mann an der Spitze des Polizeiaufgebots immer wieder als *enculé* beschimpfen. Charles Pasqua hat sich keine Minute aus der Ruhe bringen lassen, und den Tod Malik Oussekines mag dieser ehemalige Widerstandskämpfer als bedauerliche Panne empfunden haben. Daß zahlreiche Studenten und Schüler sich Zielscheiben auf die Brust hefteten und unter dem Spruchband defilierten: »Ruhe – es wird gemordet!«, konnte ihn nicht beeindrucken.

Anders Premierminister Jacques Chirac. Er sah nicht nur seine Ambitionen auf das Amt des Staatschefs bedroht, für das er sich mit geballter Energie bereithielt. Er mochte gespürt haben, daß er den Boden unter den Füßen verlor, zumal auch nachträglich keine befriedigende Deutung der Dezember-Ereignisse zu finden war. Das explosive Gemisch aus eiskaltem Strebertum und humanitärer Gefühlsduselei paßte nicht in die Normen dieser zutiefst vernünftigen Nation. Zu einem Zeitpunkt, da das Proletariat, die angestammte Arbeiterschaft, an Zusammenhalt und Einfluß ständig verlor – das ließ sich an ihrer schrumpfenden Zahl ablesen –, entstand eine andere, völlig unberechenbare Manövriermasse, deren Gruppenreflexe zunächst jeder soziologischen Analyse spotteten.

Im Jahr 1950 hatten zweiunddreißigtausend junge Franzosen das Abitur, das »baccalauréat«, absolviert; im Jahr 1986 waren es zweihundertfünfzigtausend. 1960 gab es in Frankreich zweihundertsiebzigtausend Studierende, 1986 waren sie auf 1,2 Millionen angeschwollen, davon 30,8 Prozent allein in Paris und Umgebung. 26 Prozent der Jugendlichen zwischen 15 und 25 Jahren fanden keine Arbeit, und jeder zweite Hochschüler brach sein Studium ohne jedes Diplom ab. Die Angst vor der Zukunft, das krampfhafte Bedürfnis nach beruflicher Perspektive und nach Sicherheit, so hörte man bei den Soziologen, seien die tiefen, eigentlichen Triebkräfte dieser originären gesellschaftlichen Kategorie, dieser neuen »akademischen Klasse«. Der Rassenverbrüderung, dem egalitären Exhibitionismus sei dabei nur die Rolle eines verklärenden Alibis zugekommen.

Tatsächlich sind andere große Themen, wie sie etwa die politisch engagierte Jugend der Bundesrepublik aufwühlten, in Frankreich ohne jedes Echo geblieben. Kaum einer der 86er Generation empfand hier offenbar Nuklear-Ängste. Vom Atom in seiner militärischen oder zivilen Verwendung war in diesen stürmischen Wintertagen nicht die Rede. Das gelegentliche Anklingen antiamerikanischer Thesen – schnell relativiert durch permanente Anleihen beim US-Jargon und beim *American way of life* – hatten zu keinerlei Verlängerungen in Richtung auf Pazifismus oder Neutralismus geführt. Dennoch war alles brüchig geworden, und die sonst so smarten Politiker blickten in eine gähnende Ungewißheit. »Nichts wird mehr sein wie vorher«, mit diesen Worten haben sich die letzten großen Jugendaufmärsche im

Dezember 1986 aufgelöst. Eine bloße Prahlerei? Eine folgenschwere Warnung?

Ausgerechnet die linksorientierte, intelligente Zeitung *Libération* hat im Zusammenhang mit dem Dezember 1986 André Malraux, den mythischen Paladin de Gaulles, zitiert. »Wie empfinden Sie die Welt von heute?« war der Autor der »Condition Humaine« kurz vor seinem Tod gefragt worden. »Als ein Provisorium«, lautete die Antwort.

Schöner und törichter Mai '68

Ich muß gestehen, daß mich die Studentenunruhen vom November und Dezember 1986 kalt gelassen haben. Das lag nicht nur am Altersunterschied. Auch im Mai 1968 gehörte ich als Mittvierziger bereits zu jenen, die die aufsässige Jugend aus ihrer Revolutions-Euphorie ausgeschlossen hatte. Dennoch hatte ich den Mai '68 als ein lyrisches Schauspiel, als eine hinreißende romantische Darstellung genossen. Ich widmete diesem Ereignis damals eine Fernsehdokumentation.

Eingeleitet hatte ich meine Reportage mit einem Satz Alexis de Tocquevilles über die Revolution von 1848: »Die Franzosen waren ebenso verblüfft wie das Ausland über das, was sie so plötzlich angerichtet hatten.«

Vor etwa einem halben Jahr, so fuhr ich fort, haben wir einen Film über die französische Jugend gezeigt unter dem Titel »Idole und wenig Ideale«. Was damals richtig erschien, ist in einer Nacht verändert worden. Die seichten Idole von damals, die Idole des Konsums, der Mode und des Schlagers, sind von ihren Sockeln gestürzt oder in den Kindergarten der Unbedarften verwiesen worden. Statt dessen profilieren sich am Horizont der französischen Jugend die Ideale, zahlreich und konfus, erhaben und närrisch, beängstigend und begeisternd.

Es folgten Bilder von den Barrikaden des Jahres 1848: Ein französischer Spielfilm hatte diese Revolutionsszenen rekonstruiert. Paris steht auf gegen die Herrschaft des Bürgerkönigs Louis-Philippe. Es stürzt einen anfangs liberalen Monarchen, gegen den zum ersten Mal an der Seine die rote Fahne gehißt wurde. Wie viele andere Franzosen hat wohl auch de Gaulle in diesen Mai-Tagen 1968 an den Aufstand gegen den Bürgerkönig und an dessen überstürzte Abdankung und

Flucht ins Ausland gedacht. De Gaulles Bemerkung auf dem Höhepunkt der Krise: »Ich bin nicht Louis-Philippe.«

Mit dem Sonnenkönig, mit Ludwig XIV., hatte man Charles de Gaulle immer wieder verglichen. Sein Auftreten im französischen Fernsehen wurde stets mit höfischen Weisen aus dem Grand Siècle eingeleitet. Gewiß war de Gaulle ein Präsident durch die Stimme des Volkes, aber vielen erschien er, wenn er huldvoll die Staatsoberhäupter Europas empfing, wie ein Monarch von Gottes Gnaden. Der Mann, der 1940 durch einen Akt der Revolte gegen den Staat in die Geschichte eingegangen war und 1958 den Putsch von Algier zur eigenen Machtergreifung benutzt hatte, erschien paradoxerweise als bleibendes Symbol französischer Legitimität.

Wenn er in der Provinz die französischen Bauern, Schulkinder und Veteranen besuchte, glaubte er verzichten zu können auf das *pays légal*, auf Parteien und Parlament, auf sämtliche Zwischeninstanzen. Das Bad in der Menge war nicht nur ein Jungbrunnen für den greisen Präsidenten, es sollte auch Beweis seiner unangetasteten Volkstümlichkeit beim *pays réel* sein. Seit de Gaulle den Algerienkrieg mit einzigartiger Autorität und kalter Staatsräson beendet hatte, war er in den Augen der Dritten Welt zum populärsten europäischen Politiker geworden. Er hatte den Kampf gegen die beiden Hegemonialmächte proklamiert, und da Frankreich Bestandteil der westlichen Welt ist, richtete sich seine diplomatische Aktivität in erster Linie gegen die USA. Das Frankreich de Gaulles erschien als der Spitzenreiter einer dritten internationalen Kraft. Zwar hatte der General in Europa wenig Widerhall gefunden, aber das Frankreich de Gaulles, so schien es, sprach im Namen eines Kontinents, der seine Mündigkeit noch nicht wiedergefunden hatte.

Nicht nur am Hofe de Gaulles, auch im Gefolge des General-Präsidenten triumphierte das Prestigedenken und das Mandarinat der Macht. Ein Gala-Empfang beim Parlamentspräsidenten Chaban-Delmas in Bordeaux, beispielhaft für viele ähnliche Veranstaltungen, war ein Stelldichein für die Technokraten des Regimes, aber auch für die altetablierte französische Bourgeoisie, die glaubte, die Fünfte Republik für die Erhaltung ihrer Privilegien pachten zu können. Was nutzte es de Gaulle, daß er diese Bourgeoisie, die im Krieg gegen ihn gestanden hatte, verachtete. Die gaullistische Parlamentsmehrheit war auf ihre Stimmen angewiesen. Das Proletariat stand weiterhin am Rande der Nation.

Von der im Kommunismus gesammelten Arbeiterschaft abgelehnt, von einer bürgerlichen Mehrheit getragen, für die er nur Geringschätzung empfand, aber stets auf die Größe Frankreichs und seiner Ausstrahlung in der Welt bedacht, so blieb de Gaulle einsam in seiner nationalen Meditation und in seiner Menschenverachtung. Sollte er sich Illusionen über die Beständigkeit seiner Anhänger gemacht haben, von der Tragik der Macht war er stets zutiefst durchdrungen.

Es begann in Nanterre. Fern vom Gaullismus, die Bannmeile von Paris. Elend und Futurismus. Zwischen Bauplätzen, Abfallhalden und den Slums der Kanisterstädte, der *bidonvilles*, wachsen die Hochhäuser des sozialen Wohnungsbaus in trostloser Einförmigkeit aus dem schlammigen Boden. Hier grenzt die kalte Anonymität einer Kafkaschen Welt von morgen an die Elendssiedlungen, wo die algerischen Gelegenheitsarbeiter hausen, ein verstörtes Unterproletariat, das nicht einmal Klassenbewußtsein entwickelt. Ausgerechnet in diesen erbärmlichen Rahmen hat die Universität von Paris, die im Quartier Latin aus den Nähten platzte, einen Teil der ehrwürdigen Sorbonne delegiert.

In diesem surrealistischen Dekorum eines Godard-Films besuchen sechzehntausend Studenten die ultramodernen Hörsäle. Es handelt sich im wesentlichen um Studenten der Philosophie und Soziologie. In Nanterre wurde die Revolte der Studenten geboren. Man hatte die angehenden Soziologen meist bürgerlichen Ursprungs hier in ein eigenartiges Labor gesteckt. Sie wurden brutal konfrontiert mit den Ärmsten der Armen, den Fremd- und den Saisonarbeitern, der dürftigen Wirklichkeit der Asozialen, die ringsum in den *bidonvilles* mehr vegetieren als leben. Kein Wunder, daß sich in Nanterre, in diesem intellektuellen Treibhaus, diesem wohlmeinend geplanten Campus, der zum Getto wurde, sonderbare soziale Experimente regten, radikale politische Gruppen bildeten. Die Kampfparolen an den Fakultätswänden knüpften an die Studentenrevolten von Rom, Berlin, Warschau, Madrid, Algier, Tokio und Berkeley an. Auf der Wiese saßen Debattierzirkel. Die Studenten von Nanterre forderten Mitbestimmung und freie politische Betätigung auf dem Fakultätsgelände. Sie verlangten eine Ausrichtung der Universität und der sechshunderttausend Studenten Frankreichs auf die sozialistische Gesellschaft der Zukunft.

Der Dekan der Fakultät von Nanterre hat auf das ungestüme Brodeln mit der Schließung der Hörsäle geantwortet. Damit wird der

Protest zur Revolte. Es mögen nur hundertfünfzig *enragés,* die sogenannten »Tollwütigen«, am 22. März 1968 mit maoistischen und trotzkistischen Schlagworten diese Bewegung lanciert haben. Schon in den ersten Tagen suchen die jungen Bürger verzweifelt den Kontakt mit der Arbeiterklasse, als deren Vorhut sie sich gern betrachten möchten. Aber die Bauarbeiter im Universitätsgelände von Nanterre, die tatsächlichen Proletarier, nehmen die Studenten und ihre Parolen nicht ernst. Sie spielen in ihrer Freizeit unbekümmert Fußball oder *boules,* sie überlassen die Theorie des Klassenkampfes den angehenden Soziologen.

Der Funke springt über ins Quartier Latin. Äußerer Anlaß ist das Attentat gegen Rudi Dutschke, dessen Name von den Mauern des Boulevards Saint-Michel widerhallt. Die internationale Solidarität der Protestierenden hat die Grenzen überschritten wie im Revolutionsjahr 1848. Es war zweifellos ein taktischer Fehler des französischen Unterrichtsministers Alain Peyrefitte, die Fakultät von Nanterre schließen zu lassen. Die ausgesperrten Agitatoren von Nanterre sind in die Umgebung der Sorbonne abgewandert und stiften Unruhe im Quartier Latin. An ihrer Spitze steht ein dreiundzwanzigjähriger Soziologie-Student, der in Frankreich geboren ist, aber einen deutschen Paß besitzt, Daniel Cohn-Bendit. Man nennt ihn den »roten Dany« und vergleicht ihn mit Rudi Dutschke.

In einer Bar der Rue Pontoise habe ich mich mit Cohn-Bendit verabredet. »Am Anfang gab es Nanterre«, bestätigt er, »eine linksextremistische Gruppe, das heißt, es waren Menschen, die gekämpft haben, weil sie einfach nicht glauben, daß nur durch Reformen, durch Parlamentsmehrheiten ein System verändert werden kann. Sie sind hingegen überzeugt, daß erst durch eine radikale Änderung der Strukturen und der Produktionsverhältnisse etwas Positives, etwas Neues herbeigeführt werden kann. Nun, was sind unsere Ziele? Ich glaube – das ist selbstverständlich –, eine radikale Änderung der Universität bedeutet eine radikale Änderung der Gesellschaft. Wenn dies geschehen soll, so muß auch die Infrastruktur der Gesellschaft sich radikal ändern. Ich bin mit dem SDS einverstanden, daß nur ein Rätesystem der Arbeiter und der Bauern diese Struktur bilden kann.«

»Haben Sie den Eindruck, daß Sie die Kommunisten links überholen?« frage ich.

»Tja, ich habe nicht nur den Eindruck, das ist eine Selbstverständlichkeit«, lautet die selbstbewußte Antwort. »Ich habe heute abend in einem Meeting gesprochen. Man hat es klar gehört – sämtliche KP-Anhänger bei den Studenten haben, bevor ich überhaupt etwas sagen konnte, gepfiffen. Das heißt, sie haben eine präzise Anordnung gehabt: Das ist der Feind; er will uns links überholen; den müßt ihr auspfeifen.«

Eine Fehlentscheidung des Rektors der Sorbonne löste die Explosion im Quartier Latin aus. Zwischen Linksradikalen aus Nanterre und Rechtsextremisten der Organisation »Occident« kam es zu Schlägereien im Innenhof der Sorbonne. Da rief Rektor Roche am 3. Mai die Polizei in die Alma mater von Paris, ließ die Rädelsführer verhaften, verletzte die akademische Immunität und ließ das Gebäude, in dem Thomas von Aquin gelehrt hatte, durch Polizeikordons abriegeln.

Die Antwort der Studenten war ein Aufruhr, wie ihn Paris seit der Befreiung von der deutschen Besatzung im Sommer 1944 nicht mehr erlebt hat. Auf die Aussperrung durch den Rektor reagierten die Studenten-Organisationen im Stile revolutionärer Kampftruppen. Die Behörden hatten mit einem geringen Aufgebot von extremistischen Außenseitern gerechnet, mit den *enragés*. Aber mehr als zehntausend Demonstranten stürmten gegen die Sperrkordons, die Wasserwerfer, die Tränengasgranaten der Ordnungskräfte. Die Gendarmerie und die Bereitschaftspolizei CRS gingen mit Helm und Schutzschild wie eine antike Phalanx vor. Über achthundert Verwundete wurden an diesem Nachmittag im Quartier Latin gezählt. Im Gegensatz zu Deutschland hatte die Bevölkerung von Paris – die Einwohner des Quartier Latin und die unbeteiligten Zuschauer – in ihrer Masse mit den Studenten und nicht mit der Polizei sympathisiert. In jenen ersten Tagen des Aufruhrs explodierte selbst bei Teilen des Bürgertums der lateinische Überdruß an der selbstherrlichen gaullistischen Ordnung, die bereits zehn Jahre dauerte. Endlich wurden in Paris – getreu der revolutionären Überlieferung – wieder Barrikaden errichtet und das Pflaster aufgerissen.

»Der lange Marsch durch Paris«, so hat die französische Presse einhellig die gewaltlose Massendemonstration der französischen Studenten am folgenden Tag genannt. Dreißig Kilometer sind die Manifestanten durch die Seine-Hauptstadt gezogen. Mehr als dreißigtausend Jugendliche haben an dieser Kundgebung teilgenommen. Unter ihnen mögen die Maoisten, Castristen, Trotzkisten und Anarchisten die Minderheit gewesen sein. Aber sie gaben den Ton an. Die offizielle Kommunistische Partei Frankreichs, die die schwärmerische Studenten-Agitation bisher als »Deviationismus« verurteilt hatte, geriet in die Rolle eines pseudorevolutionären Zweiges des Establishment. Das gaullistische Regime sah sich von dieser Masse der Jugendlichen, die man bisher als Garanten der Zukunft umworben hatte, in seinen Grundfesten bedroht. Als die Studenten die Champs-Elysées versperrten und am Arc de Triomphe am Grabmal des Unbekannten Soldaten, dem ehrwürdigsten Nationalsymbol Frankreichs, die Internationale sangen, da müssen die Gaullisten gespürt haben, daß das glorifizierte Frankreich des Generals seinen Mythos verlor.

Während in Paris die ersten Schmährufe gegen de Gaulle durch die Straßen hallten, ließ sich der General von den Rumänen feiern. Die Reise war seit langem festgesetzt. De Gaulle wollte sich nicht die Schwäche geben, diesen Staatsbesuch abzusagen. Die Volksmassen der Sozialistischen Republik Rumänien jubelten dem Mann zu, der Europa in Ost und West aufgefordert hatte, sich von den Hegemonial-Mächten, von der Teilung von Jalta freizumachen und ihr Schicksal in die eigene Hand zu nehmen. Während die Mengen aus der Walachei sich begeistert um den großen Mann aus Gallien drängten, stand Paris am Rande der Revolution. De Gaulle war über die Ereignisse zu Hause ständig informiert. Als er sein Reiseprogramm um einen Tag verkürzte, um sorgenvoll an die Seine zurückzueilen, hatten die revolutionären Studenten ihre Herrschaft über das Quartier Latin errichtet.

»Paris en colère – Paris im Zorn«. Ein mittelmäßiges Chanson aus einem schlechten Film, aus dem Film »Brennt Paris?«. Aber es trifft die Situation im Quartier Latin in diesem revolutionären Mai 1968. Mireille Mathieu besingt Barrikaden, aufgerissenes Pflaster, das Pathos der Freiheit. All das war Geschichte, gehörte ins Museum der jakobinischen Tradition, bis die Studenten von Paris daraus wieder brennende Aktualität machten.

Die Studenten hatten den Arbeitern gezeigt, wie man dem gaullistischen Regime trotzen konnte. Die Fünfte Republik schien entlarvt als ein Koloß auf tönernen Füßen. Auch das Proletariat von Paris ging jetzt auf die Straße. Etwa fünfhunderttausend defilierten durch die Hauptstadt. Die Gewerkschaften hatten nur zur partiellen Arbeitsniederlegung aufgerufen, aber der faktische Generalstreik breitete sich ganz spontan aus und lähmte alsbald das ganze Land. Die Studentenführer, an ihrer Spitze Cohn-Bendit, der mit seinem Megaphon die

Entfaltung seiner Anhänger dirigierte, verwiesen die parlamentarischen Größen der antigaullistischen Opposition in das hintere Glied. Mitterrand, Mendès-France, Guy Mollet, Waldeck-Rochet, all diese Koryphäen der antigaullistischen Linken wurden in ihrer Eigenschaft als Parlamentarier von den Studenten mit Nichtachtung gestraft. Aber an diesem Tag des Triumphs wurde schon die Schwäche der Studentenbewegung offensichtlich, und die erdrückende Stärke der Gewerkschafts-Organisationen offenbarte sich.

Beinahe wäre es zu Zusammenstößen zwischen den Ordnungsdiensten der Studenten und der Arbeiter gekommen. Die anarchistischen Kampfrufe aus dem Quartier Latin gingen unter in dem diszipliniert kraftvollen Gesang der Internationale. Am Ende des Umzuges gaben die Arbeiter den Ton an. Schon spürte man, daß die kommunistische Partei und die von ihr gelenkte Gewerkschaft CGT mit allen Mitteln zu verhindern suchte, daß sie von Trotzkisten und Maoisten links überholt würden.

Die Kommunistische Partei stellte sich abwehrend vor die Arbeiter, gegen den Anarchismus der Sorbonne. Bei Nacht erreichte ein Umzug von Studenten auch die »Assemblée nationale«, das Pariser Parlament, wo sich de Gaulles Premierminister Pompidou gegen einen Mißtrauensantrag der linken Opposition behauptete. Doch es kam zu keiner Kundgebung vor der Nationalversammlung. Die Spiele des Parlaments wurden von den jugendlichen Extremisten als ein verspätetes Phänomen des bürgerlichen Liberalismus aus dem 19. Jahrhundert mit Verachtung bestraft.

Kulturrevolution und Jahrmarktstimmung, Lautsprechermusik und romantischer Überschwang im Innenhof der Sorbonne, am Grab jenes Kardinal Richelieu, den man häufig mit de Gaulle verglichen hat. Erinnert nicht diese Begeisterung der Studenten Europas für die exotischen und farbigen Doktrinäre der Dritten Welt, die Bewunderung für Che Guevara, für Frantz Fanon, für Carmichael, für Mao Tse-tung und Lumumba an die literarischen Zirkel der Aufklärung des 18. Jahrhunderts, die im Gefolge Jean-Jacques Rousseaus von der Idealgestalt des »guten Wilden – le bon sauvage« träumten? »Der Mensch ist gut«, so proklamieren auch die roten Humanisten im Innenhof der Sorbonne, die durch ein paar neugierige Arbeiter verstärkt worden sind. »Nur die Gesellschaft hat ihn verdorben.« Die uralten Fortschritts-Utopien erstehen hier im neuen Gewand.

Aus allen Ländern Europas sind die revolutionären Studenten in der Pariser Mutualité zusammengekommen, um die Generalstände der demokratischen Universität zu feiern. Zwei deutsche Studentensprecher waren am Flugplatz Orly zurückgeschickt worden. Dennoch war der Berliner SDS zugegen.

Also sprach der Revolutions-Delegierte, ein pubertär wirkender Student aus der Bundesrepublik: »Dieses System greift nicht zum Terror, weil es ihm gestern oder vorgestern eingefallen ist. Dieses System greift zum Terror, weil es zum Terror greifen muß; denn seine Basis ist angegriffen, nicht von oppositionellen Partei-Rentnern, sondern von einer Jugend, die fünfzig Jahre revolutionärer Lebenszeit vor sich hat. Der SDS steht hier und redet zu euch. Und mag de Gaulle morgen Cohn-Bendit ausweisen, hier sitzen heute dreitausend, morgen werden es fünftausend sein, übermorgen fünfzehntausend, die anfangen, sich zu organisieren, und die damit den ersten Schritt gemacht haben, als Subjekte diese Geschichte zu bestimmen, die nicht eine ist von Maschinen, von Märkten, sondern eine des Menschen und für den Menschen. Es sind Massen, die aufstehen gegen dieses System, heute vielleicht nur erst Massen von Studenten, morgen werden es nicht nur Studenten sein, morgen werden die Arbeiter mit uns auf die Barrikaden steigen.«

Aber die Fabriktore blieben für die Studenten geschlossen. In der roten Bannmeile von Paris offenbarte sich ein deutlicher Kontrast zwischen der jovialen Gelassenheit der Arbeiter und der hektischen ideologischen Gärung der Studenten. Bei Renault, in Boulogne-Billancourt wird nicht geschwärmt. Hier heißen die Parolen: »Vierzig Arbeitsstunden in der Woche – tausend Francs Mindestlohn«. Hier vergißt man nicht, daß nur fünf Prozent der Studenten Arbeitersöhne sind.

Im Quartier Latin gab es nur noch rote und schwarze Revolutionsfahnen. Aber die kommunistischen Arbeiter haben die blau-weiß-rote Trikolore nicht heruntergeholt. Die Betriebsversammlungen der Gewerkschaft CGT erwecken bewußt den Eindruck von Kraft, Verantwortlichkeit und Disziplin. Die KPF will kein Chaos. Sie will regierungsfähig werden, sie will an die Macht. Sie weiß auch um die prekäre Finanzlage der Arbeiter, denen in Frankreich nur ganz geringe Streikgelder gezahlt werden können. Keine geballten Fäuste im roten Arbeitergürtel, sondern fröhliche Kirmes-Atmosphäre. Hier produzieren sich bekannte Schlagersänger. Hier tingelt das Varieté.

So stellt sich im Ausland bestimmt keiner einen revolutionären Streik vor. Aber so ist eben Frankreich, und so bleibt es auch im Aufstand: liebenswert.

Im Théâtre de l'Odéon hingegen, das die meuternden Studenten im Handstreich besetzten, wurde die Kunst durch die Ideologie verdrängt. Die Türen des Theaters, die Aufgänge werden vom Ordnungsdienst der Studenten bewacht, wie einst die Conciergerie durch die Sans-Culottes. Wie in den Dramen Victor Hugos ist hier das Erhabene stets Nachbar des Lächerlichen. Ein Happening, so hat man die Konfusion im Odéon genannt. Im eigentlichen Zuschauerraum, vor geschlossenem Vorhang, triumphieren inzwischen gallische Redseligkeit und ideologisches Gestammel. Vor Studenten, vor Schaulustigen, auch vor neugierigen Snobs aus den feinen Bürgervierteln wird hemmungslos und endlos über die Gesellschaft von morgen debattiert.

Während nachts im Quartier Latin die Anarchie tobte und die Barrikaden brannten, dachten manche Pariser – und an ihrer Spitze wohl Charles de Gaulle – an Ludwig XVI., an Karl X., an Louis-Philippe. Der Staat, den der greise Präsident vor der Rumänien-Reise in fast heilem Zustand verlassen hatte, löste sich auf. Selbst die Oppositionsparteien hatten auf das Wohlstandsbedürfnis und auf den Legalitätssinn der Franzosen spekuliert. Doch die Aufrührer von Paris antworteten mit dem Schrei: »Die Macht gehört der Straße!«

Premierminister Georges Pompidou hatte tage- und nächtelang durchgearbeitet. Er hatte mit Ministern, Gewerkschaftern, Arbeitgebern ohne Unterlaß beratschlagt. Der Premierminister hatte niemals seine Ruhe verloren. Seine Statur, sein Ansehen wuchsen angesichts der drohenden Gefahr. Aber als die Basis der Arbeiterschaft das bereits paraphierte Abkommen Pompidous mit den Gewerkschaften zunichte machte, war auch die Überzeugungskraft des Premierministers am Ende.

Am deutsch-französischen Grenzübergang von Forbach wurde der Autorität der Fünften Republik, auf die sich de Gaulle so viel eingebildet hatte, ein symbolischer Stoß versetzt. Daniel Cohn-Bendit war während einer Reise nach Deutschland vom französischen Innenminister zum unerwünschten Ausländer deklariert worden. Jetzt kam er wieder auf die französische Grenze zumarschiert, gefolgt von einer Gruppe deutscher und französischer Studenten. Auf beiden Seiten der Goldenen Bremm waren deutsche und französische Polizeikräfte in einem Ausmaß entfaltet worden, das in einem grotesken Mißverhältnis zum Ereignis stand. Die Provokation Cohn-Bendits, der dieses Mal abgewiesen wurde, aber kurz danach über die grüne Grenze nach Frankreich kam, war geglückt. Cohn-Bendit hatte nicht nur die Machtlosigkeit der Fünften Republik demonstriert, er hatte den Staat lächerlich gemacht.

Die Verhöhnung des französischen Staatschefs wurde in jenen Tagen als Vorbote seines kommenden Sturzes gedeutet. Improvisierte Wanderbühnen der Studenten gingen vor die Fabriktore und spielten in einem angedeuteten Fernseh-Rahmen das Kasperle-Theater des Gaullismus vor. Die improvisierten Komödianten hatten es leicht, denn der Tonfall des Generals war mühelos nachzuahmen. Am Abend dieses Tages sollte de Gaulle über die staatliche Télévision, die selber von Streiks halb gelähmt war, zu den Franzosen sprechen.

De Gaulle wandte sich an die Nation, aber er fand kein Echo. Er kündigte eine Volksabstimmung, ein Referendum an, über Reformen an Gesellschaft, Wirtschaft und Hochschulen. Doch er überzeugte nicht. Das revoltierende Frankreich wollte kein neues Plebiszit, wollte nicht durch diese ultimative Fragestellung an den Bonapartismus erinnert werden.

In dieser Nacht nach der Rede de Gaulles kam es in Paris zu den heftigsten Zusammenstößen. Selbst die Polizeipräfektur wurde schwankend in ihrer Zuversicht und zweifelte an der Stabilität der Fünften Republik. Das Studentenviertel war in einen Hexenkessel verwandelt. Anarchisten legten Feuer in der Börse von Paris. Der Tempel des Kapitalismus brannte lichterloh. Der nächste Morgen ging über einem verwüsteten Quartier Latin auf. Angesichts dieser Trümmer bemächtigte sich sogar der Kommunistischen Partei, die bisher als gewichtiger Faktor der Ordnung das Aufkommen insurrektioneller Streiks verhindert hatte, der Zweifel an der Richtigkeit ihrer bisherigen politischen Linie. Hatte sich bis zu diesem Tag die kommunistische CGT mit rein gewerkschaftlichen Forderungen zufrieden gegeben, so tönte es von jenem Morgen ab anders. Die Kommunisten forderten jetzt die politische Macht, die rote Volksfront, ihre Beteiligung an der Regierung und den Sturz de Gaulles. Die Studenten hatten dem mächtigen Apparat der Partei den Kurs vorgeschrieben, den Kurs des Regimewechsels und der Revolte.

Es wurde Zeit für die Kommunisten, denn im Süden von Paris, im Stade Charléty, sammelte sich eine neue revolutionäre Linke, die die

Parteigänger Moskaus als kleinbürgerliche Reformer, als Neosozialdemokraten tadelte. Im Stade Charléty hatten die Studenten endlich bei der ehemals christlichen Gewerkschaft CFDT einen dezidierten, stürmischen Gesprächspartner auf seiten der Arbeiterklasse gefunden. Vielbemerkt war in dieser Versammlung die Anwesenheit von Pierre Mendès-France, in dem manche plötzlich den Wortführer einer Bewegung erkennen wollten, die links vom Kommunismus den gnadenlosen Kampf gegen den Gaullismus notfalls mit Gewalt bis zum Ende führen würde. Auch ein jugendlicher Linkssozialist namens Michel Rocard fiel bei dieser Gelegenheit auf. François Mitterrand war zugegen, aber hielt sich mißtrauisch bedeckt.

Vor den geschlossenen Fabriktoren, neben den wachsamen Streikposten, baumelten ausgestopfte Puppen, die das Kapital darstellen sollten. Die französische Wirtschaft war gelähmt. Seit drei Wochen befand sich das Land praktisch im Generalstreik. Nur der Einsatz des Militärs verhinderte die Verseuchung der Hauptstadt durch Berge von Dreck, Abfall und Müll. Armeelastwagen waren es auch, die die letzten spärlichen Verbindungen zur Provinz offenhielten. Frankreich stand vor dem wirtschaftlichen, dem gesellschaftlichen, dem politischen Kollaps.

Was bisher nur die Linksintellektuellen von Paris in ihren politischen Salons geflüstert hatten, das meinten nun auch die Arbeiter. De Gaulle solle dem Land den letzten Dienst erweisen, indem er sich nach Colombey-les-Deux-Eglises zurückziehe.

Auf seiten der Opposition herrschte Siegesgewißheit. Der Leiter der Links-Föderation (FGDS), François Mitterrand, traf sich mit dem Generalsekretär der Kommunistischen Partei, Waldeck-Rochet, und veröffentlichte das Programm seiner bevorstehenden Machtergreifung. De Gaulle solle zurücktreten. Eine provisorische Regierung müsse gebildet werden, an deren Spitze sich Mitterrand oder Mendès-France befänden. Neue Präsidentschaftswahlen würden sofort eingeleitet, und er, Mitterrand, sei Kandidat auf das Amt des künftigen Staatschefs.

Am Mittwoch, dem 29. Mai 1968, schlug die Bombe ein. De Gaulle war nach Colombey-les-Deux-Eglises abgereist. Alle Auguren der Hauptstadt schienen sich einig: de Gaulle hatte seinen Rücktritt beschlossen. Die Zeitung *Minute*, das frühere Sprachorgan der rechtsradikalen Untergrund-Organisation OAS, schrieb triumphierend: »C'est fini! – Es ist zu Ende! – De Gaulle k. o.!«

Der alte Mann war nach seinem Landsitz Colombey-les-Deux-Eglises im Hubschrauber abgeflogen. Schon malte sich der Durchschnittsfranzose das zweite Exil aus, die zweite Einsamkeit des Generals, und seine düstere Meditation über die Unbeständigkeit der Franzosen, die er in seinen Schriften so häufig beklagt hatte. Selbst bei seinen Gegnern mag ein gewisses Mitgefühl angeklungen sein mit einem großen und tragischen Schicksal, das das Ende des Bürgerkönigs Louis-Philippe nicht verdient hatte.

Aber dann kam am frühen Nachmittag die Meldung, de Gaulle sei gar nicht in Colombey eingetroffen. Die Nervosität in Paris wurde unerträglich. Alles starrte gebannt auf die herbe Landschaft zwischen Lothringen und der Champagne, auf das einsame Landhaus. Niemand interessierte sich mehr für die Studenten, für die Parteien und die Gewerkschaften. De Gaulle schien es geglückt zu sein, sich durch eine meisterhafte Regie der Spannung wieder in den Brennpunkt der französischen Sorgen und Hoffnungen zu versetzen. Die französische Staatskrise, das spürte jeder, näherte sich ihrem dramatischen Höhepunkt. De Gaulle habe die Armee in Baden-Baden aufgesucht, wurde in den Abendstunden des 29. Mai bekannt, als der General mit siebenstündiger Verspätung doch noch in Colombey landete. De Gaulle habe sich mit Generalen jener französischen Truppenteile beraten, die in Südwestdeutschland und Ostfrankreich stationiert sind. General Massu wurde an erster Stelle erwähnt. Die hohen Militärs hätten dem Staatschef zugesichert, daß sie bereit seien, jedem Aufstand gegen die republikanische Legalität notfalls mit Waffengewalt entgegenzutreten.

Um diese Zeit häuften sich in Paris Gerüchte über Panzeransammlungen in der Umgebung der Hauptstadt. Tatsächlich waren Manöver-Einheiten von den Übungsplätzen Mailly und Mourmelon in ihre Standorte rings um Paris zurückbeordert worden. Die Nervosität nahm zu. Paris fieberte der Rundfunkansprache entgegen, die de Gaulle für Donnerstagnachmittag angekündigt hatte.

Der 30. Mai brachte den großen Flutwechsel in Frankreich. Wie viele es waren, fünfhunderttausend oder eine Million, niemand hat sie zählen können. Aber die Gaullisten schienen auf einmal alle da zu sein, zwischen der Concorde und dem Arc de Triomphe, und mit sich führten sie ein unübersehbares Meer von blau-weiß-roten Fahnen. Die Trikolore in den Händen dieser ehrbaren Bürger, das war die Antwort auf die roten und schwarzen Fahnen der Sorbonne. Die Wallfahrt zum Grabe des Unbekannten Soldaten unter den Klängen der Marseillaise war die Replik auf das bilderstürmerische Sit-in der Studenten, die am Triumphbogen die Internationale angestimmt hatten. Die gaullistischen Abgeordneten hatten ihre blau-weiß-roten Schärpen angelegt. Als Zeichen der antikommunistischen Gesinnung der Manifestanten wurden auch amerikanische und englische Fahnen mitgeführt. Die vaterländische Welle brandete hoch.

De Gaulle hat an diesem Nachmittag über den Rundfunk gesprochen. Das war keine politische Rede, das war ein napoleonischer Tagesbefehl. Der General kündigte an, daß er bleiben werde und daß die Nationalversammlung aufgelöst sei. Er kündigte Neuwahlen am 23. und 30. Juni an. Sollte der Streik in offenen Aufruhr ausarten gegen die republikanische Legalität, so sei er bereit, dieser Situation mit allen Mitteln zu begegnen.

Am Mittag hatte das Land noch am Rande des Bürgerkrieges gestanden. Am Abend hatte jeder Franzose begriffen, daß de Gaulle das Heft in der Hand hielt und die Autorität des Staates wieder hergestellt war. Die junge Generation hatte vielleicht zum ersten Mal empfunden, welch magische Kraft dieser Stimme innewohnte, die 1940 die Franzosen wieder in einen bereits verlorenen Krieg hineingezwungen hatte. Dieser Abend des 30. Mai war ein Triumph de Gaulles, gleichzeitig aber auch seine Tragödie. Die Menschen, die ihm hier zujubelten, die »Partei der Angst«, die sich hier an ihn klammerte, kam erneut aus jener rechten Ecke, aus der bürgerlichen Hälfte Frankreichs, die ihn 1958 im Zeichen der »Algérie française« an die Macht gebracht hatte. Sie repräsentierten jenen konservativen Teil Frankreichs, von dem de Gaulle sich seit Kriegsende vergeblich zu distanzieren suchte und auf den er sich zur Wahrung seiner Macht immer wieder stützen mußte. Der Sieg des 30. Mai hatte einen bitteren Nachgeschmack.

Am nächsten Tag in der Sorbonne. Cohn-Bendit ist über die grüne Grenze nach Frankreich gekommen wie ein Kobold, der die Macht foppt. Mit schwarz gefärbtem Haar stellt er sich im »Grand Amphithéâtre« der Presse. Während der Revolutionstage hatte er rechtsextremistische Drohbriefe erhalten: Schon einmal habe ein Deutscher und Jude namens Karl Marx die Welt ins Unglück gestürzt. Die großen Parteien haben die Neuwahl des Parlaments, die de Gaulle verfügt hat, akzeptiert. Selbst die Kommunisten ordnen sich in das parlamentarische System ein. Nicht aber Cohn-Bendit und die Studenten der Sorbonne. »Keiner von uns hat behauptet«, ruft er, »die Revolution könne in einer Nacht vollzogen werden. Wir sind keine Romantiker, die glauben, sie hätten eine Revolution gemacht, weil sie in einer Nacht Barrikaden errichteten. Wir verurteilen andererseits alle jene Organisationen, die heute den Kampf aufgeben möchten, um ordentliche bürgerliche Wahlen zuzulassen.«

»Eine Revolution ohne Gesicht«, der Titel stand in *Le Monde*. Und so bleibt wohl oder übel als Galionsfigur des Aufstandes der Studenten: der Rotschopf, die hellblauen Augen und die Sommersprossen Daniel Cohn-Bendits.

Das andere Frankreich hat sich indessen gesammelt. Das Frankreich der Frontkämpfer-Verbände, die ehemaligen Fallschirmjäger, die Patrioten, jene bonapartistische Strömung, die nicht weniger bereit ist als die Studenten, für ihre Überzeugung notfalls auch mit handgreiflicher Gewalt einzustehen. Auf den Champs-Elysées kam es zu Zusammenstößen zwischen den Veteranen der Befreiung Frankreichs und den jugendlichen Demonstranten, die vom Völkerfrühling träumen und den Patriotismus dem Faschismus gleichsetzen. Von den ehemaligen *paras*, die 1944 über der Normandie und der Bretagne abgesprungen waren, von den hochdekorierten Soldaten der Résistance und des Freien Frankreich kann man schlecht erwarten, daß sie sich mit »kongolesischen Zuständen« an der Seine abfänden.

In der letzten Phase kam es noch zu Straßenkämpfen in Elisabethville und bei den Renault-Werken in Flins im Westen von Paris. Die meisten Fabriken und Betriebe haben nach erheblichen Konzessionen der Regierung Pompidou den Streik eingestellt. Das Patronat hat die Löhne drastisch erhöht. In der Automobilindustrie geht der Ausstand jedoch weiter und wird von Studentengruppen geschürt, die aus der Sorbonne herbeieilen. Die Bahnhöfe sind von CRS-Einheiten besetzt, die Autos werden durchsucht. Das offene Gelände eignet sich schlecht für die improvisierte Guerilla der jungen Arbeiter und Studenten.

In Flins sieht es aus, als würden die Legionen Roms für einen historischen Film über den »Bellum Gallicum« mit den Gendarmen in der Rolle von Statisten aufgeboten. Die Steine werfenden Studenten erinnern weniger an den gallischen Freiheitskämpfer Vercingetorix als an Asterix, den wortstarken Helden der jüngsten französischen Comic-strips. Doch die Kommunistische Partei Frankreichs nimmt diese peripheren Vorfälle, wo die Studenten mit Erfolg die Jungarbeiter gegen die Ordnungsparolen der Gewerkschaft aufwiegeln, ernst und bezeichnet die ungerufenen Gäste aus dem Quartier Latin als Provokateure. Hier wird auf einmal deutlich, daß Studenten und Arbeiter aus völlig unterschiedlichen Motiven gegen das Regime angetreten sind. Die Arbeiter, um endlich teilzuhaben an jener Konsumgesellschaft, deren Wohltaten ihnen eine pausenlose Reklame einhämmert. Die Studenten, weil sie bereits der Seelen- und Substanzlosigkeit dieser »manipulierten Konsumgesellschaft« überdrüssig sind.

Immer wieder brodelt es im Quartier Latin. In der Nacht explodieren die Molotowcocktails der Insurgenten. Aber am nächsten Morgen tritt ein Feuerschlucker auf, ein Gaukler wie aus dem Mittelalter des Robert de Sorbon. Neben den Studentenführern Geismar und Sauvageot, die ihre letzten Truppen aufbieten und mit allen Mitteln versuchen, die ordentlichen Parlamentswahlen zu verhindern, steht ein alter bärtiger Anarchist namens Mouna, der seit Jahren zu den liebenswerten Kuriositäten des Quartier Latin gehört, und genießt die Erfüllung seines Revoluzzer-Daseins.

Im Innenhof der Sorbonne, diesem »trunkenen Schiff« der Revolution, nimmt die Diskussion, die geistige Gärung kein Ende. Bezeichnend ist es für den psychologischen Umschwung der Jungen Generation, daß nicht die seichten Schlager-Idole der »Yé-Yé-« und Beatles-Welle gefragt sind, sondern engagierte politische Sänger wie Jean Ferrat, der jenseits des Elends der Unterdrückten einen neuen Tag der Brüderlichkeit verheißt, »un matin aux couleurs d'orange«. Die Studenten sind isoliert in ihrer revolutionären Hochburg, in ihrem Alcazar des Quartier Latin. Ein großer Teil des Volkes verurteilt neuerdings ihre Aktionen. Aber sie verfügen über ein Argument, gegen das weder die Ordnungskräfte des Regimes noch der straffe Apparat der Kommunistischen Partei etwas vermögen. Sie sind jung, sie haben die Zukunft vor sich. Wer könnte heute sagen, ob der rote Völkerfrühling, den sie lyrisch verheißen, einem kurzen Morgenrot gleicht oder einer Feuersbrunst?

Der Sturz des Königs

Inzwischen sind wir alle klüger geworden. Eine politische Revolution, so ist man sich einig, war im Mai 1968 nicht einmal im Ansatz vorhanden, wohl aber eine Kultur-Revolte. Dieser unverhofften Explosion, die die Fünfte Republik erschütterte, war ein langer Reifungsprozeß vorausgegangen. Frankreich hatte sich in den wenig rühmlichen, aber wirtschaftlich dynamischen Nachkriegsdekaden von einem Agrar- zu einem Industriestaat entwickelt. »Les trente glorieuses«, die dreißig glorreichen Jahre – in Anlehnung an die drei glorreichen Barrikaden-Tage, »les trois glorieuses«, die die Bourbonen-Restauration 1830 zum Einsturz brachten –, so nannten die Zeithistoriker bereits jene Epoche zwischen 1947 und 1977, die, unabhängig von der Zäsur gaullistischer Machtergreifung, das Antlitz der Nation zutiefst verändert hatte. Es waren Deiche gebrochen, die jahrhundertelang allen Anfechtungen standhielten. Die Kirchen hatten ihre Glaubwürdigkeit, die Familien den Zusammenhalt, die Kultur ihr Sendungsbewußtsein verloren. Durch die Staubwolken der in Schutt versinkenden tradierten Werte waren die Konturen einer neuen *société* noch nicht zu erkennen.

In der ersten Phase dieser Umkrempelung, die auch die Ideologie nicht aussparte, hatte der Algerien-Konflikt als Beschleunigungsfaktor gewirkt. Die jungen französischen Wehrpflichtigen, die im Dschebel Nordafrikas Partisanen jagten, die Zeugen von Unmenschlichkeit, ja von Folterungen wurden, wenn sie nicht gelegentlich selbst darin verstrickt waren, verzweifelten an den Idealen menschheitsbefreiender Egalität und Brüderlichkeit, die ihnen schon in der *école maternelle* – im Kindergarten – nahegebracht worden waren. Viele hatten sich in die Sackgasse des Marxismus-Leninismus verirrt, hatten sich sogar der exotischen Variante des Maoismus verschrieben, ehe der Einmarsch der Russen in Prag, der unwiderlegliche Terror des Gulag-Systems, die chaotische Absurdität der chinesischen Kulturrevolution zu einer erneuten schmerzlichen Ab- und Umkehr zwangen. Spätestens das Jahr 1968 brachte für die neue Intelligenzija die Erkenntnis, daß Menschenrechte und Leninismus unvereinbar waren.

Auch die Flucht in die Dritte-Welt-Mythologie, in die neo-rousseauistischen Utopien sollte der Realität der in Afrika und Asien heranwuchernden Auswüchse von Tyrannei, Personenkult und Bürgerkrieg bis hin zum Genozid nicht lange standhalten. 1968 waren die Jugendlichen noch in der Nachfolge konfuzianischer Greise – Mao Tse-tung und Ho Tschi Minh – in die Schlacht gezogen. Einer ihrer meistgelesenen Ratgeber war der von den Antillen stammende Frantz Fanon, der in seiner anti-kolonialistischen Wut, seiner anti-imperialistischen Rage den »Tiers-Mondismus« in den Pariser Salons heimisch machte. Später zerbrach Fanon an der Geringschätzung der von ihm glorifizierten Algerier.

Aus den *tiers-mondistes«*, die die linksintellektuelle Szene so lange animiert und sich an der Kultur der Schwarzen erbaut hatten, wurden snobistische »Tiers-Mondäne«, die sich an der eigenen Dekadenz delektierten. Als schließlich – nach dem Tode Sekou Tourés – die Kerker von Guinea ihr ganzes Grauen offenbarten, als ausgerechnet die Erben Ho Tschi Minhs die *killing fields* ihrer einstigen kambodschanischen Verbündeten, die Schädelstätten des entsetzlich vergewaltigten Khmer-Volkes vor der Weltöffentlichkeit ausbreiteten – von den Untaten eines Idi Amin oder Obote ganz zu schweigen –, da setzten die Dritte-Welt-Begeisterten betrübte, etwas angeekelte Mienen auf. Die bitteren Enthüllungen über die Realität dessen, was sich bei den angeblich jungen Völkern Afrikas und Asiens abspielte, hat zwischen 1968 und 1986 zu einer beachtlichen Umschichtung geführt. Die Emanzipation der farbigen Menschheit war einst von den Achtundsechzigern, den *soixante-huitards,* wie man sie im Veteranenjargon schon nannte, als hoffnungsträchtiges Modell kultureller Erneuerung, politischer Unverderbtheit, ja gesellschaftlicher Unschuld verherrlicht worden, ehe die große Desillusionierung eintrat.

Die Generation von 1986 hat sich erfreulicherweise durch die Enttäuschungen ihrer Eltern nicht zu rassistischer Überheblichkeit verleiten lassen. Der Schwarze, der Maghrebiner wurde für sie zum gehätschelten Objekt wohltätiger Selbstverwirklichung, und sie merkten gar nicht, daß diese Brüderlichkeit nicht frei war von herablassender Bevormundung. Die Solidarisierung mit Malik Oussekine und all den farbigen »Kumpels« war von Mitleid und Nächstenliebe getragen, von einem edlen Instinkt für Gerechtigkeit wohl auch, aber damit war den Betroffenen, die weiterhin dazu verdammt waren, als Außenseiter am Rande abendländischer Technologie und Fortschrittsrituale zu leben, wenig geholfen. Nur eine Minderheit junger Maghrebiner, desorientierte *beurs* und Immigranten, hat im Dezember 1986 glauben können, ihre volle Integration in das französische Umfeld sei möglich. Die Mehrheit der Fremdarbeiter aus dem islamischen Bereich hatte längst erkannt, daß sie ihre Identität, ja ein gewisses Gefühl göttlicher Auserwähltheit nur in der Rückwendung zu den ehrwürdigen und starren Vorschriften des Koran finden würde.

Den Mai 1968 habe ich, wie gesagt, als großes Fest, als herrliches Spektakel in Erinnerung. In keiner Phase habe ich mich mit den Protagonisten des Quartier Latin identifizieren können, aber sympathisiert habe ich mit ihnen. Es war, als würde ein Stück Geschichte lebendig. In einer ähnlichen Laune des Übermuts wurde vielleicht die Bastille gestürmt, hatten die Generalstände von 1789 getagt, wurden die Vorrechte des Adels mit Ingrimm, aber wohl auch unter ungeheurem Gelächter weggefegt. Bei aller Wehmut, die mich 1968 angesichts der Demontage des Denkmals de Gaulle überkam, bei aller Skepsis gegenüber einem Volksaufstand, der sich – im Gegensatz zur Commune von 1871 – in Abwesenheit des wahren Volkes, des Proletariats vollzog, habe ich die mächtige Welle der Hoffnung, den utopischen Rausch gespürt, der sich plötzlich der Kinder der Konsumgesellschaft bemächtigte. Unter den vielen Hysterikern, Radaubrüdern, Träumern, Schreiern und Gaffern gab es immerhin ein paar »lachende Löwen«. Das Gefühl war übermächtig, bestätigte sich später auch, daß eine Vielzahl von Tabus in diesen Tagen melodramatischen, verbalen Exzesses zerschellten, daß die vielfältige Heuchelei überholter bürgerlicher Konventionen bloßgestellt wurde. Der Mai '68 war denn doch mehr als nur ein »Strohhalm im Gebälk der Geschichte«. Er stellt – wie das Institut für Meinungsforschung Louis Harris fast zwanzig Jahre später, im April 1987 herausfand – für den Durchschnittsfranzosen nach dem Ersten und dem Zweiten Weltkrieg das bedeutendste Ereignis des 20. Jahrhunderts dar.

Aus dem Kenntnisstand von heute seien ein paar »Scherzi« aus jenen denkwürdigen Tagen zusätzlich erwähnt. Zunächst die Rückreise von Bukarest nach Paris in der Pressemaschine, die die »Caravelle« de Gaulles begleitet hatte. Als der Pilot bekanntgab, das Bodenpersonal des Flugplatzes Orly weigere sich, den General und sein Gefolge landen zu lassen, die Journalisten müßten mit dem Flugplatz Basel vorliebnehmen und sehen, wie sie weiterkämen, wäre es fast zur Bildung eines Revolutionskomitees unter der bislang recht regimeergebenen *presse présidentielle* gekommen. Unverhoffte Volksredner standen plötzlich aus ihren Polstersesseln auf, formulierten eine Gruß- und Solidarisierungsadresse mit dem revolutionären Volk von Paris, forderten den Bordfunker auf, diese Botschaft nach Orly weiterzugeben, um somit doch noch eine Genehmigung für die Landung zu erwirken.

Diese Resolution – Zeichen der Charakterschwäche ihrer Verfasser in Stunden des Umsturzes, typischer Ausdruck eines in der

Geschichte oft angeprangerten »Verrats der Intellektuellen – trahison des clercs« – trug sogar eine knappe Mehrheit davon. Aber an der vorzeitigen Unterbrechung unserer Reise in Basel änderte sich nichts. Erst später sollte ich erfahren, daß zu den heftigsten Befürwortern dieses Landeverbots für de Gaulle und seiner Begleitung die jugoslawische Frau meines Mitarbeiters Siegfried Brösecke gezählt und einen flammenden Beitrag geleistet hatte. Im Odéon war die rassige Serbin, die gelegentlich als Mannequin auftrat, auf die Bühne geklettert und hatte mit kräftigem Balkan-Akzent gegen die Rückkehr des »Tyrannen« de Gaulle gewettert.

Gemeinsam mit Lothar Rühl, dem heutigen Staatssekretär im Bonner Verteidigungsministerium, und Jan Reifenberg, dem Korrespondenten der *Frankfurter Allgemeinen Zeitung*, stürzte ich mich in Basel auf eines der wenigen verbliebenen Taxis, um der endlosen Autobusfahrt zu entgehen. Neben dem Flugverkehr waren nämlich auch die französischen Eisenbahnen zum Erliegen gekommen. Bei untergehender Sonne fuhren wir durch Mühlhausen. Dann nahm uns eine gespenstische Nacht auf, jener »Nacht von Varennes« nicht unähnlich, die die Verhaftung Ludwigs XVI. bei seiner Flucht nach Belgien umgab. Die Ortschaften, die wir durchquerten, wirkten ausgestorben. Nur selten begegneten uns Autos, denn Benzin war knapp geworden. Wir schätzten uns glücklich, in der Gegend von Troyes eine offene Tankstelle zu finden. Im Morgengrauen erreichten wir Paris und entdeckten schlagartig, welches Erdbeben die Hauptstadt seit unserem Aufbruch nach Rumänien heimgesucht hatte.

Eine beklemmende Lautlosigkeit hatte die in dieser Stunde übliche Weltstadt-Geschäftigkeit verdrängt. Die Mauern waren mit zahllosen teils großspurigen, teils lyrischen Parolen beschmiert. »L'imagination au pouvoir – Die Phantasie an die Macht!« hieß es immer wieder. De Gaulle hatte die jugendliche Revolte in seiner Verärgerung als *chienlit*, als das Werk von »Bettscheißern«, abtun wollen. Nun klebten überall Plakate, wo der General mit seinem Képi und hilflos ausgestreckten Armen wie ein *guignol*, wie ein Kasperle, abgebildet war, und darunter standen die lästerlichen, die blasphemischen Worte: »La chienlit, c'est lui – der Bettscheißer, das ist er.«

Im Gegensatz zum Staatschef, dessen traditionelle Ordnungsvorstellung durch dieses Tollhaus studentischer Entfesselung zutiefst verletzt wurde, trat der ehemalige *normalien* Georges Pompidou der Situation mit Gelassenheit entgegen. Vielleicht amüsierte er sich insgeheim sogar über die Auswüchse frevlerischen Witzes, die die Statue des Befreiers Frankreichs nicht aussparten.

Am liebsten ging ich in den Abendstunden ins »Théâtre de l'Odéon«. Da saßen am Eingang hübsche, stark geschminkte Studentinnen aus den bürgerlichen Vierteln. Diese höheren Töchter des Mai 1968 hatten recht wenig gemeinsam mit den keifenden *poissardes,* den Fischverkäuferinnen des Revolutionsjahres 1789, und mit jenem Weiberzug des französischen Pöbels, der nach Versailles aufgebrochen war, um Marie Antoinette einzuschüchtern. Was mich von Anfang an frappierte, war die höchst erotische Atmosphäre dieses Aufbruchs. Der Ruf nach sexueller Befreiung nach zwei Jahrhunderten enger bürgerlicher Moral dürfte – gerade bei den *jeunes filles en fleur* – zu den mächtigsten Schubkräften dieses Aufruhrs gezählt haben. Kein Wunder, daß der sensible Jean-Louis Barrault, der im Odéon als Bühnenintendant amtierte, vor den Jugendlichen kapitulierte, ja sich bereit fand, das Schuldgeständnis abzulegen, er habe mit der Förderung einer höchst konventionellen, bourgeoisen Kultur den Geist der Zeit verkannt und seine Stücke am neuen, revolutionären Lebensgefühl, das da aufgebrochen war, vorbeiinszeniert.

Im Umkreis des klassizistischen Säulentempels des Odéon wie auch in den Nebengassen, zu denen die Rue Monsieur-le-Prince zählt, kam es zu den heftigsten Schlägereien mit den behelmten CRS. Die jungen Bauern- und Arbeitersöhne, die in blauer Polizeiuniform den Steinwürfen und – fast noch schlimmer – den Schmährufen der Studenten seit Tagen ausgesetzt waren, die sich seit Beginn des Aufruhrs nie hatten ausschlafen können, schlugen, wann immer die Gelegenheit sich bot, wie Berserker auf die Demonstranten, oft auch auf harmlose Passanten ein. Daß niemand zu Tode kam, war ein Wunder.

Immerhin bin ich in jenen Tagen zu Füßen der Statue des Revolutionärs Danton mit der Sockelinschrift, der Unterricht gehöre ebenso wie das Brot zu den unveräußerlichen Ansprüchen des Volkes, höchst persönlich betroffen worden. Unser Kamera-Assistent, die Optik fest ans Auge geschraubt und deshalb blind für alles, was außerhalb seines engen Blickfeldes vor sich ging, war auf gefährliche Weise zwischen die Fronten geraten. Ich sprang über die Barrikade, um ihn vor einer bedrohlichen Phalanx knüppelschwingender Gendarmen zu retten, da feuerten die *voltigeurs* ihre Tränengasgranaten fast horizontal ab. Ich sah das Geschoß nicht, das in flacher Kurve auf mich zukam und unmittelbar hinter mir explodierte, aber ich spürte einen Peitschenschlag am Gesäß und sah dann die Blutlache, die sich zwischen meinen Füßen bildete. Im Keller eines Straßencafés, in das mich Rot-Kreuz-Helfer gedrängt hatten, wurde ich provisorisch verbunden. Eine sehr glorreiche Verletzung war das nicht, aber der Schmerz war heftig. Erst Wochen später wurde ein größerer Blechsplitter herausoperiert, und in der Zwischenzeit war ich bei den zahlreichen Autoreisen, die ich unternehmen mußte, auf einen lächerlichen, ringförmigen Gummischlauch angewiesen, der – mit Wasser gefüllt – die Erschütterungen der Fahrt dämpfen sollte.

Das Odéon war zu einer Festung des Widerstandes geworden. Auf dem Dachsims des Theaters tauchten vermummte Gestalten mit Motorradhelmen auf, die selbstgefertigte Molotowcocktails schleuderten. Dabei fiel mir auf, daß diese wackeren Straßenkämpfer ihre brennenden Geschosse mit viel Bedacht stets so plazierten, daß kein CRS oder Gendarm direkt getroffen wurde. Schon stellte sich heraus, daß Amateure am Werk waren, daß hier Revolution gespielt wurde. Wirklich bedrohlich wirkte nur eine kleine, verschworene Schlägertruppe, die sich in den oberen Etagen der Sorbonne verschanzt hatte. Diese Rowdies proletarischen Ursprungs, die mit Eisenstangen hantierten und kein Risiko scheuten, wurden von den Studenten als *Katangais* bezeichnet, in Erinnerung wohl an jene rauhe internationale Söldnertruppe, die sich in der Grubenprovinz Katanga dem afrikanischen Kongo-Separatisten Moïse Tschombé zur Verfügung gestellt hatte. Nicht nur den Polizisten, auch den intellektuellen Schwärmern mußten die *Katangais* etwas unheimlich erscheinen, zumal es ihnen ganz offenbar nur um die Freude am Rabatz, am Vandalismus, am Prügeln ging.

Schöne, romantisch beschwingte Mai-Abende habe ich im Innenhof der Sorbonne erlebt, der mir aus den eigenen Studentenjahren so vertraut war. Das Denkmal Richelieus war mit roten und schwarzen Fähnchen geschmückt. Revolutionsliteratur aus aller Herren Länder, in vielen Sprachen wurde an improvisierten Ständen von langhaarigen Mädchen und exotisch kostümierten Jünglingen angepriesen. An den über und über mit Politparolen bekritzelten Mauern klebten die Porträts Mao Tse-tungs, Ho Tschi Minhs, Lenins, Trotzkis, Lumumbas. Aber beherrschend war das bärtige Gesicht Che Guevaras unter der legendären Baskenmütze. »Commandante Che Guevara«, tönte denn auch seine Hymne aus zahlreichen Lautsprechern, untermalt von melancholischen Indio-Weisen aus dem Anden-Hochland.

Im Hof der Sorbonne – das bestätigten sogar Adelbert Weinstein und Robert Held, Spitzenjournalisten der behutsamen *Frankfurter Allgemeinen Zeitung* – herrschte Begeisterung, das Gefühl eines unbändigen, jugendlichen Freiheitsdurchbruchs, ein Traum von Brüderlichkeit, die Hoffnung auf Welterlösung. Und diese schönen Utopien waren frei von jenen Angst- und Untergangsgefühlen, die sich erst viel später in die alternative Studentenbewegung einschleichen sollten. Man zelebrierte *les lendemains qui chantent*. Robert Held, der sich auf lateinamerikanische Politik spezialisiert hatte, kam aus der Verwunderung nicht heraus. Was bedeutete schon in Paris der spanische Spruch: »Patria o muerte – das Vaterland oder der Tod«? Immer wieder dröhnte die »Carmagnole« zwischen Boulevard Saint-Michel und Rue Saint-Jacques. »Ah ça ira, ça ira, ça ira« sangen die Studenten den mitreißenden Refrain im Chor, »les aristocrates à la lanterne«.

Dieser blutrünstige Vers, der das Aufhängen des Adels an den Laternenpfählen forderte, hatte natürlich an Aktualität verloren. Der ganze Unterschied zwischen dem rabiaten Aufbruch der Jakobiner, die sich schon am 14. Juli 1789 an den abgeschlagenen Köpfen der Schweizergarde weideten, sie auf langen Stangen durch die Gassen trugen, und dem schwärmerischen, irgendwie liebenswerten Emanzipationsrausch der Studenten von 1968 offenbarte sich im schrecklichen Taumel der Carmagnole: »Vive le sang, vive le sang – es lebe das vergossene Blut!« Nein, von Guillotine, von Schreckenstribunalen konnte nicht die Rede sein bei dieser literarisch verharmlosten Veranstaltung im Quartier Latin des Mai '68. Fast mit Wehmut stimmte ich in jenen Vers ein, der in liturgischem Tonfall vorgetragen wird: »Que demande un républicain, la liberté du genre humain – Was fordert der Republikaner? Die Freiheit des Menschengeschlechts!«

Der Rückfall weltumarmender Romantik in triviale Alltagspolitik konnte nicht endlos hinausgezögert werden. Mag sein, daß Daniel Cohn-Bendit auch hier den Ausschlag gab, als er der Enttäuschung, ja der Wut der Studiker über die Passivität, die verächtliche Distanzierung der Kommunistischen Partei Frankreichs, die mit diesen Radauszenen verwöhnter Bürgerkinder nichts zu tun haben wollte, in immer heftigeren Tiraden Ausdruck verlieh. Cohn-Bendit sprach von den *crapules staliniennes*, von stalinistischen Lumpen, und seine permanenten Provokationen wurden von nun an durch ätzende Schleichparolen unterlaufen. Dieser rothaarige Jude aus Deutschland sei insgeheim ein Agent des Staates Israel, der de Gaulle seine angeblich proarabische Kehrtwendung nach dem Sechs-Tage-Krieg heimzahlen sollte, so hörte man bei den Konservativen. Aus kommunistischen Kreisen waren ähnliche Verdächtigungen zu vernehmen, kam jede Diskreditierung und Schwächung der kraftvollen, auf Moskau eingeschworenen KPF am Ende doch auch dem zionistischen Überlebenskampf zugute.

Um meine Fernsehbeiträge zum Westdeutschen Rundfunk nach Köln überspielen zu können, mußte ich mehrfach in der Woche die Fahrt über die Autoroute du Nord in Richtung Brüssel antreten. Beim französischen Rundfunk wurde gestreikt, und die Studios waren verriegelt. Die Abstecher nach Belgien benutzte ich auch, um jedesmal ein halbes Dutzend Benzinkanister mitzubringen, damit die Kamerateams unserer ARD-Niederlassung an den Champs-Elysées weiterhin beweglich und einsatzfähig blieben. Die wallonischen Tankwarte wechselten meine französischen Francs bei diesen nächtlichen Expeditionen zu einem lächerlich geringen Kurs.

Bei einem Abstecher nach Longwy, ins lothringische Erzrevier, lauschte ich in einer Wirtschaft, im Kreise lothringischer Stahlarbeiter, jener Rede de Gaulles, in der der General, ohne jede Überzeugungskraft, das Volk für sich, für die Erhaltung seines Staates gewinnen wollte. Aber seine Darstellung verfing nicht. Sein Aufruf »Françaises, Français, aidez-moi – Französinnen, Franzosen, helft mir!«, mit dem er im April 1961 – während des Generalsputsches von Algier – seine Landsleute zutiefst aufgewühlt und die Militärrevolte der Nordafrika-Armee mit einer Handbewegung gelähmt, ja weggefegt hatte, blieb dieses Mal ohne Wirkung. Er löste bei den Stahlarbeitern zorniges Gelächter aus. »Uns kannst du den Trick nicht noch einmal vormachen«, polterte ein Gewerkschafter der CGT. »In Algier bist du 1958 an die Macht gekommen, als du den *pieds noirs* zugerufen hast: ›Je vous ai compris – Ich habe euch verstanden.‹ Uns verstehst du noch weniger. Da hättest du schon mehr zugunsten der Werktätigen zustande bringen müssen in den vergangenen zehn Jahren!«

Frankreich steuerte auf den Kollaps zu. Das Land war gelähmt. Die Weisungen der Regierung verhallten ohne Wirkung. Der Generalstreik ließ stellenweise sogar Ferienstimmung aufkommen. Die linken Oppositionspolitiker witterten Morgenluft und wurden ungeduldig.

François Mitterrand hatte bislang mehr Vorsicht und Instinkt bewiesen als der von ihm bewunderte oder auch beargwöhnte Messias der Linken, Pierre Mendès-France. Aber auf dem Höhepunkt der staatlichen Vakanz beging er einen folgenschweren taktischen Fehler. Er war sich zu sicher, daß der Gaullismus endgültig am Boden lag. Auf dem erwähnten Treffen mit Waldeck-Rochet stellte er die Bildung einer Volksfront in Aussicht und verkündete seine Bereitschaft, das schwankende Schicksal der Republik in seine, Mitterrands, Hände zu nehmen. Damit hatte er mit den parlamentarischen Regeln der Demokratie und den Satzungen der Verfassung gebrochen, sich mit einem Fuß außerhalb der republikanischen Legalität begeben.

Es hatte sich getroffen, daß unser Kamerateam als einziges die denkwürdige Willenskundgebung Mitterrands und Waldeck-Rochets, dieses linke »pronunciamiento«, wie die Gaullisten schäumten, in Bild und Wort festhalten konnten. Wir wurden mit Anfragen nach diesem Dokument überschüttet. Vor allem die UNR-Partei war auf den Filmstreifen versessen, bestätigte er doch den maßlosen Ehrgeiz jenes Mannes, der sich seit 1958 mit extremer und entsagungsvoller Konsequenz dem General widersetzt hatte und von dem damals niemand ahnte, daß er – sehr viel später, im Mai 1981 – die verzögerte Nachfolge im Elysée-Palast mit Würde und einer verblüffenden *autorité gaullienne* antreten würde.

Das plötzliche Verschwinden de Gaulles aus Paris, sein dramatischer Besuch am 29. Mai 1968 bei den französischen Streitkräften in Baden-Baden, sein Gespräch mit dem dortigen Oberbefehlshaber General Massu sind bisher nie ganz aufgehellt worden. Zweifellos gehörte Massu – seit 1940 Offizier der »Freien Franzosen«, Teilnehmer am Abenteuer jener winzigen gaullistischen Truppe, die aus der Sandwüste des Tschad aufgebrochen war, um an Ende einer langen *épopée* bis zum »Berghof« Hitlers in Berchtesgaden vorzustoßen – zu den Treuesten der Treuen, zu den *grognards* des Generals. Was de Gaulle wirklich im Schilde führte mit den algerischen Départements, die Massu ihm nach einer denkwürdigen Balkon-Rede in Algier am 13. Mai 1958 zur Verfügung gestellt hatte, konnte sich der alte Haudegen mit der kriegerischen Raubvogelnase eines Turenne einfach nicht vorstellen.

Massu mußte aus disziplinarischen Gründen, nachdem er in einem leichtfertigen Interview mit Hans Ulrich Kempski die Laschheit des Staatschefs in Nordafrika kritisiert hatte, ins Mutterland, nach Metz, zurückbeordert werden. Dort soll – so lautet die Legende – de Gaulle seinen alten Gefährten vor versammeltem Offizierskorps gefragt haben: »Eh bien, Massu, toujours aussi con?«, was gnädig übersetzt lauten würde: »Na, Massu, sind Sie immer noch ein solcher Trottel?« Die Antwort sei geistesgegenwärtig und trotzig ausgefallen: »Immer noch Gaullist, mon Général.«

Eben dieser Massu hat lange Jahre nach den dramatischen Stunden von Baden-Baden seine Darstellung der Ereignisse veröffentlicht und den peinlich berührten Getreuen ein wenig schmeichelhaftes Bild ihres Idols entworfen. Der General sei zutiefst deprimiert, entscheidungsunfähig gewesen, habe am Rande des Verzichts, ja einer beklagenswerten Hilflosigkeit gestanden. Mag sein, daß im Schwarzwald – wie seinerzeit in Algerien – das subtile Spiel de Gaulles für den biederen Massu zu nuanciert und hintergründig war. Aber für die unentwegten *compagnons* des Generals ist seitdem ein Schatten auf das strahlende Bild dieses Veteranen gefallen, der es sich nunmehr gefallen lassen mußte, rückblickend mit jenem wankelmütigen Marschall Ney verglichen zu werden, der sich von seinem Kaiser – während der Verbannung nach Elba – abwandte, obwohl er von Napoleon als »Tapferster der Tapferen« gerühmt worden war.

Zwei Stunden nach Bekanntwerden der Abreise oder der Flucht de Gaulles nach Baden-Baden traf ich Georges Suffert, einen der bestinformierten französischen Kollegen, zum Apéritif. Er kam gerade von einem Gespräch mit Georges Pompidou zurück. Der Premierminister hatte aus seinem Herzen keine Mördergrube gemacht. De Gaulle hatte ihn in den letzten Tagen überhaupt nicht mehr informiert, geschweige denn konsultiert. Auch für Pompidou war das Verschwinden des Staatschefs völlig überraschend gekommen. Das Reiseziel war ihm verheimlicht worden. Es sei mit de Gaulle unwiderruflich zu Ende, hatte Pompidou achselzuckend geäußert, ohne große Erregung und ohne Trauer, wie es schien.

André Blondeau und ich hatten Mühe, ein Restaurant für das vereinbarte Abendessen zu finden. Die Belieferung mit Lebensmitteln war unzuverlässig, und die meisten Gaststätten hatten geschlossen. Am Ende fanden wir doch eine gemütliche *gargote* nahe der »Ecole Militaire«. Blondeau war ein zuverlässiger Freund aus meinen Studienjahren. In der Cité Universitaire am Boulevard Jourdan hatten unsere Zimmer in dem eher anspruchslosen »Maison des Provinces de

France« sich berührt. André stammte aus Pontarlier im französischen Jura, war in bescheidensten Verhältnissen aufgewachsen und durch seine Intelligenz, seinen Fleiß, aber auch gestützt auf das strenge Auslesesystem, das die Republikaner zum Grundelement sozialen Aufstiegs gemacht hatten, in die Bildungselite der Nation hineingewachsen. Er verwaltete jetzt eine wohldotierte Direktion bei der Pariser Handelskammer. Mit dem blonden, schütteren Haar, der dicken Hornbrille und einem vorzeitigen Embonpoint sah er aus wie ein arrivierter Technokrat. Dennoch mußte er sein abenteuerliches Herz bewahrt haben.

In ganz jungen Jahren hatte Blondeau sich der aktiven Widerstandsbewegung gegen die deutsche Besatzung angeschlossen und sich dabei nicht mit prahlerischen Maquis-Gebärden begnügt. An jenem Maiabend 1968 traf ich ihn in einer ungewöhnlich bissigen Laune. »Jetzt reicht der Unsinn«, bemerkte er ohne Einleitung über die Unruhen im Quartier Latin; »wir werden uns doch durch diese verwöhnten Schnösel aus dem XVI. Arrondissement nicht den Staat kaputt machen lassen.« Die alten *réseaux*, die Verbindungsnetze der gaullistischen Résistance, seien dabei, ihre Mitglieder und Veteranen zu mobilisieren. Der morgige Tag sei als gewaltige Gegendemonstration auf den Champs-Elysées geplant. Er werde jedenfalls dabei sein. Dem anarchistischen Jahrmarkt müsse ein Ende gesetzt werden. So resolut, so politisch engagiert hatte ich André, der mir als Linkskatholik in Erinnerung war, niemals erlebt.

Am Mittag des 30. Mai fuhr ich in großem Bogen um die Champs-Elysées, um den dort zusammenströmenden Menschenmassen, die mit blau-weiß-roten Fahnen anmarschierten, auszuweichen. Mein Fahrziel war Brüssel, das belgische Fernsehstudio der RTB, wo ich meinen aktuellen Kommentar überspielen wollte. Ich hatte das Autoradio eingeschaltet, und da kam ganz plötzlich die Ankündigung – wie in den Zeiten des Krieges, des Untergrundes, der Hoffnung auf Befreiung. Der Sprecher verkündete mit dem ganzen Pathos, dessen die französische Sprache fähig ist: »Le Général de Gaulle vous parle.« Dann ertönte die altvertraute Stimme. Nach drei Sätzen spürte ich physisch, daß der alte Mann dieses Mal den richtigen Ton getroffen hatte, daß die Mai-Revolution in dieser Stunde bereits gescheitert war, der Vergangenheit angehörte.

Die Ansprache endete natürlich mit der Marseillaise. »Aux armes, citoyens – An die Waffen, Bürger!« Dieser Aufruf richtete sich an die angegrauten Frontkämpfer des Freien Frankreich, an die Überlebenden der Konzentrationslager, an die Kolonialsoldaten, die noch an den aussichtslosen Kriegen in Indochina und Algerien krankten. Mochten die alten Herren, die mit Ordensbändern und Trikolore am Grabmal des Unbekannten Soldaten mit brüchiger Stimme das Lied des Rouget de Lisle krähten, dem Außenstehenden auch lächerlich erscheinen, mochte André Malraux – in der ersten Reihe dieser Kundgebung – in Trance geraten und Michel Debré, ergebenster Lehnsmann de Gaulles, am Rande der Hysterie stehen: Hier offenbarte sich ein entschlossener, rabiater Wille, die Dinge nicht länger treiben zu lassen. Daneben klangen die Durchhalteparolen der Linken, sogar der internationalistische Kampfruf: »La lutte continue – der Kampf geht weiter!« wie modische Alberei.

Die Besetzung des Odéons und der Sorbonne durch Gendarmen und CRS, die endgültige Vertreibung der »Revolutionäre« vollzog sich wenige Tage später fast ohne Zwischenfall. Dieser Kraftakt setzte dem schönen, aber ach so dilettantischen Spektakel des Mai '68 ein Ende.

Nach meiner Rückkehr aus Brüssel hatte ich den kommunistischen Abgeordneten Pierre Juquin in seiner Parteizentrale aufgesucht. Ich schätzte diesen jungenhaft, fast lausbübisch wirkenden Intellektuellen, der für unsere Fernsehsendungen besonders wertvoll war. Er sprach als *agrégé d'allemand* fließend Deutsch, war damals mit einer Hamburgerin verheiratet. Später sollte er Propaganda-Beauftragter der KPF und Mitglied des »bureau politique« werden, ehe er sich gegen die Betonmentalität der Parteihierarchen und die Unbeweglichkeit des Generalsekretärs Georges Marchais auflehnte, aus allen Führungsgremien ausgeschlossen und von den Genossen systematisch geschnitten wurde.

In jenen Maitagen 1968 zählte Pierre Juquin noch zu den jungen Hoffnungsträgern seiner Partei. Wir begegneten uns stets vertrauensvoll, fast herzlich, und ich fragte ihn rundheraus: »Warum seid ihr Kommunisten nicht auf die Barrikaden gegangen? Wenn ihr euch voll engagiert hättet, wäre das gaullistische Regime unweigerlich zusammengebrochen.«

Er sah mich lächelnd an. »Wo haben Sie denn Barrikaden gesehen?« fragte er zurück.

»Na, eine ganze Menge davon im Quartier Latin!«

Die Erwiderung war kategorisch. »Für uns Kommunisten waren das Verkehrsbehinderungen, aber keine Barrikaden. Für uns existieren Barrikaden nur, wenn Gewehre dahinter sind.«

Dem General de Gaulle ist die Pseudo-Revolution des Mai 1968 dennoch zum Verhängnis geworden. Ein knappes Jahr behauptete sich die stolze Figur noch an der Spitze seiner Republik. Dabei nahm er mehr und mehr die Züge jenes Don Quichotte an, der auf dem Gobelin hinter seinem Schreibtisch abgebildet war. Er spürte wohl selbst, daß sein Abgang fällig, daß sein Herbst gekommen war, wie die Chansonniers der Linken sangen: »... que son automne est arrivé ...«

Er hat seinen Abgang von der Politik mit Allüre gestaltet. Was nutzte es ihm, als unter dem Eindruck der »großen Angst« die Parlamentswahl des August 1968 der gaullistischen Partei eine so massive Mehrheit bescherte, daß man wie zur Zeit des Bourbonen-Epigonen Ludwig XVIII. von einer *chambre introuvable*, einem Traum-Parlament, sprechen konnte. Unmut und Verdruß hatten sich de Gaulles bemächtigt. Das Volk in seiner Gesamtheit sollte ihm noch einmal sein unverbrüchliches Vertrauen aussprechen, so entschied er jetzt. Dabei stellte der störrische alte Mann zwei Themen zur Wahl, die bei der konservativen politischen Klasse zutiefst verpönt waren.

Das erste war die *participation*, die verschwommen formulierte Vorstellung, die Werktätigen müßten am Ertrag ihrer Arbeit, am Gewinn ihres Unternehmens unmittelbar beteiligt sein, eine für die damalige französische Arbeitgeber-Mentalität, für das Patronat ziemlich unerträgliche Neuerung. Die Idee reichte übrigens weit zurück in die frühe Zeit des Linkskatholizismus, des »Sillon« und seines Theoretikers Marc Sangnier.

Das andere Projekt, das er den Franzosen unterbreitete, hieß »Regionalisierung«. Der zentrale Staat der Könige und der Jakobiner, den Napoleon Bonaparte durch die Schaffung anonymer und fast geometrisch zugeschnittener Départements auf die Spitze getrieben hatte, sollte zurückfinden zur organischen Eigenständigkeit seiner Provinzen, eine Umstrukturierung, die vor allem der wirtschaftlichen Regional-Initiative heilsame Impulse verleihen würde. Im Zuge dieser Umkehr wäre der Senat, die zweite, die Honoratioren-Kammer der Fünften Republik, zu einer ökonomischen und sozialen Ratsversammlung umgestaltet worden.

Insbesondere letzteres Vorhaben löste unter den Matadoren konservativer Lokalpolitik heftigen Widerstand aus. Es besteht kaum ein Zweifel daran, daß de Gaulle das Scheitern dieses Referendums von Anfang an im Auge hatte, daß er insgeheim vielleicht auf die Ablehnung der Franzosen spekulierte, um sich einen ehrenvollen, seinen tiefsten Überzeugungen gemäßen Abgang zu verschaffen. Die Vorbereitungen zum Plebiszit verabschiedete er lustlos, aber gewissenhaft. Er ging auf die Dörfer, hielt Versammlungen ab zwischen dem Cap Finistère und dem Rhein. Im bretonischen Quimper verstieg er sich dazu, einen seiner Onkel in keltischer Sprache zu zitieren. Dieser skurrile Verwandte des Generals hatte sich in der Rolle eines neuheidnischen Druiden gefallen und keltische Verse geschmiedet. Die Deklamation de Gaulles im Idiom des Vercingetorix ging in der Heiterkeit der verständnislosen bretonischen Zuhörer unter.

Am 11. April 1969 war das Urteil gefällt. »C'est foutu – Alles ist im Eimer«, hatte de Gaulle im rüden Militärjargon gesagt, als er – noch vor Auszählung der Stimmen – nach Colombey-les-Deux-Eglises abreiste. Sein Rücktritt vollzog sich würdig, ohne jede Klage. De Gaulle fügte sich in die Rolle des Cincinnatus. Er erinnerte sich wohl an das neoklassizistische Gedicht von Alfred de Vigny »La mort du loup – Der Tod des Wolfes«, das ihm schon auf der Schulbank gefallen hatte. Er unterwarf sich den Spielregeln der Demokratie, wohl ahnend, daß er damit vor dem Gericht der Geschichte zusätzliches Ansehen erwarb.

Den anschließenden Wahlkampf zwischen dem ungeliebten Regenten Pompidou und dem biederen Ehrenmann Alain Poher, der damals schon als Präsident eben jenes Senats fungierte, den de Gaulle abschaffen wollte, war dem Einsiedler von Colombey zuwider. Er reiste mit seiner Frau Yvonne und kleinstem Stab in das Dorf Sneem an die Südküste Irlands, richtete sich in einem bescheidenen Landhaus des County of Kerry ein. Gelegentlich wurde er dort trotz strenger Abschirmung von Photographen und Kameramännern überrascht, wenn er im dunklen Mantel, auf einen Spazierstock gestützt, über den sandigen Strand oder durch die Heide der grünen Insel wanderte. Ich war dem General nachgereist. Es gelang uns sogar, die hohe Silhouette aus der Entfernung zu filmen.

Der Ablauf des Referendums hatte bei mir einen solchen Überdruß an der politischen Berichterstattung über Frankreich ausgelöst, daß ich mich in Paris psychisch unwohl fühlte, so lächerlich eine solche

Feststellung im Rückblick auch klingen mag. Den Zauber des irischen Frühlings, die vom Golfstrom geförderte gelbe Blütenpracht Eires, die öde westliche Steilküste und die unerbittliche Brandung des Atlantiks habe ich in jenen Tagen des de Gaulleschen Exils wie einen keltischen Zauber empfunden. Eine selten verspürte, heitere Entspannung überkam mich. Der General fühlte sich den Iren verbunden, weil einer seiner Vorfahren aus der Insel des heiligen Patrick aufgebrochen war, um sich in der Armee des Königs von Frankreich zu verdingen. Die einfache Landbevölkerung nahm den Gast mit freundlicher Zurückhaltung auf. Im Dorf Sneem fertigte eine Töpferin bunte Fruchtschalen und Aschenbecher zu Ehren des französischen Gastes an. Man sah da einen etwas verzerrten de Gaulle – am Képi erkennbar, aber ansonsten als Bauer mit Holzpantinen verkleidet – neben einem Esel, der einen Gemüsekarren zog. »Welcome, General de Gaulle« stand darunter.

Anläßlich eines späteren Abschiedsempfangs beim Präsidenten der Irischen Republik, Eamon de Valera, gab der General zu erkennen, daß er auch in der politischen Entsagung seinem störrischen Eigensinn treu geblieben war. Dem fast erblindeten Staatschef Eires, dem Überlebenden des Unabhängigkeitskampfes gegen die Briten, versicherte de Gaulle in einem Trinkspruch, daß die Wiedervereinigung der Insel, daß die Einverleibung von Ulster, der historischen Gerechtigkeit entspräche und am Ende nicht aufzuhalten sei. In ähnlicher, fast surrealistischer Weise hatte er ein Jahr zuvor in Bukarest angedeutet – während Paris im Chaos der Mai-Revolte unterzugehen drohte –, daß die von den Russen annektierte Provinz Bessarabien, die Moldauische Sowjetrepublik, zum unveräußerlichen Anspruch der nationalen rumänischen Einheit gehöre.

Nicht nur den Sturz de Gaulles haben die Studenten von 1968 langfristig bewirkt. Aus jenen Tagen der Barrikaden und der gescheiterten Kulturrevolution datiert eine psychologische, ideologische Umkehr, deren Folgen noch heute zu spüren sind, mögen die jugendlichen Epigonen des Winters 1986, die gegen das Gesetz Devaquet Sturm liefen, sich dieser Erkenntnis auch verschließen. Im Mai 1968 vollzog sich nämlich jener schicksalshafte Bruch, der in schmerzlicher, allmählicher Steigerung eine Elite militanter Jungkommunisten – welcher Tendenz auch immer – in engagierte Antistalinisten verwandelte.

In einer ersten Phase hatten die erfolglosen Aufrührer genau das Gegenteil ihrer Ziele bewirkt. Unter Georges Pompidou installierte sich das ultrakonservative Patronat in den Kulissen der Macht, wurde einem ökonomischen Liberalismus gehuldigt, der dem 19. Jahrhundert entliehen schien. Mit Georges Pompidou war ein Mann in den Elysée-Palast eingezogen, der den Vorstellungen eines François Guizot entsprach, jenes calvinistischen Ministers des Bürgerkönigs Louis-Philippe, der das zensitäre, auf Vermögen und persönliche Steuerleistung begründete Wahlrecht, das er begünstigte, mit der Aufforderung an die vom Votum ausgeschlossene Masse der kleinen Leute rechtfertigte: »Enrichissez-vous – Bereichert euch doch!« Die Zeit der großen Bauprojekte begann – kühn und ideenreich, wie das Kulturzentrum Pompidou neben der alten Tour Saint-Jacques, erdrückend und häßlich wie die Tour Montparnasse, die die Silhouette der Seine-Stadt in unerträglicher Weise vergewaltigt. Auch die Zeit der hemmungslosen Immobilien-Spekulation, mühsam vertuschter Finanzskandale setzte ein. Auf die herrische, verstaubte Attitüde des reinen Gaullismus, der immer noch auf dem Kothurn einer Tragödie von Corneille daherkam, folgte nun eine hektische Phase der hemmungslosen Profitsucht und gewiß auch des wirtschaftlichen Wachstums, der technologischen Modernisierung.

In dieser kurzen Phase des Pompidolismus fand eine bemerkenswerte Vitalisierung der französischen Ökonomie statt. Das Hexagon überzog sich endlich mit einem Netz von Autobahnen. Die Telephonverbindungen paßten sich denen eines modernen Landes an. Effizienz wurde höher bewertet als Prestige. Der Agrarstaat Frankreich wurde zur Industriemacht. Auf einer Pressekonferenz im September 1972 konnte Pompidou seine Erfolgsbilanz ziehen: »Liebes altes Frankreich«, so sagte er, »die gute Küche, die ›Folies Bergères‹ und das ›Paris by night‹, die Haute Couture, die guten Exporte von Cognac, Champagner, Bordeaux- und Bourgogne-Wein – das ist zu Ende. Frankreich hat mit großen Schritten seine industrielle Revolution angepackt.«

In den Augen der alten, eifersüchtigen *compagnons* des Lothringer Kreuzes bewegte sich der Pompidolismus im Bannkreis des Goldenen Kalbes und einer hedonistischen Verwilderung der Sitten. Pompidou hatte nach dem Rücktritt de Gaulles begriffen, daß Frankreich nicht länger von einem Club alter Kriegskameraden regiert werden dürfe, die sich durch das schwarz-grüne Band des »Ordens der Befreiung«

auswiesen. Er befolgte jetzt die Maxime, die der General ihm vor vielen Jahren auf den Weg gegeben hatte: »Seien sie hart – soyez dur, Pompidou!« Der Auvergnate spürte instinktiv, daß die Masse seiner Landsleute keinen Nachfolger de Gaulles ertragen würden – etwa einen Michel Debré –, der in Ermangelung eigener Impulse den Stil und die Rhetorik des Generals nachahmte.

Am Tag der Erinnerung – ein Jahr nach dem Tod des Eremiten von Colombey – kam es zu Füßen des riesigen Kreuzes aus rosa Granit zum peinlichen Zwischenfall. Yvonne de Gaulle reichte dem neuen Präsidenten mit sichtbarem Widerwillen und abgewandtem Gesicht die Fingerspitzen. Die Getreuen musterten Pompidou mit argwöhnischen Blicken, als er – zur sakralen Eloquenz gezwungen – seine Rede begann: »Der Tod, mon Général, das wissen Sie, der Tod ist ein Beginn. Der Höhenflug Ihrer Legende hat kaum begonnen, und schon überschatten deren Flügel ganz Frankreich ...«

Analphabeten von morgen?

Kehren wir noch einmal zurück zu unseren *soixante-huitards*, zu den Veteranen des Mai '68. Die Namen Sauvageot und Geismar sind zwanzig Jahre später nur den Spezialisten bekannt. Cohn-Bendit suchte bei den Grünen von Frankfurt einen neuen geistigen Strand. Bernard-Henri Lévy und vor allem André Glucksmann haben sich an die Spitze des intellektuellen Nonkonformismus gestellt, haben den pervertierten Erlösungsidealen eines totalitär praktizierten Marxismus den Kampf bis aufs Messer angesagt. Sie prangern den Gulag an und die Phantastereien der Dritte-Welt-Schwärmer. Sie rühmen die Atombombe als wirksames Instrument freiheitlicher Selbstbehauptung und haben dabei – vor allem in Deutschland – wutschäumenden Widerspruch ausgelöst.

Schon im Juni 1980, als ich André Glucksmann in seinem geräumigen Schreibatelier im Hinterhof einer verlassenen Fabrik aufsuchte, hatte der ehemalige Maoist uns auf Deutsch sein neues Bekenntnis formuliert: »Karl Marx ist nur ein kleiner Philosoph des 19. Jahrhunderts. Man muß ihn einordnen zwischen den ›Meisterdenkern‹ Deutschlands« – »Les maîtres penseurs« ist der Titel seiner bedeutendsten Kampfschrift. »Man muß Marx einordnen zwischen Fichte,

Hegel und Nietzsche. Zwei Dinge haben diese Philosophen alle gemeinsam: Erstens, sie wollen die Gesellschaft von oben umgestalten, das heißt mit Hilfe des staatlichen Terrorismus; zweitens, sie sind alle Antisemiten.«

Die letzte Konsequenz aus dieser Behauptung hat ein anderer »Neuer Philosoph«, Benny Lévy, einstiger Sekretär Sartres, gezogen. Er hat den Marxismus seines Mai-Engagements radikal verworfen und im mythischen Urgrund des Zionismus eine festgegründete Heimat gefunden. Sich selbst treu geblieben ist im Grunde nur der Trotzkist Alain Krivine, der sich auf der Höhe seiner ephemeren Berühmtheit sogar als Präsidentschaftskandidat hatte aufstellen lassen und beachtliche Auditorien zusammentrommelte. Inzwischen steht er mit seinem traurigen Intellektuellenkopf, der schwarzen Mähne und seinem immer noch pubertär anmutenden Idealismus ziemlich allein, hält unverdrossen den verschlissenen roten Wimpel der IV. Internationale hoch.

Die übrigen Protagonisten des Jahres 1968 haben ihren Frieden mit der Gesellschaft gemacht, haben ihr Auskommen gefunden. Auf dem ungestüm wuchernden Terrain des aktuellen Kulturbetriebes der audiovisuellen Medien, des neu erschlossenen Industriezweiges der *communication* tummeln sie sich, passen sich an, denken allenfalls nostalgisch an den schönen Frühlingsdrang ihrer Jugend zurück. »Veteranen der Cinémathèque« hat Régis Debray diese Ehemaligen genannt. Debray war wohl der einzige, der ein wenig ernst gemacht hat mit der brutalen Wirklichkeit der Dritte-Welt-Revolution. Dieser Sohn der üppigsten Bourgeoisie hatte sich dem Partisanen-Abenteuer Che Guevaras in Bolivien zur Verfügung gestellt, war in La Paz verhaftet und nach langwierigen Regierungsverhandlungen auf freien Fuß gesetzt worden. Ein Ruhmesblatt war diese schon im Ansatz fehlgeschlagene Bolivien-Expedition nicht. Aber ein paar Monate lang genoß Debray den Ruhm, einige authentische Guerilleros aus der Nähe gesehen zu haben. Er gewann dabei die Sympathie von Danielle Mitterrand, der Frau des damaligen Führers der neugegründeten Sozialistischen Partei. Nach Mitterrands Amtsübernahme avancierte Régis Debray zum geheimnisumwitterten Ratgeber für Dritte-Welt-Fragen im Elysée-Palast, distanzierte sich von seinen extremen Illusionen, glänzte als Essayist und diskreditierte sich in den Augen der neuen Generation »netter« junger Leute, die sich im Dezember 1986 zu Umzügen und Sprechchören formierten, als »Diener eines undurchsichtigen Fürsten«.

Die Studenten und Schüler des Dezember 1986 gebärden sich recht anmaßend, wenn sie vorgeben, sie hätten die Fackel von 1968 nach einer dumpfen intellektuellen Nacht der Abdankung, nach knapp zwanzig Jahren wieder zum Lodern gebracht. Seit dem frühen Mittelalter hat das Scholarentum zwischen Montagne Sainte-Geneviève und Ile de la Cité eine Freistatt geistiger Auflehnung und sittlicher Ausschweifung behauptet, trotz aller kirchlicher und weltlicher Repression, die das Quartier Latin und die Sorbonne immer wieder heimsuchte. Der Dichter und Vagant François Villon hatte hier mit seinen Galgen- und Hurenliedern, seinen trotzigen Todesklagen und der Herausforderung aller Autorität höchste literarische Ansprüche gesetzt. Seine Nachfolger waren zahllos, bis auf den heutigen Tag, aber sie bewegten sich selten auf seinem Niveau.

Vielleicht war die platte intellektuelle Resignation der Ära Pompidou und Giscard d'Estaing nur ein Schleier, hinter dem sich Unrast und Ratlosigkeit verbargen. Während ich in den Pariser Gazetten von links und rechts lese, wie die Ereignisse des November/Dezember 1986 in ungebührender Form aufgebauscht werden, blättere ich in meinen Notizen aus dem frühen Sommer 1980 und stelle fest, daß die Saat der großen Verwirrung, die zu Winteranfang 1986 so exzessiv ins Kraut schießen sollte, schon damals keimte.

Im Sommer 1980 war nicht die Universität Paris XIII in Villetaneuse, sondern Paris VIII das Zentrum der Unruhe gewesen. Die Fakultäten von Paris VIII waren am Rande des Parks von Vincennes in Behelfsbauten eingezwängt. Sie paßten gar nicht zu den feierlichen Baumalleen rund um das Schloß von Vincennes, wo die Gendarmen ausritten und die Traber trainierten. Die Boules-Spieler trafen sich hier bis spät in den Abend, und die Jogger waren ebenso zahlreich wie im Bois de Boulogne. Am Rande dieser Idylle, unweit der Eiche, unter der Ludwig der Heilige Recht sprach, hatte sich mit Paris VIII eine Hochschule installiert, die allen traditionellen Vorstellungen der Alma mater widersprach. Hier sollten Arbeiter und Angestellte, die es nicht zum Abitur, zum Baccalauréat, bringen konnten, über den zweiten Bildungsweg Zugang zu den akademischen Weihen finden.

Aber das Experiment erstickte in brodelndem Ärger, in pausenloser politischer Agitation. Vincennes war im Sommer 1980 zum Tummelplatz von Anarchisten verkommen. Schon damals gaben sich dort alle möglichen revolutionären Strömungen Afrikas und Asiens ein Stelldichein. Jeder zweite Student war ohnehin Ausländer. Auf Geheiß der

Hochschulministerin Alice Saulnier-Seité, einer resoluten Rektorin mit pechschwarzem Bubikopf, die bei mondänen Anlässen oft in extravaganten Gewändern mit klotzigem Modeschmuck auftrat, war die Verlagerung der Universität von Vincennes in den Arbeitervorort Saint-Denis beschlossen worden. Hoffte diese kämpferische Dame, daß die dort tonangebenden Kommunisten – in ihrer strammen Disziplin, ihrem Horror vor intellektueller Ausschweifung – die jungen linksradikalen Außenseiter, *les gauchistes*, zur Ordnung rufen würden?

Schon im Sommer 1980, als die Studenten von Jussieu, im Zentrum der Hauptstadt, randalierten, sich von Schlägertrupps begleiten ließen, denen jeder Anlaß recht war, ein paar Schaufenster einzuschlagen, notierte ich: »Sie haben inzwischen dem Mai 1968, dem Neomarxismus und vor allem dem Konformismus der Kommunistischen Partei den Rücken gekehrt. Sie fordern jetzt im Namen ihrer farbigen Kommilitonen aus Afrika und Asien – obwohl diese ihnen die Studienplätze streitig machen und morgen vielleicht die Jobs wegnehmen – den Verzicht auf rigorose Prüfungsverfahren, ja auf jede Form akademischer Auslese.«

»Nie erschien Frankreich so widersprüchlich im Schatten der nostalgischen Monumente seiner Weltgeltung«, fügte ich damals hinzu. »Das Bürgertum, das Mandarinat der Gebildeten, blickte mit Staunen und Schrecken auf eine neue Generation, die sich den tradierten Werten entfremdet hat. ›Offener Brief an einen Analphabeten von morgen‹ lautete eine Schrift des Historikers Paul Guth. Ein Teil der französischen Jugend erkannte sich im Chanson des mäßig begabten Bänkelsängers Daniel Balavoine wieder: ›Je suis mal dans ma peau‹ – ›Ich fühle mich nicht wohl in meiner Haut‹, sang dieser Balavoine, der im Winter 1986 als gallischer James Dean verehrt werden sollte. ›Ich hatte nie die Füße auf dem Boden. Ich habe das Leben stets mit Comic-strips – *bandes dessinées* – verwechselt. Ich möchte kein Roboter sein. Warum lebe ich? Warum sterbe ich? Warum schreie ich? Ich fühle mich nicht wohl in meiner Haut ...‹«

Sartre wird zu Grabe getragen

Die Beerdigung Jean-Paul Sartres im April 1980 schien das Gerede vom geistigen Niedergang noch einmal Lügen zu strafen. Zum feierlichen Totengefolge des Philosophen des Existentialismus waren annähernd fünfzigtausend Menschen zusammengeströmt. In welchem anderen Land wurde je dem engagierten Intellekt, dem militanten Literatentum eine vergleichbare Huldigung zuteil?

Am offenen Grab Sartres konzentrierten sich die Kameras auf eine einsame weinende Frau, Simone de Beauvoir, Lebensgefährtin des Verstorbenen. Sie war als energischste Vorkämpferin und Autorin der totalen weiblichen Emanzipation bekanntgeworden. »Man wird nicht als Frau geboren«, hatte Simone de Beauvoir geschrieben, »man wird zur Frau gemacht.« Da saß sie jetzt, den unvermeidlichen Schal um das Haupt gewunden, dieses Symbol feministischer Selbstbefreiung, mit steinernem Gesicht, wie eine ganz gewöhnliche Witwe, eine Frau vor der Asche ihres Herdes, wie Mutter Erde.

Vor allem junge Menschen hatten sich um den Sarg Jean-Paul Sartres geschart. Viele hatten womöglich nie eine Zeile seines Werks gelesen, nie einem seiner Theaterstücke gelauscht. Sie ehrten den Theoretiker des utopischen Freiheitsbegriffs, der – eben weil er spontan und ehrlich war – so manchem Irrtum erliegen mußte. Sie sahen in Sartre das Symbol der Auflehnung gegen die Bourgeoisie natürlich, gegen die politischen Parteien, die Kräfte der Ordnung, aber auch schon gegen die erstarrten Strukturen des marxistischen Dogmas und gegen deren Hierarchie. In diesem Sinne der Verweigerung gegenüber allen etablierten Positionen von rechts und von links war das Begräbnis Jean-Paul Sartres zum hintergründigen und richtungweisenden Ereignis dieser ersten Jahreshälfte 1980 geworden. Auf dem Friedhof Montparnasse, am Rande eines offenen Grabes, suchte die Jugend Frankreichs nach jener radikalen, befreienden Selbstverwirklichung durch die eigene Tat, nach jenen »Wegen der Freiheit«, die Sartre bereits ihren Vätern in den Nachkriegsjahren vorzuzeichnen vorgab.

In meinen Pariser Studienjahren hatte ich selber jener Generation nahegestanden, die mit der Mode des Existentialismus sympathisierte. Es gehörte damals in den billigen Mansarden des Quartier Latin zum guten Ton, über den Satz zu meditieren: »L'existence précède l'essence – Die Existenz hat Vorrang vor dem Wesen.« Dem Voluntarismus, der individuellen Schicksalsbestimmung sollte hier zum Durchbruch verholfen werden gegen die dumpfen Kräfte des Erbgutes und des Milieus, die auf dem einzelnen lasteten – so malten wir uns den Sinn dieser Gedankenschule aus. Wen kümmerte es damals schon, daß der Prophet dieser neuen Lehre, Jean-Paul Sartre in Person – durch seine bürgerlich-protestantische Abstammung, durch die prüde, fast ausschließlich weibliche Umgebung seiner Kindheit, durch die Stiefmütterlichkeit der Natur, die ihn als häßlichen, von extremem Strabismus geplagten Menschen hatte zur Welt kommen lassen –, in seinem Werdegang, ja seiner geistigen Entwicklung mit fataler Zwangsläufigkeit gezeichnet worden war. Die tätige Chance des Widerstandes gegen die Deutschen hatte dieser Literat, Autor der »Toten ohne Begräbnis«, nicht wahrgenommen und statt dessen an den Tischen des »Café de Flore«, wo früher einmal die reaktionäre »Action Française« gegründet worden war, an seinen Theorien gewirkt.

Ich bin dem Philosophen später ein paarmal flüchtig begegnet. Sentimental war ich dem »maître« meiner jungen Jahre weiterhin verbunden. In der Erinnerung bleibt mir vor allem sein Besuch in unserem Fernsehstudio auf den Champs-Elysées, wohl zu Beginn der sechziger Jahre. Der Kollege Dagobert Lindlau vom Bayerischen Rundfunk, der eine kulturelle Sendung gestaltete, hatte den Maître zu uns begleitet. Lindlau war mit dem Photohändler Porst befreundet, der aufgrund seiner Ost-Berliner Beziehungen und seiner guten Geschäfte mit der DDR ins Visier westdeutscher Sicherheitsorgane geraten war. Sartre, stets wach, wenn es um die Verletzung von Menschenrechten ging, hatte sich den Fall dieses bespitzelten Herrn Porst schildern lassen, der Dagoberts Darstellung zufolge zwar ein Kapitalist, aber ein fortschrittlicher Mensch war. Auf der Stelle fand sich der streitbare Philosoph bereit, eine Petition zugunsten dieses Unbekannten und seiner recht belanglosen Affäre zu unterschreiben. So ist er mir in Erinnerung geblieben – liebenswert, schnell entflammt, zutiefst bescheiden und etwas naiv. Aus einer ähnlich prinzipiellen Protesthaltung ist er später nach Stammheim gefahren, um Solidarität mit den RAF-Häftlingen Andreas Baader und Ulrike Meinhof zu bekunden.

Der tote Sartre hat es nicht verdient, daß Simone de Beauvoir in erbarmungsloser Rückbetrachtung ihre emanzipatorische Rolle noch einmal an ihm auskostete, im Grunde jedoch – Penthesilea des Intellekts – dem atavistischen Hang zum Geschlechterhaß huldigte. Sie hat die letzten, tristen Jahre des Philosophen bloßgelegt, seine senile Zuneigung zu ein paar Nymphetten, die erbärmliche Gebrechlichkeit des verfallenden Körpers.

Da war ihm de Gaulle schon eher gerecht geworden, hatte Sartre sogar auf einen Sockel gehoben, der ihm vielleicht gar nicht zukam. Als irgendwelche Polizeischergen auf dem Höhepunkt des Algerien-

Krieges den französischen Papst des Existentialismus wegen subversiver Agitation und Komplizenschaft mit der Algerischen Befreiungsfront verhaften wollten, hatte de Gaulle abgewinkt: »On n'emprisonne pas Voltaire – man sperrt einen Voltaire nicht ein.«

Ausführlich hatte sich die Pariser Presse mit der Beerdigung Jean-Paul Sartres am »Cimetière Montparnasse« befaßt und sie an der grandiosen Überführung der Leiche Victor Hugos ins Panthéon gemessen. Am 1. Juni 1885 hatten die endgültig zur Macht gelangten Republikaner diesen laizistischen Trauerzug mit quasi-liturgischem Pomp verbrämt. Es war eine symbolische Geste, daß der Autor der »Elenden« in der desakralisierten Kirche Sainte-Geneviève seine letzte Ruhestätte fand, wo »das dankbare Vaterland den großen Männern« huldigt. Armee und Polizei waren in Paradeuniform aufgeboten, unzählige Blumengewinde und Kränze wurden auf vierspännigen Kaleschen durch die Straßen gerollt. Das Volk von Paris war auf den Beinen, um diesem Meister des gallischen *romantisme* die letzte Ehre zu erweisen, von dem später André Gide mit wachsender zeitlicher und emotionaler Distanz sagen sollte: »Welches ist der größte französische Dichter? Leider ist es Victor Hugo – Hélas! Victor Hugo!«

Beim letzten Weg Sartres war die offizielle Fünfte Republik fast abwesend. Der amtierende Staatschef Giscard d'Estaing blieb der Zeremonie fern und ließ wissen: »Jean-Paul Sartre wies alle Ehrungen von sich« – er hatte tatsächlich den Nobelpreis für Literatur abgelehnt – »es gehört sich nicht, daß die Präsenz des Präsidenten der Republik dieser intimen Entscheidung widerspricht.« Der ehemalige Mai-Revoluzzer Claude Lanzman kommentierte: »Das ist die letzte Kundgebung von '68«. Die Zeitung *Libération* notierte bissig: »Im Gedränge (des Sartreschen Trauergefolges) erkennen sich gealterte Gesichter wieder; man tauscht Telefonnummern aus und Einladungen zu Freßgelagen, die man nie einhalten wird.«

Die politische Rechte reagierte mit ähnlicher Häme auf die Bestattung Sartres wie seinerzeit auf die Apotheose Hugos. So schrieb der *Quotidien de Paris* am 21. April 1980: »Diese Menge gleicht keiner anderen ..., hier versammeln sich die Intellektuellen, die Studenten, die Einwanderer, die Schwarzen, die Schwulen, die Alten, die ›Rastas‹, die Körperbehinderten, die Spinner, die Armen; die gesamte Wählerschaft Sartres versammelt sich hier. Sogar die Jugendlichen erscheinen hier als Randfiguren der Erwachsenen, die Männer als Randfiguren der Frauen ...«

Le Monde hingegen holte zu einer ganz anderen Gegenüberstellung aus: »Bei Victor Hugo lief alles in guter, vornehmer Ordnung ab, bei Sartre war alles indezent ... ›Ihr seid indezent‹, schrien diejenigen, die sich bei der Niederlegung von Blumen gegenseitig anrempelten ... Die Indezenz war überall. Da waren die zwitschernden Amseln auf dem Grab Baudelaires, der keimende Frühling ..., die Menge auf dem Friedhof (die die Gräber und Kreuze niedertrampelte). Das Leben selbst erschien unanständig. Aber wer will sich da entrüsten? Als ob der Tod an diesem Samstag, dem 19. April 1980, nicht als die größte Indezenz erschienen wäre!«

Der bereits erwähnte junge Schriftsteller Benny Lévy schildert den schrecklichen, den »modernen« Tod Sartres in der Intensivstation, angeschlossen an Kanülen, Belebungsmaschinen und Perfusionsschläuche. In dieser fürchterlich sterilisierten Einsamkeit stürzte der Philosoph des Existentialismus in den *néant,* in das Nichts, das er in seinen bangen Ahnungen hatte aufkommen sehen. Wieviel menschlicher, würdiger hingegen war Victor Hugo verschieden. Eingebettet in das tätige Mitgefühl der Verwandten und Freunde hatte er sich der »Stille, dem Abschluß« hingegeben, dem »willkommenen Tod«, wie er ihn selbst einmal herbeigerufen hatte.

*

»Il n'y a plus d'après à Saint-Germain-des-Prés – Es kommt nichts mehr nach in Saint-Germain-des-Prés.« Juliette Gréco hat dieses schöne, traurige Lied kreiert im kalten, mißmutigen Frühling 1980. In den ersten Nachkriegsjahren war sie im Keller »Le Tabou« mit ihrer Rabenmähne, ganz in Schwarz gekleidet, als Muse des Existentialismus aufgetreten. Sie wurde berühmt und begehrt. Sie ließ sich die viel zu große Nase operieren und wurde dadurch zur schönen Frau. Aber die magische Tristesse der Keller-Atmosphäre von Saint-Germain-des-Prés ging ihr damit verloren. Wie weit sie heute entfernt ist, diese Aufbruchstimmung der späten vierziger Jahre – nach den Demütigungen unter dem Hakenkreuz, nach der Parodie eines Sieges, der im Soziussitz übermächtiger Alliierter gerade noch gewonnen worden war! Die Mädchen kämmten die Haare *à la noyée,* wie Ertrunkene; sie streiften sich schwarze Pullover über, ihre Gesichter waren zu weißen Masken geschminkt; die jungen Männer trugen Weltschmerz zur Schau. Und dennoch pulsierten geballter Lebenswille, kulturelle Fruchtbarkeit hinter dieser pseudo-existentialistischen Pose.

Am Carrefour Saint-Germain-des-Prés hatte Jean Cocteau seine ledergekleideten Neger auf Motorrädern als Todesengel im »Blut des Poeten« auftreten lassen. Gleich neben dem »Tabou« zog eine Tanzgruppe aus Guinea die Freunde afrikanischer Exotik an. Das Ballett wurde choreographisch geleitet von einem athletischen Mandingo, Keita Fodeba, und keiner hätte geahnt, daß er nach der Unabhängigkeit seiner westafrikanischen Republik als bluttriefender Foltermeister und Polizeichef des Tyrannen Sekou Touré auftreten würde. Im »Vieux Colombier« tobten sich die »Keller-Ratten« zu den importierten Klängen des New Orleans und des Bebop aus. Sidney Bechet dirigierte mit seinem schmetternden Saxophon wie ein Voodoo-Priester die akrobatischen Verrenkungen der Tanzenden. Es war die Zeit des Klarinettisten Claude Luther und des Schriftstellers Boris Vian. »J'irai cracher sur vos tombes – Ich werde auf eure Gräber speien« hieß dessen Roman, in dem er sich bereits – vielleicht von der »Ehrbaren Dirne« Sartres angeregt – mit dem Rassismus auseinandersetzte. Nur spielte seine makabre Handlung noch in einer fiktiven Landschaft des amerikanischen Südens und nicht in einer nahen französischen Trabantenstadt.

Der Sartrismus wurde in jenen glorreichen Tagen von Saint-Germain-des-Prés vermutlich schon ebenso fehlinterpretiert und verballhornt wie ein Vierteljahrhundert später, als man den »maître« zu Grabe trug. Aber wieder einmal behauptete sich Kontinuität an der Seine, gerade dort, wo sie sich als kultische Innovation aufspielte: Lyrische Schwermut und Selbstmitleid waren hier schon im Biedermeier gängig gewesen, als »Spleen de Paris«, den der Dichter Baudelaire erfand und den Alfred de Musset vorlebte. »Poète, prends ton luth – Dichter, greife zur Laute«, hatte Musset vor hundertfünfzig Jahren aufgefordert und wohl nicht geahnt, daß seine unbelesenen Nachfahren die Aufforderung wörtlich nehmen, ihre schrille Klage mit Klarinette, Gitarre und Saxophon in die Welt brüllen würden. »Car les chants les plus tristes sont les chants les plus beaux – denn die traurigsten Gesänge sind die schönsten«, hieß es damals.

Auch der schwarze »Spleen« des Sommers 1980 war nur ein Zwischenspiel. Auf den Betonmauern der seelenlosen Wohnsilos, der verkommenen Termitenbauten, die mit ihren düsteren Türmen den Himmel verstellten, überschlugen sich die Bekundungen von Verzweiflung und bitterem Scherz. »Wo bleiben die Blumen? Auf den Gräbern.« Haßerfüllte Feindschaft äußerte sich hier zwischen

Arabern und Juden im Schlächtervokabular des Genozids. Daneben stand wiederum: »Nicht die Religion, der Fußball ist das Opium für das Volk.« Die Todesahnungen waren romantisch verklärt: »Erlebt euren Tod« und »Meine Freiheit blutet«. Irgendein Bänkelsänger gab das Chanson »Paris poubelle – Paris, du Mülleimer!« zum besten.

Der bereits zitierte Daniel Balavoine, den der damalige sozialistische Oppositionsführer François Mitterrand leichtfertig als Gesprächspartner einer Fernsehsendung akzeptiert hatte, sprang mit dem Führer des fortschrittlichen Frankreich wie ein jakobinischer Ankläger um: »Die Jugend ist zutiefst verzweifelt«, sprudelte es haßerfüllt aus Balavoine heraus; »die Jugend glaubt nicht an die französischen Politiker. Unsere Verzweiflung kann zum Terrorismus führen, zur Nachahmung von Baader und Meinhof.« Das Lied der Gréco ging nur noch denen zu Herzen, die mit den Gedichten Préverts aufgewachsen waren. Saint-Germain-des-Prés war jetzt in den Ferienmonaten zum Rummelplatz von Touristen, Snobs und Homosexuellen verkommen, zur Schaubühne der Exhibitionisten und zweifelhaften Lebenskünstler. »Il n'y a plus d'après à Saint-Germain-des-Prés.«

Die Rose in der Faust

Schon ein Jahr später sah alles anders aus. »Die Rose in der Faust«, das Symbol des triumphierenden französischen Sozialismus, hatte gesiegt. Mitterrand war zum Präsidenten gewählt, und seine Partei verfügte – die Kommunisten weit hinter sich lassend – ab Mai 1981 über die absolute Mehrheit im Palais Bourbon. »Sozialistisches Frankreich, da du existierst, wird alles möglich, hier und heute ...«, lautete die Siegeshymne der Linken, die zum ersten Mal seit der Volksfront von 1936, aber dieses Mal mit fast schrankenlosen Vollmachten, das Schicksal Frankreichs in die Hände nahm. Zu den Sirtaki-Klängen des griechischen Komponisten Theodorakis, der das Lied »France socialiste« komponiert hatte – der Refrain »ici et maintenant« war einem Buchtitel Mitterrands entliehen –, tanzte und sang die unübersehbare Masse der Begeisterten auf dem Platz der Bastille. Nicht nur junge Querulanten, auch die gealterten, braven Stammwähler der »Zweiten Sozialistischen Internationale« (SFIO) hatten sich in gemeinsamer

Hochstimmung an dieser historischen Stätte eingefunden. Der Ruf wollte nicht enden: »On a gagné – wir haben gewonnen!«

Am 21. Mai 1981 entfaltete sich zu Füßen der weißen Kuppel des Panthéon wiederum ein Schauspiel, wie wohl nur Paris es zu bieten vermag. Die siegreiche Linke Frankreichs, ja die Repräsentanten des Sozialismus aus ganz Europa, Willy Brandt vorneweg, hatten sich zur Prozession zusammengeschlossen – Arm in Arm, die ganze Straßenbreite einnehmend – und rückten mit weihevollen Gesichtern auf den Tempel der Republik zu. Die Inszenierung war meisterhaft. Was François Mitterrand, im Geiste einer royalistisch gestimmten Umgebung aufgewachsen, in dieser Sammelgruft der großen fortschrittlichen Geister Frankreichs suchte, das war eine Art republikanische Salbung, jener *saint-chrême,* das den Königen Frankreichs einst das Gottesgnadentum verliehen hatte. Weder die Marseillaise noch ein sozialistisches Kampflied begleiteten diesen feierlichen Zug des sakralen Laizismus, sondern der Schlußchor »An die Freude« Ludwig van Beethovens. »Alle Menschen werden Brüder« wurde von einer mächtigen Sängertruppe – auf der Höhe von Sainte-Geneviève gruppiert – in deutscher Sprache vorgetragen und somit als Hymne Europas konsekriert.

Das letzte Stück Weg durch das Quartier Latin war beziehungsreicher Boden. Hier war 1914 Jean Jaurès ermordet worden; hier hatte André Malraux – mit zitternder, beschwörender Stimme, nervösem Zucken des Hauptes und dem Blick einer antiken Seherin – den Leichenzug des zu Tode gefolterten Widerstandsführers Jean Moulin, den »König der Schatten«, willkommen geheißen. In der Rue Soufflot hatten sich die Barrikaden des Mai '68 am hartnäckigsten gegen die Bulldozer der Gendarmerie behauptet. Den *soixante-huitards,* die in diesem Aufgebot stark vertreten waren, mußten die Tränen kommen.

Dann verharrte das fest formierte Karree in achtungsvoller Entfernung vor den Säulen des Panthéon. Mitterrand löste sich aus der ersten Reihe. Mit der Rose in der Hand – an »Gardes Républicains« mit goldenem Helm und gezogenem Degen vorbei – verschwand er im Gewölbe. Die Fernsehkameras waren vom künftigen Kulturminister Jack Lang, einem ehemaligen Professor für Steuerrecht und angesehenen Theaterdirektor, mit meisterhaftem Sinn für Inszenierung plaziert. Sie begleiteten den sozialistischen Präsidenten auf seinem Gang durch die Hallen der Gruft.

Eine erste Rose legte er auf dem Sarkophag des Sozialisten-Vaters und Pazifisten Jean Jaurès nieder; dann tauchte er am Sarg Jean Moulins auf, wo er das gleiche Ritual vollzog. Jean Moulin, von de Gaulle zum Bevollmächtigten der Résistance ernannt, war ein Mann linker, progressistischer Überzeugungen gewesen und mit dem Auftrag über dem besetzten Frankreich abgesprungen, die Aktionseinheit mit den kommunistischen Maquis zu organisieren. Die dritte Station war die Ruhestätte des Arztes Victor Schoelcher, der auf den Antillen für die Abschaffung der Sklaverei gefochten hatte und nunmehr als Garant für Rassengleichheit und Solidarität mit den farbigen Völkern der Dritten Welt in Beschlag genommen wurde. Die Weihestunde im Panthéon symbolisierte die Verwirklichung eines Traums, der von Rousseau und Diderot bis Léon Blum und Pierre Mendès-France reichte.

Am Rande erwähnt sei jene kurze Amtshandlung, die der Apotheose der Linken am Panthéon vorausgegangen war. In dem unterirdischen Bunker »Jupiter«, wo der persönliche Befehlsstand des Präsidenten der Fünften Republik einbetoniert ist und alle Komponenten der nuklearen »Force de dissuasion« ausgelöst werden können – Atom-U-Boote, Raketen des Plateau d'Albion, Bomber vom Typ Mirage IV und taktische Sprengköpfe der Pluton-Lafette –, hatte der scheidende Amtsträger Giscard d'Estaing seinem sozialistischen Nachfolger den Code zur Auslösung dieses Infernos überreicht. Es war eine knappe, sachliche Einweisung. Anschließend vertraute Mitterrand seinem Tischnachbarn Willy Brandt an, die Handhabung des französischen Nuklearpotentials sei eine relativ unkomplizierte Angelegenheit, gemessen an dem Kopfzerbrechen, das ihm die protokollgerechte Plazierung der zahllosen Gäste beim Staatsbankett des Inaugurationstages bereitet habe.

*

Im Winter 1986 schien es, als sei die kurze, trügerische Siegesstimmung des sozialistischen Mai 1981 in der trostlosen Misere des Alltags, in der rastlos pulsierenden Mutation einer unheimlich beschleunigten, ziellosen Kulturkrise untergegangen. Seit dem 16. März 1986 war eine konservativ-liberale Parlamentsmehrheit am Ruder. Der Hochschulminister Devaquet hatte – bei seinem gescheiterten Bemühen, Modernisierung und Qualifizierung der Alma mater durchzusetzen –, eine Linie verfolgt, die bereits sein sozialistischer Vorgänger, Jean-Pierre Chevènement, vorgezeichnet hatte. Chevènement war Abgeordneter von Belfort. Im Auftreten, ja in der Typologie glich er einem Jakobiner, und er ermattete nicht in der Betonung patriotischer Tugend und egalitärer Entschlossenheit. Er verkörperte die Ideale der »schwarzen Husaren« – wie man sie einst wegen ihres schwarzen Gehrocks nannte –, jener schlecht bezahlten jungen Lehrer der »école publique«, jener Prediger des Laizismus, die von den rabiat antiklerikalen Regierungschefs und Ministern der Jahrhundertwende – von Jules Ferry und Clémenceau bis zum »Väterchen« Combes – in die frömmlerisch archaische Welt der unzähligen Dörfer Frankreichs ausgeschickt wurden, um das Gleichheitsprinzip der Leistung, den gesellschaftlichen Aufstieg der Tüchtigen zu fördern und dank der anonymen Prüfungsauslese des *concours* die pfäffische Bevormundung und die Begünstigung der Besitzenden auszuschalten.

Ist es nicht absurd, daß diese republikanischen Grundelemente jetzt von der Studenten- und Schülerzunft des ausgehenden zweiten Jahrtausends verworfen, ja wütend bekämpft wurden? Mehr als ihre Altvorderen leidet die Jugend von heute wohl unter der schrecklichen Steuerlosigkeit ihrer postmodernen *conditio humana* und sucht dabei Zuflucht in der Larmoyanz und in der Schnulze. Da singt der unvermeidliche Renaud das ewige Lied vom »déserteur«, das sein Vorgänger Mouloudji in den Jahren des Algerien-Krieges so viel schöner und ergreifender angestimmt hatte.

Selbst die brillantesten Repräsentanten des gallischen *esprit* hatten sich vergebens bemüht, die unerhörten Phänomene der anstehenden soziologischen und strukturellen Veränderungen durch die beschwörende – bislang stets wirksame – Magie des Wortes zu überkommen. Man denke nur an den Schriftsteller und Philosophen Roland Barthes, der in jenem konfusen Frühling des Übergangsjahres 1980 den Tod fand. Barthes hatte bei Brecht eine literarische Rechtfertigung des Marxismus gesucht, was aus französischer Sicht gar nicht so abstrus klingt, hatte sich Mitterrand der Lehre des großen Trierer Philosophen doch unter anderem deshalb verweigert, weil dessen unverdauliche Sprache von deutschem Tiefsinn und talmudischer Spitzfindigkeit geprägt war, weil der unverdauliche Stil des »Kapital« jeden romanisch kultivierten Geist zur Verzweiflung treiben mußte.

Roland Barthes seinerseits hatte die Sprache als Instrument der Revolution definieren wollen und wurde bei diesem Unterfangen

– weil er es nicht lassen konnte, geistreich zu sein – zum Sophisten. »Ich glaube«, so schrieb Roland Barthes, »daß das Automobil ein ziemlich genaues Äquivalent zu den gotischen Kathedralen ist. Ich möchte sagen, es handelt sich beim Auto wie bei der Kathedrale um eine große zeitgenössische Schöpfung, die durch unbekannte Künstler entworfen wurde. Das gesamte Volk hat sich die Vorstellung, wenn nicht die Nutzung dieser zutiefst magischen Gegenstände zu eigen gemacht.« Eine bittere Laune des Schicksals hat es gewollt, daß Roland Barthes im Februar 1980 von einem dieser blechernen Fahrgestelle, die er so maßlos glorifizierte, von einem vulgären Lieferwagen, überfahren wurde und einen Monat später seinen Verletzungen erlag.

Sechs Jahre später war es höchste Zeit, daß ein unvoreingenommener Denker, wieder einmal ein Jude, den Gauklern und Schaumschlägern den Prozeß machte unter dem Titel: »Lob der Intellektuellen«. Denn inzwischen waren die pseudo-ideologischen Rock- und Pop-Bekenntnisse der Gitarristengefolgschaft außer Rand und Band geraten. »Weder weiß noch rot«, so wurde gekräht, »wir sind die Paten der Vögel und der Walfische.« – »Zwischen Russen und Amis bleibt uns wohl nur die Maginot-Linie unserer eigenen Bedeutungslosigkeit«, verkündete ein anderer Sänger in Fortführung jener pazifistischen Träume, die jenseits des Rheins in Blüte standen und in Frankreich bislang so wenig Widerhall geweckt hatten. Wie lange würde Paris noch die Distanz halten können zu dem Phänomen millennarischer Angst, das die germanisch-protestantischen Regionen des Abendlandes mit Vorliebe heimsuchte.

Bernard-Henri Lévy, achtunddreißig Jahre alt, einer der Ernüchterten und dennoch Unentwegten aus der Generation des Mai '68, stellt fest: »Es ist wohl widersinnig, daß im Lande Voltaires und Zolas der Philosoph Foucauld durch den Schlagersänger Renaud verdrängt wird, daß Bernard Tapie« – selbstherrlicher Tycoon eines industriellen Erfolgsmythos für Midinetten – »den Sinn des Lebens definieren will. Widersinnig erscheint die einfältige, wenn auch großherzige Initiative des Clowns Coluche mit seinen ›Restaurants des Herzens‹, die offenbar den Prototyp künftigen Sozialengagements vorzeichnen sollen.« Gewiß, so räumt Lévy ein, habe sich Bob Geldof um die Hungernden in Äthiopien und Coluche um die »neuen Armen« Frankreichs verdient gemacht – mit sicherem Gespür für die Mobilisierung von Gefühlen und Energien. »Aber jetzt sollten sie schweigen! Wenn wir verhüten wollen, daß der Kampf gegen den Rassismus, daß der Anspruch auf die Unterschiedlichkeit, der Kampf um das Recht und vieles mehr sich in einen Alptraum verkehren, dann müssen die Intellektuellen, die Gelehrten – *les clercs* – wieder zu sprechen beginnen.«

Den neuen Medien wird die Schuld für diese schreckliche Vulgarisierung und Verflachung zugewiesen. Dabei erfüllen sie lediglich die Funktion der Enthüllung, ja der Bloßstellung. Als der Fernsehkanal TV 6 als reiner Musiksender, der bisher nur Rock und Pop, Videoclips und brüllende Showstars vorführte, neu zugeteilt und anders programmiert wurde, erstickte die Redaktion des Nachfolgesenders Metropole 6 unter einer Lawine entrüsteter Zuschriften. Ein paar Auszüge: »Laßt uns die Musik; sie macht wenigstens keine Politik.« – »1986 war das Jahr des Todes für Coluche und Balavoine. Das reicht jetzt. 1987 darf nicht das Jahr des Todes für TV 6 sein!« – »Wenn man TV 6 abschafft, verlasse ich Frankreich.« – »Erst das Hochschulgesetz Devaquet, dann die Umwandlung von TV 6. Und da fragt diese verfluchte Regierung noch, warum es Krawalle gibt!« – »Wenn man das schönste Fernsehen TV 6 ermordet, dann greife ich zur Droge.«

Schon wurden Kassandra-Rufe laut, die »Angst«, dieses in Deutschland auf modische Weise zelebrierte Zeitgefühl, könne auch auf Frankreich übergreifen, das Europa der großen kollektiven Furcht sei im Entstehen. War es vorbei mit der Indifferenz der jungen Franzosen gegenüber Atom und Kriegsgefahr? Da tauchte gelegentlich das Wort *angoisse* in den jüngsten Liedern auf, und man tanzte in Paris zum »Cha-Cha-Cha de l'insécurité – zum Cha-Cha-Cha der Unsicherheit«, so wie Anfang der sechziger Jahre die von der Unabhängigkeit trunkenen Kongolesen sich zum »Indépendance-Cha-Cha-Cha« in den Hüften gewiegt hatten.

Tröstliche Einschränkung allzu düsterer Visionen, ein altes gallisches Sprichwort sagt: »En France, tout finit toujours par une chanson – in Frankreich endet alles stets mit einem Lied.« Zum Schluß dürfte *le bon sens,* der bäuerlich ererbte, grundsolide Menschenverstand, die Oberhand behalten. Und dennoch, welch abschüssiger Weg wurde zwischen den beiden Eckdaten 1968 und 1986 durchlaufen. Damals stand auf den Mauern der Sorbonne: »Tout est permis – alles ist erlaubt.« Heute liest man dort: »Rien n'est possible – nichts ist möglich.«

Brückenkopf des Islam

Marseille, 14. April 1987

»Wollen Sie wirklich zur Rue du Bon Pasteur?« Der französische Kneipenwirt am alten Hafen von Marseille musterte mich kopfschüttelnd. »An Ihrer Stelle bliebe ich dort weg, aber Sie müssen wissen, was Sie tun«, fügte er tadelnd hinzu. Als ich die Porte d'Aix erreichte und in die Straße zum Guten Hirten einbog, begriff ich, was der Mann gemeint hatte. Außer mir war weit und breit kein einziger Europäer zu sehen. Ich befand mich im Herzen einer algerischen Kasba.

In den Fleischerläden, die durch die Inschrift »lahm halal« wissen ließen, daß hier nach den Vorschriften des Islam geschlachtet wurde, baumelten die Hammel an den Haken. In einer Bücherei lagen Koran-Exemplare und erbauliche Schriften irgendwelcher muslimischer Exegeten aus. Die Ladenschilder waren meist arabisch. Die Geschäfte hießen »Le Souk« oder »La Rose marocaine«.

Ein grün gestrichenes Garagentor, über dem die Inschrift verkündete, daß es außer Gott keinen Gott gebe und daß Mohammed sein Prophet sei, leitete über zur größten Freitags-Moschee von Marseille, in einen improvisierten, unansehnlichen Werkstattkomplex. Die Schatten wurden länger, und es waren meist nordafrikanische Männer, die sich in den Lebensmittelläden drängten, um letzte Einkäufe zu machen. Von den wenigen Frauen trugen manche das Kopftuch und körperverhüllende Überwürfe, andere waren ganz europäisch gekleidet. Die Maghrebiner streiften mich gelegentlich mit verwunderten Blicken. Aber jedesmal, wenn ich das Wort an einen Passanten richtete, antwortete er höflich, fast leutselig in seiner kehligen Aussprache.

Das Restaurant, der »mat'am« des Si Hadj Ghafiri, war nicht schwer zu finden. Ich war angekündigt worden. Der Sohn Ghafiris brachte mir einen Tee und bat mich, auf seinen Vater zu warten. Gäste gingen ein und aus, hielten ein Schwätzchen, tranken einen Kaffee oder eine Cola, begrüßten sich zeremoniös mit »Salam aleikum« und sprachen das für die algerischen Küstenstädte typische Gemisch aus Dialektal-Arabisch und gutturalen französischen Sprachanleihen.

In dieser muslimischen Kneipe fühlte ich mich ganz und gar in die Welt des Arabismus und des Islam versetzt. Vor meinem Aufstieg zur Porte d'Aix war ich über den Cours Belsunce geschlendert, der im Herzen Marseilles, gleich neben der Canebière, gelegen ist. Ich hatte diese breite Verkehrsader mit ihren Terrassen-Restaurants, ihrem pulsierenden mediterranen Leben, mit der südländischen Urbanität und Gastlichkeit aus den fünfziger Jahren in bester Erinnerung. In den vergangenen zwei Dekaden hatte sich ein abrupter Wandel vollzogen. Europäer waren hier kaum noch anzutreffen. Die einladenden Gaststätten waren durch Ramschläden ersetzt worden, wo eine wimmelnde maghrebinische Kundschaft – zum Teil speziell über das Mittelmeer angereist – sich mit allen nur denkbaren Gebrauchsartikeln, von Kinderkleidung bis zur Waschmaschine, eindeckte. Mit diesen Gütern, in Plastiksäcken, riesigen Ballen und Kisten verpackt, würden sie wieder auf das nordafrikanische Gegenufer des Mittelmeers zurückkehren, wo die Demokratische Republik Algerien von allen Plagen sozialistischer Fehlplanung und Mangelwirtschaft heimgesucht wurde.

Die alteingesessenen Marseiller, die seit Jahrtausenden, seit der Gründung ihres Hafens durch die Phönizier, an exotische Präsenz gewöhnt waren, hatten auf die Maghrebinisierung des Cours Belsunce erst mit Staunen, dann mit Verärgerung, schließlich mit Wut und Fremdenhaß reagiert. Die schmalen, lichtlosen Gassen, die zum Bahnhof Saint-Charles aufstreben, hatten früher einmal ein ausgedehntes *quartier réservé* beherbergt. Nach dem Zweiten Weltkrieg war hier von der amerikanischen Militärpolizei »Off limits« an die Mauern gepinselt worden, und bewaffnete Senegal-Schützen unter der roten »Chechia« achteten darauf, daß sich keine GIs in diese Ansammlung finsterer Bars und Bordelle verirrten. Auch hier hatte sich inzwischen arabischer Lebensstil und islamische Sittenstrenge durchgesetzt. An den Theken wurden fast nur noch alkoholfreie Getränke ausgeschenkt, und die Prostitution für die Gastarbeiter war in versteckte, stinkende Höhlen verbannt.

Ein einsamer katholischer Priester, der Père Roger Michel, hatte sich inmitten dieser maghrebinischen Umgebung in einer erbärmlichen Etagenwohnung einquartiert, um im Auftrage seines Erzbischofs

Kontakt zu den olivenhäutigen Einwanderern zu halten. Sein entsagungsvolles Bemühen um christlich-islamische Annäherung war von Anfang an auf bescheidenste Ansätze beschränkt, wenn nicht zum Scheitern verurteilt.

Plötzlich wurde mir klar, warum mir diese Kasba im Umkreis der Porte d'Aix von Marseille so eigenartig vertraut vorkam. Ein ähnlich gespanntes Nebeneinander hatte ich einst vor Ausbruch des Aufstandes gegen die Franzosen in der großen algerischen Hafenstadt Oran angetroffen. Dort waren die Europäer – nach Jahrhunderten spanischer Besetzung dieser vorgeschobenen Festung – fast zahlengleich mit Arabern und Berbern gewesen. Die bange Ungewißheit, die Angst, die damals auf den Franzosen von Oran lange vor Ausbruch der ersten Feindseligkeiten lastete, war von Albert Camus seherisch und instinktiv in seinen Romanen »Die Pest« und auch »Der Fremde« beschrieben worden. Jetzt fand ich dieses unsichere psychologische Klima auf dem nördlichen Ufer des Mittelmeers wieder.

Die Straße zum Guten Hirten

Der Wirt Ghafiri entschuldigte sich für seine Verspätung. Er war ein stattlicher, bärtiger Mann. Der Anzug war für die Verhältnisse der Straße zum Guten Hirten fast elegant, der Schlips bunt. Er musterte mich mit höflichem Mißtrauen. Ich wußte, daß er eng mit den Sicherheitsdiensten der algerischen Regierung zusammenarbeitete, die unter ihren zahllosen Landsleuten in Frankreich ein ganzes Heer von Informanten und Agenten unterhielt. Noch vor kurzem war der prominente algerische Anwalt Ali Mecili, den die Junta von Algier konspirativer Tätigkeit verdächtigte, von einem Berufskiller niedergeschossen worden. Es war lebensgefährlich für einen Algerier in Frankreich, allzu militant für jene historischen Führer der »Nationalen Befreiungsfront«, für jene ersten Vorkämpfer der algerischen Unabhängigkeit einzutreten – ob sie nun Ben Bella oder Ait Ahmed hießen –, die die Machtstellung und die Privilegien der regierenden Militärkaste in Frage stellten. Auch im Maghreb verschlang die Revolution ihre Kinder. Auf meinem Gang zur Porte d'Aix waren mir ein paar grüne Mauerinschriften aufgefallen: »Vive Ben Bella!«

Das Gespräch mit Ghafiri wandte sich gleich dem religiösen Thema zu. Ich wollte von ihm erfahren, in welchem Ausmaß der islamische Fundamentalismus, der vom algerischen Staatschef Schedli Ben Dschedid streng überwacht und eingegrenzt wurde, auf die Gemeinde der Fremdarbeiter in Frankreich übergegriffen habe. Ghafiri, den die Gäste des düsteren Restaurants respektvoll mit »Si Hadj« begrüßten, hielt nicht viel von diesem eifernden Rigorismus. Der Islam habe sich stets gewandelt, komme nicht umhin, sich den Veränderungen einer modernen, technologischen Gesellschaft anzupassen.

»Als Vorsitzender der ›Islamischen Vereinigung‹ von Marseille, als religiös gebildeter Mensch und als Mekka-Pilger ist es meine Pflicht, auf den Bau neuer Moscheen zu drängen«, sagte Ghafiri; »bei unseren Glaubensbrüdern besteht ein unerträglicher Mangel an Gebetshäusern und an religiöser Weiterbildung. Aber Khomeini hat nur Bruderzwist und Verwirrung in die islamische ›Umma‹ gebracht. Ich mißtraue den ›Moslem-Brüdern‹, wie wir sie in Algier nennen, mit ihren Bärten, ihren fanatischen Parolen. Wir müssen hier mit den Christen zusammenleben. Wir leiden schon genug unter dem Rassismus, der gerade in Marseille immer mehr um sich greift. Wir leben hier in einer Welt sittlichen Niedergangs. Selbst die Gewerkschaften – im hiesigen Hafen handelt es sich vor allem um die kommunistische CGT – zeichnen sich durch ihre Feindseligkeit gegen Araber aus. Im übrigen trägt die CGT durch ihre permanente Arbeitsverweigerung die Hauptverantwortung am Niedergang des größten französischen Hafens.«

Er wolle mit mir nicht darüber streiten, ob die Lehre des Propheten auch für die agnostischen, aller Gewißheiten beraubten Europäer eine Heilsbotschaft bereithalte, die ihnen festen Boden unter den Füßen verschaffen könnte. Ganz bestimmt würde der Islam nicht von jenen Kassetten unduldsamer Prediger profitieren, die die Agenten des Khomeinismus unter den Maghrebinern verteilten und in geheimen Versammlungen abspielten. »Unsere Sorge, das sind die nordafrikanischen Jugendlichen. Zu viele von ihnen sind arbeitslos, fühlen sich verachtet, sind entwurzelt. Zu viele haben sich der Droge ergeben. Manchmal diskutieren wir Väter darüber, daß unsere Söhne im Grunde nur die Wahl haben zwischen Rowdytum, Sittenlosigkeit, Rauschgift auf der einen Seite und Hinwendung zur koranischen Frömmigkeit auf der anderen. Wir haben gehört, daß die Deutschen sich mehr und mehr für den Islam interessieren. Stellen Sie sich vor, welch ungeheure religiöse Dynamik sich aus einer solchen Bekehrung Deutschlands zur Religion des Propheten ergäbe!«

Wer weiß, wo er diese eigenartige Vorstellung von den Verhältnissen in der Bundesrepublik aufgeschnappt hatte? Ghafiri, so warnten schon die Gewährsleute, die mich an ihn verwiesen hatten, sei ein merkwürdiger Heiliger. Sein politischer Auftrag zur Abwehr der umstürzlerischen, radikalen Moslem-Brüder sei klarer umrissen als sein koranisches Wissen. Die Kassetten mit den flammenden Aufrufen islamischer Eiferer, die bei den frommen Gläubigen von Marseille starke Nachfrage fanden, kamen übrigens nicht aus Teheran, sondern aus Kairo. Der alte ägyptische Scheich Kischk stand besonders hoch im Kurs. Die koranische Rückbesinnung war in keiner Weise das Monopol schiitischer Außenseiter.

Der Mensch sei für sein Seelenheil voll verantwortlich, fuhr der Gastwirt fort, absolute Gewißheit besitze er nicht. Vermutlich hatte Ghafiri nie vom »pari de Pascal«, von der »Wette« des Wissenschaftlers und Philosophen Blaise Pascal gehört, der in der frommen Gottergebenheit – bei allen Zweifeln, die den Gläubigen anfechten mochten – immer noch das geringere Risiko auf dem ungewissen Weg der Heilssuche sah. Ähnlich, wenn auch sehr viel verworrener, drückte sich Ghafiri aus. Am Ende fand er zurück zur klaren Aussage des Korans und zitierte die dreizehnte Sure, Vers sieben: »Wahrhaft, im Gedenken Gottes finden die Herzen Ruhe ...« Er wußte wohl nicht, daß zweihundert Jahre vor Auftreten des Propheten von Medina der nordafrikanische Bischof von Hippo, der heilige Augustinus, ein christlicher Berber, exakt die gleiche mystische Erkenntnis niedergeschrieben hatte: »Inquietum cor nostrum donec requiescat in te, Domine – Unruhig ist unser Herz, bis es ruhet in Dir, oh Herr!«

Sehr viel klüger war ich durch mein Gespräch mit Si Hadj Ghafiri nicht geworden. Er gab sich salbungsvoll. In Wirklichkeit war er ein argwöhnischer Fuchs.

Am Eingang der Straße zum Guten Hirten waren die frommen Muslime den massiven Anfechtungen der permissiven westlichen Gesellschaft und ihrer Fäulnis ausgesetzt. An einem Zeitungskiosk wurde für den »rosa Minitel« geworben, für elektronische Prostitutionsvermittlung, und das suggestive Werbemodell zeigte das bildschöne, halbnackte Mädchen Jane mit grünen Augen und rotblonder Mähne. »Jane, j'ose – ich wage es«, lautete der Text, und darunter stand die Aufforderung: »Wählen Sie die Nummer 3615 und drücken Sie die Tasten JANE!«

Das Magazin *Playboy* verkündete mit suggestiven Entkleidungsphotos, daß ein »Coco-Girl« aus der täglichen TV-Show Stéphane Colaros, die sich kaum ein Franzose entgehen ließ, zum Playmate des Jahres gewählt worden sei. Das Billigblatt *Le Meilleur* – Das Beste – teilte seinen Lesern mit, daß die Krankheit Aids zum Sturm auf Marseille ansetze. Auf dem Triumphbogen der Porte d'Aix – eine Kopie römischer Vorbilder – entzifferte ich die unzeitgemäße Inschrift: »A la République, Marseille la reconnaissante – Die dankbare Stadt Marseille huldigt der Republik«.

Gastounet und die Angst der Weißen

Marseille lebe mit dem Rücken zum Land, habe mit der umliegenden Provence wenig gemeinsam, sei ganz dem Meer zugewandt – so liest man schon in den Beschreibungen früher Geographen. Ich bin auf die beherrschende Höhe gefahren, wo Notre-Dame-de-la-Garde die Seefahrer segnet, »la bonne mère« – die gute Mutter, wie sie bei den Alteingesessenen heißt. Der Blick bleibt natürlich auf dem Vieux Port mit den unzähligen Segelbooten haften und auf den mächtigen Quadern des Fort Saint-Nicolas, das den Zugang zum offenen Meer beherrscht. Die Hafenstadt Marseille war selbst zur Glanzzeit des Römischen Imperiums überwiegend griechisch geprägt. Ihre katholische Religiosität bleibt ähnlich wie die Volksfrömmigkeit Neapels von heidnischen Bräuchen und viel Aberglauben umrankt.

Der Weihbischof, dem ich in seinen bescheidenen Amtsräumen gleich zu Füßen der gewaltigen Mutter-Gottes-Statue gegenübersaß, war ein nüchterner Südfranzose aus Nizza. Monseigneur Dufaux bemühte sich, allen rassistischen Aufwallungen seiner Diözesanen zum Trotz, um ein ökumenisches Gespräch mit den islamischen Angehörigen der Familie des Buches. Der Erfolg war begrenzt. Er hatte längst entdeckt, daß die Gläubigen des Korans – in ihrer absoluten Gewißheit, das Siegel der Offenbarung zu besitzen – zum theologischen Dialog denkbar ungeeignet waren. Er zitierte zwei sehr kluge Äußerungen von Père Michel, der ihm persönlich unterstellt war: »Die Muselmanen leben in Frankreich wie im Exil«, hatte der katholische Geistliche aus dem Maghrebiner-Viertel am Cours Belsunce berichtet; »sie träumen bei uns von der idealen Propheten-Stadt

Medina.« Und dann war er zu einer Erkenntnis gelangt, die von Politikern und Publizisten, die sich mit dem Orient befassen, ernsthaft bedacht werden sollte: »Was wir Christen islamischen Integrismus nennen, das ist für die Mohammedaner die wahre Rechtgläubigkeit, die islamische Orthodoxie.«

»Das alte, liebenswürdige Marseille, das Marcel Pagnol beschrieben hat«, meinte der Weihbischof, »die polternde und zutiefst menschliche Gesellschaft des César, des Marius, des Panisse und der kleinen Fanny, dieses Marseille gehört der Vergangenheit an. Die Stadt hat aufgehört, ein Ort fröhlicher gemischtrassiger Konvivialität zu sein. Selbst das Pétanque-Spiel schlägt keine Brücken mehr, und der Pernod ist den Zuwanderern aus Nordafrika ohnehin ein sündiges Greuel.«

Ich erzählte dem Weihbischof von meiner Erkundungstournee durch die großen modernen Wohnviertel am nördlichen Stadtrand. Die Beton-Architektur der fünfziger und sechziger Jahre hatte dort gewaltige, bedrohlich wirkende Mietskasernen in kubistischer Einfallslosigkeit aneinandergereiht. Der soziale Wohnungsbau war 1962 nach der massiven Flucht der Algier-Franzosen aus ihren maghrebinischen Heimat-Départements zusätzlich forciert worden. Inzwischen hatte sich in diesem Vorstadtgürtel eine bemerkenswerte Umschichtung vollzogen. Eine ganze Serie dieser düsteren Kasematten war – erst allmählich, dann massiv – von Maghrebinern unterwandert worden. In jenen Gebäudekomplexen, die die freundlichen Namen »La Paternelle« oder »La Solidarité« trugen, brachen binnen weniger Jahre bürgerkriegsähnliche Zustände zwischen Europäern und Nordafrikanern aus. Die Weißen zogen dabei meist den kürzeren. Sie resignierten wütend, wanderten am Ende in andere periphere Ortschaften ab.

»Wir versuchen alles, um zu vermitteln«, sagte Monseigneur Dufaux. »Wir haben Geistliche und Nonnen in die umstrittensten Wohnblocks geschickt. Sie sollen sich dort weniger um Seelsorge – wer kann schon einen Moslem zum Christen bekehren? – als um Sozialhilfe kümmern. Wir versuchen, bescheidene Kontakte zu schaffen zwischen zwei zutiefst verfeindeten Bevölkerungsgruppen. Aber der Erfolg ist gering, die Arbeit mühselig. Selbst unsere Schwestern und Patres leiden unsäglich unter dieser exotischen, lärmenden, chaotischen Umgebung. Da gibt es keine respektierte Nachtruhe und kaum Hygiene. Da wird der Schlendrian zum Vandalismus. Am unerträglichsten sind die sogenannten *beurs*, die jungen Algerier der zweiten Generation. Fast alle sind französische Staatsbürger. Ihre Wurzeln im Maghreb und im Islam haben sie verloren. Eine neue Eingliederung hat nicht stattgefunden, ja ich befürchte, die meisten dieser arbeitslosen *beurs*, die keinerlei Zukunftsperspektiven besitzen, werden dies auch niemals erreichen. Wir erleben gerade bei den Nachkommen der sogenannten *harki* ein eigenartiges Phänomen, also bei jenen Algeriern ausgerechnet, deren Väter auf seiten der französischen Armee gegen die Algerische Befreiungsfront gekämpft hatten und dann überstürzt ins sogenannte ›Mutterland‹ flüchten mußten, um das nackte Leben zu retten. Es hat sich ein fataler Zyklus entwickelt, der lautet: Immigration, Arbeitslosigkeit, Straffälligkeit und am Ende – Hinwendung zum islamischen Fundamentalismus.«

Ich mußte an den Gastwirt Ghafiri aus der Straße zum Guten Hirten denken: »Die Droge oder die Religion«, so hatte er den Ablauf resümiert.

Der Weihbischof wollte sich indes nicht entmutigen lassen. Die Stadt habe immer nur von der Substanz ihrer Einwanderer gelebt, die fast ausschließlich über das Meer gekommen seien. Phönizier, Griechen, Römer, Genuesen, Juden und in jüngster Vergangenheit Korsen, Armenier, Libanesen, Italiener, Algier-Franzosen, Spanier, Portugiesen – alle hätten sich eingeordnet, wären Bestandteil dieser Kosmopolis geworden. Um die Jahrhundertwende seien die Italiener so massiv zugewandert, daß sich eine Welle haßerfüllter Xenophobie gegen die lateinischen Vettern erhoben habe. Inzwischen seien diese Piemontesen und Liguren längst integriert. Nur Linguisten könnten ihre Namen von denen korsischer Sippen unterscheiden. Das kontinentale Hinterland hingegen habe man stets als fremd und irgendwie bedrohlich empfunden. Vielleicht stamme das aus der fernen Zeit, als die germanischen Kriegshorden der Kimbern und Teutonen durch das Rhônetal nach Süden stießen. Der Vorname Marius sei deshalb in Marseille so beliebt und häufig, weil man damit eine späte Ehrung jenes römischen Feldherrn Marius vornehme, der sich im Jahr 101 v. Chr. der Invasion der Barbaren siegreich entgegengestellt und ein entsetzliches Gemetzel unter ihnen veranstaltet habe.

Natürlich machte sich die Kirche Gedanken über das Anschwellen des Rechtsextremismus, über die rassistischen Ausschreitungen, die von Schlägertrupps der Nationalen Front immer wieder provoziert wurden. Bei den letzten Wahlen hatten die Anhänger des bulligen

Bretonen Le Pen, der am liebsten alle Nordafrikaner in ihren Maghreb zurückschicken und die Aids-Kranken in speziellen »Aussätzigen-Stationen«, sogenannten »Sidatorien«, kasernieren möchte, einen eindrucksvollen Sieg davongetragen. Die Nationale Front, die sich oft genug mit dem Keltenkreuz schmückt, war mit knapp 25 Prozent zur stärksten Partei Marseilles geworden. Seit Le Pen den gescheiten und relativ vernünftigen korsischen Anwalt Pascal Arrighi für sich hatte gewinnen können, rechneten die Demoskopen für die Rechtsextremisten sogar ein lokales Sympathiepotential von 34 Prozent aus.

Immer wieder hatte ich bei meinen Sondierungsgesprächen mit einfachen Leuten rings um den Cours Belsunce, aber auch andernorts gehört, daß man die Schwarzen ganz gut ertragen könne, daß die gelben Asiaten durchaus willkommen seien, aber mit den Arabern sei die Grenze des Erträglichen, des Zumutbaren überschritten. »Sie haben uns die Canebière gestohlen.« Gemeint war die breite Prachtstraße Marseilles, die zum alten Hafen führt und die heute tatsächlich nur noch ein Schatten ihrer selbst ist. »Sie werden es erleben«, hatte mir ein entrüsteter Fischhändler beteuert, »was sich heute in Beirut abspielt, kommt morgen in Marseille auf uns zu.«

Zudem hatte die Stadt im September 1985 ihre Vatergestalt verloren. Monseigneur Dufaux schilderte die pompöse Bestattungszeremonie für Bürgermeister Gaston Defferre, einen südfranzösischen Protestanten, der bei der Befreiung der Stadt im Sommer 1944 mit der Maschinenpistole und ein paar Widerstandskämpfern das alte Bürgermeisteramt am Hafen erstürmt hatte. Seitdem hatte er die Regie der Stadt – mit ganz kurzen Unterbrechungen – fest in seiner energischen Hand behalten.

Dieser militante Sozialist war ein sehr vermögender Unternehmer. In zweiter Ehe hatte er in die angesehenste südfranzösische Bourgeoisie eingeheiratet. Natürlich stand er den Freimaurern nahe und verstand es, listig und knallhart, mit dem organisierten Verbrechertum seiner Hafenstadt fertig zu werden, gelegentlich auch einen Kompromiß zu schließen. Gaston Defferre, der auf seiner Luxusyacht die angeborene Verbundenheit mit dem Mittelmeer auskostete, war auf seine Art ein *padrone* mediterranen Stils. Aber als Minister in zahlreichen französischen Kabinetten der Vierten Republik hatte er hohes Ansehen und den Ruf eines gewissenhaften Arbeiters erworben.

Ihm verdankte Frankreich vor allem ein Rahmengesetz zur schrittweisen Emanzipation seiner überseeischen Besitzungen in Schwarzafrika. In den ehemaligen Kolonien südlich der Sahara hatte Defferre einen reibungslosen, harmonischen Übergang zur totalen Unabhängigkeit eingeleitet und dem von ihm befehdeten General de Gaulle die Bahn geebnet.

Dieser Mann, der von seinen Mitbürgern bei allem Respekt und gelegentlicher Furcht volkstümlich »Gastounet« genannt wurde, trennte sich fast nie von seinem steifen schwarzen Hut. Er besaß, gemeinsam mit seiner Frau, die größte sozialistisch orientierte Zeitung Südfrankreichs, *Le Provençal,* ließ aber in deren Redaktionsgebäude und in derselben Druckerei auch ein bürgerliches Oppositionsblatt publizieren: *Le Méridional.* An seinem Sarg versammelten sich noch einmal alle Glaubensgemeinschaften dieser zerrissenen Stadt, alle »Taifa«, wie man im Libanon sagen würde. Da war der römisch-katholische Erzbischof zugegen, die armenischen, griechisch-orthodoxen und melkitischen Würdenträger, der Großrabbiner und der Mufti, die Freimaurer und die Atheisten und jene calvinistischen, reformierten Pastoren natürlich, deren strenger Gemeinschaft Gaston Defferre entsprossen war.

Unmittelbar nach seinem Tod war die Magie des alten Mannes mit dem schwarzen Hut schlagartig zerbrochen. »Er hat das Zentrum von Marseille verkommen lassen, er hat es den Arabern ausgeliefert«, murrten selbst seine einstigen Wähler. Gastounet hinterließ seine Stadt in einem Zustand großer politischer Verwirrung. Jean Gaudin, sein bürgerlicher Rivale der vergangenen Jahre, der den Sozialisten hart zugesetzt hatte, ehe auch er durch die ultranationalistische Le Pen-Welle ins Abseits gedrängt wurde, versuchte vergeblich, durch ostentatives Tragen eines schwarzen Hutes an die Autorität dieses eigenwilligen Vorgängers anzuknüpfen. Aber Defferre war aus einem anderen, härteren, ja abenteuerlichen Holz geschnitzt gewesen. Dieser Sozialist hatte nach einer homerischen Redeschlacht im Stadtrat seinen Beleidiger zum Duell mit dem Degen gefordert. Die Sache ging harmlos aus mit einem kleinen Kratzer und erfreute vor allem die Journalisten. Gaston Defferre erhöhte noch seine Popularität, als er zum besten gab, er habe mit seiner Klinge versucht, seinen Kontrahenten, der am folgenden Tage heiraten wollte, an einer besonders vitalen Stelle zu treffen, um ihm die Freuden des Brautbettes zu verderben.

Dieser Bürgermeister von Marseille hatte sich einst mit höchsten nationalen Ambitionen getragen. Zweimal war er angetreten, um für die Präsidentschaft der Republik zu kandidieren, zuerst gegen de Gaulle und später gegen Pompidou. Beim ersten Versuch warf er vorzeitig das Handtuch, als er spürte, daß sogar die eigene Partei ihm die Gefolgschaft verweigerte.

Als Probekandidat hatte er an einem naßkalten Herbsttag 1963 das Fernsehbüro der ARD auf den Champs-Elysées aufgesucht, und ich hatte diese Begegnung damals in meinen Notizen festgehalten: »Wie ist es gelaufen?« fragte Georges Suffert am nächsten Tag. Es war recht gut gelaufen, vielleicht etwas steif. Der korpulente, joviale Georges, rotbackig, rustikal und doch intellektuell, war ein Mann, der seiner Charakteranlage nach genausogut OAS-Verschwörer wie Marxist oder Priester hätte sein können. Er sollte schließlich als Kolumnist beim sehr konservativen *Figaro Magazine* enden, nachdem er seinem Zorn über die Verlogenheit der Links-Schickeria in einer Kampfschrift »Die Intellektuellen auf dem Sofa« Luft gemacht hatte. Jetzt schüttelte er unwirsch den Kopf. »Das ist ja die Tragödie«, sagte er. »Defferre taugt nicht fürs Fernsehen. Wir lassen ihm Unterricht geben, aber er ist ungeeignet.«

Suffert, der aus der christlichen Gewerkschaft hervorgegangen war und dem damals die Verschmelzung von Linkskatholizismus und Sozialismus unter dem Patronat des Protestanten Defferre eine Herzenssache war, überlegte, wie man seinen Kandidaten auch im Ausland bekanntmachen könnte. »Nach Washington kann er nicht reisen«, sagte Georges, »dann sähe er aus wie ein Befehlsempfänger. Der Anti-Amerikanismus de Gaulles ist viel zu populär in Frankreich. Defferre kann sich nicht gegen diese Grundströmung stellen. Aber wie wäre es mit Deutschland? Eine öffentliche Rede in Hamburg, um den Franzosen zu zeigen, daß nicht nur de Gaulle mit den germanischen Vettern auskommt?« – Ich habe damals den Wunsch an einen Gewährsmann in Hamburg weitergegeben, der wohl Herbert Wehner über die Absicht Defferres informierte. Wie es dann ausgegangen ist, habe ich nie erfahren.

Beim zweiten Anlauf, als Defferre gegen Pompidou zu Felde zog und im Namen der »Französischen Sektion der Sozialistischen Internationale« seine Anwartschaft auf den Elysée-Palast anmeldete, steckte er mit nur fünf Prozent der abgegebenen Stimmen eine vernichtende Niederlage ein. Damit wurde der verkalkten SFIO ein solcher Denkzettel verpaßt, daß sie auf Erneuerung und Umkehr sinnen mußte. Am Ende dieses schmerzlichen Prozesses stand das »Gemeinsame Programm« mit den Kommunisten, und dann begann der Siegeszug François Mitterrands.

Die lange, robuste Regentschaft des »Podestà« Defferre hat der Stadt Marseille zwar eine neue Metro beschert, aber die Strukturprobleme des Hafens wurden in keiner Weise gelöst. Da recken sich pathetische Denkmäler längs der Felsen-Corniche, die nach Cassis führt. Eine Siegesgöttin streckt ihre Arme den blauen Fluten des Mittelmeers entgegen: »Den Helden der Orient-Armee und den französischen Streitkräften in allen Übersee-Ländern« wurde in den Sockel gemeißelt. Mein Blick schweift über den Ortsteil Mazargues, wo wir einst im eisigen Wind des Mistral der Verschiffung unseres Regiments nach Indochina entgegenfieberten. In den zugigen, ungeheizten Wellblechbaracken von Mazargues träumten wir von den dampfenden Ufern des Mekong.

Vom »Aéroport Marignane« hatte ich im Frühherbst 1953 meinen ersten Flug nach Algier unternommen. Ich brach dort zur Reportage in die drei nordafrikanischen Départements Frankreichs auf, und niemand konnte sich damals vorstellen, daß sie binnen Jahresfrist in einen blutigen, endlosen Unabhängigkeitskampf eintreten, in den Strudel des arabischen Nationalismus und des Islam geraten würden. An einer Steilwand über der Brandung entdecke ich auch das scheußliche, eiförmige Monument, das allen französischen Heimkehrern und Umsiedlern aus Nord- und Schwarzafrika gewidmet war, Symbol des Rückzugs und der Niederlage, Ende des kolonialen Traums. Mit ihrer expansiven Mission ist dieser Hafenstadt wohl der Kern ihrer Lebenskraft entzogen worden.

Die Redaktion des *Provençal* war in einem fabrikähnlichen Zweckbau in der Avenue Roger Salengro untergebracht. Der sozialistische Abgeordnete Salengro war in den dreißiger Jahren einer hämischen Verleumdungskampagne der Rechtsextremisten zum Opfer gefallen. Man hatte ihn zu Unrecht beschuldigt, im Krieg desertiert zu sein. Am Ende hatte sich Salengro das Leben genommen.

Der stellvertretende Chefredakteur des *Provençal* wußte von einem aktuelleren Selbstmord zu berichten. Vor kurzem hatte sich der Präsident des weithin bekannten Fußballvereins »Olympique Marseille« eine Kugel in den Kopf geschossen, als sich seine Unterschlagungen nicht länger verheimlichen ließen. Immerhin hatte er für diesen Freitod einen spektakulären Rahmen gewählt, die Klippen des ominösen Cap Canaille, wo die Unterwelt die Verräter aus den eigenen Reihen hinzurichten pflegt.

»Nein, das ist nicht mehr die heitere Stadt von einst«, klagte der alte Journalist. »Der Witzbold Marius erzählt nicht länger mehr seine haarsträubende Geschichte von der Riesen-Sardine, die den Eingang zum alten Hafen versperrt.« Heute amüsiere man sich allenfalls darüber, daß die Parteien mit gefälschten Wählerkarten hantierten, daß zwei Polizeikommissare als Zuhälter entlarvt und daß die Gangster am hellichten Tag die sichersten Banktresore ausräumten. Es sei ein heiseres, giftiges Lachen. Jetzt habe der Superstar des französischen Wirtschaftsmanagements, Bernard Tapie, die Präsidentschaft von Olympique Marseille an sich gerissen. Das sei er sich wohl schuldig, nachdem der Président Directeur Général des Medien- und Rüstungskonzerns Matra, Jean-Luc Lagardère, der auch den weitverzweigten Verlag Hachette beherrscht, den renommierten Pariser Fußballclub »Racing« akquiriert habe. Die Finanzmagnaten hielten sich Fußballer, wie man sich früher Rennpferde gehalten oder besonders kostspielige Mätressen geleistet habe. An die Stelle der Kokotte Nana sei der runde Lederball getreten. Wie seriös wirkt doch daneben das benachbarte Piemont, wo der stille, effiziente Fiat-Magnat Agnelli sich in aller Diskretion und mit kühlem Geschäftssinn des »AC Torino« bemächtigt hat.

Ich erzählte von meiner Fahrt durch das maghrebinisch gefärbte Viertel Saint-Nicolas. Dabei erinnerte ich an das Jahr 1960, als Nikita Chruschtschow in den *habitations à loyer modéré*, in den ersten Wabenburgen des sozialen Wohnungsbaus, von der kommunistischen Arbeiterschaft und deren Familien mit überschäumendem Jubel und einem roten Fahnenmeer begrüßt worden war, als befände er sich in Odessa oder in Rostow.

»Die Zeiten sind lange vorbei«, meinte der Redakteur. »Unter den ehemaligen Kommunisten findet Le Pen heute den massivsten Zustrom für seine Nationale Front. Dort bricht der antimaghrebinische Rassismus wie ein Geschwür auf.«

Wieder mußte ich an die verlorenen nordafrikanischen Départements denken. Die »kleinen Weißen«, die alteingesessenen Europäer, die man als »Schwarzfüße«, als *pieds noirs* bezeichnete, hatten in ihren Proletariervierteln von Algier, in Bab-el-Oued und Belcour, so lange stramm kommunistisch gewählt, bis der algerisch-islamische Nationalismus hochkam. Da kippten diese Nachkommen armer Südfranzosen, dieses Völkergemisch aus Korsen, Maltesen, Juden und Andalusiern schlagartig nach extrem rechts um, wurden die intolerantesten, ja mörderischen Verfechter europäischer Privilegien. In den schicksalhaften Monaten vor der Unabhängigkeit verbündeten sich diese *pieds noirs* mit der Terrororganisation OAS (»Organisation de l'Armée secrète«). Sie bäumten sich in ihren befestigten, brennenden Hochburgen zu einem todesmutigen Widerstand gegen die Pariser Staatsgewalt auf, den ihnen niemand zugetraut hätte.

Der wirtschaftliche Niedergang Marseilles trug zur Vergiftung des sozialen Klimas bei. Von den großen Industrie-Vorhaben der Nachkriegszeit hatten sich lediglich die Erdöl-Raffinerien rings um den Etang de Berre behauptet. Die Pipeline führte von dort bis in die Bundesrepublik. Aber zusätzliche Arbeitsplätze waren bei dieser computergesteuerten Hochtechnologie kaum entstanden. Das ambitiöse Vorhaben von Fos, die Schaffung einer ultramodernen Stahlindustrie am Rande des Mittelmeers, war buchstäblich ins Wasser gefallen. Statt der geplanten Produktion von zwanzig Millionen Tonnen Stahl mußte sich diese Riesenanlage am Westrand Marseilles mit einem Ausstoß von dreieinhalb, höchstens vier Millionen Tonnen bescheiden. Marseille hatte sich seit Menschengedenken auf die Weiterverarbeitung kolonialer Rohstoffimporte spezialisiert. Aber die Gewinnung von Speiseöl aus Erdnüssen, die Umwandlung von Kokosfett in Seife wurden jetzt in Dakar oder Abidjan, im Senegal oder an der Elfenbeinküste vorgenommen. Die sprichwörtliche Trägheit der Marseiller Arbeiterschaft tat ihr übriges. Am schlimmsten ging es im großen Verladehafen jenseits der pseudo-maurischen Kathedrale zu. Die hochmodernen Kräne und Container-Anlagen wurden durch permanente Streiks gelähmt. Hier war im Schatten der prokommunistischen Gewerkschaft CGT ein sehr mediterranes Klüngel- und Clan-System entstanden mit exzessiven Lohnforderungen und jämmerlichen Leistungen. Kein Wunder, daß die ausländischen Schiffe lieber in Barcelona anlegten, daß Marseille im Vergleich zu Rouen oder gar Rotterdam ein erbärmliches Bild abgab.

Über den Fernschreiber des *Provençal* tickerte gerade die Nachricht von einem Hexafluor-Austritt in der großen Kernenergie-Anlage von Pierrelatte. Ähnliche Pannen waren unlängst im Super-Reaktor von Creys-Malville aufgetreten. Ob die Bevölkerung von Marseille durch diese bedrohlichen Vorgänge nicht beunruhigt sei, zumal Pierrelatte rhôneaufwärts nur knappe dreihundert Kilometer entfernt liege und der Mistral häufig nach Süden blase? Aber die Kollegen des *Provençal* kannten ihre Landsleute wohl besser. »Unsere Stadt hat viele Jahrhunderte mit allen nur denkbaren Seuchen gelebt, von der Pest bis zur Cholera, die aus dem Orient eingeschleppt wurden. Ein paar Becquerel mehr oder weniger werden sie nicht aus dem Gleichgewicht bringen«, winkten sie ab. »Sogar die Aids-Seuche, die hier fruchtbaren Nährboden findet, liefert den Propagandisten Le Pens keine zündenden Parolen. Über Aids wird gewitzelt – *on rigole* –, und jeder echte Marseiller kehrt bei diesem Thema für Schwule den Macho heraus.«

Die Angst, die sich der alten phönizischen Stadt bemächtigt hatte, kroch aus einer anderen Ecke. Mit den Maghrebinern war das Gefühl alltäglicher Unsicherheit und die ferne, aber unentrinnbare Perspektive zivilisatorischen Untergangs über die ganze Mittelmeerküste gekommen. Zwischen Nizza und Perpignan stimmte die Bevölkerung mit durchschnittlich zwanzig Prozent für die Nationale Front. Jean-Marie Le Pen, dieser blonde, blauäugige Koloß, dieser keltische »Menhir«, wie ihn die Kommentatoren beschrieben, fand seine fanatischsten Anhänger unter den schwarzhaarigen Mediterranen, in deren Adern sarazenisches oder levantinisches Blut fließen mußte. Auf einmal entsannen sich die Politologen, daß schon die faschistischen Hetzreden Jacques Doriots, eines früheren Kommunisten, der mit seiner Volks-Partei PPF zum bedingungslosen Handlanger Hitlers geworden war und an der Ostfront sogar mit einiger Bravour gegen die Russen gekämpft hatte, bei einem gewissen Marseiller Pöbel erheblichen Anklang gefunden hatten.

Le Pen hatte zur großen Kundgebung auf der Canebière aufgerufen. Seit die Meinungsforscher ihm steigende Popularität bescheinigten, fühlte er sich in diesem halbexotischen Süden zu Hause. Immerhin brachte er fünfundzwanzigtausend Anhänger auf die Straße. Im Hinblick auf die bevorstehende Reform des Einbürgerungsgesetzes formulierte er: »Franzose zu werden, das muß verdient sein.« Niemand gemahnte ihn daran, wie es um Frankreich und seine ethnische Zusammensetzung bestellt wäre, wenn die vom jungen Fallschirm-Leutnant Le Pen während des Nordafrika-Feldzuges verfochtene Forderung sich erfüllt hätte, alle Algerier müßten vollwertige Franzosen werden – »des Français à part entière«. In den drei Départements Algier, Constantine und Oran hatten damals nur acht Millionen Muselmanen gelebt, aber inzwischen war deren Zahl auf fast dreißig Millionen angeschwollen. Die menschliche Lawine jenseits des Mittelmeers wuchs und wuchs.

Die Kundgebung auf der Canebière war relativ ordentlich verlaufen, bis zweihundert Maghrebiner, »junge, arrogante *beurs*«, wie Le Pen sie nannte, mit dem Ruf »Le Pen ist ein Mörder« für Aufregung sorgten. Als ein paar Steine flogen, wollte niemand mehr die von den Algeriern im Sprechchor vorgetragene Beteuerung hören: »Wir sind menschliche Wesen – nous sommes des êtres humains«. Muskelprotze mit brutalen Kinnladen und den roten Mützen der Fallschirmtruppe, der sie wohl einmal angehört hatten, machten Jagd auf diese Provokateure, auf die »Metöken«. Es kam zu kurzen Zusammenstößen und leichten Verletzungen. Le Pen ließ sich nicht aus der Ruhe bringen. Der Volkstribun mit dem starren Lächeln im feisten Gesicht verglich die stete nordafrikanische Einsickerung mit einem breiten Leck, das man in ein Schiff geschlagen habe.

Fernandel als Innenminister

Die neogaullistische »Sammlungsbewegung für die Republik« (RPR), der Jacques Chirac vorstand, hatte in Marseille das Nachsehen. Sie hatte sich in interne Führungskämpfe verzettelt, war bei den letzten Wahlen auf lächerliche neun Prozent geschrumpft. Der Premierminister sah sich veranlaßt, seinen besten Mann in den Midi zu schicken. Für diese Situation und für diesen Auftrag bot sich Innenminister Charles Pasqua an. Wenn einer in der Lage war, Le Pen Paroli zu bieten, dann war es die joviale, aber auch gewalttätig anmutende Figur des Innenministers.

Auf erstaunliche Weise sah Charles Pasqua dem verstorbenen Filmschauspieler Fernandel ähnlich. Doch mit der Rolle eines Don Camillo gab er sich nicht zufrieden. Dieser Fernandel war für die Politik entflammt. Seinen Freunden erschien er als Mischung aus Pfiffigkeit und Naivität. Seine Feinde witterten die Brutalität eines wütenden Bullen hinter seiner mediterranen Bonhomie. Pasqua war aus dem Midi gebürtig. Der korsische Vater war bescheidener Polizeibeamter gewesen, und als er in den Widerstand gegen die Deutschen ging, war ihm der Sohn Charles im Alter von fünfzehn Jahren gefolgt. Er hatte sogar dem gleichen Résistance-Netz »Tartane« angehört wie François Mitterrand, trotzdem sind sich die beiden im Untergrund nie begegnet.

Der heutige Innenminister war Gaullist der ersten Stunde. Er hatte mit der Maschinenpistole gespielt, als seine Altersgenossen noch Logarithmen lösten. Aus jener Zeit stammte vor allem seine uneingeschränkte, hingebungsvolle Verehrung für den General. Ungleichere Männer konnte man sich nicht vorstellen als den kühlen, introvertierten Wahlmonarchen aus dem Norden und den lebhaften, vulgären Plebejersohn aus Marseille. Hier stand der Beobachter wieder einmal vor einem der zahllosen Rätsel und Ungereimtheiten des Gaullismus. Gerade bei einer gewissen Kategorie Südfranzosen, die von den anrüchigen Mafia-Umtrieben des Mittelmeers nur durch Nuancen getrennt waren, hatten sich in der Stunde extremer nationaler Not tollkühne Desperados unter dem Lothringer Kreuz zusammengefunden. Zu dieser Kategorie gehörten auch die engsten Leibwächter des Generals, schwere Jungen im wahrsten Sinne des Wortes, die keinen Zweifel daran ließen, daß sie *le vieux* – den Alten, wie sie de Gaulle liebevoll nannten – im Ernstfall mit ihren breiten Körpern decken würden. Einer von ihnen, als bester Scharfschütze Frankreichs bekannt, hatte allerdings vor einer Fernsehkamera eingeräumt, daß ihm eine solche Selbstopferung schon beim Nachfolger Pompidou nicht mehr selbstverständlich erschienen wäre.

Charles Pasqua kam aus dem einfachen Volk und bildete sich etwas darauf ein. Am Jurastudium hatte er keinen Gefallen gefunden. So erprobte er sich im Spirituosen-Handel, lernte den Pernod-Industriellen Paul Ricard kennen, wurde – mit seiner zupackenden, polternden Herzlichkeit – zum erfolgreichsten Vertriebsmanager dieses Unternehmens, ja avancierte am Ende zum Generaldirektor. Er sei der »König des Pastis«, so spotteten seine Gegner, aber ein solcher Titel hatte guten Klang im Umkreis von Marseille, wo Pasqua mit seiner kanadischen Frau als angesehener Bürger lebte, in Bandol Pétanque spielte und in Stunden pernodbeschwingter Geselligkeit die korsische Napoleon-Hymne »L'Ajaccienne« mit mächtigem Bariton anstimmte.

Die Fäden zum politischen Gaullismus hatte er nie abreißen lassen. Charles Pasqua, der vorübergehend als Privatdetektiv sein Glück versucht hatte, tat sich im konspirativen Schatten des Gaullismus als vorzüglicher Drahtzieher von Ordnungsdiensten und Geheimbünden hervor. Auf dem Höhepunkt der Algerien-Krise von 1958 hatte er in den Kellern von Marseille die kleine, aber dezidierte Schar der Getreuen gesammelt, um im Fall eines hinhaltenden Widerstandes der moribunden Vierten Republik auch in der Provence das Terrain zu bereiten für die Rückkehr de Gaulles an die Spitze des Staates. Als es später darum ging, gegen den mörderischen Aufstand der OAS Front zu machen und de Gaulle vor den Attentaten der »verlorenen Soldaten« zu schützen, hatte Pasqua aufs engste mit der grauen Eminenz des Elysée-Palastes, Jacques Foccard, kooperiert. Noch im Mai 1968 hatte er aus dem ganzen Land mit Bussen die Parteigänger de Gaulles auf den Champs-Elysées zur gewaltigen Gegenkundgebung zusammengekarrt.

Erst als der General nach der gescheiterten Volksbefragung von 1969 in seine Einsiedelei von Colombey-les-Deux-Eglises zurückkehrte, legte Pasqua die Vizepräsidentschaft der gaullistischen Schlägertruppe »Service d'Action Civique« (SAC) nieder, wo inzwischen zwielichtige Elemente zusammentrafen. Wie gut er mit dieser rechtzeitigen Distanzierung getan hatte, erwies sich im Jahr 1982, als ein paar Ganoven des SAC, im Verbund mit Polizeispitzeln und Halsabschneidern, im provençalischen Dorf Auriol ein fürchterliches Gemetzel anstifteten und ihre Organisation endgültig diskreditierten. Mitterrand ließ die Justiz einschreiten und löste den SAC auf.

Zu jener Zeit war Charles Pasqua vollends respektabel geworden. Nach dem Tod des Generals hatte er sich mit erprobter Verläßlichkeit und Treue dem Nachlaßverwalter Jacques Chirac zur Verfügung gestellt, gehörte bald – neben den total anders gearteten, elitären Beratern wie Pierre Juillet und Marie-France Garaud – zum innersten Kreis. Pasqua wurde Senator der Fünften Republik. Er hatte seine auffälligen, buntgestreiften Anzüge des Parvenus, seine extravaganten Krawatten längst gegen die dunkelblaue, diskrete Arbeitsuniform des hohen französischen Staatsdieners eingetauscht. Aber die Freude am derben Scherz, an der *blague,* wie sie im Umkreis des Vieux Port blüht, hatte er sich bewahrt. Auch der geballte Mut und die stierähnliche Kraft waren ihm verblieben.

Als Charles Pasqua an diesem 14. April 1987 nach Marseille kam, gab er sich besonders leutselig. Ich beobachtete ihn, wie er sich strahlend – ganz in seinem Element – unter den Honoratioren der Handelskammer von Marseille bewegte und seine Popularität genoß. Er war nicht zu einer Kampagne oder zu einem publizitären Coup in seine Heimatstadt gereist, wie er versicherte. Er wollte als einfacher Spaziergänger, als *promeneur,* seine Füße wieder einmal auf das Pflaster der Canebière setzen; er wollte den Wind und die Atmosphäre schnuppern, wie das einem Innenminister wohl zusteht. Pasqua war mit dem Auftrag Chiracs nach Marseille gekommen, Sicherheit auszustrahlen. Er sollte den verängstigten Einheimischen das Gefühl geben, daß sie zur Verteidigung von Gesetz und Ordnung nicht eines bretonischen Polterers wie Le Pen bedurften.

Im Freundeskreis schlüpfte er im Nu in seine schelmische Fernandel-Rolle. So gab er eine Anekdote über die Pariser *cohabitation*, über die letzte Sitzung des Ministerrats unter Vorsitz Mitterrands zum besten. »Der Präsident betritt den Saal«, so berichtete er. »Er grüßt uns. Er sieht uns an. Wir sehen ihn an. Auch ich sehe ihn an und spüre, daß wir im selben Moment das gleiche denken. Er, Mitterrand, muß sich sagen: Ich zöge einen anderen Innenminister vor; und ich sage mir, daß mir ein anderer Präsident lieber wäre.« Und dann holt er – unter der komplizenhaften Zustimmung seiner Parteifreunde – zu einer Beschreibung Frankreichs aus: »Frankreich wird nicht von Franzosen bevölkert, sondern von Galliern, ein Volk, das stets dem inneren Streit, dem Palaver, der *chicaya* – ein nordafrikanisches Lehnwort – zuneigt. Dieses Volk ist nur zu kurzfristiger Sammlung fähig, wenn eine ruhmreiche Führungspersönlichkeit ihm den Weg weist, aber lange dauert das nie. Zwischendurch wißt ihr ja alle, was passiert. Wenn wir uns keiner großen nationalen Herausforderung stellen müssen, dann zerfetzen wir uns gegenseitig, und so ist es in allen Parteien. Da jeder das weiß, gibt sich jeder damit zufrieden.«

Dieser hintergründige Don Camillo, der in der »chambre de commerce« von so vielen Freunden umgeben ist, bringt viele Linke und vor allem die liberalen Intellektuellen Frankreichs zur Weißglut. Er ist ihre *bête noire*, ihr »schwarzes Tier«. Sein engster Vertrauter, der Vizeminister für staatliche Sicherheit, Robert Pandraud, ein massiver Auvergnate, der als »Fouché« des neogaullistischen Regimes beschrieben wird und dem die Polizeiarbeit sichtlich Spaß macht, hatte auf den Tod des jungen nierenkranken Algeriers Malik Oussekine im Dezember 1986 mit entwaffnender Taktlosigkeit reagiert: »Wenn ich der Vater Maliks gewesen wäre und mein Sohn stände unter Dialyse, dann hätte ich ihn daran gehindert, bei Nacht Unfug zu treiben ... de faire le con pendant la nuit.« Kein Wunder, daß sich bei den Studentenunruhen des vergangenen Winters die Wut, ja der Haß der sonst recht gesitteten jungen Leute vorrangig gegen das Duo Pasqua – Pandraud entlud. Immer wieder erscholl der Kampfschrei »Au poteau – an den Galgen«.

Der Gorilla läßt grüßen

Mein Gang zum Hotel »Sofitel« führt mich am Eingang des Fort Saint-Nicolas vorbei, Rekrutierungs- und Durchgangsquartier der Fremdenlegion an der Zufahrt zum alten Hafen von Marseille. Vor dem großen Portal mit dem grün-roten Wappen und der Devise »Honneur et Fidélité – Ehre und Treue« stehen zwei Legionäre mit weißem Képi auf Wache. Die eigentliche Stammgarnison dieser immer noch legendären Truppe wurde nach dem Verlust Algeriens aus der Kaserne von Sidi-bel-Abbès in das banale provençalische Städtchen Aubagne, unweit von Marseille, verlagert. Dort wird jedes Jahr mit großem Ritual das Legionsfest, der Tag von Camarone, gefeiert in Erinnerung an den Hauptmann Danjou, der 1863 während des Mexiko-Feldzugs Napoleons III. mit seiner Kompanie in einen Hinterhalt übermächtiger Reiterschwadronen des Benito Juarez geraten war. Bis auf den letzten Mann hatten sich die Legionäre in Stücke hauen lassen. Die hölzerne Hand des Capitaine Danjou wird seitdem wie ein kriegerisches Totem aufbewahrt und jedes Jahr zum feierlichen Trommelwirbel der versammelten Truppe wie eine martialische Reliquie im Fackelschein vorgeführt. In Sidi-bel-Abbès – mit den verkommenen Araberviertein rundum und den löwenfarbenen, nackten Hügeln im Hintergrund – wirkte dieses Zeremoniell eindrucksvoller. In der lieblichen Landschaft von Aubagne verkümmert der Tag von Camarone zur Touristenattraktion, zum *spectacle son et lumière.*

In einer der Gassen unterhalb der Kirche Saint-Victor, deren Grundmauern auf das 4. Jahrhundert zurückgehen, habe ich mir in einem vietnamesischen Restaurant *soupe tonkinoise, nem* und *canard laqué* bestellt. Ein paar fernöstliche Lampions spenden rötliches Licht. Im Hintergrund wimmert ein Tonband, wiederholt unermüdlich denselben »Tango chinois«. Es sind kaum Gäste da. Die beiden Franzosen am Nebentisch sind mit ihren asiatischen Frauen gekommen. Sie dürften in Indochina gedient haben und ihre »congai« ins Mutterland mitgebracht haben. Das Essen ist nicht gut und die Stimmung wehmütig. Ich fange einen Gesprächsfetzen vom Nebentisch auf: »Pasqua, das wäre unser Mann; aber er steht im falschen Lager. Er dürfte nicht einer Regierung Chirac angehören mit diesem entlaufenen Mönch Léotard, der heute den liberalen Kulturminister mimt. Pasqua wäre ein vorzüglicher Innenminister für Jean-Marie Le Pen. Dort gehört er hin, zur Nationalen Front.«

Während ich sie beobachte, diese beiden Fernost-Veteranen mit dem blauen Indochina-Bändchen, schweifen meine Gedanken in die eigene Vergangenheit. Mit Charles Pasqua hatte ich nie den geringsten Kontakt. Aber die gaullistischen Ordnungstrupps, die nach 1946 im Schatten der offiziellen Sammelbewegung »Rassemblement du Peuple Français« (RPF) für die Machtergreifung de Gaulles und den Sturz der Vierten Republik agierten, waren mir wohlbekannt. Der Kommandeur meiner Einheit in Indochina, Fregattenkapitän Pierre Ponchardier, hatte mich nach meinem Abschied vom Militär mit seinem Bruder Dominique in Verbindung gebracht. Dominique Ponchardier war zu jener Zeit oberster Chef des »Service d'ordre« des RPF. Aus alter Anhänglichkeit und jugendlichem Übermut hatte ich die kleine Geschäftsstelle der gaullistischen Sammlungsbewegung im Quartier Latin – meinem Hotel in der Rue Cujas direkt gegenüber gelegen – aufgesucht und sogar eine Mitgliedskarte des Ordnungsdienstes erhalten. Es war dann doch zuviel Streugut unter diesen Kameraden, und ich empfand es bald als lächerlich, mit blau-weiß-roter Armbinde über den ruhigen Ablauf von politischen Veranstaltungen zu wachen, wo neben bewährten Liberalen oder hochgeachteten Gefolgsleuten des Generals wie dem Rechtsprofessor René Capitant oder dem Anwalt Henry Torrès auch der blasse, opportunistische Abgeordnete Frédéric-Dupont das Wort ergriff. Dieser Volksvertreter des VII. Arrondissements, Liebling aller Spießer und *épiciers*, der »député des concierges«, wie er im Volksmund hieß, gestikulierte und parlierte jetzt unter dem V-Zeichen mit dem Lothringer Kreuz. Mit diesem einzigen Gastspiel beim »Service d'ordre« des RPF ließ ich es bewenden und verabschiedete mich sang- und klanglos.

Mit Dominique Ponchardier hingegen habe ich mich in seinem Hauptquartier der Rue Taitbout mehrfach verabredet. Er wies eine frappierende Ähnlichkeit mit seinem Bruder Pierre auf. Beide waren gebaut wie Berufscatcher, ähnelten im Typus dem Filmschauspieler Lino Ventura. Während des Krieges hatten sie für ihre hochprofessionelle Untergrundorganisation den Code-Namen »Sosie – Sosias« gewählt. Die Gebrüder Ponchardier waren auf tollkühne Einsätze spezialisiert. So nutzten sie die Bombardierung des Gestapo-Gefängnisses von Amiens durch die Royal Air Force, um an der Spitze einer Handvoll Getreuer die Mehrzahl der dort inhaftierten Widerstandskämpfer mit ihren Sten-Maschinenpistolen freizuschießen. Das Unternehmen »Jericho«, so hieß dieses Himmelfahrtskommando, gehörte zu den spektakulärsten Waffentaten der französischen Résistance.

Dominique Ponchardier hatte sich nach dem Krieg von seiner Leidenschaft für den Geheimdienst nicht gelöst. Er war der Faszination dieses Spiels im Halbdunkel erlegen. Aber inzwischen hatte er sich auch als Buchautor betätigt. Sein Erlebnisbericht »Les pavés de l'enfer – Pflastersteine zur Hölle« ist eine nüchterne, ergreifende Schilderung des verzweifelten Aufbegehrens einer winzigen Minderheit von Franzosen gegen die deutsche Übermacht und deren französische Helfershelfer.

Aus diesem Tatsachenbericht waren mir vor allem zwei harte Szenen haften geblieben. Ganz zu Beginn seiner Untergrundtätigkeit mußte Dominique einen Verräter in den eigenen Reihen in Ermangelung einer Schußwaffe mit dem Spatenstiel erschlagen. Er entdeckte dabei mit Ekel und Entsetzen, wie lange es dauert, einen Menschen totzuknüppeln. Später hatte er in Marseille, im verfemtesten Hafenviertel, Zuflucht gesucht, in jenem Gewirr aus Gassen, Wohnlöchern und Bordellen, das von der Wehrmacht aus Sicherheitsgründen schließlich gesprengt wurde. Dort wäre er beinahe der Vichy-Miliz in die Falle gegangen. Er übernachtete bei einer Dirne und überraschte sie dabei, wie sie per Telephon seine Häscher verständigte. Um jeder Identifizierung, jeder Entlarvung zuvorzukommen, hatte er die Prostituierte eigenhändig erwürgt und war über die Dächer entkommen. »Man macht keinen Widerstand mit Chorknaben«, hatte ein gaullistischer Experte in London gesagt.

Wir sprachen nie über den RPF-Ordnungsdienst in der Rue Taitbout, wohl aber über den Bruder Pierre, der inzwischen in der »Marine Nationale« zum Admiral avanciert war, und über meine ersten Zeitungsreportagen in Fernost oder im islamischen Orient, die ich parallel zu meinem Universitätsstudium betrieb.

Dominique Ponchardier hatte sich nach dem Erfolg seiner Résistance-Beschreibung auf eine trivialere Buchproduktion verlegt. Er schrieb die Bestseller-Serie »Le Gorille«. Er erfand den Gorilla nicht, er war der Gorilla, jener Agent des französischen Geheimdienstes, der immer wieder im Dienste des Vaterlandes gefährliche Aufträge auf sich nimmt, aber – im Gegensatz zum angelsächsischen James Bond – ein äußerst braves Familienleben führt. Eine Reihe von Filmen ist daraus entstanden mit Lino Ventura in der Hauptrolle. Die Titel hießen: »Der Gorilla läßt schön grüßen«, »Der Gorilla hat den Erzbischof gebissen« und so fort. Als Charles de Gaulle nach zwölfjähriger Einsamkeit in Colombey die Regierung Frankreichs wieder übernahm, ließ er auch Dominique Ponchardier zu sich kommen. »Sie sind doch dieser Gorilla«, soll der General gefragt haben, was mit einem strammen »Oui, mon Général« beantwortet wurde. »Eh bien, je ne vous salue pas«, klang es hoheitsvoll zurück. Dennoch wurde der »Gorilla« unentbehrlich, als die Verschwörer der OAS dem Präsidenten der Fünften Republik nach dem Leben trachteten.

Später diente Dominique Ponchardier als Botschafter in Bolivien und als Hochkommissar in Dschibuti. Warum er in La Paz den deutschen Gestapo-Chef von Lyon, Klaus Barbie, nicht diskret aus dem Weg räumen ließ, wie das den Bräuchen der Résistance entsprochen hätte, wollte er mir nie verraten. Hingegen schilderte er mir ausführlich eine hochpolitische Episode aus den Kriegstagen, und seine ganze Wut richtete sich nachträglich gegen die abgetakelten, vor den Deutschen schlotternden »Kaziken« der Dritten Republik. Dominique hatte ein paar Monate nach der französischen Kapitulation im Auftrag de Gaulles den früheren Ministerpräsidenten Edouard Herriot, einen der populärsten Politiker der Radikalen Partei, in Lyon aufgesucht. Dort hatte Herriot seit frühen Jahren als Bürgermeister gewirkt, ehe ihn der Vichy-Staat abberief. De Gaulle habe sich damals als obskurer Brigadegeneral im Exil sehr isoliert gefühlt, habe einer hochrepräsentativen Persönlichkeit aus dem parlamentarischen Leben dringend bedurft. Aber Herriot habe das Angebot, nach London zu kommen, rundweg ausgeschlagen und dem Wagnis der Freien Franzosen die erbärmliche Unterwerfung unter Pétain und schließlich die relativ milde Internierung durch die Deutschen vorgezogen.

Die Generation der alten Haudegen, der Abenteurer vom Lothringer Kreuz, starb aus. Das stellte ich beim Auftritt Pasquas an der Canebière fest. Der Admiral Pierre Ponchardier war schon vor mehreren Jahren in der senegalesischen Savanne mit dem Flugzeug abgestürzt. Ganz zufällig war ich später auf die Gedenktafel in der Gegend bei Thiès gestoßen, die diesen Todesfall der indifferenten Nachwelt überlieferte. Dominique war vor ein paar Wochen in seinem Bett gestorben. Auch René Hardy, jener umstrittene Koordinator der Eisenbahn-Sabotage unter der Okkupation, der immer noch im Verdacht stand, den höchsten gaullistischen Emissär, Jean Moulin, an die Gestapo, an Klaus Barbie persönlich, ausgeliefert zu haben, war in diesen Tagen einem Krebsleiden erlegen und nahm sein Geheimnis mit ins Grab.

Die noch lebenden Veteranen der Résistance, selbst der drahtige Parlamentspräsident Chaban-Delmas, waren von Alter und Abnutzung gezeichnet. In voller Kraft standen nur noch jene Gefährten des »Krieges der Schatten«, die sich als Jünglinge, fast als Knaben dem Gaullismus angeschlossen hatten. Der Ausdruck »La guerre des ombres« stammt übrigens aus einem Film des Regisseurs Melville, in dem natürlich Lino Ventura die Hauptrolle spielte. Charles Pasqua hatte zu jenen pubertären Desperados der ersten Stunde gehört.

Welcher Teufel ritt den Innenminister wohl, als er jetzt ein verstaubtes Gesetz aus dem Jahr 1949 ausgrub, um einen Feldzug gegen die Pornographie anzufachen? Den Zeitungshändlern erteilte Charles Pasqua die gebieterische Weisung, alle erotischen Presseprodukte unter den Ladentisch oder in die hinterste Ecke ihrer Kioske zu verbannen. Es ging ihm um den Schutz einer gefährdeten, in seinen Augen labilen Jugend, die ihn bislang aus politischen Gründen und aus der altangestammten gallischen Auflehnung des »Guignol« gegen den tolpatschigen Gendarmen beschimpft und verhöhnt hatte.

Mit seinem Porno-Edikt drohte Pasqua der Lächerlichkeit anheimzufallen. Seine Verfemung von Zeitschriften wie *New Look, Penthouse* oder *Gai Pied* – letzteres war das Erbauungsblatt der Homosexuellen – mutete alle Liberalen, welcher Couleur auch immer, geradezu pétainistisch an. Die Zeitung *Libération* bot zehn Karikaturisten auf, um diesen prüden Fehlgriff, der unter anderem den erfolgreichen und regimetreuen Verleger Filipacchi traf, in obszöner Weise zu verunglimpfen und Pasqua in Rage zu bringen. Dabei hatte der Innenminister wohl nur den Zweck verfolgt, dem Rechtsextremisten Le Pen, der sich gegen jede Form von Sittenverfall und Permissivität tugendvoll in die Brust warf, ein Wahlkampfthema zu entwinden und ein paar Anhänger der Nationalen Front auf die Seite der Neogaullisten zu ziehen.

Pasqua hätte es besser wissen müssen. Schon im Frühjahr 1966 hatte die Regierung Pompidou – mit Rücksicht auf ihre katholische Wählerschaft – die Verfilmung der »Religieuse« des Aufklärers Diderot verurteilt und deren Vorführung in den französischen Kinos untersagt. Ein Sturm der Entrüstung war ausgebrochen. Die Bevormundung des Publikums, die kleinliche Zensur durch einen Regierungschef, der durchaus nicht als »Kostverächter« galt, hatte die französische Öffentlichkeit empört. De Gaulle hatte sich wohlweislich in olympischer Distanz abseits gehalten. Damals hatte Kulturminister

André Malraux über soviel Dummheit die Nase gerümpft. Statt dessen genehmigte er die Inszenierung des antikolonialistischen, antimilitaristischen Bühnenstücks »Les paravents« auf den feierlichen Brettern des »Odéon«. Ich hatte einer der ersten Aufführungen im Mai 1966 beigewohnt und gebe hier meine Eindrücke so wieder, wie ich sie damals notierte. War der Theaterskandal wirklich so verstaubt, wie er heute, zwanzig Jahre danach, erscheinen mag?

Jean Genet, Komödiant und Märtyrer

Als der Leutnant auf der Bühne starb und jeder der Soldaten sich über ihn bückte, um einen Wind fahren zu lassen – der Tote sollte im fernen Algerien noch einen Duft Heimat ins Jenseits nehmen –, erwarteten die Zuschauer im Odéon-Theater den Ausbruch des Tumults. Am Vortage waren Rollkommandos von Rechtsradikalen und Kriegsveteranen aus dem Dunkel des Saals nach vorn gestürmt, hatten die Schauspieler mit Rauchbomben und leeren Flaschen beworfen und waren erst durch die Polizei verdrängt worden, nachdem der eiserne Vorhang heruntergegangen war und Jean-Louis Barrault, der Intendant des Odéon, im Namen der Freiheit an das Publikum appelliert hatte.

Doch an diesem Abend kam es bei der Aufführung des Theaterstücks zu keinerlei Zwischenfällen. Welch seltsame Republik! Im Elysée wurde auf militärischen Prunk und bürgerliche Tugend geachtet. Madame de Gaulle sträubte sich sogar, geschiedene Ehepartner an ihren Tisch zu laden. Aber im »Odéon«, auf einer staatlich subventionierten Bühne, konnte Barrault unter Ermutigung des Kulturministers André Malraux ein Stück aufführen, das alle traditionellen Vorstellungen von Vaterland, Ehre, Mannestreue, Soldatenpflicht, nationaler Größe, Moral und Religion in den Schmutz zu treten schien. Der Autor hieß Jean Genet, ein Findelkind, ein Zuchthausvogel, ein Päderast, ein skatophiler Literat. »Der Teufel ist im Odéon zu Gast«, titelte die große Illustrierte *Paris Match*.

Thema des Bühnenspiels ist der Algerien-Krieg, der zentrale Held heißt Said, der ärmste Mensch der Welt. Seine Frau Leila ist das häßlichste Mädchen der Erde, das so scheußlich anzusehen ist, daß es sich hinter einer Kapuze verbirgt. Dieses Paar und die Mutter Saids, eine urwüchsige maghrebinische Mutter Courage, geraten in den Strudel des Algerien-Krieges. Vier Stunden lang ziehen die »Paravents« – grob gepinselte und transportable Kulissen – am Zuschauer vorbei. Die Szene füllt sich mit karikatural verzerrten, grell geschminkten oder maskierten Gestalten, deren Typisierung ins extrem Groteske getrieben wird und die dennoch von menschlicher Wahrheit strotzen. Da ist Khadidja, die Pasionaria der Revolution, Sir Harold, der Kolonialist, der seine Feldarbeiter durch seinen überdimensionalen Handschuh bewachen läßt, die große Hure Varda, die mit trauriger Nase über den Niedergang der Bordelle philosophiert, der lyrische Leutnant, der seinen blonden, blauäugigen Sergeanten liebt, der ermordete Freiheitsheld Si Slimane, der sich als müder Konformist des Neonationalismus enthüllt, der bornierte, aber gutmütige Gendarm und ein toter General, der ins Zeitlose entgeistert, »qui roule au fond des temps«.

Wie ein unchristliches Mysterienspiel mutet dieses Theater an. Das Gute, das Edle wird als Betrug und Heuchelei entlarvt. Bleibt das Elend und das Böse. Es ist, als wolle Jean Genet, dieser Paria, dieser Ausgestoßene und Verdammte, auf die erlösende Kraft des Bösen hinweisen. »Mal miraculeux viens féconder mon peuple«, schreit Khadidja, bevor sie erschossen wird, »du wundertätige Bosheit, befruchte mein Volk.«

Jean-Louis Barrault, der Genet einer langen literarischen Ahnenreihe zuordnet, interpretiert die »Paravents« als einen »luziferischen Seidenschuh«. Was hätte Paul Claudel von dem Vergleich gehalten? Die französischen Linksintellektuellen sind nicht begeistert von diesem neuesten Stück Genets. Der erbarmungslose Autor hat die Torheiten des Progressismus nicht glimpflicher behandelt als die Dummheit der Reaktion. Am Ende wird Said, der arme Schlucker, der ewig Ausgestoßene, dieser Bodensatz der Menschheit, den die Besitzenden und die Kolonialherren einst hochmütig von sich wiesen, von den siegreichen algerischen Nationalisten umgebracht. Um das wirkliche Elend kümmern sich auch die Revolutionäre nicht. Für die ganz Armen bleibt nur das Böse als Werkzeug des Heils. »Saint Jean Genet, Komödiant und Märtyrer«, hatte Jean-Paul Sartre ihn genannt.

Die Fünfte Republik und General de Gaulle haben es geduldet, ja haben es gefördert, daß auf einer staatlichen Bühne all jene nationalen und sittlichen Werte, auf die sich angeblich der Gaullismus stützt, unter ein schreckliches und doch wahrhaftiges Verzerrungsglas gerieten. Im wirren Reigen des algerischen Mysterienspiels, wie Genet es entwarf, spiegelte sich auch etwas von der Abgründigkeit des Greises im Elysée-Palast. Als vor dem »Théâtre de l'Odéon« die Frontkämpferverbände unter dem Spruchband »Gloire à l'Armée« demonstrierten, erschien einen Augenblick lang Jean Genet am Fenster. Er sah zu, wie sein Bühnenstück sich um eine Dimension erweiterte, um die Wirklichkeit. Die Demonstranten schwenkten wütend ihre blau-weiß-roten Fahnen in Richtung auf die flüchtige Silhouette des Autors, der dem einen wie der ausdruckslose Kopf eines Neugeborenen, dem anderen wie ein Totenschädel erschienen war.

Die Rache der »Schwarzfüße«

Théoule, 15. April 1987

Bei Nana und Heinz wird immer nur das Feinste serviert. Das Menu beginnt meist mit Champagner und Kaviar. Die Villa klebt über dem höchsten Felsen der Bucht von La Napoule. Der Blick schweift vom Massif de l'Esterel zur italienischen Alpen-Grenze. Bei ganz klarem Wetter kann man im Südosten Korsika ausmachen. Das Haus ist in exzentrischem Stil gebaut mit rötlich getönten, geschwungenen Mauern, die Ornamente und Türen sind aus massivem Kupfer mit Glasinkrustationen gefertigt. Eine Vielzahl antiker Amphoren – aus einer gesunkenen römischen Wein-Galeere vor Antibes geborgen – schmückt die Wände.

Auf dem kreisförmig schwebenden Kamin, einem Werk des Architekten Couëlle, hatten sich verschiedene Gäste mit Namenszug verewigt, mehr oder minder prominente Politiker der Bundeshauptstadt, mehr oder weniger renommierte Journalisten aus Bonn. Zwischen diesen Zelebritäten hatten sich – und das wirkte sympathisch – die Feuerwehrleute von Théoule, »les pompiers de Théoule«, eingetragen. »Diese Pompiers sind die nettesten Leute im ganzen Umkreis und unsere verläßlichsten Freunde«, sagte Nana. »Vor zwei Jahren, als die großen Waldbrände tobten und die Flammen schon auf die Vegetation unseres Felsengartens übergriffen, haben uns diese wackeren Männer buchstäblich gerettet. Heute gehören sie zu uns und wir zu ihnen.«

Im Kreise der Deutschen von Théoule tauschte man Feinschmekkertips aus und sprach über die wenigen exklusiven Strände der »Côte«, die man – mit eigener Yacht natürlich – in der besseren Saison noch aufsuchen könne. Die Rede kam auf die Bouillabaisse des Restaurants »Le Tétou« in Golfe Juan und die gerösteten Langusten von Frédéric auf der Lérins-Insel Saint-Honorat. Das Gespräch drohte in der Schilderung mondäner Begegnungen, der Aufzählung neuester Freßeinfälle und in rheinisch derben Witzen der eindeutigsten Sorte zu versacken, da entdeckte ich Charles André Blanc, den Bürgermeister von Théoule. Der Abend war für mich gerettet. Denn dieser auf den ersten Blick farblos wirkende Mann von etwa vierzig Jahren erwies sich als faszinierender Erzähler. »Gehen Ihnen diese Connaisseur-Ansprüche, dieses Spendierhosen-Gehabe der Deutschen nicht auf die Nerven?« fragte ich.

»Der eine oder andere führt sich tatsächlich etwas protzig auf«, räumte der Maire ein; »aber die Deutschen gehören zu den beliebtesten Ausländern an der Côte d'Azur, soweit in Frankreich ein Fremder überhaupt beliebt sein kann. Jedenfalls mag man sie lieber als die Engländer, die Amerikaner und auch die Holländer; das nicht nur, weil die Deutschen Geld haben und es ausgeben. Unter uns nennen wir sie noch *les boches«*, lächelte Blanc, »aber das Wort hat keinen bösen Unterton mehr. Sehen Sie sich Heinz und Nana an. Am letzten 15. August, beim Gedenktag der alliierten Landung an dieser Küste im Jahr 1944, hatte das Festkomitee auch die Familie Quirrenbach auf die Liste der Ehrengäste gesetzt. Ich habe die Einladung rückgängig gemacht, nicht aus irgendeinem nationalen Vorbehalt, sondern weil ich dachte, daß sie als Deutsche diesen alliierten Waffenerfolg als düstere Stunde ihrer eigenen Geschichte empfinden könnten.«

Ich sprach mit dem Maire über die neue, aggressive Vulgarität, den kommerzialisierten Hedonismus, die seine Küste heimsuchten. Er sah das mit anderen Augen, recht gelassen. »Wir Südfranzosen haben unser Selbstbewußtsein bewahrt«, meinte er; »ich fühle mich als Kelto-Ligurier und bin stolz darauf. Mit den Franken des Nordens haben wir nicht viel im Sinn. Persönlich empfinde ich eine tiefe Abneigung gegen die platten, grauen Ebenen der Picardie oder des Artois und deren dumpfe, mißgünstige Einwohner. Da stehen mir – ehrlich gesagt – die Süddeutschen, die Schwaben, die Bayern, näher, ganz zu schweigen von den Rheinländern, in deren Mitte wir uns hier befinden.«

Ich solle die Beteiligung der mediterranen Franzosen am Ruhm und an der Größe Frankreichs nicht unterschätzen, meinte Charles André Blanc. Er wolle gar nicht Mirabeau zitieren, dem es nicht vergönnt gewesen sei, die Revolution von 1789 in maßvolle Bahnen zu lenken. Aber ich kennte doch die Ortschaft Bar-sur-Loup, die von Tourrettes nur durch ein paar Kilometer und die malerische Schlucht des reißenden Flüßchens Loup getrennt sei. Dort sei der Admiral de Grasse beheimatet gewesen. Mir war der Ort gut bekannt. Mehrfach hatte ich den Apéritif getrunken zu Füßen des Denkmals mit der Inschrift: »Unserem Landsmann, dem Admiral de Grasse, Sieger in der Schlacht von Yorktown, die den Vereinigten Staaten die Freiheit brachte.«

Ich erzählte Blanc, daß ich an irgendeinem fernen Sonntag in Bar-sur-Loup per Zufall erlebt hatte, wie ein kleiner Trupp festlich uniformierter US-Marines diesem französischen Seemann aus der Provence ihre Honneurs erwiesen. Der amerikanische Generalkonsul war zugegen und auch einige Dorf-Ädilen, darunter eine alte Gräfin, die wohl dem Geschlecht der de Grasse angehörte. An der Statue wurde ein Kranz niedergelegt. Vor dem militärischen Salut gedachte der Festredner mit ein paar Worten der Seeschlacht von Chesapeake. Im Jahr 1781 hatten die Fregatten Ludwigs XVI. der britischen Flotte in jener Bucht eine entscheidende Niederlage beigebracht und die Voraussetzungen geschaffen für den endgültigen Sieg Washingtons und der Franzosen bei Yorktown.

»Ludwig XVI., der stets als verspielter Schwächling dargestellt wird, der sich angeblich nur für seine Uhrensammlung und deren Mechanismen interessierte, war einer der ganz wenigen Herrscher Frankreichs, die sich der Bedeutung der Ozeane bewußt waren. Er hat sein Land mit einer mächtigen Flotte ausgestattet«, fügte der Bürgermeister hinzu. Blanc war geschichtsbesessen wie so viele seiner Landsleute. Als Karl Martell – nun schweifte er vollends in die ferne Vergangenheit ab – die Sarazenen des Emirs Abderrahman im Jahr 732 bei Tours und Poitiers besiegte, hätten die Provençalen auf seiten der Mauren gestanden. Dennoch habe sich die allmähliche Einfügung der Provence in das Königreich Frankreich ziemlich reibungslos vollzogen.

Jahrhundertelang war diese Schwellenregion Bestandteil des Heiligen Römischen Reiches gewesen. Die Ausschreitungen und Plünderungen der fränkischen Ritterschaft, die im Zeichen des Kreuzes zur Ausrottung der Albigenser-Irrlehre im Languedoc und in Okzitanien einfielen, waren dieser Region erspart geblieben. Schon im Altertum hatte die heutige Côte d'Azur eine Sonderposition behauptet. Es waren vor allem griechische Händlerkolonien, die sich zwischen Nizza, dem alten Nicaea, und Antibes, früher Antipolis, bis hin nach Marseille – Massilia – etablierten. Die römischen Legionen hatten den Schwerpunkt ihrer Besiedlung der »Provincia Narbonensis« in den Raum von Arles und Nîmes sowie ins Rhônetal verlagert. Fréjus war ein großer Umschlaghafen des Imperiums gewesen. Die ligurischen

Küstengebirge und deren rauhes Hinterland waren hingegen erst unter Augustus systematisch unterworfen und integriert worden, wie der Triumphbogen von La Turbie bekundet.

Charles André Blanc gab sich als sehr konservativer Lokalpolitiker. Seine Ambitionen richteten sich schon auf das Palais Bourbon. Von den Gaullisten, durch Chirac verkörpert, wollte er nichts wissen. Er hatte mit Giscard d'Estaing sympathisiert. Jetzt befand er sich in der Gefolgschaft des Kulturministers François Léotard, der als Bürgermeister von Fréjus sein Landsmann und Nachbar war. Blanc gehörte zur »bande à Léo«, wie man in Paris sagte, obwohl er den überstürzten Ehrgeiz dieses Parteifreundes, der früher einmal Novize bei den Benediktinern gewesen war, inzwischen recht skeptisch beurteilte. »Im tiefsten Herzen bin ich Monarchist«, bekannte der Maire von Théoule zu meiner Überraschung. Die politische Formation, die er im Conseil Général seines Départements vertrat, firmierte nämlich unter dem Namen »Parti Républicain«. Aber was sind schon Namen in Frankreich, wo die Bürgerlich-Konservativen sich unverdrossen als »Radikale« darstellen?

Mitterrands stille Kraft

Der Bürgermeister hatte keine hohe Meinung von den Feierlichkeiten, mit denen Präsident Mitterrand am 3. April 1987, vor knapp zwei Wochen, in der Kathedrale von Amiens des tausendjährigen Bestehens des französischen Staates gedacht hatte. Ihm war das Spektakel – durch Trompetenmusik Händels untermalt – wie eine Usurpation vorgekommen. Das lag nicht nur an der Person des Sozialisten Mitterrand, den Charles André Blanc ablehnte, sondern vor allem an der Präsenz des Oberhauptes des Hauses Bourbon-Orléans unter den mächtigen gotischen Pfeilern, die zu Zeiten des heiligen Königs Ludwig IX. in den grauen Himmel der Picardie gewachsen waren. Blanc lehnte die Legitimität Henris, des Grafen von Paris, als Thronprätendent Frankreichs kategorisch ab. Das Haus Orléans habe stets die düsteren Stunden, die Schmach Frankreichs verkörpert. Schon der Ahne Philippe d'Orléans, mit dem Beinamen »Egalité«, hatte jenem Revolutionstribunal angehört, das Ludwig XVI. auf das Schafott schickte. Der spätere Bürgerkönig Louis-Philippe, nicht mehr König von Frankreich geheißen, sondern »König der Franzosen«, wie ein ordinärer König der Belgier, habe die Krone zum Gespött des Volkes gemacht. Und dieser letzte Sproß der Linie, Henri Comte de Paris, den man den »roten Prinzen« genannt hatte, der seinen ältesten Sohn wegen dessen Scheidung von allen Ansprüchen ausschloß, der der *res publica* den Vorzug gab vor seinem dynastischen Erbrecht, sei gewiß nicht der konstitutionelle Monarch, auf den das letzte, unverzagte Carré von Royalisten warte.

Es wurde in der Tat ein merkwürdiges Schauspiel geboten rund um die Kathedrale von Amiens. Da ehrte man den Gründer der Kapetinger-Dynastie, den Frankenherzog Hugo Capet, der durch einen Zufall der Geschichte – der junge karolingische König des Westreichs war bei der Jagd tödlich gestürzt – in dem winzigen Städtchen Noyon auf Betreiben des hohen Klerus zum König gekrönt worden war. Was sich als viel wichtiger erweisen sollte: er wurde mit dem *saint-chrême* zum Monarchen gesalbt, ein fast sakramentaler Akt, der den Herrscher aus dem Umfeld seiner an Macht und Reichtum oft überlegenen Lehensleute heraushob, ihm eine Mittlerstelle zwischen der ihm unterstellten Christenheit und Gott verlieh, ja die Kraft übertrug, wunderbare Heilungen an Kranken zu vollbringen. Nirgendwo steht zu lesen, wann und wo dieser Hugo Capet geboren ist. Den Namen Capet hat er zu Lebzeiten nie getragen. Er hat weder große Waffentaten noch nennenswerte Friedensleistungen vollbracht. Vermutlich wurde er von der Geistlichkeit und vom fränkischen Schwertadel als König designiert, weil er über wenig Einfluß verfügte und als schwache Persönlichkeit galt. Sein tatsächliches Herrschaftsgebiet war auf ein bescheidenes Territorium beschränkt – zwischen Paris, Senlis und Orléans. Seine Vorfahren, insbesondere sein ruhmvoller Vater Hugo der Große, hatten noch ganz Neustrien inklusive Burgund kontrolliert.

Warum man ausgerechnet diesen belanglosen Salbungsakt von Noyon zum Ausgangspunkt des tausendjährigen französischen Reiches gemacht hat, darüber streiten die Historiker, und der Disput dürfte noch lange andauern. Da hätte der Hausmeier Karl Martell, der Sieger über die Sarazenen, eine ganz andere Gründungsfigur hergegeben, oder jener ferne Frankenfürst Chlodwig, der mit seiner Bekehrung zur römischen Christenheit die Voraussetzung fränkischer Vorherrschaft über das Abendland und der unvergeßlichen karolingischen Größe schuf.

Aber dem obskuren Hugo Capet war ein Meisterstreich gelungen. Schon zu Lebzeiten – ein halbes Jahr nach der eigenen Thronbesteigung – ließ er seinen Sohn Robert in Orléans zum Nachfolger krönen, und dieser Brauch der sakralen Sukzessionsbestätigung zu Lebzeiten des Herrschers erhielt sich bis Philipp August. Von da an ist in der nunmehr etablierten Kapetinger-Dynastie die Regel der männlichen Erbfolge, dank der nachträglichen Einführung eines salischen Brauchtums, so nachhaltig bekräftigt, daß das Königshaus Frankreich – unmittelbare Kapetinger sowie die eng verwandten Seitenlinien der Valois und der Bourbonen – sich achthundert Jahre lang auf eine dynastische Stabilität stützen konnte, die dem fränkischen Ostreich, den germanischen Königen und dem römischen Kaiser, so bitter fehlte. Dank der familiären Fürsorge des mediokren Hugo Capet blieb dem westlichen Frankenreich das Feilschen um die Gunst der Kurfürsten erspart, wurde ihm Beständigkeit verliehen.

Im strömenden Regen war François Mitterrand am 3. April 1987 vor dem mächtigen Portal der Kathedrale von Amiens eingetroffen. Das Kirchenschiff war in Flutlicht getaucht. Feierliche Musik erklang. Das Volk, meist kleine Leute aus der Picardie, die als sozialistische Stammwähler vom Staatschef geschätzt wurden, hatten dem Unwetter getrotzt, um vielleicht einen Händedruck des Staatschefs zu erhaschen, als wäre er seinerseits mit den charismatischen Gaben des *saint-chrême* ausgestattet. Der zierliche, schlanke Mann mit dem Menjou-Bärtchen und den glatt nach hinten pomadisierten Haaren, der sich an der linken Seite von »Tonton« Mitterrand hielt – Tonton ist mit Onkel zu übersetzen – wurde kaum bemerkt. Und doch hätte er der eigentliche Mittelpunkt dieser Abendweihe, dieses staatlichen Completoriums, sein müssen. Es handelte sich um Henri Graf von Paris. Die Veranstaltung soll 13 Millionen Francs gekostet haben, ein kleiner Bruchteil der Ausgaben, die für den 200. Jahrestag der Französischen Revolution im Jahr 1989 veranschlagt sind.

Der Rahmen von Amiens – in jener herben Nordregion, wo, dem Historiker Michelet zufolge, die ersten Kapetinger »die Geschichte des antiken Frankreich aufgehäuft (entassé) haben« – war gut gewählt, hatte doch ein englischer Schriftsteller die Kathedrale der picardischen Hauptstadt als »Parthenon der frühen französischen Architektur« gepriesen. *Le Monde* schrieb am nächsten Tag: »Die historische Kontinuität – ein Fabelwerk und doch eine Selbstverständlichkeit – verbindet einerseits die kapetingische Dynastie, die mehr als achthundert

Jahre über Frankreich herrschte, und andererseits die republikanische ›royauté‹, genau gesagt das Wahlkönigtum, das de Gaulle – von der monarchischen Idee durchdrungen – dem heutigen Frankreich hinterließ; selbst die Vierte Republik hatte ja ihrerseits oft genug die Politik der Könige weitergeführt...« Mitterrand, der in jungen Jahren mit royalistischen Bestrebungen sympathisiert hatte, ergriff an der Seite des Thronfolgers Henri instinktiv die Gelegenheit, zu Füßen der verzückten Heiligen-Statuen und der höllischen Wasserspeier von Amiens die Dauerhaftigkeit der Nation zu personifizieren.

Wem Frankreich denn den Thron der Kapetinger antragen könne, wenn man ihn dem Haus Orléans verweigere, fragte ich den Bürgermeister von Théoule, während wir im Fernsehzimmer der hochgelegenen Villa auf die Spätnachrichten des »Journal Télévisé« warteten. Charles André Blanc neigte der Kandidatur des Herzogs von Anjou zu, einem engen Verwandten des spanischen Königs Juan Carlos, der selber ein authentischer Sproß der Kapetinger ist. Jedenfalls wollte er von dem eigenartigen Nachfahren jenes Grafen Naundorf nichts wissen, der zu Beginn des 19. Jahrhunderts mit seiner Behauptung, Ludwig XVII. zu sein, Verwirrung und Ärger unter den Bourbonen gestiftet hatte. Der kleine Sohn der Marie Antoinette war doch allen Berichten zufolge unter der strengen Fuchtel seines republikanischen Vormundes, des Schusters Simon, an Unterernährung oder Tuberkulose gestorben. Das hinderte indes den heutigen Prätendenten der Sippe Naundorf, einen vulgär wirkenden, dicklichen Mann, nicht daran, sich im französischen Fernsehen als authentischer Erbe des geköpften Ludwig XVI. zu gebärden. Dabei knöpfte er sein Hemd auf und verwies – als sei es ein Stigma – auf den Ansatz einer dritten Brustwarze, ein absonderliches, aber untrügliches Erbmal der echten Bourbonen, wie er behauptete. »So produzieren sich unsere Thronprätendenten auf dem Fernsehschirm wie gewöhnliche Politiker oder Komödianten«, kommentierte Blanc.

Wir sprachen über die Fähigkeit Mitterrands, sich des audiovisuellen Mediums zu bedienen, eine Begabung, die ihm nicht in den Schoß gefallen war. Ich gab ein Erlebnis zum besten, das mehr als zwanzig Jahre zurücklag. Damals hatte ich für das Deutsche Fernsehen gerade das erste Korrespondentenbüro in Paris eingerichtet. An der telegenen Begabung Mitterrands, an seiner Eignung für die Télévision hatten wir nie gezweifelt seit jenem Wintertag 1964, als er in unser Studio auf den Champs-Elysées kam in Begleitung einer attraktiven jungen

Sekretärin, um ein Interview zu geben für den Film »Frankreichs Herz schlägt links«. Auf mein Kompliment hatte Mitterrand mit einem Lächeln reagiert, das die stark entwickelten Eckzähne frei legte: sein »Wolfslächeln« – so hieß dieser *riktus* in der französischen Presse. »Wissen Sie, daß ich hier bei Ihnen zum ersten Mal vor einer Fernsehkamera sprechen darf«, hatte Mitterrand danach mit einem Anflug von Bitterkeit gesagt; »die staatliche französische Télévision hat mir bisher niemals Gelegenheit dazu geboten.«

François Mitterrand hat sich an der Télévision Française gerächt. Im folgenden Jahr 1965, als die Wahlkampf-Vorschriften den staatlichen Monopolsender zwangen, allen Präsidentschaftskandidaten gleiche Sendezeiten einzuräumen, brachte er die Regisseure und Kameraleute schier zur Verzweiflung. Er witterte stets irgendeine Sabotage oder eine gezielte Beeinträchtigung seiner optischen Vorzüge. Um eine TV-Ansprache von zwanzig Minuten aufzuzeichnen, brauchte er vier bis fünf Stunden, kämpfte um jede Einstellung und war mit Licht oder Dekor nie zufrieden. Er hat an seinem Fernsehbild wie an einer Säule gearbeitet und war stets voller Argwohn.

Über seine Wirkung beim Publikum ist in jenem Dezember 1965 endlos debattiert worden in den Kneipen des roten Gürtels wie in den Salons der *beaux quartiers*. Es war ihm offenbar nicht gelungen, Wärme und Überzeugung auszustrahlen. »Er grinst an den falschen Stellen«, sagten selbst wohlmeinende Kritiker. »Il ne passe pas l'écran – er sprengt den Bildschirm nicht«, schrieben die Kommentatoren. In seinem klugen Auge, das um Zustimmung warb, entdeckte der Zuschauer zuviel Intelligenz und die Andeutung eines Auguren-Lächelns. Dazu kam das permanente Zucken der Lider.

In den späten siebziger Jahren, als Mitterrand sich anschickte, die »Union de la gauche«, die Koalition von Sozialisten und Kommunisten, zum Siege zu führen, hat er mir diese Initiationshilfe vor dem starren, unerbittlichen Auge der Kamera schlecht gelohnt. Bei gelegentlichen Interviews, die wir seinen stets hübschen weiblichen Presseattachés abringen mußten, gab er sich von seiner mißlaunigsten, arroganten Seite. Zu jener Zeit hat er sich angeblich die verräterischen Eckzähne, *les canines*, abfeilen lassen, um den fatalen Dracula-Effekt zu verwischen. Erst im Elysée-Palast verkörperte er ab 1981 – am Ziel seiner immensen Ambitionen angelangt – jene *force tranquille*, jene »stille Kraft«, die seine Propagandisten als werbendes Merkmal seiner Person herausstellten und auf einem riesigen Plakat vor dem Hintergrund einer idyllischen Dorfsilhouette meisterhaft suggerierten. Der vom Volk bestätigte Wahlmonarch Mitterrand konnte es sich jetzt leisten, selbst ausländischen Korrespondenten Wohlwollen, ja eine distanzierte Herzlichkeit zu bekunden.

Dieser hochgebildete Mann wußte um die charismatische Gabe, die dem modernen Staatsmann im Zeitalter des Fernsehens abverlangt wird. Er hatte begriffen, daß die parlamentarische Wähler-Demokratie, daß die klassische Gewaltenteilung durch das Aufkommen eines neuen audiovisuellen Kommunikationsverhaltens der Massen im plebiszitären Sinne verfälscht wurde, daß auf der allgegenwärtigen Mattscheibe die Stunde der Publikums-Manipulatoren, die Stunde der Tribunen geschlagen hatte. Der begabte junge Politologe Alain Duhamel bezeichnete das Fernsehen als »die große politische Bühne, als das einzige politische Theater Frankreichs«. Eine charismatische Wahl, so beschrieb er das neue Postulat, verlange nach der »Kathoden-Demokratie«.

Wie meisterhaft Mitterrand auf dem Register der neuen Medien zu spielen gelernt hatte, konnte er in der Kathedrale von Amiens vorführen, wo er sich in die verlängerte Kette der siebenunddreißig französischen Könige einreihte und die gaullistische Legitimität der Fünften Republik an sich zog. Dem »Volk der Linken« hatte er sich als Wortführer des Fortschritts präsentiert, indem er ein paar Tage zuvor den schwarzen Bischof Desmond Tutu aus Südafrika zum Palais de Chaillot begleitet und dort eine Bronzetafel mit dem Text der »Deklaration der Menschenrechte« enthüllt hatte. Am 25. März 1987 hatte der sozialistische Präsident der breiten Manövriermasse engagierter französischer Europäer imponiert, als er am Triumphbogen, am Place du Général de Gaulle, des 30. Jahrestages der Unterzeichnung der Römischen Verträge gedachte. Nach der Marseillaise lauschte er auch Beethovens Europa-Hymne, dem Schlußchor »An die Freude«, und neben der Trikolore ließ er die blaue EG-Flagge mit den zwölf goldenen Sternen, die »Dornenkrone«, wie man anfangs in Straßburg witzelte, im regnerischen Wind flattern.

Das Fest des Baulöwen

Die Nachrichtensendung war längst zu Ende, da tauschte ich mit dem Bürgermeister von Théoule noch Betrachtungen über die jüngste Entwicklung beim französischen Fernsehen aus. Es war nicht alles so gelaufen, wie unsere Freunde von der Mediengesellschaft CLT

(»Compagnie Luxembourgeoise de Télédiffusion«) es sich erhofft hatten, in deren Verwaltungsrat ich seit kurzem berufen war. Die Regierung Chirac hatte mit Rücksicht auf die Millionen Fernsehkonsumenten, die hinter der Privatisierung von »TF 1« eine politische und finanzielle Manipulation witterten, darauf verzichtet, dieses beliebteste und überall empfangbare Programm dem konservativen Pressezaren Robert Hersant zu überschreiben. Statt dessen waren Hersant und dessen dynamischer Geschäftspartner Silvio Berlusconi aus Mailand mit dem fünften Kanal, »La Cinq«, abgefunden worden, auf Kosten des luxemburgischen Anwärters CLT, der sich nunmehr mit dem sechsten Fernsehsender »Métropole Six«, mit unzureichenden Frequenzen und einer Überfrachtung durch musikalische Videoclips abfinden mußte.

Der unverhoffte Triumphator auf TF 1, der nach der Figaro-Gruppe Hersants auch noch den Presse- und Buchkonzern Hachette aus dem Feld geschlagen hatte, war Francis Bouygues. Vor kurzem war dieser Enkel eines mittellosen Schrotthändlers aus der Auvergne, der aus bescheidenen Anfängen zum größten Bauunternehmer der Welt aufgestiegen war, dem breiten Durchschnittspublikum noch völlig unbekannt gewesen. Jetzt hatte er durch den Erwerb des ersten und erfolgreichsten Fernsehkanals nationale Berühmtheit erlangt. Das Beispiel Francis Bouygues, dieses Aufsteigers aus der rückständigen keltischen Zentralregion, strafte einmal mehr jenes tief verwurzelte Vorurteil Lügen, wonach in Frankreich nur den Angehörigen der sogenannten »zweihundert Familien«, einer eifersüchtig abgeschotteten Oligarchie, der Weg zu wirtschaftlichem Erfolg und ungehemmter Bereicherung offenstand. Der hemdsärmelige Auvergnate gab Kunde von den ungeheuren Vitalitätsreserven, die gerade in den überwiegend ländlichen, von den großen Verkehrssträngen bislang ausgesparten Départements schlummerten.

Die Übergabe des öffentlich-rechtlichen Senders TF 1 an den privaten Mehrheitsaktionär Francis Bouygues war am 3. April 1987 im Rahmen einer grandiosen Gala-Revue im Pavillon de Marly vollzogen worden. Die Zuschauer von TF 1 wurden Zeugen eines aufwendigen Spektakels, das nicht frei war von Melancholie. Ein bewährtes Fernsehsystem geriet hier unerbittlich in die Zwänge des kommerziellen Wettbewerbs. Mit eleganter Geste hatte der bisherige Generaldirektor, Hervé Bourges, der den Sozialisten nahestand und aufgrund seiner großartigen Allüren von seinen Mitarbeitern als »Pharao«

beschrieben wurde, noch einmal die ganze Vielfalt seiner Programmgestaltung, die großen Stars, Ausschnitte aus den besten Sendungen in glorifizierendem Rückblick aufgeboten. Das staatliche Fernsehen feuerte ein letztes Feuerwerk ab, wollte mit wehender Fahne untergehen. Politische Hintergedanken waren bei diesem Aufgebot durchaus zugegen.

Wehmut und Sorge kamen an diesem Abschiedsabend bei den meisten Mitwirkenden, ja sogar bei den Zuschauern auf. Da bereitete Michel Polac, der unverbesserliche Moderator der provokatorischen Sendung »Droit de réponse«, seine Getreuen mit bissiger Ironie darauf vor, daß seine hitzigen Debatten demnächst durch Werbespots unterbrochen würden. Die beliebtesten Dinosaurier des französischen Fernsehens, Guy Lux und Léon Zitrone, mimten Zuversicht und Rüstigkeit. Da traten in der »Bébête-Show« die als lustige Maskottchen travestierten Politiker auf: Raymond Barre als Bär Nounours, Mitterrand als grüner Frosch, Chirac als Rabe, der Kommunist Marchais als Miß Piggy und so fort. Rückblenden zeigten die großen Solidaritätsaktivisten, den verstorbenen Komiker Coluche in seiner Kampagne gegen Hunger und Armut, den Antillen-Mulatten Harlem Désir in seinem Aufbegehren gegen jede Form von Rassismus. Die Schauspielerinnen Marina Vlady und Dora Doll stellten, um mit Racine zu sprechen, »des ans l'irréparable outrage – die nicht mehr gutzumachende Beleidigung der Jahre« zur Schau, und ihr Dekolleté betonte noch die üppige Rundung der einst so verlockenden Formen.

Stück um Stück kam die Werbung, die *publicité*, an diesem Abend des Übergangs zu ihrem Recht. Zwischen eine anklägerische Sozialballade des Sängers Renaud und eine Darbietung des Tausendsassas Bernard Tapie – Selfmademan, Erfolgsmanager, Boxer, Chansonnier und Fußball-Mäzen – schob sich die Reklame für den Joghurt Danone und für Coca-Cola. Nachdem Mireille Mathieu – ganz in *bleu de France* gewandet – ihre patriotische Huldigung an die »Demoiselle d'Orléans« dargebracht hatte, kamen der Champagner Moët et Chandon, der ohnehin in Strömen floß, und die Luxusdelikatessen von Fauchon zu ihrem Recht. Die kurze Einblendung aus der Serien-Produktion »Shoah« brachte plötzlich eine tragische Note in diesen quirligen Tumult. Das Schild »Treblinka« huschte vorbei. Eine Minute des Grauens kam auf, als ein greiser SS-Mann mit Geier-Physiognomie ein Lied der KZ-Wächter krächzte.

Am Ende trat der neue Imperator Francis Bouygues in die Arena, ein gedrungener, selbstbewußter Manager. Ein karges, irgendwie japanisch wirkendes Lächeln hatte sich in sein breites Gesicht gekerbt. Der »Shogun« Bouygues gesellte sich gebieterisch zu dem scheidenden »Pharao« Hervé Bourges. Ein Moderator ließ wissen, daß der privatisierte Sender TF 1 demnächst eine monumentale Dokumentar-Verfilmung vom Leben und Werk Charles de Gaulles in Angriff nehmen werde.

»Ihr Freund Léotard hat sich in die Nesseln gesetzt mit seiner Kommerzialisierung der Medien«, sagte ich zu Charles André Blanc. »Am Ende wird der Minister für Kultur und Kommunikation die Verantwortung für das Durcheinander, den Wellensalat, die ungeheuerliche Preistreiberei bei Stargagen und Filmankäufen tragen müssen, die bei der Entfaltung der neuen Privatstationen unvermeidlich sind.« Der Bürgermeister widersprach mir nicht.

Wir verließen das Fernsehzimmer und kehrten zu der plaudernden Gästerunde zurück. Blanc stellte mir seine Frau vor, eine lebhafte Italienerin aus dem Piemont, die mich gleich in ein politisches Gespräch verwickelte. Ihr Großvater war vorübergehend Minister unter Mussolini gewesen. Sie lehnte sich dagegen auf, daß man den Faschismus des Duce immer noch mit dem Terrorsystem des deutschen Nationalsozialismus gleichsetzte. »Die Franzosen, an ihrer Spitze der damalige Regierungschef Laval, haben uns Italiener doch in den dreißiger Jahren gezwungen, auf die Seite Hitlers einzuschwenken. Mußten sie denn unseren Anspruch auf Äthiopien so unerbittlich konterkarieren, mußten sie Sanktionen verhängen, die uns in die Arme des Dritten Reiches trieben? Immerhin war Mussolini 1934 der einzige, der beim braunen Putschversuch gegen den österreichischen Bundeskanzler Dollfuß Truppen an der Brenner-Grenze massierte. Damals hat Italien vergeblich auf eine Parallelaktion der französischen Armee gewartet.«

Während der kurzen italienischen Okkupation der ganzen Côte d'Azur und Savoyens – nach der amerikanischen Landung in Nordafrika im November 1942 – hatten sich die faschistischen Behörden, in krassem Gegensatz zu den Wehrmachts- und SS-Einheiten, die ins restliche Staatsgebiet von Vichy, in die sogenannte »Freie Zone«, einrückten, durch äußerste Toleranz gegenüber der französischen Bevölkerung hervorgetan. Die Emissäre Mussolinis hatten jede Form von Judenverfolgung in den von Italien kontrollierten französischen

Départements strikt unterbunden. Sie unterschieden sich dadurch vorteilhaft von einem Großteil der französischen Polizei und Gendarmerie. Diese Phase der Duldung und diskreten Menschlichkeit habe allerdings nur bis zum Badoglio-Putsch gedauert. Dann hätten die Deutschen auch das italienische Besatzungsgebiet übernommen, und über die Soldaten des bislang verbündeten Mussolini-Regimes sei die wütende Vergeltung der geprellten »Tedeschi« hereingebrochen.

»Frankreich erwache!«

Zu Beginn des Abends hatte Nana mir zugetuschelt, der heutige Maire von Théoule sei unter de Gaulle wegen gewalttätiger und konspirativer Opposition inhaftiert und verurteilt worden. Charles André Blanc habe damals als ganz junger Mann der OAS angehört, die sich der Preisgabe Nordafrikas durch den General mit Verschwörungen und Sprengstoffattentaten widersetzte.

Der Maire wich meiner Frage nicht aus. Er machte aus seinem Ressentiment gegen de Gaulle keinen Hehl. Aber deswegen sei er kein rechtsextremistischer Dummkopf. Die ihn inspirierende Gestalt der Vergangenheit sei stets der Schriftsteller und Staatsmann François René de Chateaubriand gewesen, der der Monarchie zwar sentimental die Treue hielt, sich der Logik demokratischer Entwicklung jedoch längst geöffnet hatte. Er, Blanc, wolle nichts zu tun haben mit den antimaghrebinischen Hetzkampagnen eines Le Pen und schon gar nicht mit dessen Anhängerschaft. Diese rekrutiere sich überwiegend unter den Greisen und Senioren, die im Midi immer zahlreicher würden und die um ihre Sicherheit bangten, sowie unter den aus Nordafrika geflüchteten *pieds noirs*, die keinen Schlußstrich unter die schmerzliche Vergangenheit ziehen konnten. Neuerdings käme eine dritte Kategorie dazu: das »Lumpenproletariat«, wie er es auf deutsch formulierte, jene ungelernten französischen Arbeitnehmer und Hilfskräfte, die sich durch die Präsenz der Maghrebiner unmittelbar und existenziell bedroht fühlten. Diese Leute hätten vor ein paar Jahren noch kommunistisch gewählt und seien jetzt schlagartig und mit wehenden Fahnen zur Nationalen Front Le Pens übergegangen. Dafür gäbe es ja Präzedenzfälle. Die französischen Proletarier in den Industrievorstädten von Algier hätten sich auch zur KPF bekannt, bevor der algerische Nationalismus aufkam und den armen Europäern nur die Wahl ließ zwischen »dem Koffer oder dem Sarg«. Damals seien die Einwohner von Belcour und Bab-el-Oued ebenso unvermittelt vom Linksextremismus zum Rechtsradikalismus umgeschwenkt.

Was denn aus Jean-Louis Tixier-Vignancour geworden sei, dem leidenschaftlichen Anwalt so mancher OAS-Verschwörer und Putsch-Generale in den sechziger Jahren, der gerade an der Côte d'Azur erheblichen politischen Widerhall gefunden hatte, fragte ich Charles André Blanc. »Tixier-Vignancour ist mit Le Pen zutiefst verfeindet«, lautete die Antwort. »Im übrigen ist er ein alter, schwerkranker Mann.«

Ob wohl der heutige Bürgermeister von Théoule vor mehr als zwanzig Jahren an jener nationalistischen Kundgebung in Cannes teilgenommen hatte, die sich mir jetzt ins Gedächtnis drängte? Im Sommer 1965 hatte ich Szenen festgehalten, die am Anfang einer inzwischen bedrohlich ausgeuferten Entwicklung standen.

*

Vorhin hat er noch fahrig und flatterhaft gewirkt, wie ein Komödiant, nach dem Urteil seiner Feinde sogar wie ein Clown. Das kommt nicht nur von dem ruhelosen Mienenspiel des Präsidentschaftskandidaten Jean-Louis Tixier-Vignancour, von seiner erprobten Theatralik als Staranwalt des Pariser Gerichtshofes. Das Zirkuszelt im Hintergrund läßt ihn wohl mehr denn je als *bateleur*, als Gaukler, erscheinen. Die lässig uniformierten, stämmigen jungen Leute seines Ordnungsdienstes – rotes Trikothemd, blaue Drillichhose und weißer Strandhut – erinnern weniger an Gorillas, an französische SA-Nachahmer oder an die *nervis*, die harten und unbarmherzigen Schläger, die einst de Gaulle in seiner Kampfzeit des »Rassemblement du Peuple Français« begleiteten, denn an Seiltänzer, Trapezkünstler und andere »Rastellis«, die sich statt auf die Belustigung des Publikums einmal auf die politische Meinungsmache verlegt hatten. Sind beide Zielsetzungen so weit voneinander entfernt?

Hinter dem rot-weißen Zelt dehnt sich das Mittelmeer, blau wie auf einem Plakat der Fremdenverkehrswerbung, und der Sporthafen von Cannes, vollgepfropft mit Yachten und Motorbooten unter den Wimpeln aller Nationen der Sechser-Gemeinschaft. Ein überzeugendes Wohlstandsindiz jenes europäischen Marktes, den Tixier-Vignancour in einem Atemzug mit dem christlichen Abendland, der freien Wirtschaft, der republikanischen Legalität und dem Atlantikpakt gegen de Gaulle retten will. Im Dunst des Nachmittags liegen die Kriegsschiffe der 6. amerikanischen Flotte wie eine Invasions-Armada vor den lieblichen Kirmes-Ufern des Golfe Juan, wo einst Napoleon, von Elba kommend, nur von ein paar barfüßigen Fischern begrüßt, an Land gegangen war, um seine »Hundert Tage« anzutreten.

Sobald Tixier-Vignancour ein Publikum um sich versammelt hat, fällt die Clown-Maske ab. Er sucht dann nach der Allüre eines Staatsmannes, aber die überzeugende Pose des großen Anwalts steht ihm besser. Wir sind nur ein paar Zuhörer. Außer mir ist zufällig Henry Tanner in den Wohnwagen des Präsidentschaftskandidaten gekommen. Henry, den ich einst am Kongo kennenlernte, hat unlängst, nachdem er Korrespondent in Algier und Moskau war, das *New York Times*-Büro in Paris übernommen. Neben dem Kandidaten sitzt Maître Tardif, den wir zu den Mitarbeitern unseres Pariser Studios zählen können, seit er uns in der Argoud-Affäre vor der Kamera eine donnernde Erklärung zugunsten des gekidnappten Obersten der OAS abgab. Den blonden, breitschultrigen Anwalt Tardif mit den kampflustigen blauen Augen und den mächtigen Pranken vergleicht Tixier-Vignancour gern mit dem gallischen Nationalhelden Vercingetorix. Zugegen ist ebenfalls Oberst Thomazo, »Ledernase« genannt wegen der Verwundung, die sein Gesicht verstümmelte. Thomazo war jener leitende Offizier, der im Mai 1958 mit einer erweiterten Flugzeugbesatzung die Insel Korsika für den Putsch gegen die Vierte Republik gewann in jenen dramatischen Tagen, als die Komplotteure von Algier noch hofften, de Gaulle werde Frankreich in eine Militärdiktatur verwandeln und Algerien wie Elsaß-Lothringen verteidigen.

»Ich habe keine Klimaanlage in diesem Wohnwagen«, sagt Tixier-Vignancour mit einer Eröffnungsbewegung, als wolle er die Ärmel seines Anwaltstalars zurückstreifen – er trägt nur ein kurzes Sporthemd –, »aber solchen Luxus überläßt die Fünfte Republik des General de Gaulle den Negerkönigen von Cotonou und Conakry. Wir Franzosen müssen uns eben bescheiden.« Der Kandidat, den seine Anhänger je nach Rangstellung mit »Jean-Louis« oder schon mit »Monsieur le Président« anreden, hält sich nicht lange bei den Skandalen der Entwicklungshilfe, bei den an das abtrünnige Algerien vergeudeten Milliarden auf. Henry Tanner hat ihn nach seinen Erfolgsaussichten gefragt: »Mir genügt es, de Gaulle zu einem zweiten Wahlgang zu zwingen, seinen Sieg mit absoluter Mehrheit im ersten Wahlgang zu vereiteln«, meint er. »Fällt de Gaulle bei der Wahl unter fünfzig Prozent, so wird er sich aus dem politischen Leben zurückziehen. Er wird aufs Land gehen nach Colombey-les-Deux-Eglises. Weniger als fünfzig Prozent der Stimmen, das würde sein Stolz und seine Eitelkeit nicht überwinden. Er ist ein sehr bedeutender Mann, der General de Gaulle«, stichelte Tixier mit listigem Augenzwinkern. »Ein Mann von historischen Ausmaßen, ein Demiurg, würde ich sagen, wenn ich im alten Alexandria lebte; ja, ein Halbgott, würde ich sagen, wenn ich nicht befürchten müßte, wegen Beleidigung des Staatsoberhauptes zum nächsten Polizeikommissariat gezerrt zu werden, da ich de Gaulle nur mit einem Halbgott und nicht mit Gott selbst vergleiche.«

Maître Tixier wird nachgesagt, er sei ein Faschist. Wie dem auch sei, unsympathisch ist er nicht, und er versteht es zu amüsieren. Er hat eine völlig unverhoffte Chance mit beiden Händen ergriffen. Sämtliche anderen Gegenkandidaten sind bisher ausgefallen oder haben kein Profil. Die Linke und die politische Mitte waren bisher nicht in der Lage, nach dem Scheitern der Kandidatur des Marseiller Bürgermeisters Defferre sich auf einen neuen Mann zu einigen. »Ich stehe allein gegen de Gaulle«, kann deshalb Tixier-Vignancour in diesem Monat August 1965 ohne große Übertreibung proklamieren. Man fühlt, wie ihm die Brust schwillt bei dieser Feststellung.

Tixier-Vignancour, der sich als »Monsieur TV« auf den Plakaten vorstellen läßt – warum nicht, wenn es einen »Monsieur X« gab? –, hofft, 25 Prozent der Stimmen zu gewinnen. Unsere skeptischen Mienen ignoriert er. Er ereifert sich erst, als Henry ihn fragt, ob sein Ruf als Sprachführer der extremen Rechten und der OAS ihm nicht schaden könnte. Die Beschmierung seiner Wahlplakate mit Hakenkreuzen, der bösartige Gag der Gegner, seine Porträts mit Hitler-Strähne und Hitler-Schnurrbart zu verunstalten, haben ihn wohl nicht gleichgültig gelassen. »Was heißt das alles schon«, ruft er mit jener Stimme aus Erz, die den General Salan vor dem Todesurteil rettete, »haben Sie nicht die Inschriften gesehen ›US = Hakenkreuz‹, die die Kommunisten auf die Mauern pinseln? Mit derselben Verleumdung arbeitet man gegen mich.«

Das Gespräch wendet sich Georges Pompidou zu, dem Premierminister, in dem viele den Nachfolger de Gaulles sehen. »Unterschätzen Sie diesen Intellektuellen aus der Auvergne nicht«, meint Tixier-

Vignancour. »Würde Pompidou anstelle de Gaulles als Kandidat für das Amt des Präsidenten der Republik antreten, der Stimmenunterschied zwischen beiden Männern würde nicht mehr als 2,5 Millionen betragen. Ein kluger Mann, dieser Pompidou, Sie sollten ihn ernst nehmen. Ich kannte schon einmal einen Politiker aus der Auvergne, der hieß Pierre Laval. Pompidou ist ein Laval ohne dessen Erfahrung.« Pierre Laval war unter der deutschen Besatzung als Regierungschef von Vichy zum Symbol der opportunistischen Kollaboration geworden.

»Gewiß«, fährt Tixier fort, »Georges Pompidou hat seine schwache, seine verwundbare Stelle« – eine Anspielung auf Pompidous Tätigkeit als Generaldirektor bei der Rothschild-Bank. »Aber wer von uns hätte nicht seine Achillesferse?« Diese letzte Ironie mildert seine ätzende Boshaftigkeit und macht ihn beinahe liebenswert; denn die Achillesferse Tixier-Vignancours ist allen Anwesenden bekannt: Er war nach 1940 ein knappes Jahr lang Staatssekretär für Information unter Marschall Pétain im Staat von Vichy.

»TV« plant eine Reise nach den USA und nach Vietnam. Er will die enge Verbundenheit Frankreichs mit Amerika gegen die gaullistische Zersetzungspolitik verteidigen. Er will in Saigon die Solidarität der Franzosen mit der Front der Antikommunisten dokumentieren. Er ist stolz darauf, vor deutschen Studenten in Bonn gesprochen und seine Zuhörer vor dem antieuropäischen Kurs de Gaulles gewarnt zu haben. Tixier-Vignancour steht für Christentum und Abendland gegen den Bolschewismus.

In seinen Augen ist de Gaulle das Trojanische Pferd der Kommunisten. Wenn der Name des Generals fällt, bemächtigt sich des Anwalts eine fiebernde Leidenschaft, dann bricht bitterer Haß durch, wie er nur auf der äußersten Rechten in Frankreich zu finden ist. Daran gemessen wirkt der Antigaullismus der Kommunisten wie eine verschämte Liebschaft. De Gaulle sei der Wegbereiter des Kommunismus. Das ist die Kernparole in der Wahlkampf-Rhetorik Tixier-Vignancours, und er findet ein bestechendes Bild, um die Taktik des Generals zu beschreiben. Er vergleicht ihn mit jenem gewitzten chinesischen Dieb, der mit unendlicher Geduld den von ihm begehrten Gegenstand stets nur um einen Millimeter verrückt, so daß der Diebstahl vom umstehenden Publikum gar nicht bemerkt wird.

Noch ehe wir den Wohnwagen verlassen, sind hübsche blonde Mädchen hereingekommen und lassen sich Autogramme geben. Es sind die jüngeren Schwestern jener ebenfalls blonden Mädchen, die vor vier Jahren dem General Salan auf dem Forum von Algier zujubelten, als er mit vorgeschobener, ordensbeladener Brust den Putsch gegen de Gaulle ausrief.

Die jungen Leute mit den roten Hemden haben uns unter einem blauen Nebenzelt zum Imbiß eingeladen. Meist sind es Studenten; ein paar Arbeiter befinden sich darunter. Ihre Rottenführer sind ehemalige Häftlinge des Santé-Gefängnisses in Paris, Veteranen der OAS, Spezialisten des Sprengstoffs und der Verschwörung. Siebzig Freiwillige begleiten Tixier-Vignancour auf seiner einmonatigen Reise längs der französischen Küsten. Die Saalwächter, unter denen nur wenige wirkliche Schlägertypen auffallen, nehmen uns brüderlich auf. Die Bundesrepublik Deutschland steht bei ihnen in gutem Ruf, und Bundeskanzler Erhard genießt als mutmaßlicher Gegner der gaullistischen Hegemonialpolitik starke Sympathien.

Im übrigen ist man an diesen Holztischen gegen den Kommunismus, für und gegen den Nationalismus, für die Einheit des Westens, gegen das allgemeine Wahlrecht, gegen die korrupten Parlamentarier, für die Armee, für eine straffe Ordnung im Staat, für freie Wirtschaft, für Tixier-Vignancour, teilweise für die Wiederherstellung der Monarchie, gegen den Kapitalismus, gegen die Juden, die Araber, die Neger, die Chinesen, die Sozialisten, die Linkskatholiken, gegen die Intellektuellen, gegen die Beatles, für einen Ständestaat, für die Rückgliederung der Arbeiterschaft in die Nation, für und gegen die Atombombe, für ein gesundes erneuertes Frankreich. »Faschisten« – sagen die Gegner Tixier-Vignancours. Aber selbst wenn dem so wäre, so stände diese Gefolgschaft einem Salazar näher als einem Hitler.

Bei Einbruch der Dunkelheit treffe ich Henry Tanner draußen wieder. Die Menschen, etwa viertausend, die auf das Zelt von »TV« zuströmen, kommen uns sehr bekannt vor. Henry und ich sind beide alte Stammgäste im Theater der Leidenschaften von Algier gewesen. Hier finden wir sie wieder am nördlichen Mittelmeerufer, die *pieds noirs*, die Schwarzfüße, die Algier-Franzosen, die uns so unglaublich auf die Nerven gegangen waren mit ihrer Blindheit, ihrer Verstocktheit gegenüber der traurigen, aber unverrückbaren Realität der algerischen Unabhängigkeit. Aber am Ende hatten sie uns auch imponiert, als sie in ihren brennenden Bollwerken gegen die eigene Regierung und gegen den anstürmenden Panarabismus einen grausamen Verzweiflungskampf lieferten, wie er der teilnahmslosen Kulisse des blanken Mittelmeerhimmels gut anstand. Der Untergang der Algier-Franzosen trug zeitweilig die Züge einer antiken Tragödie.

»Was für seltsame Zufälle es gibt«, sagte Henry. »Du weißt vielleicht, daß ich meinen letzten Korrespondentenposten in Moskau an dem Tag angetreten habe, an dem Ben Bella in Algier die Macht ergriff. Ich habe Moskau genau an dem Tag verlassen, an dem Ben Bella von der Armee Boumediennes verhaftet und gestürzt wurde.«

Drinnen im Zelt ertönt der »Marsch der Afrikaner«, der Schlachtgesang der Algier-Franzosen, wo viel von der Trikolore die Rede ist, zu deren Füßen man sterben will, und auch von den *gourbis*, den Fellachen-Dörfern Nordafrikas, wohin die Soldaten aus Algerien zurückkehren wollen, wenn sie den Krieg zur Rettung Frankreichs gewonnen haben. Die *pieds noirs* haben 1914 und 1944 mitgeholfen, das französische Mutterland zu verteidigen und zu befreien. Ihre eigene Heimat haben sie verloren. Hier am Strand der Côte d'Azur fanden sie sich in dem verwandten Klima relativ leicht zurecht. Viel bitterer war die Anpassung für jene Algier-Franzosen, die nach Paris vorstießen und sich dort niederließen, die über den Schienenstrang Marseille – Lyon – Paris nach Norden gereist waren, mit dem blauen Zug, den sie halb im Scherz, halb im Trotz den »Transsibirien-Expreß« nannten.

Am Eingang des Zeltes sind Karikaturen aufgehängt, deren Zielscheibe immer wieder de Gaulle ist. Die Zeichnungen sind von schäumender Gehässigkeit und geben ungewollt Zeugnis von einer gewissen Liberalität der Fünften Republik. Im besten *Stürmer*-Stil wird der General einmal als Bordellmutter, dann als Lakai Ben Bellas, dann gar als der Berg »Gaulle-Gatha« dargestellt, auf dem man die Patrioten kreuzigt.

Zwei algerische Fremdarbeiter haben sich in diese selbstbewußte Anhängerschaft des »Frankreich erwache« gemischt. Sie werden von zwei bösartig blickenden Muskelprotzen in roten Hemden ständig beschattet. »Schau, da sind sie, die kleinen Nazis«, bemerkt Henry.

Als über die Lautsprecher der Wagnersche Walkürenritt durch das Zelt braust wie die Fanfaren einer Sondermeldung aus dem Krieg oder die Begleitmusik der Deutschen Wochenschau zu einem Luftkampf über »Engelland«, kommt es zum Zwischenfall. Die staatlichen Elektrizitätswerke haben Tixier-Vignancour den Strom für die Beleuchtung verweigert. Die Karawane hat sich mit einem Generator ausgeholfen. Doch plötzlich geht diese Einrichtung in Flammen auf.

Im Zelt erlöschen die Lichter. In der ägyptischen Finsternis schreien die Frauen, es droht Panik. Unser Kamerateam leuchtet mit den Handlampen in die kopflose Menge. Da steht auch schon Tixier-Vignancour am Mikrophon, das durch eine Autobatterie gespeist wird.

»Das ist ein schändliches Attentat!« ruft er mit seiner mächtigen Stimme. »Ich habe den Saboteur gesehen. Er hat einen Molotowcocktail auf unseren Generator geworfen.«

Ein paar Männer vom Ordnungsdienst sind schon auf der Suche nach dem vermeintlichen Attentäter ins Meer gesprungen. »Schlagt ihn tot«, tönt es vom Ufer, »sonst wird de Gaulle ihm noch einen Orden verleihen.« In Wirklichkeit ist der Brand durch eine Unvorsichtigkeit beim Nachfüllen des Benzins entstanden.

Der Anwalt Tixier-Vignancour spricht in der Finsternis. Er kennt seine Rede auswendig. Der Zwischenfall hat seine Rhetorik nur befeuert. Die Zuhörer gehen mit. Am heftigsten ist der Applaus, wenn von dem »Verrat« de Gaulles an den Algier-Franzosen die Rede ist. »TV« kommt zum Abschluß. Ich gebe ein Zeichen, die Handlampen wieder einzuschalten, so daß zumindest die Umrisse des Redners zu erkennen sind. Es ist jetzt keine Spur von Bonhomie, von wissender Ironie an ihm. Die Theatralik wird durch das Pathos ins Unerträgliche gesteigert. Tixier-Vignancour beschwört die Seelen der Gefallenen aus den Reisfeldern Indochinas, aus dem Dschebl von Algerien, ja er bietet die Rachegeister jener Rädelsführer der OAS auf, die im frühen Morgengrauen in die Gewehrläufe französischer Exekutionskommandos geblickt haben auf Befehl »des Greises, der niemals vergibt«. »Vive la France!« schreit Tixier-Vignancour. Das ist wohl seine einzige Gemeinsamkeit mit jenem General, dem sein ganzer Haß gilt.

Während die Zuschauer sich ordentlich verlaufen, zeigt mir Henry Tanner einen Kommentarsatz im *Nouvel Observateur:* »Die größte Gefahr für Tixier-Vignancour besteht wohl darin, daß er sich am Ende selber ernst nehmen könnte.«

*

Ich habe Charles André Blanc dann doch nicht gefragt, ob er bei der Veranstaltung unter dem Zirkuszelt von Cannes am 26. August 1965 dabei gewesen sei. Wozu die alten Gespenster wecken? Zudem war

Tixier-Vignancour als Präsidentschaftsanwärter spektakulär durchgefallen. Selbst die »Schwarzfüße« hatten sich in der Mehrheit anderen Hoffnungsträgern zugewandt. »Am 26. Juni 1987, in ein paar Wochen, wird es ein großes Erinnerungstreffen der Algier-Franzosen in Nizza geben, zum 25. Jahrestag ihrer Vertreibung aus Nordafrika«, sagte der Maire von Théoule. »Angeblich sollen dreihunderttausend *pieds noirs* zusammenkommen, aber ich glaube, es werden viel weniger sein. Diese Veranstaltungen gleichen in ihrer erzwungenen, etwas peinlichen Wiedersehensfreude dem Treffen alter Schulkameraden, die sich eine Generation lang nicht begegnet sind und sich nun plötzlich als gealterte Fremde mustern. Insgesamt sind knapp eineinhalb Millionen Franzosen im Sommer 1962 über das Mittelmeer geflohen. Das klingt bescheiden, gemessen an den zwölf Millionen Deutschen, die aus den Ostgebieten des Reiches vertreiben wurden. Sie sehen, der Geist der ›Landsmannschaften‹ ist auch bei uns vorhanden.«

Aber man solle sich hüten, all diese Heimkehrer über einen Kamm zu scheren, sofern überhaupt von *retour* in eine unbekannte, kalte Metropole bei ihnen die Rede sein könne. Die Aktivsten unter ihnen hätten mächtig dazu beigetragen, die immer noch recht lethargische französische Wirtschaft durch kräftige Impulse zu beleben. Vor allem in der Landwirtschaft des Midi und auf Korsika hätten sich die *pieds noirs* auf ihre alten Pioniertugenden besonnen und ständen jetzt häufig an der Spitze florierender Agrarunternehmen. Besondere Dynamik habe die starke jüdische Gemeinde – mindestens hundertfünfzigtausend Menschen – in Handel und Industrie, aber auch im Kulturleben entfaltet. Die Juden Algeriens waren schon 1870 durch das »Décret Crémieux« zu vollwertigen Bürgern der französischen Republik erklärt worden.

Am erbärmlichsten sei es jenen Muselmanen ergangen, die sich der These der »Algérie française« anvertraut und als *harki*, als Hilfskräfte der französischen Armee, gegen die »Befreiungsfront« gekämpft hätten. Mit ihren Familien würden sie nun eine entwurzelte und verzweifelte Kategorie von vierhunderttausend Außenseitern bilden. Ihre Kinder hätten sich in Frankreich nicht zurechtgefunden, doch die Rückkehr in die junge Algerische Republik bleibe ihnen ebenfalls versagt. Sie seien Strandgut der Geschichte.

Blanc verwies auf den weit verbreiteten Irrtum, die Algier-Franzosen seien massiv ins Lager der politischen Reaktion einzuweisen. Viele von ihnen hatten prominente Positionen im linken politischen Parteienspektrum errungen. Man denke nur an den engsten Vertrauten Mitterrands im Elysée-Palast, Jacques Attali, hinter dessen Brillengläsern konzentrierte Intelligenz aus runden Eulenaugen blitzt; an den unrühmlichen Entwicklungs-Minister Christian Nucci, der die Sozialistische Partei in seine zweifelhaften Geschäfte verwickelte; an den Offizierssohn Paul Quilès, der auf einem Kongreß der Sozialisten in Valence den Jakobiner herauskehrte; an Alain Savary, der als Erziehungsminister Mitterrands den uralten Streit um die private, die katholische Schule geschürt hatte. Auch Edgar Pisani gehört dazu, der mit seinen Autonomie-Plänen für die Kanaken Neu-Kaledoniens die Entrüstung aller »Patrioten« zum Sieden brachte.

Aus Algerien stammt der »neue Philosoph« Bernard-Henri Lévy, der nach vorübergehender Hinwendung zur anarchistischen Traumwelt des Mai '68 die Pseudo-Fortschrittlichkeit der zeitgenössischen Sophisten ins Visier nahm und den marxistischen Totalitarismus verdammte. Gerade unter den Journalisten und Schauspielern waren die lebhaften Mediterranen aus Nordafrika stark vertreten. Viele von ihnen hatten sich inzwischen resolut auf die Seite der von Diskriminierung bedrohten Fremdarbeiter aus dem Maghreb gestellt und an den Kundgebungen von SOS-Racisme teilgenommen.

»Vergessen Sie nicht, daß die erfolgreichsten Kolonisten Algeriens Nachkommen jener *communards* waren, die 1871 zum ersten Mal die rote Fahne über Paris hißten«, sagte Charles André Blanc. »Diese Revolutionäre, die den heutigen Kommunisten als Leitbilder dienen, waren damals den Exekutions-Kommandos der Versailler Reaktion oft nur um Haaresbreite entgangen. Zur Bestrafung wurden sie in die Sümpfe und Steppen Nordafrikas verbannt, oder sie suchten dort Zuflucht vor der Repression. Ihnen hatten sich französische Patrioten aus Elsaß-Lothringen zugesellt. Mit dem Spaten in der einen, dem Gewehr in der anderen Hand haben sie dort die Wildnis in Äcker und Gärten verwandelt. Sie haben insbesondere die malariaverseuchte Mitidja-Ebene mit ihrem Schweiß getränkt. Diese Siedler brachten die alte Kornkammer des Römischen Reiches, die die Nomaden verwüstet hatten, wieder zum Blühen. Der Reichtum, den sie für ihre Nachkommen schufen, war nicht irgendwelchen Ureinwohnern geraubt, sondern mit eigener Faust der feindlichen, spröden Erde des Maghreb abgerungen. Die Urenkel der *communards* mußten es sich später gefallen lassen, von den Pariser Ideologen als ruchlose kapitalistische Ausbeuter angeprangert zu werden.«

Ich erzählte dem Bürgermeister von Théoule nicht, daß ich zwei Tage zuvor von dem früheren algerischen Präsidenten Ahmed Ben Bella kontaktiert worden war. Dieser Vorkämpfer der algerischen Unabhängigkeit hatte sich nach der Befreiung aus den Kerkern des Oberst Boumedienne ins Schweizer Exil abgesetzt, nachdem die französische Regierung – mit Rücksicht auf ihre guten Beziehungen zum jetzigen Staatschef Schedli Ben Dschedid – ihn zur *persona non grata* erklärt hatte. Ben Bella, so hatte der Mittelsmann wissen lassen, wollte mit mir ein Gespräch weiterführen, das wir einst im Pariser Villenvorort Neuilly begonnen hatten.

Es ging um die irrigen Prämissen europäischer Entwicklungspolitik in Afrika, um die Fehler der überstürzten Industrialisierung, um die Notwendigkeit einer geballten Konzentration auf die himmelschreienden Probleme der Landwirtschaft in der gesamten Dritten Welt. Am meisten lag Ben Bella jedoch die islamische Erneuerung, die islamische Kulturrevolution am Herzen. Sie hatte durch die düstere Prophetengestalt Khomeinis einen mächtigen Impuls erfahren, aber ihre Verwirklichungsformel für den sunnitisch-arabischen Raum war noch zu definieren. Irgendwann in den kommenden Monaten würde ich Ben Bella wohl in der Schweiz treffen und dabei ermessen können, welch religiöse und politische Kluft seit dem Ende der französischen Präsenz im Maghreb zwischen dem Nord- und dem Südufer des Mittelmeers aufgerissen war.

»Monsieur Chirac liebt die Bombe«

Moskau, 15. Juni 1987

Mit einem Tag Verspätung war ich nach der offiziellen französischen Delegation in Moskau eingetroffen. Das erleichterte die Dinge nicht. Der Taxichauffeur hatte mich am falschen Eingang des Hotels »Rossija« abgesetzt. Erst stand ich Schlange zwischen Veteranen des Zweiten Weltkrieges, die – mit klirrenden Ordensspangen an der Brust – aus der Provinz angereist waren, ehe ich freundlich in einen anderen Flügel der riesigen »Gostiniza« verwiesen wurde, wo das Gefolge des Premierministers untergebracht war. Dort wiederum erklärte mir eine zutiefst betrübte Betreuerin der Delegation, daß mein Zimmer an eine französische Kollegin vergeben sei. Im Verbindungsbüro, das neben dem Telex-Raum installiert war, wußte niemand, wo mein Presseausweis für diesen Regierungsbesuch geblieben sei. Die Etagen-Wächterin, die »Deschurnaja«, zu der ich schließlich abgeschoben wurde, hatte das Wort *Perestrojka* vermutlich nur am Rande einer Radiosendung vernommen. Jedenfalls ignorierte sie mein Anliegen souverän und mürrisch.

Die Lage hellte sich auf, als ich unvermutet Josette begegnete. Sie kam gerade von einem *briefing* des französischen Pressesprechers Denis Baudouin zurück. Ich kannte Josette seit langen Jahren, noch aus der Zeit, als sie in Paris für das französische Hochkommissariat im Saarland gearbeitet hatte. Sie war damals mit ihren grauen Augen und den feinen Gesichtszügen ein überaus attraktives Mädchen gewesen, und jetzt stellte ich fest, daß sie dem fortschreitenden Alter auf verblüffende Weise widerstanden hatte, immer noch *belle femme*. Nach ihrer Ehe mit einem tunesischen Arzt hatte sich Josette äußerst erfolgreich dem Journalismus zugewandt. Lange genoß sie den Ruf einer präzisen Kennerin der maghrebinischen Verhältnisse. Ihr Blatt *Le Nouvel Observateur* – auf dem linken Flügel der Sozialisten angesiedelt – hatte sie als eine Art Chefreporterin etabliert, und sie genoß großes Ansehen bei Kollegen und Regierenden, welcher politischen Couleur sie auch angehörten.

Josette verkündete mir gleich das große Ereignis: »Jacques Chirac hat vier Stunden lang mit Gorbatschow gesprochen. Das war im Programm nicht vorgesehen. Es war bei der Abreise aus Paris gar nicht gesagt, daß Chirac den Generalsekretär überhaupt treffen würde. Das offizielle Mittagessen des heutigen Tages war nur mit Ministerpräsident Ryschkow vorgesehen, aber ganz unverhofft stand Michail Gorbatschow im Empfangsraum.« Eben habe Chirac in ein paar Worten seine Meinung über Gorbatschow zusammengefaßt. Der Generalsekretär sei gewiß ein überzeugter Kommunist, aber er habe den Eindruck eines modernen, offenen Mannes gemacht. Er stelle sich als Befürworter des Dialogs dar, der fähig sei, den Sozialismus zu modernisieren.

Unter den französischen Journalisten, die dem Premierminister nahestanden, wurde mit besonderer Befriedigung bemerkt, daß die Unterhaltung zwischen Gorbatschow und Chirac eine halbe Stunde länger gedauert habe als das Gespräch, das der Generalsekretär der KPdSU seinem französischen Kollegen von der KPF, Georges Marchais, ein paar Tage zuvor gewährt hatte. Der nationalen Eitelkeit schmeichelte es, daß Chirac zwar nach Margaret Thatcher, aber noch vor Bundespräsident Richard von Weizsäcker seine Moskau-Reise hatte antreten können, nachdem diese durch die jüngste Aufdeckung diverser Spionage-Affären in Paris erheblich belastet schien.

Josette teilte mir noch mit, daß am Abend ein Empfang in der französischen Botschaft stattfände. Inzwischen war für mich eine Unterkunft gefunden worden, und die liebenswerte Kollegin verschwand in ihrem Hotelzimmer, »pour faire son papier – um ihren Artikel zu schreiben«.

Die Zeit bis zum Botschaftsempfang wollte ich mir mit einem Besuch auf dem Roten Platz vertreiben. Die Touristen waren dort zahlreich. Neben der Basilius-Kathedrale staute sich eine kompakte Gruppe von Gaffern. Scheinwerfer verbreiteten grelles Licht. Ein Übertragungswagen des sowjetischen Fernsehens war eingesetzt, um ein Live-Interview mit Jacques Chirac vor dem Hintergrund des Kreml unmittelbar per Satellit nach Paris zu senden. Chirac fühlte sich wohl in diesem Gedränge. Man sah ihm die tiefe Genugtuung an, mit dem höchsten Herrscher aller Reußen, der mit seiner *Perestrojka* und seiner Null-Lösung die Welt in Atem hielt, so eng und ausdauernd konferiert zu haben. Es ging darum, Punkte zu sammeln für die große innenpolitische Auseinandersetzung, für die Wahl des Präsidenten im Mai 1988.

Unter den Zuschauern waren auch französische Touristen, die ihrem Regierungschef zuwinkten. Eine Frau schrie »Vive la Corrèze« und wollte damit ausdrücken, daß sie aus dem gleichen Département am westlichen Rande des Massif Central stammte wie Chirac selbst, der als Abgeordneter der Corrèze ins Palais Bourbon gewählt worden war. Der Ruf aus dem Publikum weckte bei mir Erinnerungen an eine Provinz-Tournee Chiracs in seiner Heimat, die ich vor etwa zehn Jahren Schritt für Schritt verfolgt hatte. Von seinen Gegnern ist dieser straffe, dynamische, immer noch jugendlich wirkende Mann gelegentlich als rücksichtsloser Karrierist, als Ellbogen-Politiker, als kalter Fisch, als pomadisierter Ehrgeizling geschildert worden. Sogar das Wort »faschistoid« wurde ihm angehängt. Sehr zu Unrecht. Sobald man in die physische Nachbarschaft Chiracs geriet, gewann er an Sympathie, strahlte große menschliche Wärme aus, wirkte locker und unprätentiös. Er war dann ein ganz anderer Mensch als auf der Tribüne des Parlaments oder der Parteikongresse, wo er mit metallischer Präzision seine Sätze hämmerte, aber über eine gewisse Banalität nie hinauskam.

In der Corrèze hatte Chirac sich zu Hause, in seinem *terroir* befunden. Da kannte er jeden Bauern, hatte ein nettes Wort für jeden Pensionär. Da setzte er sich zu Tisch mit jenem ungeheuren Appetit, der seiner schlanken Figur offenbar nichts anhaben konnte. Bei seinen Landsleuten in der Corrèze wirkte Chirac kein bißchen gekünstelt oder gar herablassend, auch nicht anbiedernd; bei ihnen fühlte er sich in seinem Element. Hier war schon sein Großvater als Schuldirektor eine Respektsperson gewesen, und in dieser Gegend hatte er ein altes Schloß erworben, das er mit triftigen Argumenten zum historischen Denkmal hatte deklarieren lassen, um die Restaurierungskosten steuerlich abzusetzen.

Selbst die Journalisten der Linksparteien, die ihn auf seinen Reisen begleiteten, erlagen seinem Charme, seinem draufgängerischen Elan. Ein Redakteur des *Nouvel Observateur*, ein Kollege Josettes, war einmal speziell mit dem jetzigen Premierminister nach Afrika geflogen, um ihn »in die Pfanne zu hauen«. Er kam umgekrempelt zurück und schrieb einen Artikel: »Mon copain Chirac – mein Kumpel Chirac«. Bei den Wählerinnen und auch beim weiblichen Flügel der schreibenden Zunft kam ihm zugute, daß er das Flair eines *homme à femmes* verbreitete. Mir fiel gelegentlich eine flüchtige Ähnlichkeit mit Alain Delon in dessen besten Rollen auf.

Aus Chiracs Biographie wußte jeder politisch interessierte Franzose, daß der Premierminister in seinen frühen Jahren kein konventioneller Streber gewesen war. Er hatte recht leichtsinnig als Student den »Friedensappell« von Stockholm unterschrieben, der eindeutig von den Kommunisten manipuliert war, und hatte damit – als er sich als Reserveoffizier bewarb – eine Überprüfung seines Dossiers durch den Abschirmdienst der französischen Armee, die *Sécurité militaire*, ausgelöst. Im Algerien-Krieg hatte er als Leutnant gedient, sich bei der Truppe wohlgefühlt und mit dem Gedanken gespielt, aktiver Offizier zu werden. Seine Bindung an die Streitkräfte sollte dauerhaft bleiben.

Beim Studium der *sciences politiques* in der Rue Saint-Guillaume machte er einer strebsamen adligen Kommilitonin, Bernadette Chaudron de Courcelle, den Hof, nachdem er sie anfänglich in seiner Seminar-Gruppe mit zeitraubenden Recherchen über Tocqueville strapaziert und sie mit seinen Telephonanrufen pausenlos in Atem gehalten hatte. Die spätere Madame Chirac erinnert sich gern an jene Zeit des Studiums und des wohlgesitteten Flirts in der damals noch recht exklusiven Atmosphäre der Rue Saint-Guillaume. Nachträglich wird dem stürmischen Regierungschef sogar eine kurze Liaison mit einer russischen Agentin angedichtet, die sich während einer frühen Reise in die Sowjetunion abgespielt habe. Er selbst gab unlängst – bei einem Regierungsbankett in Washington – eine Episode aus seiner Junggesellenzeit als mittelloser Tourist in den USA zum besten. Dort habe er sich unsterblich in eine attraktive Amerikanerin verliebt, sie beinahe geheiratet und wäre möglicherweise US-Bürger geworden. »Ich habe gut daran getan, darauf zu verzichten«, fügte er hinzu, um die lauschenden Kongreßmitglieder bei Laune zu halten, »denn ich hätte niemals Präsident der Vereinigten Staaten werden können, da ja nur ein gebürtiger Amerikaner ins Weiße Haus einziehen darf.«

Jetzt hatte er in Moskau sein internationales Prestige durch das lange, offenbar recht schwierige Gespräch mit Gorbatschow aufpoliert, den französischen Anspruch auf eigene Nuklearmacht kategorisch bestätigt und auf seinem eigenen Durchmarsch zum Elysée-Palast – wie er hoffte – eine wesentliche Etappe bewältigt. Aber selbst engagierte Freunde aus seiner *entourage* hegten Zweifel, ob Chirac für das glatte diplomatische Parkett die nötigen Voraussetzungen mitbrachte. Sie mußten eingestehen, daß der undurchsichtige, in machiavellistischen Manövern erprobte Mitterrand, der ein paar Monate zuvor Moskau unnahbar und mißtrauisch aufgesucht hatte, eine eindrucksvollere Figur gemacht hatte. »Für dieses vertrackte Spiel ist Chirac zu spontan, zu draufgängerisch«, hörte ich aus dem Chor der Höflinge, »er läßt sich von Balladur manövrieren« – gemeint war der amtierende Finanzminister und einflußreichste Berater des Regierungschefs –, »und Balladur will aus Murat einen Talleyrand machen.«

Joachim Murat, mit dem Chirac verglichen wurde, war der beste Reitergeneral und kühnste Husar des großen Korsen gewesen, ehe er als König von Neapel inthronisiert wurde. Charles Maurice de Talleyrand, ehemaliger Bischof von Autun, hatte dem Ersten Kaiserreich und später auch der bourbonischen Restauration mit Eleganz und Charakterlosigkeit als Großmeister der europäischen Diplomatie gedient. Napoleon hatte diesen abtrünnigen Bischof und zweifelhaften Gefolgsmann in seiner rüden Definitionsgabe als »de la merde dans un bas de soie – als Scheiße in einem Seidenstrumpf« charakterisiert.

Spät am Abend erst gesellte sich der Premierminister zu den wartenden Journalisten in die Botschaft. Die diplomatische Vertretung Frankreichs ist in einem skurrilen, altslawisch verwinkelten und vergoldeten Schlößchen untergebracht, hinter dessen roten Ziegeln man eine Kapelle aus der Zeit Iwans des Schrecklichen vermutet. In Wirklichkeit war dieses Gebäude vor dem Ersten Weltkrieg von einem reichen Moskowiter Getreidehändler für seine Mätresse gebaut worden. Das Buffet, das der Botschafter der ermatteten Journaille zögernd servieren ließ, entsprach leider nicht dieser verflossenen zaristischen Spendierfreude.

Als der Premierminister eintraf, war er wie stets in großer Form. Nicht umsonst nannte man ihn – aufgrund seiner unermüdlichen Arbeitskraft, seiner hektischen Rührigkeit – den Bulldozer oder »l'hélicoptère«, den Hubschrauber. Als Chirac noch Staatssekretär im Finanzministerium war, so hatte mir einer seiner engen Mitarbeiter erzählt, dessen Arbeitszimmer sich eine Etage tiefer befand, habe der Kronleuchter über ihm stets vibriert, weil Chirac selbst bei der Aktenarbeit am Schreibtisch nie zur Ruhe kam und unaufhörlich mit den Füßen wippte.

Zwischen dem Regierungschef und der Presse ging es ungezwungen und leutselig zu. Dennoch kam jene höfische Atmosphäre auf, die sich in Frankreich automatisch einstellt, sobald hohe Vertreter der Staatsautorität auf den Plan treten. Man sonnt sich gern in der Gunst der Mächtigen, und selbst die Impertinenz der Oppositionellen kommt erst zur vollen Wirkung, wenn sie sich um die stilistische Brillanz des Grand Siècle bemüht. Die innere Geschlossenheit dieser schreibenden Zunft – sobald sie sich *in corpore* im Ausland bewegte – hatte mich stets beeindruckt. Daran konnten auch die schärfsten politischen Antagonismen nicht rütteln.

An diesem Abend in Moskau schweiften meine Gedanken zurück zur Genfer Konferenz des Jahres 1959, als die vier Siegermächte im ehemaligen Völkerbund-Gebäude über Deutschland verhandelten und man die Vertreter der beiden deutschen Staaten noch als Beobachter an gesonderten Katzentischchen plaziert hatte. Damals war ich als Korrespondent der *Saarbrücker Zeitung* zu den internen, nur für Franzosen bestimmten *briefings* des gaullistischen Außenministers Couve de Murville zugelassen worden. Der kühle Protestant Couve schilderte mit schonungsloser Offenheit den enttäuschenden Verlauf der Gespräche, nachdem er alle Anwesenden zur Verschwiegenheit verpflichtet hatte. An diese Diskretion hielt sich jeder Kollege, ob er nun für die rechtskonservative *Aurore* oder die kommunistische *Humanité* schrieb. Sogar der satirisch-anarchistische *Canard Enchaîné* fügte sich ohne aufzumucken in die nationale Disziplin.

Chirac würde nicht lange in Moskau bleiben. Für den folgenden letzten Tag war ein Frühstück mit russischen Dissidenten in der französischen Residenz angesetzt, eine Pressekonferenz im Großen Auditorium des Außenministeriums, ein Besuch am Grabe Boris Pasternaks und die Rückreise nach Paris. Bei den Gesprächen am Botschaftsbuffet gaben die Parteigänger des Regierungschefs den Ton an. So entrüstete man sich über eine Äußerung des Außenhandelsministers Michel Noir, die am gleichen Tag publik geworden war; jeder Annäherung der gaullistischen Regierungspartei an die Nationale Front Le Pens war Noir mit der kategorischen Erklärung entgegengetreten: »Es ist besser, eine Wahl zu verlieren, als seine Seele preiszugeben.« So viel Gefühlsduselei war manchem konservativen Kollegen unerträglich.

Während wir durch das Fenster auf den immer noch rötlich schimmernden, klaren Himmel Moskaus blickten, fiel uns die nächtliche Bauarbeit am Zwiebelturm einer gegenüberliegenden russischen Kirche auf. Bei künstlichem Licht waren Dekorateure dabei, das Kreuz neu zu vergolden, dessen Fuß – symbolisch für die russischen

Siege der Orthodoxie über die tatarischen und türkischen Horden des Islam – den Halbmond durchbohrte. Ob diese Restaurierung mit *Perestrojka* und *Glasnost* zu tun habe, wurde gefragt. Man wurde nicht müde, über Realität und Utopie dieser beiden Zauberworte zu diskutieren. Chirac und seine Berater vom Quai d'Orsay wurden nach der einfachen und der doppelten Null-Lösung, der Abschaffung nuklearer Mittelstreckenraketen gefragt, die zwischen Russen und Amerikanern ohne Konsultation, ja ohne angemessene Information der westeuropäischen Bündnispartner vereinbart worden war. Hatte Bonn gehofft, daß Franzosen und Briten sich querstellen, daß die Entente-Staaten den direkten Deal der beiden Supermächte durchkreuzen würden? So wurde in der Botschaft spekuliert. Margaret Thatcher, die in Moskau ein paar Tage zuvor mit der ihr eigenen Härte aufgetreten war, hatte zwar den Russen mit ihrer »high pitched voice« die Leviten verlesen und damit ihren Ruf als »eiserne Lady« bestätigt, jedoch die doppelte Null-Lösung als unvermeidlich akzeptiert. Die Umgebung Chiracs teilte den Journalisten mit, daß Frankreich mit seinem Atomarsenal durch eine solche Regelung überhaupt nicht betroffen sei, verfüge doch die »force de dissuasion« über keinerlei Raketen, die sich innerhalb der Reichweite von 500 bis 5 500 Kilometern bewegten.

Ob Bundeskanzler Kohl tatsächlich darauf aus sei, eine dritte Null-Lösung zu verlangen für die verbleibende niedrigste Distanz zwischen null und fünfhundert Kilometern, wurde ich gefragt; ob es in der deutschen Absicht läge, das sogenannte taktische Nuklearpotential, die »Atom-Artillerie« oder – wie die Franzosen sagten – die »prästrategischen Waffen« in diesen Abrüstungs-Wettlauf einzubeziehen? Verständlicherweise war am Rhein Kritik laut geworden an diesen Kurzstreckengeschossen und -raketen, die in erster Linie entweder die Deutschen in der Bundesrepublik oder die Deutschen in der DDR dem Inferno aussetzen würden. Hinter der Frage klang der Verdacht auf, die französischen Pluton-Raketen, die über eine Reichweite von circa hundertzwanzig Kilometern verfügten, sowie die kommende Hadès-Generation, die knapp dreihundertfünfzig Kilometer weit schießen würde, könnten durch diese Forderung in Frage gestellt werden. Ganz zu schweigen von der Neutronen-Waffe, die im Südpazifik getestet und für deren Serienproduktion offenbar alle Voraussetzungen geschaffen waren. Die antiken, infernalischen Namen dieser Vernichtungsinstrumente, Pluto und Hades, immerhin mit der dreifachen

Sprengkraft der Hiroshima-Bombe ausgestattet, klangen zwar geistreich, entbehrten jedoch der elementaren Bündnis-Psychologie. Bei dem einen oder anderen Begleiter Chiracs mag an jenem Abend eine Spur Schadenfreude angeklungen sein, daß die Bundesrepublik, einst Musterschüler der Amerikaner in der atlantischen Klasse, jetzt zwischen allen Stühlen zu sitzen schien und sich schwer tat mit einer Sprachregelung, die den divergierenden Koalitionspartnern Helmut Kohls im eigenen Kabinett und den unterschiedlichen Interessen der Alliierten gerecht würde.

Am nächsten Morgen fanden wir uns alle im Pressezentrum des sowjetischen Außenministeriums wieder. Für die in Moskau akkreditierten Journalisten aus aller Welt war der Besuch Chiracs ein Ereignis am Rande. Margaret Thatcher hatte ihm die Schau gestohlen. Wenn die Korrespondenten jetzt dennoch dem französischen Premierminister mit Neugier lauschten, so weil er Auskunft geben konnte über die Reaktionen Michail Gorbatschows. Der Generalsekretär der KPdSU war der Mann der Stunde.

Die Bilanz, die Chirac zog, klang dürftig. Er wiederholte die bekannten französischen Thesen. Frankreich sehe nicht den geringsten Anlaß, sein Nuklearpotential in das Abrüstungsgespräch der Supermächte einzubringen. Franzosen und Engländer würden gemeinsam über sechshundert »têtes nucléaires« verfügen, jeder Entente-Staat hätte etwa dreihundert davon. Die Amerikaner und Russen hingegen besäßen eine Verfügungsmasse von je zehn- bis zwölftausend Nuklearsprengköpfen. Es handele sich um eine so gewaltige Disproportion, daß auch die doppelte Null-Lösung, die etwa drei Prozent des gesamten Atomarsenals betraf, nur als bescheidener Fortschritt gewertet werden könne. Frankreich denke gar nicht daran, auf die Modernisierung und Weiterentwicklung seiner »force de dissuasion« zu verzichten, sondern sehe sich gezwungen, seine waffentechnische Forschung auf den letzten Stand zu bringen. In verschiedenen weltpolitischen Fragen sei man sich näher gekommen, insbesondere in der Beurteilung des Konflikts zwischen Iran und Irak sowie über die Notwendigkeit, die »Palästinensische Befreiungsfront« in das Gespräch zur Beilegung der Nahost-Krise einzubeziehen. Die wirtschaftliche Zusammenarbeit, so hoffe man auf beiden Seiten, möge sich im Zeichen der *Perestrojka* dynamischer entwickeln als in der Vergangenheit. Es war von Projekten in Höhe von zwei Milliarden Francs die Rede. Chirac, der klar und präzis, aber ohne rhetorische Überzeugungskraft seine Antworten vortrug, hatte keinen *scoop* auf Lager – damit hatte auch niemand gerechnet. Aber selbst die stets zur Nabelschau neigende französische Presse fand wenig verwendbare *news*.

Das Ungewöhnliche, der Eklat, ereignete sich, nachdem der Premierminister mit seinen weit ausgreifenden, energischen Schritten das Pressezentrum verlassen hatte und der Sprecher des sowjetischen Außenministeriums, Gennadi Gerassimow, die Pressekonferenz in Abwesenheit des Gastes fortsetzte. Der französische Regierungschef habe seinen persönlichen Standpunkt dargelegt, begann Gerassimow betont locker und eine Spur arrogant; nun obliege es ihm, die sowjetische Kehrseite der Medaille zu präsentieren. Der Russe, der lange im Ausland geweilt hatte, gab sich ein wenig angelsächsisch. Er sprach perfekt Englisch und genoß den Ruf großer Professionalität. Seine jetzige Veranstaltung war höchst ungewöhnlich. Es grenzte an gezielte Brüskierung, daß der im protokollarischen Rang bescheidene Sprecher des sowjetischen Außenministeriums unmittelbar nach den Erklärungen eines ausländischen Regierungschefs dessen Äußerungen kommentierte, kritisierte, ja zu widerlegen suchte. Weder Margaret Thatcher noch Helmut Kohl – bei dessen Treffen mit Generalsekretär Andropow im August 1983 – waren einem vergleichbaren Affront ausgesetzt worden.

Am gleichen Samstagmorgen war bereits in der *Sowjetskaja Kultura* aus der Feder Gerassimows ein Artikel unter dem Titel erschienen: »Sind die Leute verrückt geworden?«, worin die französische These von der friedenserhaltenden Abschreckungswirkung der Atomrüstung als Wahnwitz verworfen wurde. Auf die Frage, welchen Eindruck Chirac auf Gorbatschow gemacht habe, antwortete Gerassimow jetzt mit ironischer Nuance, man habe den Franzosen lebhaft und interessant gefunden, wobei das Wort »lebhaft« – *vif* – wohl auf die hektische Betriebsamkeit Chiracs zielte.

Systematisch spielte der sowjetische Sprecher die Bedeutung der wirtschaftlichen Absprachen zwischen Franzosen und Russen herunter. Dann nahm er die starre französische Haltung in der Abrüstungsfrage unter Beschuß. Er bedauere diese Einstellung. Dadurch würde lediglich die Weiterverbreitung nuklearer Waffen in aller Welt gefördert. Neben Frankreich könnten nämlich auch andere Staaten – zum Beispiel Länder der Dritten Welt wie Nigeria – Anspruch auf ein eigenes Atompotential erheben, und wohin käme man dann? In Moskau wisse man sehr wohl, daß die französischen Raketen auf die Sowjetunion gerichtet seien, aber die Schlacht von Borodino gehöre doch wohl der Geschichte an. Die Franzosen trauten ihren Ohren nicht, als der sowjetische Dolmetscher eine zusätzliche Äußerung Gerassimows pointiert übersetzte: »Monsieur Chirac semble aimer la bombe – Wie es scheint, liebt Herr Chirac die Bombe.« Das kam fast einer Beleidigung gleich. Der französische Premierminister wurde in die Nähe der skurrilen angelsächsischen Filmfigur »Dr. Strangelove« gerückt; ganz unverblümt wurde auf die burleske Story jenes Mannes verwiesen, der »lernte, die Atombombe zu lieben – How I got to love the bomb«.

Die offizielle französische Delegation hatte gemeinsam mit ihrem Chef das Pressezentrum verlassen. Nur der Sprecher von Matignon, Denis Baudouin, war in der vordersten Reihe zwischen den Journalisten sitzengeblieben. Nun sprang er auf und verlangte nach einem Mikrophon. Gerassimow habe die französische Atomstrategie falsch interpretiert, erwiderte er. Die französischen Raketen seien durchaus nicht ausschließlich auf Rußland gerichtet, sondern zielten in alle Himmelsrichtungen – »tous azimuts« –, eine Theorie, die einst vom französischen Generalstabschef Ailleret entwickelt worden war, die jedoch, wie die Pariser Korrespondenten sofort berichtigten, keineswegs der aktuellen Situation des Sommers 1987 mehr entsprach. Dem deutschen Verbündeten waren in dieser Hinsicht von Mitterrand und auch von Chirac bindende Zusicherungen gemacht worden.

Chirac befand sich unterdessen in einem Studio des sowjetischen Staatsfernsehens und sprach zu einer Gruppe höflicher, fast devoter russischer Journalisten. Jetzt stand er wieder auf festem Boden. Hier machte er die Schlappe der Pressekonferenz wett. Sein Interview sollte am Abend ohne jede Kürzung im sowjetischen TV-Programm ausgestrahlt werden, und die Sowjetbürger spürten wohl einen Hauch von *Glasnost,* als der Premierminister nicht nur die bekannten französischen Nuklear-Thesen vortrug, sondern nachdrücklich die Respektierung der Menschenrechte forderte. Da war von politischen Gefangenen die Rede, von »Gulag« und psychiatrischen Anstalten. Die sowjetische Militärpräsenz in Afghanistan wurde verurteilt. Bei dem französischen Plädoyer zugunsten der Auswanderung der Juden – zweifellos ein Wink an die einflußreiche israelitische Wählergruppe in Frankreich – fiel der Satz: »Es gibt nur noch zwei Länder auf der Welt, wo die Juden nicht ausreisen dürfen: die Sowjetunion und

Syrien.« Mit diesem Mißklang, dieser beiderseitigen Verstimmung, die auf französischer Seite mit ein paar triumphalen Kommentaren der bürgerlichen Hofberichterstattung verkleistert wurde, endete der Abstecher Chiracs ins Reich der Moskowiter.

Seit langem sprang der Funke nicht mehr über zwischen Galliern und Russen. Giscard d'Estaing war im Oktober 1975 enttäuscht und beunruhigt gewesen, als der damalige Kreml-Chef, Leonid Breschnew, ihn tagelang aus Gesundheitsgründen auf eine Audienz warten ließ und zu keinem vertiefenden Sachgespräch in der Lage war. Giscard hatte sich die Zeit mit einem Besuch des Schlachtfeldes von Borodino vertrieben, wo Napoleon Bonaparte der zaristischen Armee eine letzte Niederlage beibrachte, bevor er in Moskau einrückte. Auf diesem historischen Ausflug wurde der Präsident von zwei französischen Ministern begleitet, Michel Poniatowski und Michel d'Ornano, deren direkte Vorfahren als Marschälle Napoleons bei Borodino ihre Truppen gegen die Russen ins Feld geführt hatten.

Vier Jahre später war Giscard erneut nach Moskau gereist. Er stieß dort auf eine tragische Situation, auf einen todkranken Breschnew. Im Weißen Saal des Kreml wurde ich Zeuge einer gespenstischen Szene. Ein Dutzend Protokolle wurden vom Generalsekretär der KPdSU und vom Präsidenten der Fünften Republik feierlich unterzeichnet. Der Franzose hatte diese Routine-Übung längst absolviert, als der moribunde Breschnew mit steifen, zitternden Fingern erst seine dritte Signatur zu Ende brachte. Auf zwei Palastwächter gestützt, ohne ein Wort artikulieren zu können, entfernte sich dann der mächtigste Mann des Ostblocks mit den Bewegungen eines Roboters. Die Zeit des Übergangs, der Vakanz, hatte in Moskau begonnen. Sie sollte bis zur Machtübernahme Gorbatschows dauern.

*

Meine Moskau-Reise im Gefolge Chiracs hatte ein denkwürdiges Vorspiel gehabt. Marie-France Garaud – eine der klügsten und politisch ambitioniertesten Frauen Frankreichs – hatte mich aufgefordert, an einem Pariser Colloquium über die Perspektiven der neuen Medien teilzunehmen. Neben einer Anzahl internationaler Publizisten hatte sie die Creme der Pariser Politik von Raymond Barre bis Michel Rocard geladen. Als die Rußland-Fahrt Chiracs, die aufgrund diverser

Unstimmigkeiten bereits abgesagt schien, dennoch stattfand, mußte ich mich bei Madame Garaud entschuldigen, worauf sie höchst ungnädig reagierte. »Diese Reise Chiracs ist ohne jedes Interesse«, hörte ich ihre klare, energische Stimme am Telefon, »man wird in Moskau einen roten Teppich ausrollen, und nichts wird passieren. Chirac müßte ganz anders auf das neue Jalta der nuklearen Abrüstung reagieren, das die beiden Supermächte über die Köpfe der Europäer hinweg vereinbarten, Frankreich müßte kategorisch verlangen, bei den Verhandlungen der Amerikaner und Russen über die atomare Reduzierung in Europa als gleichberechtigter Partner dabei zu sein.«

Der Eifer Marie-France Garauds gegen den Moskau-Trip Chiracs war wohl von tiefer persönlicher Enttäuschung, von weiblicher Bitterkeit getragen. Jahrelang hatte sie – gemeinsam mit dem einsilbigen Matignon-Berater Pierre Juillet – Georges Pompidou in einflußreicher Position zur Seite gestanden. Sie war es gewesen, die Jacques Chirac beim steilen Start in die höchsten Sphären des Staates begünstigt, ihn mit Klugheit, Härte und Charme auf dem Weg nach oben begleitet hatte. Sie war eine schöne Frau, diese hochdiplomierte Juristin aus dem Poitou, diese großbürgerliche Schloßherrin, die mit Bravour jede Hetzjagd ritt. Mancher Minister überlegte beim Auftritt dieser hochmütigen Frau, wie sie wohl aussehen mochte, wenn ihr dunkles Haar, das sie im strengen Knoten trug, sich auf ihren Schultern auflöste.

Marie-France Garaud, diese gallische Verkörperung der Artemis, diese neue »Diane de Poitiers«, wurde für Chirac vollends unentbehrlich, als er zum ersten Mal als Regierungschef unter Giscard d'Estaing nominiert wurde. Ihr damaliger Einfluß ließ sich mit der Machtposition von Finanzminister Balladur im jetzigen Kabinett Chirac vergleichen. Sie steuerte ihren Protégé Chirac durch dessen schweres Zerwürfnis mit Giscard, regte ihn zu polemischen Stellungnahmen gegen den Staatschef an, kämpfte mit ihm um die Mairie de Paris und scheiterte schließlich an einer unerwarteten Gegnerin. Bernadette Chirac, die blonde und etwas fade Gattin des Bürgermeisters von Paris, der man eine solch kämpferische Entschiedenheit gar nicht zugetraut hätte, setzte der intimen Zusammenarbeit ihres Mannes mit Madame Garaud ein jähes Ende. »Entweder sie geht oder ich«, ließ sie öffentlich verlauten, und nach dem Rückzug der zutiefst verletzten Beraterin fügte sie hinzu: »Il faut se méfier des bonnes femmes – Man sollte sich vor den braven Durchschnittsfrauen in acht nehmen.«

Marie-France Garaud wechselte in scharfe Gegnerschaft zu ihrem früheren Günstling über. Sie kandidierte sogar im Mai 1981 für die Präsidentschaft der Republik, eine beachtliche feministische Tat, auch wenn sie nur ein Prozent der Stimmen auf sich zog. Sie tat sich durch ihren Antikommunismus, besser gesagt ihren Antibolschewismus hervor, hüllte sich in die Trikolore und plädierte gleichzeitig für ein organisch föderiertes, wehrfähiges Europa. In der Debatte über die *cohabitation* hatte sie sich auf die Seite Raymond Barres geschlagen. Ihre scharfe Zunge blieb weiterhin gefürchtet. So kolportierte man in Paris ihre vernichtende Äußerung über einen prominenten Politiker, der ihr einmal sehr nahe gestanden hatte: »Ich glaubte, er sei aus dem Marmor gemacht, aus dem man Statuen meißelt; aber ich mußte feststellen, daß er aus dem Porzellan ist, aus dem man Bidets fabriziert.«

In ihrer Bewertung der Moskauer Mission Jacques Chiracs hatte Madame Garaud zweifellos recht behalten. Die Sowjet-Hierarchen stuften ihre Beziehungen zu Frankreich zu einem zweitrangigen Anliegen herunter, während sie den unmittelbaren Dialog – die heimliche *complicité*, wie de Gaulle gesagt hätte – mit den Amerikanern pflegten. Im Zentrum ihrer Bemühungen, ihrer Sorgen, ihrer Listen behauptete sich weiterhin – auch und gerade unter Michail Gorbatschow – die deutsche Frage. Es ging offensichtlich um den großangelegten Versuch, durch eine sensationelle Beschleunigung des Abrüstungsprozesses auf dem Gebiet der Mittelstreckenraketen einen Keil des Mißtrauens zwischen die Bündnispartner Washington und Bonn zu treiben. Kein Wunder, daß innerhalb der französischen Regierungsdelegation während der kurzen Visite an der Moskwa Spekulationen und Rätselraten einsetzten, als die *Bild*-Zeitung – von den Russen gelegentlich, wie im Fall Sacharow, als Instrument gezielter Indiskretion oder Desinformation benutzt – über einen sowjetischen Sinneswandel in Sachen der deutschen Wiedervereinigung mutmaßte. Dieser Versuchsballon, falls es überhaupt einer war, erhielt zusätzliche Bedeutung durch eine Bemerkung des Grafen Lambsdorff, der – getreu der baltischen Tradition seiner Familie – sofort zu der Feststellung ausholte, ein wiedervereinigtes Deutschland könne natürlich nur ein neutralisiertes Deutschland sein.

Ob Chirac es wahrhaben wollte oder nicht, die »deutschen Unwägbarkeiten« besaßen Priorität in Moskau. Spätestens nach Abbruch der Pressekonferenz war der Fehlschlag seiner Reise offenkundig. Der schneidige Premierminister hatte ein Wagnis auf sich genommen, als er in die Fußtapfen eines Größeren trat. Er wurde an jener Tournee gemessen, die Charles de Gaulle im Juni 1966 durch die Sowjetunion angetreten hatte. Das Lothringer Kreuz, das die Neogaullisten des RPR immer noch im Wappen führten und unter dem bereits Churchill gestöhnt hatte, es sei das schwerste gewesen, das er je zu tragen gehabt habe, erwies sich im Schatten der Kreml-Türme als ein zu wuchtiges Vermächtnis für die Epigonen.

Im Juni 1966 hatte ich mich im Troß des Generals befunden und dessen »Campagne de Russie« miterlebt. Sie zählt zu meinen intensivsten Erlebnissen aus der gaullistischen Ära.

Der Rußland-Feldzug des Generals

Moskau, 22. Juni 1966

Die Männer des Kreml wollten sich großzügig und urban zeigen. Sie ließen eine ganze Meute französischer Kameraleute und Photographen im feierlichen Katharinen-Saal zu, um den Beginn der französisch-sowjetischen Besprechungen im Bild festzuhalten. Die Führer der Sowjetunion glaubten wohl, sie würden mit diesem Zugeständnis an westliche Presse-Usancen dem Gast aus Paris entgegenkommen. Das Resultat war eine protokollarische Katastrophe. Als General de Gaulle der neuen sowjetischen Troika – Breschnew, Kossygin, Podgorny – gegenüberstand und mit seinen Verhandlungspartnern einige Worte der Begrüßung wechseln wollte, hörte er seine eigene Stimme nicht, so laut surrten die Kameras und schnappten die Auslöser. Die Photographen kletterten auf die kostbaren Stilmöbel, zwängten sich zwischen die Delegationsmitglieder an den grünen Tisch, fluchten, wenn der Film zu Ende ging, und blendeten den lichtempfindlichen General mit ihrem Blitzlicht.

Der sowjetische Ordnungsdienst war ratlos. Parteichef Leonid Breschnew schüttelte über diesen Tumult leicht verärgert das Löwenhaupt. Ministerpräsident Kossygin wirkte mit seinem erzwungenen Lächeln mißmutiger denn je. Staatspräsident Podgorny versuchte, mit bäuerlichem Schmunzeln die Peinlichkeit der Situation zu überbrücken. Nur de Gaulle, ansonsten kein Freund von Photographen, schien sich zu amüsieren und weidete sich an der Verlegenheit seiner Gastgeber. »Tout passe – alles geht vorüber, selbst die Journalisten.

Nur die Präsidien bleiben bestehen«, sagte de Gaulle wohlwollend zu Podgorny. »Auch die Präsidien gehen vorüber«, erwiderte das sowjetische Staatsoberhaupt Podgorny in lobenswerter Bescheidenheit und ganz im Sinne des kollektiven Führungsprinzips.« Mit diesem Austausch von Banalitäten, die an anderer Stelle und in anderem Mund albern gewirkt hätten, begannen die sowjetisch-französischen Besprechungen im Kreml. Kurz darauf wurde die Presse durch eine Gruppe von entschlossenen Muskelprotzen aus dem Raum gedrängt.

»Ich war schon einmal in diesem Saal«, sagte de Gaulle, als die Delegationen endlich allein waren. Die Russen verstanden die Anspielung und kamen dem General zuvor. »Das war zu Zeiten Stalins«, sagte Kossygin. De Gaulle nickte. »Ja, er saß dort, und ich saß hier.« Es war aber jetzt nicht die Zeit für Rückblicke und Meditationen. Der unheimliche Georgier – nach Iwan dem Schrecklichen und Peter dem Großen der dritte Riese der russischen Geschichte – lag nicht mehr im Mausoleum aus rotem Basalt, wo nur noch die Mumie Lenins auf die Verwirklichung der klassenlosen Gesellschaft und das proletarische Paradies auf Erden wartet. Während unter den Lüstern und den Marmortäfelungen des Katharinen-Saals ein paar Sekunden lang des roten Zaren gedacht wurde, gingen die Intourist-Führerinnen an der Spitze ihrer Besuchergruppen mit scheuem Blick an jener Tafel aus Stein vor der Kreml-Mauer vorbei, unter der der »Völkervater« bestattet sein soll.

Bevor die Franzosen nach Moskau gereist waren, hatte jeder von ihnen noch einmal jene Seiten in den Kriegsmemoiren de Gaulles nachgelesen, auf denen der General seine Zusammenkunft und seine zähen Diskussionen mit Marschall Stalin im Dezember 1944 beschreibt. Das war nützlich und ernüchternd, zumal sich auch im Juni 1966 als erstes und alles beherrschendes Thema die deutsche Frage schon in der Eröffnungsrunde mit der Kreml-Troika aufdrängte. Jedesmal wenn das Thema Deutschland in den folgenden drei Tagen mit Beharrlichkeit in den Vordergrund der Diskussion rückte, mag de Gaulle eine heimliche Genugtuung empfunden haben. Wie hatten sich die Gewichte verschoben seit jenen eisigen Wintertagen Ende 1944, als Stalin ihn brutal spüren ließ, daß er ein von den Deutschen überranntes und geschwächtes Frankreich vertrat.

Heute sprachen die neuen Männer des Kreml, wenn auch mit propagandistischer Absicht, von der Sowjetunion und Frankreich als den beiden Großmächten auf dem europäischen Festland. Damals hatte der Georgier mit listigem Hinweis auf das mangelnde amerikanische Einverständnis die französische Forderung nach Abtrennung des Rheinlands und nach Schaffung eines deutschen Staatenbundes vom Tisch gefegt. Heute waren es die Kreml-Gewaltigen, die an de Gaulle herantraten, um bei ihm Unterstützung für die Verewigung der Teilung Deutschlands, für die Existenz zweier deutscher Staaten und die Anerkennung des Status quo in Mitteleuropa zu finden. Russen und Franzosen waren weiterhin vom deutschen Schicksal fasziniert. Doch das war beinahe ihre einzige Übereinstimmung in dieser Frage.

Stalin war ein trefflicher Lehrmeister gewesen. Er hatte de Gaulle rüde Verhandlungsmethoden im Umgang mit den Russen gelehrt. Der französische Staatschef war mit der Absicht nach Moskau gekommen, die Sowjets durch seine Offenheit zu schockieren. Da gab es kein Abtasten und Lavieren im Stil westlicher Kabinetts-Diplomatie. Dem General gegenüber – mit einem vom hohen Blutdruck geröteten Gesicht – saß Leonid Breschnew, Generalsekretär der Kommunistischen Partei der Sowjetunion, der sich schon in dieser Stunde als der starke Mann der Troika und als eigentlicher Gesprächspartner zu erkennen gab. Die französischen Begleiter des Generals, meist in der Tradition Talleyrands erzogen, dem zufolge das Wort dazu diene, die Gedanken zu verschleiern, trauten ihren Ohren nicht, als de Gaulle den eindringlichen Hinweis Breschnews auf die internationale Existenz der »Deutschen Demokratischen Republik« mit Stalinscher Ungeschminktheit konterte. Er fragte nicht wie einst der Georgier am Tisch von Jalta: »Wie viele Divisionen hat denn der Papst?« De Gaulle fragte die Russen im Katharinen-Saal, ob die Sowjetunion es nicht leid sei, in Ost-Berlin stets mit sich selbst zu reden. »Die DDR ist eure Schöpfung«, sagte er rundheraus.

Seine Abneigung gegen das Europa von Jalta und Potsdam, mit der er den Amerikanern so konstant zugesetzt hatte, wurde zum Leitmotiv der gaullistischen Verhandlungsführung im Kreml. »Bleibt ihr bei Potsdam und Jalta?« De Gaulles Stellung war von vornherein umrissen: »Ich war nicht dabei.« Breschnew ließ sich so leicht nicht abweisen. Er berief sich auf zwanzig Millionen sowjetische Tote im letzten Krieg. Dieses Opfer rechtfertige die Forderung auch an Frankreich, die »Deutsche Demokratische Republik« als zweiten deutschen Staat anzuerkennen. Zwei deutsche Staaten – das sei eine russische Vorstellung, antwortete de Gaulle ohne jede Erregung, ja ohne sichtliche

Anteilnahme. Frankreich sei anderer Meinung. Die Republik in Ostdeutschland sei ein künstliches sowjetisches Gebilde, das nicht von Dauer sein könne. Wenn Paris »Pankow« anerkennen würde, geschähe das auf Kosten der Entspannung in Europa. Ein solcher Schritt widerspräche den Zielen der französischen Politik und würde die Lösung der deutschen Frage in keiner Weise erleichtern.

Im übrigen, so fuhr de Gaulle fort, seien die laut vorgetragenen Befürchtungen der Sowjetunion im Hinblick auf einen deutschen Revanchismus übertrieben. Das deutsche Potential von heute sei nicht entfernt mit der Machtentfaltung des Dritten Reiches zu vergleichen. Die Russen erwiderten, daß sie nicht Deutschland allein fürchteten, wohl aber die Absicht gewisser Kreise in Bonn, die Vereinigten Staaten ins Schlepptau ihrer revisionistischen Absichten zu nehmen. Breschnew verwies auf die Bemühungen der Bundesrepublik um atomaren Mitbesitz. Hier hatten die beiden Parteien im Katharinen-Saal endlich festen gemeinsamen Boden unter den Füßen. Frankreich werde niemals eine nukleare Aufrüstung Deutschlands hinnehmen, erklärte de Gaulle. Das sei übrigens nicht nur ein französisches Veto, sondern der Standpunkt aller europäischer Staaten, ja, das sei sogar die Meinung Englands und der USA.

Drei Tage lang wurde im Kreml in Form eines zwanglosen Meinungsaustausches, wie die französischen Sprecher versicherten, diskutiert. Jedesmal wenn die Franzosen auf Entspannung, auf *détente* in Europa pochten, antworteten die Russen mit dem Wort »Sicherheit«. Auch im Katharinen-Saal verzichtete der General nicht darauf, sich sibyllinisch zu geben: »Im Rahmen einer allgemeinen Entspannung«, meinte er, »wird die deutsche Wiedervereinigung auf lange Sicht als eine fast unerhebliche Angelegenheit erscheinen.« Die Sowjetführer drängten auf die Einberufung einer europäischen Sicherheitskonferenz, doch die Franzosen blieben skeptisch. Was nütze schon eine solche Konferenz, wenn man sich vorher nicht in den Grundfragen prinzipiell einig geworden sei, wandte Couve de Murville ein.

De Gaulle hatte größten Wert darauf gelegt, daß die deutsche Presse während der Rußlandreise in seinem Gefolge vertreten war. Er wollte auf keinen Fall in der Bundesrepublik den Eindruck aufkommen lassen, es würde in Moskau hinter dem deutschen Rücken konspiriert. Ich hatte in Paris in allen Einzelheiten die zähen Verhandlungen miterlebt, die schließlich zur Zulassung der deutschen Korrespondenten führten. Die französischen Stellen hatten mir bereits angeboten, im

Rahmen des französischen Fernsehens an der Berichterstattung teilzunehmen, wenn die Sowjets kein Einsehen zeigten. Schließlich hatte das sowjetische Außenministerium zwanzig nichtfranzösischen Journalisten freie Einreise gewährt. Darunter war die westdeutsche Vertretung bei weitem die stärkste. Da ich keinen deutschen Kameramann mitnehmen durfte, stellte man uns von französischer Seite das Team einer Pariser Privatfirma zur Verfügung, mit der wir seit drei Jahren zusammenarbeiteten.

Die deutsche Presse-Gruppe war nicht, wie die französischen und angelsächsischen Kollegen, im »Metropol«, sondern im Hotel »National«, unmittelbar gegenüber dem Kreml, untergebracht. Dort hatte man nicht nur die Bürger der Bundesrepublik einquartiert, sondern auch alle jene Journalisten, die offenbar nach sowjetischen Maßstäben einer weitgespannten deutschsprachigen Gruppe zuzuordnen waren. Dazu gehörten zwei Korrespondenten aus der DDR, zwei Schweizer, zwei Finnen, eine Reihe von Polen und Tschechen und – zwei israelische Kollegen. Das Reisebüro Intourist hatte sich einen unfreiwilligen Witz geleistet. Betreut wurde unsere Gemeinschaft von zwei Intourist-Führerinnen, die in vorzüglicher Kenntnis der deutschen Sprache ihrer Aufgabe mit Autorität, Liebenswürdigkeit und Humor gerecht wurden.

Schon in der zweiten Nacht, als die offiziellen Sprecher mit vor Müdigkeit verquollenen Augen aus dem Kreml kamen, wurde auch den Mißtrauischsten klar, daß de Gaulle nicht im Begriff stand, den Westen zu verraten. Die Amerikaner hatten damit gerechnet, daß die Russen einen eventuellen Abzug von zwei französischen Divisionen aus der Bundesrepublik mit der Herausnahme von fünf sowjetischen Divisionen aus Ostdeutschland honorieren würden. Doch davon war im Katharinen-Saal gar nicht die Rede gewesen. Zwei Abkommen über wissenschaftliche Zusammenarbeit und über gemeinsame Projekte der Raumforschung waren schon am Ende des zweiten Verhandlungstages perfekt, aber sie wurden in ihrer Bedeutung nicht überschätzt. Was das Schlußkommuniqué betraf, das vor der Rückreise de Gaulles feierlich unterzeichnet werden würde, so sickerte durch, daß seine wesentlichen Grundlinien schon vor dem Abflug de Gaulles nach Moskau pauschal vereinbart worden waren. Der General hatte nichts dem Zufall und der Laune seiner russischen Partner überlassen.

Der französische Staatschef plädierte im Kreml nicht nur für das Selbstbestimmungsrecht der Deutschen, er erwies sich auch – bei aller

Kritik an der Vietnam-Strategie Präsident Johnsons – als loyaler Verbündeter der USA. Zwar legte er keinen gesteigerten Wert auf die Teilnahme der USA an der Vorbereitung einer eventuellen Konferenz über die gesamteuropäische Sicherheit. Aber er wollte Amerika von der Garantie eines solchen Systems sowie von einer Endregelung der deutschen Frage keineswegs ausschließen. Den vorsichtigen Komplimenten Breschnews zur französischen Politik der Unabhängigkeit gegenüber Washington begegnete de Gaulle mit einem rücksichtslosen Bekenntnis zum europäischen Egoismus. Frankreich lehne zwar jede Form der amerikanischen Hegemonie im Westen Europas ab, aber es wende sich auch gegen jeden Hegemonial-Anspruch in Osteuropa. Die Freundschaft mit der Sowjetunion sei für Paris recht nützlich, um die amerikanische Vorherrschaft zurückzuweisen, aber das amerikanische Bündnis sei für Frankreich ebenfalls unerläßlich, um in Europa ein Gegengewicht gegen die ansonsten erdrückende Vorrangstellung Rußlands zu erhalten. Statt zwischen den Hegemonien aufgeteilt zu sein, sei es die Rolle der Europäer, zwischen den beiden Supermächten zu vermitteln und auszugleichen. Mit pragmatischer Unbefangenheit setzte sich de Gaulle über den ideologischen Manichäismus seines sowjetischen Gegenübers hinweg.

Er reagierte überhaupt allergisch, wenn von Sozialismus und Kapitalismus, von friedlicher Koexistenz beider Systeme die Rede war. Wie Napoleon Bonaparte zeigte sich de Gaulle als Verächter der Ideologen. »Wir haben unsere Revolution, lange vor Ihnen, im Jahr 1789 gemacht«, sagte er zu Breschnew. Der erwiderte, daß die sowjetische Revolution im Gegensatz zur französischen nicht erlahmt sei, sondern ständig weiterwirke. Der General schüttelte ungläubig den Kopf. Was Rußland jetzt durchmache, sei keine Revolution mehr, sondern eine Evolution. Man solle die Kraft der unvermeidlichen Evolution nicht unterschätzen.

Der französische Staatschef konnte es sich leisten, eine unverblümte Sprache zu führen. Beide Seiten waren, unabhängig von diesen Rededuellen, in einigen präzisen Fragen ihres grundsätzlichen Einverständnisses gewiß. Da war der Vietnam-Konflikt, dessen Kontrolle und Begrenzung den Russen und den Franzosen absolut vordringlich erschien. Da war vor allem auch der gemeinsame Wille von Moskau und Paris, eine amerikanisch-deutsche Direktallianz mit allen diplomatischen Mitteln zu kontern. Der französische Präsident suchte nach einem Instrument, um jeder Intensivierung der deutsch-amerikanischen Beziehungen, jeder Bestrebung, die Bundesrepublik zum Sachwalter atlantischer Interessen auf dem europäischen Kontinent, ja zum Festlands-Degen Amerikas zu machen, durch eine Vertiefung der sowjetisch-französischen Zusammenarbeit vorzubeugen. *Last but not least* erschien de Gaulles Staatsbesuch in der Sowjetunion als ein groß angelegtes Umfassungsmanöver zur Einengung des atlantischen Spielraums der deutschen Diplomatie.

Würde man am Rhein den Wink und die Mahnung verstehen? Auf den Lenin-Hügeln hatte de Gaulle zu den Professoren und Studenten der Moskauer Lomonossow-Universität gesprochen. In der überfüllten Aula, die wie eine marmorne Gruft in die steinerne Masse des stalinistischen Kolossalbaus eingebettet ist, hatte ihn eine forsche Studentensprecherin im Stil einer Komsomolzen-Führerin auf Russisch begrüßt. Der Präsident gab Zeichen der Ungeduld von sich. Dann knüpfte er in seiner Rede an das Vermächtnis des russischen Wissenschaftlers Lomonossow an, der zur Zeit Peters des Großen gelebt und – wie de Gaulle betonte – in Paris und Berlin studiert hatte. Am Ende, kurz bevor de Gaulle die Moskauer Universität hochleben ließ, horchten die Journalisten wie elektrisiert auf. De Gaulle hatte das Wort »Allianz« ausgesprochen. »Culture, science et progrès«, hatte der alte Mann ausgerufen, den man im anthrazitgrauen Anzug ebensogut für einen Geschichtsprofessor wie für einen General a. D. halten konnte, »Kultur, Wissenschaft und Fortschritt – im Hinblick auf diese Ziele kann das neue Bündnis zwischen Rußland und Frankreich geschlossen werden.«

»La nouvelle alliance« – am späten Abend ist im Hotel »Metropol« ausführlich über diese Redewendung debattiert worden. Der offizielle Sprecher verwies die fragenden Journalisten auf den Rahmen der Universität, auf die kulturelle und wissenschaftliche Begrenzung des Zitats. Aber er gab zu, daß es sich hier um einen besonders kraftvollen Ausdruck gaullistischer Rhetorik handele, ja, er stellte eine Beziehung zwischen der französischen Vokabel und dem biblischen Begriff vom Neuen und vom Alten Bund her. Eine gewisse bedrohliche Zweideutigkeit der Formulierung hatte zweifellos in der Absicht des Generals gelegen.

Tags zuvor hatte de Gaulle bei einem ersten Abstecher zu den Lenin-Hügeln über die Brüstung auf die Stadt Moskau geblickt. Die Bevölkerung der Hauptstadt war von diesem Ausflug nicht verständigt worden. So geschah es, daß der französische Präsident in dem

Glauben, sowjetische Ausflügler aus der Provinz zu begrüßen, einer Reihe von Touristen aus der DDR die Hände schüttelte. Die Lenin-Höhe hatte vor der Revolution Sperlingshügel geheißen. Von diesem Punkt aus hatte Napoleon zum ersten Mal die goldenen Kuppeln des Kreml leuchten sehen, und hier hatte er vergeblich darauf gewartet, daß eine Abordnung der Moskauer Bürgerschaft ihm die Schlüssel der Stadt, der heiligen Metropole Rußlands, des dritten Roms der slawischen Orthodoxie, überreichen würde. An dieser Stelle mag der Kaiser gespürt haben, daß sein Stern im Sinken war.

Selbst das heutige Rußland erinnert sich mit kaum glaubhafter Intensität an den Feldzug der Großen Armee. Als René Andrieu, der Chefredakteur der kommunistischen Pariser Zeitung *L'Humanité*, am ersten Tag nach der Ankunft de Gaulles beim Vorsitzenden des Stadtsowjets von Moskau vorsprach, meinte der Russe zur Eröffnung des Interviews: »Laßt uns endlich Napoleon vergessen.« Nun, eine historische Figur, die man nach hundertfünfzig Jahren noch krampfhaft zu vergessen sucht, muß immerhin sehr präsent sein. Sogar eine Erinnerungsfeier zum 25. Jahrestag des deutschen Angriffs gegen die Sowjetunion, deren zufälliger Zeuge ich am Kutusow-Prospekt wurde, spielte sich in jenem Borodino-Panorama ab, wo der Krieg gegen Napoleon mit plastischer Eindringlichkeit verewigt ist. Vor dem Fresko mit den brennenden Dächern Moskaus und den Grenadieren der Garde zog eine unaufhörliche Prozession von ordenbehängten Veteranen, Pioniergruppen mit rotem Halstuch und Rekruten der Roten Armee vorbei.

Vielleicht kam de Gaulle diese starke Präsenz Napoleons gar nicht so ungelegen. Er ließ sich im Kreml, den der große Korse im Herbst 1812 bewohnt hatte und über dem nun zum ersten Mal wieder die Trikolore wehte, ganz gern daran erinnern, daß der Herrscher Frankreichs damals – mit den Rheinbund-Fürsten im Gefolge – an der Spitze eines Heeres, das man die Grande Armée nannte, bis ins heilige Herz Rußlands vorgestoßen war, als Träger eines Gedankenguts, das für ganz Europa und insbesondere für das zaristische Rußland zutiefst revolutionär war.

Von meinem Appartement im Hotel »National«, dessen antikes Mobiliar eines Maréchal d'Empire würdig war, fiel der Blick auf das Lenin-Mausoleum und jene Basilius-Kathedrale, deren bunte Kuppeln dem Kaiser Napoleon, einem Bewunderer der Klassik, als Inbegriff asiatischer Barbarei erschienen waren und die er am liebsten hätte schleifen lassen. Schon zu früher Stunde stauten sich endlose Schlangen vor der Marmorgruft, um einen kurzen Blick auf den Toten mit den schmalen Tatarenaugen zu werfen. Der Heiligenkult war nicht tot im kommunistischen Rußland. Den Franzosen in der Begleitung de Gaulles erschien die Stadt Moskau fast ebenso fremd und abweisend wie einst den Offizieren der Grande Armée. Die Kontakte waren gering zu einer Großstadtbevölkerung, die mürrisch und abweisend wirkte. Der flache Horizont der Moskwa-Landschaft wurde seit der Stalin-Ära durch die sieben Zyklopentürme des Georgiers verstellt. Nach und nach gewöhnte man sich an diese kolossalen Monumente, ja aus der Entfernung, wo man ihren abstrusen Zierat nicht wahrnahm, fügten sie sich recht sinnvoll in das Panorama der roten Metropole. Sieben Kuppeln krönen die Basilius-Kathedrale Iwans des Schrecklichen. Sieben steinerne Kolosse, die Stalin hinterließ, bewachen heute den Blickkreis von Moskau.

Gewiß, seit dem Dezember 1958, als ich das erste Mal durch Moskau streifte, hatte sich vieles verändert. Die Menschen waren besser gekleidet und erschienen gelöster. Nach Einbruch der Dunkelheit wurde man auf dem Roten Platz von jungen Männern mit engen Hosen und langem Haar angesprochen – »Stiliagi« nannte man sie wohl –, die Dollars und D-Mark tauschen, Nylonhemden kaufen wollten und die der beharrlichen Weigerung des ausländischen Gastes mit der provokativen Frage begegneten: »Sie haben wohl Angst?«

In den Hotels »National« und »Metropol« hatte das Reisebüro Intourist Nachtbars eingerichtet, wo in Devisen bezahlt wurde. Es waren elende, neonbeleuchtete Schuppen mit Musicbox und geschäftstüchtiger Bedienung. In diesen Ausländerausschanks, diesen Enklaven vermeintlich westlicher Lebensart, kam man sich vor wie in einer GI-Bar von Kaiserslautern. Nur die hübsche blonde und stupsnasige Swetlana mit den schrägstehenden grauen Augen, eine durchaus zugängliche Person und Stammkundin im »National«, ließ die französischen Journalisten davon träumen, wie es wohl in diesem Hotel zugegangen war, als hier die zaristischen Gardeoffiziere aus und ein gingen und die mütterlichen, aber strengen »Deschurnaja« noch nicht über die sozialistische Moral wachten.

Die Stadt Moskau hatte das Herz der französischen Besucher nicht im Sturm erobert. Beim Besuch des Gorki-Parks, wo die schmuddeligen Schachspieler wie im »Nachtasyl« russische Geduld übten, wo Männer in Hemdsärmeln und Frauen in Kattunkleidern nach einem

Glas Kwas am Tankwagen Schlange standen und wo man von der Höhe des Riesenrades aus die Sonne hinter der Lomonossow-Universität wie hinter einer Tatarenburg untergehen sah, stellten die Gäste aus Paris Vergleiche mit Anatolien und der Türkei Kemal Atatürks an. Wie meinte jener französische Kollege, der zur alten Garde der Kongo-Korrespondenten gehörte, als wir an der Basilius-Kathedrale und der Kitaigorod vorbei zum *briefing* ins »Metropol« eilten: »Der General meint es wirklich gut mit den Russen, daß er Europa bis zum Ural verlängern will.«

Gottesdienst in Leningrad

Leningrad, 27. Juni 1966

In der Steppe von Kasachstan hatte de Gaulle – nach einem zweitägigen Aufenthalt in Nowosibirsk – den Satelliten Kosmos 122 in den Weltraum starten sehen. Zu Ehren des französischen Staatschefs hatten die Russen auch eine Interkontinental-Rakete abgefeuert, die nach dreizehn Minuten Flugzeit dreitausend Kilometer weit im Nordosten der Halbinsel Kamtschatka niederging. In Baikonur hatte sich nicht nur die Kreml-Troika ein Stelldichein gegeben. Die fünf wichtigsten Marschälle der Sowjetunion – an ihrer Spitze Rodion Malinowski, der im Ersten Weltkrieg innerhalb einer in Frankreich aufgestellten symbolischen Brigade des Zarenreiches an der Westfront als Unteroffizier gekämpft hatte – waren ebenfalls zugegen und natürlich jene Kosmonauten, die Erzengel des Regimes, die bei keinem festlichen Anlaß fehlen durften.

Hatte de Gaulle von dem Ausspruch eines dieser russischen Raumschiffer gehört, der nach seiner Rückkehr aus der Stratosphäre erklärte, er habe bei dem Ausflug ins Weltall keine Spur Gottes entdeckt? Vierundzwanzig Stunden nach der sowjetischen Machtdemonstration von Baikonur begegnete Charles de Gaulle seinem Gott in einer bescheidenen katholischen Kirche von Leningrad. Notre-Dame-de-Lourdes hieß die einzige katholische Pfarrei im Haus Nummer sieben der Kowjenski Periolok im alten St. Petersburg. Sie hatte früher einmal als Kapelle der französischen Botschaft gedient.

Zu Ehren des westlichen Kirchgängers waren die Deckengemälde in den rosaroten und himmelblauen Farben von Saint-Sulpice renoviert worden. Dem litauischen Pfarrer Pavelonis hatten die Behörden eine neue Soutane bewilligt. Am Eingang standen zwei massive Männer, als Sakristane verkleidete Geheimpolizisten, die die Pressephotographen auf Distanz hielten. Die Kapelle war fast ausschließlich mit bäuerlich wirkenden Frauen gefüllt, Babuschkas mit zerknitterten Gesichtern unter dem Kopftuch. Sie sangen Choräle in polnischer Sprache. Die katholischen Männer waren rar. Dafür waren die bulligen Wächter des sowjetischen Begleitschutzes – auf groteske Weise in Chorhemden gekleidet – stark vertreten, die jeden Andächtigen mißtrauisch musterten. Als de Gaulles schwarze Limousine vorfuhr, klatschten die Neugierigen, die sich in der Kowjenski Periolok angesammelt hatten. Pfarrer Pavelonis erwartete den General im grünen Meßgewand auf den Stufen des Portals und reichte ihm ein silbernes Kreuz zum Kuß.

Die Szene erinnerte mich an einen Vorfall beim Besuch de Gaulles in Mexiko im Frühjahr 1964. Unter einem goldenen Baldachin, der früher dem Vizekönig von Spanien vorbehalten war, hatte der General seinen feierlichen Einzug in die Kathedrale der Virgen de Guadalupe gehalten, auf deren Vorplatz federgeschmückte, halbnackte Indianer zu Ehren der Heiligen Jungfrau und der amerikanischen Touristen ihre Tänze aufführten. Der Kardinalerzbischof von Mexiko, ein stolzer, eigenwilliger Greis, hatte dem französischen Präsidenten damals ebenfalls das Kruzifix zum Kuß hingehalten. Gleichzeitig wies er gebieterisch mit der linken Hand auf einen Betschemel, den ein Seminarist dem General vor die Füße schob, und forderte den französischen Staatschef zum Kniefall auf. »Endlich haben wir de Gaulle auf den Knien gesehen«, hatten ein paar Journalisten der französischen Oppositionspresse frohlockt.

In Leningrad war man von der hispanischen Selbstherrlichkeit des Kardinals von Mexiko durch Welten getrennt. Hier stand die römische Kirche am Rande der Katakomben. Am Newski-Prospekt war uns eine geschlossene Basilika im Jesuitenstil aufgefallen, auf deren Portal noch zu lesen stand: »Domus mea, domus orationis«, auf deren Turm aber das Kreuz entfernt worden war. Die Kirche am Newski-Prospekt »arbeitete« nicht mehr, wie es in der Sprache sowjetischer Funktionäre hieß. Dem litauischen Priester aus der Kowjenski Periolok war es immerhin gelungen, zu Ehren de Gaulles ein feierliches Hochamt zu zelebrieren. Einen Weihwasserwedel für das »Asperges« hatte er zwar nicht auftreiben können, so daß er sich mit einem groben Hausbesen begnügen mußte, aber die Orgel spielte kraftvoll, und der Chor sang mit schönen Bässen die lateinische Liturgie. An diesem Sonntagmorgen in Leningrad bedauerten wohl die meisten anwesenden Katholiken aus dem Westen jene Entscheidung des Zweiten Vatikanischen Konzils, die die lateinische Kirchensprache zugunsten der diversen Vulgäridiome aufgehoben hatte. Das lateinische Hochamt von Notre-Dame-de-Lourdes im alten Petersburg betonte selbst in dieser verzweifelten Diaspora den Anspruch der Ecclesia auf Universalität.

Hier konnte sich de Gaulle beinahe wie in seinem Kirchlein von Colombey-les-Deux-Eglises fühlen. Die Jungfrau von Orléans blickte gleich zweimal, als Gemälde und als Statue, auf die osteuropäische Gemeinde. Die kleine Theresia vom Kinde Jesu gab ebenfalls Zeugnis von französischer Heiligkeit. Über dem Altar wurden Petrus die Schlüssel des Himmelreichs anvertraut. Auf einem schlichten Kreuz aus Holz stand in goldenen Lettern das Versprechen, das dem Kaiser Konstantin im Traum zuteil geworden war: »In hoc signo vinces – Unter diesem Zeichen wirst du siegen.« Das war kein händeringender Gottesdienst für Verzweifelte und Verfemte, auch wenn die alten Frauen still vor sich hinweinten und der Priester aus dem Baltikum nicht zu jenem Typ gehörte, der freudig nach der Krone des Martyriums greift. Die katholische Liturgie entfaltete selbst in dieser erbarmungswürdigen Pfarrei von Leningrad ihr aufs Jenseits gerichtetes Siegesbewußtsein. Die verschüchterten Gläubigen in der Kowjenski Periolok, die ängstlich jedem Gespräch mit Ausländern auswichen, hatten ihren stillen Anteil an der Ecclesia triumphans.

De Gaulle hatte auf einem Betstuhl im Chor Platz genommen. Links von ihm kniete seine Frau, zu seiner Rechten stand sein Sohn Philippe im schwarzen Anzug. Pfarrer Pavelonis rief den Schutz des Himmels auf den französischen Präsidenten herab und betete um Frieden. Der Chor stimmte das Sanctus an. Dann läutete die Glocke zur Wandlung. Die polnischen und litauischen Bäuerinnen fielen auf die Knie. Die französischen Katholiken blieben aufrecht stehen, so wie es in ihren Heimat-Pfarreien üblich ist. Doch General de Gaulle kniete langsam und feierlich nieder und verneigte sich vor der Hostie und dem Kelch. Er hatte am Vorabend auf dem Flugplatz von Leningrad die Oktoberrevolution als das größte Ereignis der russischen Geschichte anerkannt. Er hatte dem himmelstürmenden Experiment der atheistischen Monderoberer in Baikonur beigewohnt. Aber hier zu Füßen des Kreuzes war er ein gläubiger Sohn der Kirche. Hier bekannte er, daß es für ihn noch andere Engel gab als die im Weltraum schwebenden Kosmonauten. Er ging mit langsamen Schritten und einem erstarrten Gesicht neben seiner Frau zur Kommunionbank und empfing den Leib des Herrn.

De Gaulle sei seiner Rolle als Erbe der allerchristlichsten Könige treu geblieben, sagte ich im Hinausgehen zu einem französischen Kollegen, der zu den schärfsten Analytikern der Fünften Republik zählte und der den General nicht in seinem Herzen trug. »Ich glaube nicht, daß de Gaulle hier eine Pose einnimmt«, war die Erwiderung; »ich glaube, daß dieser Mann im Grunde viel ehrlicher, viel aufrichtiger ist, als wir das häufig annehmen, und daß er lediglich seine Empfindsamkeit hinter bitteren Sarkasmen und einer Maske aus Stein verbirgt.«

Am Abend seiner Ankunft hatte die Bevölkerung von Leningrad den französischen Präsidenten wie einen Triumphator empfangen. Ähnliche Begeisterung hatte vor ihm wohl nur Raymond Poincaré ausgelöst, der als letztes französisches Staatsoberhaupt im Sommer 1914 unmittelbar vor Ausbruch des Ersten Weltkrieges der Hauptstadt des Zarenreiches einen bedeutungsvollen Besuch abgestattet hatte. Leningrad war eine Stadt nach dem Geschmack des Generals. Hier hatte Peter der Große vor zweihundertfünfzig Jahren gewalttätig jenes russische Fenster nach Europa aufgestoßen, das der Bolschewismus nach 1917 verrammelte und das de Gaulle nun wieder um einen Spalt zu öffnen versuchte.

Hatte der Applaus in Moskau stets etwas offiziell, ja blasiert geklungen, so war hier die Zustimmung der Bevölkerung frisch, unbändig, heiter. Endlich durften die Leningrader einem Mann zuwinken, der den Westen weit authentischer verkörperte als jeder eingeschworene Paladin der Atlantischen Allianz, und sie konnten es mit dem offiziellen Segen des kommunistischen Regimes tun. De Gaulle war für die Leningrader eine Art Alibi, um ihren Willen zum Ausbruch aus der ideologischen Isolierung zu bekunden. Indem die mißtrauischen Führer des Kreml diesen General aus dem sonst so verschrieenen Okzident zur Bejubelung freigaben, leisteten sie einen unfreiwilligen Beitrag zur Entteufelung der ganzen westlichen Welt. De Gaulle hatte mit einem Zitat des Dichters Puschkin, das er auf Russisch vortrug, an das Herz und den Stolz der Einwohner von Petersburg appelliert: »Möge die Stadt Peters auf ewig schön und unerschütterlich bleiben wie das russische Vaterland ...«

Als er tags darauf die Eremitage besichtigte, zeigte ihm die Museumsführerin den Schreibtisch Peters des Großen: »Beachten Sie die Ausmaße dieses Möbels, Gospodin Président. Für gewöhnliche Menschen wäre er viel zu groß. Aber für Sie würde dieser Schreibtisch passen.«

»Peter der Große war größer als ich«, murmelte de Gaulle. Wollte er mit dieser Huldigung an den Gründer des modernen Rußland die Fehler und die Überheblichkeit des Sonnenkönigs wieder wettmachen, der sich geweigert hatte, den »moskowitischen Barbaren« Peter am Hof von Versailles zu empfangen? Vielleicht hatte Ludwig XIV. auch nur befürchtet, der große Zar und Zimmermann würde nach der Besichtigung des Versailler Schlosses keine Ruhe finden, ehe er nicht eine getreue Kopie des Palastes an den Ufern der Newa errichtet hätte.

Wir waren alle in den Bann der wunderschönen Stadt Petersburg und ihrer weißen Nächte geraten. Die einen sahen in der alten zaristischen Hauptstadt ein überdimensionales Potsdam – tatsächlich erscheint Peterhof wie eine Replik von Sanssouci –, andere entzückten sich an den kunstvollen Kanalperspektiven, die die italienischen Baumeister im Stil eines nordischen Venedig entworfen hatten, oder an der blau-weißen, beinahe bayerisch anmutenden Barockfassade des ehemaligen Pensionats für adlige Töchter in Smolny. Diese Stadt brauchte nicht erst zum Westen bekehrt zu werden; sie wurzelte in Europa.

Zu später Stunde erwartete uns an den Kais der Newa das erstaunliche Schauspiel der weißen Nächte. Die Einwohner von Leningrad waren in Massen an das Flußufer gekommen. Über ihnen wölbte sich der mitternächtliche Himmel wie ein blaßblauer Dom, der von den zwei riesigen lodernden Fackeln der alten Leuchttürme am Eingang des historischen Hafens erhellt und getragen wurde. Junge Leute, Studenten, Matrosen, lagerten plaudernd auf den Stufen, die zum Wasser führten. Knaben saßen wie Helden der Antike auf den Rükken der riesigen Bronzelöwen. Wodkaflaschen machten die Runde. Gitarrespieler wurden von ausgelassenen, jauchzenden Gruppen umringt.

Die jungen Menschen spielten und sangen keine Komsomolzen-Lieder und auch keine russischen Volksweisen. In Leningrad, an den Ufern der Newa, triumphierte im Sommer 1966 die Musik der Beatles. Schon sprangen zwei, vier, ein Dutzend Jugendliche auf und verrenkten die Hüften zum Twist und zum Rock. Sie tanzten ungelenk, aber mit Hingabe. Die Sänger, des Englischen kaum mächtig, ahmten ihre angelsächsischen Vorbilder mit mehr Temperament als Sprachgefühl nach. Wenn der Chor den Refrain aufnahm, waren selbst die frechen atlantischen Weisen nicht ganz frei von slawischer Schwermut. Sobald wir als westliche Ausländer erkannt wurden, faßten uns Jungen und Mädchen bei der Hand und rissen uns mit. »Yeah, yeah, yeah« brüllten die Tanzenden und scherten sich den Teufel um die Milizionäre, die mit ratlosen Gesichtern diesem Ausbruch beiwohnten. Ein paar übermütige Schwimmer waren von dem Bronzedenkmal Peters des Großen in die Newa gesprungen. Eine Schar Halbwüchsiger summte »When the saints go marching in« und entfernte sich in Richtung auf die Isaak-Kathedrale.

Im Windschatten des historischen Kreuzers »Aurora«, dessen Salve 1917 die rote Oktoberrevolution ausgelöst hatte, mehrten sich die Alkoholleichen. Vor dem Portal des Winterpalastes, der einstigen Zitadelle zaristischer Autokratie, twisteten Jungmatrosen der roten Flotte, als gelte es, die toten Helden des Bolschewismus aus ihren Gräbern zu schrecken. Die goldene Turmspitze der Peter-Paul-Festung glänzte bereits im ersten Strahl der aufgehenden Sonne. Aurora, die Morgenröte – Namensschwester des glorreichen Kreuzers der Revolution –, färbte den Himmel über dem Finnischen Meerbusen rot und setzte dem wirren, konterrevolutionären Treiben der weißen Nacht ein Ende.

Die Siegesgöttin von Stalingrad

Wolgograd, 29. Juni 1966

Auf dem Tatarenhügel Mamai-Kurgan, wo lange vor der Geburt des Moskowiter-Reiches die Führer der Goldenen Horde ihre Reiterscharen im Zeichen des Halbmonds versammelt hatten, reckte sich zwischen letzten Baugerüsten eine fünfzig Meter hohe, ungeheuerliche Frauengestalt aus Bronze, als wolle sie ihren Siegesschrei in die Unendlichkeit der Wolga-Steppe brüllen. Zu ihren Füßen lag Stalingrad. Die Eisenbahnstrecke, die sich am Ufer der Wolga entlangzog, markierte das schmale Gelände, den winzigen Brückenkopf, den der sowjetische Major Saizew im Sommer und Herbst 1942 gegen den

Ansturm der deutschen 6. Armee behauptete, wo er sich mit seinen todgeweihten Männern in den Boden verkrallte und ihnen wie ein moderner Cortez zurief: »Jenseits der Wolga gibt es für uns kein Land mehr.«

De Gaulle war schwerfällig die endlosen Stufen, die zu dem Ehrenmal von Stalingrad führen, hinaufgestiegen. Zu beiden Seiten waren die tragischen Masken von Kriegern und Heroen der Roten Armee in gewaltige Felsblöcke gemeißelt. Sie verherrlichten den Widerstand der Sowjetsoldaten und ihren Marsch nach Berlin. Der französische Präsident zog das im Ersten Weltkrieg verwundete Bein nach. Er tat, als sähe er die im Schatten der Siegesgöttin aufgereihten Mikrophone nicht. Er verzichtete in diesem sowjetischen Verdun auf die allseits erwartete Rede. Er hat an dieser tragischen Stelle die Russen nicht aufgerufen, dem französischen Beispiel zu folgen und sich mit den Deutschen zu versöhnen. Dieses erbarmungslose Denkmal war kein Platz für fromme Sprüche. Er hatte sich aber auch von seinen Gastgebern ausbedungen, daß die Angriffe auf die Bonner Revanchisten und Militaristen, wie sie in der sowjetischen Presse zum 25. Jahrestag des Kriegsausbruches besonders heftig vorgetragen wurden, in seiner Gegenwart strikt unterblieben.

Jenseits der Wolga flimmerte die Luft in der Hitze des Nachmittags. Das Schweigen war die eindringlichste Huldigung an die Größe der Schlacht. Der alte Mann aus Frankreich war sichtlich bewegt, als er mit dem Rücken zur untergehenden Sonne den müden Blick auf die klotzigen Neubauten des wiedererstandenen Stalingrad, das nunmehr Wolgograd hieß, und über die Unendlichkeit der bereits asiatisch anmutenden Steppe jenseits des Stromes schweifen ließ. Über der riesigen Traktoren-Fabrik »Roter Oktober« im Norden der Stadt, wo Deutsche und Russen monatelang um jede Werkbank gekämpft hatten, qualmte ein Wall von mächtigen Schornsteinen, als würde dort ein ewiges Rauchopfer für die Toten der Arbeiterklasse dargebracht. Die Gigantik des Ehrenmals war dieser maßlosen Landschaft angepaßt.

Ein sowjetischer Offizier hielt einen knappen, sehr sachlichen Vortrag über den Verlauf der Schlacht. De Gaulle winkte den Hauptmarschall der Artillerie, Woronow, der ihm als ständiger militärischer Begleiter beigegeben war, an seine Seite. Woronow, der zu diesem Zeitpunkt die sowjetische Raketenwaffe befehligte, hatte bei Stalingrad den Einsatz der Artillerie gelenkt. Die Journalisten hatten den hünenhaften sowjetischen Marschall mit den blauen Augen und dem flächigen Bauerngesicht – so ähnlich mochte Kutusow ausgesehen haben – beinahe liebgewonnen. Die Photographen betrachteten ihn fast als einen Kollegen, so unermüdlich handhabte der Marschall seine Zeiss-Kamera und ließ sich auch bei den feierlichsten Zeremonien nicht von seiner Amateurleidenschaft abbringen.

»Woronow«, wandte sich de Gaulle an den russischen Heerführer, als würde Napoleon zu einem seiner Marschälle sprechen, »erklären Sie mir, nach welchem Plan Sie damals Ihre Artillerie eingesetzt haben.« Der Marschall suchte überrascht und verlegen in seinen Erinnerungen und kam ins Stottern. Da lächelte de Gaulle ihm freundschaftlich zu: »In unserem Alter läßt uns das Gedächtnis manchmal im Stich.« Auch Woronow lächelte. Das war die einzige heitere Note an diesem Nachmittag über der Steppe von Stalingrad. Ernst geworden, fügte de Gaulle hinzu: »Es war eine große Schlacht, und Sie, Woronow, sind ein großartiger Artillerist.«

Am Abend speiste der französische Staatschef mit Ministerpräsident Kossygin, Marschall Woronow und dem Vorsitzenden des Stadtsowjet im Hotel »Wolgograd«. Die Tafelrunde war nur durch ein paar Mauern von jenem Warenhaus getrennt, in dessen Keller Generalfeldmarschall Paulus im Winter 1942/43 den Befehlsstand der 6. Armee eingerichtet und wo er schließlich kapituliert hatte. Unterdessen hatte man die Journalisten zu einer Flußfahrt eingeladen und führte ihnen den Wiederaufbau vor Augen. Das Industriekombinat von Wolgograd erstreckte sich sechzig Kilometer lang auf dem westlichen Wolga-Ufer. Die im Krieg völlig zerstörte Stadt war beträchtlich erweitert worden. Abgesehen von den Trümmern der alten Mühle, die die sowjetische Verwaltung im Zentrum als Erinnerung und Mahnung stehen gelassen hatte, gab es im früheren Stalingrad keine einzige Ruine mehr.

Aus den Lautsprechern des schmucken Schiffes, das zwischen dem von Scheinwerfern angestrahlten westlichen und dem düsteren asiatischen Ufer der Wolga in Richtung auf den großen Staudamm nach Norden steuerte, klangen Pariser *valses musettes* und Moskauer Schlager.

Nach dem anstrengenden, ernsten Nachmittag hatte sich der französischen Gäste eine gewisse Euphorie bemächtigt. Sie gossen die Gläser randvoll mit Wodka, strichen den Kaviar fingerdick auf das Schwarzbrot und schäkerten mit den Intourist-Führerinnen. Nur die kleine Gruppe deutscher Journalisten sonderte sich ab. Der eine oder andere suchte auf dem oberen Deck einen einsamen Platz an der Reling, blickte auf die hellerleuchtete schicksalhafte Stadt und dachte an einen Verwandten, einen Klassenkameraden, einen Freund, der unter den Fabriken, den neuen Wohnblocks oder der barbarischen Siegesgöttin begraben lag.

Ostpolitik auf französisch

Moskau, 18. Juni 1987

Der erhabene, gestelzte Stil der *grandeur* war der französischen Diplomatie abhanden gekommen seit jenem zeremoniösen Abschied de Gaulles von den Weiten der Taiga im Juli 1966. Jetzt war der Rußland-Trip Chiracs in aller Banalität zu Ende gegangen. Der Premierminister kehrte zurück in den Pariser »Mikrokosmos« der alltäglichen Intrige zwischen Elysée und Matignon. Die Bezeichnung »Mikrokosmos« stammte von Raymond Barre.

Ich blieb drei Tage länger in Moskau, um zusätzliche Informationen zu sammeln. Juri Fedjaschin erwartete mich am Eingang der Agentur *Nowosti* gleich neben dem Konferenzsaal des Außenministeriums. Er war zu hohen Würden gekommen, seit wir uns zu Beginn der sechziger Jahre in den blutigen Wirren der Kongo-Krise kennengelernt und angefreundet hatten. Uns verband nicht nur die Erinnerung an bewegte Tage im »Herzen der Finsternis«, sondern auch die Gewißheit, daß die Altersgrenze für uns beide näherrückte. »Wie fandest du Gerassimow?« fragte Juri, nachdem wir uns umarmt hatten. »Er war hart gegen Chirac«, antwortete ich. Ob das *Glasnost* sei, der neue Stil der Offenheit? Juri lachte. Er sprach ein fast perfektes Französisch. Nur das rollende R wies ihn der slawischen Welt zu. Während des Krieges war sein Vater, der einen Trupp Partisanen befehligt hatte, vor seinen Augen von den Deutschen erschossen worden. Aber darüber sprach er fast nie.

Juri begleitete mich durch die schmucklosen Flure zum Büro Valentin Falins, des neuen Chefredakteurs dieser mächtigen zentralen Informationsfabrik der Sowjetunion. Falin war bis 1978 Botschafter in Bonn gewesen, hatte dann im Zentralkomitee gearbeitet, ehe er unter Gorbatschow diesen neuen Posten und zusätzlichen Einfluß zugewiesen erhielt. Juri, des Deutschen nicht mächtig, ließ sich das Gespräch durch einen lebhaften jungen Redakteur übersetzen, der sich seine Sporen in der DDR verdient hatte. Irgendwie hatte ich den

Eindruck, daß die Frankreich-Spezialisten in den diversen Amts- und Parteistuben Moskaus seit dem Abgang de Gaulles nicht mehr sonderlich gefragt waren. Die Kreml-Hierarchen waren – wie sollte das auch anders sein? – von Amerika fasziniert, und in Europa konnten sie den Blick nicht von der deutschen Entwicklung wenden. Bei früheren Begegnungen war mir die Ähnlichkeit Valentin Falins mit einem befreundeten Diplomaten des Quai d'Orsay, der höchstem bourbonischem Adel entstammte, aufgefallen. An diesem strahlenden Juni-Morgen erschien mir das ernste, leicht zerquälte Gesicht, das strähnige Haar dieses schlanken und eleganten Mannes wie die Spiegelung einer romantischen Figur aus der russischen Literatur, wie ein Held von Tschechow.

Das Thema Frankreich und Chirac war schnell abgehandelt. Offenbar hatte man in Moskau bis auf weiteres beschlossen, die Fünfte Republik als *quantité négligeable* zu behandeln – solange sie sich mit ihren Nuklear-Ambitionen querlegte und die »complicité des superpuissances«, wie de Gaulle es genannt hatte, zu unterlaufen suchte. Die Insistenz, mit der man jeden französischen Besucher auf die Gefahr des deutschen Revanchismus im Herzen Europas und die Notwendigkeit einer Erneuerung des sowjetisch-französischen Bündnisses von 1944 verwiesen hatte, war aus der Mode gekommen. Die Entwicklung in Frankreich war für den Kreml auch in anderer Hinsicht belastend, beinahe peinlich geworden. Die Kommunistische Partei – in stalinistischer Treue zum Vaterland der Werktätigen gestählt – hatte einmal ein Viertel der Wählerschaft für sich mobilisieren können. Statt dessen blieben ihr knappe zehn Prozent der Stimmen übrig, seit François Mitterrand die KPF in der sozialistisch beherrschten »Links-Union« paralysiert und dann ins Abseits gedrängt hatte.

In seinen Äußerungen über den Chirac-Besuch unterschied sich Falin durch nichts von dem früheren *Nowosti*-Korrespondenten Gerassimow. Die Weiterverbreitung der Nuklearwaffe stelle die größte Gefahr für den Frieden und das Überleben der Menschheit dar. Hier gebe Frankreich ein schlechtes Beispiel. Wie solle man den außereuropäischen Völkern klarmachen, daß Algier, um nur dieses Beispiel zu erwähnen, nicht über vergleichbare atomare Ansprüche verfügen dürfe wie Paris. »Man spricht immer vom konventionellen Ungleichgewicht zuungunsten des Westens«, beklagte sich Falin; »aber addieren Sie doch einmal die Streitkräfte Westeuropas – die Deutschen, Franzosen, Briten, die Italiener, die Benelux-Staaten –

und zählen Sie die iberische Ausweitung dieses Verteidigungsraums durch den Beitritt Spaniens hinzu. Dann kann von einer Übermacht des Warschauer Paktes kaum noch die Rede sein.« Schließlich sei die Sowjetunion nicht nur eine europäische, sondern auch eine asiatische Macht.

»Warum bekennt sich die Bundesrepublik nicht endlich zum Vorschlag einer atomwaffenfreien Zone in Mitteleuropa?« fuhr der Chefredakteur von *Nowosti* fort. »Es kann ja ein Anfang gemacht werden in Skandinavien oder auf dem Balkan.« Ich wandte ein, daß »Atomwaffen-Freiheit« – um überzeugend zu klingen – nicht nur die regionale Abrüstung beinhalten dürfe, sondern vor allem die Gewähr, daß diese entnuklearisierten Zonen nicht atomaren Schlägen von außen ausgesetzt blieben. Falin zuckte die Achseln, verwies auf die Verwundbarkeit sämtlicher industrieller Einrichtungen, auf die ökologischen Katastrophen, die selbst durch konventionelle Kriegsaktionen ausgelöst werden könnten. Er dachte vermutlich an die Gefahr eines Super-Tschernobyl, das durch Bombardierung mit klassischen Mitteln ausgelöst würde. »Stellen Sie sich vor, in der Bundesrepublik würde die BASF explodieren«, sagte er; »die Folgen für die Zivilbevölkerung im ganzen Rhein-Main-Gebiet wären doch gar nicht auszudenken.«

Ich lenkte das Gespräch auf Afghanistan und war überrascht von der Offenheit der Antworten. Die Sorge Moskaus war offenbar riesengroß, daß am Hindukusch ein Krebsgeschwür im Entstehen sei. Die mörderischen Fraktionskämpfe innerhalb der marxistischen Einheitspartei von Kabul waren hier wohlbekannt. Die Zahl der eingesetzten sowjetischen Truppen reichte zur Befriedung des Landes nicht aus, und in den Flüchtlingslagern jenseits der pakistanischen und iranischen Grenze – so sorgte sich Falin – wuchs eine fanatische Generation von Jugendlichen, von Kindern heran, die nichts anderes lernten als die Feindschaft gegen die Sowjetunion, die von nichts anderem träumten als vom Partisanenkampf in den Bergen der verlorenen Heimat.

Was er denn von den jüngsten Mutmaßungen über einen russischen Sinneswandel in der Frage der deutschen Einheit halte, fragte ich. Daß die *Bild*-Zeitung ihr Gerücht über eine Zustimmung Gorbatschows zu irgendeiner Form von Wiedervereinigung – und sei es nur eine lockere Form von Konföderation – ausgerechnet am Tage vor der Abreise Chiracs nach Moskau gedruckt habe, sei doch wohl auf eine gezielte sowjetische Manipulation zurückzuführen. Falin strich sich die dunkle Strähne aus dem zerfurchten Gesicht und sah mich mit seinen wasserblauen Augen intensiv an. Er wisse nicht, aus welcher Ecke eine solch absurde Meldung lanciert werde. Ganz bestimmt nicht aus Moskau. Man müsse darin im Gegenteil einen verzweifelten Versuch der »kalten Krieger« des Westens sehen, die weit gediehenen Absprachen über Mittelstreckenraketen (INF) und doppelte Null-Lösung in letzter Minute noch zu torpedieren.

In Paris hatte *Le Monde* sich nuanciert zu diesem Versuchsballon geäußert: »Die bedrängende Präsenz der deutschen Frage«, so stand im Leitartikel, »zeichnet sich vor dem Hintergrund einer jeden deutschen Zukunftsdebatte ab; sie speist immer neue Gerüchte und Unterstellungen. Eine Situation blüht auf, wie Don Juan es ausdrücken würde« – es handelte sich natürlich um ein Zitat aus dem »Dom Juan« von Molière – »wenn das Alte nicht abzusterben vermag und das Neue seinen Durchbruch zum Leben nicht findet.«

Von einer Verselbständigung der westeuropäischen Verteidigung, die sich um den Kern einer deutsch-französischen Direktallianz gruppieren würde, hielt Falin nichts. Dieser sogenannte zweite Pfeiler des Atlantik-Paktes, der einst von John F. Kennedy nur zum Schein ins Gespräch gebracht worden war, um die nuklearen Emanzipations-Ansprüche Frankreichs unter de Gaulle zu sabotieren, stieß im Osten weiterhin auf mißgelaunte Ablehnung.

Schon sechs Jahre zuvor, als ich Valentin Falin im Moskauer Zentralkomitee aufgesucht hatte, war ich auf den gleichen Argwohn gestoßen. Damals war bei mir das Gefühl aufgekommen, den Russen sei die Direktaussprache mit dem amerikanischen Partner sehr viel lieber als das Hinzutreten einer festgefügten westeuropäischen Union, die leicht ins Unberechenbare ausschweifen und ihre werbende Sogwirkung auf das Warschauer Paktsystem nicht verfehlen würde. Der Status quo der Spaltung Europas unter Kontrolle der beiden Supermächte war da die verläßlichere Alternative.

Ich hatte mein Treffen mit Falin beendet und ging auf den Fahrstuhl des Zentralkomitee-Gebäudes zu, da hielt mich Nikolai Portugalow zu einer kleinen Zusatzinformation zurück. Portugalow hatte das Gespräch im Zentralkomitee vermittelt und schweigend mit am Tisch gesessen. Wir kannten uns gut aus seiner Korrespondentenzeit für *Nowosti* in Bonn, wo er sich durch seinen Instinkt für deutsche Hintergründe und die Unverblümtheit seiner Aussagen positiv hervorgetan hatte. »Bevor Sie gehen, Herr Kollege, möchte ich Ihnen etwas sagen, was Herr Falin aufgrund seiner hochoffiziellen Position nicht ausdrücken konnte«, sagte Portugalow. »Im Prinzip hätten wir hier in Moskau ja keinen Einwand gegen diese westeuropäische Verteidigungsunion. Aber wir haben unsere Erfahrungen. In einer ersten Phase würden wohl die Franzosen mit rhetorischer Begabung und dem Entwurf großartiger Perspektiven in Führung gehen. Aber auf die Dauer würden die Deutschen sich als die stärkeren, effizienteren Partner einer solchen Achse erweisen. Sie würden die Marschroute vorschreiben und versuchen, ganz Europa in den Dienst ihrer nationalen Ziele zu stellen.«

Im Wechselbad der Allianzen

Im Rückblick ließ sich dennoch eine Kontinuität konstruieren zwischen den Ost-Initiativen, die die diversen Staats- und Regierungschefs der Fünften Republik in der Nachfolge de Gaulles unternommen hatten. Stets ging es darum, einen direkten Kontakt zum Kreml zu pflegen, unabhängig von den Schwankungen der amerikanischen Bündnispolitik. Der General hatte – ohne bei der Mehrheit des Bundestages auf Gegenliebe zu stoßen, gemeinsam jedoch mit Konrad Adenauer – die Fundamente einer deutsch-französischen Union legen wollen, aus der sich eine strategische Direktallianz entwickelt hätte. Die Nachfolger Adenauers hatten abgewinkt und sich wieder einmal als Musterschüler der atlantischen Klasse dem amerikanischen Superpartner in die Arme geworfen, ja sich an dessen Rockschöße geklammert.

Hatte nicht Außenminister Gerhard Schröder 1965 nach dem Eingreifen massiver amerikanischer Streitkräfte im Vietnam-Krieg mit dem Gedanken gespielt, als Zeichen der Bündnis-Solidarität ein Bataillon Pioniere der Bundeswehr nach Indochina zu entsenden? Hatte nicht der gleiche Gerhard Schröder, dem Bundeskanzler Erhard weitesten diplomatischen Spielraum überließ, im engen Journalistenkreis und in eindeutiger Anspielung auf die ihm extravagant erscheinenden Führungsansprüche Frankreichs Conrad Ferdinand Meyer zitiert:« »Wenn andere welken, werden wir ein Staat.« Der damalige Chef der deutschen Diplomatie, Sohn eines Beamten der Reichsbahn in Saarbrücken und Trier, trat den Großmacht-Prätentionen Frankreichs mit den Argumenten eines Fahrkarten-Kontrolleurs entgegen. Er sei es leid, daß Frankreich sich mit einem Billett zweiter Klasse im Erster-Klasse-Abteil behaupte.

Jeder französische Politiker ahnte instinktiv, daß die Verfeindung zwischen Deutschen und Russen eines Tages dem direkten Gespräch, einer pragmatischen Koexistenz, ja – wer weiß? – einer florierenden Wirtschaftskooperation weichen würde, wie das den Gesetzen der Geographie und der Geschichte entsprach. Dem galt es, so weit wie möglich zuvorzukommen. Vielleicht bereitete es de Gaulle bei seinen Kreml-Gesprächen mit Leonid Breschnew, den er als grobschlächtigen Apparatschik und einen zutiefst vulgären Machtmenschen einstufte, ein gewisses Vergnügen, die extremen Wiedervereinigungsansprüche Bonns zu verfechten und die Hallstein-Doktrin, den Anspruch der Bundesrepublik auf exklusive deutsche Legitimität in aller Härte vorzutragen. Mit verächtlichem Unterton sprach de Gaulle stets vom »régime de Pankow«, wobei er den Endbuchstaben w fast wie ein Doppel-f aussprach.

Mit seiner Zurücksetzung des zweiten deutschen Staatswesens, das er auf seinen Pressekonferenzen mit »la Prusse et la Saxe« umschrieb, bekundete der General exemplarische Bündnistreue mit jenen *Hardlinern* von Bonn, die damals in CDU und CSU den Kurs des kalten Krieges steuerten. In Wirklichkeit zögerte er den Kontakt zwischen den beiden Nachfolgestaaten des Reichs nach Kräften hinaus, wohl wissend, daß am Ende die nationalen Gemeinsamkeiten der Deutschen sich als dauerhafter erweisen würden als alle Verkrampfungen der gegensätzlichen Ideologie.

Kurz vor dem Aufbruch de Gaulles nach Moskau hatte ich mich mit dem linkskatholischen Schriftsteller François Mauriac unterhalten. Der Autor beklemmender französischer Familiendramen aus der tiefen Provinz, von »Natterngezücht« und »Génitrix«, hatte die geistreiche und boshafte Formel geprägt, »er liebe Deutschland so sehr, daß er lieber zwei Deutschlands sähe als nur eines«. Zu Unrecht war diese Aussage de Gaulle unterschoben worden. François Mauriac, der schon im Spanischen Bürgerkrieg – trotz seiner profunden katholischen Gläubigkeit – ein Gegner Francos und ein Freund der Republikaner war, hatte mir an diesem Nachmittag mit der ihm eigenen, fast röchelnden Stimme von seiner ersten Begegnung mit Wehrmachtsangehörigen während des Zweiten Weltkrieges erzählt. Plötzlich habe er in der Nachbarschaft seiner aquitanischen Besitzung »Malagar« zwei deutschen Offizieren gegenübergestanden und sei vor ihnen zurückgeprallt wie vor einer Höllenerscheinung. Aber einer dieser Teutonen, der wohl in der französischen Literatur recht bewandert gewesen sein mußte, habe ihn sogleich erkannt. »François Mauriac!« habe der Deutsche ihn freudig angerufen. Dann sei er nachdenklich, sich der Peinlichkeit der Situation bewußt geworden: »Monsieur Mauriac, quel malheur pour la France – welches Unglück für Frankreich!« habe er hinzugefügt. Im Hinblick auf die damals bevorstehende Rußland-Tournee des Generals, den er über alles verehrte, hatte Mauriac mit einem schelmischen Zucken des herunterhängenden Augenlides bemerkt: »Was mich bei de Gaulle ein wenig beunruhigt, ist die Tatsache, daß er sich zu sehr amüsiert – c'est qu'il s'amuse trop.«

De Gaulle hatte die Zeichen der Zeit richtig gedeutet. Die Entmachtung Adenauers, die schrittweise Übernahme der Regierungsverantwortung am Rhein durch die deutschen Sozialdemokraten, die von Willy Brandt mit Schwung und Überzeugung vorgetragene neue Ostpolitik leiteten den psychologischen Wandel ein, rüttelten an den eingefahrenen starren Prämissen der Blockfeindschaft. Der alte Mann von Colombey, der sehr früh die staatsmännischen Gaben Willy Brandts gewittert hatte, als dieser noch Bürgermeister von Berlin war, würde – falls er noch gelebt hätte – wohl versucht haben, die »Konferenz über Sicherheit und Zusammenarbeit in Europa« in seinem restriktiven Sinne zu beeinflussen, die Schlußakte von Helsinki nach Kräften zu hintertreiben. Er hätte dieses Abkommen wohl einerseits als Bekräftigung der kontinentalen Teilung von Jalta, andererseits als Ansatz zu deutsch-deutscher Normalisierung und somit zu keimender deutsch-deutscher Komplizenschaft im Herzen Europas gedeutet.

Als François Mitterrand im Januar 1983 vor den Deutschen Bundestag trat und zur Empörung der SPD-Fraktion für die nukleare Nachrüstung auf dem Boden der Bundesrepublik, für Pershing II und Cruise Missiles plädierte, reihte sich der sozialistische Staatschef Frankreichs mit sicherem Instinkt in die Nachfolge jenes Vorgängers ein, den er mehr als zehn Jahre lang mit allen ihm zur Verfügung stehenden Mitteln bekämpft hatte. In der Person des neugewählten christlich-demokratischen Bundeskanzlers Helmut Kohl entdeckte François Mitterrand, allen deutschen Spöttern zum Trotz, tatsächlich einen Kontinuator Adenauerscher Europa- und Realpolitik. Die kniefällige Verehrung alles Amerikanischen, die die Zusammenarbeit Frankreichs mit den Deutschen in den frühen sechziger Jahren so mühselig gemacht, ja verbaut hatte, war bei weiten Schichten der Bundesrepublik – spätestens seit dem Versagen der USA in Vietnam – einer deutlichen Distanzierung gegenüber Washington, wenn nicht, wie bei der schwärmerischen Linken, einer antiamerikanischen Hysterie gewichen.

Gerade im protestantischen und pietistischen Urgestein der deutschen Psyche hatte die Enttäuschung über Amerika zu radikalem Umdenken geführt. Die in Frankreich oft bemühten *incertitudes allemandes*, die deutschen Ungewißheiten, taten sich wieder in der teutonischen Freude an Massenaufmärschen kund. Sie äußerten sich dieses Mal in kollektiven Angstzuständen angesichts der millennarischen Warnzeichen eines vermeintlichen nuklearen Weltuntergangs. Die germanische »Lust am Untergang«, die Ahnung kommender Götterdämmerung stand jetzt, wie man in Paris lesen konnte, im Zeichen eines blökenden Pazifismus. Für die französischen Beobachter dieser erstaunlichen Kehrtwendung, die alle Ansätze zu einem nationalistisch gefärbten Neutralismus in sich trug, war es ein schwacher Trost, daß die Marschierer nicht mehr zu Hunderttausenden in dröhnenden Marschstiefeln, sondern in ausgelatschten Turnschuhen daherkamen.

Von deutschem Boden dürfe nie wieder ein Krieg ausgehen – diese von Ost-Berlin lancierte, für alle Europäer durchaus plausible und vernünftige Forderung wurde mit messianischem Eifer vorgetragen. Den Deutschen, die sich ob ihrer vergangenen militaristischen Aggressivität nicht genug kasteien konnten, fiel nunmehr – am Ende des 20. Jahrhunderts – die Aufgabe zu, in der Bewahrung des Friedens, der Forderung nach nuklearer Abrüstung, im Ausgleich zwischen West und Ost, vor allem auch in der ökologischen Rettung der Natur vor den Auswüchsen blinder und profitgieriger Technologie eine führende, exemplarische Rolle zu spielen. »Und es mag am deutschen Wesen einmal noch die Welt genesen«, hatte der spießige Verseschmied Emanuel Geibel einmal im Hochgefühl wilhelminischen Machtrausches gedichtet.

Es dauerte eine Weile, ehe die Deutschland-Experten des Quai d'Orsay erkannten, daß diese Wiedertäufer-Stimmung, die im Zeichen der »Nachrüstung« und der Pershing II-Stationierung aufbrandete, keine unwiderstehliche Flutwelle war. Für das übersatte Wohlstandsmilieu der Bundesrepublik war die Vorgaukelung apokalyptischer Furcht kein dauerhaftes politisches Programm. Daran konnte auch Tschernobyl nichts ändern. »Die Lemminge suchen vergeblich nach dem Meer«, stand sogar im *Stern* zu lesen.

Spätestens nach dem Gipfeltreffen zwischen Reagan und Gorbatschow in Reykjavik kam Ernüchterung auf. Die Christlich-Demokratische Union konnte mit Fug und Recht darauf verweisen, daß das unbeirrte Festhalten Helmut Kohls am Nato-Doppelbeschluß, den bereits sein Vorgänger Helmut Schmidt befürwortet hatte, daß die Dislozierung der Pershing II auf westdeutschem Boden – allen Massenprotesten zum Trotz – die Sowjetunion zum Einlenken und zum Verzicht auf ihre eigenen Mittelstreckenraketen vom Typ SS 20 veranlaßt hatte. François Mitterrand hatte sich resolut auf die Seite des CDU-Bundeskanzlers geschlagen, die Positionen sogar zusätzlich verhärtet. Das reale Vertrauensverhältnis zwischen diesen beiden so unterschiedlichen Politikern, zwischen Kohl und Mitterrand, von dem Jacques Chirac sich ausgeschlossen fühlte und an dem er gelegentlich Anstoß nahm, stammt aus jenen Tagen härtester psychischer Belastung. Ausschlaggebend für den französischen Staatschef war zweifellos seine Sorge gewesen, die pazifistische Grundstimmung eines weiten deutschen Meinungssegments könne zur Lockerung der deutschen Bindung an die Europäische Gemeinschaft und die Atlantische Allianz führen. Ähnlich wie de Gaulle seinerzeit in Moskau den »Alleinvertretungs-Anspruch« mit Nachdruck verfochten hatte, um jeder neutralistischen Verirrung, um jedem Abdriften der Deutschen ins Schaukelspiel zwischen West und Ost einen Riegel vorzuschieben, so forcierte Mitterrand sein Engagement zugunsten Helmut Kohls und stützte das klare deutsche Bekenntnis zum Okzident.

Mit sehr viel Häme ist die deutsche Presse über das ungleiche Paar Kohl/Mitterrand hergezogen. Es sei den beiden ja nicht einmal gegeben, sich »auf englisch zu duzen«, wie das den ebenfalls höchst disparaten Freunden Giscard und Helmut Schmidt scherzhaft nachgesagt wurde. Doch der feinsinnige Pragmatiker Mitterrand sah in dem Pfälzer Kohl keinen Fremden, auch wenn der Kanzler sich mit der Sprache Corneilles schwer tat. Die Verwurzelung des Mannes aus Oggersheim im rheinischen Katholizismus bot eine Garantie für seine instinktive abendländische Grundausrichtung, die dem Adenauerschen Vermächtnis durchaus entsprach. Dieser schwerfällige Germanentyp – oder war der »schwarze Riese« aus der Pfalz eher der keltischen

Ur-Rasse zuzurechnen? – wirkte in seiner Jovialität und Bodenverbundenheit wie ein enger Verwandter jener alemannischen Elsässer, an die die »Français de l'intérieur« sich seit Jahrhunderten gewöhnt hatten und deren Familiennamen aus den militärischen Ruhmesblättern der Grande Nation nicht wegzudenken waren. Schon aufgrund seiner landschaftlichen und kulturellen Wurzeln diesseits des römischen Limes flößte Helmut Kohl im fränkischen Westreich Vertrauen ein. Das gleiche galt nicht unbedingt von dem wendigen Außenminister, dessen sächsisch-lutherischen Ursprünge ihm eine andere Disponibilität auferlegten.

Im Sommer 1982, ein Jahr nach der sozialistischen Regierungsbildung, hatte ich François Mitterrand über seine Haltung zur deutschen Einheit befragt. Man dürfe sich natürlichen Vorgängen nicht entgegenstellen, hatte er geantwortet, und es sei wohl ein normaler Zug, daß die Deutschen sich zusammenschließen wollten. Frankreich werde sich einem solchen, demokratisch formulierten Begehren nie verweigern. Ein hochaktuelles Thema sei das jedoch nicht, und er könne sich nicht vorstellen, daß er in seiner Amtszeit damit konfrontiert werde. Man müsse diesen Fall einer ferneren Zukunft überlassen.

Entgegen einer in der Bundesrepublik weit verbreiteten Überzeugung, die westlichen Nachbarn lebten in ständiger Furcht, in nagendem Argwohn vor deutschen Wiedervereinigungs-Bestrebungen, haben sich bei statistischen Meinungsumfragen sechzig Prozent der Franzosen zugunsten der staatlichen Einheit Deutschlands ausgesprochen. Daraus den Schluß zu ziehen, die Masse der Gallier habe sich zum Pangermanismus bekehrt, wäre natürlich verwegen. Aber der Begriff der *nation une et indivisible* wird hier instinktiv auf den östlichen Schicksalsgefährten übertragen. Jenen deutschen Publizisten, die im Namen des nationalen Verzichts, ja eines modischen Masochismus die staatliche Einheit der Deutschen als Unzumutbarkeit für die Nachbarn, ja als Gefährdung des Friedens weit von sich weisen und dabei – im Vorübergehen – den siebzehn Millionen Deutschen der DDR ein Selbstbestimmungsrecht verweigern, das sie in fernen Kontinenten für die Ovambos in Namibia oder die Kanaken auf Neu-Kaledonien unermüdlich einklagen, begegnet der Durchschnitts-Franzose mit einer spontanen Doppelreaktion: Entweder erscheint ihm diese Preisgabe verdächtig, als eine Wiederholung jenes heuchlerischen »Finassierens«, die manche Pariser Chauvinisten den Versöhnungsbemühungen Stresemanns in den zwanziger Jahren unterstellten, oder er wertet diese selbstverleugnende Absage an die vaterländische Identität – Kontrapunkt zu einer Periode maßloser völkischer Kraftmeierei – als bedenkliches Symptom germanischer Schizophrenie.

Natürlich gibt es Nostalgiker der Richelieuschen Spaltungs- und Vorherrschaftspolitik. »Les Allemagnes« schreiben noch einige Historiker, die dem Westfälischen Frieden nachtrauern. Während meiner Studienzeit bin ich ein paar hochdekorierten, aber etwas vertrottelten Offizieren im Ruhestand begegnet, die – mit mageren Mitteln des Quai d'Orsay oder irgendeines vernarrten Mäzens ausgestattet – die »Association de la rive gauche du Rhin et des libertés germaniques« am Leben erhielten. Es ging ihnen ganz unumwunden um den französischen Anspruch auf das linke Rhein-Ufer und die Erhaltung jener »teutschen Freiheiten«, die die Quasi-Unabhängigkeit der Fürsten gegenüber der Reichsgewalt verewigen sollten.

Inzwischen ist dieses anachronistische Grüppchen wohl ausgestorben. Aber selbst de Gaulle hatte ja nach 1945 in seltsamer Verkennung der Sachlage von einer deutschen Konföderation, von einer Art Wiedergeburt des Rheinbunds geträumt. Im normannischen Städtchen Alençon ließ er sogar unter den Rheinländern und den Saarländern der deutschen Kriegsgefangenenlager je ein »bataillon rhénan« und ein »bataillon sarrois« anwerben und diese Gelegenheitssoldaten als *poilus* verkleiden. Diese Fehlleistung war schnell korrigiert worden. Am Ende hatte sich der General, nachdem ihm zwölf Jahre Einsiedlertum in Colombey-les-Deux-Eglises Muße zur nüchternen Analyse der europäischen Kräfteverhältnisse geboten hatten, sich mit der ihm eigenen Fähigkeit zum Umdenken – »les choses étant ce qu'elles sont« – zu einer ganz anderen Deutschland-Politik durchgerungen. Den verblüfften, dann stürmisch begeisterten Deutschen der Bundesrepublik hatte er anläßlich seiner Triumphreise im September 1962 zugerufen, daß sie »ein großes Volk, jawohl ein großes Volk« seien.

Aus den Pariser Universitätsjahren unmittelbar nach der Rückkehr aus Indochina blieb mir in diesem Zusammenhang eine erheiternde Anekdote haften. Mit ein paar Kommilitonen aus dem Saarland hatte ich von der Zuschauerloge des Palais Bourbon eine außenpolitische Debatte verfolgt. Dabei lauschten wir den Ausführungen des Generals Aumeran, gaullistischer Abgeordneter der algerischen Hafenstadt Oran. Die Einheit Deutschlands, so argumentierte Aumeran in schneidendem Befehlston, habe sich stets zum Unheil Europas, ja auch zum Unheil der Deutschen ausgewirkt. Die langwierige Beweisführung des Député von Oran lief darauf hinaus, daß Deutschland – im Zustand der politischen Spaltung – stets ein Hort hoher kultureller Blüte und humanistischer Gesinnung gewesen sei. Er zitierte klangvolle Namen, darunter Goethe, Kant und Beethoven. Hingegen habe Germanien in den Jahrzehnten nationalen Zusammenschlusses nur Ungeheuer gezeugt, von Friedrich Nietzsche und Wagner bis Wilhelm II. und Hitler. Vermutlich befand sich der General Aumeran knappe zehn Jahre später unter jenen französischen Politikern der algerischen Départements, die an die Solidarität aller Europäer, insbesondere auch der Deutschen appellierten und Beistand gegen das Aufkommen der arabisch-islamischen Revolution anforderten.

»Kratzt den Russen an ...«

Zurück nach Moskau. Mir war im Gespräch mit Valentin Falin aufgefallen, mit welch lobenden Prädikaten die Person Richard von Weizsäckers, dessen Staatsbesuch bevorstand, umworben, während Helmut Kohl, der es gewagt hatte, Gorbatschow in einem Atemzug mit Goebbels zu nennen, weiterhin gerügt wurde. Seit der Ausdruck »Mitteleuropa« durch den konstanten Hinweis des Bundespräsidenten wieder Programmwert erhielt, sind die französischen Deutschland-Experten hellhörig geworden. Für die Franzosen hat das Wort *Europe centrale* eine ganz andere geographische Dimension als für die Deutschen. Der Ausdruck bezieht sich auf Polen und die Tschechoslowakei sowie auf die Donauländer bis nach Rumänien. Unterschwellig weckt die Wiederbelebung des Begriffs Mitteleuropa unerfreuliche Assoziationen bei vielen Franzosen. »Drang nach Osten« schwingt darin mit wie auch ein problematischer Mittleranspruch, der in der Vergangenheit immer wieder der Tarnung expansiver Ansprüche diente.

Die »Rezentrierung« Deutschlands zwischen West und Ost, die seit der Machtübernahme Gorbatschows in Moskau in Mode kam, spiegelt sich im steilen Anstieg der Beliebtheit des Generalsekretärs der KPdSU beim Durchschnittsdeutschen. Alte Befürchtungen kamen an der Seine auf. Hatte Preußen bei seiner territorialen Dynamik in Ost und West – die in einer ersten Phase zur provisorischen Einverleibung

Warschaus ins Königreich Friedrichs des Großen, in einer späteren Wendung zur Annexion der gesamten Rheinlande führte – nicht stets Politik »sous l'œil de la Russie«, unter dem wohlwollenden, aber wachsamen Auge Rußlands betrieben? Hatten die Monarchen von Berlin und Sankt Petersburg sich nicht häufig als beharrlichste Verfechter der autokratischen Ordnung gebärdet, als reaktionäre Verbündete des monarchischen Status quo, und sich dabei gegenseitig abgestützt? War die aufklärerische Attitüde des Frédéric de Prusse, die kurzlebige Schwärmerei des Hofes von Potsdam für die Botschaften Voltaires und Diderots denn viel mehr gewesen als ein musisch beflügeltes Modespiel?

Schon prangerte ein bekannter norddeutscher Kommentator die Direktallianz mit Frankreich als Ansatz zu neuer Rheinbund-Politik an. Vor allem in der Medienstadt Hamburg artikulierte sich der Widerstand gegen jene »klerikale Republik«, die Walther Rathenau für den Fall einer Abtrennung Preußens seherisch angekündigt hatte. Die Argumente gegen den engen Bund mit Paris nährten sich paradoxerweise aus atlantischen, neutralistischen und deutschnationalen Sympathien. Es gehörte die Autorität und der Mut Helmut Schmidts dazu, um als eingefleischter Hanseat und Verleger der *Zeit* für eine deutsch-französische Fusion als Kern des europäischen Zusammenschlusses zu plädieren und für dieses Gebilde, das bei konsequenter Förderung der sowjetischen Macht durchaus gewachsen sei, einen französischen Staatspräsidenten sowie für die gemeinsamen Streitkräfte einen französischen Oberbefehlshaber zu empfehlen. Unter den Intellektuellen im kühlen Norden Germaniens, wo so mancher dem Geist der Königin Luise huldigte und im Unterbewußtsein einen neuen »Tugend-Bund« schloß gegen den vermeintlichen Neobonapartismus, der da von Westen heraufzog, war man vom rabiaten Antibolschewismus der ersten Nachkriegsjahre auf eine alte Variante politischer Sentimentalität verfallen: Man entdeckte wieder den Charme und die Faszination der slawischen Seele.

In der Residenz des deutschen Botschafters Meyer-Landrut, der seinen Posten in Moskau gerade wieder angetreten hatte, sprachen wir beim Glas Champagner über das widersprüchliche Wechselverhältnis zwischen Deutschen und Russen. Meyer-Landrut als gebürtiger Balte und vorzüglicher Slawist war auf diesem Feld ein Experte. Er bestätigte eine gewachsene Affinität, die auf langer Gewöhnung und unbestreitbarer Komplementarität beruhte. Einerseits hatten die

Deutschen – einem russischen Sprichwort zufolge – »den Affen erfunden«, andererseits habe man sich zu Zeiten des Zaren schon über die Pedanterie des Hauslehrers Karl Karlowitsch mokiert. Man vergesse allzu leicht, so meinte der Botschafter, daß auch gemeinsames Leid verbinden könne; das gelte sogar für die schrecklichen Exzesse des Zweiten Weltkrieges. Die Franzosen hingegen ständen diesem gewaltigen euro-asiatischen Raum ziemlich fremd und verständnislos gegenüber. Nur den Deutschen – neben den Amerikanern –, aber gewiß nicht den Franzosen würden die Sowjets von heute jene gewaltigen gemeinsamen Wirtschaftsprojekte zutrauen, die Rußland aus seiner heillosen Rückständigkeit, aus dem altangestammten Schlendrian heraushelfen könnten.

In Tolstois »Krieg und Frieden« findet das instinktive Mißtrauen des alten Rußland gegenüber der als oberflächlich eingeschätzten Brillanz des gallischen Geistes seinen literarischen Ausdruck. Kein Russe wäre wohl auf den Gedanken gekommen, Napoleon mit den Worten Hegels als »Weltgeist zu Pferde« zu rühmen.

Es war wohl müßig sich auszumalen, welch sensationellen Wandel die Weltgeschichte durchlaufen hätte, wäre der Korse Sieger geblieben über den Zaren. Dennoch drängte sich dieses Gedankenspiel auf, während ich mich ins Hotel »Rossija« zurückfahren ließ. War schon in Preußen die napoleonische Eroberung unerläßlich gewesen, um die Leibeigenschaft abzuschaffen, den Reformen Steins und Scharnhorsts die Bahn zu brechen, die Feudalstrukturen des Hohenzollern-Staates zu erschüttern; wie ungeheuerlich hätte sich der Triumph französischer Revolutionsideen im Moskowiter-Reich auswirken können? Denn trotz aller Beschuldigung völkerverachtender Tyrannis hatte Napoleon als Vollstrecker der bürgerlichen Revolution über Europa gesiegt. Er hatte die wirren und blutigen Vorstellungen der Jakobiner in imperiales Erz gegossen, sie im Code Napoléon und einer totalen Umstrukturierung des Staates verankert und stabilisiert. Nicht nur das deutsche Nationalgefühl hatte sich am Adlerflug des Korsen entzündet. Der Wiener Kongreß, die Restauration der Bourbonen, die Heilige Allianz konnten das Rad der Geschichte nur vorübergehend und partiell zurückdrehen. Napoleon hatte mit seinen Feldzügen jenseits von Rhein und Donau nicht nur »zwanzig Könige verjagt«, wie Victor Hugo jubelt, er hatte den Kontinent mit eiserner Faust geeint und eine politische Modernisierung Europas erzwungen, die sich am Ende gegen ihn selbst wenden mußte.

Daß der bonapartistische Traum eines versammelten Europa schließlich am Widerstand der russischen Autokratie gescheitert war, das haben die französischen Dichter und Intellektuellen dem Zarenreich ein ganzes Jahrhundert lang nachgetragen. Schon von alters her galt in Paris der Spruch »Grattez le Russe et vous trouvez le Tartare – Kratzt den Russen an, und ihr entdeckt den Tataren«. Fremdenfeindlich waren die Franzosen stets gewesen, und es wäre nicht ohne Pikanterie, die Facetten gallischer Xenophobie zu entfalten. Nach 1870 entlud sich ein an Hysterie grenzender Haß gegen »les boches«, wie man die östlichen Nachbarn jetzt bösartig nannte. Der preußische Militarismus verdrängte die idyllische Vision eines Landes der »Dichter und Denker«, dem Madame de Staël gehuldigt hatte. Wer erinnerte sich da noch an die Bemerkung Napoleons, er sei nie einem friedlicheren Volk begegnet als den Deutschen. So schnell wandelt sich das Charakterbild der Nationen in der Geschichte. Es bedurfte paradoxerweise der totalen europäischen Katastrophe des Zweiten Weltkriegs, um dieses extreme Ressentiment wieder abzubauen. Zwölf Jahre lang hatte im Zeichen des Hakenkreuzes »le boche« über »l'Allemand« triumphiert, wie Botschafter André François-Poncet es formulierte. Dann fand man – von schrecklichen Blessuren verstümmelt – wieder zusammen.

Von den Wechselbädern der Allianzen unberührt ist der Engländer bis auf den heutigen Tag der historische Erbfeind der Franzosen geblieben. »Der Krieg der Kriege – ›le combat des combats‹ – findet zwischen England und Frankreich statt«, hatte der große Historiker Michelet noch in der zweiten Hälfte des 19. Jahrhunderts geschrieben; »alles andere ist Episode.« Bei der französischen Marine war im Jahre 1940 die Versuchung groß, die Fronten zu wechseln, gemeinsam mit den Deutschen gegen das »perfide Albion« zu Felde zu ziehen, nachdem Churchill die heimtückische Vernichtung der französischen Flotte von Mers-el-Kebir aus Gründen der Staatsräson verfügt hatte. Wer weiß schon, daß das Seefahrerlied des Heidedichters Hermann Löns »... denn wir fahren gegen Engelland ...« wie das harmlose Plagiat einer derben französischen Korsaren-Weise klingt: »Buvons un coup, buvons en deux – Laßt uns ein Glas leeren und auch zwei auf das Wohl der Liebenden, auf das Wohl des Königs von Frankreich ... und wir scheißen auf den König von England, der uns den Krieg erklärt hat – et merde pour le Roi d'Angleterre qui nous a déclaré la guerre.« Noch de Gaulle überraschte den Botschafter Seiner Britischen Majestät mit der Erklärung: »Unsere beiden Länder haben stets gegeneinander Krieg geführt, außer wenn sie verbündet waren.«

Die Russen wurden von dieser Rundum-Verunglimpfung aller Barbaren nicht ausgespart. Sie genossen nur kurzlebige Schonung während der Bündnis-Euphorie, die vom Besuch Poincarés in Petersburg bis zum Sturz Kerenskis reichte. Die heutigen Osteuropa-Experten des Quai d'Orsay neigen dazu, den Abrüstungsbeteuerungen Gorbatschows mit Mißtrauen zu begegnen. Schon Nikolaus II. hatte 1899 und 1907 anläßlich der Haager Konferenz auf die Begrenzung aller waffentechnischen Weiterentwicklung, vor allem bei der Artillerie, gedrängt. 1899 wurde ausführlich über Kaliber-Beschränkung der Granaten diskutiert, und schon damals stieß man auf das unüberwindliche Hindernis einer wirksamen Überprüfung. In den französischen Kanzleiberichten der Jahrhundertwende wurde ausführlich geschildert, welche Gründe den Zaren zu so ungewohnter Konzilianz veranlaßten: Das kaiserliche Rußland hinkte in seiner Waffentechnik weit hinter den übrigen Mächten her; die Ankurbelung der rückständigen Wirtschaft des Riesenreiches, so hatte der baltische Finanzminister Witte beteuert, setze drastische Kürzungen des Rüstungsbudgets voraus. Während Chirac sich in Moskau aufhielt, wurde eine Karikatur des *Canard Sauvage*, Vorläufer des *Canard Enchaîné*, vom Mai 1903 herumgereicht, die den Herrscher aller Reußen und eine schelmische Marianne als eng umschlungenes Tanzpaar darstellte. »Was hältst du von der Abrüstung«, fragt Marianne den stürmisch werbenden Nikolaus II. »Gewiß, gewiß, die Säbel und die Granaten müssen weg«, meint der Zar, »nur die Knute muß bleiben.«

Im Gegensatz zur naiven Gorbatschow-Begeisterung der Deutschen beobachteten die französischen Moskau-Reisenden die Bemühungen des dynamischen Generalsekretärs um *Perestrojka* und *Glasnost* mit Skepsis und Distanz. Was die Sowjetunion braucht, um aus ihrer politischen Lethargie, aus siebzigjähriger sozialistischer Mißwirtschaft auszubrechen, meinte ein langjähriger Moskau-Korrespondent des *Figaro*, das sei nicht die freiheitliche Vielfalt der Parteien oder die Einführung parlamentarischer Bräuche. Wenn Gorbatschow sich auf liberale Experimente einlasse, dann sei er verloren. Statt dessen müsse er seine Landsleute mit der Peitsche Peters des Großen zur Modernisierung, zur technologischen Effizienz prügeln. So wie der Gründer von Sankt Petersburg mit Gewalt das Fenster nach Westen aufstieß und die altslawischen Bojaren unter Todesdrohung zwang, ihre Vollbärte abzuschneiden und ihre Pelzmäntel mit dem Spitzenjabot zu vertauschen, so müsse der Generalsekretär der KPdSU seine Nomenklatura mit Terror und Unnachgiebigkeit zum wirtschaftlichen Leistungsprinzip bekehren.

Ganz Frankreich – nicht nur die schrumpfende KPF – hatte seit dem Zweiten Weltkrieg eine Serie schmerzlicher Desillusionierung durchlaufen, vom Budapester Aufstand über den Prager Frühling bis zum Ausnahmezustand in Warschau. Im Gefolge André Gides, der seine Enttäuschung über das Paradies der Werktätigen schon in den dreißiger Jahren literarisch abhandelte, hatte die Mehrzahl der Franzosen ihren »Retour de l'URSS« vollzogen. Mit der exzessiven antirussischen Polemik, wie sie von der bonapartistischen Nostalgie inspiriert wurde, war diese Ernüchterung unseres Jahrhunderts jedoch nicht zu vergleichen. Im Februar 1831 hatte die Zeitung *Le Temps* folgende Zeilen geschrieben: »Rußland ist die Heimat der Hunnen. Von dort sind jene barbarischen Horden aufgebrochen, die die Zivilisation der antiken Welt ausgelöscht haben. Dieser Vorgang kann sich wiederholen.«

Kein Geringerer als der bereits erwähnte Historiker Michelet, dessen liberales Standardwerk über die Französische Revolution Generationen französischer Studenten beeinflußte, holte 1863 – angesichts der Niederwerfung Polens durch die Kosaken Alexanders II. – zu einem extravaganten Pamphlet aus, das gewisse Thesen des »Mythus des XX. Jahrhunderts« vorwegzunehmen schien. »Rußland gehorcht einem instinktiven Kommunismus«, so schrieb Michelet fast siebzig Jahre vor Alfred Rosenberg; „dieser natürliche, träge Kommunismus entspricht dem unveränderlichen Zustand zahlreicher Tiergattungen, bevor das individuelle Leben und der gesonderte Organismus sich durchsetzen. Wie die Mollusken auf dem Meeresgrund, wie die Wilden auf den Inseln des Südens, so verhält sich – auf höherer Stufe – der sorglose russische Bauer. Er schläft innerhalb seines Gemeinwesens wie das Kind im Schoß seiner Mutter. Er findet dort eine Linderung seiner Leibeigenschaft, eine traurige Linderung, die seine Passivität begünstigt, sie bestätigt und verewigt. Der russische Kommunismus ist keine Einrichtung; er ist eine natürliche Gegebenheit, die der Rasse, dem Klima, dem Menschen, der Natur entspricht.«

In seiner Abhandlung »Polen und Rußland« steigerte sich Michelet zu einer beklemmenden Prophezeiung: »Rußland nimmt von uns lediglich das Schlechte auf. Es zieht alle Gifte Europas an sich und gibt sie dann gesteigert und viel gefährlicher an uns zurück. Gestern erhob Rußland den Anspruch: ›Ich bin das Christentum.‹ Morgen wird Rußland behaupten: ›Ich bin der Sozialismus.‹«

*

Die Sonne versinkt hinter den Kreml-Türmen. Viele junge Menschen flanieren rund um den Roten Platz, suchen nach einer Ecke in den überfüllten Gaststätten. Sie eifern in ihrer Kleidung westlichen Modevorbildern nach, soweit die bescheidenen Mittel das erlauben. Die Mädchen sind oft provozierend herausgeputzt. Die Jungen geben sich *cool*. Die Rock- und Pop-Generation kennt offenbar keine Grenzen und Schranken mehr, läßt sich nicht mehr einzwängen durch gläubige Komsomolzen-Mentalität. Die Hoffnung keimt tatsächlich, daß das ideologische Zeitalter abgelöst wird durch eine Ära weltweiter Kommunikation. Diesem globalen Trend wird wohl auch die Sowjetunion nicht entgehen.

Ich kann den Blick nicht von den bizarren Knollentürmen der Basilius-Kathedrale wenden. Vor der barbarischen, grandiosen Kulisse des Roten Platzes schweift der Gedanke natürlich zu all jenen Eroberern, die aus dem Westen kamen und sich in der Weite Rußlands verloren: die Polen zunächst und die Schweden, dann die Franzosen Napoleons und schließlich die Deutschen, die im Herbst 1941 die Bannmeile Moskaus erreichten. Aber die Basilius-Kathedrale verweist nach Osten. Jede ihrer grell bemalten sieben Kuppeln verherrlicht einen Sieg Iwans des Schrecklichen über die Tataren. Fast ein Vierteljahrtausend hatten diese asiatischen Reitervölker, die sich früh zum Islam bekehrten, das ganze europäische Rußland unterworfen. Erst mit der Eroberung Kasans war das »Tatarenjoch« abgeschüttelt, die Gründung des Moskowiter-Reiches konsolidiert. Wie mag den Herren des Kreml heute zumute sein, wenn aus den Steppen Asiens das erste Grollen der unterworfenen Völkerschaften, der muselmanischen Fremdkörper zu ihnen dringt, wenn jenseits einer siebentausend Kilometer langen Grenze das chinesische Reich der Mitte sich auf eine alte Tradition der Macht, der Tüchtigkeit, ja der Herrlichkeit besinnt, wenn der technologische Höhenflug Nippons die Erben des Zaren daran gemahnt, daß der Untergang der Romanow-Dynastie im Ersten Weltkrieg eine Dekade zuvor durch die japanischen Siege von Tsushima und Port Arthur angekündigt worden war?

Die Schwankungen des deutsch-russischen Klimas, die von den Franzosen so aufmerksam registriert werden, sind doch nur ein Teilaspekt eines weltumspannenden neuen Kräftespiels. Eine Zeitungs-Ente in *Bild* hatte ausgereicht, um die Gespenster von Tauroggen und Rapallo zu wecken. Aber wer weiß in Frankreich überhaupt, daß der Name des ostpreußischen Dorfes symbolisch geworden ist für das Überwechseln Preußens aus der erzwungenen Gefolgschaft Napoleons zur traditionellen Allianz mit dem Zaren? Wohlweislich hat der Feldmarschall Yorck von Wartenburg diese Verantwortung erst auf sich geladen, als die Niederlage des Korsen so gut wie sicher war. Vom Rapallo-Abkommen zwischen der Weimarer Republik und den Bolschewiken 1922 ist den Pariser Publizisten – dank ihrer guten Kenntnis Ernst von Salomons – allenfalls haften geblieben, daß Walther Rathenau für diese kühne Sprengung deutscher Nachkriegsisolation durch die Revolverkugeln der radikalen Deutschnationalen gedankt wurde. Jedem politisch interessierten Franzosen hingegen ist der Hitler-Stalin-Pakt in düsterer Erinnerung, jene ungeheuerliche Aufteilung Polens zwischen zwei Diktatoren, die doch angeblich durch unüberbrückbare Mauern der Weltanschauung und des Rassendünkels getrennt waren.

Ein paar Tage vor meiner Rußlandreise war ich anläßlich gemeinsamer Vorträge mit dem österreichischen Altbundeskanzler Bruno Kreisky ins Gespräch gekommen. Kreisky hatte die Souveränität und die Einheit Österreichs ausgehandelt, indem er leichten Herzens den Preis der Neutralisierung entrichtete. Kurz nach Abschluß des Staatsvertrages von 1955, so erzählte er mir, habe er den damaligen Außenminister Molotow und das einflußreiche armenische Politbüro-Mitglied Mikojan gefragt, ob eine vergleichbare Formel nicht auch auf Deutschland anwendbar wäre. Beide hätten eine solche Parallelität weit von sich gewiesen. Deutschland sei ein viel zu großer Brocken, würde jedes kontinentale Gleichgewicht mit seiner wiedervereinigten Masse zertrümmern, falls die Alliierten sich auf ein solches Wagnis einließen. Auch die Stalin-Offerte des Jahres 1952 war – Kreisky zufolge – als Störmanöver, niemals als ernstes Angebot gedacht gewesen, obwohl Adenauer gut daran getan hätte, zumindest den Schein eines Bonner Interesses zu bekunden.

»Wieder einmal die deutsche Frage – la question allemande encore«, so lautete der Titel eines Leitartikels in *Le Monde* vom 16. Mai 1987. Aus diesen Zeilen sprach eine gewisse Zuversicht hinsichtlich der begrenzten Manövrierfähigkeit auch der neuen, forschen Kreml-Führung: »In der Erinnerung der kommunistischen Apparate ist die Tatsache fest verwurzelt, daß der Sturz Malenkows und der Sturz Chruschtschows sich als Folge ihrer Vorschläge zur deutschen Frage ereigneten.« Wie würden Partei und Rote Armee heute reagieren, wenn Michail Gorbatschow durch waghalsige Betriebsamkeit in Mitteleuropa nicht nur die Existenz der DDR, sondern die Stabilität des gesamten russischen West-Glacis, inklusive Polens und der Tschechoslowakei, in Frage stellte?

Wenn es um Polen ging, reagierte Frankreich immer noch mit romantischer Sensibilität.

Weichselfahrt aus Liebeskummer

Am 13. September 1965 wurde mir die Innigkeit dieser historischen Beziehung zwischen Paris und Warschau zum ersten Mal plastisch vorgeführt. Der polnische Regierungschef Cyrankiewicz war zu einem offiziellen Besuch nach Paris gekommen. Er hatte dabei ein recht konventionelles Programm absolviert, darunter den Besuch des »Musée du Jeu de Paume«. Die Einzelheiten dieser Exkursion sind mir haften geblieben.

Josef Cyrankiewicz und André Malraux waren für die Dauer eines andächtigen Augenblicks vor dem Porträt des jungen Clemenceau stehengeblieben. Dann wandten sich der polnische Gast und der französische Minister für kulturelle Angelegenheiten weniger patriotischen Gemälden zu. Die Herbstsonne schien warm durch die hohen Fenster. Malraux verweilte mit seinem polnischen Gast vor dem Renoir-Gemälde »Die Dame mit dem Fächer«. Es gelang mir, durch die Kette der Sicherheits- und Protokollbeamten bis in die unmittelbare Nachbarschaft des illustren Paares vorzudringen und zu hören, was der Kulturbeauftragte de Gaulles dem Ministerpräsidenten aus Warschau mitzuteilen hatte, diesem kahlköpfigen, vierschrötigen Mann mit den leicht vorquellenden Augen, dem Repräsentanten einer katholischen und kommunistischen Nation im Osten Europas, die in Paris als »Erbfreund« gefeiert wurde.

Malraux sprach wie üblich mit nervöser Stimme und hastigen Gesten: »Die Frau mit dem Fächer hieß in Wirklichkeit Nina de

Callias. Sie war die Geliebte von namhaften Malern und Dichtern des 19. Jahrhunderts, unter anderem die Mätresse Verlaines. Während des Aufstandes der Pariser ›Commune‹ flüchtete die begüterte Nina de Callias wie damals alle Angehörigen der bedrohten Bourgeoisie nach Versailles. In ihrer Pariser Wohnung ließ sie ohne Aufsicht ein lebendes Känguruh zurück, das zu den Attraktionen ihres Salons gehörte. Als Madame de Callias nach der blutigen Niederschlagung der ›Commune‹ in ihr Haus zurückkehrte, hatte das Känguruh sich auf originelle Weise Nahrung verschafft. Das Tier hatte aus dem Teppich, den Sie auf dem Bild hier angedeutet sehen, sämtliche grüngefärbten Teile herausgefressen. So hat das Känguruh die ›Commune‹ überlebt.«

Die Bedeutung des polnischen Besuches in Paris ist damals von der deutschen Öffentlichkeit erst mit erheblicher Verspätung erkannt worden. Aber dann regte man sich in der Bundesrepublik mächtig auf. Dabei war die gaullistische Polen-Aktion seit langem vorauszusehen. Nach den Besuchen von Rumänen, Ungarn, Tschechen und Bulgaren war das Fernbleiben einer Regierungsdelegation aus Warschau in Paris mit wachsendem Befremden kommentiert worden. Die Hintergründe waren komplex, die protokollarischen Schwierigkeiten erheblich, nachdem Wladislaw Gomulka seinen Parteisekretär und Vertrauten Kliszko nach Paris hatte schicken wollen, womit er sich eine der berühmten Zurechtweisungen de Gaulles zuzog. Der General war gewillt, die kommunistischen Staaten Osteuropas, fern von aller Ideologie, als wiedererwachende nationale Einheiten zu akzeptieren und mit ihren Führern zu verhandeln. Aber einen Parteifunktionär wollte er nicht als ersten Polen empfangen, auch wenn Kliszko mancherorts als die graue Eminenz von Warschau geschildert wurde. Wenn Herr Kliszko nach Paris kommen wolle, möge er sich an Waldeck-Rochet, den Generalsekretär der Kommunistischen Partei Frankreichs, wenden, ließ de Gaulle die Polen wissen.

Das protokollarische Mißverständnis war nur die förmliche Äußerung einer prinzipiellen Meinungsverschiedenheit zwischen Warschau und Paris. Die Polen hatten den Franzosen das enge Zusammengehen mit Bonn übelgenommen. Als de Gaulle Konrad Adenauer, den die polnischen Propagandisten so gern als streitbaren Deutschritter mit weißem Mantel und schwarzem Kreuz darstellten, im Elysée-Palast auf beide Wangen küßte, war die Regierung von Warschau tief schockiert und ließ das den französischen Botschafter fühlen. Erst nach der allmählichen Aushöhlung des deutsch-französischen Freundschaftsvertrages, ermutigt durch die wiederholten Zusammenstöße der Außenminister Schröder und Couve de Murville, im Gefolge auch der eindeutigen deutschen Stellungnahme zugunsten Washingtons, die Paris mit Irritation quittierte, entsann sich Warschau der traditionellen Freundschaft mit Frankreich. Franzosen und Polen einigten sich stillschweigend darauf, daß jene Politik der guten Nachbarschaft, die Polen gegenüber der DDR praktizierte, Frankreich auch gegenüber der Bundesrepublik zuzugestehen sei. Die französische Kampfstellung gegen die von Kennedy erfundene Atomflotte MLF, die Absage de Gaulles an die atlantische Integration, seine Kritik an der Brüsseler Kommission des Gemeinsamen Marktes taten ein übriges, ganz zu schweigen von der faktischen Anerkennung der Oder/Neiße-Grenze, die der General schon im März 1959 vollzogen hatte.

Mit dem Besuch Cyrankiewiczs in Paris war der Kreis geschlossen. Die Fünfte Republik konnte darangehen, ihre Position in Osteuropa auszubauen und die wiedererstandene Freundschaft mit Polen in den Dienst einer gesamteuropäischen Entspannungspolitik gaullistischer Inspiration zu stellen.

Während des Aufenthalts der polnischen Delegation an der Seine ließ sich de Gaulle nicht in der Öffentlichkeit vernehmen. Auf der Pressekonferenz des 9. September 1965, am Tag der Ankunft Cyrankiewiczs, hatte er die Oder/Neiße-Frage entgegen den bangen Erwartungen Bonns nicht erwähnt. Cyrankiewicz wurde mit außerordentlichen protokollarischen Ehren bedacht. Er sprach dreimal mit dem französischen Staatschef, was an sich schon eine Auszeichnung war. Aber publizistisch wurde der Staatsbesuch nicht ungebührlich aufgebauscht, und auf französischer Seite vermied man jeden Akzent, der den deutschen Nachbarn und Verbündeten hätte kränken können.

Josef Cyrankiewicz war in Paris mit der ernsten und konzentrierten Miene eines marxistischen Funktionärs gelandet. Schon am zweiten Tag blühte er auf. Der Krakauer Politiker, der zu Hause den Ruf eines Bonvivants genoß, fühlte sich in Paris heimisch wie so mancher illustre Pole vor ihm. Die alte Herzlichkeit zwischen Frankreich und Polen war im Nu wieder hergestellt. Mochte der Ministerpräsident aus Warschau auch kein Wort Französisch sprechen, er stand hier im Namen einer Nation, die jedes französische Schulkind als natürlichen Alliierten Frankreichs betrachtet, eines Volkes von verwegener und manchmal törichter Ritterlichkeit, eines Staates, der das Unheil der Teilung zwischen Russen und Germanen bis zur Neige ausgekostet hatte. Aus Polen stammte jene Maria Walewska, die Napoleon Bonaparte auch im Unglück die Treue hielt. In Polen hatte der große Korse die tapferen Lanzenreiter rekrutiert, die zu seiner Legende gehören wie die *grognards* der Garde.

Mit Rücksicht auf Deutsche und Russen war eine jüngere Episode aus der gemeinsamen polnisch-französischen Geschichte in den Tafelreden unterschlagen worden, die für die Fünfte Republik mehr bedeutete als die Anhänglichkeit der Gräfin Walewska. 1919, nach der Entlassung aus deutscher Kriegsgefangenschaft, war der Hauptmann Charles de Gaulle als Infanterie-Ausbilder zur polnischen Armee abgestellt worden. Dort hatte der verschlossene und hochmütige Franzose an der Kriegsschule von Rembertow unterrichtet. Er hatte sich sogar bemüht, die polnische Sprache zu lernen. In jenen Tagen soll es zu einer verschwiegenen Idylle zwischen dem französischen Offizier, der als Major der polnischen Armee eingestuft war, und einer polnischen Adligen gekommen sein, dem einzigen amourösen Abenteuer, das man de Gaulle außerhalb seiner Ehe nachsagt.

Die große Stunde Polens und de Gaulles schlug 1920, als die Rote Armee unter General Tuchatschewski, mit dem de Gaulle übrigens das deutsche Gefangenenlager Ingolstadt geteilt hatte, gegen die Weichsel und die Truppen Pilsudskis vorrückte. Frankreich hatte General Weygand mit einem französischen Stab nach Warschau entsandt, und auch der französische Capitaine de Gaulle nahm an den erfolgreichen Abwehrkämpfen teil. Die Sowjetarmee wurde in die Pripjet-Sümpfe zurückgeworfen, de Gaulle mit dem polnischen Orden »Virtuti militari« dekoriert.

Zwanzig Jahre später, im Herbst 1939, hatte de Gaulle die tatenlose Zuschauerrolle Frankreichs während der Niederwerfung Polens durch Hitler als nationale Schmach empfunden. Als er im Dezember 1944 mit Stalin über den französisch-sowjetischen Pakt verhandelte, von dem er – illusorische Erwartung – eine entscheidende Stärkung der französischen Position gegenüber den Angelsachsen in der Deutschlandfrage erhoffte, da wäre es fast zum Bruch zwischen Stalin und dem Wortführer der Freien Franzosen gekommen. Der Stein des Anstoßes war das Schicksal Polens. De Gaulle weigerte sich, das kommunistische Komitee von Lublin als legitime Regierung Polens anzuerkennen. Für ihn war die in London ansässige polnische Exilregierung, eine bürgerliche Gruppe, die der General Sikorski gegründet hatte, maßgeblich und repräsentativ.

De Gaulle war schon aufgestanden und wollte enttäuscht und unversöhnlich den hohen Kreml-Saal und das Bankett verlassen, zu dem der unheimliche Georgier die Franzosen geladen hatte. Der General schien die sowjetisch-französische Allianz seiner romantischen Zuneigung für eine Handvoll unzeitgemäßer polnischer Offiziere und bürgerlicher Politiker geopfert zu haben. Da ließ Stalin ihn durch Molotow zurückrufen und machte das Bündnis perfekt.

In jener spannungsgeladenen Kreml-Nacht hat de Gaulle sein endgültiges Einverständnis für die Verlegung der polnischen Grenze an Oder und Neiße als Ausgleich für die polnischen Gebietsverluste im Raum von Wilna und Lemberg gegeben. Jeder deutsche Protest gegen diese Entscheidung, jeder deutsche Grenzrevisionismus auf Kosten Warschaus stieß seitdem in Paris, nicht nur bei den Gaullisten, auf schneidende Ablehnung.

Die Polen-Reise de Gaulles im September 1967 wurde nicht zu dem Triumphzug, den er sich erhofft hatte. Es kam nicht viel mehr dabei heraus als eine »Weichselfahrt aus Liebeskummer«. Wladislaw Gomulka, der Generalsekretär der polnischen Arbeiterpartei, war ein in der Wolle gefärbter Kommunist geblieben, trotz seiner Folterungen in den stalinistischen Kerkern der Nachkriegszeit. Er wollte die wiedergewonnene Eintracht mit dem Kreml nicht durch den Flirt mit einem unzeitgemäßen gallischen General gefährden. Die Bevölkerung Warschaus fand wenig Gelegenheit, dem Gast aus Frankreich zuzujubeln. Die Empfänge auf den Rokoko-Schlößchen in der Umgebung der Hauptstadt markierten Distanz.

Der damals mächtige Innenminister Moczar, Anführer der sogenannten Partisanen-Gruppe, ließ es fast auf eine Brüskierung der Pariser Delegation ankommen. Die Fernsehteams, die de Gaulle begleiteten, filmten immer wieder jene altmodische Konditorei, wo der junge de Gaulle angeblich in Begleitung einiger Damen der guten Warschauer Gesellschaft Tortenstückchen und *petits fours* zum Tee bestellte. Bei meinem ersten Polen-Besuch im Frühjahr 1958 hatte dort noch das sogenannte »bataillon de la Vistule – das Weichsel-Bataillon« sein Stammquartier, wie man mir in der französischen Botschaft verriet. Es handelte sich dabei um käufliche und durchaus attraktive Mitarbeiterinnen des polnischen Geheimdienstes, deren Aufgabe es war, westliche Ausländer zu betören und auszuhorchen.

In einer überfüllten Kirche der Warschauer Altstadt, die in liebevoller Handarbeit wieder aus dem Schutt erstanden war, predigte Kardinal Wyszynski dem gläubigen Volk. Aber der Klerus ließ es wegen dieses Besuchers aus dem europäischen Westen nicht auf eine zusätzliche Kraftprobe mit dem roten Minderheits-Regime ankommen.

Die Atmosphäre änderte sich schlagartig, als de Gaulle – nach einer Andachtsminute am Grabe Marschall Pilsudskis in Krakau, nach einem ehrfürchtigen Abstecher zur Massenvernichtungsanlage von Auschwitz – die Industriestadt Kattowitz erreichte. Hier hatte Edward Gierek, Woiwode der neugewonnenen Provinz Schlesien, Regie geführt. Gierek, der seine Jugend überwiegend im belgischen Wallonien verbracht hatte, wo er auch als Bergarbeiter auf Schicht gefahren war, hatte sein schlesisches Prokonsulat mit zupackender Energie konsolidiert und eine begrenzte wirtschaftliche Entfaltung gefördert. Er galt als der kommende Mann Polens. Niemand ahnte damals, daß dieser Woiwode – im Februar 1969 an die Spitze von Staat und Partei gelangt, von Helmut Schmidt wie auch von Giscard d'Estaing hoch geschätzt – an der ungestümen Aufsässigkeit der eigenen Arbeiterklasse zerbrechen würde.

Edward Gierek hatte für Schwung und Begeisterung gesorgt. Die kurze Autostrecke, die de Gaulle von Kattowitz bis Hindenburg, das nunmehr Zabrze hieß, vor dem Hintergrund schwarzer Hochöfen, Zechentürme und Kohlenhalden hinter sich brachte, war in ein blau-weiß-rotes Fahnenmeer getaucht. Die polnische Bevölkerung bildete ein dichtes Spalier, schwenkte kleine Trikoloren, hatte sich blau-weiß-rote Kokarden ins Haar und an die Brust gesteckt. Endlich konnte der General sein Bad in der Menge nehmen. Auf der Bühne einer großen, vollgepfropften Schulaula von Zabrze tanzte eine Folklore-Gruppe in roten Stiefeln den Krakowiak.

Dann trat de Gaulle ans Rednerpult und holte zu der programmatischen Erklärung aus, die in Deutschland einige Bestürzung auslösen sollte. Nachdem er die Unantastbarkeit der Oder/Neiße-Grenze noch einmal bestätigt hatte, steigerte er sich zu einem provozierenden Vivat auf die ehemals preußische Grubenstadt Hindenburg. »Es lebe Zabrze«, rief de Gaulle, »vive Zabrze, die schlesischste aller schlesischen Städte, das heißt die polnischste aller polnischen Städte.« Die deutschen Journalisten, die über die Reise berichteten, stürzten an die Telephone und Fernschreiber.

Was hatte der französische Staatschef mit dieser kalkulierten Brüskierung des deutschen Bündnispartners bezweckt? Darüber diskutierten wir bis spät in die Nacht in unserem Krakauer Hotel zu Füßen des Wawel. Wollte de Gaulle der Regierung Erhard/Schröder, die alle Pariser Initiativen mißachtete oder durchkreuzte, ihre an Feindseligkeit grenzende Interessenlosigkeit heimzahlen? Das war nicht der Stil des Generals. Wir kamen zu einem anderen Schluß. Indem er sich so spektakulär, fast exzessiv für den polnischen Besitz in Schlesien und Pommern verbürgte, wollte de Gaulle den Polen den Rücken steifen gegenüber der erdrückenden russischen Vormacht. Er suchte in Warschau die Gewißheit zu verankern, daß – unabhängig von allen erdenklichen Komplikationen und Spannungen zwischen West und Ost – der Territorialbesitz Warschaus östlich von Oder und Neiße keinerlei Anfechtung dulde, auch nicht von seiten protestierender deutscher Landsmannschaften. Es galt, die Polen in ihrem patriotischen Bekennertum, in ihrem nationalen Unabhängigkeitsdrang gegen jede Erpressung der roten Moskowiter zu bestärken.

Aber der alte Magier hatte seine Beschwörungskraft überschätzt. Was half es ihm, daß er zwei Tage später auf der Westerplatte, in Danzig und Gdingen, von breiter Zustimmung getragen, für ein von allen Zwängen befreites, stabiles Polen in einem wiedervereinigten Europa plädierte. Im kommunistisch beherrschten Parlament, im Sejm, fuhr ihm Gomulka persönlich in die Parade. Das polnische Volk habe aus der Geschichte gelernt, erwiderte der unscheinbare, kahlköpfige Generalsekretär, der mehr denn je wie ein Apparatschik wirkte. Es habe den romantischen Aufwallungen der Vergangenheit den Rücken gekehrt. Unter unsäglichen Leiden habe es erfahren, daß auf den Westen kein Verlaß sei. Nicht die französischen Verbündeten von 1939 hätten die Unabhängigkeit Polens in irgendeiner Form garantieren können, und nichts deute darauf hin, daß Frankreich heute in der Lage wäre, neuen revanchistischen Gelüsten entgegenzutreten. Wenn Warschau heute über einen souveränen, territorial abgerundeten Staat verfüge, so sei das der Sowjetunion zu verdanken. Nichts und niemand könne mehr am brüderlichen Bund Warschaus mit dem großen sowjetischen Bruder rütteln.

Dem General war die herbe Enttäuschung anzumerken. Er schied wohl mit einem Gefühl der Bitterkeit von Warschau. Nachträglich kostete er noch einmal die Demütigungen jener *drôle de guerre*, jenes grotesken Stellungskrieges an der Westfront 1939/40, wo die französischen Divisionen in peinlicher Untätigkeit verharrten, während Polen wieder einmal verblutete und zerstückelt wurde.

Der Heimflug der Presse-Eskorte nach Paris wurde durch einen Elektrizitätsausfall am Flughafen Warschau um Stunden verzögert. Im Halbdunkel ließen die polnischen Gastgeber die Wodkaflaschen kreisen, so daß die Berichterstatter aus aller Herren Länder, die in der Maschine ihr Trinkgelage fortsetzten, in einem Zustand extremer Alkoholisierung am Ausgang von Orly in die Arme ihrer wartenden Ehefrauen oder Gefährtinnen taumelten. »Soûls comme des Polonais – besoffen wie die Polen«, so lautete – bei aller Liebe zu Polen – die französische Redeweise.

Unzeitgemäße Spiegelung gallischer Donquichotterie in den Wassern der Weichsel? Die schwärmerische Verbundenheit der Franzosen mit dem Schicksal der polnischen Nation steht in krassem Widerspruch zu dem ansonsten häufig zur Schau getragenen Zynismus ihrer Außenpolitik. Wenn Warschau im Spiel war, betrachtete auch der Nietzsche-Leser de Gaulle die Staaten nicht länger als »kalte Ungeheuer«. Vielleicht sind die Spenden für die freie Gewerkschaftsbewegung Solidarnosč nach Verhängung des Belagerungszustandes durch General Jaruzelski reichlicher aus der Bundesrepublik geflossen als aus den Privatschatullen der stets knauserigen Franzosen. Aber die Kommunistische Partei hat zu spüren bekommen, was es heißt, die Partei des roten Zaren gegen die polnische Volkserhebung zu ergreifen. Generalsekretär Georges Marchais beging einen kapitalen Fehler, als er sich gegen Lech Walesa, den neuen Kościuszko, stellte und den militärischen Ausnahmezustand in Warschau zu rechtfertigen suchte. Der Niedergang der KPF wurde durch diesen Verrat an der polnischen Arbeiterklasse dramatisch beschleunigt.

Dabei hätten es die französischen Kommunisten besser wissen müssen. Es war die Pariser Linke, die schon 1831 für die Volkserhebung an der Weichsel gegen die russische Autokratie mit flammendem Pathos Partei ergriff. »Ganz Frankreich ist polnisch«, rief damals der greise Feuerkopf Lafayette; »von dem Veteran der Großen Armee, der sich seiner polnischen Waffenbrüder entsinnt, bis zu den Schulkindern, die uns ihre mageren Ersparnisse schicken, um der polnischen Sache zu helfen. Jawohl, ganz Frankreich ist polnisch. Ich hoffe, daß auch die französische Regierung polnisch ist ...« Das im Sinne des Utopisten Saint-Simon sozialistisch gefärbte Blättchen *Le Globe* rief nach einer militärischen Intervention zugunsten der polnischen Brüder und verlangte die Bombardierung Kronstadts. Die legitimistische Rechte Frankreichs hingegen, die monarchistische Reaktion hatte sich auf die Seite des Zaren, der repressiven kaiserlichen Legitimität geschlagen.

Sogar die gallikanische Kirche war im 19. Jahrhundert in den Strudel der polnischen Kontroverse geraten. Papst Gregor XVI., der nicht abrücken wollte von der verstaubten Idee des monarchischen Gottesgnadentums, hatte sich in schierer Verblendung gegen seine eigenen katholischen Söhne in Polen gestellt und den Obskurantismus der russischen Staatskirche begünstigt. Als um jene Zeit eine offene Krise zwischen den liberalen Katholiken Frankreichs und den erstarrten Prinzipien des Papsttums über Soziallehre und innenpolitische Ausrichtung aufbrach, war die polnische Kontroverse ein auslösendes Motiv. Der große Prediger Lamennais vollzog den schmerzlichen Bruch mit Rom unter ausdrücklicher Berufung auf Warschau und die Passivität der kirchlichen Hierarchie. Ein freies und katholisches Polen wurde in der liberal-katholischen Zeitung *L'Avenir* beschworen, die kurz danach auf den Index gesetzt wurde: »Du, Vaterland Sobieskis und Kościuszkos, wir grüßen deine neue Morgenröte, wir rufen dich auf zum erhabenen Bündnis zwischen Gott und der Freiheit ...«

1863 war ein neuer Unabhängigkeitskampf an der Weichsel im Blut ertränkt worden. Als vier Jahre später Zar Alexander II. auf Einladung Napoleons III. die Pariser Weltausstellung besuchte, trat ihm ein junger republikanischer Anwalt, der spätere Ministerpräsident Charles Floquet, entgegen, ohne den Hut zu ziehen, und sagte schneidend: »Vive la Pologne, Monsieur!« Doch schon im 19. Jahrhundert erwies sich Frankreich unfähig, der befreundeten, unglücklichen Nation im Osten Europas wirksam zu helfen. Nach der Niederwerfung des Aufstandes von 1831 konstatierte Außenminister Sebastiani mit feiger Erleichterung: »In Warschau herrscht Ordnung.«

Eine ähnliche Erklärung sollte hundertfünfzig Jahre später der sozialistische Außenminister Claude Cheysson zur Empörung zahlreicher Abgeordneter von rechts und von links abgeben. Es liege »absolut nicht in der Absicht Frankreichs, irgend etwas zu unternehmen«, so sagte er, »um den von Moskau inspirierten Gewaltakt General Jaruzelskis in Frage zu stellen.« Der Kardinal von Paris hingegen, Jean-Marie Lustiger, selbst aus Polen stammend und von einem polnischen Papst berufen, trat mit dem Segen des Vatikans in die Fußstapfen des aufsässigen Predigers Lamennais. Er verglich Lech Walesa mit der Jungfrau von Orléans.

Nicht nur der Sänger und Schauspieler Yves Montand stellte sich an die Spitze eines Meinungsfeldzugs zugunsten von Solidarnosč. Die vom Marxismus enttäuschten Veteranen des Mai '68, all jene Intellektuellen, die des ideologischen Palavers überdrüssig waren, sahen im Aufkommen dieser nationalen und proletarischen Volkserhebung gegen das östliche Zwangssystem ein Signal der Hoffnung, einen Vorboten jenes Völkerfrühlings, den sie vergeblich herbeigesehnt hatten. Als François Mitterrand schließlich im Dezember 1985 den General Jaruzelski offiziell empfing und eine »Normalisierung« der Beziehungen zum Polen des Ausnahmezustandes vornahm, löckte sogar der sonst recht gefügige sozialistische Premierminister Laurent Fabius gegen den Stachel und äußerte seinen *trouble*, sein Befremden über diese Form von Realpolitik.

Nach der Abfuhr, die Wladislaw Gomulka dem General de Gaulle erteilt hatte, wurde es still um die großen gesamteuropäischen Zukunftsvisionen. Wer mochte jetzt noch das »Europa vom Atlantik zum Ural« beschwören? »Le grand dessein«, das große Vorhaben einer Verselbständigung der europäischen Staaten in West und Ost von der Bevormundung, von der erdrückenden Umklammerung durch die Supermächte, schien endgültig und spektakulär gescheitert, als am 21. August 1968, nach dem kurzen Prager Frühling, die sowjetischen Panzer die Tschechoslowakei überrollten. Jetzt gab es keine absehbare Chance mehr für den einsamen gallischen Mahner abendländischer Unabhängigkeit.

Dabei hatten die Franzosen während der kurzen Periode böhmischer Emanzipation aus der russisch-kommunistischen Gleichschaltung mit schmerzlicher Überraschung entdeckt, daß die Mannschaft Alexander Dubčeks – vor allem die Prager Wirtschafts- und Kulturbeauftragten – tatkräftige und finanziell wirksame Unterstützung schwergewichtig bei der Bundesrepublik suchten und Frankreich eine recht zweitrangige Rolle zuwiesen. Die tausendjährige Zugehörigkeit Böhmens zum Heiligen Römischen Reich hatte eben doch profundere Spuren hinterlassen, als die Entente-Mächte wahrhaben wollten. Selbst das Nazi-Protektorat und das Massaker von Lidice, das dem Attentat auf den SS-Statthalter Heydrich gefolgt war, hatten keine totale Abkehr bewirken können, zumal der bislang bei den Tschechen hoch im Kurs stehende Panslawismus durch den russischen Einmarsch von 1968 und die Repression des KGB ad absurdum geführt und in Verruf gekommen war.

Für Charles de Gaulle brachte die erste Jahreshälfte 1968 eine Folge bitterer Rückschläge. Auf den Pariser Barrikaden des Mai '68 war sein innenpolitisches Ansehen unwiderruflich lädiert, sein Rücktritt eingeleitet worden. Mit der Abwürgung des Prager Frühlings durch die Rote Armee im August 1968 schien auch seine große europäische Perspektive entmystifiziert zu sein als Wunschvorstellung eines störrischen alten Mannes, als Marotte eines ewig gestrigen gallischen Ruhmbedürfnisses.

Wer konnte es den Tschechen schon verdenken, daß sie in ihrer erneuten nationalen Bedrängung der tödlichen Demütigung ihres Präsidenten Benesch im Herbst 1938 eingedenk blieben. Zwischen den beiden Weltkriegen hatte Benesch die Sicherheit seiner frisch geschaffenen ČSR vertrauensvoll auf die Allianz mit Frankreich gegründet. Am Ende dieses Experiments hatte das schändliche Münchener Abkommen vom 29. September 1938 gestanden, mit dessen Unterzeichnung der französische Ministerpräsident Edouard Daladier – im Verbund mit dem britischen Premier Neville Chamberlain – den tschechischen Verbündeten der Willkür Hitlers auslieferte. Daladier war bei seiner Rückkehr aus München von der großen Mehrheit der Franzosen, von allen Pazifisten der Linken und der Rechten, als »Retter des Friedens« umjubelt worden. Die wenigsten ahnten damals, daß die totale Niederlage der Dritten Republik keine achtzehn Monate auf sich warten lassen würde.

Seit dem Münchener Abkommen reimt sich im französischen Unterbewußtsein das Wort Pazifismus auf Neutralismus und verweist auf die bevorstehende Kapitulation. Auch darin unterscheidet sich heute das psychologische Temperament beiderseits des Rheins. Vielen Franzosen erscheint die mystische Friedensbewegtheit, die die einst säbelrasselnden Deutschen so plötzlich überkommen hat, als kuriose Verirrung, als Trübung des Sinnes für die Realität, als Vorläufer der Selbstaufgabe oder eines geheimen Komplotts.

Wer mochte nach dem Rücktritt und dem Tod de Gaulles noch von einer kontinentalen Föderation Gesamteuropas – »L'Europe tout entière« – schwärmen? Die Deutschen der Bundesrepublik – von den Ideen und den eindrucksvollen Gesten Willy Brandts beflügelt – gingen jetzt in Führung. Die Fäden der neuen Ostpolitik wurden in Bonn geknüpft. Beim Berlin-Abkommen, beim Grundlagenvertrag, sogar bei der Schlußakte von Helsinki spielte das nachgaullistische Frankreich nur eine Statistenrolle. Dennoch fand sich an der Seine kein namhafter Politiker mit der Behauptung ab, auf der »Konferenz für Sicherheit und Zusammenarbeit in Europa« sei der territoriale Status quo von 1945, die kontinentale Spaltung von Jalta nachhaltig festgeschrieben worden. Keiner wußte besser als die Franzosen, daß auch nach Helsinki die deutsche und somit die europäische Frage offen blieb.

Späte Bekehrung zum Protestantismus

Paris, 24. Juni 1987

In vierzigjähriger Tätigkeit als Auslandskorrespondent habe ich sie schätzen gelernt, die vielgeschmähten Taxichauffeure, die dem anreisenden Reporter erste Eindrücke über ein fremdes oder aktuelle über ein vertrautes Land vermitteln. In Ostasien wurden sie oft vorteilhaft durch den Rikscha-Kuli, den *cyclo-pousse,* ersetzt. Diese gesprächsfreudigen Informanten berichteten in Kairo über Korruption in der engsten Umgebung des Präsidenten Sadat. In Saigon wußten sie von kommenden Offensiven des Vietminh. In Teheran mutmaßten sie über den Gesundheitszustand Khomeinis. In Abidjan waren sie in die Zauberriten eingeweiht, mit denen der alte Baoulé-Häuptling Houphouet-Boigny sein Leben und seine Herrschaft über die Elfenbeinküste verlängerte.

Auf der endlosen Fahrt vom Flugplatz Roissy-Charles de Gaulle bis ins Zentrum von Paris kann es gar nicht ausbleiben, daß eine Konversation mit dem Taxifahrer zustande kommt, zumal wenn er gebürtiger Franzose ist – was immer seltener vorkommt – und den Fahrgast als Landsmann einstuft. Zu einem Zeitpunkt, da innerhalb der bürgerlichen Regierungsparteien eine restriktive Naturalisierungspolitik für Ausländer zur Debatte steht und zu erheblichen Positionskämpfen führt, bewährt sich die akzentfreie Beherrschung der französischen Sprache weiterhin als der unfehlbare Passierschein in die nationale Gemeinschaft, zumindest als Aufnahmeprüfung in den exklusiven Zirkel der französischen Zivilisation.

Der grauhaarige, hagere Mann, der mich über die verlängerte »Autoroute du Nord« an der Basilika Saint-Denis vorbei bis zu den Stauungen vor dem »Péripherique« an der Porte de Clichy steuerte, war ein geschwätziger Sonderling wie so mancher seiner Gattung. In der Intimität des Taxis werden jene spontanen Mitteilungen über Gott und die Welt ausgetauscht, die früher am blankgeputzten *zinc* eines Bistro aufkamen, ehe zu viele Fremde sich dort als unerwünschte Zuhörer etablierten und der Lärm der »Jukeboxes« aufbrüllte. Gelegentlich kommt es sogar zu jenen vertraulichen Tuscheleien, die einst den Conciergen vorbehalten waren, ehe sie durch iberische Immigrantinnen abgelöst wurden, die französisch radebrechen, »qui parlent français comme une vache espagnole«, wie eine alte ausländerfeindliche Redewendung besagt, wobei die Bezeichnung *vache espagnole* – spanische Kuh – durch eine Verballhornung des Wortes »Basque espagnol« – »französisch sprechen wie ein spanischer Baske« – zustande gekommen war.

Ob ich denn gerade aus Deutschland zurückgekommen sei, begann das Fragespiel. Ich sei dort wohl zu Geschäftszwecken gewesen, was ich kurz und bündig bejahte. Es folgte eine ausführliche Darlegung, warum es zur wirtschaftlichen Unterlegenheit Frankreichs gegenüber der Bundesrepublik gekommen sei. »Sehen Sie sich meinen Wagen an«, gestikulierte der Mann mit dem zerfransten Schnurrbart; »dieser Mercedes hat dreihunderttausend Kilometer auf dem Zähler, kein französisches Produkt könnte mit ihm rivalisieren.« Er habe unlängst aus dem Fernsehen erfahren, daß die Löhne und die Produktivität in Westdeutschland die entsprechenden französischen Ziffern um dreißig Prozent überstiegen. »Bei uns wird nicht genug gearbeitet, wird zu schlampig gewirtschaftet.« Mein Hinweis auf die sinkende Arbeitsmoral der Deutschen, auf die Veränderungen der deutschen Mentalität im Zeichen einer sich ausdehnenden Freizeitgesellschaft stießen auf höfliche Ungläubigkeit. »Le déclin – der Niedergang, davon redet jeder heute in Paris«, fuhr mein Cicerone fort. »Schlagen Sie die Zeitungen auf von links oder von rechts. Jeder will dem anderen den Niedergang in die Schuhe schieben.«

Schon de Gaulle habe vor dem *déclin* gewarnt, aber jetzt sei man mittendrin, und die Kurve weise weiter nach unten; so sei nun einmal die französische Mentalität. Die Konversation verlief recht sprunghaft. Als die Sozialisten nach ihrer Machtübernahme im Mai 1981 die Vermögensteuer eingeführt hätten, sei der alte Baron de Rothschild aus Protest gegen diese »Plünderung« ins Ausland gegangen. Inzwischen sei er zurückgekommen, denn diese fiskalische Erfassung der »großen Vermögen« sei rückgängig gemacht worden. »Sehr patriotisch ist das wohl nicht gewesen«, erregte sich der Taxifahrer. »Der Steuerbetrug gilt bei uns als Beweis von Schlauheit und alter gallischer List gegenüber dem Staat. Haben Sie den Abgeordneten Martinez von der Nationalen Front von Le Pen gehört, der auch noch Professor der

Rechte ist?« Der Fahrer reichte mir ein zerlesenes Zeitungsblatt nach hinten. Er hatte die Redepassage des Député Martinez rot umrandet. »Mit Steuergesetzen konfrontiert, die nicht mehr dem allgemeinen Wohl dienen«, so las ich, »gewinnt der Steuerzahler seine Autonomie zurück. Die Pflicht besteht da nicht mehr in der Entrichtung einer unbegrenzten Fiskalität, die dem gemeinsamen Wohl entgegensteht, sondern in der Verweigerung. Statt der Demokratie zu schaden, erbringt in einem solchen Fall der Steuerbetrug nur den Beweis ihrer Vitalität.«

Wieder einmal war ich überrascht und belustigt von der geistigen Aufnahmefähigkeit, die auch unter den bescheidenen Autodidakten Frankreichs immer wieder anzutreffen ist. Viel krauser, unverdauter Lesestoff häuft sich da an. Der linksgerichtete *Canard Enchaîné* gehört zweifellos zu den beliebtesten Informationsquellen dieser letzten *titis,* die noch mit dem breiten Akzent des Pariser Faubourg sprechen, aber auch die ultrarechte Zeitschrift *Minute,* die nicht müde wird, gegen die maghrebinische Invasion und die skrupellose Bereicherung zwielichtiger »Metöken« zu Felde zu ziehen. In diesen sporadischen Meinungsäußerungen, die in früheren Jahren ungebrochener gallischer Konvivialität die Debatten am Stammtisch des »Café du commerce« erfrischt hätten, war man um Widerspruch nie verlegen. Witzige Aussagen, die quirlige Intelligenz verrieten, alternierten mit Gemeinplätzen von betrüblicher Borniertheit, als gelte es, Gustave Flaubert in seiner zutiefst pessimistischen Beurteilung der menschlichen Natur zu bestätigen. »Bouvard et Pécuchet« waren im Frankreich Mitterrands nicht ausgestorben. Der tyrannische Einbruch des Fernsehens in den Alltag des Durchschnittsfranzosen hatte auf paradoxe Weise zur Erweiterung und auch zur Verflachung der Thematik beigetragen.

Mein Taxifahrer – man sehe mir nach, daß ich diesem unscheinbaren Mann aus Clignancourt soviel Platz einräume – war schon auf ein anderes Thema gesprungen, den Barbie-Prozeß. »Man hätte diesen *Gestapiste* gleich in Bolivien umbringen müssen«, meinte er; »das hätte mehr Sinn gemacht als diese lächerliche Stümperaktion unserer Geheimdienste gegen die ›Rainbow Warrior‹ in Neuseeland. Im übrigen«, fügte er unmittelbar hinzu, »Hitler – das hätte auch bei uns passieren können.« Nach einer kleinen Pause erwähnte er, daß er nach dem Krieg als Besatzungssoldat im Schwarzwald gedient habe. Die französischen Offiziere hätten sich dort eingerichtet wie »les coqs en pâte – wie in einem Schlaraffenland«. Viel schien er von den Militärs nicht zu halten, und das formulierte er beinahe im Stil Victor Hugos: »Ça promet la gloire et ça finit à la Bérésina – Da versprechen sie den Ruhm, und alles endet an der Beresina!« An der Beresina war die Grande Armée Napoleons dem russischen Winter und den Kosaken des Zaren erlegen.

Ich versuchte, das Gespräch in trivialere Bahnen zu lenken. Neben dem Chauffeur saß ein großer, alter Hund, ein gutmütig wirkendes Tier von undefinierbarer Rasse. Ob er das Tier zum Schutz oder zur Gesellschaft bei sich habe, fragte ich. »Aus beiden Gründen«, antwortete der Taxifahrer. »Sie haben doch nichts gegen Hunde?« Natürlich hatte ich nichts dagegen. »Da hat sich doch neulich eine Negerin zu mir ins Auto gesetzt und gesagt: ›Es stinkt ja nach Hund‹, und da hab ich ihr geantwortet: ›Und du stinkst nach Scheiße.‹ Da hat sie mich als Rassisten beschimpft.«

»Le Pen«, fuhr er nach einer Weile fort, »Le Pen hat seine Nützlichkeit.« Aber viel halte er nicht von diesem grobschlächtigen Bretonen. Er sei auf verdächtige Weise, durch die Irreführung eines geistig getrübten Freundes, an dessen Testament und an dessen Millionen gekommen. »Qui vole un œuf, vole un bœuf – Wer ein Ei stiehlt, stiehlt auch einen Ochsen«, fügte er ziemlich zusammenhanglos hinzu. Er sei gewiß kein Rassist, aber die Menschen seien nun mal nicht alle gleich. Manche befänden sich noch auf der Stufe von Cro-magnon. Von den Weißen könne man zur Not zwanzig Prozent ertragen, von den Schwarzen allenfalls fünf. Die meisten hätten ohnehin nur eine Luftblase im Hirn.

Beim Verlassen des »Boulevard périphérique« gerieten wir in einen Stau. Ein großes Plakat stellte Jean-Paul Belmondo, den Tausendsassa so vieler dürftiger Gangster-Filme, als Hauptdarsteller des anspruchsvollen Bühnenstücks »Kean« von Victor Hugo auf den Brettern des »Théâtre de Marigny« heraus. Schon lamentierte mein redseliger Begleiter über den Niedergang der französischen Schauspielkunst. Wo die Jouvets, die Arlettys, die Sacha Guitrys geblieben seien? Heute erfreue man sich nur noch an Kabarettisten wie an jenem genialen Parodisten Thierry Le Luron, vor dem die gesamte politische Klasse der Fünften Republik, vor allem aber die Sozialisten, gezittert hätten. Der sei ja auch keineswegs ein harmloser Knabe gewesen, dieser Thierry Le Luron, obwohl er aussah wie ein Erstkommunikant. Er sei doch wohl an Aids gestorben, so habe er gehört. Mit dieser letzten Enthüllung beendete der Taxifahrer sein Repertoire. Er war wohl ein recht boshafter Narr. Der Schriftsteller Céline hätte seine Freude an ihm gehabt. »Pensez-y toujours, au déclin!« rief er mir nach, als ich ihn ausgezahlt hatte, »denken Sie stets an den Niedergang!«

»Gardenparty« in Matignon

Am Invalidendom vorbei ging ich am Nachmittag zum Sitz des Premierministers in der Rue de Varenne. Die Gardenparty von Matignon hatte Stil. Bei Jacques Chirac waren vor allem die intimen Parteifreunde der gaullistischen Sammelbewegung zu dieser jährlichen Veranstaltung geladen. Die Kürassiere der »Garde Républicaine« mit Pferdeschweif am goldenen Helm, mit Stulpenstiefeln und weißer Culotte präsentierten den Säbel. Chirac stand strahlend am Eingang, neben ihm seine blonde Frau Bernadette, »la châtelaine« – die Schloßherrin, wie man sie in ihrem Heimat-Département Corrèze nannte, wo sie durch ihr unprätentiöses Auftreten, ihren unermüdlichen Einsatz für die Armen und die Alten zu einer unverzichtbaren Stütze ihres Mannes geworden war.

Bernadette Chirac unterschied sich in dieser Hinsicht vorteilhaft von der brünetten Madame Giscard d'Estaing, geborene de Brantes, ebenfalls aus bestem Adel stammend, die ihre Hemmungen gegenüber dem einfachen Volk nie überwinden konnte. Bei ihren seltenen öffentlichen Auftritten sprach Anne-Aymone Giscard d'Estaing mit dem karikaturalen Feine-Leute-Akzent, wie man ihn zwischen Passy, Auteuil und Neuilly pflegt. Bei den einen galt Anne-Aymone, deren Vater, ein aktiver Offizier, in einem deutschen Konzentrationslager umgekommen war, als extrem schüchtern, bei den anderen als extrem arrogant, wobei das eine wohl das andere nicht ausschloß. Die Sparsamkeit der Giscards – die Bediensteten des Elysée hatten unter dem angeblichen Geiz des früheren Präsidenten gestöhnt – war Gegenstand bissiger Pointen. Dabei zählte diese großbürgerliche Sippe zu den üppigsten Vermögen Frankreichs. Nicht nur Claude Sarraute, die spitzeste Feder von *Le Monde,* berichtete von dem peinlichen Vorfall, als Madame Giscard d'Estaing 1980 anläßlich der Konferenz von Venedig versucht hatte, eine wertvolle Ledertasche, die sie als offizielles Geschenk erhalten hatte und die ihr nicht gefiel, beim Fabrikanten zurückzugeben und sich das Geld dafür erstatten zu lassen. (Beim Niederschreiben dieser Zeilen merke ich plötzlich, daß sich jeder Chronist, der sich mit den Herrschenden Frankreichs befaßt, Gefahr läuft, ähnlich lästerlich und boshaft zu berichten wie der Herzog von Saint-Simon am Hofe des Sonnenkönigs.)

Giscard d'Estaing gehörte wohlweislich nicht zu den Gästen der Gardenparty im Hôtel Matignon. Die wahren Gaullisten trugen ihm nach, daß er dem General beim fatalen Referendum des Jahres 1969 in den Rücken gefallen war. Unter dem wolkigen Sommerhimmel hatten die Gäste den herrlichen Park aufgesucht, den niemand hinter den grauen Mauern der Rue de Varenne vermutete. Bunte Zelte im Stil eines Biwaks waren aufgebaut, wo Getränke und ein gepflegtes Buffet serviert wurden. Die Blicke der Anwesenden richteten sich immer wieder auf die »Barone« des Gaullismus, jene Gefährten des Generals, die während der dramatischen Kriegsjahre und während der ersten Dekade der Fünften Republik zur engsten Umgebung, zur verschworenen Gemeinschaft gehört hatten. Die Teilnahme am Abenteuer der »France Libre« – obwohl es nicht länger als vier Jahre gedauert hatte – verlieh ihnen ein hohes Privileg, eine besondere Art von Adel. Die Reihe der *compagnons* hatte sich indessen gelichtet.

Dicht umringt war der ehemalige Premierminister Michel Debré, den man einst aufgrund seiner bedingungslosen, aufopfernden Treue zum General als »heiligen Sebastian« des Gaullismus verspottet hatte, von so vielen Pfeilen war er durchbohrt worden. Dem ernsten, pathetischen Debré stand die Sorge um das Vaterland stets ins Gesicht geschrieben. Auch er war besessen von der Ahnung des *déclin* und schrieb über die Notwendigkeit einer »Revanche« – nicht gegen irgendwelche ausländischen Gegner, sondern eine Revanche gegen die eigene Unzulänglichkeit, die schon 1940 zur tiefsten Demütigung Frankreichs geführt habe.

In diesen Tagen hatte sich der unermüdliche Streiter für die *grandeur de la France* eines neuen Themas bemächtigt. »Wir müssen davon ausgehen, daß wir uns im Krieg befinden«, deklamierte er; »nicht nur im Krieg gegen den islamischen Fanatismus. Ein unerbittlicher Wettstreit spielt sich zwischen der westlichen Zivilisation und den anderen Kulturen des Erdballs ab. Da gibt es tausendjährige Kulturen, wie die des Fernen Ostens, die unlängst noch nach innen gekehrt lebten und heute einen Wirtschaftskrieg ohne Gnade gegen uns führen; da sind jüngere Kulturen wie die des Islam, der die Werte des Okzidents – wie sie schon in der Antike entstanden – verwirft. Da befinden sich auch Kulturen, deren Entfaltung kaum gedämmert hat, wie die Lebensformen Schwarz-Afrikas, das der Unterproduktion und der Überbevölkerung ausgeliefert ist ...« So exzessiv dieser Alarmruf auch klingen mochte, er entsprang doch einer recht unbestechlichen Langzeit-Analyse. Debré hatte auf seine Weise, mit der ihm eigenen Emphase, auf das Ende des Euro-Zentrismus und die sich daraus ergebenden unerbittlichen Konsequenzen verwiesen. Von Michel Debré stammt übrigens der Ausdruck »Europa der Vaterländer«, der immer noch fälschlich de Gaulle zugeschrieben wird. Der General hatte stets nur vom »Europa der Staaten« gesprochen.

Pierre Messmer hielt sich kerzengerade in einer Runde jüngerer RPR-Politiker. Er war als Armee-Minister de Gaulles in Erinnerung geblieben. Die Zeitungen verglichen sein Profil mit dem eines römischen Cäsaren, aber die blauen Augen verrieten seinen lothringisch-germanischen Ursprung. Im Sand Libyens – bei Bir Hakeim – war er als Offizier der 13. Halbbrigade der Fremdenlegion dabeigewesen, als diese winzige Truppe »Freier Franzosen« unter dem Oberkommando Montgomerys den Panzern Generalfeldmarschall Rommels eine Pause in ihrem Vormarsch auf El Alamein aufzwangen. Diese bescheidene Waffentat von Bir Hakeim hatte der gaullistischen Exilbewegung von London Schwung und Auftrieb verliehen.

Parlamentspräsident Jacques Chaban-Delmas war von einem ganz anderen Schlag als Messmer. Der zierliche, lebhafte Südfranzose aus Bordeaux, dessen Bürgermeister er seit 1947 ohne Unterbrechung war, ging mit nach vorn gestemmten Schultern, als bewege er sich auf einem Sportplatz. Lange Jahre war er einer der besten Tennis- und Rugby-Spieler Frankreichs gewesen, auch wenn er sich seit kurzem damit abfinden mußte, beim Treppensteigen nicht drei Stufen auf einmal zu nehmen.

Chaban-Delmas war eine der bekanntesten Figuren der inneren Résistance, hatte es mit 29 Jahren zum Brigadegeneral der »Forces françaises de l'intérieur« gebracht. Wie er selbst sagte, waren das die herrlichsten Jahre seines Lebens gewesen. Auf den Prozeß Klaus Barbie und die möglichen Enthüllungen über Geständnisse angesehener ehemaliger Widerstandskämpfer angesprochen, hatte er erwidert, daß er es keinem seiner einstigen Kampfgefährten übelnehmen würde, wenn er unter der Folter der Gestapo zur Aussage gepreßt worden sei.

Niemand könne sagen, wie er selbst unter der Tortur reagiert hätte. Er habe immer noch mehr Respekt vor den tragischen Figuren der Résistance, die im unerbittlichen Verhör eventuell »gesungen« hätten, als vor jenen unzähligen Landsleuten, die die deutsche Besatzung in bequemer Passivität überlebten. Mit der ultraliberalen Wirtschafts- und Sozialpolitik des Präsidenten Pompidou hatte sich Jacques Chaban-Delmas, in seiner damaligen Eigenschaft als Premierminister, überworfen, als er sich von seinem eigenen sozial geprägten Entwurf der »nouvelle société« nicht trennen wollte. Er hatte sich dabei auf das Vermächtnis des Generals berufen, der alles andere als ein Freund hemmungsloser Privatinitiative und kapitalistischer Bereicherung gewesen war.

Zur jüngeren gaullistischen Generation aus den ersten Jahren der Fünften Republik gehörte Alain Peyrefitte, früherer Staatssekretär für Information, dann kurze Zeit Erziehungsminister bis zur Mai-Revolte '68, sehr viel später ein strenger, aber wirksamer Siegelbewahrer – *garde des sceaux* –, wie man auch in Frankreich den Justizminister nennt. Mit seinen buschigen Augenbrauen und abstehenden Ohren war die Silhouette Peyrefittes eine bevorzugte Zielscheibe der Karikaturisten. Der Zeichner Moisan hatte ihn in seinem Horror-Kabinett der Fünften Republik stets als Fledermaus dargestellt. Vor ein paar Wochen war dieser einflußreiche Politiker der neogaullistischen Bewegung, Bürgermeister des Städtchens Provins im Osten von Paris, Mitglied der »Académie Française«, mit knapper Not dem Mordanschlag der französischen Terrororganisation »Action Directe« entgangen, die mit der deutschen »Rote Armee Fraktion« eng zusammenarbeitet. Statt seiner hatte der Chauffeur die Limousine gestartet und war durch die Bombe zerfetzt worden.

Alain Peyrefitte ist durch sein Buch »Wenn China erwacht« auch in Deutschland als Autor bekannt geworden. Der Titel ist einem Wort Napoleons entliehen: »China ist ein schlafender Riese; man hüte sich ihn zu wecken; wenn China erwacht, wird die Erde erbeben.« Später hatte sich der ehemalige Zögling der Ecole Normale Supérieure mit den Schwächen der französischen Gesellschaftsstruktur, ihrer Neigung zur Beharrung, insbesondere mit den ererbten Privilegien, »les situations acquises«, befaßt. Er hatte eine Vielzahl organisch gewachsener Mißstände beschrieben, die dem *mal français,* der französischen Rückständigkeit und Schwerfälligkeit auf dem Wege zur wirtschaftlichen und technologischen Erneuerung, zugrunde lägen. »Le mal français« war ein fabelhafter Bestseller, aber auch diesem klaren, cartesianischen Geist gelang es nur unzulänglich, die komplexe Vielfalt der ökonomischen Gegebenheiten in ein System nach vorne weisender Vorschläge zu schnüren.

Für Alain Peyrefitte jedenfalls war das modische Klagen über den französischen Niedergang nichts Neues. Er hatte sich längst damit befaßt. Bei der Lektüre von »Le mal français« hat sich mir eine sehr persönliche Erinnerung Peyrefittes eingeprägt: »An einem Oktobertag 1964 erklärte mir der damalige deutsche Staatssekretär für Information, Günther von Hase, daß er einem Vorschlag, mit dem ich ihn seit einem Jahr bedrängte, nicht stattgeben könne. ›Warum‹, so insistierte ich, ›können wir zwischen dem deutschen Farbfernsehsystem Pal und dem französischen Verfahren Secam keine Kooperation gründen, die sich in ganz Europa durchsetzen würde, während unsere Rivalität Europa zu spalten droht? Jedes der beiden Verfahren ist dem amerikanischen Fernsehsystem bereits überlegen. Wenn wir uns zusammentäten, wäre das ein Beweis für die technologische und industrielle Unabhängigkeit Europas.‹

Günther von Hase hatte an jenem Tag einen Rheindampfer für unser vierteljährliches Colloquium gemietet. Wir fuhren zwischen Bingen und Bonn den Strom hinunter. Um vertraulich mit mir reden zu können, nahm er mich in Begleitung eines einzigen Mitarbeiters beiseite. ›Eines der Grundprinzipien der Bundesrepublik, das wissen Sie, untersagt der Regierung, in die Entwicklung der Privatunternehmen einzugreifen. Wir können die betroffenen Industriellen nur befragen. Wir haben das getan. Sie sind an der Perspektive einer Zusammenarbeit mit der französischen Industrie nicht interessiert. Ihr Secam-System ist bestimmt vorzüglich. Das bestreitet niemand. Aber am Ende entscheiden die Zahlen.‹

Wir fuhren am Loreley-Felsen vorbei. Der Nebel hing niedrig, es war keine romantische Stunde. Man gab mir eine krasse Wahrheit zu verstehen: Für die Deutschen hätte eine Teilung der Gewinne bei einer deutsch-französischen Koproduktion nur Sinn gemacht, wenn sie befürchtet hätten, mit einem ausschließlich deutschen Verfahren weniger als die Hälfte des Marktes für sich erobern zu können. Sie beabsichtigen jedoch, den ganzen Markt an sich zu reißen.

›Unsere Unternehmer haben sich schon in den Ländern der westlichen Welt umgetan, die sich in den kommenden zehn Jahren mit Farbfernsehen ausrüsten werden‹, fuhr von Hase fort. ›Sie wissen auch, daß der französische Konkurrent diese Mühe nicht auf sich genommen hat. Unsere Kaufleute haben die Gewißheit gewonnen, daß das deutsche System sich durchsetzen wird. Gewiß, die Prototypen der beiden Verfahren sind sich ziemlich gleich … Aber wenn es zur Serien-Produktion kommt, setzen fast alle auf den Erfolg der deutschen Industrie.‹

›Eure elektronische Industrie ist mächtiger als unsere‹, wandte ich ein, ›aber oft siegt David über Goliath.‹

Seit einigen Jahren betrachtete ich Günther von Hase als einen Freund. Er hielt sich taktvoll zurück und ließ seinen Mitarbeiter zum Gnadenstoß ausholen: ›Es handelt sich nicht um Produktionskapazität, sondern um Glaubwürdigkeit. Wäre das Secam-System holländisch, schwedisch oder schweizerisch, würden die potentiellen Kunden vermutlich anders reagieren. Jedermann hat eine hohe Meinung von der Begabung der französischen Forscher und von der Qualität ihrer Entdeckungen. Aber es existiert nur geringes Zutrauen in die praktischen Realisationen, die dann folgen müssen.‹ Der Mitarbeiter von Hases präzisierte seine Gedanken, als ob ich noch nicht begriffen hätte: ›Um ein Verfahren kommerziell zu nutzen, muß eine Reihe von Faktoren koordiniert werden. Eine effiziente Organisation, ein dynamisches Verteilernetz, Ausdauer im Überwinden technischer Hindernisse, Stabilität und Rentabilität der Betriebe, Arbeitsdisziplin, ein gutes Verhältnis zwischen Unternehmern und Arbeitnehmern, finanzielle Rücklagen, Solidarität unter den betroffenen Unternehmen…‹«

Mochte Chirac dieses Gerede vom *déclin* der boshaften Desinformation der Sozialisten zuschreiben, die Freunde Mitterrands ihrerseits verwiesen auf die Kommandeurs-Statue de Gaulles, um dessen Epigonen der Dekadenz zu bezichtigen. Das Thema war schon zur Zeit Montesquieus in der französischen Renaissance akut gewesen, ja man müsse, wenn man historisch konsequent sei, bis zum Gallier-Häuptling Vercingetorix zurückgehen, notierte Jacques Frossard im *Figaro*.

Ich selbst erinnerte mich sehr wohl an einen guten Bekannten der gehobenen Pariser Bourgeoisie, der – in Auftreten und Mentalität einer Proust-Gestalt zum Verwechseln ähnlich – in den frühen fünfziger Jahren mit dem Finger auf die damals noch recht elitären Flaneure der Champs-Elysées gezeigt hatte mit dem Ausruf: »Sehen Sie sich diese Franzosen von heute an, c'est Byzance – das ist Byzanz!«

Von Michel Meyer konnte man nicht sagen, daß er von irgendwelchen Niedergangs-Ahnungen geplagt wäre. Es war eine freudige Überraschung, diesen langjährigen Bonner Korrespondenten des französischen Rundfunks im Garten von Matignon wiederzutreffen. Er war seit kurzem Chefredakteur, »directeur politique«, beim staatlichen französischen Radio geworden, eine hochdotierte, politisch brisante Position. Der blonde, blauäugige Elsässer hatte sich durch die Intrigen und Verschwörungen seiner Untergebenen nicht anfechten lassen und mit kräftigen Rundumschlägen in seiner Sendeanstalt *tabula rasa* gemacht. Das alles hatte seiner fröhlichen Jungenhaftigkeit nichts anhaben können. Er genoß es, daß mehrmals in der Woche die gefährlichste Spezies der politischen Fauna – vom Kommunisten Lajoinie bis zum Rechtsextremisten Le Pen – in seinem Pariser Hörfunk-Studio wie zu einer Käfig-Nummer antrat. Dennoch dachte er wohl mit etwas Wehmut an jene »small town in Germany« zurück, wo er mit seiner westfälischen Frau geruhsame Jahre verbracht hatte. Wie anders wäre ein Gartenfest im Bundeskanzleramt abgelaufen. Im Matignon gaben weiterhin höfische Etikette, das einschüchternde, oft gespreizte Prestigegehabe den Umgangston an. Man war weit entfernt von der jovialen, manchmal anbiedernden Volkstümlichkeit, die zum Stil der rheinischen Politik gehört und durchaus ihre sympathischen Seiten hat. In den nationalen Palästen wie Matignon kam ein Flüstern einem Befehl gleich; ein Lächeln bestätigte eine Karriere, ein Seufzer wurde zum Signal erlöschender Gunst.

Gleich neben uns pflegte der frühere Außenminister und Premierminister de Gaulles, Maurice Couve de Murville, in stocksteifer, frostiger Unnahbarkeit Konversation. Dem hochgewachsenen, schlanken Protestanten konnte das Alter nichts anhaben. Bei seinen Fernseh-Auftritten hatte er einst seine politischen Gegner mit der gelangweilten Miene eines Buster Keaton aus der Fassung gebracht. Auch als Regierungschef hatte er die Idealfigur des französischen Beamten, des *grand commis de l'état* verkörpert. Dabei war vermutlich der angeborene Calvinismus des Pastorensohns aus dem Midi der Schlüssel zu seiner distanzierten Persönlichkeit.

Mehr noch als auf die *barons* und den Premierminister, der sich gestikulierend und mit lebhaftem Mienenspiel unter die Gäste mischte – das Nahen des Wahltermins im Mai 1988 schien die Hektik Chiracs noch zu steigern –, richteten sich die Blicke der Eingeweihten auf einen eher behäbigen Mann, dessen hoheitsvolles, ein wenig bourbonisch wirkendes Profil Ruhe und gezielte Überlegenheit ausstrahlte. Finanzminister Edouard Balladur gilt als mächtigster Mann im Kabinett Chirac. Er ist sich dessen bewußt, bewegt sich mit der Würde eines Kardinals. Natürlich ist auch dieser Pol höfischen Einflusses aus der hohen Beamtenschule ENA hervorgegangen. Sein Aufstieg hat unter Pompidou begonnen. Als technischer Berater des damaligen Premierministers de Gaulles hatte er gemeinsam mit Jacques Chirac, der seinerzeit Staatssekretär für Beschäftigung war, so wirkungsvoll an der Meisterung der Mai-Revolte von 1968 mitgewirkt, daß Pompidou – nachdem er Staatspräsident geworden war – diesen diskreten Beamten, der hinter einer gespielten Nonchalance eiserne Zielstrebigkeit verbarg, zum Generalsekretär des Elysée-Palastes berief. Während der langen Agonie Pompidous agierte Edouard Balladur als »Vizekönig«.

Kein Wunder, daß Giscard d'Estaing, der die Nachfolge Pompidous antrat, mit diesem Kenner des Pariser Serail nichts anzufangen wußte. Er bot Balladur den Botschafterposten beim Vatikan an, vielleicht in Anbetracht der salbungsvollen, fast klerikalen Allüren des heutigen Finanzministers. Statt dessen vollzog Balladur den Absprung in die Privatwirtschaft, wobei ihm die ausgezeichneten Beziehungen, die er während seiner Zeit im Elysée mit dem Arbeitgeberverband – »le patronat« – geknüpft hatte, zugute kam. »Er zog die Pantoffeln an – il pantouflait«, wie die französischen Beamten den Abstieg aus den Höhen des Staatsdienstes in die Niederungen des privaten Unternehmertums bezeichnen. Seine Tätigkeit bei der Gesellschaft für den Tunnelbau am Montblanc wurde nicht sonderlich zur Kenntnis genommen. Hingegen beeindruckte er die Manager und die Angestellten der »Compagnie générale d'électricité«, des französischen Pendants zum Siemens-Konzern, als er dort – mit Hilfe eines anderen Pompidou-Freundes, des Industrie-»Gurus« Ambroise Roux – zum »président directeur général« der expandierenden Zweiggesellschaft GSI wurde. P. D. G.: Die Titelfreude der Honoratioren erinnert hier gelegentlich an die k. u. k.-Monarchie. Von einem Tag zum anderen war aus dem Verwaltungsjuristen Balladur der Chef eines Spitzenbetriebes der *high technology* geworden, der sich nach kurzer, erfolgreicher Einarbeitung in die Welt der Computer zusätzlich mit der Sanierung der Akkumulatoren- und Batterien-Fabrik CEAC befassen mußte.

Seinen im inneren Kreis der Macht erworbenen Hang zum herablassenden Autoritarismus mußte Balladur durch die aus Amerika importierte Praxis des »management by walking around« ersetzen. Beim Studium im »Institut d'études politiques« war ihm das Taylor-System noch als effiziente Produktionsmethode gepriesen worden. Jetzt wurden die überholten Hierarchievorstellungen zugunsten der Delegation von Kompetenzen, von moderner Unternehmenskultur und von *corporate identity* zu Grabe getragen. Aber als es in der CEAC darum ging, »Schmutzarbeit« zu verrichten, innerhalb von sechs Jahren die Personalstärke zu halbieren, um zu rationalisieren, als sich Streiks und Konflikte mit der Belegschaft häuften, stellte er sich der Herausforderung. »Er ist nie um einen Schritt zurückgewichen«, berichtete ein Delegierter der Gewerkschaft CGT.

Dennoch kann davon ausgegangen werden, daß Edouard Balladur sich in der Privatwirtschaft gewissermaßen im Exil fühlte, daß er unter der Ungnade der Präsidenten Giscard und Mitterrand insgeheim gelitten hat. Mein Freund Jean-Paul hatte den jungen Provinzler Balladur in gemeinsamen Studienjahren bei »Sciences Po« aus der Nähe beobachtet. Entgegen einer weitverbreiteten Legende sei dieser strebsame, reservierte, keineswegs brillante Student kein Sproß der begüterten Bourgeoisie. Mit Fleiß und Leistung habe er sich sogar ein Staatsstipendium verdient.

Der Geburtsort Balladurs liegt in der Türkei, in Izmir, dem früher griechisch besiedelten Smyrna, wo seine Familie sich seit längerem im Orient-Geschäft etabliert hatte. Es konnte nicht ausbleiben, daß seine Gegner ihm eine armenische Abstammung – Balladurian – andichteten. Für den Finanzminister Chiracs, als Verfechter eines Neoliberalismus *à la française*, der den eingefleischten Staatsdirigismus nie verleugnen konnte, war die Kritik aller Linken vorprogrammiert. Dank der ihm eigenen Arroganz hat der Finanzminister diese Anfeindungen offenbar mit Wohlbehagen quittiert. Ein Teil der Presse schäumte, als Balladur sich weigerte, den Umzug seines Ministeriums in einen aufwendigen, aber sehr prosaischen Beton-Neubau im proletarischen Osten der Hauptstadt fristgerecht anzutreten und sich statt dessen im glorreichen Prunkflügel des Louvre behauptete. In diesem Renaissance-Schloß, umgeben von der erlesensten Auswahl des *mobilier national*, vor den riesigen, goldgerahmten Spiegeln, die seine bourbonische Attitüde ins Erhabene steigerten, genoß die »Sphinx«-Gestalt aus Smyrna ihre Rolle.

Es gehörte offenbar zu den Eigenarten des Draufgängers Chirac, daß er solcher ominöser Einflußgestalten bedurfte und sich von ihnen leiten ließ. Auf das Duo Marie-France Garaud und Pierre Juillet war Edouard Balladur gefolgt, und an ihm führte kein Weg vorbei.

Natürlich hatten sich die Karikaturisten auch dieser Schlüsselfigur bemächtigt, zeichneten ihn unter den Zügen eines neuen Colbert, mit Vorliebe jedoch im Gewande eines Rokoko-Fürsten. Mit pamphletärer Verve wurden die »königlichen Banketts« geschildert, die er unter den kostbaren Täfelungen des Louvre inszenierte. Balladur wurde überdies mit dem Spitznamen »Ballamouchi« bedacht. Der literarisch gebildete Zeitungsleser wußte sofort, was damit gemeint war. Im »Bürger als Edelmann« von Molière wird zu Ehren des Monsieur Jourdain, der so gern in den Adelsstand erhoben werden möchte, am Ende eine groteske Farce aufgeführt. Freunde und Spaßvögel – als Abgesandte des osmanischen Sultans, des »Grand Turc« kostümiert – verleihen Monsieur Jourdain im Namen der »Pforte« die Würde eines »Mamamouchi« und setzen ihm in groteskem Ritual einen mächtigen Turban, Zeichen seines neuen, hohen Standes auf. Aus »Mamamouchi« ist »Ballamouchi« geworden. Das Selbstbewußtsein Balladurs dürfte unter dieser Verstümmelung seines Namens kaum gelitten haben.

Warum ich so ausführlich den Werdegang dieses Nachfolgers des Herzogs von Morny, Finanzminister und engster Vertrauter Kaiser Napoleons III., schildere, der als erster sein Amtsquartier im Louvre aufschlug? Weil Balladur ein exemplarischer Fall ist für das singuläre, stets spannungsgeladene Verhältnis zwischen Staat und Finanzen, weil seine hochmoderne und doch irgendwie archaische Figur die typisch französische Koexistenz zwischen den edlen Imperativen der Regierungsgeschäfte und den bislang als subaltern erachteten Initiativen des privaten Unternehmertums verkörpert. Balladur hat die Reprivatisierung weiter Industrie- und Wirtschaftssegmente, die von den Sozialisten Mitterrands verstaatlicht worden waren, zu seinem Hauptanliegen erkoren. Dabei machte er sogar vor jenen Nationalisierungen – insbesondere bei den Großbanken, dann auch bei Renault – nicht halt, die Charles de Gaulle *en personne* nach der Befreiung Frankreichs verfügt hatte.

Kein Wunder, daß die Getreuen des Lothringer Kreuzes über diesen Mann aus Smyrna die Nase rümpften. Der Gaullismus hatte stets über eine ausgeprägte soziale, oft populistische Komponente verfügt.

Wenn der General sich zur Wirtschaftspolitik äußerte, wenn er – seinem Mentor Jacques Rueff folgend – die Rückkehr zum Goldstandard forderte, amüsierten sich die Finanzexperten. Seine militärische Maxime »l'intendance suivra – der Troß wird schon folgen« war mit dem ökonomischen Zeitgeist kaum zu vereinbaren. Der »Chiraqismus«, von dem neuerdings die Rede ist, orientiert sich in Wirklichkeit an den Vorstellungen Georges Pompidous. Selbst in der Wirtschafts- und Sozialpolitik steht Mitterrand paradoxerweise dem General näher als die angeblichen Neogaullisten.

Nicht nur Edouard Balladur wurde als Exempel für diese Abkehr vom reinen gaullistischen Credo zitiert. Auch der Chirac-Intimus und Budget-Minister Alain Juppé kehrte dem gaullistischen Etatismus, dem Mythos des »Plans«, dem der General gern huldigte, resolut den Rücken. Juppé stammt aus bescheidensten Verhältnissen. Er verdankt seinen Aufstieg in die höchste Sphäre der Republik seinem Fleiß und seinen hart erkämpften Diplomen. Er prägte die Devise: »Ehrgeiz ist Pflicht.« Und dennoch gilt für diesen Techniker der Macht ein Satz, mit dem de Gaulle einst Giscard d'Estaing abqualifizierte: »Sein Problem ist das Volk.« So hat sich Alain Juppé für einen radikalen Neoliberalismus engagiert, sich dabei auf den Napoleon-Gegner Benjamin Constant berufen und die Vermögenssteuer, »l'impôt sur les grandes fortunes«, über die mir bereits der Taxichauffeur aus Clignancourt ein Privatissimum gewährt hatte, mit einer bündigen Gesetzesvorlage abgeschafft.

Mit Gaullismus hatte das wirklich nichts mehr zu tun. Dem Historiker Jean-Noël Jeanneney zufolge hatte der Hauptmann de Gaulle während seiner Kriegsgefangenschaft im Jahr 1916 in seinem Tagebuch zwei Verse des Napoleon-Barden Béranger notiert: »Was bedeuten schon Steuern für die Reichen? Ein paar Ratten mehr in ihrer wohlgefüllten Scheune.«

Ganz ungefährlich ist die Gratwanderung Edouard Balladurs und seiner Gefolgsleute nicht. Wenn der Finanzminister sich mit dem Wahlmonarchen Mitterrand anlegt, werden historische Reminiszenzen geweckt. Das Beispiel Philipps des Schönen, der zu Beginn des 14. Jahrhunderts Jacques de Morlay, den Großmeister des finanzmächtigen Templerordens, verhaften, foltern und öffentlich verbrennen ließ, um diese Parallelgewalt auszuschalten und das Vermögen der Kriegermönche zu konfiszieren, ist vielleicht ein bißchen weit hergeholt. Aber jeder kultivierte Franzose erinnert sich an die glänzende filmische Darstellung Rosselinis von der »Machtergreifung Ludwigs XIV.«, vor allem an die Szene, da der junge Monarch vom Intendanten Fouquet, dem Vermögensverwalter des Königs und reichsten Mann Frankreichs, in sein provozierend üppiges Schloß geladen wird und mit scharfem politischem Verstand die Herausforderung annimmt. Auf dem Höhepunkt des Festes, das die Macht und das unermeßliche Vermögen Fouquets mit unerträglichem Hochmut zur Schau stellen soll, läßt der junge König seine Musketiere kommen, den Intendanten verhaften und für immer in einer seiner Festungen verschwinden.

Natürlich gab es in der Historie Frankreichs auch treu ergebene, bei allem Einfluß bescheidene Finanzverwalter des Lilienthrons wie Sully, der Heinrich IV. diente, und vor allem Colbert, den bürgerlichen Finanzminister des Sonnenkönigs, dessen Wirtschaftskonzeption bis auf den heutigen Tag fortwirkt. Der »Colbertismus«, eine für die damalige Zeit beeindruckend effiziente Mixtur aus Dirigismus, Planwirtschaft, Protektionismus und *pacte colonial* im Dienste des monarchischen Absolutismus, ist ein Erbe, das Frankreich noch längst nicht abgeschüttelt hat. Der Wandel ist im Gange, doch er verläuft spasmisch und schmerzhaft.

Das Gerede vom Niedergang

Die Diskussion über den *déclin* läuft in diesen Tagen parallel zur Debatte über die »Beerdigung des Colbertismus«. Aber es genügt wohl nicht, daß man vom sozial gefärbten Gaullismus Abschied nimmt und von den paternalistischen Vorstellungen des Generals. De Gaulle hatte allen Ernstes geglaubt, die »association capital-travail«, die Interessenverknüpfung von Kapital und Arbeitskraft, böte eine Alternative zum Klassenkampf. Schon François Mauriac hatte grimmig vom »gaullisme alimentaire«, dem »nahrungsuchenden Gaullismus« der Epigonen gesprochen.

Die sozialistische Opposition zur Regierung Chirac/Balladur macht sich verständlicherweise einen Sport daraus, die Privatisierungen der Konzerne und Großbetriebe kritisch unter die Lupe zu nehmen. Die Sozialisten können nicht umhin, den Erfolg der Aktien-Subskriptionen gerade bei den bescheidenen Sparern anzuerkennen. Aber sie verweisen auf jene konzentrischen Satelliten-Bahnen, die rings um die gewaltigen neuen Holdings in sämtlichen Industriebranchen verlaufen. Vor allem prangern sie den »harten Kern« an, »le noyau dur«, in dem sich stets die gleichen Gesellschafter, die gleichen Unternehmensführer wiederfinden. Die neu ernannten *présidents directeurs généraux* – so argumentiert die Opposition – würden von der RPR-Regierung Chiracs nach politischen Kriterien gekürt. So gehörte der bereits erwähnte Ambroise Roux, der Regent, dessen Imperium sich im Schatten der »Compagnie générale d'électricité« entfaltet, zu den intimen Freunden Georges Pompidous. Der Pompidolismus, nicht der Gaullismus, wurde, wie gesagt, als Leitlinie der privatwirtschaftlichen Dynamisierung Frankreichs adoptiert.

Übrigens stammt auch Ambroise Roux wie der Baulöwe Francis Bouygues, der sich neuerdings im Mediengeschäft tummelt, aus der rückständigen Auvergne, aus dem Massif Central, der Heimat Georges Pompidous. Die blasierten Pariser, die überheblichen Nordfranzosen entdecken plötzlich, daß die kräftigsten Impulse der Modernisierung, der technologischen Revolution, der finanziellen Anpassung an den europäischen, ja weltweiten Wettbewerb ausgerechnet von dieser keltischen Kernbastion im Herzen Frankreichs ausgeht, wo Vercingetorix sich den Legionen Julius Caesars entgegenstellte. Noch in meinen Studentenjahren war es üblich, daß der *bougniat*, der auvergnatische Zuwanderer in die Seine-Kapitale, als kleiner Kohlenhändler, oft sogar als Kohlenschlepper sein Leben fristete. An den rundschädeligen, gedrungenen Söhnen des Massif Central, jener Landschaft im Zentrum Frankreichs, die von aller Fortschritts-Euphorie jahrhundertelang ausgespart blieb, erweist sich heute die robuste Vitalität der gallischen Ur-Rasse.

Der Disput über den »noyau dur« schlägt hohe Wellen. Die Bevorzugung von Günstlingen ist ein beliebtes polemisches Thema. Im »harten Kern« der durch die Privatisierung neu strukturierten französischen Wirtschaft lassen sich tatsächlich immer wieder die gleichen Firmennamen aufschlüsseln: Die Banken Paribas, Crédit Commercial de France, Société générale, Compagnie financière de Suez und der Medienkonzern Havas kehren bei allen Finanzierungs- und Beteiligungs-Operationen wieder. Zu ihnen gesellen sich neben weiteren Kredit- und Versicherungsinstituten die sogenannten »Wasser«-gesellschaften – Compagnie générale des eaux, Lyonnaise des eaux – sowie die Industrie-Konzerne Saint-Gobain oder Rhône-Poulenc, letzterer mit Schwerpunkt in der Pharmazie. Sogar der kühle Charme der blonden Filmschauspielerin Catherine Deneuve wurde in einem romantisch verklärten Werbespot des Fernsehens aufgeboten, um Anteile der Companie financière de Suez unter die Leute zu bringen. Niemand ahnte zu diesem Zeitpunkt, daß der bevorstehende weltweite Börsenkrach die eben zum Mini-Kapitalismus bekehrten Kleinaktionäre so jäh und bitter ernüchtern würde.

Die Erfahrungswerte der Jahrhunderte waren ohnehin negativ. Im Unterbewußtsein der Anleger rief die Privatisierung des Suez-Konzerns Assoziationen mit dem Panamaskandal von 1892/93 wach, in den der »Tiger« Georges Clemenceau zutiefst verwickelt war. Damals hatte der Erbauer des Suezkanals, Ferdinand de Lesseps, mit dem Scheitern seines gigantischen Projekts an der Landenge Mittelamerikas zahlreiche Spekulanten um ihr Vermögen gebracht. Viel früher schon hatte der inflationäre Schwindel des Regenten von Orléans nach dem Tode des Sonnenkönigs eine Vielzahl von Untertanen in den Ruin getrieben. Die vom Versailler Hof abgesegneten Betrügereien des schottischen Hasardeurs John Law hatten katastrophale Folgen gehabt. Zu Zeiten Ludwigs XV., so entsannen sich jetzt viele Franzosen, waren absurde Finanzbeteiligungen an der Erschließung des Urwaldes von Guayana im Fiasko gelandet. Die Ermutigung zur neokapitalistischen Initiative, ausgehend von der Regierung Chirac/Balladur, ist mit trüben Reminiszenzen belastet.

Die Investitionssummen, die die »privilegierten« Firmen zur Erringung von konzentrisch angelegten Kontrollpositionen aufwenden, sind relativ bescheiden. Das veranlaßte die Zeitung *Le Monde* zu der Frage: »Ist der französische Kapitalismus wirklich so arm an Kapital, neigt er zur Selbstkontrolle mit Hilfe von Kumpanei, ist er archaisch?« Die Experten haben errechnet, daß insgesamt zweiundfünfzig Begünstigte, »cinquante-deux amis«, an die Spitzen dieser wichtigsten Unternehmen, in den »harten Kern« katapultiert wurden. Fast ausnahmslos standen sie – so wird kolportiert – der konservativ-liberalen Parlamentsmehrheit nahe, die aus den Wahlen des März 1986 hervorgegangen war, vor allem aber der neogaullistischen Sammelbewegung Chiracs. Auf diese Sachlage angesprochen, erwiderte Edouard Balladur schroff: »Ich verfüge nicht über zweiundfünfzig Freunde«, was wiederum *Le Monde* zu der Frage veranlaßte, ob die zweihundert Familien Frankreichs, die – einer hartnäckigen Behauptung zufolge – die französische Wirtschaft während der Dritten, teilweise auch der Vierten Republik oligarchisch beherrschten, nun durch die »zweiundfünfzig Freunde« abgelöst worden seien. Immerhin würde das bedeuten, daß auf die Dynastien des Besitzes die sogenannte »Meritokratie« gefolgt wäre, der verdienstvolle, in sich geschlossene Kreis der tüchtigen und ehrgeizigen Aufsteiger.

Es fällt den Chiraqisten nicht schwer, den Vorwürfen der Sozialisten zu begegnen. An die Spitze aller Konzerne und Banken, die nach dem sozialistischen Wahlsieg von 1981 auf Betreiben Mitterrands der Verstaatlichung anheimfielen, waren damals Unternehmer und Manager plaziert worden, die die Gunst des Elysée genossen. Das »Spoils System«, das die politische Realität der Vereinigten Staaten so lange beherrscht hat, ist in der französischen Wirtschaft fest verwurzelt und wird vom großen Publikum, das seinerseits gewohnt ist, die ökonomischen Zusammenhänge unter Berücksichtigung staatlicher Machtausübung zu beurteilen, auch generell akzeptiert. Es war deshalb ein sensationelles Signal für den Wandel des Zeitgeistes, als ausgerechnet die von den Sozialisten ernannten Unternehmensführer sich 1983 gegen die autoritäre Gängelung des sozialistischen Industrieministers Chevènement, der mit dem Ruf eines zeitgenössischen Jakobiners kokettierte, auflehnten, ihn zum Rücktritt zwangen und größere Autonomie für ihre Betriebe durchsetzten.

»Ich glaube mehr an den Menschen als an den Staat«, lautet der Titel eines Buches, das Edouard Balladur den ökonomischen Schwächen und Chancen Frankreichs gewidmet hat. Er weiß, wovon er spricht, wenn er gegen die »Staats-Bourgeoisie« zu Felde zieht. Gemeint sind die Absolventen der »großen Schulen« – Polytechnique, Ecole des Mines, ENA und deren »fine fleur«, die Inspection des Finances –, die sich in wachsendem Maße auf die Pfründe der Privatwirtschaft stürzen und sie untereinander aufteilen, die dem Spiel des Erwerbs oder Verkaufs bereits existierender Unternehmen mehr Freude abgewinnen als der Schaffung neuer Industriezweige oder der Rentabilisierung des Kapitals.

Diese abgeschirmte »Synarchie, die aus der Wechselwirkung politischer und wirtschaftlicher Macht ... hervorgegangen ist«, beschreibt der Finanzminister wie folgt: »Sie helfen sich, sie bewerten sich, sie wählen sich aus, sie kooptieren und schonen sich gegenseitig; die Reziprozität dieses Gruppenverhaltens garantiert die Dauerhaftigkeit ihres Einflusses.« Dank der von ihm verfügten Privatisierungen, so meint der Finanzminister recht optimistisch, werde sich bald eine neue, der modernen Betriebsführung besser angepaßte Auslese vollziehen. Die aus der Verwaltung hervorgegangene Oligarchie soll verdrängt werden durch eine robuste Gattung tüchtiger Pragmatiker, durch resolute Aufsteiger, die im harten Wettbewerb der freien Unternehmen gereift seien.

Das Gespräch über den Niedergang wurde angeheizt durch den drohenden Positionsverlust Frankreichs unter den führenden Industriemächten. Hatte man in Paris zeitweilig davon geträumt, mit den Deutschen gleichzuziehen, so tat sich Frankreich jetzt schwer, den hart erkämpften leichten Vorsprung gegenüber Großbritannien zu behaupten. Ja, neuerdings setzten die Italiener zur Überrundung der Franzosen an. Ausgerechnet die lateinische Schwester, der die Pariser Kommentatoren stets bescheinigt hatten, in Ermangelung eines strukturierten Staatsapparates tauge sie gar nicht zu gezielter Wirtschaftsentwicklung, besann sich auf die unternehmerischen Tugenden ihrer lombardischen und piemontesischen Söhne, die schon die Renaissance des Abendlandes beflügelt hatten.

Übrigens stand nicht nur die Colbertsche Tradition einer antiprotektionistischen internationalen Marktöffnung im Wege, auch die Rentner-Mentalität, die sich der französischen Bourgeoisie spätestens nach Zusammenbruch des Zweiten Kaiserreichs bemächtigt hatte, erwies sich als zusätzlicher Hemmschuh. »Was ist der Dritte Stand – qu'est le tiers-état?« hatte der Abbé Sieyès bei Ausbruch der Revolution von 1789 gefragt. »Nichts«, lautete die Antwort. »Was kann er sein?« – »Alles!« Zum Dirigismus der Monarchie, der einst wie ein schützender, aber auch lähmender Panzer über alle wirtschaftlichen Privataktivitäten gestülpt war, gesellte sich als Folge der bürgerlichen Revolution das Pochen der Besitzenden auf die Unverletzlichkeit der *situations acquises*, die krampfhafte Behauptung der erworbenen und unveräußerlichen Vorrechte des Eigentums, der *rentes de situation*, wie es in einem enthüllenden, kaum übersetzbaren Ausdruck heißt.

Vielleicht war die Bourgeoisie in Frankreich hundert Jahre zu früh zur Macht gekommen. Statt wie andernorts in Europa in der zweiten Hälfte des 19. Jahrhunderts dynamisch nach vorn zu streben, auf industrielle Neuerung und Durchbrechung der feudalen Strukturen zu drängen, war sie mit Hilfe zensitärer Beschränkungen damit beschäftigt, das Ererbte zu wahren und die bei der Verteilung der Assignaten zu kurz gekommenen Volksschichten von der Mitbestimmung an Staat und Wirtschaft weiterhin auszuschließen.

Das glorreiche, aber unheilvolle Abenteuer der Pariser *Commune* hatte endgültig dazu beigetragen, das französische Proletariat, die Arbeiterschaft für weitere hundert Jahre in einem sozialen Getto einzusperren, sie von der Nation zu isolieren. Die Kommunisten Frankreichs – von de Gaulle während seiner demagogischen Phase der Sammlungsbewegung RPF als »Separatisten« bezeichnet – hatten lediglich die ideologische Konsequenz aus dieser Quarantäne gezogen, in die die Werktätigen gepreßt wurden. Vielleicht liegt es an diesem unzeitgemäßen Grabenkrieg, den sich Bourgeoisie und Proletariat bis in die jüngste Vergangenheit lieferten, daß der Teamgeist, der ein so wesentliches Element wirtschaftlichen Fortschritts darstellt, in Frankreich nicht gedeihen konnte, daß der »patron de droit divin«, der »Arbeitgeber von Gottes Gnaden«, über eine Arbeiterschaft herrschte, die sich stets als Objekt von Ausbeutung empfand. Die gesellschaftlichen Beziehungen zwischen Oben und Unten sind bis auf den heutigen Tag gespannt, feindselig, manchmal abscheulich. Als die ersten deutschen Offiziere der Bundeswehr in den sechziger Jahren zu den alliierten Stäben nach Fontainebleau versetzt wurden – es handelte sich oft um die Söhne ostelbischer Junker –, waren sie schockiert über die Geringschätzung, mit der ihre der Oberschicht zugehörigen französischen Nachbarn und Freunde ihre Untergebenen und ihre Domestiken behandelten.

Die Betrachtung über französisches Wirtschaftsverhalten ließe sich unbegrenzt ausweiten. Hier seien nur ein paar Aspekte aufgeführt, die die spezielle Situation der französischen Ökonomie im heutigen Europa erhellen mögen. Während in Frankreich seit dem ausgehenden Mittelalter eine zentralisierende Dynastie ihr Markt-Monopol nach Kräften konsolidierte, die regionalen und individuellen Initiativen in feste staatliche Normen preßte, entfaltete sich im lockeren Freiraum des Heiligen Römischen Reiches Deutscher Nation die Hanse zu stolzer Selbständigkeit von monarchischer Bevormundung. Die Freien Reichsstädte wurden zu Hochburgen händlerischer und unternehmerischer Vielfalt. Gerade die periodische Vakanz an der Spitze des weitmaschigen Reichsverbundes schuf die Voraussetzung frühkapitalistischer Konzentration. Die Welser hatten bereits ihren finanziellen Anteil an der Erschließung der Neuen Welt. Die Fugger entschieden durch massive Geldzuwendungen an die Kurfürsten die Kaiserwahl zugunsten des Habsburgers Karl V. Im losen Rahmen des Reichs, wo mannigfaltige fürstliche Sonderinteressen sich ausbalancierten, blieb weiter Spielraum für die Gründung mächtiger Städtebünde, deren Hauptziel die Bereicherung ihrer Patrizier und lukrativer Kommerz war. Diese unterschiedliche Ausgangsposition in Frankreich und in Deutschland wirkt bis auf den heutigen Tag fort.

Die Franzosen sind sich ihrer Handicaps bewußt geworden. In keinem anderen Land des Gemeinsamen Marktes wird mit solch grimmiger Entschlossenheit auf den Horizont 1992 hingearbeitet. Im Jahr 1992 soll die komplette wirtschaftliche Union der EG-Staaten vollzogen werden, und Frankreich will für diese Herausforderung gerüstet sein. Es geht nicht nur um den Abbau verkrusteter Strukturen, es geht um eine psychologische Umkehr. Für die jungen Manager, die »jungen Wölfe«, die an den privatisierten Großbetrieben ihre Krallen wetzen, ist das Diplom einer renommierten amerikanischen »Business School« heute mehr wert als die Absolvierung der »Ecole nationale d'administration«. Es wird noch einige Zeit dauern, ehe die französischen Unternehmer die Entdeckung ihrer deutschen Kollegen nachvollziehen: daß nämlich das Management in den USA seinem exzellenten Ruf häufig nicht mehr gerecht wird, daß die Europäer durchaus in der Lage sind, ihre transatlantischen Konkurrenten in »God's own country« zu überrunden.

Der Führungsstil der französischen Betriebe wird bei der radikalen Umstellung, die ihm bevorsteht, auf manches dekorative Detail verzichten müssen. Bei den Pariser Medien-Gesprächen, an denen ich teilnahm, waren die großen Holdings, war der »harte Kern« der neu und konzentrisch strukturierten Privatwirtschaft, stark vertreten, von der Bank Paribas und der Versicherungsgesellschaft U.A.P. bis zur »Lyonnaise des Eaux« und Havas, ganz zu schweigen von der Rothschild-Bank. Das gemeinsame Mittagessen wurde bei diesen Anlässen durch einen feierlichen *maître d'hôtel* im Frack eingeleitet, der mit Stentorstimme verkündet: »Monsieur le Président est servi«. Ein solches Ritual würde im westfälischen Gütersloh, dem Sitz des größten Medienkonzerns der Welt, Staunen oder gar Heiterkeit auslösen.

Greifen wir das Beispiel Siemens beziehungsweise »Compagnie générale d'électricité« wieder auf. An der Spitze des deutschen Konzerns steht ein Wissenschaftler, an Parteipolitik allenfalls in dem Maße interessiert, wie durch sie die Expansion seines Unternehmens betroffen sein könnte. Bei der »Compagnie générale d'électricité«, wo ein Gewährsmann der Sozialisten durch einen dem Gaullismus gewogenen Industriekapitän abgelöst wurde, übt der mehrfach erwähnte Ambroise Roux als graue Eminenz starken Einfluß aus. Er koordiniert ohnehin die politischen Optionen eines exklusiven Unterverbandes von Arbeitgebern, die sich in Frankreich immer noch mit dem anspruchsvollen Titel *patron* – dem Äquivalent von »Boß« – zieren, und widmet sich in seinen Mußestunden seiner Neigung für Parapsychologie. Kein Wunder, daß ein schillernder Selfmademan wie Bernard Tapie, Idol der Rock-Generation, angehimmelt von den revoltierenden Studenten des Dezember 1986, von den Repräsentanten der klassischen Industrie-Oberschicht Frankreichs – literarisch gebildet, elitär erzogen bis zum Exzeß – als Eindringling und Scharlatan geschnitten und beargwöhnt wird. Gemessen an der nüchternen Effizienz, der sich viele deutsche Konzernchefs verschrieben haben, an ihrem systematischen *understatement* und oft auch an ihrem begrenzten Bildungsniveau wirken die industriellen Führungskräfte Frankreichs mit all ihrer intellektuellen Brillanz und hochherrschaftlichen Attitüde faszinierend, aber auch antiquiert und häufig irritierend.

Man hüte sich allemal vor den geistreichen Kapriolen der Blender, die in Paris fruchtbaren Nährboden finden. Dabei drängt sich der Name Jean-Jacques Servan-Schreiber – J.J.S.S. – auf, der selbst in Deutschland starken Zuspruch fand, von dem unerbittlichen François Mauriac jedoch als »Kenedillon«, als »Mini-Kennedy« entlarvt wurde. Wer redet heute noch von dem Bestseller »Die amerikanische Herausforderung – Le défi américain«, der in fast allen Punkten durch die technologische Entwicklung widerlegt wurde, oder auch von jenem extravaganten Essay »Le défi global«, der eine planetare Arbeitsteilung zwischen westlicher Hochtechnologie, arabischen Petro-Dollars und einer angeblich unbegrenzten Marktkapazität der Dritten Welt wie eine Fata morgana in die Wüstenlandschaft rund um die saudische Oase Taif projizierte?

Hingegen verdienen die Franzosen ernst genommen zu werden, ja sie liegen den Deutschen ein mächtiges Stück voraus, wenn sie sich seriösen Zukunftsprojekten oft visionären Ausmaßes widmen. Da kommt ihnen das Stimulans eines ungebrochenen nationalen Ehrgeizes, einer großen staatlichen Tradition zugute und jener Anspruch auf *grandeur*, den die Deutschen oft verspotten, der dem Bonner Reststaat jedoch so bitter abgeht. In der Präzision der Ausführung, im exakten Know-how, in der effektiven Ergebnisberechnung sind die

Deutschen kaum zu übertreffen. Die Angelsachsen haben den abwertenden Ausdruck *french plumbing* für die Schlamperei französischer Klempnerarbeit geprägt, und leider reicht diese Unzulänglichkeit von den handwerklichen Reparaturen im alltäglichen Haushalt bis hin zu den aufwendigen Abdichtungsarbeiten in den gigantischen Nuklearanlagen. Und dennoch: Fast alles, was an grenzüberschreitenden Großprojekten entworfen wurde, um der europäischen Staatengemeinschaft, vor allem dem karolingischen Tandem, den Weg in die Zukunft zu öffnen, Gleichwertigkeit mit den Supermächten anzustreben, die technologische Unabhängigkeit Europas zu behaupten, ging von Paris aus. Die Bundesrepublik hat keinen Sinn für Prestige, präsentiert sich weiterhin als wirtschaftlicher Zweckverband, als zeitgenössische Hanse. Im Gegensatz zu Japan, das die »Ostasiatische Wohlstandssphäre«, die die Soldaten des Tenno vergeblich mit Waffengewalt zu schmieden suchten, heute mit den Mitteln der kommerziellen Unterwanderung und Pressionen realisiert, ist der Bundesrepublik Deutschland der Instinkt für Macht offenbar abhanden gekommen. So empfinden es wenigstens die Franzosen, und ihnen ist bei der Feststellung dieser widernatürlichen deutschen Selbstbescheidung – wenn sie ehrlich sind – nicht ganz geheuer.

Nach der totalen Niederlage von 1945 war es den Deutschen nicht vergönnt, eine eigene Atomstreitmacht aufzubauen. Sie haben sich auch nicht danach gedrängt. Die militärischen Auswirkungen des ungebrochenen französischen Souveränitätsdenkens sind ohnehin einem gesonderten Kapitel vorbehalten. Gewiß hat die Bundesrepublik nicht die gleichen zwingenden Gründe wie der westliche Nachbar, den eigenen Energiebedarf durch massiven Ausbau ziviler Kernkraftwerke zu decken. Aber erwähnen wir nur ein Beispiel: das Überschallflugzeug »Concorde«, das von der deutschen Presse jahrelang als »Pleitegeier« geschmäht wurde, ist zwar kein Muster an Rentabilität, verkörpert jedoch den krampfhaften französischen Willen, selbst den übermächtigen Amerikanern zuvorzukommen. Das sollte imponieren. Ohne die Hartnäckigkeit der Pariser Regierung gäbe es vermutlich keine nennenswerte europäische Luftfahrt-Industrie. Die finanzielle Beteiligung, die internationale Forschungskooperation am bislang erfolgreichen Airbus-Projekt mag vielfältig sein. Aber der Impuls, das unermüdliche Drängen auf Realisierung ging von Paris aus.

Man vergleiche nur die kühne Insistenz, mit der der französische Staat den Einstieg der Europäer in die Raumfahrt anvisiert – unabhängig vom Wohlwollen und von den Launen der USA; dagegen stehen die kleinlichen, fast krämerischen deutschen Einwände, und allein daran läßt sich ermessen, was den Deutschen an nationaler Substanz, an staatlichem Selbstbehauptungswillen verlorenging. Daß die Raumfähre »Hermes« ein Milliarden verschlingendes Risiko ist, weiß auch in Frankreich jeder Laie. Die Trägerrakete »Ariane«, die vom französischen Stützpunkt Kourou in Guayana abgefeuert wird – schon damit ließe sich das Festhalten Frankreichs an diesem südamerikanischen Département rechtfertigen –, führt endlich den Bonner Skeptikern vor Augen, daß kostspieliges technisches Wagnis, das zunächst als fragwürdiges Renommierobjekt gilt, am Ende zu einem gewinnträchtigen Realerfolg werden kann. Es ist bezeichnend, daß Frankreich an der Gesellschaft »Ariane Space« mit 59,25 Prozent, die Bundesrepublik nur mit 19,6, die Italiener mit 3,6 und Großbritannien mit 2,4 Prozent beteiligt sind. Die erste Ariane-Rakete wurde gar zu 64 Prozent von Paris finanziert. Wie auch immer die weiteren Ariane-Starts verlaufen mögen, im aufdämmernden Zeitalter der Raumfahrt käme es einer beschämenden Abdankung Europas gleich, wenn das Abendland – nach dem Fehlschlag des amerikanischen »Space Shuttle« – auf die Abschußrampen der Volksrepublik China, morgen auf den Erfindergeist der Japaner angewiesen wäre.

Es war Präsident Mitterrand, der der Bundesregierung die deutsche Beteiligung am ursprünglich utopisch anmutenden »Eureka«-Projekt abrang. Zunächst ging es darum, die Reagan-Administration daran zu hindern, die wissenschaftliche Kreativität der Europäer ins Schlepptau des fragwürdigen amerikanischen SDI-Projektes zu nehmen, sie für den »Krieg der Sterne« zu mobilisieren. Seit den spannungsgeladenen Entscheidungen des April 1985 hat sich »Eureka« über alle Erwartungen hinaus bewährt. 20 Länder sind an 165 Projekten beteiligt, vier Milliarden ECU wurden bisher dafür bereitgestellt. Gerade auf dem Gebiet der technologischen Entwicklung von morgen empfiehlt sich die deutsch-französische Komplementarität, ergänzen sich die von staatlichem Denken geprägten Zukunftsambitionen der Franzosen mit der industriellen Akribie, der kommerziellen Dynamik der Deutschen. An der Seine ist man sich dessen sehr viel stärker bewußt als am Rhein.

»Geld verdienen ist tugendhaft«

So lautete ein Beitrag, den der Großindustrielle Jérôme Seydoux ausgerechnet in der linkslastigen Zeitung *Libération* publizierte. Seydoux, der bekannteste Erbe des Finanzimperiums der Familie Schlumberger, steht François Mitterrand und der Sozialistischen Partei nahe. Seine Erklärung über die Vereinbarkeit von Geschäftserfolg und Moral widerspricht nicht nur den marxistischen Dogmen. Schon Proudhon, den Karl Marx mit seinen Sarkasmen verfolgt hatte, war mit der Erklärung berühmt geworden: »La propriété c'est le vol – Eigentum ist Diebstahl.« Die katholische Hierarchie Frankreichs, die sich bis in die jüngste Vergangenheit stets auf die Seite der Besitzenden, der Konservativen, oft der Reaktion gestellt hatte, war – wie bereits erwähnt – jeder Finanzspekulation abhold. Der Bibelspruch, demzufolge eher ein Kamel durch ein Nadelöhr gehe als ein Reicher in den Himmel, wurde vom hohen Klerus niemals wörtlich genommen. Der Kardinal de Richelieu, um nur ihn zu nennen, hatte im Dienste Ludwigs XIII. ein ungeheuerliches Vermögen angesammelt, vergleichbar mit den schamlosen Bereicherungen afrikanischer Potentaten unserer Tage. Aber den darbenden frommen Massen wurde von den Kanzeln die Armut als heilsame Prüfung, als Durchgangsstation zum seligen Ausgleich im Jenseits dargestellt. Die Bergpredigt, derer sich die Herrschenden nur beim Auftreten von Schicksalsschlägen entsannen, bot den Armen und Entrechteten Trost und Linderung in diesem Tal der Tränen. Noch Balladur verwunderte sich: »Die Franzosen unterhalten von jeher eine zweideutige Beziehung zum Geld. Wenn sie welches besitzen, sträuben sie sich lebhaft dagegen, es andere wissen zu lassen.« De Gaulle war sehr viel weitergegangen. Seine Abneigung gegen den Kapitalismus saß so tief, daß er mit der ihm eigenen Schroffheit erklärte: „Mein einziger Gegner, der Gegner Frankreichs, ist von Anfang an die Macht des Geldes gewesen.«

Jérôme Seydoux ist Protestant, Angehöriger der Reformierten Kirche Frankreichs. Er ist Calvinist. Eine nationale Debatte ist in Gang gekommen über die Notwendigkeit, daß Frankreich sich eine protestantische, besser gesagt calvinistische Wirtschaftsmoral zulege. Große Fortschritte in dieser Richtung, so stellte Alain Duhamel, einer der geistreichsten jungen Kommentatoren, fest, seien bereits vollbracht. Für alle diejenigen Franzosen, die den Vorlesungen und Seminaren der »Ecole des sciences politiques« gelauscht hatten – dazu zählen in erster Linie die »Enarquen«, aber auch viele Parlamentarier und Publizisten –, waren das keine neuen Gedankengänge. Ich selber hatte wenige Jahre nach dem Krieg zu meinem Erstaunen festgestellt, daß im Institut der Rue Saint-Guillaume – damals noch ein Hort großbürgerlicher Exklusivität – sehr unkonventionelle Thesen vertreten wurden. Es war kein Zufall, daß in der kleinen Seminarrunde, der auch ich zugewiesen wurde, die Studenten aus der protestantischen Großfinanz prominent vertreten waren, von den Schlumbergers und Baumgartners zu den Seydoux und den Ribouds. Ich entdeckte dort den ungeheuren Einfluß, den die kleine reformierte Minderheit, oft elsässischer oder südfranzösischer Abstammung, in den Ministerien und im höchsten Gremium der Zentralbank von Frankreich ausübte.

In der Rue Saint-Guillaume gab zu jener Zeit André Siegfried mit seinen Vorlesungen über politische Geographie den Ton an. Dieser angelsächsisch wirkende Protestant, der sein hohes Alter mit behender Eleganz trug, hatte sich nicht nur durch seine Abhandlungen über die verblüffende Beharrlichkeit der politischen Strömungen in der französischen Provinz einen Namen gemacht. Seine Studie über den »bocage vendéen« hatte bahnbrechend gewirkt. Siegfried versuchte auch, den Studenten von »Sciences Po«, die wenige Jahre zuvor noch mit schwarzem Homburg – *chapeau à bord roulé* –, mit Regenschirm und gestreifter Hose ihre snobistische Sonderstellung betont hatten, die Grundsätze angelsächsischer Geschäftsmentalität nahezubringen. Natürlich stützte er sich dabei auf die Dissertation Max Webers über das Verhältnis zwischen Calvinismus und Kapitalismus. Der wirtschaftliche Erfolg, so lernten wir auch in Paris, sei laut Calvin das weithin erkennbare Zeichen göttlicher Auserwähltheit, und diese Überzeugung liege dem Triumph des puritanisch gefärbten Kapitalismus in Neu-England, dann in ganz USA zugrunde.

Auch die parteipolitische Diskrepanz zwischen protestantischen und katholischen Ländern wurde uns dort in distanzierter soziologischer Analyse unterbreitet. Der Wettstreit um die Wählergunst würde im protestantisch-angelsächsischen Bereich eher pragmatisch, ohne ideologische Verkrampfung ausgetragen, weil dem Bedürfnis des Menschen nach Infragestellung seiner moralischen Werte dort im religiösen Bereich der *libre arbitre*, die freie Interpretation der christlichen Überlieferung, als Ventil zur Verfügung stand. In den katholischen Staaten hingegen, wo die Dogmen des Glaubens autoritär definiert und unverrückbar waren, wurden die religiösen Spekulationen des *libre arbitre* durch Parteienkrawall, durch politische Konfrontation von ungewöhnlicher Heftigkeit kompensiert. Das weltanschauliche Streitgespräch wurde gewissermaßen zum Ersatz für den freien, jedem Gläubigen zugänglichen Disput über die Theologie. Die doktrinäre Erstarrung der Kommunistischen Partei, aber auch die Exzesse der ultrakonservativen Rechten in Frankreich schienen diese Thesen zu bestätigen.

Inzwischen haben diese Siegfriedschen Gewißheiten einer heilsamen Relativierung Platz gemacht. Der Katholizismus hat sich aus der jahrhundertelangen unternehmerischen Apathie gelöst. Die »Bekehrung« Frankreichs zum wirtschaftlichen Protestantismus erfolgt zu einem Zeitpunkt, da in Deutschland der lutherische Norden mit seinen Hansestädten gegenüber der technologischen Dynamik süddeutschen Unternehmertums in den Rückstand gerät und sich das vielzitierte Süd/Nord-Gefälle einstellt. Die Gottgefälligkeit der persönlichen Bereicherung ist auch in angelsächsischen Ländern nicht mehr unumstritten. Der Anblick der englischen Industriereviere in den Midlands erscheint dem vorurteilslosen Beobachter unendlich deprimierender als das französische Gezänk über den *déclin.* Die Verwahrlosung britischer Elendsviertel stimmt sogar trauriger als die Armut des italienischen Mezzogiorno. Selbst der amerikanische Liberalismus à la Reagan, der so triumphal angetreten war, versackt in Außenhandelsdefizit, Währungsverfall und begrenzter Innovationsfähigkeit.

In Frankreich selbst sollte man sich nicht nur durch die *banque protestante* und die Handvoll calvinistischer Industriekapitäne blenden lassen, die – mit der gemäßigten Linken sympathisierend – weiterhin zu den Pionieren kapitalistischer Initiative zählen. Ihnen gegenüber steht die Phalanx jener sozialistischen Politiker, die im reformierten Glauben wurzelnd dem jakobinischen Gedankengut der großen Revolution anhängen, der dirigistisch zentralen Staatslenkung die Treue halten und den Chimären des rousseauistischen »contrat social« den Vorzug vor individueller Bereicherung geben. Zu diesen staatsbesessenen Calvinisten gehören Lionel Jospin, Generalsekretär der Sozialistischen Partei, Louis Mermaz, ehemaliger Parlamentspräsident, Michel Rocard, potentieller Präsidentschaftskandidat und Rivale Mitterrands in den eigenen Reihen, Gaston Defferre, der verstorbene Bürgermeister von Marseille, Pierre Joxe, umstrittener Innenminister der Regierung Fabius, heutiger Fraktionssprecher der

PS, die früheren Kabinettsmitglieder Cheysson, Mexandeau, Quilès und mancher andere.

In den späten vierziger Jahren, als ich dort studierte, war es in »Sciences Po« nicht üblich, auf die südafrikanische Variante des Calvinismus zu verweisen. Die Apartheid war damals noch kein brennendes Thema. An den Antipoden des liberalen Engagements zugunsten der »Partei der Bewegung« und der universalen Menschenrechte behauptete sich jener versprengte Zweig des französischen Calvinismus, der nach der Vertreibung durch Ludwig XIV. in Südafrika Fuß gefaßt hatte. Unter den fanatischsten, »verkramptesten« Verfechtern der Apartheid in Südafrika finden sich heute noch die gut französischen Namen Malan, de Villiers, du Toit, Terreblanche und viele mehr. Sie haben sich mit den Niederländern und Deutschen der »Nederduitse Gereformeerde Kerk« zum weißen afrikanischen Stamm der Buren verschmolzen, blicken aber weiterhin mit Stolz auf ihre gallischen Ursprünge zurück. Das Zeichen der Prädestination, wie Johannes Calvin in Genf gelehrt hatte, die Bekundung himmlischen Wohlwollens entdeckten sie nicht im materiellen, kapitalistischen Erfolg, sondern in der Pigmentierung der Haut. Die weiße Hautfarbe wurde für sie zum Zeichen göttlicher Auserwähltheit, während die Schwarzen – die Nachfahren Hams – vom Anfang der Zeiten an, seit der Sintflut, dem göttlichen Zorn anheimgefallen waren. Französische Calvinisten wurden oft zu Vordenkern des weißen Burentums, zu Leitgestalten jenes »auserwählten Volkes« des Neuen Bundes, das mit seinem großen Treck nach Oranje und Transvaal den Exodus der Kinder Israel nachvollzog und mit den schwarzen Bantu ebenso gnadenlos umsprang wie einst die Hebräer mit den Kanaanitern und Amalekitern.

Hingegen wurden wir schon 1948 – ein Jahr nach der offiziellen Auflösung Preußens durch Beschluß des Alliierten Kontrollrats – von dem angesehenen Geschichtsprofessor Pierre Renouvin auf die Bedeutung der emigrierten französischen Calvinisten für die Staatswerdung Brandenburgs unter den Hohenzollern verwiesen. Vornehmlich die Hugenotten – das Wort ist wohl phonetisch vom helvetischen »Eidgenossen« abgeleitet – verhalfen dem Großen Kurfürsten und den preußischen Königen, die ihm folgten, zu jenem strengen, autoritäts- und pflichtgebundenen Regierungsstil, in dem sich die besten Elemente kapetingischer Überlieferung, ja sogar colbertistische Staatskonzepte aufspüren lassen. Preußens Gloria, so vernahm ich zu meiner Verwunderung in den Seminaren der Rue Saint-Guillaume, sei ein Folgeprodukt der *gloire* des Lilienthrons. In der konturenlosen Heide- und Sumpflandschaft jenseits von Elbe und Oder formierte sich der voluntaristisch und absolutistisch angelegte Preußenstaat dank der *réfugiés* als ferne Projektion gallischer Herrschaftsprinzipien. Die aufklärerischen Neigungen Friedrichs II. konnten erst auf diesem festen Fundament gedeihen.

Die Hohenzollern-Devise »Suum cuique – Jedem das Seine« vertrug sich gut mit der Prädestinationslehre der calvinistischen Zuwanderer aus dem Westen. Nicht von ungefähr hatte Pierre Benoît-Méchin, der während der deutschen Besatzung der Versuchung der *collaboration* erlag, in seinem Buch über die preußische Armee von jener eisernen Prägeform geschwärmt, die den sandigen Boden der Mark Brandenburg zu einem kohärenten Staatswesen zusammenpreßte.

Zwischen Versailles und Potsdam ist in der zweiten Hälfte des 18. Jahrhunderts eine große historische Chance vertan worden. Friedrich der Große – einer Maxime Voltaires folgend – wollte jeden Untertanen nach seiner Fasson selig werden lassen, was ihm die Sympathie der Pariser Adels-Salons einbrachte, die dem preußischen Sieg von Roßbach mit landesverräterischer Frivolität applaudierten. Selbst die Schlacht von Jena und Auerstedt wäre zu verkraften gewesen, auch wenn im Anschluß an diese vernichtende Niederlage die Berliner Historiker sich darauf versteiften, die segensreiche Auswirkung des napoleonischen Adlerfluges für die Erneuerung Preußens systematisch zu negieren.

Erst als der Hohenzollern-Krone auf dem Wiener Kongreß der Besitz der Rheinlande zugeschlagen wurde, als Preußen die Wacht am Rhein bezog, kam es zum verhängnisvollen, haßerfüllten Zusammenprall. Widerstrebend, aber unvermeidlich schlitterte Preußen in die Rolle des teutschen Heroldes, des germanischen Schwertführers gegen die »welsche Anmaßung«. Ironie des Schicksals: Kein Geringerer als der vielbewunderte und extrem überschätzte Fürst von Talleyrand-Périgord hatte in Verkennung der kontinentalen Machtverschiebungen dazu beigetragen, den Anspruch Preußens auf Einverleibung Sachsens zu durchkreuzen. Er zeichnete mitverantwortlich für die territoriale Kompensation, die Friedrich Wilhelm III. mit Gebietszuweisungen zwischen Köln und Trier angeboten wurden. Talleyrand war töricht genug gewesen, dem Hause Habsburg weiterhin eine hegemoniale Rolle im gesamten deutschen Sprachraum zuzutrauen und brachte die Preußen an den Rhein.

Rund achthunderttausend Protestanten leben heute in Frankreich. Nach den Muselmanen – mehr als drei Millionen Gläubige – und knapp vor den Juden bilden sie die dritte Glaubensgemeinschaft Frankreichs. Sie sind hochangesehen. Aber das war nicht immer so. Im Südosten des Massif Central ist die karge, menschenleere Berglandschaft der Cevennen für die Reformierte Kirche Frankreichs ein Ort der Weihe und der religiösen Sammlung geblieben. »Le Désert« heißt diese Gegend weiterhin, denn der biblischen Überlieferung gemäß offenbart sich der Herr im brennenden Dornbusch der Wüste. Trotz aller Verfolgungen, die bis ins späte 18. Jahrhundert dauerten, haben geschlossene Dörfer von Calvinisten mit ihren grauen Steinhäusern überlebt. Die Dragoner des Königs haben hier gewütet. Dem himmelstürmenden Gottvertrauen dieser armseligen *camisards*, die in Anwandlung mystischer Verzückung als *fous de Dieu*, als Narren Gottes, sich mit Sensen, Dreschflegeln und ein paar Büchsen zur Wehr setzten, konnten sie nichts anhaben.

Im Cevennen-Flecken Sénéchas habe ich im Sommer 1982 einen ökumenischen Gottesdienst erlebt. In einer alten Kirche der *camisards* wurde diese hochsymbolische Versöhnung zwischen Katholiken und Calvinisten zelebriert. In Sénéchas bekennen sich noch achtzig Prozent der Bevölkerung zum Protestantismus. »Der Herr gebe uns die Einheit«, so betete der *pasteur protestant*, bevor er das Evangelium vom ungläubigen Thomas verlas. Dann vollzog der *prêtre catholique* die eucharistische Feier. Das republikanische Frankreich hat sich endlich zum Konfessionsfrieden durchgerungen.

Natürlich hat sich der Katholizismus – ungeachtet der turbulenten Trennung von Kirche und Staat, die um die letzte Jahrhundertwende vollzogen wurde – als eine Art Nationalkirche erhalten. Doch der Geist Calvins ist innerhalb der französischen Katholizität nie ganz ausgemerzt worden. An der südlichen Peripherie des Pariser Beckens, im reizvollen Tal der Chevreuse, künden die Ruinen des Klosters Port-Royal von einer theologischen Abweichung, die der Sonnenkönig mit inquisitorischer Strenge ahnden ließ. In Port-Royal hatte sich eine geistige Elite Frankreichs, darunter der Philosoph Pascal, der Dichter Racine, der Prediger Arnaud, den umstrittenen Thesen des holländischen Klerikers Jansenius angeschlossen. Sie bekämpften die

Kasuistik des damals allmächtigen Jesuitenordens und lebten in puritanischer Strenge. Sie dürsteten nach persönlicher Glaubensdeutung und standen dem *libre arbitre* nahe. Die »Provinciales« Blaise Pascals gelten als literarisch polemischer Ausdruck dieser intellektuellen Emanzipation. Die Abtei Port-Royal wurde vom König zerstört, die Zisterzienserinnen dieses Klosters exkommuniziert, der Jansenismus als Irrlehre verurteilt. Und dennoch bleibt – bis auf den heutigen Tag – der Name »Port-Royal« symbolisch für jene instinktive Aufsässigkeit des französischen Katholizismus gegenüber dem päpstlichen Unfehlbarkeitsanspruch. »Port-Royal« steht für eine latente Distanzierung von Rom, die gerade beim niederen Klerus verbreitet ist und summarisch als »Gallikanismus« bezeichnet wird.

Es kann nicht Aufgabe dieses Buches sein, alle Regionen und Provinzen Frankreichs im Stil eines Reiseführers zu präsentieren. Das Vorhaben zwingt zur Selbstbeschränkung. Aber diese kurze Abhandlung über den französischen Protestantismus, seine Verfolgung durch die allerchristlichsten Könige, seine heimliche Wiedergeburt im Gewand der neuen Wirtschaftsmoral sollten uns zu einem Blick auf das Loire-Tal verleiten. Diese lieblichste Landschaft Frankreichs zieht die Fremden an dank der Pracht ihrer Schlösser zwischen Chenonceaux und Chambord. Hier entfaltete sich unter den Valois die aus Italien importierte Renaissance mit unübertroffener Anmut. Die Bevölkerung des Loire-Tals zeichnet sich durch ihre angenehmen Umgangsformen, eine erlesene Gesittung aus. In der Touraine wird das reinste Französisch gesprochen, und im Anjou entfaltet sich jene *douceur de vivre*, jene Süße des Lebens, nach der man in vielen anderen Provinzen Galliens vergeblich sucht. Schon zu Beginn der Renaissance rühmte der Dichter Joachim du Bellay den intimen Charme seiner Heimat, den er weit über den Reichtum der Lombardei und die Paläste Roms erhob. »Heureux qui comme Ulysse a fait un beau voyage – Glücklich, wer, dem Odysseus gleich, eine schöne Reise vollbracht hat«, so beginnt sein Poem. Aber am Ende preist er die Geborgenheit des Familienkreises und die *douceur angevine*.

In dieser gesegneten Provinz wurde eine der grausamsten Entscheidungen der französischen Geschichte ausgetragen. Hinter den mächtigen Mauern der Châteaux de la Loire, in ihren wohlproportionierten Türmen und Erkern, spielten sich unsägliche Tragödien, heimtückische Morde ab. Verharren wir nur bei der Festung Amboise im Herzen der Touraine. Das französische Fernsehen, das um die Geschichtsbesessenheit seines Publikums weiß, hat diese wuchtige Kulisse gewählt, um die Religionskriege zu verfilmen, die von der Mitte des 16. Jahrhunderts an in sukzessiven Phasen das Lilienreich vierzig Jahre lang heimsuchten.

Die Fernsehbilder zeigten die Königinmutter Katharina von Medici, die 1572 die Bartholomäusnacht und das Massaker der Protestanten in Paris anstiften sollte, kniend im Gebet. Ursprünglich hatte sie eine vermittelnde Stellung eingenommen zwischen der päpstlichen, der spanischen Partei, einerseits und den Calvinisten andererseits, die sich mit England verbünden wollten. Der protestantische Adel hatte seine Gefolgschaft aufgeboten, um die Festung Amboise zu erstürmen und den schwächlichen König Franz II. dem Einfluß der Katholischen Liga zu entziehen. Dieser Überfall schlug fehl. Die Päpstliche Partei des Herzogs von Guise und seines Bruders, des Kardinals von Lothringen, schien zu triumphieren. Aber ihre Anhänger ahnten bereits, daß sich hinter den Ränken des Prinzen von Condé der Aufstieg jenes protestantischen Königs von Navarra vorbereitete, der später als Heinrich IV. berühmt werden sollte. Den gefangenen Calvinisten wurde unter Tortur das Geständnis abgepreßt, wer ihr geheimer Anführer war. Die Folterer trauten ihren Ohren kaum. Es war tatsächlich der Prinz von Condé.

Der Religionskrieg um Frankreich gipfelte in dieser Konfrontation zwischen Condé und Guise, den Häuptern der französischen Aristokratie. Es war ein Zweikampf um die Macht zwischen den Kräften der Beharrung, die sich um Thron und Altar geschart hatten, und den exaltierten Parteigängern der reformatorischen Erneuerung. Die Liga des Herzogs von Guise veranstaltete unter den gefangenen Protestanten ein schreckliches Blutgericht, Vorläufer jener Bartholomäusnacht, die dann endgültig der katholischen Partei das Übergewicht in Frankreich verlieh.

Bis auf den heutigen Tag ist der Disput über die Unterdrückung und Vertreibung der französischen Protestanten nicht verstummt. Auf die Bartholomäusnacht und das Toleranzedikt von Nantes, das der zum Katholizismus konvertierte Bourbone Heinrich IV. im Jahre 1598 den streitbaren Calvinisten gewährte, folgten die Feldzüge des Kardinals de Richelieu gegen die Aufsässigkeit der Reformierten, die Belagerung der Seefestung La Rochelle und der sogenannte Gnadenerlaß von Alès anno 1629, mit dem Ludwig XIII. dem protestantischen Anspruch auf Selbstverwaltung ein Ende setzte. Knappe sechzig Jahre später ist es auch mit dieser begrenzten Toleranz vorbei. Ludwig XIV. widerruft – unter dem Einfluß der Jesuiten und vor allem der bigotten Madame de Maintenon – das Edikt von Nantes und zwingt die meisten Hugenotten ins ausländische Exil. Es besteht kein Zweifel, daß der Sonnenkönig sich damit seiner wackersten und tüchtigsten Untertanen beraubte. Frankreich, so behaupten manche Historiker, habe sich von diesem Aderlaß nie erholt.

Doch was wäre geschehen, wenn der calvinistische Adel sich in aller Unabhängigkeit hätte behaupten und entfalten können? Die nationale Einheit Frankreichs hätte dieser konfessionellen Zerreißprobe mit Sicherheit nicht standgehalten. Zumindest der Südwesten – auf die calvinistische Bastion Navarra gestützt – hätte sich abgesondert. Es wäre zu endlosen Gemetzeln und zu bewaffneten Interventionen der am Niedergang Frankreichs interessierten Mächte gekommen, Habsburg-Spanien auf der einen, England auf der anderen Seite. Die Verwüstung und die Anarchie, die Deutschland während des Dreißigjährigen Krieges heimsuchten, wären dem Bourbonen-Reich nicht erspart geblieben. Am Ende hätte die territoriale Zerstückelung, der politische Verfall gestanden, wäre auch Gallien dem Prinzip »cuius regio, eius religio« anheimgefallen.

Der »Frühling von Bourges«

Im Herbst 1980 – das Ringen um die Präsidentschaft der Fünften Republik zwischen dem konservativen Titelverteidiger Giscard d'Estaing und dem sozialistischen Herausforderer François Mitterrand war bereits im Gang – habe ich meinerseits versucht, den Parteienhader der Gegenwart im trüben Licht der Religionskriege des 16. Jahrhunderts zu spiegeln. Vielleicht hatte mich die französische TV-Serie dazu inspiriert. Das war keine krampfhafte Geschichtsklitterung. Ich hatte einen Kronzeugen für meine These, keinen geringeren als den verstorbenen Präsidenten Pompidou, der ein paar Jahre zuvor gesagt hatte: »Il faut mettre fin aux guerres de religion – Wir müssen endlich Schluß machen mit unseren Religionskriegen!« Pompidou wußte, wovon er sprach. Als Kulisse für diesen Film hatte ich die Stadt Bourges ausgewählt.

Bourges liegt im geographischen Zentrum Frankreichs, gar nicht so weit von Paris entfernt und dennoch wie auf einem anderen Stern. Denn Bourges gehört bereits zu dem, was man »le désert culturel français« genannt hat, die französische Kulturwüste. André Malraux hatte vergeblich versucht, das geistige Leben von Bourges durch die Schaffung einer »maison de la culture« zu beleben. Neuerdings wird zwar jedes Jahr der sogenannte »Frühling von Bourges« veranstaltet, eine Art Rockfestival, den die jungen Musikfans und ihre politischen Gönner zu einem nationalen Happening aufzäumen möchten. Doch es blieb bei einem dürftigen Spektakel, selbst wenn sich einmal ein paar internationale Stars – aus dem angelsächsischen Sprachraum wohlweislich – hierhin verirrten.

Die Stadt Bourges blickt auf eine alte und schmerzliche Geschichte zurück. Im Hundertjährigen Krieg, als die Engländer fast ganz Frankreich beherrschten, war der letzte, schwächliche König Karl VII., dessen Rechtmäßigkeit von der eigenen bayerischen Mutter Isabeau angezweifelt wurde, nach Bourges geflüchtet. Man verhöhnte ihn als »König von Bourges«. Bis eben die heilige Johanna aus Lothringen kam, für ihn die Stadt Orléans, von Bourges durch knappe hundert Kilometer getrennt, zurückeroberte und die große Wende brachte.

Episodisch, in lockerer Folge habe ich im Herbst 1980 meine Eindrücke von Bourges in Wort und Bild festgehalten. Die Stadt scheint weiterhin von ihrer unglücklichen Geschichte gezeichnet zu sein, stellte ich damals fest. Die engen Gassen rings um die Kathedrale wirken kalt und abweisend. Ein junger Sänger, der in klagenden Strophen der verflossenen Jahrhunderte gedenkt, findet, daß seine Stadt traurig und nackt sei. Sie sei mit ihrer Vergangenheit nicht fertig geworden, und für die Gegenwart bleibe nur die Langeweile übrig. Zur Zeit der Religionskriege hatten die Calvinisten auch hier im Jahre 1562 vorübergehend die Macht an sich gerissen mit Hilfe des Prinzen von Condé. Sie wollten die Kathedrale von Bourges, eines der eindrucksvollsten Zeugnisse der französischen Gotik, niederreißen. Die Heiligenstatuen waren bereits von den Bilderstürmern zertrümmert worden. Aber dann kamen die Truppen der Katholischen Liga unter dem Herzog von Guise. Sie unterwarfen die Protestanten dem römischen Glauben oder zwangen sie ins Exil. Es scheint, als hätte die Hauptstadt des Berry mit ihren achtzigtausend Einwohnern diese Wunden des Religionskrieges bis auf den heutigen Tag nicht heilen können.

Es gibt keine nennenswerte reformierte Gemeinde mehr in Bourges, aber der republikanische Antiklerikalismus hat das Erbe der Hugenotten angetreten. In der Bürgermeisterei zelebriert der Bürgermeister Jacques Rimbaud ein im heutigen Frankreich seltenes Ritual: eine Ziviltaufe. Das Kind Alexandra wird von seiner Mutter, begleitet von zwei Paten, dem Kult der Vernunft, der Solidarität und der Verteidigung der Interessen der Nation geweiht. Das ist eine ziemlich schmucklose Zeremonie, abgesehen von der blau-weiß-roten Schärpe des Bürgermeisters, der anläßlich dieser Feierlichkeit zum Pathos der Jakobiner zurückfindet. »Im Namen der Prinzipien des Freidenkertums«, so sagt der *maire,* »im Namen der Revolution von 1789, die die Mutter der Menschen- und der Bürgerrechte ist, im Namen der demokratischen und laizistischen Republik, taufe ich dich.« Gleich anschließend versichert er jedoch, daß er keine Kluft zu jener Mehrheit seiner Mitbürger aufreißen möchte, die ihre Kinder zur christlichen Taufe in die Kirche schicken. Eine Urkunde wird ausgestellt. Statt Taufwasser und Öl gibt es Champagner.

Fast zur gleichen Zeit findet in der düsteren Kathedrale, die dem heiligen Stephan geweiht ist, eine katholische Taufe statt. »Ich segne dich mit dem Zeichen Christi, unseres Retters«, sagt der Priester. Ganz offenbar ist der Geistliche bemüht, keine Spur von Pathos oder liturgischem Pomp aufkommen zu lassen. Der französische Klerus lebt seit der Trennung von Kirche und Staat, seit dem großen Zusammenprall mit der laizistischen Republik um die Jahrhundertwende, in Armut und Bescheidenheit. Fast kommt der Eindruck auf, der Calvinismus, der durch die Landsknechte des Herzogs von Guise ausgerottet wurde, habe im Gewand eines nüchternen Katholizismus überlebt, der heute auf jeden Triumphalismus demonstrativ verzichtet.

Der Priester zitiert das Evangelium und den Spruch »Lasset die Kinder zu mir kommen«. Die Eltern, die Paten, die Verwandten und Gläubigen blicken mit bäuerlichen Gesichtern auf den Altar. Die Kirche Frankreichs, das wird hier deutlich, hat aufgehört, sich mit den konservativen Kräften des Adels und der Bourgeoisie zu identifizieren, sucht nach neuen Wurzeln bei den kleinen Leuten und knüpft irgendwie an jene Tradition des Jansenismus an, der schon unter den allerchristlichsten Königen im Verdacht puritanischer Ketzerei stand. Im Grunde reflektiert sich der Religionskrieg jetzt nicht mehr in der überholten Opposition zwischen frommen Katholiken und militanten Antiklerikalen. Im Frankreich von heute und in Bourges allzumal nimmt die Spaltung des Parteienlebens, nimmt der ideologische Hader den konfessionellen Gegensatz von einst wieder auf.

Die Einigkeit der Nation wird in Bourges wie in Paris vor allem dann demonstriert, wenn man der Gefallenen und der verflossenen Feldzüge gedenkt. In dieser Provinzstadt würde niemand daran denken, den Patriotismus als Relikt einer reaktionären Vergangenheit abzutun. Der Präfekt des Départements Cher, Camille Michel, legt am Ehrenmal den Kranz nieder. Er ist begleitet vom Befehlshaber der regionalen Streitkräfte, aber auch vom Bürgermeister Jacques Rimbaud, und der war in diesem Herbst 1980 Mitglied der Kommunistischen Partei.

Wenn die Einwohner von Bourges am 11. November des Waffenstillstands von 1918 gedenken, treten die Schulklassen und die Jugendlichen unter der Trikolore an. Neben ihnen versammeln sich die Veteranenverbände. Die Erinnerungen sind hier durchaus nicht alle von *gloire* und Sieg geprägt. Neben den Front- und Widerstandskämpfern des Zweiten Weltkrieges sind die *anciens combattants* aus Indochina und Algerien aufgereiht. Anläßlich der Ordensverleihung käme hier niemand auf den Gedanken, wie etwa in der Bundesrepublik bei vergleichbarem Anlaß, antimilitaristische Krawalle zu inszenieren.

Wenn die Soldaten der Fünften Republik in Bourges defilieren, weiß jedermann, daß auch im Département Cher sechzig Prozent der Wehrpflichtigen, einer Meinungsumfrage zufolge, nicht bereit wären, ihr Leben für das Vaterland zu opfern. Aber die Entwicklung Frankreichs als unabhängige Atommacht strahlt bis in diese ferne Provinz aus. Im Umkreis von Bourges befindet sich ein Übungsplatz für die Erprobung neuer Waffen. Jenseits des Zinnsoldaten-Gehabes des militärischen *défilé* profiliert sich selbst in dieser rückständigen Landschaft der Wille zum technologischen Durchbruch und zur nuklearen Selbstbehauptung gegenüber den Supermächten. Im politisch zerrissenen Département Cher bleibt die Armee und ihre Tradition immer noch ein unentbehrliches Bindeglied.

Hier behauptet sich *la France profonde* – das tief in sich verwurzelte Frankreich der Provinz, abseits der großen Touristenströme. Die Landschaft des Berry rings um Bourges ist von melancholischer Schönheit. Sie ist immer noch eine bäuerliche Region, auch wenn der Anteil der landwirtschaftlich aktiven Bevölkerung des Cher unter zehn Prozent gesunken ist.

Durch große intellektuelle Beiträge hat sich diese Gegend nicht ausgezeichnet. George Sand, die in Deutschland vor allem wegen ihrer Liaison mit Frédéric Chopin und wegen ihrer vorzeitigen Emanzipationsallüren bekannt ist, hat in dieser Ebene der Weiher und Sümpfe die Inspiration zu mancher Erzählung gefunden: »La mare au diable« oder »La petite Fadette«. Typisch auch für dieses herbe, verschlossene Land die Romanfigur »Le grand Meaulnes« von Alain-Fournier, ein eigenwilliger Oberschüler, dem noch der schwere Ackerboden an den Stiefeln haftet, der jedoch bei der zufälligen Begegnung auf einem Kostümfest in einem verwunschenen Schloß der Sologne seine Liebe zu einer jungen Adligen sowie den eigenen robusten Aufstiegswillen entdeckt.

Auf dem Viehmarkt wird über die Agrarsituation Frankreichs diskutiert, die trotz aller Klagen der Bauern vom Gemeinsamen Europäischen Markt mächtig profitiert hat und weiterhin eine entscheidende Trumpfkarte der Nation darstellt. Man beachte diese keltischen Urcharaktere der Viehzüchter, in deren Gesichter das industrielle Zeitalter trotz Traktoren und hochtechnisierten Molkerei-Anlagen keine Spuren gezeichnet hat. Ähnlich die Holz- und Forstarbeiter im gallischen Wald, deren Typen sich seit den Religionskriegen kaum verändert haben.

Ein seltsames Schauspiel bietet sich am Rande. Sechs Männer gehen über das weite Feld, als würden sie Weizen säen. In Wirklichkeit suchen sie mit Hilfe ihrer Geigerzähler nach Uranerz. Dieses Agrar-Département im Herzen Frankreichs vollzieht den waghalsigen Sprung in die Technologie des 21. Jahrhunderts. Überall sind Bagger, Bohrmaschinen, Bulldozer wie vorsintflutliche Ungeheuer am Werk, um Raum zu schaffen für die Kraftwerke der Atomenergie. Das verträumte Berry wird in wenigen Jahren beherrscht sein durch diese nuklearen Kathedralen des ausgehenden 20. Jahrhunderts. Der Cher wird dazu beitragen, daß Frankreich um die Jahrtausendwende seinen Bedarf an elektrischem Strom aus eigenen Mitteln der Kernenergie decken kann. Diese Entwicklung hat hier bei den Bauern keine apokalyptischen Ängste geweckt. Selbst die Gewerkschaft CGT bangt weniger vor dem Risiko eines atomaren Betriebsunfalls als vor der Gewißheit erhöhter Massenarbeitslosigkeit, die sich als Folge einer Energieverknappung einstellen könnte. Nur ein geringer Teil des hier produzierten Stroms wird die Fabriken und Haushalte im Umkreis von Bourges speisen. Schon weisen die riesigen Hochleitungsmasten nach Norden, nach Paris, wo in zweihundertdreißig Kilometern Entfernung weiterhin die Autorität über das provinzielle Frankreich ausgeübt wird.

Die Schloßherren des Berry veranstalten unterdessen ihre Hetzjagd. Man gibt sich so exklusiv wie man kann; eine Treibjagd wäre zu vulgär in einem Land, wo der Jagdschein seit der Revolution von 1789 so konsequent demokratisiert wurde, daß praktisch kein Rotwild in Frankreich mehr übrig bleibt. Der Hirsch, der am Ende dieser Hetzjagd von Reitern und Meute zur Strecke gebracht wird, ist wohl in einem Gehege gezüchtet worden und dem rauhen Spiel gar nicht gewachsen. Was sich an Adel erhielt in der Provinz Berry – es sind illustre Namen darunter –, hat sich mit dem gehobenen Bürgertum längst zu einer neuen Kaste verschmolzen. Auf die Abgrenzung nach unten, gegenüber dem Volk, wird mit unzeitgemäßer Distanz gewacht. Man sucht vergeblich unter diesen Reitern des Berry nach den »schönen Herren von Bois Doré«, die George Sand in ihrem historischen Roman über die Religionskriege beschrieb. Die Hetzjagd vor dem weißen Schloß in diesem nebligen Herbst 1980 wird zur bourgeoisen Karikatur feudalistischer Nostalgie.

Kein Wunder, daß die Kommunisten unverhältnismäßig stark sind in diesem Département und vor allem in der Stadt Bourges. Der ständischen Arroganz der Oligarchie antwortet das Klassenbewußtsein des Proletariats. An einem Fabrikausgang wird eine Tasse Kaffee gratis ausgeschenkt. Über Megaphon wird für den Beitritt neuer Genossen zur Kommunistischen Partei geworben. Bei den Parlamentswahlen von 1978 hatten die Kommunisten im Département Cher 32 Prozent, in Bourges sogar 33 Prozent aller Stimmen für sich gewinnen können.

Die jungen Propagandisten der KPF legen sich mit missionarischem Eifer ins Zeug. Es brechen alte Narben auf. Der ideologische und gesellschaftliche Konflikt erscheint in diesem Herbst 1980 tatsächlich als eine Verlängerung jenes Dogmen-Streites, der vor dreihundert Jahren zwischen Katholiken und Hugenotten auf religiöser Ebene ausgetragen wurde.

Bei Nacht erscheint die Kathedrale von Bourges noch beherrschender, ja erdrückender als am Tage. Der fremde Besucher in den kaum beleuchteten Gassen der Altstadt gerät in die Rolle des »hinkenden Teufels« von Lesage, der die Dächer anhebt, um in das Innere der Häuser zu blicken. Die Druckerei und die Rotation des *Berry Répu-*

blicain wirken altertümlich. In diesem lokalen Blatt mit einer Auflage von etwa vierzigtausend Exemplaren hat sich die computergesteuerte Technik, die die bedeutenderen Gazetten in der französischen Provinz längst ausstattet, im Herbst 1980 noch nicht durchgesetzt. Hier ist Meister Gutenberg nahe, und man erinnert sich daran, daß der Erfolg der Reformation in Europa unlösbar mit der Erfindung der »Schwarzen Kunst« verbunden war. Angesichts der Vielfalt politischer Schattierungen gibt sich der *Berry Républicain* so farblos und neutral wie möglich, um ein breites Feld von Abonnenten bei der Stange zu halten.

Spät am Abend tagen die Aktivisten der verschiedenen politischen Parteien im kleinen Kreis, in Clubs, möchte man fast sagen, so wie man zur Zeit der Großen Revolution vom »Club der Jakobiner« oder der »Cordeliers« sprach. Die Anhänger Giscard d'Estaings und des »Parti Républicain« lauschen an diesem Novemberabend 1980 einem sehr akademischen Vortrag über Pressefreiheit, ein ausgesprochen bürgerliches Publikum, das sich in der Eleganz und der herablassenden Liberalität des herrschenden Präsidenten wiederzuerkennen glaubt. Was motiviert diesen elitären Debattierverein? Ist es nur die opportunistische Anpassung an den Machthaber im Elysée-Palast und der Wunsch, die eigenen Vorrechte zu erhalten? Die Honoratioren und Provinznotabeln, die unter der Dritten Republik die Stärke der Radikalen Partei ausmachten und deren republikanisches Pathos formulierten, sind mit der Wahl Giscards zum Staatschef in den Sog eines Mannes geraten, der in Ludwig XV. ein Vorbild für Gelassenheit und Toleranz sieht.

Bei den Sozialisten von Bourges, bei den Parteigängern François Mitterands, geht es gewiß volkstümlicher und dennoch ähnlich zu. Früher gab einmal bei den Formationen der französischen Linken die antiklerikale Lehrerschaft den Ton an. Zu Zeiten des jungen Clemenceau wurden bekanntlich die »schwarzen Husaren«, die Vorkämpfer der laizistischen Erziehung, in die Hochburgen kirchlichen Einflusses geschickt, um einer immer noch royalistischen Geistlichkeit das Wasser abzugraben. Dieser militante Flügel der Radikalen Partei von einst findet sich jetzt – durch einen Hauch Marxismus angereichert – bei den Sozialisten François Mitterrands wieder.

Schließlich eine Diskussionsgruppe der Gaullistischen Sammlungsbewegung RPR. Der Abgeordnete Henri Moulle gibt den Ton an. Er exaltiert die Erinnerung einer gemeinsamen Reise an das Grab de Gaulles in Colombey-les-Deux-Eglises. Schon knüpft die gaullistische Legende mit den Epinal-Bildern des Napoleonkults aus dem 19. Jahrhundert an. Der Neogaullismus des Pariser Bürgermeisters und Präsidentschaftskandidaten Jacques Chirac ist in mancher Hinsicht dem Bonapartismus verwandt, dessen volkstümliche Verwurzelung von vielen Beobachtern des modernen Frankreichs unterschätzt wird. Eine junge Dame erzählt von ihrer herzlichen Begegnung mit den Frankokanadiern der Provinz Québec. Eine Gruppe von Separatisten aus Québec war unlängst zu Besuch bei ihren gaullistischen Freunden von Bourges.

Sind es die Grünen, die *écologistes,* die Atomgegner und Konsumverächter, die sich zur gleichen Stunde in der roten Bürgermeisterei bei Folklore und Volkstanz treffen? Die *vielle,* ein altes keltisches Instrument, spielt zur *bourrée* auf. Die jungen Leute aus dem Berry – in Jeans, weitem Pullover und langen Haaren – ähneln ihren Gesinnungsgenossen in ganz Europa. Ihre Abkehr vom Erfolgs- und Leistungsstreben, ihr Verzicht auf Eleganz und Komfort wirken auch in Bourges romantisch und irgendwie naiv. Jenseits des musikalischen Brauchtums bleibt der ökologischen Bewegung im Département Cher ein nennenswerter politischer Erfolg versagt. Eine Landschaft, die noch in ihren ursprünglichen Farben, in sattem Grün und Braun leuchtet, ist ein ungeeignetes Manövrierfeld für politisierende Naturfreunde.

»Der letzte Tango von Bourges«, der Ball der Präfektur. Hier hat sich alles eingefunden, was in der lokalen Oberkaste Rang und Namen hat. Hier muß man gesehen werden, um »in« zu sein. Der weißhaarige Präfekt, Camille Michel, trägt nicht die silberbetreßte Uniform seines Amtes, sondern den Smoking. Er ist der mächtige Repräsentant der Pariser Regierungsgewalt. Die napoleonische Institution des Präfekten ist eine Nachwirkung des jakobinischen Zentralismus, ja sie geht auf die Funktion der Intendanten unter der absolutistischen Monarchie zurück. Die straffe Ausrichtung der Präfekten auf die Weisungen des Elysée-Palastes hat sich seit der Gründung der Fünften Republik unter de Gaulle, Pompidou und Giscard laufend akzentuiert. Der »bal de la préfecture« ist ein Stelldichein der etablierten Provinz-Bourgeoisie. Man heiratet hier unter sich. Südlich der Loire herrscht weiterhin das Prinzip der Endogamie. Man achtet sorgfältig darauf, daß das ererbte und erworbene Vermögen, »le patrimoine«, nicht durch Mésalliance in falsche Hände gerät. Man möchte meinen, diese französischen Provinzbürger des Berry seien in ihrem Innersten verhinderte Calvinisten geblieben. Unter den jungen Männern entdeckt man gelegentlich Balzacsche Romantypen, die »Rastignacs« und »Rubemprés«, die man heute als »junge Wölfe« bezeichnet und deren Karriere-Erfolg allzuoft in die Pariser Einbahnstraße mündet. Auf den Gesichtern der Frauen viel Standesdünkel, viel Härte. Der bäuerliche Ursprung ist längst nicht verwischt. Anmut und Liebreiz sind keine beherrschenden Elemente bei diesem Präfektur-Fest, und dennoch fragt man sich, ob sich unter den Anwesenden nicht die eine oder andere Madame Bovary verbirgt.

Auf ihren dröhnenden Maschinen tragen sie Helme und Ledermonturen, die Rocker, die *loubards* von Bourges. Ein Teil der Jugend läßt sich nicht mehr integrieren in diese spießige Gesellschaft, die ihnen keine Leistungsproben abverlangt, keine Abenteuer, keine Kolonialkriege, die ihnen keine Chance bietet, ihre überschüssige Kraft auszutoben. Irgendwie erinnert der Aufzug dieser jungen Männer an die Rüstungen des ausgehenden Mittelalters. Politisch stehen sie abseits. Ihr Problem ist die Arbeitslosigkeit, die auch im Département Cher vor allem die Jugendlichen heimsucht.

»Politisch Lied, ein garstig Lied«, scheint der Sänger Bernard Capo sagen zu wollen, als er sich »dem Papst Giscard, dem Erzbischof Mitterrand, dem Kardinal Chirac, dem Protestanten Marchais« zuwendet. »Der neue Religionskrieg«, so singt er im Herbst 1980, »verspricht sieben Jahre Pech.« Sieben Jahre, das ist die Amtsperiode des neuen Präsidenten. »Von der Höhe meiner Kathedrale«, so fährt Bernard Capo fort, »sehe ich, wie die Wahlparolen, die tausendjährigen Lügen auf die Wände und das Pflaster geschmiert werden. Man spricht von freier Wahl, von Glück und Hoffnung, von Gleichheit für alle. Aber manche sind eben gleicher als die anderen, und die Jugend treibt dahin wie ein trunkenes Schiff. Ich frage mich, ob das Leben sich überhaupt lohnt.« Die Klage Capos endet: »Von der Höhe meiner Kathedrale schreie ich in eine Wüste.«

Sind sie wieder unterwegs, die »Hugenotten« der Fünften Republik? Bei Nacht huschen sie durch die Straßen von Bourges, kleben die Plakate des Mannes, der den Wahlmonarchen Giscard d'Estaing herausfordert. Der Sozialist François Mitterrand, der mit realen Chancen auf einen Wahlsieg gegen Giscard d'Estaing antritt, ist eine ebenso schillernde und umstrittene Figur wie einst der geheime Anstifter der Protestanten, der Prinz von Condé.

Mitterrand betritt das Zelt der Großkundgebung in Bourges. Natürlich möchte er kein neuer Condé sein, sondern jenem König Heinrich IV. nacheifern, der jedem französischen Bauern am Sonntag ein Huhn im Topf versprach, der aus Staatsräson vom protestantischen zum römischen Glauben zurückfand und das Wort prägte: »Paris ist eine Messe wert.« Um Präsident zu werden, um in die Fußtapfen Heinrichs IV. zu treten, müßte Mitterrand seine gesamte linke Gefolgschaft, darunter auch einen breiten Flügel der Kommunisten, bei der Stange halten, andererseits aber tiefe Einbrüche ins liberale Bürgertum erzielen. Ein akrobatisches Unterfangen.

Von seinen Anhängern umringt, kann Mitterrand eine gewisse Distanz und Herablassung nicht überwinden. Dieser Sozialist ist insgeheim auch ein Herzog. In seiner Rede widmet sich Mitterrand dem Gegensatz zwischen Amerika und der Sowjetunion, der heute in der Innenpolitik Frankreichs eine ähnliche Polarisierung auslöst wie der Konflikt zwischen Spanien und England während der Religionskriege. Paradoxerweise wirft Mitterrand seinem Rivalen Giscard eine zu lasche Haltung gegenüber Moskau vor. Die Sozialisten von Bourges, die sich wohl bewußt sind, daß sie bei den letzten Parlamentswahlen von 1978 nur halb so viel Stimmen aufbrachten wie die Kommunisten, stimmen die Internationale an. Plötzlich klingt dieses Lied »vom letzten Gefecht« wie ein alter Kirchenchoral aus jener Zeit, da Calvin verkündete, daß die Finsternis dem Lichte weichen müsse – »post tenebras lux« –, und als Martin Luther im fernen Deutschland über die »Freiheit eines Christenmenschen« sinnierte.

Seit dem Herbst 1980 ist viel Wasser die Loire hinabgeflossen. Gegen den Widerstand der »Partei der Ordnung« wurde der Kandidat Mitterrand im Mai 1981 zum Präsidenten der Republik gewählt. Dieser umstrittene Politiker hatte sich als Sammler und Inspirator an die Spitze einer linken Massenbewegung gestellt, die selbst die Kommunisten einschloß. Konnten bei den Parlamentswahlen von 1978 die Parteigänger Moskaus in Bourges, wie gesagt, noch 33 Prozent der Stimmen für sich buchen, so sind sie im März 1986 auf 15 Prozent gefallen. Die französische Arbeiterschaft ist endlich dabei, das ideologische Getto des Klassenkampfes zu verlassen.

Eine andere Nebenwirkung der sozialistischen Präsidentschaft: Im Zuge seines Regionalisierungsprogramms, das den Provinzparlamenten – *conseils régionaux* – bescheidene, aber reale Kompetenzen übertrug, hat Mitterrand die zentralisierende Allmacht des napoleonischen Präfektoralkorps eingeschränkt. Am Beispiel von Bourges und des Départements Cher läßt sich vor allem ein tiefer und unwiderruflicher Strukturwandel ablesen: Frankreich ist längst kein überwiegendes Agrarland mehr. Das Wort Sullys, wonach »Ackerbau und Viehzucht die beiden nährenden Brüste Frankreichs – les deux mamelles de France« seien, gehört der Vergangenheit an. Doch auch das Industrieproletariat, das angeblich die Zukunft gepachtet hatte, ja das – dem französischen Text der »Internationale« zufolge – mit dem Menschengeschlecht identisch ist, wird mehr und mehr in eine Randposition, in die Minderheit gedrängt. Die »postindustrielle« Ära züchtet in ihren Dienstleistungsbetrieben eine Mehrheitsschicht von Angestellten, *white collar workers* und *cadres* heran, die sich dem Konsum, dem individuellen Komfort, dem Gespann von Leistung und Freizeit sowie der elektronischen Vielfalt audiovisueller Medien verschrieben hat. Frankreich löst sich langsam und unter Schmerzen aus seinem protektionistischen Ur-Trieb. Es verläßt die ökonomische und auch intellektuelle Isolation seines *pré carré;* es verschanzt sich nicht länger im *vase clos* des Hexagon. Der Durchschnittsfranzose läßt sich nicht länger als ein Monsieur beschreiben, der ein Ordensbändchen trägt, bei Tisch Brot verlangt und die Geographie ignoriert.

All das vollzieht sich nicht ohne bittere Substanzeinbußen. Man denke nur – in extremer Verzerrung – an die gigantischen Rummelplätze der »Euro-Disneylands«, die in ländlich-idyllischer Umgebung aus dem Boden gestampft werden. Zu der Kassandra-Warnung vor dem »Niedergang«, der Frankreich nach Verwirklichung der Europäischen Union in die Rolle einer wirtschaftlich ausgelaugten belgischen Wallonie, in die Selbstbescheidung der welschen schweizerischen Westkantone abdrängen könnte, gesellt sich die Furcht vor dem Verlust der kulturellen Identität. Ein direkter Bogen spannt sich von der modischen Lamentation über den *déclin* zur nicht minder zeitgebundenen Hoffnung auf »protestantische« Neuorientierung im Sinne fragwürdiger Effizienz. Jenseits davon dämmert die globale Kommunikations-Gesellschaft der Zukunft herauf, der sich kein Kontinent, keine Supermacht, keine Ideologie, kein Kulturkreis entziehen kann. Und dennoch – nichts deutet darauf hin, daß die Franzosen für diesen weltumspannenden Bewußtseinswandel weniger gut gewappnet wären als ihre europäischen oder transatlantischen Partner.

Schon der Philosoph Montaigne machte sich vor vierhundert Jahren in der Abgeschiedenheit seines aquitanischen Schlosses Gedanken über den »Niedergang des Römischen Reiches«. In seinem Kapitel über die »vanité«, über die eitle Vergänglichkeit der Imperien, fand er tröstliche Worte. »Nicht alles Wankende«, so dozierte Montaigne über die Staaten, »ist zum Einsturz verurteilt. Der Zusammenhalt solch großer Gebilde ist nicht auf ein paar Nägel angewiesen. Das Alter hält sie zusammen. So ergeht es den antiken Bauwerken, denen im Lauf der Jahrhunderte das feste Gefüge, der Mörtel und der Zement abhanden gekommen sind; sie überleben dennoch und halten sich dank dem eigenen Gewicht im Lot.«

Perestrojka in Vietnam

Hanoi, 28. Juli 1987

Die Hitze in Hanoi war stickig und kaum erträglich. So verließ ich erst nach Einbruch der Dunkelheit das alte, modrige Gemäuer des Hotels »Thong Nhat«, des »Hotels der Wiedervereinigung«, das zur Zeit der französischen Kolonisation »Métropole« geheißen und zur Luxuskategorie gehört hatte. Mein abendlicher Gang um den Kleinen See im Zentrum der Hauptstadt war eine Reise in die Vergangenheit.

Seit dem Abzug der Franzosen im Sommer 1954 ist im Stadtkern Hanois nichts verändert, nichts renoviert worden. In der tropischen Feuchtigkeit sind die gelben Fassaden schwärzlich angefault. Die Einwohnerzahl hat sich seit 1954 verzehnfacht. Mir schien es, als wandelte ich durch ein Museum der Kolonisation. Aus dem Kleinen See ragte immer noch die Pagode, die einer Mythengestalt aus grauer Vorzeit gewidmet ist. Damals nahm einer der legendären Kriegshelden Vietnams, der seine Heimat gegen die Chinesen verteidigte, ein wundertätiges Schwert – eine Art fernöstliches »Excalibur« – aus den Krallen einer goldenen Schildkröte entgegen, die aus dem stillen Wasser aufgetaucht war.

An diesem Abend saßen ein paar Liebespaare auf den Bänken des Parks. In den wenigen, ärmlichen Gaststätten rund um den See drängten sich die Jugendlichen an veralteten Tonbandanlagen, die westliche, meist amerikanische Jazz-Musik in die Nacht krächzten. Viel Stimmung kam nicht auf bei klebriger Limonade und alkoholarmem, schalem Bier. Die jungen Leute stellten mit bescheidenen Mitteln bunte, moderne Kleidung zur Schau. Jeder träumte von Jeans und gemusterten T-Shirts.

Das Land, so schien mir, löste sich allmählich aus seinem kriegerischen Pathos. Die Propagandaplakate mit den dürftigen Erfolgsposen des sozialistischen Realismus waren selten geworden. Im Jahre 1980 war, der alten Zitadelle gegenüber, eine bronzene Lenin-Statue aufgestellt worden. Aber schon spotteten die Vietnamesen über diesen Propheten aus dem Westen, den die sowjetischen Bildhauer mit seltsamer Gestik ausgestattet hatten. Lenin halte sich die Taschen zu aus Angst vor Dieben, hieß es im Volksmund.

Elf Jahre lang hatte mir die Sozialistische Volksrepublik Vietnam die Einreise verweigert. Im Winter 1976 – achtzehn Monate nach der Eroberung Saigons durch die unwiderstehliche Armee des Nordens – hatte ich unter dem Titel »Bitterer Sieg« eine Fernsehfolge produziert, die bei den kommunistischen Behörden Hanois auf heftige Kritik gestoßen war. Ich hatte nicht umhin gekonnt, die schikanösen Repressionsmethoden der roten Kommissare in der ehemaligen Republik von Saigon, die Einweisung hunderttausender Südvietnamesen in sogenannte Umerziehungslager, die Zwangsverschickung überzähliger Stadtbewohner in die »neuen Wirtschaftszonen«, ihre planlose Umsiedlung in Ödland und Wildnis, mit Vehemenz und tiefer Enttäuschung anzuprangern. Das hatte man mir an höchster Stelle übelgenommen.

Es bedurfte wohl des jüngsten behutsamen Kurswechsels im wiedervereinigten Vietnam, eines neuen Strebens nach internationaler Öffnung, um dieses Interdikt aufzuheben. Der Botschafter der Bundesrepublik in Hanoi, Joachim Boudré-Groeger, ein früherer Mitarbeiter Willy Brandts und Egon Bahrs, berichtete mir nach meiner Landung in Hanoi, daß über mein Visum sogar im Zentralkomitee beraten worden sei. Jetzt war man – im Zeichen eines »Glasnost à la vietnamienne« – offenbar bereit, mich mit offenen Armen aufzunehmen.

Gleich am ersten Abend ging ich mit dem Botschafter in eines der wenigen Privatrestaurants essen, die im Zuge zaghafter wirtschaftlicher Liberalisierung zugelassen worden waren. Nach der Hausnummer benannt, trug es den schlichten Namen »222«. Die Gaststätte war im Obergeschoß eines verwinkelten chinesischen Hauses untergebracht, die Küche winzig, die Ausstattung mehr als bescheiden. Der alte Wirt, der diesem Familienbetrieb vorstand, sprach mit den überwiegend ausländischen Gästen französisch. Ein Vietnamese konnte sich nur in Ausnahmefällen eine Mahlzeit im »222« leisten. Ein komplettes Abendessen ohne Getränke belief sich pro Person auf mindestens fünftausend Dong, und das durchschnittliche Monatseinkommen eines mittleren nordvietnamesischen Beamten betrug ungefähr achthundert Dong.

In einer ähnlichen Kneipe an der alten Seidenstraße gleich neben dem Kleinen See hatte ich im Sommer 1954 Abschied von Hanoi gefeiert. Das Ende der französischen Kolonialherrschaft war mit der Niederlage von Dien Bien Phu besiegelt, das Genfer Waffenstillstands-Abkommen hatte die Geburt der Sozialistischen Republik von Hanoi bestätigt. Am folgenden Tag würden wir nach Süden, nach Saigon, abfliegen, und die Reisfelder Tonkings, wo die französische Armee acht Jahre lang vergeblich versucht hatte, die nationalkommunistische Revolution in Schach zu halten, ihrem asiatischen Schicksal überlassen. Es war ein melancholischer Abend gewesen, ebenso heiß und klebrig-feucht wie jetzt bei diesem Begrüßungsdiner im »222«. Wir hatten uns damals mit Pernod und Rotwein vollaufen lassen und dann wortlos auf das nächtliche, immer noch geschäftige Treiben der »Rue de la soie« gestarrt.

Der kleine und der große Drache

Schon am zweiten Tag nach meiner Rückkehr trat ich die Fahrt zur nahen chinesischen Grenze an. Die Hauptstadt Hanoi liegt bedenklich nahe an dieser »Frontlinie« zum Reich der Mitte, wo die sporadischen Feindseligkeiten seit der chinesischen »Strafaktion« des Februar 1979 immer wieder aufflackern. Die Landschaft, die Dörfer lagen unverändert, die Menschen waren sich treu geblieben. Unter dem breiten Strohhut stapften die Bauern mühsam hinter dem Pflug im fruchtbaren Schlamm der Alluvionsebene des Roten Flusses. Die Kinder saßen stolz auf dem Rücken riesiger Wasserbüffel. Die hageren Frauen trugen noch die schlotternden schwarzen Hosen. Ich entdeckte sogar ein paar Betonbunker aus dem Jahr 1951, als der französische General de Lattre de Tassigny das Tonking-Delta durch eine Art Maginot-Linie gegen die Vietminh-Divisionen des Generals Giap hatte abschirmen wollen.

Unser Ziel war die Stadt Langson, die im Februar 1979 von der chinesischen Volksbefreiungsarmee nach überaus harten Kämpfen ein paar Stunden besetzt und völlig zerstört worden war. Jetzt waren die schlimmsten Schäden beseitigt. Nach kurzem Imbiß setzten wir die Fahrt bis zum nördlichsten Vorsprung vietnamesischen Territoriums fort. Der vietnamesische Begleitoffizier zeigte auf die Bergkuppe in etwa drei Kilometer Entfernung. »Erkennen Sie dort den Radar der Chinesen?« fragte er; »damit tasten sie unsere Stellungen ab.« Aber von militärischen Befestigungen war an diesem Grenzübergang zwischen Vietnam und China keine Spur zu sehen. »Wir haben nur Laufgräben«, erklärte der Offizier, »und natürlich haben wir Minenfelder gelegt. Deshalb kann ich Sie auch nicht bis zum äußersten Schlagbaum gehen lassen.« Vor uns duckten sich die Ruinen des Dorfes Dong Dang, und hinter einer Bodenwelle konnte ich jenes alte imperiale Steintor erahnen, das die Kaiser des Reiches der Mitte an diesem Vorposten ihrer Macht errichtet hatten. Zu Zeiten der vietnamesisch-chinesischen Waffenbrüderschaft hatte es »Tor der Freundschaft« geheißen, aber traditionell wurde es von den Chinesen als »Tor zum befriedeten Süden« bezeichnet, ein klarer Herrschaftsanspruch auf das Land, das heute Vietnam heißt.

Vermutlich hatten die Pioniere der vietnamesischen Volksarmee tiefe Befestigungsstollen und Bunker in die gebirgige Landschaft rings um die Distrikthauptstadt Langson gegraben. Sie waren Meister im Schanzen und im Tunnelbau, wie sie in dreißig Jahren Krieg gegen Frankreich und Amerika bewiesen hatten. Der Generalstab von Hanoi bildete sich einiges ein auf seinen Abwehrerfolg gegen die Heerscharen aus dem riesigen asiatischen Nachbarland. Ein Kriegerfriedhof im Zentrum der Ortschaft gab Kunde von der Härte der Kämpfe im Februar 1979. Auf einem bizarren, grün überwucherten Kalkfelsen, der die Landschaft wie auf einer chinesischen Tuchmalerei überragte, flatterte eine riesige rote Fahne mit dem gelben Stern der vietnamesischen Revolution.

Mit dem Namen Langson verbindet Frankreich schmerzliche Erinnerungen. Hier war schon im Jahr 1892 die Kolonialarmee der Dritten Republik bei ihrem ersten Eroberungszug auf geballten Widerstand des Mandschu-Reiches gestoßen. Die schlecht bewaffneten chinesischen Massen hatten eine vorgeschobene Kolonne der »Infanterie coloniale« vernichtend geschlagen. Die Nachricht hatte im Pariser Parlament Tumult und Entrüstung ausgelöst. Der damalige Kolonialminister Jules Ferry, eine der großen Figuren der Jahrhundertwende, der sich um die Erneuerung und Säkularisierung des französischen Erziehungssystems bleibende Verdienste erwarb, wurde in jenen Tagen mit dem Spottnamen »le Tonkinois« bedacht und zum Rücktritt gezwungen. Fast hätte Paris damals auf jede weitere Expansion in jenem fernöstlichen Außenposten verzichtet, der später als »Perle des Imperiums« glorifiziert werden sollte.

Im Frühjahr 1951 wurde Langson wiederum zum Symbol französischer Demütigung. Das Expeditionskorps der Vierten Republik hatte längs der chinesischen Grenze eine Reihe von Schlüsselpositionen besetzt, die nach der Machtergreifung Mao Tse-tungs und dem Vordringen seiner Volksbefreiungsarmee bis in die südlichsten Provinzen Kwangsi und Yünan unhaltbar wurden. Im Februar 1951 war ein starker französischer Konvoi in dem nahen Gebirgsdschungel von Cao Bang in einen Hinterhalt gelockt und aufgerieben worden. Darauf entstand Panik bei der Garnison von Langson. Diese strategische Position wurde unter Zurücklassung des gesamten Materials fluchtartig preisgegeben, und die demoralisierte Truppe suchte ihr Heil im Delta des Roten Flusses.

Nach dem Debakel des Frühjahrs 1951 war die endgültige Niederlage Frankreichs in Indochina nur noch eine Frage der Zeit. In dieser Region diktierte von nun an wieder der chinesische Drache und nicht mehr der gallische Hahn den Gang der Geschichte. Heute lastet der schleichende dritte Indochina-Krieg, die permanente Bedrohung durch Peking wie ein Alptraum auf dem wiedervereinigten Vietnam und trägt dazu bei, jede wirtschaftliche Erholung zu blockieren.

In Hanoi hatte mir Oberst Duc von der Volksarmee mit bemerkenswerter Offenheit meine Fragen beantwortet. Der Abschnitt Langson sei relativ ruhig, hatte er das *briefing* begonnen. Aber in der Provinz Ha Tuyen feuerten die Chinesen etwa tausendfünfhundert Granaten pro Woche auf vietnamesisches Territorium ab. Das Grenzgebiet von Ha Tuyen mit seinen Dschungeln und Felsen sei doch kaum bevölkert, komme als strategische Durchbruchstelle gar nicht in Frage, wandte ich ein. Der Oberst lächelte dazu: »Das ist eben ein asiatischer Krieg«, sagte er in stockendem Französisch; »hier geht es nicht um einen eindeutigen Sieg, sondern um Abnutzung des Gegners, um seine permanente psychologische Belastung. Die drei Armeekorps, die die Chinesen in der Provinz Kwangsi bereithalten, sollen uns zwingen, unsere Elitedivisionen in ständiger Alarmbereitschaft am Nordrand des Deltas des Roten Flusses zu konzentrieren. In der eigentlichen Grenzzone, in unmittelbarer Frontnähe, bieten wir nur unsere Regionalstreitkräfte, unsere Milizen auf, und diese Methode hat sich 1979 voll bewährt.«

Alles deutete darauf hin, daß der Defensiverfolg der Vietnamesen gegen den Massenansturm der Chinesen, der 1979 nach den veralteten Konzepten des maoistischen Volksbefreiungskrieges vorgetragen worden war, indirekt den Erneuerungsplänen Deng Xiaopings zugute kam. Dem starken Mann von Peking hatte das Versagen der herkömmlichen Strategie ein Argument gegen die eigenen, störrischen Militärs geliefert und die Notwendigkeit der Vierten Modernisierung Chinas, der Modernisierung der Streitkräfte, deutlich gemacht. »Die Konsequenzen bekommen wir schon zu spüren«, gab Oberst Duc zu; »die Chinesen bauen ihre Luftwaffe und Marine aus. Neuerdings haben wir es sogar mit hochtrainierten Ranger-Einheiten zu tun.«

Dann erkundigte er sich – ausgezeichnet informiert – nach dem Stand der Abrüstungsgespräche über Mittelstreckenraketen in Europa, nach dem Streit über die in deutschem Besitz befindlichen Pershing-1a-Geräte und nach den vermeintlichen Hintergründen des Moskau-Fluges eines gewissen Mathias Rust. Auch Gorbatschow sei durch das Abenteuer des Kreml-Fliegers ein großer Dienst erwiesen worden, kamen wir lachend überein, denn er habe sich bei dieser Gelegenheit einiger renitenter sowjetischer Marschälle entledigen können. An der fast brüderlichen Offenheit der Aussprache mit den vietnamesischen Militärs merkte ich, daß sich in Hanoi – spätestens seit dem sechsten Kongreß der Kommunistischen Partei Vietnams im Dezember 1986 – etwas Grundsätzliches verändert hatte.

Oberst Duc war sich wohl bewußt, daß in Europa und USA kaum jemand Notiz nahm vom dritten Indochina-Krieg. Dennoch, so betonte er, sei diese Auseinandersetzung mit dem Reich der Mitte, das seit zweitausend Jahren Vietnam in eine Vasallenrolle zu drängen suchte, der schwerste Schicksalsgang für den »befriedeten Süden«. Im Armee-Museum von Hanoi ist die »Strafaktion« von 1979 eingeordnet in die Nachfolge des Krieges gegen Franzosen und Amerikaner. Gleich am Eingang sind drei große Fotos ausgestellt: das siegreiche rote Banner über dem französischen Befehlsbunker von Dien Bien Phu; das Einrollen nordvietnamesischer Panzer in den Palast des Saigoner Staatspräsidenten von Amerikas Gnaden; schließlich eine Gruppe chinesischer Gefangener bei Langson, die von weiblichen Miliz-Soldaten bewacht wird. Am permanenten Hegemonialanspruch Pekings gemessen, schrumpften die französische Kolonialpräsenz wie auch die dröhnende US-Intervention in Vietnam zu kurzfristigen Episoden.

In Hanoi ist manches in Bewegung geraten, seit der verknöcherte Generalsekretär der KPVN, Le Duan, zu Grabe getragen wurde und sein Nachfolger Nguyen Van Linh, ein ehemaliger Partisanenführer, der die Kriegsjahre im Süden durchgestanden hatte, mit immerhin einundsiebzig Jahren die Führung der Partei übernahm. Noch halten sich an der Spitze des Staates einige marxistisch-konfuzianische Greise, so Vo Chi Cong als Staatschef oder Pham Hung als Ministerpräsident. Diese Hierarchen können sich mit dem Anbruch einer neuen Zeit, mit einer vietnamesischen *Perestrojka* wohl ebensowenig anfreunden wie die achtzigjährigen, hochverehrten Veteranen Pham Van Dong, Truong Chinh oder Le Duc Tho, die sich endlich aus ihren öffentlichen Ämtern zurückgezogen haben. Sie hatten sich ein ganzes Leben lang der starren, puritanischen Ideologie karger, dogmatischer Gleichheit verschrieben. Sie hatten – der alten Garde Ho Tschi Minhs zugehörig – für ihr marxistisch-leninistisches Credo fünfzig Jahre lang gelitten und gekämpft. Jetzt sollte das alles nicht mehr wahr, nicht mehr gültig sein? Die Utopie der roten Menschheitserlösung verblaßte, und sie sahen sich in mancher Beziehung betrogen um ihre Ersatzreligion. Ihnen mußte zumute sein wie einem strengen Mönchsorden, dem ein drittes Vatikanisches Konzil unverblümt zu verstehen gäbe, daß die Gebote der Armut, der Keuschheit, des Gehorsams, denen er sich ein ganzes Leben lang unterworfen hatte, für den christlichen Heilsweg durchaus verzichtbar seien.

Ein französischer Botschafter hatte mir diese würdigen Fossile einst als »agrégés du Komintern« geschildert, als »Diplomträger der Weltrevolution«. So paradox es klingt: Der Abgang dieser Mannschaft kam auch einer Einbuße französischen Einflusses gleich, denn diese alten Männer waren wider Willen durchdrungen von französischem Denken. Hatte nicht Ho Tschi Minh in Person als anonymer Fotoretuscheur Ai Nguyen Quoc am Gründungskongreß der französischen Kommunistischen Partei in Tours teilgenommen? Ministerpräsident Pham Van Dong – von vielen seiner prominenten Parteigenossen nachgeahmt – dozierte im Tonfall französischer Parteikader, und der große Stratege Vo Nguyen Giap hatte dem Beispiel Bonapartes und der Volksarmee von Valmy nachgeeifert.

Jetzt trat eine neue Generation an, keine Jünglinge gewiß, aber Produkte einer zeitgemäßeren Erziehung, die das Englische als Weltsprache akzeptierten und sich – trotz langjähriger russischer Beeinflussung – im Gespräch mit westlichen Besuchern gern locker und angelsächsisch gaben.

Würde es der französischen Kulturpräsenz in Vietnam allmählich ergehen wie der spanischen Kolonialtradition auf den Philippinen, die durch eine radikale Amerikanisierung fast gänzlich überlagert schien? Bei näherem Zusehen war das keineswegs sicher. Mochte Manila auch neben dem malaiischen Dialekt Tagalog das Amerikanische zur Landessprache gemacht haben, die Lebensart, die »politische Kultur«, wie der Mode-Ausdruck lautet, war durch und durch hispanisch, besser gesagt ibero-amerikanisch geblieben. Von Mexiko aus war dieser Archipel jahrhundertelang durch den spanischen Vizekönig verwaltet worden. So lebten die Filipinos weiterhin wie Latinos in einer Atmosphäre intensiver katholischer Volksfrömmigkeit und machistischer Männerpose; der *caudillismo* und gelegentlich der Militärputsch, das *pronunciamiento,* bestimmten den Ablauf der Politik.

Ähnlich dürften die Vietnamesen, selbst nach Verlust der einst weitverbreiteten französischen Sprachkenntnisse, die Spuren colbertistischen Staatsdenkens, den gallischen Dirigismus, die rhetorische Schulmeisterei im Namen aufklärerischer Grundprinzipien, den Hang zum cartesianischen Exkurs, die intellektuelle Arroganz schwerlich abstreifen können, sondern sich im Gegenteil auf diese in Ostasien einmalige Zivilisationsverpflanzung stützen, um ihren eigenen Charakter gegenüber dem alles erdrückenden konfuzianisch-buddhistischen Umfeld zu behaupten. Daß die französischen Lehrmeister auf ihre Art ein elitäres, literarisch orientiertes Mandarinat verkörperten, hatte ihre Einwirkung auf diesen kulturellen Vorposten im Fernen Osten wohl zusätzlich gefördert. Die vietnamesischen Kommunisten der alten Garde waren gewiß Jünger von Marx und Lenin, aber sie waren auch Ziehkinder von Voltaire, von Danton, von Auguste Comte.

Die mit den vietnamesischen Kommunisten verbündeten Staaten Osteuropas haben sich bemüht, das durch die sukzessiven Niederlagen Frankreichs und Amerikas entstandene Vakuum auszufüllen. Junge Wissenschaftler und hochqualifizierte Techniker aus Tonking und Annam sind in den Ostblockländern, vor allem in der DDR, zu Scharen ausgebildet worden, was zur Folge hat, daß heute nahezu vierzigtausend Vietnamesen über beachtliche Deutschkenntnisse verfügen. Aber nach der Heimkehr war wenig Platz für diese Spezialisten. Sie stießen sich an der verkrusteten Bürokratie, wurden oft zu bescheidensten Handlangerdiensten abgestellt. Verantwortungsfreude oder Sinn für modernes Management hatten sie in den Staaten des Warschauer Paktes ohnehin nicht gelernt. Die Lähmung einer vierzigjährigen sozialistischen Eiszeit von fast stalinistischer Strenge hat bleibende Spuren hinterlassen. Ist es nicht zutiefst demütigend für dieses hochzivilisierte, begabte Volk, daß es seine Arbeitskräfte zu Ramschpreisen exportieren muß wie ein extrem unterentwickeltes Land der Dritten Welt? Mindestens dreißigtausend Vietnamesen sind in der Sowjetunion, zwanzigtausend in der ČSSR, mehr als zehntausend in der DDR, dreitausend gar im Irak in Beschäftigungszweigen angeheuert, für die sich die Einheimischen offenbar zu schade sind.

Nach meinem Ausflug an die chinesische Grenze habe ich den Zentralmarkt von Hanoi besucht. Seit die Bauern des Deltas ihre Überschüsse – jenseits der staatlich fixierten Abgabenormen – zu freien Preisen verkaufen dürfen, ist das Angebot viel reichhaltiger, aber auch unerschwinglich teuer geworden. So kostet ein Pfund Schweinefleisch mehr als achthundert Dong im freien Handel, was – wie gesagt – dem Monatsverdienst eines mittleren Beamten entspricht. Die Grundnahrungsmittel bleiben deshalb im Norden Vietnams weiterhin rationiert. Die offiziellen Zuweisungen sind spärlich: ein Pfund Fleisch pro Kleinfamilie im Monat, und es ist ein schwacher Trost, daß dafür nur zwanzig Dong berechnet werden.

Die Menschen des Nordens, die Tonkinesen, wie man früher sagte, tun sich schwer mit der zögerlichen Wirtschaftsliberalisierung. Allenfalls die Reisbauern profitieren effektiv davon. In den Dörfern sieht man schmucke neue Häuschen, Beweis für diese unverhoffte Bereicherung nach Abmilderung eines bislang spartanischen, gleichmacherischen Regimes. Die Nordvietnamesen, so sagen die Experten, besäßen wenig Begabung zu kaufmännischer Rührigkeit, zu aktivem Unternehmertum. Sie seien von altersher Bauern und Soldaten, Beamte und Mandarine gewesen. Das Land am Roten Fluß erscheint nach seinem verblüffenden Sieg über die Amerikaner ausgelaugt, am Ende seiner Kräfte. Im Zeichen des Krieges waren unter entsetzlicher Anstrengung und im Bombenhagel der US Air Force sechzehntausend Kilometer der berühmten Ho Tschi Minh-Piste durch Dschungel und Gebirge gebaut worden. Aber in zwölf Jahren Frieden sind die Parteifunktionäre nicht in der Lage gewesen, die kurze, aber lebenswichtige Straße zum Hafen Haiphong auszubauen, geschweige denn die Landverbindung nach Ho Tschi Minh-Stadt, dem früheren Saigon.

Alle Gesprächspartner in der Parteizentrale, in der offiziellen Presse-Agentur, in den staatlichen Planungsgremien versicherten mir ihre feste Entschlossenheit, die marktwirtschaftliche Entwicklung zu begünstigen, ohne Verzicht auf die Lehren sozialistischer Ideale eine Lockerung und liberale Umstrukturierung auf allen Gebieten anzustreben. Viel zu spät werden sich die Ministerien von Hanoi bewußt, daß eine solche Belebung den Ausbau der bislang erbärmlichen Infrastruktur voraussetzt. Endlich wird ein großzügiger Investitionskodex verabschiedet, der ausländische Unternehmer zum wirtschaftlichen Engagement in Vietnam unter kulanten Bedingungen und konkreten Transfer-Garantien anreizen soll. Die Diskussion über dieses Projekt dauert seit 1976 an.

Während meines Aufenthalts in Vietnam hielt sich eine Delegation unter General Vessey, einem früheren Stabschef der US-Streitkräfte, im Auftrag Präsident Reagans in Hanoi auf. Natürlich wurde dieser Besuch mit Diskretion behandelt. Aber die Beamten des vietnamesischen Außenministeriums unter Nguyen Co Thach, von dem man nur hoffen kann, daß er eines Tages seine bereits einflußreiche Stellung weiter ausbauen wird, weichen dem offenen Meinungsaustausch zu diesem heiklen Thema keineswegs aus. Natürlich gehe es General Vessey um die angeblich tausendachthundert MIA (»missing in action«), jene US-Soldaten, deren Leichen bislang nicht gefunden werden konnten. »Auch uns ist es nicht gelungen, unzählige unserer gefallenen Bo Doi im Dschungel wiederzufinden und zu bestatten«, entgegnete der stellvertretende Außenminister Nguyen Dy Nien in vorzüglichem Englisch. Was das Gerücht über angeblich noch in Vietnam verweilende ehemalige GIs betrifft – ein Thema, das durch die »Rambo«-Filme in grotesker Weise aufgebauscht wurde –, so seien die Behörden jeder Spur nachgegangen. Ohne Ergebnis. Ein schwarzer Amerikaner sei im Hochland-Städtchen Kontum signalisiert worden, habe sich jedoch als dunkelhäutiger Tamile aus Südindien entpuppt. Das Gerücht von einem US-Bürger, der in Haiphong als Rikscha-Kuli vegetiere, habe sich als »Ente« erwiesen.

Im gelben Bau des Außenministeriums von Hanoi, dem früheren Verwaltungssitz des französischen Generalgouverneurs, zeigt sich Nguyen Dy Nien natürlich tief enttäuscht, fast entrüstet, daß Vietnam wegen seiner militärischen Präsenz in Kambodscha – dort sind etwa hundertdreißigtausend Bo Doi im Einsatz – von den Vereinten Nationen mit Acht und Bann belegt wurde. Immerhin habe die

Volksarmee Vietnams dem Massenmord, dem »Auto-Genozid« der Roten Khmer unter dem fürchterlichen Pol Pot ein Ende gesetzt. Ob denn die internationale Staatengemeinschaft darauf hinarbeiten wolle, mit ihrer Aufforderung nach Abzug der Vietnamesen jene »Khmers Rouges« wieder an die Macht zu bringen, die mit rund vierzigtausend Partisanen weiterhin die stärkste und wirksamste Guerilla-Truppe stelle? Die Analyse klang einleuchtend. Prinz Sihanuk, der unermüdlich bemüht ist, die widerstreitenden Exil-Parteien des kambodschanischen Widerstandes unter einem neutralistischen Dach zu einen, hatte mir mehrfach seine Angst eingestanden, daß im Falle eines vietnamesischen Rückzugs aus Kambodscha die Regierungsgewalt automatisch an jene »Steinzeit-Kommunisten« fiele, die die meisten Angehörigen seiner eigenen Familie massakriert hatten.

Spätestens 1990 werde Hanoi seine Truppen aus Kambodscha zurücknehmen, so versicherten die Sprecher von Partei und Regierung feierlich. Bis dahin sei die mit Vietnam verbündete Regierung Phnom Penhs unter Heng Samrin in der Lage, sich in den wichtigsten Teilen des Landes zu behaupten. Es entstünde dann allenfalls eine mit Burma vergleichbare Situation, wo ja auch weite Randgebiete im Aufstand gegen die Zentralbehörden verharren.

Dieser offizielle Optimismus klang reichlich gekünstelt. Im Außenministerium von Hanoi wittert man sehr wohl, daß die Volksrepublik China bei ihren Verhandlungen mit Moskau den Kambodscha-Konflikt mit allem Nachdruck nutzt, um die sowjetisch-vietnamesische Allianz zu spalten. Wer die Vietnamesen kennt, weiß andererseits, daß die Erben Ho Tschi Minhs am Konzept eines organisch gegliederten Gesamt-Indochina mit Zähnen und Klauen festhalten werden. In Phnom Penh und in Vientiane, der Hauptstadt von Laos, kann Vietnam nur Regime dulden, die eng befreundet, mit anderen Worten, von Hanoi abhängig sind. Die Chinesen haben deshalb ein relativ leichtes diplomatisches Spiel.

Zwischen dem »großen Drachen« China und dem »kleinen Drachen« Vietnam ist kein Nachlassen der Spannungen in Sicht. Darin sind sich die meisten Beobachter einig. Dem steht schon der akute Territorialstreit um den Besitz der winzigen Paracel- und Spratley-Archipele im Südchinesischen Meer im Weg. Schlagartig wurden im Frühjahr 1975 die Paracel von Einheiten der chinesischen Volksbefreiungsarmee, die Spratley von vietnamesischen Marinetrupps besetzt, und seitdem stehen sich hier die feindlichen Brüder wie zähnefletschende Tempellöwen gegenüber. Im Umkreis der winzigen Eilande von großer strategischer Bedeutung wird Erdöl vermutet. Seit 1975 sind auf allen Landkarten, die in Peking gedruckt werden, beide Archipele und die weiten Hoheitsgewässer ringsum, die bis zu den Philippinen und an Borneo reichen, mit scharfer Umrandung als chinesisches Staatsgebiet ausgewiesen. Von einem Kompromiß in dieser für Vietnam lebenswichtigen Frage ist nicht die Rede. Kein Wunder, daß Hanoi weiterhin unter dem Damokles-Schwert neuer Einschüchterungskampagnen des gigantischen Nachbarn im Norden lebt. Nur ein Teil der vitalen Kräfte Vietnams kann für die Linderung der materiellen Not, für die Ankurbelung wirtschaftlicher Entwicklung freigestellt werden.

Bis auf den heutigen Tag wirkt die willkürliche Grenzziehung der einstigen Kolonialmacht Frankreich im ganzen indochinesischen Raum schicksalhaft fort. Für Ho Tschi Minh und seine Nachfolger war es eine Selbstverständlichkeit, diesen disparaten Besitzstand aus den Ländern Vietnam, Laos und Kambodscha zusammenzuhalten und auf den Führungsanspruch Hanois auszurichten wie zu Zeiten des französischen Generalgouverneurs. Selbst die zufälligen Insel-Akquisitionen der französischen Dritten Republik im Südchinesischen Meer gehören zu diesem unverzichtbaren Erbe. So hinterlassen die Imperien ihre Spuren und belasten ihre einstigen Untertanen mit verlustreichen und ruinösen Territorialkonflikten.

Bei den Kriegern der Apokalypse

Natürlich wußten meine Gesprächspartner in Hanoi, daß ich im Frühjahr 1981 ihre kambodschanischen Todfeinde, die Roten Khmer, im Dschungel der Provinz Siem Reap aufgesucht und ihnen einen Dokumentarfilm gewidmet hatte. Es war ein abenteuerliches Unternehmen gewesen. Der chinesische Militärattaché in Bangkok, der im Range eines Generals stand, hatte uns diese Kontakte ermöglicht. In einem Lieferwagen wurde unser Kamerateam bei Nacht bis in die Gegend südlich von Surin transportiert. Im Morgengrauen überschritten wir die Grenze und wurden sofort von bewaffneten »Khmers Rouges« in Empfang genommen. Sie trugen Uniformen chinesischen Zuschnitts, und auch ihre AK-47 stammten aus chinesischer Fabrikation.

Auf Dschungelpfaden, von denen wir keinen Meter abweichen durften, weil beiderseits Minenfelder angelegt waren, gelangten wir zum Hauptquartier dieser »Krieger der Apokalypse«. Der Empfang war überaus gastlich. Zu unserem Schutz und zur persönlichen Bedienung waren fröhliche Kinder-Soldaten im Alter von zwölf bis sechzehn Jahren abgestellt. Niemand sah diesen Halbwüchsigen an, daß ihre Altersgenossen ein paar Jahre zuvor eines der schrecklichsten Gemetzel der Geschichte unter den eigenen Landsleuten veranstaltet hatten. In Ermangelung von Munition waren damals die vermuteten Regimegegner entweder zu Tode geknüppelt oder mit Hilfe von Plastiktüten zu Zehntausenden erstickt worden.

Daß ich diese Reise ins Reich des Schreckens im Rahmen eines Buches über Frankreich erwähne, hat seinen guten Grund. In der Kommandozentrale der »Khmers Rouges«, wo wir uns ausschließlich auf französisch verständigten, wurde ich nämlich von zwei Männern empfangen, die ihre akademische Bildung, aber auch ihre blutrünstigen Utopien von der radikalen Gesellschafts-Umgestaltung Kambodschas im Quartier Latin aufgesogen hatten. Der schrecklichste Repräsentant dieses Horror-Regimes, der ominöse Pol Pot, in seiner Jugend buddhistischer Mönch, dann Absolvent einer Elektriker-Schule in Frankreich, befand sich mitsamt seinen Partisanen im fernen Cardamon-Gebirge. Aber hier im Norden der Provinz Siem Reap hielten sich seine ideologischen Weggefährten Kieu Samphan und Yeng Sari auf.

Über Yeng Sari hatte man mir nur Negatives berichtet. Für einen Kambodschaner war dieser Mann mit dem Froschgesicht hochgewachsen. In seiner Pekinger Residenz hatte Sihanuk seinen Widerpart Yeng Sari stets als abscheulichen Heuchler, als Anstifter mörderischer Exzesse geschildert. Kieu Samphan hingegen, den die Roten Khmer jetzt als Aushängeschild benutzten und der tatsächlich dieser düsteren Revolutionsbewegung von Anfang an führend angehörte, wurde positiver eingestuft. Er war der einzige gewesen, so hatte Prinz Sihanuk geurteilt, der während der gräßlichen Terrorherrschaft der »Khmers Rouges« menschliches Mitgefühl zu erkennen gab. Als der Prinz nach der Machtergreifung der kambodschanischen Kommunisten in Verkennung der Sachlage nach Pnom Penh zurückgekehrt war und unter Hausarrest stand, hatte Kieu Samphan ihm immerhin ein Transistorradio zur Verfügung gestellt, damit er nicht ganz von der Außenwelt abgeschnitten sei.

In seiner Dschungelfestung, umringt von Partisanen mit unbewegten Bronzegesichtern, die er zur Parade antreten ließ, ist mir Kieu Samphan, der Regierungschef der Roten Khmer, als durchaus umgänglicher Mann begegnet. Sein kluger Intellektuellenkopf war leicht angegraut, wirkte aber immer noch jugendlich. Vor der Landkarte erklärte er uns in fließendem Französisch die militärische Lage, wies auf die Stärke und auf die Schwäche seiner Partisanenbewegung hin.

Beim feierlichen Abendessen im Dschungel hatte wohl er dafür gesorgt, daß jeder Plastikteller mit Blüten des Urwaldes verziert, daß der Name eines jeden Gastes durch eine Tischkarte gekennzeichnet sei, als säßen wir in einer französischen Luxusherberge. Ich war zu seiner Rechten placiert. Wir diskutierten lange, aber es gelang mir nicht zu ergründen, wie dieser einstige Student der »Faculté des Lettres«, der an der Sorbonne eine schwärmerische These über die radikale Erneuerung des Khmer-Volkes verfaßt hatte, in den Abgrund des Massenmordes geraten war. In seiner Dissertation waren bereits sämtliche krausen Vorstellungen enthalten gewesen, die die Roten Khmer zwischen 1975 und 1979 mit entsetzlicher Konsequenz ins Werk setzen sollten: die totale Absage an die städtische Lebensform, die brutale Desurbanisierung, die Verurteilung der gesamten kambodschanischen Zivilbevölkerung zu pharaonischen Kanalisationsarbeiten, zur Urbarmachung der Wildnis, der fanatische Wille, notfalls auf den Skeletten des »alten Menschen« ein neues Großreich der Khmer – anknüpfend an die Herrlichkeit des Imperiums von Angkor – erstehen zu lassen.

Ich lag in jener Nacht lange wach in meiner Hängematte. Die vielfältigen Geräusche des Urwaldes zögerten das Einschlafen hinaus. Dabei grübelte ich nach über diese seltsame, beängstigende Kausalwirkung, die von den Chimären eines exotischen Scholaren im Quartier Latin bis zu den *killing fields* Südostasiens geführt hatte.

Am folgenden Abend waren wir von den jugendlichen Partisanen mit der chinesischen Ballonmütze ins thailändische Grenzgebiet zurückgeleitet worden. Ein paar Tage lang war ich tatsächlich in die Rolle Perkens versetzt worden, jenes deutsch-dänischen Helden aus dem »Königsweg« André Malraux', der schließlich auf einen vergifteten Bambusspieß, wie sie rechts und links unseres Pfades zu Tausenden in die modrige Erde gerammt waren, gestürzt und in fiebrigem Krampf verendet war. Der Mond stand hoch, als wir Abschied nahmen von unseren unheimlichen Gefährten, diesen Massenkillern des Steinzeit-Kommunismus. Das Licht der Karbidlampe erhellte das Gesicht des bewaffneten Knaben, der uns freundlich nachwinkte. Es war wie in Erz gegossen, und auf den braunen Bronzelippen, so schien mir, spielte ein geheimnisvoll grausames Lächeln wie auf den monumentalen Tempelskulpturen des Bayon-Tempels.

Auch die Russen sind Weiße

Beim algerischen Botschafter in Hanoi, Aissa Seferjeli, gab ich einen Scherz zum besten, der von dem früheren amerikanischen Unterstaatssekretär Marshal Green stammte. Franzosen und Chinesen seien sich in drei Dingen ähnlich: Sie seien absolut überzeugt, die höchste Kulturstufe der Menschheit zu repräsentieren; sie rühmten sich, die beste Küche der Welt zu besitzen, »and they both think they can handle Sihanuk« – und beide glauben, sie könnten Sihanuk manipulieren.

Die Residenz des Algeriers war für nordvietnamesische Verhältnisse luxuriös. Mir war gleich beim Betreten des Saals eine vietnamesische Wandmalerei aufgefallen, die nordafrikanische Widerstandskämpfer in einer chinesisch stilisierten Gebirgslandschaft des Atlas darstellte, wo sie einer französischen Patrouille auflauerten. Ein algerischer Maler hatte seinerseits den Aufmarsch vietnamesischer Revolutionäre entworfen, mit kantigen, von Kampfentschlossenheit entstellten Gesichtern. Immer wieder habe ich in der Dritten Welt die hohe Sachkenntnis und die angenehmen Umgangsformen der algerischen Diplomaten schätzen gelernt. Ich berichtete über meinen Ausflug zum Staudamm von Hoa Binh, einem gewaltigen Projekt, das mit sowjetischer Hilfe am Zusammenfluß des Roten und Schwarzen Flusses gebaut wird und das ganze Tonking-Delta mit Strom versorgen soll. Die acht Turbinen würden nach Fertigstellung im Jahre 1992 eine Energie von vierhunderttausend Kilowatt liefern.

Hoa Binh, knapp achtzig Kilometer von Hanoi entfernt, war mir aus dem französischen Indochina-Krieg in Erinnerung. Hier hatte im Sommer 1951 der französische Oberbefehlshaber de Lattre de Tassigny versucht, aus der platten Reisebene in die unheimliche, phantastisch anmutende Wildnis der grün überwucherten Kalkfelsen vorzustoßen, wo der kommunistische Vietminh sich seit 1946 eingenistet hatte. Das Fallschirm-Unternehmen der Franzosen wurde fast zum Debakel. Mit äußerster Anstrengung hatten sich die »Paras« aus der Umklammerung des Gegners gelöst und Hoa Binh den Partisanen Ho Tschi Minhs überlassen.

Die russische Wirtschaftshilfe bleibt ein Dauerthema für die Ausländer in Hanoi. Die gewaltigen Ausschachtungen und Betonkonstruktionen von Hoa Binh, über denen die roten Flaggen der Weltrevolution wehen, konnten nicht über eine tiefe Krise in den Beziehungen zwischen Moskau und Hanoi hinwegtäuschen. Beim sechsten Parteitag der Kommunistischen Partei Vietnams war Jegor Ligatschow, der zweitmächtigste Mann im Politbüro der KPdSU und, wie es heißt, heimlicher Gegner der Gorbatschow-Reformen, als gebieterischer Gast aufgetreten. Zunächst hatte er der neuen Führungsmannschaft um Generalsekretär Nguyen Van Linh eine höchst konventionelle Büste Ho Tschi Minhs überreicht. Dann ermahnte er seine vietnamesischen Genossen, daß die jährlichen Zuschüsse Moskaus in Höhe von mehr als zwei Milliarden Dollar nicht unbegrenzt weiterfließen würden, wenn Hanoi sich nicht zu größerer Effizienz in seiner Wirtschaftsplanung und Budgetgestaltung aufraffte.

Wenig später hatte sich Außenminister Schewardnadse noch robuster gebärdet. Bei seinem spannungsgeladenen Besuch hatte er den Hanoier Parteispitzen beinahe ultimativ zu verstehen gegeben, daß *Perestrojka* auch für die verrottete, ja verschluderte Wirtschaftspolitik des marxistischen Vietnam überfällig sei, daß die Auswüchse der parasitären Bürokratie unerträgliche Formen angenommen hätten. Das offizielle vietnamesische Fernsehen hatte eine Ausstrahlung dieser kritischen Äußerungen kurzerhand unterbunden.

Mit Argwohn beobachteten Partei- und Regierungsspitzen am Roten Fluß die Annäherung, die sich im Zeichen der neuen Gorbatschow-Diplomatie auch zwischen Moskau und Peking abzeichnete. Sie zweifelten keine Sekunde daran, daß die Chinesen mit der Forderung nach Abzug aller vietnamesischen Truppen aus Kambodscha – unverzichtbare Vorbedingung einer jeden gutnachbarlichen Normalisierung ihrer Beziehungen zur Sowjetunion – die bewährte Waffenbrüderschaft zwischen Moskau und Hanoi unterlaufen wollten. Sie wußten längst, daß die vietnamesische Volksarmee einerseits, die Roten Khmer andererseits sich in den Dschungeln und Reisfeldern Kambodschas eine Art Stellvertreterkrieg lieferten, daß dort auf ihre

Kosten eine Kraftprobe ausgetragen wurde zwischen den beiden kommunistischen Giganten Asiens.

Hohes Ansehen genossen die Russen ohnehin nicht bei der vietnamesischen Bevölkerung. Mit dem Wort »Lien Xo« – Sowjetunion auf vietnamesisch – waren durchaus nicht nur positive Erfahrungen verbunden. Den feingliedrigen Asiaten mußten diese grobschlächtigen blonden Männer und Frauen aus dem Norden recht barbarisch vorkommen. Sie hatten schließlich teilgehabt am chinesischen und am französischen Zivilisationsdünkel. Beim Gespräch in der algerischen Botschaft erinnerten wir uns an einen Ausspruch de Gaulles, der ursprünglich auf die bedrohten nordafrikanischen Besitzungen Frankreichs gemünzt war: »All denen, die unseren Platz einnehmen wollen, wünsche ich viel Vergnügen – je leur souhaite bien du plaisir!«

Ins Hotel »Thong Nhat« zurückgekehrt, suchte ich zwischen zwei Strompannen in meinen Notizen nach der Passage jener Pressekonferenz vom 31. Januar 1964, die der General dem Verhältnis zwischen China und Rußland gewidmet hatte. Die Aussage – in hochliterarischem Stil gehalten – blieb weiterhin aktuell. »Der chinesische Staat«, so hatte der General doziert, »ist älter als die Geschichte, stets zur Unabhängigkeit entschlossen, auf die Stärkung der Zentralgewalt bedacht gewesen.« China habe sich auf sich selbst zurückgezogen und die Ausländer verachtet; dabei habe das Reich der Mitte das Bewußtsein seines unabänderlichen Bestandes und den Stolz auf seine Einzigartigkeit bewahrt. Sowjetrußland, so fuhr de Gaulle fort, habe anfänglich den Chinesen Mao Tse-tungs Mitarbeit, industrielle und technische Hilfe angeboten. »Das war die Zeit, als der Kreml – hier wie andernorts – seine strikte Führungsposition innerhalb der kommunistischen Welt noch benutzte, um den Vorrang Rußlands über all jene Völker zu untermauern, deren Regierungssysteme – dem sowjetischen verwandt – die Vorherrschaft Moskaus zu bestätigen schienen. So suchte Rußland China zu gängeln und darüber hinaus ganz Asien zu beherrschen. Doch die Illusionen sind verflogen... In Asien, wo die längste Grenze der Welt zwischen diesen beiden Staaten verläuft – vom Hindukusch bis Wladiwostok –, stoßen die Interessen Rußlands, die auf Beharrung und Erhaltung gerichtet sind, mit denen Chinas zusammen; und China ist zu Wachstum und Ausdehnung verurteilt...«

Bevor ich das Moskitonetz am Bettrand einklemmte, das Licht löschte und meine modrige Behausung der Herrschaft der Kakerlaken überließ, kam mir die Erinnerung an die Wutausbrüche der französischen Gefangenen und Verwundeten von Dien Bien Phu, die wir im Sommer 1954 an der Küste der vom Vietminh beherrschten Provinz Than Hoa mit flachen Landungsbooten der »Marine Nationale« abgeholt hatten. Nach der Eroberung der Dschungelfestung hatte die besiegte Garnison zu langwierigen, wohlinszenierten Filmaufnahmen antreten müssen, um ihre Niederlage zu veranschaulichen. Hinter den Kameras hatten Russen gesessen, die die Demütigung des weißen Mannes in diesem fernen Winkel Südostasiens zu einem propagandistischen Spektakel mißbrauchten und aufbauschten. Die gefangenen Franzosen hatten mit Haß und Verachtung auf jene blonden Sowjetmenschen geblickt, die offenbar jedes Gefühl für europäische Solidarität über Bord geworfen hatten. Lange vor Afghanistan hatte de Gaulle die Warnung ausgestoßen: »Eines Tages werden sogar die Russen begreifen, daß sie Weiße sind.«

Unsere Liebe Frau von Saigon

Saigon/Ho Tschi Minh-Stadt, 3. August 1987

Bei aller Bewunderung für Ho Tschi Minh will mir der neue Name Saigons nicht recht über die Lippen kommen, und es geht vielen Vietnamesen ähnlich. Seit meinem letzten Besuch im Sommer 1976 hat sich hier ein radikaler Wandel vollzogen. Das vertraute alte Kolonial-Hotel »Continental« – von Graham Greene im »Stillen Amerikaner« verewigt, von der Weltpresse einst zum Hauptquartier auserkoren – steht vor dem Abbruch. Auch das ist ein Symbol. Saigon ist heute eine zutiefst asiatische Stadt, die der Vergangenheit den Rücken kehrt. Der *cyclo-pousse,* der Rikscha-Fahrer, dem ich mich nach Anbruch der Dunkelheit anvertraue, fragt, aus welchem Land ich komme. »West Germany«, wiederholt er erfreut, »free Germany!« Acht Jahre lang hatte er als Unteroffizier in der Südarmee gedient. Nach dem Sieg Hanois war er verhältnismäßig glimpflich davongekommen mit zehn Tagen Internierung in einem »Umerziehungslager«. Aber eine berufliche Chance wurde ihm nicht gegönnt, und so fristet er sein Leben als *cyclo-pousse.* »The Commies don't like me and I don't like the Commies«, sagt der ausgemergelte Mann und stößt einen Seufzer aus: »Warum haben uns die USA fallengelassen?«

Solche Nostalgie ist bei den Angehörigen der älteren Generation verbreitet. Aber diese Überlebenden des Thieu-Regimes geben längst nicht mehr den Ton an. Ho Tschi Minh-Stadt mitsamt der Zwillingsstadt Cholon, die früher fast ausschließlich von Chinesen bewohnt war, platzt mit fünf Millionen Einwohnern aus ihren Nähten. Die Jugendlichen machen hier mindestens sechzig Prozent der Bevölkerung aus. Ich erlebte eine Explosion an Vitalität. »Es sind weiterhin zwei verschiedene Länder im Norden und Süden«, gestand selbst ein hoher Parteifunktionär. In Saigon gibt es keine Rationierung, sondern nur den freien Markt, der zu schwindelerregenden Preisen eine Fülle von Lebensmitteln, aber auch alle nur denkbaren Importerzeugnisse aus dem Westen bietet. Die Exil-Vietnamesen sorgen mit ihren Geschenksendungen an die verbliebenen Verwandten für die Beständigkeit dieses Warenstroms. Auch der Schmuggel blüht. Die Löhne und Gehälter sind in Ho Tschi Minh-Stadt etwa zehnmal höher als in der kargen Hauptstadt Hanoi. Dennoch kommen die meisten Saigoner nur knapp über die Runden bei einer galoppierenden Inflation von siebenhundert Prozent.

Es ist ein bewegendes, befreiendes Erlebnis, wenn zu abendlicher Stunde, zwischen sieben und acht Uhr, zehntausend Fahrräder – von jungen Frauen und Männern langsam gesteuert – eine Art Massen-Korso veranstalten und die heutige Dong Xhoi, die »Straße der Volkserhebung« – die frühere Tu Do, »Straße der Freiheit«, die einstige Rue Catinat der Franzosen – mit ihren Zurufen und ihrem Lachen füllen. Diese Jugend will keine Ideologie mehr, sondern besseres Leben. Sie hat sich westlichen Modellen zugewandt. In dem riesigen Freizeit-Zentrum Bong Sen, aber auch in zahllosen Behelfs-Discos, trifft man sich in möglichst engen Jeans und bunten T-Shirts, begeistert sich an Rock-Musik.

Im alten kolonialen Stadtzentrum ist eine Form asiatischer Geselligkeit entstanden, die gelegentlich noch alte französische Lebensart spiegelt. Da drängen sich die Gäste bei bescheidenem Konsum an den überfüllten Tischen eines »Café concert« in der Dong Xhoi. Streichorchester fiedeln Weisen aus den dreißiger Jahren, manchmal sogar aus der *belle époque*. Mir fällt ein würdiges altes Ehepaar auf, das bei Einbruch der Dunkelheit vor den bescheidenen Schaufensterauslagen flaniert. Wäre nicht der asiatische Gesichtsschnitt, diese Überlebenden einer ausgepowerten cochinchinesischen Bourgeoisie würden perfekt in die exklusiven Pariser Stadtviertel Passy, Auteuil oder Neuilly passen. Ihre französisch anerzogene Distinktion haben sie durch Revolutionswirren, Enteignungen und Klassenkampf-Theater gerettet.

In der betriebsamen Chinesenstadt Cholon steigert sich die wiedergeborene Lust am Leben zur Frenesie. Hier reiht sich eine Gaststätte an die andere. Jedes zweite Haus beherbergt einen kleinen Laden, der alle nur erdenklichen Konsumartikel feilhält. Der Fahrer zeigt mir die alten Spielcasinos des »Grand Monde« von Cholon, zur Zeit der Franzosen als größte Lasterhöhle Ostasiens berüchtigt. Die Partei hat dort inzwischen ein Kulturzentrum installiert. Aber er hält auch vor der katholischen Kirche an, wo der Mandarin Ngo Dinh Diem im Jahr 1962 ermordet wurde, nachdem ihn seine amerikanischen Gönner den meuternden südvietnamesischen Militärs ausgeliefert hatten.

Längs der breiten, menschenwimmelnden Rollbahn, früher einmal Boulevard Galliéni geheißen, die die Chinesenstadt mit dem eigentlichen Saigon verbindet, suche ich vergeblich nach dem großen asiatischen Sippenhaus – quadratisch, wehrhaft um den großen Innenhof gruppiert –, wo in der ersten Hälfte des Jahres 1946 unsere Einheit, das Commando Ponchardier, ihr Standquartier bezogen hatte. Von dort waren wir zu unseren Einsätzen ins Mekong-Delta aufgebrochen. Damals war dieser isolierte Gebäudekomplex noch von kleinen Reisfeldern umgeben, und in einigem Abstand qualmte eine riesige, stinkende Müllhalde. Inzwischen sind die beiden Zwillingsstädte zusammengewachsen. Abscheuliche Betonhäuser und häßliche Werkstätten haben die letzten Lücken gestopft.

In Saigon-Cholon wirkt kaum jemand unterernährt, so schnell hat sich die hiesige Bevölkerung auf Nebenverdienste und Nebengeschäfte eingestellt. Die »neuen Wirtschaftszonen«, wo die überzähligen Einwohner Saigons – man sprach 1976 von 1,5 Millionen – als Pioniere zwangsangesiedelt werden sollten, um die Wildnis urbar zu machen, sind ein ferner, längst gescheiterter Alptraum. Seit den Tagen der US-Präsenz hat die Mehrzahl der jungen Leute auf die damals gängigen Mopeds, die Hondas, verzichten und auf das bescheidene Veloziped umsteigen müssen. Dennoch werden funkelnagelneue Hondas angeboten zum astronomischen Preis von 1,5 Millionen Dong, der in Gold entrichtet wird. Der Dong wird in Hanoi offiziell eins zu achtzig für den Dollar gewechselt; auf dem Parallelmarkt in Saigon werden tausend Dong pro Dollar geboten.

Die lebenshungrige Jugend des Südens, deren frivoles Beispiel auf ihre Altersgenossen im Norden immer mehr abfärbt, hat auch den kriegerischen Tugenden der Väter abgeschworen. Die vietnamesische Armee in Kambodscha, in der überwiegend Wehrpflichtige dienen, ist keine Elitetruppe mehr. Die ganze Fadenscheinigkeit des »proletarischen Internationalismus« wurde im Verlauf des noch andauernden dritten Indochina-Krieges entlarvt. Das rote Vietnam kämpft im Norden gegen die marxistischen Glaubensgenossen von Peking und im Südwesten gegen den abartigen »Steinzeit-Kommunismus« der Roten Khmer. Wie soll sich da noch irgendeine politische Überzeugung behaupten? Wie hieß es im Altertum, als das unterworfene Hellas den rauhen römischen Sieger zum Gefangenen seiner überlegenen Kultur und Gesittung machte? »Graecia capta ferum cepit victorem.«

Die täglichen Gottesdienste in der katholischen Kathedrale von Saigon sind gut besucht. Auch die Kinder drängeln sich auf den vorderen Bänken. Im Herzen von Ho Tschi Minh-Stadt an der Dong Xhoi behauptet die in weißen Stein gemeißelte Jungfrau Maria einen ähnlichen Ehrenplatz wie Wladimir Iljitsch Lenin vor der Zitadelle von Hanoi. Natürlich hat sich der Marxismus Vietnams nicht im Monsunregen aufgelöst. Die Herrschaft der Partei ist stets präsent. Die Sicherheitsdienste sind allgegenwärtig. Zwischen Mitternacht und vier Uhr morgens ist Ausgangssperre verhängt. Aber es kann nicht ohne Folgen bleiben, daß im modernen Ausländerhotel »Rex« – ausgerechnet in jenem renovierten Bürokomplex, wo die Presseoffiziere der US-Army einst die fragwürdigen Zahlen ihres »body counts«, ihre abscheuliche Leichenzählung, wie Siegesmeldungen verkündeten – die luxuriöseste Disco-Bar von Saigon von einheimischen Gästen überlaufen wird.

Die neue *jeunesse dorée* von Saigon trifft sich hier. Söhne und Töchter der Partei-Nomenklatura oder der neuen aufstrebenden Händler- und Schieberkaste. Die Blusen der Mädchen sind tief ausgeschnitten, die Röcke kurz. Die jungen Männer brüsten sich im westlichen Freizeitlook. Die Musik bringt das Neueste aus den USA. Gelegentlich klingen auch alte *flonflons* aus der französischen Zeit auf. Zu den wenigen männlichen Einzelgängern gesellen sich für vier US-Dollars sogar recht anmutige *dancing-girls* – zur Kolonialzeit nannte man sie »Taxi-Girls« – und versuchen, ein paar Worte Englisch zu radebrechen. Sie tragen die schöne vietnamesische Nationaltracht »Ao Dai«, die sich auch in Partei- und Verwaltungsbüros nach vorübergehender Ächtung wieder durchgesetzt hat.

Von Ho Tschi Minh-Stadt aus, von der quirligen, ein wenig zynischen Metropole des Südens, so gestehen selbst die gestrengen Funktionäre des Nordens ein, muß die unternehmerische Belebung, die marktwirtschaftliche Wende für ganz Vietnam ausgehen. Darauf gründet sich die einzige Hoffnung, daß dieses Armenhaus Ostasiens eines Tages teilhaben kann an dem vielfältigen, konfuzianisch geprägten Wirtschaftswunder, das sich in Südkorea, Taiwan, Singapur vollzogen hat, ja ganz allmählich auf das riesige Reich der Mitte übergreift.

Für die wenigen devisenstarken Ausländer von Ho Tschi Minh-Stadt und die einheimischen Nutznießer dieses konfusen Wirtschaftssystems bietet sich das Restaurant der Madame Tanh als kulinarische Exklusivität an. Madame Tanh ist mindestens siebzig Jahre alt, empfängt ihre Gäste im langen Seidenkleid, trägt dazu eine dicke Perlenkette und spricht ein fast aktzentfreies Französisch. An der Wand hängen gerahmte Diplome mit rotem Wappen und gelbem Stern, die dieser extravaganten Überlebenden des *ancien régime* und der Kolonisation bescheinigen, daß sie sich während des Befreiungskampfes als wackere Patriotin bewährt hat. Bei Madame Tanh findet man fast alle Leckerbissen der vietnamesischen Küche, dazu frisch eingeschmuggeltes Heineken-Bier und sogar französische Weine. Ganz ohne Zutun des kommunistischen Sicherheitsdienstes wäre sie kaum in der Lage, ihre privilegierte Gastronomie anzubieten. Es werden vermutlich auch Informationen gehandelt in diesem diskreten Treffpunkt, der nur ein paar Schritte vom ehemaligen Büro der »Agence France Press« entfernt ist, wo mein Freund Jean-Paul einst residierte.

Am Nebentisch beobachte ich ein junges Paar, das mich um ein paar Jahrzehnte zurückversetzt. Ein blonder, sportlicher Franzose, der den Schnurrbart wie ein Leutnant der einstigen Kolonial-Infanterie trägt, flirtet mit einer hübschen, für Saigoner Verhältnisse hochelegant gekleideten Vietnamesin. Ich fange einen Satz der Unterhaltung auf. Die beiden wollen das kommende Wochenende im Strandbad Vung Tau, dem früheren Cap Saint-Jacques verbringen. Mein Begleiter, ein Parteifunktionär aus Hanoi, scheint meine Gedanken zu erraten. »Unsere Frauen aus dem Süden verstehen es immer noch, verführerisch und kokett zu sein, weit mehr als ihre Schwestern aus dem Norden«, sagt er. Nach Vung Tau, einem früheren »rest and recreation«-Ziel der US-Army, würden jedoch vietnamesische Ausflügler höchst ungern reisen. »In den Hotels von Vung Tau gehen Gespenster um«, fügte der akademisch gebildete Beamte allen Ernstes hinzu; »um Mitternacht öffnet sich dort die Tür, und eine wunderschöne Vietnamesin kommt herein, dicht gefolgt von einem gigantischen Amerikaner in Uniform, der die Gäste mit drohenden Gebärden zu verscheuchen sucht. Sogar die Betten fangen dann zu beben an, bis der Spuk vorüber ist.«

Am Sonntag vor meiner Abreise habe ich den mir zugeteilten Chauffeur gebeten, mich in das Städtchen Tay Ninh nahe der kambodschanischen Grenze zu fahren. Manche Erinnerung verband mich mit dieser Ortschaft, die wie eh und je zwischen idyllischen Reisfeldern und Bambushecken eingebettet liegt. Die Ebene des Mekong-Deltas wird hier durch einen finsteren Bergkegel überragt, die »Schwarze Frau«, wie die Vietnamesen sagen, »the Black Virgin« der Amerikaner. Während des ganzen US-Krieges – die »Special Forces« besaßen einen Stützpunkt auf dem Gipfel der Black Virgin – hat sich der Vietkong an den unteren Dschungelhängen behaupten können. Ich selbst hatte hier zu Beginn des Jahres 1946 miterlebt, wie französische Patrouillen in Gefechte mit kommunistischen Vietminh-Partisanen, versprengten Angehörigen der japanischen Feldgendarmerie Kempetai sowie Kriegern der Cao Dai-Sekte verwickelt wurden.

Bei den Caodaisten handelte es sich um eine bizarre Mischreligion, deren freimaurerisch anmutende Lehre sich auf Moses, Jesus und den vietnamesischen Messias Trang Trinh beruft. Der Mandarin Trang Trinh hat vor vierhundert Jahren gelebt und angeblich den dritten Bund mit Gott geschlossen. Auch Buddha, Konfuzius und Lao-tse waren im Pantheon des Caodaismus vertreten. Dem französischen Dichter Victor Hugo, Autor der »Misérables«, war eine hervorragende Rolle als Beauftragter weltweiter Missionierung übertragen. Die kleine Cao Dai-Armee hatte erst mit den Japanern kollaboriert, dann gegen die Franzosen und schließlich gegen deren Gegner vom kommunistischen Vietminh gekämpft. Die Caodaisten hatten sich gegen den katholischen Diktator Diem aufgelehnt und später im Verbund mit den nationalen Streitkräften von Saigon dem Vietkong nachgestellt. In der Stunde des kommunistischen Sieges wurden sie als Klassenfeinde und Lakaien des Imperialismus angeprangert.

Deshalb war ich angenehm überrascht, als ich die riesige »Kathedrale« des Cao Dai in Tay Ninh – mit kitschigen Drachen, Tigern und

Schnörkeln verziert, mit rosaroter, himmelblauer, pistaziengrüner Farbe bepinselt – in alter Pracht und Herrlichkeit wiederentdeckte. Der Gottesdienst wurde gerade von kahlgeschorenen Geistlichen in knallroter, gelber, blauer oder grüner Robe mit Weihrauch und Gongschlägen zelebriert. Sie verbeugten sich vor dem mysteriösen Riesenauge, das aus einem strahlenumwobenen Dreieck niederblickte. Die Duldung dieser abstrusen Glaubensgemeinschaft durch das kommunistische Regime stimmte zuversichtlich.

Eine Weile verharrte ich vor dem beherrschenden Gemälde am Portal der mächtigen Cao Dai-Kathedrale. Dort war der Religionsstifter Trang Trinh abgebildet und neben ihm der Dichter Victor Hugo in seiner grün-silbernen Uniform und dem Zweispitz der »Académie Française«. Beide Heiligen malten fromme Zeichen auf eine Tafel, Victor Hugo in französischen Lettern, Trang Trinh in chinesischen Ideogrammen. Die Weiheformel lautete: »Gott und Menschlichkeit – Liebe und Gerechtigkeit«. Sun Yat-sen, der Gründer der chinesischen Republik, ebenfalls ein Erleuchteter des Cao Dai, hielt den beiden Propheten sein Tuschekästchen hin. Während ich mir den Poeten Victor Hugo genauer ansah, mit dem Rauschebart, dem vollen Gesicht, der kleinen Nase, glich er zum Verwechseln jenem anderen Menschheitsbeglücker Karl Marx – von den Vietnamesen »Kac Mac« geschrieben –, dessen Offenbarung in diesem fernsten Winkel Asiens so gewaltige Veränderungen bewirkt hatte. Das Land hatte offenbar auf seinen Propheten aus dem Westen gewartet.

Von Ho Tschi Minh-Stadt bin ich mit der Linienmaschine der Air France nach Europa zurückgeflogen. Es waren überwiegend Vietnamesen an Bord. Aber das waren keine verzweifelten Asylanten, sondern wohlbestallte, selbstbewußte Touristen. Vor ein paar Jahren hatten sie unter Lebensgefahr, oft als *boat people,* die Flucht in den Westen angetreten. Jetzt waren sie als arrivierte Ferienreisende zum Familienbesuch nach Saigon zurückgekehrt, hatten ihre Verwandten reich beschenkt und flogen wieder nach Paris, Los Angeles oder Montreal in ihre neue Wahlheimat. Im XIII. Arondissement von Paris haben sie – von den französischen Mitbürgern wohlgelitten – ihre alten Sippen- und Familienbindungen neu geknüpft, vielleicht auch ihre Geheimgesellschaften wieder gegründet. Viele sind zu Wohlstand gelangt, und man bezeichnet dieses Viertel bereits als »Saigon-sur-Seine«. Diese Übersee-Vietnamesen, »Viet-Kieu« genannt, dürfen mit Genehmigung der kommunistischen Behörden, die sie einst ins Exil getrieben hatten, als Besucher in ihr Geburtsland zurückkehren, eine Großzügigkeit, die man den strengen Männern von Hanoi in den ersten Nachkriegsjahren niemals zugetraut hätte. Ein Hauch von Versöhnung umgab dieses Mal meinen Abflug aus Ho Tschi Minh-Stadt. In Saigon keimt die Hoffnung auf eine glücklichere Zukunft Vietnams. Das Land ertrinkt nicht mehr im Heldentum.

Der Kardinal aus dem Getto

Paris, 4. Oktober 1987

Im Pariser Judenviertel am »Temple« geht manchmal noch der Golem um. Zwischen der Rue des Rosiers und der Rue des Ecouffes überlebt eine Stimmung, die an die jüdischen Gassen Galiziens vor dem Krieg erinnert. Die Läden führen nur koschere Nahrung. In den Gesprächen klingt häufig das jiddische Idiom durch. Das Restaurant »Goldenberg« – es war Evas Idee, dort einen Imbiß zu bestellen – hätte im alten Krakau oder Lublin seinen Platz gehabt. Kulinarisch kamen wir nicht auf unsere Kosten, aber wir waren ohnehin nicht auf »gefillte Fisch« und andere aus Polen importierte »Delikatessen« aus.

Seit dem Überfall des Palästinensers Abu Nidal auf das »Quartier du Temple«, dem zwölf Menschen zum Opfer fielen und der das »Goldenberg« nicht verschonte, hat sich etwas verändert in diesem uralten Getto. Die bescheiden lebenden Neueinwanderer aus Osteuropa – in der älteren Generation Überlebende der Vernichtungslager des Generalgouvernements – geraten in die Minderheit. Noch behaupten sich die schwarzgewandeten Aschkenasim mit Vollbart und Papillotten, aber ihre blassen Gesichter unter dem oft rötlichen Haar kontrastieren mit den nordafrikanisch, durchaus orientalisch wirkenden »Heimkehrern« aus dem einst französischen Maghreb. Selbst bei »Goldenberg« geben joviale, muskulöse Kellner aus dem sephardischen Zweig des »Beit Israel« den Ton an. Diskret sorgen sie wohl auch für schlagkräftige Absicherung gegen die Todeskommandos der PLO.

Die Juden Frankreichs bilden heute eine sehr selbstbewußte Gemeinde. Mit etwa siebenhunderttausend Angehörigen sind sie bei weitem die stärkste mosaische Gruppe Europas, nach den Vereinigten Staaten und Israel die massivste jüdische Ansammlung der Welt. Wie militant das vor einem halben Jahrhundert noch von Ausrottung bedrohte Volk auftreten kann, hatte ich im Herbst 1980 anläßlich einer Massenkundgebung »Zwölf Stunden für Israel« feststellen können. Diese Veranstaltung an der Porte de Pantin hatte nach eigenen Angaben hundertfünfzigtausend Menschen versammelt. Auf der Tribüne saßen neben dem Baron Alain de Rothschild – dem kapitalkräftigen Gönner und einflußreichen Fürsprecher der französischen Judenschaft gegenüber dem Staat – der damalige Großrabbiner Kaplan wie auch der Großrabbiner von Israel, Goren. In der gleichen Reihe fand Ben Elishar, erster Botschafter des Judenstaates in Kairo, besondere Beachtung.

Die Stoßrichtung dieser Demonstration, acht Monate vor der damaligen Präsidentenwahl, die Mitterrand den Zugang zum Elysée-Palast öffnen sollte, war eindeutig. Es wurde Kritik geübt an Valéry Giscard d'Estaing, der auf einer Orient-Reise den Palästinensern Selbstbestimmungsrecht und Anspruch auf eigene staatliche Strukturen bescheinigt hatte. Der frühere Staatschef hatte sogar aus einer vorgeschobenen jordanischen Stellung mit dem Fernrohr die israelischen Verteidigungslinien beobachtet. Vor allem diese Geste wurde ihm übelgenommen.

»Le vote juif«, die geballte Kraft der jüdischen Wählerstimmen beim bevorstehenden Urnengang, sollte als Druckmittel gebündelt werden, um die Nahost-Diplomatie Frankreichs im proisraelischen Sinne zu korrigieren. Der junge Anwalt Heydenberg war damals der eifernde Wortführer einer Bestrebung, die Judenschaft Frankreichs, die in Wirtschaft und Medien über starke Positionen verfügt, zu einer *pressure group* nach amerikanischem Vorbild auszubauen. Auf den ersten Blick herrschte in der Festhalle der Porte de Pantin große Einmütigkeit vor. In Wirklichkeit machten sich die Anwesenden keine Illusionen: Die jüdischen Wähler sind seit eh und je zwischen links und rechts – von den Kommunisten bis zu den Neogaullisten – aufgespalten und verzettelt.

Die Dynamik der aus Algerien vertriebenen Sephardim beherrschte die Szene. Der beliebte Schlagersänger Enrico Macias, der seine maghrebinische Heimat verlassen hatte, sang das nostalgische Lied »J'ai quitté mon pays«. Er sang von der Sonne, vom Meer, von den Gärten Algeriens, so wie vierhundert Jahre früher wohl die aus Andalusien verjagten Juden getrauert hatten. Andalusisch klang auch die Melodie zu diesem Text, der mit der arabischen Anrufung »In scha'Allah – So Gott will« abschloß.

Wichtigster Redner bei der Kundgebung »Zwölf Stunden für Israel« war François Mitterrand. Der damalige Erste Sekretär der

Sozialistischen Partei Frankreichs, der bereits für das höchste Staatsamt kandidierte, galt als Philosemit, als Sympathisant des Zionismus. Von Jugend auf war Mitterrand mit Georges Dayan, einem engagierten gläubigen Juden, aufs engste befreundet gewesen. Zu seinem intimen Mitarbeiterstab, seinen getreuesten Gefolgsleuten zählten zahlreiche Israeliten, die sich durch intellektuelle und künstlerische Brillanz auszeichneten und ihn später ins Elysée oder in den Ministerrat begleiten sollten. Der Chef der französischen Sozialisten zeigte sich häufig in Gesellschaft seines Schwagers, des beliebten Filmschauspielers Roger Hanin, der unter dem Namen Lévy in der unteren Kasba von Algier aufgewachsen war.

François Mitterrand trat an die Tribüne und nahm den Jubel der Zehntausende entgegen. Dennoch enttäuschte er seine Zuhörer, als er – in staatsmännischer Ausgewogenheit – die Notwendigkeit einer Verständigung mit den Palästinensern betonte. Am Ende erhoben sich alle zum Totengebet, zum »Khadisch«. »Gib ihnen allen vollkommene Ruhe auf den Flügeln Deiner Göttlichkeit zwischen den Heiligen und den Unbefleckten.« Die Juden Frankreichs gedachten des Holocaust, der »Shoah«, wie sie die Vernichtung ihrer Glaubensbrüder nannten. Ihnen war die grimmige Entschlossenheit anzumerken, sich nicht noch einmal ohne Gegenwehr diskriminieren und in die Feueröfen werfen zu lassen.

Mit Enrico Macias' Lied »Le grand pardon« endete »Zwölf Stunden für Israel«. Er drückte die Hoffnung aus, daß die Söhne Abrahams, daß Israel und Ismael, daß Juden und Araber wieder zusammenfinden und sich versöhnen möchten, ein ergreifender, leider utopischer Wunsch.

Gar nicht weit vom jetzigen Quartier du Temple entfernt waren im Mittelalter auf der Seine-Insel immer wieder die Scheiterhaufen entzündet und Juden verbrannt worden. Selbst der heilige Ludwig hatte keine Gnade mit dem Volke des Alten Bundes gekannt. Nur der heilige Bernhard predigte Toleranz und beschwor die aufbrechenden Kreuzzügler, ihren Glaubenseifer nicht an den im Abendland beheimateten schutzlosen Kindern Israels auszutoben.

Das Schicksal der Juden war unter dem Lilienthron noch schmerzlicher und ungewisser als das ihrer Glaubensbrüder in Deutschland. Sogar der Aufklärer Voltaire, der sich beim Prozeß des Protestanten Calas wider die Willkür der katholischen Staatsmacht aufgebäumt hatte, stimmte in den Chor der Antisemiten ein und bezeichnete die Juden als »das abscheulichste Volk der Welt«. Bis zur Französischen Revolution wohnte nur eine kleine mosaische Gemeinde von etwa fünfhundert Personen in der Seine-Hauptstadt, zwischen der Rue des Juifs und der Rue Vieille du Temple. Eine winzige jüdische Gruppe überlebte ebenfalls in Avignon, wo die Päpste ihnen zweihundert Jahre lang begrenzten Schutz gewährt hatten, sowie in Toulouse, vielleicht aufgrund der iberischen Nachbarschaft und einer obskuren okzitanischen Sonderstellung. Immerhin fand auch im mittelalterlichen Avignon an jedem Karfreitag ein scheußliches Bußzeremoniell statt: Ein junger Jude wurde einem Ritter ausgeliefert, der ihm vor dem gaffenden Volk die gepanzerte Faust ins Gesicht schlug. Mit der Einverleibung des Elsaß, wo sich im lockeren Verbund des Heiligen Römischen Reiches Deutscher Nation starke jüdische Synagogen behauptet hatten, vermehrte sich die bislang winzige Diaspora beträchtlich.

Die Französische Revolution brachte Freiheit und Gleichheit auch für die französischen Juden. Der eigentliche Emanzipator, der Herrscher, der die Gleichberechtigung in seinem Gesetzes-Kodex verankerte, war kein Geringerer als Napoleon Bonaparte. Nach der Schlacht von Jena und Auerstedt befahl Marschall Ney persönlich dem widerstrebenden Stadtrat von Magdeburg die Gewährung bürgerlicher Rechte an die dort lebenden Israeliten. Kein Wunder, daß Heinrich Heine den Korsen schwärmerisch verehrte.

Von Dreyfus bis Barbie

Die Judenfrage in Frankreich ist durch den Barbie-Prozeß auf schreckliche Weise ins Bewußtsein gerückt worden. Plötzlich mehrten sich die Artikel in aller Welt, insbesondere auch in Deutschland, die den alteingefleischten Antisemitismus eines breiten Segments der französischen Öffentlichkeit bloßstellten. Hatte nicht die große Tragödie im Jahre 1895 mit dem Dreyfus-Prozeß begonnen, der Verurteilung eines französischen Hauptmanns mosaischer Konfession, dessen Familie nicht aus dem Elsaß, wie häufig behauptet wird, sondern aus Koblenz stammte, den man der Spionage zugunsten der Deutschen verdächtigte und in einer Art Feme-Prozeß zu Verbannung und

Kerkerhaft auf die Teufelsinsel vor der Küste von Guayana verurteilte. Die Rehabilitierung des Capitaine Dreyfus, zu der der Schriftsteller Emile Zola mit seinem mutigen Artikel »J'accuse – Ich klage an« den Anstoß gab, hatte den ohnehin schwelenden Antisemitismus zu unerträglichen Verbalexzessen angeheizt. Ein halbes Jahrhundert lang wurde die Dritte Republik durch die Folgen dieser Hetze in ihren Grundfesten erschüttert. Die Liste der judenfeindlichen Auswüchse in Frankreich ist lang. Sie enthält prominente Namen der Literatur und Rhetorik: Gobineau und Barrès, Drumont und Daudet, Maurras und Céline, Drieu la Rochelle, Montherlant und viele andere.

Drei antisemitische Strömungen ergänzten und überlagerten sich: die instinktive Abneigung einer in archaischen Agrar-Strukturen verharrenden Bevölkerung gegen die als nomadisierende, parasitäre Händler aus dem Osten empfundenen Zuzügler; die inquisitorische Abwehr des Katholizismus, dem es im Kampf gegen Albigenser und Calvinisten schwer genug gefallen war, die Einheit von Thron und Altar zu behaupten; ein nationaler Chauvinismus, der spätestens nach der Niederlage von 1870 *les juifs* und *les boches* in einen Topf warf, drückten sich doch diese Eindringlinge aus den osteuropäischen Gettos im jiddischen Idiom aus, einem mit hebräischen Lehnworten durchsetzten altdeutschen Dialekt. Dazu genossen sie anscheinend die duldsame Gunst der Hohenzollern.

Bekanntlich ist Theodor Herzl sich erst beim Dreyfus-Prozeß seiner jüdischen Eigenart voll bewußt geworden und hat daraus die Konsequenz gezogen: die Hinwendung zum Judenstaat und zum Zionismus. In den Augen der französischen Nationalisten und der entrüsteten, immer noch mit der monarchischen Restauration liebäugelnden Militärkaste war es gewiß kein Zufall, daß Kaiser Wilhelm II. bei seinem Besuch in Jerusalem Theodor Herzl zwar hoch zu Roß, aber immerhin wohlwollend begrüßt hatte. Die Juden als heimliche Sympathisanten der Deutschen – aus diesem Verdacht sollten sie sich erst nach der Machtergreifung Hitlers lösen können.

Im Ersten Weltkrieg, so hatte der französische *état-major* argwöhnisch vermerkt, ließ General Ludendorff in Polen Plakate anbringen, wo er sich »an meine lieben Jiden« wandte, der gleiche Ludendorff übrigens, der sich ein paar Jahre später als Vorläufer deutsch-völkischen Rassenwahns decouvrieren sollte. Die Finanzskandale der späten Dritten Republik, an denen oft jüdische Spekulanten beteiligt waren – man denke nur an die Stavisky-Affäre – steigerten die antisemitische Stimmung zur Hysterie, und die angestammte französische Bourgeoisie, vom Adel ganz zu schweigen, stellte spätestens 1936 den kausalen Zusammenhang her zwischen der Machtergreifung der roten Volksfront – abgestützt durch die moskauhörige KPF – und der eminenten Rolle, die der verhaßte und verleumdete jüdische Sozialist Léon Blum bei diesem kurzen Regierungsexperiment der Linken gespielt hatte.

Der Boden war wohl vorbereitet für jene Minderheit engagierter Kollaborateure, die sich nach dem deutschen Blitzsieg von 1940 dem nationalsozialistischen Dritten Reich zur Verfügung stellten. Ohne diese katastrophale Niederlage des »rassisch degenerierten« Frankreich hätten diese Landesverräter niemals maßgeblichen Einfluß auf die französische Gesetzgebung gewinnen können. Aber unter dem Mantel der deutschen Okkupation usurpierten sie die Verfügung über den Staatsapparat, die der mehrheitliche Volkswille ihnen mit Sicherheit verweigert hätte. Mit dieser Feststellung soll die Rolle der militanten Antisemiten des Pétain-Regimes keineswegs verharmlost werden.

Von Joseph Rovan, der als Widerstandskämpfer ins KZ Dachau eingeliefert wurde und seit 1945 in vorbildlicher Weise für die deutsch-französische Annäherung wirkt, habe ich erfahren, daß die französische *milice* – eine paramilitärische Vichy-Truppe in dunkelblauer Uniform, mit breiten Baskenmützen und einer seltsamen Rune im Wappen – bei der Résistance wegen ihrer sadistischen Exzesse gefürchteter war als die deutsche Gestapo. Die Franzosen empfinden es heute noch als nationale Schmach, daß sogar aus der unbesetzten Südzone mehr jüdische Ausländer nach Deutschland abtransportiert wurden als die Besatzungsbehörden angefordert hatten, ganz zu schweigen von der erbärmlichen Rolle, die die französischen Polizeidienste und sogar die Gendarmerie bei der Aufspürung, Zusammentreibung und Auslieferung ihrer israelitischen Mitbürger in der okkupierten Nordzone leisteten.

Es war die Regierung Laval, die die große Jagd auf die Juden von Paris veranstaltete und sie vor ihrem Abtransport in die Vernichtungslager im Sportstadion »Vel d'Hiv'« zusammenpferchte. Serge Klarsfeld, der Ehemann der deutschen »Nazi-Jägerin« Beate, hat errechnet, daß annähernd achtzigtausend Juden den kombinierten deutsch-französischen Vernichtungsaktionen zum Opfer gefallen sind. Vierundzwanzigtausend waren gebürtige Franzosen. Fünfundachtzig Prozent der aus Frankreich deportierten Israeliten sind durch französische Polizeikräfte festgenommen worden.

Der Prozeß des deutschen Gestapo-Chefs von Lyon, Klaus Barbie, ist zu Ende gegangen; die erwarteten oder befürchteten Enthüllungen blieben aus. Barbie war trotz seines relativ bescheidenen Ranges zum Symbol des deutschen Terrorsystems geworden, weil er den berühmtesten Widerstandsführer, Jean Moulin, bei einer listenreichen Überraschungsaktion in Caluire in der Nähe von Lyon verhaftet und ihn vermutlich persönlich zu Tode gefoltert hat. Jean Moulin war von de Gaulle per Fallschirm nach Frankreich delegiert worden, um die gespannten Beziehungen zwischen bürgerlicher Résistance und kommunistischem *maquis* auszugleichen. Er ist unter der Tortur gestorben, ohne seine umfassende Kenntnis der Untergrund-Organisation preiszugeben.

Angeblich hat Klaus Barbie, während er noch in Bolivien unter falschem Namen residierte, bei einem Geheimbesuch in Frankreich das Grab seines damaligen Gegners aufgesucht und einen Blumenstrauß niedergelegt, merkwürdige Episode im »Krieg der Schatten«. Jedenfalls hat der greise, abgehärmte, aber psychisch ungebrochene Gestapomann nach seiner Entführung aus La Paz jene hämischen Prozeßbeobachter enttäuscht, die von diesem intimen Kenner der verworrenen französischen Verhältnisse während der Besatzung schwerwiegende Belastungen führender Politiker der Vierten und Fünften Republik erhofften. Auch der diabolisch wirkende Anwalt Paul Vergès, der bislang konspirative Linksextremisten oder levantinische Terroristen zu verteidigen pflegte, kam offenbar nicht auf seine Kosten.

In jenen langen Wochen des Prozesses von Lyon, als Kohorten von Journalisten sich in der Rhône-Stadt drängten, sehr bald jedoch das Interesse an diesem Gerichtsverfahren, an diesem Angeklagten, der jede Aussage verweigerte, verloren, haben die Franzosen mit bösen Ahnungen über den Rhein geblickt. Würden die Deutschen bei dieser Gelegenheit versuchen, die eigene Schuld am Holocaust zu relativieren, indem sie die französische Komplizenschaft herausstrichen, ja die Vaterschaft antisemitischer Hetze den gallischen Pamphletisten zuwiesen? Eine solche Verzerrung hat glücklicherweise nicht stattgefunden. Doch der Verdacht wird in der Bundesrepublik immer noch geäußert, Frankreich habe nach dem Sieg der Allierten die eigenen rassistischen Ausschreitungen zu vertuschen gesucht, den Mythos eines massiven, heldenhaften Widerstandes gegen die Deutschen gehätschelt, und man sei mit den Kollaborateuren recht glimpflich verfahren.

Mit all dem Nachdruck, dessen diese starke Frau fähig ist, hat sich Simone Veil, ehemalige Gesundheitsministerin unter Giscard d'Estaing und Präsidentin des Europa-Parlaments, dieser Behauptung widersetzt. Sie wußte, wovon sie redete, war sie doch mitsamt ihrer Familie in Südfrankreich von französischen Polizisten arretiert und in ein deutsches KZ verschleppt worden, wo sie wie durch ein Wunder überlebte. Das Strafgericht, das im Herbst 1944 über diejenigen hereinbrach, die der Zusammenarbeit mit den Nazis verdächtig waren, und leider auch über viele Unschuldige, ist überaus blutig gewesen. Die Zahl der oft eilfertigen Hinrichtungen wird auf dreißigtausend geschätzt, weit mehr Verurteilte, als während der Französischen Revolution aufs Schafott gezerrt wurden.

Gewiß sind einige Folterknechte und Vaterlandsverräter verschont geblieben oder irgendwie durch die Maschen geschlüpft. Aber die unerbittliche *épuration*, die »Reinigung« der Jahre 1944 und 1945, die nicht frei war von hysterischer Übersteigerung und von der Austragung rein persönlicher Händel, hatte auch die höchsten Repräsentanten des Vichy-Systems nicht ausgespart. Sogar der Sieger von Verdun, Marschall Pétain, wurde zum Tode verurteilt, von de Gaulle zu lebenslänglicher Haft auf der Ile d'Yeu im Atlantik begnadigt, wo er im Alter von 94 Jahren starb und begraben wurde.

Ministerpräsident Pierre Laval, einer der schillerndsten Kaziken der Dritten Republik, der sich nach dem Ausbruch des Rußland-Feldzuges zu der Äußerung hinreißen ließ, er wünsche den Sieg Deutschlands, hatte versucht, der Erschießung durch Einnahme einer Giftkapsel zu entgehen. Ihm wurde in der Todeszelle der Magen leergepumpt. Auf seine Kerkerwächter gestützt, wurde er zum Exekutionspeloton geschleift und auf einem Stuhl festgebunden. Er bekam seine »zwölf Kugeln«, wie ein wutschäumendes Prozeßpublikum in Sprechchören gefordert hatte. Die Erinnerung an die *terreur* war dabei aufgekommen.

Die aktive Mitwirkung französischer Kollaborateure bei der Bekämpfung der Résistance, bei der Denunzierung und Verfolgung der Juden ist kein Tabu-Thema mehr. Zu Zeiten de Gaulles, der sich als Befreier Frankreichs das psychotherapeutische Ziel gesetzt hatte, seinen demoralisierten Landsleuten eine heroische Geschlossenheit im Widerstand vorzugaukeln, war noch die öffentliche Kino-Aufführung des Films »Le chagrin et la pitié« untersagt worden. Der Regisseur Max Ophuls hatte darin am Beispiel der Stadt Clermont-Ferrand die beschämende, teilweise entsetzliche Kompromittierung, insbesondere das Wüten der Miliz, schonungslos und mit dokumentarischer Präzision bloßgelegt. Natürlich wußte de Gaulle besser als jeder andere, wie wenige seiner Landsleute sich gegen die fremde Besatzung und die nationale Preisgabe aufgebäumt hatten. Aber wenn schon die traurige Realität seiner hehren Vorstellung von Frankreich gründlich widersprach, war das kein Grund, die Historie nicht mit Hilfe der bewährten Magie von Wort und Gestik im positiven Sinne zu polieren. Entsprach solche Verfälschung wirklich dem zeitlosen Imperativ von *gloire* und *grandeur*?

Die Juden in Frankreich bilden ein widersprüchliches Konglomerat. Man vergleiche nur eine vornehme mosaische Hochzeit im Pariser Luxusviertel Neuilly mit der Synagogen-Einweihung im kümmerlichen Vorort Villeneuve-la-Garenne. Bei den Israeliten von Neuilly wird Luxus und Reichtum zur Schau gestellt. Der Bräutigam trägt taubengrauen Frack und Zylinder, die blonde Braut ein erlesenes weißes Modell der Haute Couture. Die Hüte und die Aufmachung der Damen würden die exklusivsten Logen beim Pferderennen von Longchamps zieren.

In Villeneuve-la-Garenne hingegen sind bescheidene, oft ärmlich wirkende Leute zusammengekommen. Hier ist gesellschaftlicher Dünkel unvorstellbar. Ausschließlich Sephardim sind zugegen, Einwanderer nordafrikanischer Herkunft, im Mittelalter zum mosaischen Glauben bekehrte Berber, wie manche Aschkenasim herablassend behaupten. Viele dieser Sippen – der Name Toledano ist weit verbreitet – hatten einmal in Spanien gelebt, ehe die *reconquista* der Katholischen Könige und eine unerbittliche Inquisition sie im muselmanischen Maghreb stranden ließen. Der Kantor trägt die hebräischen Gesänge mit stark arabischem Akzent vor. Der Großrabbiner für Frankreich gehört seit 1980 dem zahlenmäßig stärkeren sephardischen Zweig an. Aber als Ehrengast der Synagogeneinweihung ist wiederum Baron de Rothschild gekommen, der dem Konsistorium vorsteht. Der hochgewachsene elegante Baron wirkt sehr aristokratisch in dieser volkstümlichen Menge, die noch vom geduckten Leben in den lichtlosen Gassen der Kasbas und Mellahs Nordafrikas gezeichnet ist.

Die Existenz des Staates Israel, die Siege der Juden-Armee über die arabische Übermacht haben diese disparaten Elemente zusammengeschweißt, ihnen den Rücken gesteift. Als de Gaulle in recht einseitiger Weise den israelischen Präventivschlag im Sechs-Tage-Krieg verurteilte und nach einer Kommandoaktion Zahals gegen den Flugplatz Beirut ein Waffenembargo gegen den Judenstaat verhängte, hat es scharfe Proteste, ja sogar Demonstrationsumzüge der Juden von Paris gegeben. Auf einmal wurde deutlich, daß es für sie zwei Vaterländer gab: Frankreich gewiß, aber vorrangig »Erez Israel«.

Eine solche Spaltung der nationalen Loyalität war gewiß nicht nach dem Geschmack des Generals. Dabei hatte er während des Krieges zahllose Opfer der antisemitischen Vichy-Politik brüderlich unter dem Lothringer Kreuz aufgenommen. Aus jenen bitteren Jahren des Widerstandes wird folgende Anekdote überliefert: De Gaulle besuchte New York, wurde dort von den etablierten Auslandsfranzosen gemieden, von den plebejischen Einwanderern jedoch stürmisch gefeiert. »Hier ist es wie in Frankreich selbst«, hat der General damals gesagt; »die feinen Leute sind für Pétain, und für mich sind nur die Neger, die Juden und die Buckligen.«

Niemand hat de Gaulle die leiseste antisemitische Neigung vorwerfen können. Er habe in seinem Herzen eine geradezu ökumenische Vorstellung von Frankreich getragen, hat mir einmal ein prominenter Jude gesagt, der sich in der Résistance bewährt hatte. Aber der Tumult war groß, als der Gründer der Fünften Republik bei einer Pressekonferenz im Oktober 1965 mit großer Gebärde ein Tableau der israelisch-arabischen Beziehungen entwarf. »Die Juden«, so erklärte er magistral, »sind ein elitäres Volk, selbstsicher und auf Herrschaft bedacht.« Der Karikaturist Sempé von *Le Monde* zeigte daraufhin einen verhungerten KZ-Häftling mit dem Davidstern auf der Brust hinter Stacheldraht, und als Unterschrift zitierte er den General: »Peuple d'élite, sûr de lui-même, dominateur.« Mir schien, als habe die Presse diese umstrittene Äußerung zutiefst mißdeutet. Was de Gaulle ausdrückte, war Hochachtung. Wie sehr hätte er sich gewünscht, daß seine Franzosen den genannten Prädikaten entsprochen hätten.

Die heutige Araber-Feindlichkeit der nationalistischen Rechten hat den Antisemitismus nicht beseitigt. Aber wie explosiv dieses Thema geworden ist, mußte Jean-Marie Le Pen erfahren, als er bei einem Fernsehinterview die Judenvernichtung des Zweiten Weltkrieges und die Existenz der Gaskammern als ein »détail« bezeichnete. Selbst bei seinen Anhängern wurden Kritik und Betroffenheit laut, so daß Le Pen kurzerhand den Spieß umdrehte, sich als ewig Verleumdeten, als Opfer gezielten Mißverständnisses darstellte und sich zu der grotesken Äußerung verstieg: »Ich bin der neue Hauptmann Dreyfus.« Jacques Chirac, der Bedeutung des *vote juif* wohlbewußt, ließ seine Reise nach Israel für den folgenden Monat ankündigen.

Die französischen Medien sind der Judenfrage, der Vergangenheitsbewältigung, wie man in Deutschland sagt, nicht systematisch ausgewichen. Man denke nur an die Filme von Louis Malle. Dem Kino wird bei den Pariser Kritikern ja weiterhin eine kulturelle Funktion eingeräumt, die in der Bundesrepublik – selbst was die hochwertigen deutschen Produktionen betrifft – längst abhanden gekommen ist. In »Lacombe Lucien« hat Louis Malle das Schicksal eines tumben Bauernjungen geschildert, der am liebsten in den *maquis* gegangen wäre und sich statt dessen zur kollaborierenden *milice* verirrt, der sich in ein jüdisches Mädchen verliebt und trotzdem deren Vater an die Gestapo ausliefert. »Au revoir, les enfants« zeigt eine Knabenfreundschaft in einem katholischen Internat, wo der untergetauchte jüdische Zögling am Ende denunziert und in ein Todeslager verschleppt wird.

Die Misere mancher Überlebender von Auschwitz, die in den gleichen schmuddeligen Elendsvierteln leben wie die Maghrebiner und Senegalesen an der »Goutte d'Or«, wurde von Romain Gary – unter Pseudonym – im Buch und Film »La vie devant soi« beschrieben. Die Hauptfigur Rosa, ehemalige Prostituierte, eine jüdische »Mutter Courage«, wurde von Simone Signoret, ebenfalls jüdischer Abstammung, meisterhaft interpretiert. Rosa hat einen kleinen Algerier adoptiert, und die Schlußszene zeigt den zutiefst erschütterten Knaben, der seine Ziehmutter in einem mit Thora-Sprüchen und siebenarmigem Leuchter geschmückten Keller, im »jüdischen Loch«, wie er sagt, als Leiche entdeckt.

Und dennoch: Als unlängst ein privater Produzent den Generaldirektor einer staatlichen Fernsehanstalt aufsuchte, um ihm das Drehbuch eines tragischen, fast schicksalhaften Falles von Verstrickung in die *collaboration* vorzuschlagen, erhielt er die Antwort: »Machen Sie doch lieber einen Film über die Résistance!«

Völkermord oder Gottesmord?

Auf dem Höhepunkt der Dreyfus-Affäre hatte die katholische Gazette *La Croix* sich ihren frommen Lesern als »antijüdischstes Blatt Frankreichs« empfohlen. Dagegen steht die diesjährige Proklamation des polnischen Papstes Wojtyla: »Das Heil kommt von den Juden.« Die gallikanische Kirche hat sich endgültig aus ihrem angestammten Antisemitismus gelöst, und sie ist heute vielleicht der stärkste Garant gegen jeden Rückfall in rassistische Verirrungen, weit mehr vermutlich als die publikumswirksame Organisation »SOS-Racisme« des Antillen-Mulatten Harlem Désir.

Entscheidend beschleunigt wurde diese Wende durch Papst Johannes XXIII. Als päpstlicher Nuntius Roncalli war der kleine, rundliche Kirchenfürst einem Studentenumzug im Quartier Latin begegnet und von den Scholaren ob seiner rot verzierten Soutane verspottet worden. »Ich kam mir in dieser jugendlich ausgelassenen Menge tatsächlich wie ein persischer Satrap vor«, hatte Roncalli humorvoll bemerkt. Nach der Papstwahl wählte er in aller Demut den Namen Johannes, weil sein ferner französischer Vorgänger Johannes XXII. während des babylonischen Exils von Avignon als korruptester, ja am Rande der Irrlehre lebender Pontifex in Erinnerung geblieben war. Johannes XXII. hatte das Ablaß-Unwesen zum System erhoben und das moralische Ansehen der Kirche verhängnisvoll unterhöhlt. Zum Stellvertreter Christi erhoben, hatte Roncalli jede Diskriminierung der Juden aus Katechismus und Liturgie verbannt. Der schreckliche Ruf: »Sein Blut komme über uns und unsere Kinder« wurde zur Segensformel umgedeutet. Die Litanei mit der Rogatio für die »perfidi Judaei« wurde aus dem Karfreitags-Gebet gestrichen. Eine Delegation hoher Rabbiner hatte Johannes XXIII. mit den Worten begrüßt: »Ich bin Joseph, Euer jüngster Bruder.«

Im Verlauf des 19. Jahrhunderts hatten die Ultrakonservativen in der Kirche Frankreichs den Ton angegeben. Noch in meinen eigenen Gymnasialjahren wurde der klerikale Reaktionär Louis Veuillot im Collège Saint-Michel als vorbildlicher Laie und katholischer Literat von Rang gepriesen. Der Umschwung vollzog sich mühselig dank der Soziallehre Leos XIII., dank der katholischen Arbeiterbewegung und der Bildung eines sozialen Bewußtseins, das dem Episkopat bislang bitter gefehlt hatte. Nach dem Zweiten Weltkrieg, in dem der Stellvertreter Christi Pius XII. versagt, der niedere Klerus hingegen die Ehre der *ecclesia* gerettet hatte, setzte sich der endgültige Wandel durch. Heute sammelt sich der erstarrte katholische Integrismus noch um den französischen Bischof Marcel Lefèbvre und seine Gemeinde von Ecône. Seit dem Zweiten Vatikanischen Konzil stemmt er sich gegen jede Form von *aggiornamento*. Er hält an der lateinischen Messe und der Liturgie des Papstes Pius V. fest, womit er zweifellos einer weitverbreiteten Stimmung der Gläubigen und dem Sinn für das Sakrale entspricht. Aber Lefèbvre hat sich darüber hinaus zum Prediger der dogmatischen Starrheit, einer rückwärts gewandten Glaubensinterpretation gemacht. Er wurde zum politischen Reaktionär. Lefèbvre ist Gegner des kirchlichen Ökumenismus. Es gehe nicht darum, die protestantischen Brüder zu umarmen, sondern sie zur allein seligmachenden Kirche zu bekehren. In den Juden, die das Licht der christlichen Offenbarung verworfen haben, sieht Lefèbvre weiterhin die Verantwortlichen für den Tod des Erlösers.

Der Antisemitismus ist diskret geworden in Frankreich seit Auschwitz, Majdanek und Treblinka. Der Volkstribun Le Pen rührt dennoch an tiefverwurzelte Überzeugungen, wenn er als Wortführer eines neuen »National-Populismus« proklamiert: »Meine Töchter sind mir verwandter als meine Nichten; meine Nichten stehen mir näher als meine Nachbarn; meine Nachbarn sind mir lieber als Unbekannte, und die Unbekannten ziehe ich meinen Feinden vor.« Montesquieu, so unterstreicht ein französischer Kommentator, sei ein modernerer Denker als Jean-Marie Le Pen. »Wenn ich etwas wüßte, was meiner Familie, aber nicht meinem Vaterland nützlich wäre, würde ich es vergessen«, schrieb der Philosoph der Aufklärung; »wenn ich etwas erkannt hätte, was meinem Vaterland nützlich, aber Europa abträglich wäre, ich hätte es verdrängt; wüßte ich etwas, was Europa zugute käme, aber dem Menschengeschlecht schadet, ich hätte es wie ein Verbrechen von mir gewiesen.« Ewiger Wettstreit zwischen humanistischer Öffnung und tribalistischer Enge. Doch es war gewiß nicht damit getan, daß der französische Klerus nun jeder kosmopolitischen Mode nachlief, daß sie im Sozialengagement einen Ersatz für die jenseitige Heilslehre suchte. Viele Geistliche erlagen der Versuchung. Ihre Liturgie-Reformen wandten sich ab von der großartigen Sprache der Psalmen und der alttestamentarischen Unerbittlichkeit. Wer mochte noch beten: »Ich werde deine Feinde zum Schemel deiner Füße machen«? Religiös verbrämte Rock-Festivals begleiteten nunmehr die Feier der Eucharistie.

In diesem Zusammenhang muß ich an einen Karsamstags-Gottesdienst in der Sankt-Remigius-Kathedrale von Reims denken. Die Jugendlichen waren in großer Zahl zum Fackelzug geströmt. »Er ist für uns gestorben«, sangen sie. »Il est vivant – der Messias lebt.« Es war der katholischen Kirche Frankreichs also doch gelungen, bei vielen jungen Leuten, die bereits den Thesen des Materialismus oder den Versuchungen des Hedonismus erlegen schienen, wieder Fuß zu fassen. In dieser Hochburg des klerikal-monarchischen Konservativismus, wo Karl X. noch zu Beginn des 19. Jahrhunderts die Uhr der Geschichte zum Gottesgnadentum zurückdrehen wollte, erklang – von der katholischen Gemeinde getragen – der hebräische Gesang: »Schalom alechem«, der uralte semitische Friedensgruß, wie der dezidierte Bruch mit einem zweitausend Jahre alten Vorurteil.

Im Schatten der gotischen Heiligen vollzog sich in der Nacht der Auferstehung Christi eine Art *happening* mit Schlagzeug und Beat. Die Priesterschaft, ganz in Weiß gekleidet, schien sich des unverzichtbaren Gewichts sakraler Feierlichkeit noch bewußt zu sein. Aber was sollte diese pausenlose, beschwörende Anrufung des *bonheur,* dieser Anspruch auf diesseitiges Glück, wo doch in der Lehre des Nazareners die Armen und Bedrückten als »Selige« gepriesen wurden und die Welt als »Tal der Tränen« galt? »Vive Dieu – es lebe Gott«, rief die betont fröhliche Gemeinde der Frommen von Reims. Vielleicht knüpfte sie auf ihre Weise an die Inbrunst der Kreuzfahrer an, die an dieser Stelle unter dem Kampfgeschrei »Dieu le veut – Gott will es« zur Befreiung des Heiligen Grabes aufgebrochen waren.

Dem polnischen Papst Wojtyla war es vorbehalten, der Kirche ältester Tochter aus der drohenden Verwirrung herauszuhelfen. In der roten Bannmeile von Saint-Denis, wo einst die Gräber der allerchristlichsten Könige von den Jakobinern geschändet worden waren, knüpfte er den Bund mit den Armen und Entrechteten. Wen störte es da schon, daß die größte Begeisterung an dieser historischen Stätte Frankreichs von den portugiesischen Fremdarbeitern ausging. In der Kathedrale von Notre Dame, wo Präsident Giscard d'Estaing sich die Gelegenheit nicht entgehen ließ, in die Rolle eines Nachfolgers des heiligen Ludwig zu schlüpfen, traf Johannes Paul II. auf einen Kardinal von Paris, Monseigneur Marty, dessen bescheidene Würde, dessen bäuerlich rollender Akzent seinen Vorstellungen einer traditionsverbundenen Kirche entsprach. Aber an dieser Stelle – während der Chor »Tu es Petrus« anstimmte – wußte jedermann, daß der hochbetagte

Kardinal Marty am Ende seines Hirtenamtes stand. Für seine Nachfolge traf Karol Wojtyla, dem so häufig mangelnde Anpassungsfähigkeit an eine sich wandelnde Welt, wenn nicht polnische Dickköpfigkeit in Fragen der Geburtenregelung oder des sublimierten Marienkultes vorgeworfen wird, eine geradezu revolutionäre Entscheidung. Zum nächsten Erzbischof von Paris berief er Jean-Marie Lustiger.

Jean-Marie Lustiger war als Sohn polnisch-jüdischer Einwanderer, als Enkel eines Rabbiners, in bescheidensten Verhältnissen in Montmartre zur Welt gekommen und hatte den Vornamen Aron getragen, ehe ihn seine Eltern einer katholischen Familie von Orléans anvertrauten, um ihn der Verfolgung durch die Schergen des Dritten Reiches zu entziehen. Die Mutter Lustiger ist in Auschwitz ermordet worden. Der kleine Aron trat zum Katholizismus über, wurde als Jean-Marie getauft, entdeckte seine Berufung zum Priestertum. Er erlebte »die Wahl Gottes«, wie er später schrieb.

Der kluge, disziplinierte Abbé Lustiger war ein beliebter Studenten-Seelsorger, ehe ihm der Bischofssitz von Orléans übertragen wurde. Ich hatte ihn dort – kurz vor dem Papstbesuch – zu einem Interview aufgesucht und war beeindruckt von diesem semitisch wirkenden Kirchenfürsten, der sich während eines Religionsunterrichts auf Deutsch – mit leicht jiddisch gefärbter Betonung – ausdrückte und seine Schüler darauf hinwies, wie wichtig die Erlernung der deutschen Sprache für den Fortschritt der europäischen Einigung sei.

Vor der Kamera befragten wir den Bischof von Orléans nach seinem Verhältnis zum Judentum. Er gehörte ja – wie der Friedensnobelpreisträger Elie Wiesel später mitteilte – dem priesterlichen Stamm der Leviten an. Monseigneur Lustiger wich dem Problem keineswegs aus. In seiner frühen Jugend habe ihm die Vichy-Polizei den Vermerk »Juif – Jude« in die Kennkarte gestempelt, und Jude werde er bleiben bis zu seinem Tod. Die Zugehörigkeit zum Volk Israel, diese Nachfolge Abrahams, war offenbar ein ebenso unlöschbares Zeichen – »signum indelebile« – wie seine Weihe zum *sacerdos*, zum Priester »ex ordine Melchisedech«.

Lustiger hatte im Gespräch von Orléans den Unterschied zwischen der Christenheit in Deutschland und in Frankreich zu definieren versucht: »Von Deutschland sind starke Einflüsse auf Frankreich ausgegangen, vor allem auf dem Gebiet der Theologie«, sagte der Bischof. »Die meisten theologischen Werke, die heute in Frankreich veröffentlicht werden, sind Übersetzungen aus dem Deutschen. Aber ansonsten sind unsere Verbindungen leider zu locker. In den Augen vieler Franzosen erscheint die deutsche Kirche als eine eher etablierte Kirche wegen der Kirchensteuer, wegen des Reichtums, über den sie verfügt. Die Deutschen ihrerseits haben in der Entwicklung des französischen Katholizismus vielleicht eine gewisse Romantik entdeckt... Deutschland ist zutiefst durch seine christliche und biblische Kultur geprägt. Das ist eine Folge der Reformation und der Bibelübersetzung Luthers, durch die die deutsche Schriftsprache geprägt wurde. Frankreich hingegen ist ein Land mit säkularisierter und heidnischer Überlieferung. Deshalb sind wir uns nicht gleich, weder in geschichtlicher noch in kultureller Hinsicht. Unsere beiden Kirchen sollten sich im gemeinsamen Erbe Europas wiedererkennen, gleichzeitig aber die Fülle ihres eigenen Gutes bewahren.«

Viele der traditionell erzogenen französischen Katholiken mögen verblüfft gewesen sein über diesen »Kardinal aus dem Getto«. Der eine oder andere mag an jenen mythischen Papst aus dem Getto gedacht haben, von dem Gertrud von Le Fort erzählt hat. Jean-Marie Lustiger war nicht nur ein frommer Prälat. Er war auch ein mit Autorität begabter Vorgesetzter. Einer der Aufträge, die ihm sein polnischer Landsmann Wojtyla mit auf den Weg gab, bestand zweifellos in einer gewissen Disziplinierung der gallikanischen Kirche, die zwischen den Arbeiterpriestern, die sich dem Marxismus nahe fühlten, und den Lefèbvre-Jüngern auf dem ultrarechten Flügel extremen Spannungen ausgesetzt war. Er übte strenge Kritik an jenen Geistlichen, die nach dem Zweiten Vatikanischen Konzil wie christliche »Rotgardisten« angetreten seien, um alle Traditionen über Bord zu werfen. Ein gebürtiger Jude wurde zum Kardinalerzbischof von Paris. Ein herausfordernder Schlußstrich wurde gezogen unter all jene Verirrungen, deren sich die Christenheit Frankreichs von den Scheiterhaufen des Mittelalters bis zum Dreyfus-Prozeß schuldig gemacht hatte. Hier hatte der polnische Papst auf seine Weise Sinn für *grandeur* bewiesen und ein souveränes Sühnezeichen gesetzt.

Jedes Jahr bietet sich ein ergreifendes Schauspiel, wenn Jean-Marie Lustiger das hölzerne Kreuz auf seine Schulter nimmt und mühselig die zahllosen Stufen erklettert, die zum Sacré-Cœur von Montmartre führen. Ein Laie – in der Rolle des Simon von Kyrene – hilft dem Kardinal beim Tragen der Last. Oft wird dafür ein afrikanischer Gläubiger auserwählt. Bei aller Verbindlichkeit und Modernität bewährt sich Monseigneur Lustiger als einer der gehorsamsten Söhne des Stuhles Petri. Gegenüber Johannes Paul II. praktiziert er perfekte Loyalität, tritt gewissermaßen in die Nachfolge jener ersten spanischen Jesuiten, die oft Marannen waren, zwangskonvertierten jüdischen Familien entstammten und sich zur »größeren Ehre Gottes« um Ignatius von Loyola geschart hatten. »Vom Menschen erwarte ich alles, auch das Schlimmste«, hatte Jean-Marie Lustiger illusionslos erklärt und dergestalt mit der dümmlichen Gefühlsduselei, mit der auf irdisches Glück gericheteten Gesellschaftsutopie so mancher anpasserischer Kleriker gebrochen. Als ehemaliger Studenten-Seelsorger hatte er hingegen instinktiv mit der Mai-Revolte von 1968 sympathisiert. Hier sei eine Generation aufgebrochen, so lautete sein erstaunliches Fazit, die dem »neuen Götzen ins Gesicht gespuckt habe«, nämlich dem marxistischen Materialismus.

Jean-Marie Lustiger wußte, daß seine Person und sein hohes Amt für die Nachzügler der »Action Française«, für manchen unverbesserlichen Maurras-Anhänger eine schier unerträgliche Provokation darstellten. Er hat andererseits Mitstreiter gefunden, die – Le Pen hin, Le Pen her – für den profunden Sinneswandel der meisten konservativen Franzosen bürgen. Während in der Bundesrepublik der törichte, pedantische »Historikerstreit« darüber ausbrach, ob der Genozid an den Juden eine einmalig monströse Entgleisung der Menschheitsgeschichte darstelle, und die unsägliche Frage debattiert wurde, ob das Kulaken-Morden Stalins nicht ein Präzedenzfall, ja geradezu eine Inspiration für Hitler gewesen sei; während ein paar Narren sogar den bluttriefenden Wahnwitz der »Roten Khmer« mit den Feueröfen vergleichen wollten, in denen die Nationalsozialisten dem »Beit Israel« die Endlösung bereiteten, erhob Louis Pauwels, Chefredakteur des *Figaro Magazine*, ein Mann, der sich selbst zur engagierten Rechten zählt, seine mahnende Stimme.

Der Barbie-Prozeß bot den Anlaß zu einem Leitartikel, der manchem deutschen Intellektuellen ins Stammbuch geschrieben werden sollte. Pauwels berief sich auf eine Aussage Ernst Jüngers. Man könne vereinfachend sagen, so wurde der Autor der »Strahlungen« zitiert, daß das 19. Jahrhundert ein rationales Jahrhundert gewesen sei, das 20. jedoch das der Kulte. Hitler habe davon gezehrt, und deshalb seien die liberalen Geister absolut unfähig gewesen, dessen Standort zu erkennen. Den Kern des deutschen Nationalsozialismus definiert Louis Pauwels als einen »kosmogonischen Traum«, der die Vernunft und die geistige Folgerichtigkeit – als jüdisch-bürgerliches Laster angeprangert – ausschloß. Pauwels hat aus seiner Bewunderung der griechisch-römischen Antike nie einen Hehl gemacht. Er hat sich bestimmt für den marmornen Stil Nietzsches begeistert, aber deshalb wurde er nicht zum Verächter der offenbarten Religion.

Mit gewissen »Historikern« Germaniens ging er folgendermaßen ins Gericht: »Mag sein, daß alle Armeen, die Partisanen zu bekämpfen hatten..., unter dem finsteren Zwang zur Folter standen. Aber allein die Henker des ›Schwarzen Ordens‹ – gemeint war die SS –, speziell auf diese Funktion abgerichtet, haben ihre ›Ehre‹ dareingesetzt, die Würde der menschlichen Persönlichkeit zu zerfetzen... Mag sein, daß viele Pogrome die einzigartige Geschichte Israels im Verlauf von viertausend Jahren heimsuchten. Mag sein, daß der Kaiser Hadrian Jerusalem auslöschen wollte. Aber der mythische Nazismus allein in der gesamten Menschheitsgeschichte hat die ›Endlösung‹ ausgedacht. In dieser Endlösung erblickte der Nazismus das ›glorreiche‹ Mittel, um aus der menschlichen Erde die älteste Wurzel der Gottesidee herauszureißen, die Idee eines Schöpfer-Gottes, der seine Kreaturen liebt.«

Auf der gleichen Seite des *Figaro Magazine* kam der Schriftsteller André Frossard zu Wort, der einst mit seinem Bekenntnis Aufsehen erregt hatte: »Gott existiert; ich bin ihm begegnet.« Frossard fällte das endgültige Urteil, dem Pauwels sich anschloß: »Der Holocaust des jüdischen Volkes war mehr noch als der Versuch eines Völkermordes, eines Genozid; er war der Wille zum Mord an Gott, zum ›Deizid‹.«

»Unter der Sonne Satans«

Die milde Temperatur dieses Sonntagabends im Oktober hatte die Champs-Elysées in einen Rummelplatz verwandelt. Seit geraumer Zeit meidet das gehobene Bürgertum diese Prachtstraße zwischen Concorde und Triumphbogen, wo sich in meinen Studienjahren noch der Proletarier aus den Industrie-Vororten fehl am Platz, fast »alieniert« vorkam. Jetzt gaben rüde junge Leute der Beat-Generation den Ton an. In Ledermonturen, unter verchromten Helmen hockten sie in dichten Rotten auf ihren Maschinen, ließen die Motoren aufheulen, gebärdeten sich wie »Mad Max«, wirkten auf Außenstehende bedrohlich, fast unheimlich. In Wirklichkeit waren sie harmlos und friedfertig.

Das farbige Bevölkerungselement war an diesem Abend rund um die Métrostation Georges V stark vertreten. Junge Maghrebiner betätigten sich als *dragueurs* und erprobten ihren mediterranen Charme an skandinavischen oder holländischen Touristinnen. Ein fröhlicher Zirkus war im Gange, und die Menschenschlangen stauten sich vor den trivialen Erfolgsprodukten der Kino-Industrie. Besonders gefragt waren Action-Filme und billige Belustigung. Ich mußte an eine Umfrage unter französischen Jugendlichen denken. Entgegen allen Analysen tiefsinniger Kommentatoren hatte die Mehrheit von ihnen – soweit sie über einen Arbeitsplatz verfügten – sich mit ihrem Job zufrieden erklärt. Insgesamt fand sich diese *jeunesse* offenbar recht unproblematisch mit ihren unterschiedlichen Existenzbedingungen ab. »Nous sommes heureux – wir sind glücklich«, sagten die meisten laut Statistik.

Vor dem Kinoschalter, den ich anstrebte, brauchte ich nicht zu warten. Die Verfilmung des Bernanos-Romans »Unter der Sonne Satans« hat zwar die Goldene Palme des Festivals von Cannes errungen, doch ein großer »Renner« war das natürlich nicht. Das Licht im Vorführraum war kaum erloschen, das letzte Gemurmel der wenigen Besucher verstummt, da brach über mich die mystische Welt des Georges Bernanos herein, da befand ich mich nicht nur »sous le soleil de Satan«, sondern auch auf den »großen Friedhöfen unter dem Mond«. Dämonisch verfremdete Landschaft des Artois, jener nordfranzösischen, zutiefst fränkisch geprägten Provinz, wo der Abbé Donissan von der Heiligkeit wie von einer Gottesstrafe heimgesucht wird. Der beste Schauspieler des heutigen Frankreich, Gérard Depardieu, belebte diese gequälte und dennoch bäuerlich robuste Priestergestalt eindringlich.

Die lehmigen Dörfer des Artois – eine Gegend, wo noch in jüngster Vergangenheit mysteriöse Verbrechen an Kindern unaufgeklärt oder unheimlich verworren blieben – waren in ein grünlich-fahles, fast giftiges Licht getaucht, die Sonne Satans. Der Leibhaftige offenbarte sich unter den scheinbar trivialen Zügen des Pferdehändlers, der den Abbé Donissan auf dem Wege zu seiner Seelsorgepflicht der schrecklichsten Versuchung, der Verzweiflung an Gott, aussetzt. Zentrales Thema war das Schicksal des Mädchens Mouchette, ihr verzweifeltes Sexualverhältnis zum ländlichen Marquis, zum eitlen *député*, und ihr

Selbstmord. In dieser völlig irrealen und dennoch wahrhaftigen Atmosphäre, wo der einfältige, von Gott besessene Donissan sich kasteit wie ein Flagellant des Mittelalters, wo er sogar ein Wunder vollbringt, ein gestorbenes Kind wiederbelebt und am Ende tot im Beichtstuhl entdeckt wird wie der ihm ähnliche heilige Pfarrer von Ars, da verwandelten sich die Wiesen und Äcker des Artois zu einer fast tibetanischen Szenerie, und der qualvoll gesteigerte Christenglaube mochte dem verwirrten Ungläubigen wie die Nachfolge ferner, urzeitlicher Schamanen-Bräuche erscheinen.

Auch dieses unüberbrückbare Spannungsfeld gehört vielleicht zum Frankreich von heute: die lärmenden, lebenshungrigen Rocker-Pärchen auf dem Trottoir der Champs-Elysées und der Schemen des elenden, glorreichen Landpriesters, den Bernanos seinen Zeitgenossen wie eine Herausforderung zur Heiligkeit entgegenstellte. Es bestand nicht nur ein zeitlicher Zusammenhang zwischen dem Mittagsimbiß im Judenviertel bei »Goldenberg« und dem späten Kinobesuch auf den Champs-Elysées. Neben dem Kardinal von Paris, der sich im Namen der römischen Kirche mit seelsorgerischer Betroffenheit über den zunehmenden Verlust verläßlicher Wertkriterien äußert, haben sich die jugendlichen Philosophen – seltsam, daß es sich hier wiederum meist um Juden handelt – gegen die Flut der Verflachung und Demagogie zur Wehr gesetzt, die im Zeichen der elektronischen Medien hereinbricht. Fast tönt Alain Finkielkraut wie ein Prophet des Alten Testaments, wenn er gegen die modische Attitüde der *insignifiance*, der Belanglosigkeit, zu Felde zieht. Er hat die Politiker sämtlicher Richtungen ins Visier genommen. War es nicht törichte Anpasserei an einen vermeintlich unwiderstehlichen Trend der neuen Generation, daß Jacques Chirac sich in Jeans und T-Shirt, mit dem Walkman auf den Ohren, als »Madonna-Fan« ablichten ließ, daß er diese unbedarfte Monroe-Karikatur im Regierungssitz Matignon empfing?

Wollte man den studentischen Demonstranten des »Dezember-Frühlings« von 1986 statt qualifizierter Hochschulen nunmehr Zirkusspiele und *spectacles son et lumière* bieten? War die kleine, weißblond gefärbte Italo-Amerikanerin, die Massenhysterie auslöste, wenn sie ihr Unterhöschen in die Menge warf, zum Idol der Kinder von Coluche und Tapie geworden? Chirac sprach es aus im Jargon der Unbedarften: »Madonna, c'est sympa!«

Also sprach Alain Finkielkraut: »Statt sich an die Vernunft der neuen Wähler zu wenden, indem man die besten Argumente vorträgt, statt über ihre Interessen oder ihren Nutzen zu diskutieren, versucht man, sie mit ihren frivolsten Gelüsten zu ködern, als sei ihnen jeder Intellekt abhanden gekommen.« Der Zynismus der Regierungs- und Oppositionsparteien sei gewiß verständlich. Schon im Jahr 1984 seien hunderttausend Jugendliche auf die Straße gegangen, um die Frequenz-Überschreitungen des Rock-Radiosenders NRJ, der sich an den Madonna-Konzerten höchst profitabel beteiligt hatte, auf Kosten der exzellenten Stationen »France-Musique« und »France-Culture« gegen jede Reglementierung zu verteidigen. Die Tochter Chiracs wurde als Wortführerin des Madonna-Kultes aufgeboten, jenes Retorten-Starlets, das so gern ein Kruzifix am Hals trägt, »weil darauf ein nackter Mann abgebildet ist«.

Der ehemalige sozialistische Kulturminister Jack Lang wurde von Finkielkraut nicht verschont, nachdem auch er sich der wohlorganisierten Kampftruppe der Rock-Sympathisanten an den Hals geworfen und an einem öffentlichen »Sackhüpfen« teilgenommen hatte, um sich bei der *jeunesse* anzubiedern. Sein liberaler Nachfolger im Kabinett Chirac, François Léotard, entblödete sich nicht, vor der Fernsehkamera die korsische Napoleon-Hymne, »L'Ajaccienne«, anzustimmen, die der Schlagersänger Tino Rossi einst mit unvergleichlichem Schmalz vorzutragen pflegte.

Der Opportunismus der Politik – »Amüsiert euch, ihr jungen Leute, und morgen wählt bitte mich!« – wäre lediglich verächtlich, wenn er nicht synchronisiert wäre mit einer Ode an die ethische und antirassistische Sensibilität der zeitgenössischen Jugend, schreibt Finkielkraut, Autor des Buches »Défaite de la Pensée«. »Wenn man den neuen Demagogen Glauben schenkt, verkörpert die junge Generation gleichzeitig das Leben und die Tugend... Die Erfahrung unseres Jahrhunderts hätte uns jedoch wappnen sollen gegen diese unglaubliche Verwechslung: Im Namen des Lebens – gebieterisch wie ein Raubtier – sind doch unlängst die fundamentalen Werte der Zivilisation umgestoßen worden...« Der junge jüdische Warner – wer konnte es ihm verdenken – hatte wohl noch die Hymnen Baldur von Schirachs im Ohr.

Während ich zu Fuß über die Pont de l'Alma zur Kriegsschule heimkehrte – es war späte Nacht –, kam mir eine Episode des Vortages in den Sinn. Ich hatte im Café des Deux Magots einen Apéritif getrunken. Da war die beschauliche Ruhe dieses stilvollen Lokals durch eine besonders exaltierte Gruppe von Sorbonne-Studenten gestört worden, die – mit dem *badge* von »SOS-Racisme« ausgestattet – in turbulenter Ausgelassenheit ihre *happiness* zu Schau trugen. Ihr Auftritt war von obsessioneller Transistor-Musik beschwingt. »Heureux et moral – glücklich und moralisch«, diese Attribute gehörten wohl zum Stil der Generation, an der der griesgrämige Finkielkraut Anstoß nahm. Mein Nachbar, ein älterer Herr, dem man den pensionierten Lehrer ansah, beugte sich zu mir. Er hatte bemerkt, daß ich in einer deutschen Zeitung las. »Sie kennen doch sicher das Nietzsche-Wort«, sagte der Unbekannte mit dem typischen Akzent der französischen Germanisten, »den Satz des Zarathustra: ›Wir haben das Glück erfunden, sagen die letzten Menschen und blinzeln.‹«

»O jeh, mir sinn franzesch …«

Bonn, 20. Oktober 1987

Ein Hauch von Biedermeier lag über der Veranstaltung in der Villa Hammerschmidt. Zu Ehren des französischen Staatsgastes Mitterrand hatte Richard von Weizsäcker einmal nicht die üblichen Politiker und Ministerialbeamten geladen, sondern eine kleine Gruppe von Künstlern und Schriftstellern. Die Herbstsonne strahlte warm auf die flache, schon niederländisch wirkende Rheinlandschaft. In der Ferne lag das Siebengebirge im blauen Dunst und kündete jenen romantischen Durchbruch des Stromes durch das Schiefergebirge an, das die Franzosen als »trouée héroïque« bezeichnen. Der Elysée-Berater Jacques Attali kehrte im Gespräch seine sprudelnde Intelligenz heraus, und auch Roland Dumas, einstiger Außenminister und intimer Vertrauter des Präsidenten, genoß die heitere, idyllische Stunde.

Die Jugendstilvilla, die zur Residenz des Bonner Staatsoberhauptes erkoren wurde, erschien den französischen Gästen gar nicht schlecht geeignet als Repräsentationsbau für diese immer noch provisorische Republik der Bürger und der Unternehmer. Mit meinem Tischnachbarn tauschte ich Gedanken aus über den unterschiedlichen Sinn des Wortes »Bürger« im Deutschen und im Französischen. Dabei war die Vokabel *bourgeois* aus dem Germanischen hervorgegangen, konnte aber mit dem Begriff vom »mündigen Bürger«, der in jeder deutschen Sonntagsrede gefeiert wird, überhaupt nicht mehr in Einklang gebracht werden. Der *bourgeois,* auf Besitz und Wohlstand bedachter Repräsentant des Dritten Standes, war keineswegs identisch mit dem *citoyen,* und es hätte geradezu lächerlich geklungen, hätte man die Bourgeois statt den Citoyens »zu den Waffen« gerufen, »aux armes, citoyens!«

Während seines kurzen Trinkspruchs ließ Mitterrand den Blick auf den »Nil des Abendlandes« schweifen – das Wort ist von Lamartine –, wo ein Motorboot des Bundesgrenzschutzes Sicherheitspatrouillen fuhr. Dachte der Präsident an die kontroverse Rolle, die der Rhein in den deutsch-französischen Beziehungen stets gespielt hatte? Er beendete den Toast mit einem Goethe-Zitat, das er in korrektem Deutsch vortrug: »... wo wir uns bilden, da ist unser Vaterland«.

Das Verhältnis Mitterrands zu Deutschland hatte mir in der Vergangenheit manches Rätsel aufgegeben. 1954 war er ein lauer Befürworter der Europäischen Verteidigungsgemeinschaft gewesen, und vor unserer Kamera hatte er sich stets bereitgefunden, ein freundliches Wort zur deutsch-französischen Versöhnung zu sagen. Aber die deutschen Diplomaten in Paris unterstellten ihm während seiner ersten Präsidentschaftskampagne im Dezember 1965 eine mißtrauische Reserve, ja eine heimliche Abneigung gegenüber einer allzu konservativen Bundesrepublik. In seiner systematischen Verwerfung aller gaullistischen Initiativen, wohl auch um sich den kommunistischen Zweck-Alliierten der damaligen Stunde taktisch anzupassen, hatte er das deutsch-französische Freundschaftsabkommen, den Elysée-Vertrag, mit der kategorischen Bemerkung abgekanzelt: »Ce traité est mauvais – dieser Vertrag ist schlecht.«

Am 17. Dezember 1965 hatte mir ein guter Bekannter aus dem *brain trust* der Linksopposition die entscheidende Episode aus dem Leben Mitterrands erzählt, die angeblich sein Verhältnis zu den Deutschen weiterhin bestimmte: Mitterrand war 1940 verwundet in deutsche Kriegsgefangenschaft geraten. Der energische junge Unteroffizier war nicht gewillt, die besten Jahre seines Lebens hinter Stacheldraht zu verbringen. Er unternahm mehrere Fluchtversuche. Beim dritten Mal sollte es ihm schließlich gelingen, in die unbesetzte Zone Frankreichs zu entkommen.

Aber das erste Unternehmen war auf mißliche Weise fehlgeschlagen. Der Kriegsgefangene Mitterrand hatte bereits siebenhundert Kilometer quer durch Deutschland zu Fuß zurückgelegt, ohne mit einem einzigen Menschen zu sprechen aus Angst, seine Sprache werde ihn verraten. Ausgehungert und erschöpft erreichte er eine deutsche Ortschaft nahe der französischen Grenze, als er aufgrund eines dummen Zufalls erkannt und festgenommen wurde. Mehrere Deutsche in diesem Städtchen hatten dem eingefangenen *poilu* Essen und Zigaretten zugesteckt. Aber der Ortsgruppenleiter der NSDAP, ein junger Mann in brauner Uniform, kehrte den Herrenmenschen heraus und demütigte, ja mißhandelte den wehrlosen Mitterrand.

Fünf Jahre später – der Krieg war beendet – amtierte Mitterrand als Minister in einem Kabinett der Vierten Republik und äußerte den

Wunsch, jenes Städtchen wieder aufzusuchen, in dem er einst gefaßt worden war und das sich nun in der französischen Besatzungszone befand. Es wurde ihm mitgeteilt, er sei höchst willkommen, die Bevölkerung fühle sich geehrt, und im übrigen möge er beruhigt sein: die Gemeinde sei entnazifiziert und demokratisch verwaltet, die Vergangenheit überwunden. Als Mitterrand am Ort seiner Verhaftung eintraf, begrüßte ihn der neue Bürgermeister, der kein anderer war als jener Ortsgruppenleiter, an den Mitterrand sich so unliebsam erinnerte.

Den abendlichen Gala-Empfang in Schloß Augustusburg benutzte der Staatschef der Fünften Republik, um zu demonstrieren, daß er über persönliche Ressentiments erhaben war. Schon 1981 hatte er meine Interviewfrage nach seiner vermeintlichen Distanz zu den Deutschen entrüstet zurückgewiesen. »Wer hat Ihnen das erzählt?« erwiderte er damals irritiert und erging sich in der ausführlichen Schilderung all jener deutschen Dichter und Denker, die seinen persönlichen Bildungsgang begleitet hätten und aus dem gesamten französischen Geistesleben nicht wegzudenken seien. Jetzt meditierte er vermutlich, im prunkvollen Rahmen von Augustusburg, über diese seltsamen, östlichen Nachbarn des alten Kapetinger-Reiches, wo eine ganze Folge mächtiger geistlicher Kurfürsten den Rhein seit den karolingischen Ursprüngen zur »Pfaffengasse«, zum »chemin des prêtres«, gemacht hatte.

Wieder einmal sah sich dieser verschlossene Mann in die Kontinuität des einst befehdeten Gründerpräsidenten der Fünften Republik eingereiht. Er hatte einst de Gaulle mit den Adjektiven »puissant et solitaire – mächtig und einsam« apostrophiert, ein Wort Victor Hugos, das sich auf den greisen Moses auf dem Berg Nebo bezog. Dem bevorstehenden Wahlkampf um das höchste Amt Frankreichs trat Mitterrand ebenso undurchsichtig entgegen, wie de Gaulle seinerzeit der Präsidialkampagne von 1965. Beide schienen sich die Losung Descartes zu eigen gemacht zu haben: »Larvatus prodeo – maskiert schreite ich voran«, und für beide zählte »le secret – das Geheimnis« zu den bewährtesten Rezepten aller Regierungskunst.

Bei der Tischrede in Augustusburg improvisierte Mitterrand einen Passus über die Bereitschaft Frankreichs, an der Verteidigung der Bundesrepublik schon in der ersten Stunde einer fremden Aggression teilzunehmen, Deutschland nicht als strategisches Glacis zu behandeln. Dabei entwickelte er auch – verklausuliert und hintergründig, wie es seine Art war – die Philosophie der prästrategischen Waffen, jener Kurzstreckenraketen, deren Reichweite unterhalb fünfhundert Kilometer liegt und die deshalb prädestiniert scheinen, auf deutschem Boden, westlich und östlich der Elbe, zu explodieren. Es bestehe in Paris keinerlei Absicht, diese Vernichtungsinstrumente auf Kosten Deutschlands einzusetzen, so lautete die Quintessenz dieser sibyllinisch formulierten Zusage, mit deren Übersetzung die ansonsten vorzügliche Dolmetscherin sich schwertat.

Blau-weiß-rot an der Saar

Saarbrücken, 21. Oktober 1987

Am frühen Morgen bin ich nach Saarbrücken aufgebrochen, um den Festvortrag zum vierzigjährigen Bestehen des Saarländischen Journalisten-Verbandes zu halten. Gewiß kein weltbewegendes Ereignis, aber das Land an der Saar hat seine Bürde getragen im deutsch-französischen Grenzstreit. Hier war die vielgerühmte Annäherung der beiden Nachbarvölker anläßlich der Volksabstimmung von 1955 auf die äußerste Zerreißprobe gestellt worden. Bei der *Saarbrücker Zeitung* hatte ich im Sommer 1948 mein Volontariat begonnen, parallel zum Studium an der Sorbonne, das ich bis 1953 fortsetzte. In dieser unmittelbaren Nachkriegszeit waren fast alle älteren Kollegen, die während des Dritten Reiches zur Feder gegriffen hatten, in die Mangel der Entnazifizierung geraten. Deshalb setzte die Redaktion sich fast ausschließlich aus Novizen der schreibenden Kunst zusammen, aus frischgebackenen Abiturienten und Studenten. Am dritten Tag als Volontär schrieb ich meinen ersten Leitartikel über irgendeine Krise in Indonesien. Als Chefredakteur fungierte in jenen Tagen Albrecht Graf Montgelas, eine urwüchsige bayerische Gestalt mit grauem Schnauzbart, der am liebsten im Lodenmantel auftrat.

Einer seiner Ahnen hatte unter der Ägide Napoleons die Säkularisierung Bayerns eingeleitet und die endgültigen Grenzen des heutigen Freistaats gezogen. Den Krieg hatte Albrecht Montgelas in England verbracht und war deshalb frei von jeder braunen Verdächtigung. Sehr bald sollte der trutzige Graf, der einer konservativ-katholischen Gesinnung anhing, Opfer der restriktiven Pressepolitik der französischen Militärregierung werden, deren Chef Gilbert Grandval – Führer des ostfranzösischen Widerstandes während der deutschen Besatzung, von de Gaulle als »Gefährte der Befreiung« ausgezeichnet – die Loslösung des Saargebiets aus dem ohnehin zertrümmerten Reichsbestand in Angriff nahm. Montgelas war seiner Zeit um etliche Jahre voraus, als er auf der ersten Seite der *Saarbrücker Zeitung* einen antibolschewistisch gefärbten Artikel Paul Claudels, des Autors des »Seidenschuh«, drucken ließ, der Deutschland als »Schild Europas« feierte. Albrecht Montgelas hat nur ein kurzes Gastspiel an der Saar gegeben, aber ihm verdanke ich meine dauerhafte Bindung an das dortige Regionalblatt, die sich bis auf den heutigen Tag erhalten hat.

Während ich in meinem Referat die Erinnerung an die Anfangsphase des Nachkriegsjournalismus, die Zeit der offiziellen und inoffiziellen Zensur durch die Militärregierung, dann durch das französische Hochkommissariat wieder aufleben ließ, erkannte ich manchen meiner alten Gefährten in der Saarlandhalle am Rodenhof. In der ersten Honoratiorenreihe saß – einer jüngeren Generation angehörend – Oskar Lafontaine. Während meines kurzen Rückblicks mußte ich an den Satz denken, mit dem unlängst der saarländische Ministerpräsident den gebürtigen Saarländer Erich Honecker bei dessen Ankunft in der alten Heimat begrüßt hatte: »Sie sind wieder dahemm!«

Auch für mich hatte, zurück aus Indochina, eine Heimkehr an die Saar stattgefunden. Ich war zwar – aufgrund der beruflichen Niederlassung meines Vaters – in Bochum zur Welt gekommen, aber meine Vorfahren, die Scholls wie die Latours, stammten sämtlich aus dem Raum zwischen Wadern und Blieskastel. Meine Großeltern waren in Bildstock begraben. Mein Großvater war als junger Mann in eine der Saargruben bei Sulzbach eingefahren, und mein Vater hatte während der Semesterferien als Werkstudent am Hochofen von Röchling gearbeitet. Im Verlauf meines ersten Volontärsjahres bei der *Saarbrücker Zeitung* hatte ich in Wadgassen unweit von Saarlouis ein Zimmer gemietet und wohnte dort im Hause der Frau Comtesse. Das hatte seine guten Gründe.

Im August 1945 hatte ich nämlich ein paar Wochen in Wadgassen verbracht, ehe ich nach Indochina eingeschifft wurde. Ich diente damals vorübergehend in einer flandrischen Infanterie-Division der französischen Armee, und meine deutschen Sprachkenntnisse machten mich im Bataillons-Stab schnell unentbehrlich. Schon damals hatte ich ein Quartier bei Frau Comtesse, und ich geriet in die absurde

Situation, eine kurze Zeit lang Besatzungssoldat zu spielen. Immerhin gelang es mir, die groteske Verfügung des Regimentskommandeurs, jeder deutsche Zivilist müsse vor dem Fahnenmast mit der Trikolore den Hut oder die Mütze ziehen – eine unfreiwillige Geßlerhut-Parodie – rückgängig zu machen, und als eines Tages die Order erging, alle entlassenen deutschen Kriegsgefangenen, die sich am Ortseingang von Wadgassen in Wehrmachtsuniform blicken ließen – welche andere Kleidung sollten sie schon besitzen? –, müßten vorübergehend arrestiert werden, ließ ich einen Posten aufstellen, um sie rechtzeitig zu warnen.

Rückblickend erscheint mir die französische Militärpräsenz im Südwesten Deutschlands als eine recht burleske Episode. Das Saargebiet genoß sehr bald eine gewisse Vorzugsbehandlung. Im übrigen hielten die französischen Dienststellen nicht viel von Fragebogen und Entnazifizierung, gingen sie doch als leidgeprüfte Kontinental-Europäer ohnehin von der Annahme aus, daß die Masse der Deutschen zumindest zu den Mitläufern des Nationalsozialismus gehört hatte. Ein Fraternisierungs-Verbot, wie es die Amerikaner in ihrer Zone strikt und weltfremd zu praktizieren suchten, hätte bei den französischen Militärs nur Kopfschütteln, ja schallendes Gelächter ausgelöst. Wer wollte sich schon den Umgang mit den blonden »Gretchen« verbieten lassen? Aus dieser kurzen Wadgasser Besatzungszeit blieb mir die Erkenntnis, daß die Saarländer sich darauf verstanden, »fünf gerade sein zu lassen«, und das sollte man ihnen bis auf den heutigen Tag hoch anrechnen.

Als kurzzeitiger Besatzungssoldat und – drei Jahre später – als Volontär der *Saarbrücker Zeitung* pflegte ich nachmittags auf meinem Weg von der Fußgängerbrücke über die Saar zu meinem Zimmer bei Frau Comtesse in einem kleinen Häuschen einzukehren, das der Kristallfabrik Villeroy & Boch schräg gegenüberlag. Im frühsommerlichen Vorgarten prangten lila Fliederdolden. In einem Rohrsessel erwartete mich der saarländische Heimatdichter Johannes Kirschweng. Im Sommer 1945 bewirtete er mich mit Moselwein, drei Jahre später mit Champagner. Kirschweng war katholischer Geistlicher, aber durch Dispens des Trierer Bischofs von seinen seelsorgerlichen Pflichten weitgehend freigestellt. Der rundliche Mann mit den klugen grauen Augen hatte schon damals den römischen Kragen und den schwarzen Priesterrock abgelegt. Er genoß seine Sonderstellung und gefiel sich – wie er mir gestand – in der Rolle eines lebensbejahenden, aufklärerischen Abbés des 18. Jahrhunderts.

Als ich viel später – im Herbst 1953 – an der »faculté des lettres« von Paris eine Arbeit über diesen saarländischen Autor einreichen wollte, der inzwischen gestorben war, zeigte sich der Germanistik-Professor Robert Minder wenig begeistert von diesem Vorschlag. Kirschweng war ihm ein zu regional gebundener Schriftsteller. Seine Erzählung vom »Neffen des Marschalls« – gemeint war der napoleonische Marschall Ney – hat mich dennoch tief berührt. Da erzählte er von diesem ehemaligen Soldaten der Grande Armée, der nach der Einverleibung der alten französischen Garnison Saarlouis durch die Hohenzollern mit einer Handvoll Gefährten über die Lothringer Stufenlandschaft zweimal im Jahr nach Metz aufbrach, um dort den bescheidenen Sold für das ihm verliehene Kreuz der Ehrenlegion aus der französischen Staatsschatulle abzuholen, statt sich an die preußische Zahlmeisterei in Trier zu wenden. Dieser verschrobene Neffe, der mit Wehmut an die große Zeit des Korsen zurückdachte wie der berühmte Grenadier Heinrich Heines, hatte merkwürdige Visionen, wenn der Westwind sich zum Sturm aufblähte. Dann glaubte er, die Hengste des alten Zwischenreichs Lotharingien wiehern und durch die Nacht galoppieren zu hören.

Mit der offiziellen Saar-Politik Frankreichs war ich auf recht triviale Weise in Berührung gekommen. In der Métro von Paris las ich an einem Frühlingstag 1948 die *Weltwoche*, die einzige verfügbare Zeitschrift deutscher Sprache, als ich von einem hochaufgeschossenen jungen Mann recht burschikos auf deutsch angesprochen wurde. Es handelte sich um Frederic Vester, der damals sein Chemie-Studium an der Seine aufgenommen hatte und heute als Professor für Biochemie, als erfolgreicher wissenschaftlicher Autor bekannt ist. Nach ein paar Einleitungsworten machte er mich auf eine wöchentliche Einladung aufmerksam, die die in Paris studierenden Saarländer samstags bei Wein und Gebäck versammelte. Gastgeber dieser bescheidenen Veranstaltung in einem Versicherungsgebäude der Rue Taitbout war die »Association française de la Sarre«. In jenen Tagen abscheulichen Mensa-Fraßes sei eine solche Aufbesserung des Wochenend-Menüs keineswegs zu verachten, ermunterte mich Fred Vester, und wir trafen uns dann auch am nächsten Samstag mit einem Dutzend Kommilitonen aus dem Saarland.

Die »Association française de la Sarre« war nach dem Ersten Weltkrieg mit dem ausdrücklichen Ziel gegründet worden, auf die Einverleibung dieser östlichen Grenzbastion mitsamt ihrer Kohle- und Stahlproduktion hinzuarbeiten. Wie ich später erfuhr, war diese Bestrebung zur Zeit der Dritten Republik in den zwanziger und den frühen dreißiger Jahren durchaus nicht unumstritten. Insbesondere der mächtige Dachverband der französischen Stahlkonzerne, das »Comité des forges« stemmte sich gegen diesen Expansionismus, der sich möglicherweise nachteilig auf die eigenen Quoten auswirken konnte. Botschafter André François-Poncet, einer der besten Kenner deutscher Verhältnisse, hielt ohnehin nicht viel von diesem Saar-Engagement, das unter Aufsicht des Völkerbundes stand. Er sollte sich nach dem Zweiten Weltkrieg ähnlich skeptisch und negativ gegenüber den Autonomie-Bestrebungen des Hochkommissars Grandval verhalten.

Im Frühjahr 1948 indes war die »Association française de la Sarre« eine recht liebenswerte Vereinigung, beherrscht durch Mademoiselle Etiennette Boucly, eine mächtige, grauhaarige Frau, deren mütterliche Klugheit uns allen imponierte, auch wenn wir über ihre breitkrempigen schwarzen Strohhüte witzelten. Ihr zur Seite stand ein pensionierter Major der französischen Kolonial-Infanterie, und als Präsident amtierte der hochbetagte General Andlauer. Seine Familie hatte nach 1870 – aus Protest gegen die Annexion durch das wilhelminische Reich – das Elsaß verlassen.

Andlauer war über achtzig Jahre alt, aber er hielt sich kerzengerade. Kopfhaar und Schnurrbart waren schlohweiß. Die blauen Augen blickten immer noch befehlsgewohnt. General Andlauer war eine Respektsperson. Gelegentlich passierte es ihm, daß er bei unseren endlosen Diskussionen über die Äquivalenz von Universitätsdiplomen einschlummerte und dann plötzlich erwachte. »D'abord la France«, äußerte er in einem solchen Moment, »zuerst kommt Frankreich«, und gab damit ungewollt den Kern seiner tiefsten Überzeugung kund. Andlauer hatte 1902 als blutjunger Leutnant am Boxer-Krieg gegen das chinesische Mandschu-Reich der Kaiserin Tse-hi teilgenommen im Rahmen des internationalen Truppenaufgebots, das damals gegen das brodelnde Reich der Mitte zu Felde zog. Ungeachtet der Spannungen und Revanchegelüste, die seit 1870 zwischen beiden Völkern schwelten, hätten sich die deutschen und die französischen Militärs damals am besten verstanden, erzählte er.

Die »Association« war eine einflußarme, harmlose Gesellschaft. Aber meine langen Gespräche mit Etiennette Boucly verschafften mir gründliche Kenntnisse über die französische Saar-Politik nach 1945. Da hatte es in einer ersten Phase das MRS gegeben, eine von emigrierten Saarländern gegründete Organisation – »Mouvement pour le rattachement de la Sarre à la France« –, die die Einverleibung des Saargebiets als Département in den französischen Staatsverband und die totale Separation von Deutschland anstrebte. Das MRS hatte in der unmittelbaren Nachkriegszeit, während ich mich in Indochina aufhielt, beachtliche Mitgliederzahlen geworben. In dieser Stunde Null des Deutschen Reiches konnte man den Saarländern wirklich nicht verübeln, daß sie zunächst an das Überleben ihrer Familien dachten.

In jenen Tagen wurde in den Volksschulen zwischen Homburg und Dillingen das Lied vom Tannenbaum in französischer Übersetzung – »Mon beau sapin, roi des forêts« – von den Kindern gekräht. Die Marseillaise gehörte natürlich auch zum Gesangunterricht. Der Mutterwitz der Grenzbevölkerung hatte sich gegen diese forcierte und kurzfristige Französisierung mit Erfolg zur Wehr gesetzt. Den pathetischen Appell der französischen Nationalhymne »aux armes, citoyens!« hatten die Saarländer, wenn sie unter sich waren, durch die Blödelei ersetzt: »O jeh, mir sinn franzesch...« De Gaulle hatte ohnehin als Chef der provisorischen Befreiungsregierung vor seiner ersten Abdankung im Januar 1946 zu verstehen gegeben, daß er das Saarland nicht als integrierenden Bestandteil Frankreichs sehe, sondern als ein Glied der damals von ihm projizierten westdeutschen Konföderation. Immerhin sollte noch zu Beginn der fünfziger Jahre eine Gruppe saarländischer Juristen, die Versailles besuchte, vom dortigen Bürgermeister mit dem wohlwollenden Satz begrüßt und geschockt werden: »Ihr seid schon fast Franzosen – vous êtes déjà presque français.«

Das MRS schrumpfte schnell zur Bedeutungslosigkeit, nachdem die Experten des Quai d'Orsay – inspiriert vom christdemokratischen Außenminister Georges Bidault – das Konzept eines autonomen Saarlandes, in Wirtschafts- und Währungsunion mit Frankreich, aus dem Hut gezaubert hatten. Am Ende dieser Entwicklung hätte wohl ein zweites Luxemburg an der Saar gestanden und somit der Ausbau eines Schutzgürtels kleiner Pufferstaaten zwischen Deutschland und Frankreich. In Freiburg im Breisgau war ja ein vergleichbares Kuriosum mit der Gründung des selbständigen Staates (Süd-)Baden unter Präsident Wohleb anvisiert worden.

In Saarbrücken stützte sich die neue Pariser Saar-Konzeption auf einen Politiker von Gewicht. Johannes Hoffmann, Sproß einer heimatverwurzelten Bergmanns-Familie, hatte vor der Volksabstimmung von 1935, die das Saargebiet mit überwältigender Mehrheit an das »Reich« zurückgliederte, als katholischer Zentrums-Anhänger und als Journalist für den genannten »Status quo« geworben, für eine Beibehaltung der Völkerbunds-Kontrolle. Der Status quo sollte nur so lange dauern, bis die Herrschaft der Nationalsozialisten einer demokratischen Regierungsform in Deutschland Platz gemacht hätte.

Diese utopische Hoffnung hatten sich damals zahlreiche aus dem Dritten Reich geflüchtete Sozialdemokraten und Kommunisten zu eigen gemacht. Herbert Wehner spielte keine unbedeutende Rolle bei diesem antinazistischen Kampfbund, der sich der »deutschen Front« ohne jede reale Chance entgegenstemmte. Der junge katholische Journalist Johannes Hoffmann hatte schon einigen Mut aufbringen müssen, um sich – entgegen der Aufforderung der Bischöfe von Trier und Speyer – für das Völkerbund-System einzusetzen. Der heutige Ministerpräsident Lafontaine hat dieser eigenwilligen Haltung Rechnung getragen, als er das Bild des bislang als Separatisten verschmähten »Joho« in die kurze Portrait-Galerie seiner Vorgänger in der Staatskanzlei am Ludwigsplatz einreihen ließ.

Die Außenpolitik der Vierten Republik war zunächst von Politikern des »Mouvement républicain populaire« gestaltet worden, einer christdemokratischen Auffangpartei, die während der Wirren der *libération* von 1944 und 1945 zum Sammelbecken verängstigter bürgerlicher Kräfte herangewachsen war. Die ursprünglich soziale Inspiration, wie sie Georges Bidault noch als Geschichts-Professor und Widerstandskämpfer vertreten hatte, war mehr und mehr in das Fahrwasser einer bürgerlich-konservativen Gesinnung geraten, der sich auch Bidault nicht entzog. Das MRP trug die schwere Verantwortung an der unheilvollen Verwicklung Frankreichs in den Indochina-Krieg, so wie anschließend die Sozialisten zu Hauptschuldigen an der Verirrung in den Algerien-Feldzug wurden. In der Person des Militärgouverneurs und späteren Hochkommissars an der Saar, Gilbert Grandval, hatte Georges Bidault, der zeitweilig als Ministerpräsident, dann als Außenminister vieler kurzlebiger Regierungen fungierte, einen sehr eigenwilligen Interpreten seiner Grenzpolitik gefunden.

Grandval besaß das Zeug zum Prokonsul. Er war ein Statthalter von eigenen Gnaden. Er residierte selbstherrlich auf Schloß Halberg, das schon im deutschen Kaiserreich dem Industriebaron von Stumm als Stammsitz gedient hatte. Die Stumms hatten, dem Volksmund zufolge, wie Feudalfürsten über »Saarabien« geherrscht. Sie hatten sogar protestantische Industriearbeiter aus Birkenfeld ins Revier geholt, um der heimlichen Renitenz des überwiegend katholischen Proletariats und ihrer keimenden kirchlichen Solidaritätsvereine ein Gegengewicht zu bieten. Grandval war eine starke, ambitionierte Persönlichkeit. Manche behaupteten, er hätte das Zeug zu einer großen Staatskarriere gehabt. Er umgab sich mit einer verschworenen Clique von Mitarbeitern, die ihm einst im Ostlothringer *maquis* zur Seite gestanden hatten. Etwas Konspiratives haftete dieser Gruppe stets an. Grandval hatte begriffen, daß sein Projekt eines mit Frankreich eng verflochtenen Saar-Staates lediglich eine Chance hätte, wenn er die Bevölkerung für sich gewänne. Tatsächlich genoß er Achtung, zeitweilig sogar Popularität beim einfachen Volk der Zechen und Hochöfen. Die Pariser Zeitschrift *L'Express* schilderte Grandval als einen Mann, der es verstehe, »die Eroberungen zu behaupten – de conserver les conquêtes«.

Das europäische Statut

Aber der Wind in Paris drehte sich. Die Zeit einseitiger nationaler Gebietsakquisitionen war vorbei. Es keimte die Idee des vereinten Europa. Der Mann der Stunde hieß Robert Schuman, ein Deutsch-Lothringer aus dem Metzer Raum, in Luxemburg geboren, zutiefst verhaftet im abendländischen Katholizismus, der ungeachtet seines unbestreitbaren französischen Patriotismus wohl insgeheim träumte von der verlorengegangenen karolingischen Einheit. Dieser diskrete, einsilbige Junggeselle gehöre einem katholischen Laienorden an, mutmaßten die Pariser Beobachter. Sein Landhaus von Scy-Chazelles, unweit von Metz, war tatsächlich klösterlich gestimmt. Hinter der scheinbaren Schüchternheit Robert Schumans verbargen sich große Visionen und ein hohes Maß an Kühnheit. In seiner Eigenschaft als Außenminister, dann sogar als Ministerpräsident der Vierten Republik mußte er sich im Palais Bourbon den Sarkasmen und den Haßausbrüchen seiner Gegner stellen. »Sortez le boche!« brüllten die Kommunisten, aber Schuman ertrug alle Anfeindungen mit der Abgeklärtheit christlicher Demut.

Im Mai 1950 kündigte er gemeinsam mit Konrad Adenauer und dem gleichgestimmten Trentiner Alcide de Gasperi die Gründung der Europäischen Gemeinschaft für Kohle und Stahl an. Durch die Zusammenlegung, die Koordinierung dieses entscheidenden Rüstungspotentials sollte jeder Krieg zwischen Deutschland und Frankreich für alle Zeit gebannt werden. Natürlich war dieser *pool* für Kohle und Stahl nur als Vorstufe gedacht, als Anfangsphase für den wirtschaftlichen und politischen Zusammenschluß des Abendlandes. Die Schlagworte »europäische Integration« und »Supranationalität« waren damals in aller Munde, zwei Begriffe, die mit dem Credo tausendjähriger kapetingischer Tradition nicht zu vereinbaren waren. Auf Drängen der Amerikaner, die der stalinistischen Bedrohung eine kompakte Militär-Allianz in Westeuropa entgegenstellen wollten, kam es sogar zum futuristischen Projekt der »Europäischen Verteidigungsgemeinschaft«. Aber damit hatte Robert Schuman die Grenzen seiner Einwirkungsmöglichkeiten überschritten. Jetzt stieß er nicht nur auf den engagierten Widerstand der Moskau-Freunde und einiger Ewiggestriger der »Action Française«, nun prallte er auf die kategorische Weigerung der gaullistischen Parlamentsfraktion, die weiterhin unter dem Einfluß des Einsiedlers von Colombey-les-Deux-Eglises stand.

Es gab auf französischer Seite triftige Gründe, die EVG, wie sie von Robert Schuman präsentiert wurde, zu verwerfen. Man vergesse nicht, daß in jenen Nachkriegsjahren jeder Schritt in Richtung auf eine europäische Union die eben aus den Ruinen und der nationalen Schmach neu erstandene Bundesrepublik mit originären Souveränitätsrechten ausstattete, während Frankreich diese gleichen nationalen Attribute, die es über Krieg und Niederlage hinübergerettet hatte, auf dem Altar der abendländischen Einigung preisgeben sollte.

Der zornige General von Colombey war nicht gewillt, unter dem Vorwand einer Europa-Armee, wo die nationale Identität der Mitgliedstaaten nur noch auf Bataillons-Ebene überlebte, für alle Zeiten ein amerikanisches Oberkommando zu akzeptieren – denn darauf lief das integrierte Befehlssystem hinaus. Vor allem war er wild entschlossen, Frankreich zur Nuklearmacht zu machen, und mit diesem Vorhaben stand er nicht allein. Der Sozialist Guy Mollet, ja Pierre Mendès-France, Friedensstifter in Indochina und Idol der intellektuellen Linken, hatten auf die Vorbereitung einer französischen »force de frappe« hingearbeitet. Washington würde für einen solchen nuklearen Alleingang kein Verständnis haben und diese Proliferation unter Berufung auf die EVG-Strukturen wirkungsvoll durchkreuzen können. Schließlich taumelte Frankreich im Sommer 1954 gerade aus seinem Vietnam-Debakel heraus. Und schon am 1. November 1954 fanden Überfälle der »Algerischen Befreiungsfront« in den Schluchten der Kabylei und des Aures-Gebirges statt. Die nationalen französischen Streitkräfte – so wurde argumentiert – würden für die Wahrung der »Algérie française« weiterhin zwingend benötigt.

In einer halbstündigen Fernseh-Dokumentation habe ich Ende 1963 das Lebenswerk und die lautere Persönlichkeit Robert Schumans unter dem Titel »Europäer von Geburt« gewürdigt. Der Lothringer selbst stand mir leider nicht mehr zur Verfügung. Er war am 4. September gestorben. Dennoch war er mir deutlich präsent, mit seiner gespielten Naivität, seiner hintergründigen List und einer stillen Gläubigkeit, die offenbar Berge versetzte. Er hatte so gar nicht zur Fauna der Vierten Republik gepaßt.

Im Winter 1952 hatte mir Jacques Dupuy, Botschaftsrat in Washington, von der Bestürzung der dort akkreditierten französischen Diplomaten erzählt. Robert Schuman hatte vor ihnen mit sichtlicher Begeisterung über die Abschaffung der französischen Armee referiert. Nur noch an einem blau-weiß-roten Ärmelschild würden die französischen Bataillone der integrierten Europa-Streitkräfte zu unterscheiden sein. Die Italiener hatten sich für ihre *bersaglieri* wenigstens die Beibehaltung der Hahnenfedern ausbedungen. Vom US-Außenminister Dean Acheson sei Robert Schuman fasziniert gewesen wie das Kaninchen von der Schlange, so kolportierten damals die Franzosen von Washington, aber dabei unterschätzten sie wohl den stillen Eigensinn des Lothringers.

Charles de Gaulle hat sich niemals negativ über Robert Schuman geäußert. Er bewies Gespür für die Grenzmentalität der französischen Ost-Départements. Nach der »Machtergreifung« des Generals haben sich die beiden Männer nur einmal kurz getroffen, und de Gaulle soll zu dem bereits physisch erschöpften Schuman gönnerhaft gesagt haben: »Ich war mit manchem nicht einverstanden, was Sie gemacht haben, aber es hätte viel schlimmer kommen können.«

Unter de Gaulle sollte denn auch der Ausbau der »Europäischen Wirtschaftsgemeinschaft« tatsächlich vollzogen werden, ein ökonomisches Wagnis, dem die Schattenkabinette der Vierten Republik mit ihrer permanenten Finanzmisere gar nicht gewachsen gewesen wären. Deshalb irrten jene antigaullistischen Kommentatoren, die über die zukunftsweisenden Visionen Schumans und den rückwärtsgewandten Chauvinismus Charles de Gaulles orakelten. Das Abendländertum Robert Schumans nährte sich aus Wurzeln, die viel tiefer reichten als in den relativ jungen Boden des Nationalstaates. Der Lothringer, wie seine Weggefährten Adenauer und de Gasperi, waren in einer Vergangenheit beheimatet, der der Verbund der Christenheit mehr galt als die Gemeinsamkeit von Sprache, Volk oder »civilisation«. Nicht von ungefähr wurde Schuman in Frankreich – und beileibe nicht nur von den Gaullisten – verdächtigt, ein neues »Sacrum Imperium Romanum« schaffen zu wollen.

Was de Gaulle an Robert Schuman vielleicht am meisten störte, war die einflußreiche Figur im Hintergrund, Jean Monnet. Schon während der Kriegsjahre war die extrem proamerikanische Haltung Jean Monnets auf die strikte Distanz des Generals gegenüber Franklin D. Roosevelt geprallt. In den Augen des Generals war Jean Monnet der geheime »Inspirator«, der gefährliche Manipulator aus der Großfinanz, der im Auftrage Washingtons die Fäden zog und die europäische Staatengemeinschaft der Zukunft zu einem formlos verschmolzenen Magma, zu einem Anhängsel angelsächsischer Hegemonie hätte verkommen lassen. Harmlos war er gewiß nicht, dieser Jean Monnet, erster Präsident der Hohen Behörde der Montanunion.

Im Herbst 1963 war dieser kleine, fröstelnde Mann – farblos, fast unbeholfen – in unser Studio an den Champs-Elysées gekommen, um einen persönlichen Beitrag für den Gedächtnisfilm zu Ehren Robert Schumans zu leisten. Die Aufnahmen dauerten lange, mußten mehrfach wiederholt werden, so gering war die Eloquenz dieser europäischen Vatergestalt. Bevor die Kameras endgültig in Aktion traten, hatte Jean Monnet mit entwaffnender Ehrlichkeit und auch mit einem Schuß Eitelkeit gestanden, daß er nur zögernd die Antwort auf meine Frage nach der Gründung der Montanunion erteile. Denn er allein – Jean Monnet – habe die Idee der Europäischen Gemeinschaft für Kohle und Stahl konzipiert, und er habe Robert Schuman in allen Phasen dieses Unternehmens beraten, ja anleiten müssen. Nein, Jean Monnet war keine Persönlichkeit nach dem Geschmack de Gaulles, ebensowenig wie der Deutsche Walter Hallstein, dem Hans Ulrich Kempski in der *Süddeutschen Zeitung* bescheinigte, er sei »ein Mann ohne Herz und Hoden«.

Nach der Ablehnung des Vertrags über die Europäische Verteidigungsgemeinschaft durch die »Assemblée nationale« Ende August

1954 hatte der damalige Ministerpräsident Pierre Mendès-France in aller Eile die Ersatzlösung der »Westeuropäischen Union« mit Hilfe der Briten zurechtgezimmert. Die WEU blieb eine Fehlgeburt, bestenfalls ein Torso bis auf den heutigen Tag. Aber im gleichen Ansatz brachte Pierre Mendès-France, dessen Regierungstage gezählt waren, noch ein deutsch-französisches Saar-Abkommen unter Dach und Fach. Konrad Adenauer hat sich damals ohne Begeisterung diesem Lösungsversuch angeschlossen. Er brachte Mendès-France keine sonderliche Sympathie entgegen, und den Vertrag beurteilte er äußerst skeptisch.

Die Saar solle nicht länger Zankapfel, sondern die Brücke zur deutsch-französischen Zusammenarbeit sein, so hieß es in den offiziellen Verlautbarungen. Die Autonomie dieses Grenzlandes wurde bestätigt, wie auch die enge Wirtschaftsverflechtung mit Frankreich. Saarbrücken würde auch – als eine Art »District of Columbia« – sämtliche europäischen Verwaltungen, Instanzen und Parlamente beherbergen, ein sehr verlockendes Angebot an die Bevölkerung. Die Saarländer sollten, so war stipuliert, im Herbst 1955 über Annahme oder Verweigerung dieses europäischen Saar-Statuts in freier, international überwachter Volksabstimmung mit Ja oder Nein entscheiden. Drei Monate vor diesem Referendum müßten die »deutschen Parteien«, die politischen Formationen des »Heimatbundes«, die für eine Angliederung des Saarlandes an die Bundesrepublik plädierten und die bislang verboten waren, voll zugelassen werden und freie propagandistische Entfaltungsmöglichkeit erhalten.

Johannes Hoffmann hatte zunächst einen sicheren Instinkt bewiesen. Auf die Nachricht vom Scheitern der Europäischen Verteidigungsgemeinschaft hatte er tief pessimistisch reagiert. Die Integration Europas sei nunmehr hinfällig, und damit habe auch eine supranationale Lösung, wie sie sich allmählich für das Saarland herausschälte, keinerlei Aussicht mehr auf Bestand. Aber als das Abkommen über die Europäisierung der Saar doch noch zustande kam, wechselte die Zuversicht wieder das Lager. Die Führer der verbotenen deutschen Parteien, die in halber Illegalität eine recht rege Tätigkeit entfalteten, fühlten sich jetzt verraten und verkauft. Gegen eine solche Lösung, die den Saarländern immense Vorteile und eine kontinentale Präferenzstellung zusichere, lohne sich erst gar nicht anzutreten, kommentierte Heinrich Schneider, der Inspirator des Heimatbundes und Vorsitzende der liberalen DPS. Innenminister Edgar Hector, Vertreter des harten profranzösischen Kurses, den sein Vater schon bei der Abstimmung von 1935 mit winziger Gefolgschaft, aber unbeirrbarer Konsequenz gesteuert hatte, brüstete sich, die Christliche Volkspartei Johannes Hoffmanns könne es sich nun leisten, ihre Mitgliederlisten für weitere Aufnahmen zu sperren.

Der einzige, der wirklich klargesehen hatte, war paradoxerweise Konrad Adenauer. Ein europäisches Saar-Statut sei ihm lieb und wert, hatte er in den Verhandlungen mit Mendès-France eingeräumt, aber von einem Referendum solle man tunlichst Abstand nehmen. Der Kanzler beschwor die Franzosen, auf diese Volksbefragung zu verzichten. Er ahnte, welche nationale Welle damit ausgelöst würde und fürchtete – angesichts der Anheizung der Gemüter beiderseits der Grenze – um sein karolingisches Versöhnungswerk.

Ab 1. Januar 1954 hatte ich – im Rahmen des Amtes für Europäische Angelegenheiten des Saarlandes – die Stelle eines Regierungssprechers übernommen. Mir oblag es, für die europäische Saar-Lösung zu werben, wobei meine Kompetenz sich nicht auf die saarländische Presse erstreckte – die deutschen Heimatblätter waren weiterhin verboten –, sondern ich befaßte mich mit der Betreuung der »ausländischen« Journalisten, die nach Saarbrücken kamen, und das waren im wesentlichen die Kollegen aus der Bundesrepublik. Aus dieser kurzen Amtszeit, die zwei Jahre dauerte, stammen meine freundschaftlichen Beziehungen zu einer Vielzahl deutscher Korrespondenten, von Adelbert Weinstein bis Klaus Bölling, von Hans Ulrich Kempski bis Günter Müggenburg. Auch Erich Kuby gehörte zu meinen häufigen Kontakten.

Einen besonderen Platz in den entscheidenden Monaten vor der Abstimmung nahm der Berichterstatter der *Frankfurter Allgemeinen Zeitung*, Joachim Schwelien, ein. Zwischen uns entspann sich sofort ein persönliches Vertrauensverhältnis ungeachtet der Tatsache, daß Schwelien weit über seine journalistischen Aufgaben hinaus eine hochpolitische, gelegentlich konspirative Rolle spielte, zum einflußreichen Berater der Heimatbund-Politiker wurde und sogar eine Reihe hoher Ministerialbeamter im Sinne einer Verneinung des Saar-Statuts beeinflußte. Joachim Schwelien wußte sehr wohl, daß er mich nicht umdrehen würde, aber die Herzlichkeit unserer Beziehungen hat darunter nicht gelitten. Sie hat bis zu seinem Tod gedauert. Dieser ehemalige Widerstandskämpfer gegen den Nationalsozialismus hatte der »Roten Kapelle« angehört und war gegen Kriegsende in einem

Strafbataillon schwer verwundet worden. Seine Gesundheit hat sich von diesen Prüfungen nie erholt, die in seinem hageren Gesicht tiefe Spuren hinterlassen hatten.

Gilbert Grandval, dem die gesamte europäische Richtung ohnehin nicht paßte und der meine Skepsis gegenüber der restriktiven Presse- und Parteipolitik der Saar-Regierung mit einigem Unmut verfolgt hatte, schenkte den letzten Verhandlungen zwischen Paris und Saarbrücken, die den französischen Einfluß in Kohlegruben und Stahlwerken für alle Zeiten festschreiben sollten, nur noch begrenzte Aufmerksamkeit. Wer ahnte damals schon, daß binnen zwanzig Jahren die Montanindustrie zum Sorgenkind Europas, daß der Standort Saar in eine heillose Strukturkrise schlittern würde? Grandval war im Frühsommer 1955 mit neuen Aufgaben als Generalresident in Marokko betraut worden. Der Algerien-Krieg war in vollem Gange, und unter den ständig wechselnden Regierungschefs der parlamentarisch gelähmten Vierten Republik hatte Ministerpräsident Edgar Faure sein Auge auf den energischen Prokonsul geworfen, um im Scherifischen Reich in letzter Stunde das Steuer herumzureißen, den Ausbruch bewaffneten Aufruhrs zu verhindern.

Auch in den Augen Johannes Hoffmanns, dieses soliden, immer noch im katholischen Zentrum verwurzelten Landesfürsten, blieb ich im Grunde ein eigensinniger Außenseiter. Bei den Vorbereitungen zur Abstimmungskampagne, die am 23. Juli beginnen sollte, wurde ich überhaupt nicht zugezogen. Mein Rat war nicht gefragt, und so begab ich mich ein paar Tage vor Wahlkampfbeginn, vor der offiziellen Zulassung der Heimatbundparteien und deren Zeitungen, auf eine Reise nach Marokko. Ich traf dort eine Anzahl der mir aus Saarbrücken vertrauten Beamten der einstigen Militärregierung wieder und erlebte als Augenzeuge das tragische Scheitern der Mission des Generalresidenten Grandval. Die berittenen Berber-Krieger, die über die Grubenstädtchen Oued-Zem und Kourighba im August 1955 herfielen und einen Teil der europäischen Bevölkerung massakrierten, hatten den behutsamen Emanzipationsabsichten Grandvals, die zwangsläufig auf eine Reinthronisierung des gestürzten und verbannten Sultans Mohammed V. hinausliefen, den Todesstoß versetzt.

Ich befand mich in Marrakesch, als mich ein Telegramm aus der Villa Rexroth, dem Sitz des Ministerpräsidenten – im Volksmund das »Weiße Haus« genannt – nach Saarbrücken zurückbeorderte. Mit Beginn der Abstimmungskampagne war die Stimmung im Saarland plötzlich und radikal umgeschlagen. Über Nacht beherrschten die Heimatbund-Parteien mit ihren Versammlungen, ihren Plakaten, ihrer Meinungsbeeinflussung die bislang so lethargische politische Bühne. Die Anhänger des europäischen Statuts, die Christliche Volkspartei Johannes Hoffmanns, die Sozialistische Partei Richard Kirns, wurden von einem Tag zum anderen in die Defensive gedrängt. Die alles beherrschende Parole lautete: »Der Dicke muß weg!« Gemeint war der wohlbeleibte Johannes Hoffmann, dessen runder Seehundschädel mit dem Schnurrbart und der dicken Hornbrille für jeden Karikaturisten ein gefundenes Fressen war. Es gingen auch bösartigere Sprüche um. »Joho, der falsche Bergmannssohn, verrät die Saar für Judaslohn«, las man auf Plakaten.

Als ich nach strapaziöser Autofahrt durch Marokko, Spanien und Frankreich in Saarbrücken eintraf, war kein Zweifel mehr möglich: Die Schlacht um das europäische Saar-Statut war verloren. Ich blieb natürlich auf meinem Posten. Die letzten Wochen vor der Volksabstimmung benutzte ich zur Pflege offizieller und inoffizieller Kontakte. Es war eine Zeit intensiver Spannung.

Inzwischen war die französische Vertretung umbesetzt worden. An die Stelle Gilbert Grandvals war ein aristokratischer Berufsdiplomat, Eric de Carbonnel, getreten, ein feinsinniger, kluger Mann, der jedoch durch den angefachten Tumult überfordert war. Es ging hoch her in jenen Schicksalstagen an der Saar. Konrad Adenauer hat damals bei einer CDU-Veranstaltung in Bochum die Saarländer feierlich aufgefordert, mit Ja für die Europäisierung zu stimmen, was ihm verständlicherweise wütende, fast haßerfüllte Reaktionen von seiten des Heimatbundes eintrug. Dabei hatte Adenauer den Gang der Dinge vorausgesehen. Er wurde durch die Anfachung der nationalen Leidenschaft nicht überrascht. Wenn er jetzt in Bochum gegen den Strom schwamm, so einzig und allein, um dem französischen Partner den Beweis seiner Loyalität, ja fast seiner Selbstverleugnung im Dienste der gemeinsamen Sache zu erbringen. Diese Größe ist ihm schlecht gedankt worden.

In jenen hektischen Stunden lernte ich einen Grundzug des saarländischen Wesens kennen, den Ludwig Harig später mit viel Heimatliebe und schriftstellerischem Talent als »Die saarländische Freude« beschreiben sollte. Viele meiner früheren Redaktionskollegen oder Kommilitonen standen auf seiten der militanten Nein-Sager, aber die menschlichen Beziehungen brachen nie ab. Das ging so weit, daß Hans Stiff, der spätere Verlagsdirektor der *Saarbrücker Zeitung*, ein dezidierter Anhänger der »deutschen« CDU, mich beim nächtlichen Glas Wein halb im Scherz fragte, ob ich ihm nicht ein paar Maschinenpistolen beschaffen könne, denn er beabsichtige, einen »deutschen Maquis« aufzuziehen. Als die CDU-Zeitung *Neueste Saarbrücker Nachrichten* mich aufs Korn nahm und als ehemaligen Fremdenlegionär zu diskreditieren suchte, rief ich den Chefredakteur, meinen alten Freund Erich Voltmer, an und erinnerte ihn daran, daß ich nicht in der Legion, sondern in einer regulären französischen Einheit gedient hätte. »Das bringen wir in Ordnung, Peter«, lautete die leutselige Antwort, und am nächsten Tag stand tatsächlich eine Berichtigung in dem Blatt unter dem Titel: »Es gibt auch anständige Legionäre.«

Am 23. Oktober 1955 war das Debakel da. Zwei Drittel der saarländischen Wähler hatten das Statut verworfen. Die einzige Ortschaft, in der sich die Ja-Sager behaupteten, war das Dorf Lauterbach. Zu nächtlicher Stunde wurden die Resultate im Landtag verkündet. Ab zehn Uhr abends drängten sich die Journalisten an meinem Tisch, um eine Reaktion der Regierung Hoffmann zu erfahren. »Joho« ließ lediglich ein kurzes Kommuniqué veröffentlichen. Er unterwarf sich dem Volksentscheid und trat zurück. Ansonsten waren alle Beamten und Politiker des verflossenen Regimes wie vom Erdboden verschluckt und für niemanden erreichbar. So harrte ich als einziger im Landtag aus, leerte ein letztes Glas Champagner mit Joachim Schwelien und ging etwas niedergeschlagen nach Hause.

Es war dennoch ein Glück, daß der Urnengang so eindeutig ausgefallen war. Die Situation wäre unhaltbar und brisant geworden, wenn Johannes Hoffmann – auf eine knappe Mehrheit gestützt – versucht hätte, das Europa-Statut zu implementieren. Gewalttätige Zusammenstöße wären dann kaum zu vermeiden gewesen, und ich wußte sehr wohl, daß im lothringischen Grenzraum französische Armee-Einheiten und CRS-Kontingente des französischen Innenministeriums in Divisionsstärke massiert waren. Bereitschaftstrupps der »Gendarmerie mobile« waren klammheimlich in Saarbrücken stationiert, eine Kompanie davon sogar im Keller der französischen Botschaft, die auf Grund ihrer bizarren Architektur das »schmale Handtuch« genannt wurde.

Am frühen Morgen nach der Volksabstimmung klingelte in meiner Wohnung das Telephon. Gotthart Lorscheider, der frühere Leiter des

Amtes für Europäische Angelegenheiten, den Joachim Schwelien noch wenige Tage vor dem Referendum dazu bewegen konnte, eine Erklärung zugunsten des Heimatbundes abzugeben, bat mich, zu ihm nach Quierschied zu fahren. Als vorläufiger Regierungschef habe der Präsident des örtlichen Roten Kreuzes, Heinrich Welsch, die Amtsgeschäfte übernommen, und ich solle ihm helfen, eine versöhnliche, auch für Frankreich akzeptable Erklärung zu formulieren. Mein Vorschlag fand schnell die Zustimmung des Übergangs-Ministerpräsidenten Heinrich Welsch, und ich fuhr mit dem Papier zu Botschafter de Carbonnel, der sich mit winzigen Abänderungen zufrieden gab.

In der Stadt Saarbrücken war am Tag nach dem Entscheid für die Rückkehr ins »Reich«, wie man dort immer noch sagt, kein Jubelsturm und schon gar keine Provokationswelle ausgebrochen. Zweier-Patrouillen der französischen Gendarmerie zeigten sich auf der Bahnhofstraße, aber diese präventive Präsenz war überflüssig. Der Übergang sollte sich in den folgenden Wochen in aller Ruhe, fast harmonisch vollziehen. Johannes Hoffmann beschloß, sich für einige Zeit nach Südfrankreich abzusetzen. Später kehrte er ins heimische Düppenweiler, im Scherz auch »Casseroleville« genannt, heim, wo er ohne jede Anfechtung sein Leben beschloß. Er hinterließ ein Buch: »Das Ziel war Europa«.

Dennoch war das Engagement der Ja- und der Nein-Sager oft leidenschaftlich und heftig gewesen. Das Drittel Anhänger des Europa-Statuts verharrte noch lange Zeit in trotziger Abseitsstellung. Die Wunden, die in zahlreichen Familien aufgerissen waren, sollten nur langsam heilen. Am 1. Januar 1956 übergab der provisorische Ministerpräsident Welsch die Regierung des Saarlandes an den Vorsitzenden der CDU, Hubert Ney, einen Anwalt aus Saarlouis, der entfernt mit dem Marschall Napoleons verwandt war. Ich selbst demissionierte zu diesem Zeitpunkt und trat meine erste große Afrika-Expedition an. Die Bundesregierung – von Konrad Adenauer klug gesteuert – wachte mit äußerster Sorgfalt darüber, daß kein Anhänger der Europa-Lösung und der Autonomie zu Schaden kam. Die Beamten wurden übernommen, im Notfall mit großzügigen Pensionen abgefunden. Das Saar-Bataillon verwandelte sich in eine Einheit der Bereitschaftspolizei. Sogar die saarländischen Diplomatenanwärter unseres Amtes für Europäische Angelegenheiten wurden ins AA eingeschleust. Die Saar, kritischer Prüfstein der deutsch-französischen Versöhnung, hatte sich in schwieriger Situation bewährt, ja sie hatte vielleicht ein Exempel gesetzt.

»Die Grenz ist die Grenz«

Im Anschluß an die Feier zum 40. Jahrestag des Saarländischen Journalisten-Verbandes hat mich Oskar Lafontaine in sein Haus am Rotenbühl eingeladen. Der Ministerpräsident holte einen vorzüglichen Bordeaux aus dem Keller, einen Beychevelle 1975. Er erklärte mir den Ursprung dieses Namens. Ein ehemaliger Admiral sei an der Gironde-Mündung Besitzer dieses Weinguts gewesen, und jedesmal, wenn eine Fregatte des Königs an diesem *enclos* vorbeiglitt, ertönte der Befehl zur Ehrenbezeigung. »Baissez les voiles – Beychevelle« in der Gironde-Mundart, zu deutsch: Holt die Segel ein!

Das Gespräch kam automatisch auf die Hintergründe der Volksabstimmung von 1955, die er als Kind miterlebt hatte. Immer wieder hatte ich mir damals die Frage gestellt, warum Konrad Adenauer den ihm parteipolitisch und ideologisch verwandten Johannes Hoffmann in der Zeit des autonomen Saar-Staates nicht zu einer persönlichen Aussprache nach Rhöndorf bestellt hatte. Der »Alte« und der »Dicke« hätten sich eigentlich verstehen müssen, und ich wußte aus bester Quelle, daß der Saarländer eine solche Einladung durchaus akzeptiert, ja als große Ehre empfunden hätte. Wer weiß, ob der rheinische Kanzler nicht sogar seinen Widerpart von der Saar auf seine, auf die deutsche Seite hätte ziehen können?

Das Saargebiet des Völkerbundes hatte seit 1920 eine merkwürdige Entwicklung und Verwandlung durchlaufen. Aus einem willkürlich zusammengeflickten Territorium, das sich aus Teilen der preußischen Rheinprovinz und der bayerischen Pfalz zusammensetzte, das westlich von Völklingen von der »Dat-Wat-Linie« durchzogen wurde, das von Rheinfranken im Osten, von Moselfranken im Westen bevölkert war, entstand in der Folge des Zweiten Weltkrieges und der politischen Ungewißheit ein fest gefügtes Bundesland mit starkem Identitätsgefühl und beachtlichem Selbstbewußtsein. Im Scherz bemerkte ich, die Saarländer seien die »Korsen Deutschlands«. Lafontaine meinte dazu, daß das Hin und Her an der umstrittenen Grenze diesen erstaunlichen Solidarisierungseffekt herbeigeführt habe. »Die Grenz ist die Grenz«, lautete eine preisgekrönte TV-Produktion des Saarländischen Rundfunks, die das verworrene Schicksal des Streifens zwischen Groß-Rösseln und Petite Rosselle beschrieb.

Natürlich sprach ich den Ministerpräsidenten auf den Besuch Erich Honeckers in seiner saarländischen Heimat an, der erst ein paar

Wochen zurücklag. Persönlich hatte ich den Staatsratsvorsitzenden der DDR im Herbst 1983 in Ost-Berlin während meiner kurzen Chefredakteurs-Episode beim *Stern* interviewt. Erich Honecker war mir recht vertraut erschienen. Er erinnerte mich ein wenig an jene energischen Geistlichen, die einst an der Saar beachtlichen Einfluß ausübten. Das Frage- und Antwortspiel mit dem roten Staatschef von »Preußen und Sachsen« war vorher in großen Zügen abgesprochen worden. Aber als das Tonband abgestellt war, erwärmte sich der Generalsekretär der SED. Sein Interesse galt der alten Heimat an der Saar. »Was ist denn aus dem Johannes Hoffmann geworden?« fragte er, »und lebt der Richard Kirn noch?«

In Wiebelskirchen, so berichteten die Augenzeugen, sei Honecker beim Besuch seines Geburtshauses und beim Klang der Schalmeien aus Neunkirchen ein wenig aus der steifen Funktionärshaltung, fast aus der Fassung geraten. Dort formulierte er die sibyllinischen Worte von der deutsch-deutschen Grenze, die eines Tages ebenso unproblematisch werden müsse wie die Grenze zwischen der DDR und Polen. Vorher, in Bonn, hatte er von der Unvereinbarkeit der beiden ideologischen Systeme in BRD und DDR orakelt. Kapitalismus und Sozialismus verhielten sich wie »Feuer und Wasser«, als ob der Kapitalismus der Bundesrepublik nicht längst durch soziale Absicherungen und Netze gezähmt und relativiert wäre, als ob der Ostblock nicht entdeckt hätte, daß sozialistischer Rigorismus ohne jedes marktwirtschaftliche Regulativ schnurstracks ins Elend führte?

»Hat Honecker eigentlich die Konsequenzen bedacht, die sich aus der Saar-Abstimmung von 1955 auch für die DDR ableiten lassen?« fragte ich Oskar Lafontaine. Bei seinem Besuch in Neunkirchen hätte dieser überzeugte Altkommunist doch feststellen müssen, wie brüchig der Sockel seines sozialistischen deutschen Teilstaats blieb, wie eng die Grenzen einer jeden Liberalisierung für die DDR-Führung gesteckt waren. Ich mußte an ein Gespräch mit Helmut Kohl denken, der beteuert hatte, nicht die Wiedervereinigung sei das vorrangige Ziel Bonns, sondern bessere Lebensbedingungen für die DDR-Bewohner und ein höheres Maß an bürgerlicher Freiheit. Brachte das Beispiel der Saar-Abstimmung, so argumentierte ich, nicht den schlüssigen Beweis, daß jeder Schritt in Richtung auf Freiheit der Meinung und Parteienvielfalt am Ende die Forderung nach nationaler Selbstbestimmung auslösen würde? Wer könnte in einem solchen Fall den Menschen im zweiten deutschen Staat den Anspruch auf irgendeine Form des nationalen Zusammenschlusses verweigern, es sei denn das Aufgebot russischer Panzer und Sturmtruppen.

Ob er sich bewußt sei, daß auch seine Politik der Annäherung an die DDR, sein Eintreten für die Legitimierung des zweiten deutschen Staates im Endeffekt einen zersetzenden Einfluß auf das DDR-Gebilde ausüben würde, fragte ich Lafontaine weiter. Er verneinte das nicht.

Während meiner kurzen Festansprache hatte ich einen Artikel Friedrich Dürrenmatts in der *Süddeutschen Zeitung* erwähnt. Der Schweizer Schriftsteller hatte darin den saarländischen Ministerpräsidenten bei seinem Treffen mit Honecker in Wiebelskirchen leichtfertig als einen »etwas verbummelten Hamlet« geschildert. Dem hatte ich widersprochen. Mir erscheine Lafontaine eher als zeitgenössischer Jakobiner, ja er hätte recht gut in die Reihen der Grande Armée Napoleons gepaßt. Ich fragte ihn jetzt bei der dritten Flasche Beychevelle, ob er mir diesen Vergleich übelgenommen habe. Aber Lafontaine wehrte heftig ab. In dieser Grenzzone, wo einst die Freiheitsbäume der Französischen Revolution errichtet worden waren, sei es durchaus kein Makel, als Jakobiner dazustehen. Im Gegenteil, man könne sich etwas darauf einbilden. Und was die Grande Armée betraf, so ging der Name Lafontaine auf einen jener zahlreichen französischen Militärs zurück, die der Sonnenkönig in das Festungsglacis des Lilienreiches zwischen Zweibrücken – Deux-Ponts – und Saarlouis abkommandiert hatte.

Bei den französischen Spitzenpolitikern stand der saarländische Ministerpräsident nicht im Ruf der Heiligkeit. Seine Kampagne gegen die Kernenergie, gegen die Nachrüstung, seine engagierte Teilnahme an den Kundgebungen der Friedensbewegten, seine allzu freundlichen Kontakte mit Ost-Berlin, Eisenhüttenstadt, Moskau und Tiflis hatten ihn an der Seine in Verruf gebracht. Deutschen Pazifisten traute man nicht in Paris, auch wenn sie einen französischen Namen trugen, bei den Jesuiten zur Schule gegangen waren und in ihrem Lebensstil eine unbeschwerte Frankophilie zur Schau trugen. In der Umgebung Jacques Chiracs war mein Versuch, den saarländischen Ministerpräsidenten in einem nuancierten Lichte darzustellen, auf energischen Widerspruch gestoßen. Die Franzosen hegten weiterhin die Befürchtung, er sei ein Neutralist. Das teilte ich Lafontaine mit, aber er wies diesen Verdacht mit brüsker Handbewegung von sich: »Ich bin doch kein Neutralist; ich bin Gaullist.«

Am nächsten Tag brach ich zu einer Tagung beim Sender Luxemburg auf. Zuvor machte ich einen Abstecher über Mondorf-les-Bains zum lothringischen Dorf Cattenom. Ich hatte diese gigantische Produktionsstätte französischer Atomenergie, die im ehemaligen Kattenhofen der Vollendung entgegenging, noch nicht mit eigenen Augen gesehen. Nur zwei der vier gewaltigen Kühltürme waren in Betrieb und bliesen weißen Dampf in den dunkelgrauen Himmel. An den Werksanlagen – durch pharaonische Betonkuppeln abgesichert – wurde noch mit großem Aufwand an Kränen und Baggern gearbeitet. Ein Mammut-Unternehmen – auf die Stromversorgung des östlichen Nachbarn ausgerichtet – entstand im Dreiländereck, nur ein paar Kilometer von der Grenze Deutschlands und Luxemburgs entfernt. Die Kasematten der Maginot-Linie, die in dieser Gegend seit der letzten deutsch-französischen Konfrontation übriggeblieben sind, wirkten daneben wie Spielzeugsteinchen.

Schwarze Erben und »weiße Neger«

Garua (Kamerun), 17. November 1987

Die kunstvoll geschmiedeten Gitter, die bunt erleuchteten Riesenfontänen im Park von Jaunde versuchen offenbar, mit der Pracht von Versailles zu wetteifern. Die Innenausstattung des Präsidentenpalastes der Republik Kamerun, der wie ein afrikanisches Taj Mahal aus der tropischen Nacht auftauchte, versetzte die Besucher aus der Bundesrepublik in noch größeres Staunen. Sie fühlten sich in einen Tempel von Karnak versetzt mit hohen Marmorsäulen und wuchtigen Bronzetäfelungen. Helmut Kohl, der zu einer kurzen Staatsvisite in diese ehemals deutsche Kolonie gekommen war, mochte angesichts solch herrschaftlicher Pracht mit Wehmut an die Dürftigkeit seines eigenen Kanzlerbungalows denken.

Paul Biya, Staatsoberhaupt dieses zentralafrikanischen Landes, das sich vom Regenwald der Äquatorküste bis zur Steppe des Sahel hinzieht, hatte es gut gemeint mit den Gästen aus Bonn. Zu den Klängen des »Hohenfriedbergers« schritt der Kanzler die Stufen zum Bankettsaal hinab. Das Orchester der *Garde présidentielle* – scharlachrot uniformiert – hatte eine Vorliebe für den preußischen Präsentiermarsch. Aber auch »Alte Kameraden« kam zu Ehren und selbst jener »Badenweiler Marsch«, der dem »Führer« so gefallen hatte. Mit Heiterkeit quittierten die eingereisten Skribenten aus Deutschland die Weise vom »Sanitätsgefreiten Neumann«. Die Kameruner Nationalhymne hingegen tönte wie ein Plagiat der Marseillaise.

Präsident Biya, Angehöriger des Waldvolkes der Beti, hielt seine Begrüßungsansprache natürlich auf Französisch. Die vierzigjährige Mandatszeit Frankreichs hat sich tiefer eingeprägt als die knapp zwanzigjährige wilhelminische Kolonisation. Dennoch blieb die Erinnerung an das kaiserliche Deutschland lebendig und bemerkenswert positiv. Die Deutschen seien streng, aber gerecht gewesen. Zu anderen Zeiten hätten die Kameruner vielleicht die verjährte gallo-germanische Rivalität um den Besitz Zentralafrikas hochgespielt.

Aber Helmut Kohl hatte alle Einzelheiten seiner kurzen Rundreise im schwarzen Erdteil mit seinem Partner Mitterrand abgesprochen. Die junge Afrikanerin vom Volk der Fang, die bei Tisch neben mir saß, erzählte von ihrem Großvater, der in der wilhelminischen Schutztruppe als Korporal gedient hatte und im Ersten Weltkrieg vor der französischen Übermacht mit seinen deutschen Vorgesetzten nach Spanisch-Guinea ausgewichen und dort interniert worden war. Bis zu seinem Tode habe dieser Veteran bei seinen Stammesbrüdern in hohem Ansehen gestanden und stets den Ehrentitel »le caporal« getragen.

Das kurzlebige deutsche Kolonialreich war eine ferne, vielleicht romantisch verklärte Reminiszenz. Die wirtschaftliche, kulturelle, gelegentlich sogar militärische Präsenz Frankreichs jedoch war aus dem Alltag Kameruns nicht wegzudenken. Wie sollten sie denn überhaupt zusammengehalten werden, wenn nicht durch das einigende Band der aus Gallien importierten *lingua franca:* die muselmanischen Hirtenstämme des Nordens, an ihrer Spitze die alte Eroberer-Rasse der Peul oder Fulbe, das rührige Händlervolk der Bamilike, das auch dem vorübergehend britisch verwalteten Fetzen Kameruns zu begrenztem Wohlstand verhalf, die tiefschwarzen Bassa, die mit linksextremistischen Heilslehren kokettierten, die Fang, die im Urwald des Südens lebten und die zahlreichen anderen ethnischen Gruppen, deren Idiome oft nur von ein paar Sippen gesprochen wurden?

An den Staatsempfang in der Hauptstadt Jaunde schloß sich – vor dem Weiterflug nach Mosambik – ein Abstecher nach Garua im islamischen Norden Kameruns an. Hier war die Sahel-Zone erreicht. Die Landschaft wechselte von der Savanne zur Steppe. Die grünen Wasser des Benue waren für den Ackerbau kaum genutzt, widersprachen der weitverbreiteten Ansicht, die ganze Sudan-Zone zwischen Senegal und Somalia sei von unlösbaren Ernährungsproblemen heimgesucht. Ein deutsches Entwicklungshilfeteam hatte Reisfelder angelegt. Es knüpfte wohl an das grandiose Projekt »Office du Niger« an, mit dem die Franzosen das heutige Mali in ein Zentrum intensiver Reisproduktion hatten verwandeln wollen. Die Resultate waren kümmerlich, und die Frage drängte sich auf, was wohl chinesische Bauern aus diesen vernachlässigten Agrarressourcen gemacht hätten.

Im Schatten der Akazien, entlang der Asphaltstraße, die zum luxuriösen Gästehaus der Provinzhauptstadt Garua führte, waren bunt gewandete Krieger zu Roß postiert. Sie bildeten ein Ehrenspalier für den deutschen Kanzler, Zeugen einer wilden, kriegerischen Vergangenheit, die in diesem Teil des südlichen Sahel gar nicht so weit zurücklag. Die Männer waren mit Speeren, Schilden, Schwertern sowie altertümlichen Flinten bewaffnet, die schwarzen Gesichter von eisernen Ritterhelmen mit barbarischen Verzierungen umrahmt. Manche trugen Schuppenpanzer. Es handelte sich angeblich um Rüstungen, die ihre Vorfahren von den abendländischen Kreuzrittern, die einst am Unterlauf des Nil mit den Mamelucken zusammengeprallt waren, in sehr eigenwilliger Verfremdung übernommen hatten. Noch im späten 19. Jahrhundert hatten die Reiterheere der Fulbe den Heiligen Krieg ausgerufen und das ganze Sahel-Gebiet mit ihren Raubzügen heimgesucht.

Die Nordspitze Kameruns – wie ein Entenschnabel geformt – stößt an den Tschad-See. Diese Region ist von entscheidender Bedeutung für die postkoloniale Strategie der Franzosen in Afrika. Der Flugplatz von Garua war vom Vorgänger Biyas, dem Präsidenten Ahmadu Ahidjo, einem Sohn dieser streng muselmanischen Gegend, überwiegend aus Prestigegründen für Langstreckenflugzeuge ausgebaut worden. Aber von der großen Rollbahn zweigten Nebenpisten zu betongedeckten Hangars ab, wo die französische Luftwaffe ihre Jaguars und Mirages parken konnte, sobald die militärische Situation am Tschad das erforderte. Schon zu Zeiten des wilhelminischen Kaiserreiches hatte der Kommandant des deutschen Außenpostens Kusseri – dem französischen Fort Lamy, heute Ndjamena, auf Sichtweite gegenüberliegend – zu seinem französischen Kollegen jenseits des Chari-Flusses spannungsreiche Kontakte gepflegt. Nunmehr bewährt sich Nord-Kamerun als rückwärtige Basis im französischen Abwehrsystem gegen die zentralafrikanischen Ambitionen des Oberst Gadhafi.

Zur Zeit des Völkerbund-Mandats hat Frankreich keine nennenswerten Leistungen in diesem ehemaligen deutschen Schutzgebiet erbracht. Der Schienenstrang von Duala nach Jaunde, eine beachtliche Leistung deutscher Eisenbahnpioniere, ist unter französischer Administration um keine Schwelle verlängert worden. Gelegentlich hat Paris wohl mit dem Gedanken gespielt, den rumorenden deutschen Nationalismus durch die Rückgabe dieser ehemaligen Reichskolonie zu beschwichtigen und abzulenken. Auf ähnliche Weise hatte Otto von Bismarck nach dem Sieg von 1871 versucht, die gallischen Revanchegelüste durch Förderung französischer Expansion im schwarzen

Erdteil aufzufangen und zu kompensieren. Ohne Erfolg übrigens, zumal Wilhelm II. die kluge Zurückhaltung des »Eisernen Kanzlers« in Übersee durch forsche Welt- und Flottengeltung verdrängte. Auch der Nachfolger Caprivi, der den Verfechtern deutscher Zentralafrika-Pläne mit der bündigen Formel entgegengetreten war: »Je weniger Afrika, meine Herren, desto besser«, hatte sich gegen den kaiserlichen Expansionswillen nicht durchsetzen können. Immerhin hatte der schwelende Territorialkonflikt um die Aufteilung der noch umstrittenen Ländereien im schwarzen Erdteil zur Besiegelung der *Entente cordiale* zwischen Paris und London beigetragen. Hatten die Briten um die Jahrhundertwende – angesichts der französischen Flaggenhissungen zwischen Atlas und Sudan – noch gespottet, man solle den gallischen Hahn ruhig im Sand der Sahara kratzen lassen, kam 1904 die endgültige Abstimmung über die jeweiligen Einflußzonen in Ägypten und Marokko zustande. Der Pakt war besiegelt, der sich zehn Jahre später in den Schützengräben Flanderns bewähren sollte.

Der Schwur von Kufra

Im Herzen der Kameruner Hauptstadt Jaunde fiel mir der weitgestreckte Gebäudekomplex des »Lycée Leclerc« auf. Es war Mittag. Die Straßen rundum wimmelten von schwarzen Schülern und Studenten, die ihre Freizeit lachend und palavernd genossen. Ob die bescheidene Republik Kamerun, die trotz lobenswerter Entwicklungsbemühungen unter dem Verfall der Rohstoffpreise litt wie alle anderen Staaten des Kontinents, dieser brodelnden Masse von Gebildeten und Halbgebildeten einen zumutbaren Beruf oder überhaupt ein Auskommen bieten konnte, war überaus fraglich.

Der Name des Gymnasiums Leclerc verwies auf das abenteuerlichste Kapitel der gaullistischen Legende. Am 26. August 1940 war ein obskurer Major, Philippe Leclerc de Hauteclocque, an Bord einer Piroge in der Hafenstadt Duala gelandet und hatte sich dort – unter Berufung auf einen unbekannten Brigadegeneral, der von London aus den Kampf gegen die Deutschen weiterführen wollte – zum Gouverneur von Kamerun ausgerufen. Dieser tollkühne, hagere Landedelmann fand in der benachbarten Tschad-Kolonie spontane Solidaritätsbekundung beim dortigen Gouverneur, Félix Eboué, einem dunkelhäutigen Franzosen aus dem südamerikanischen Guayana. Vielleicht spielte die negroide Abstammung Eboués, der natürlich Absolvent der Kolonialschule war, eine entscheidende Rolle bei seiner Hinwendung zum »Freien Frankreich«, denn bei den Pétainisten von Vichy hätte er ohnehin keine Chance gehabt, seinen Posten zu behalten.

Félix Eboué ist nicht nur in die Geschichte der Résistance, er ist auch in die französische Dichtung eingegangen. Der schwarze Poet Léopold Sédar Senghor, späterer Präsident der Republik Senegal und Mitglied der erlauchten »Académie Française«, hat dem Gouverneur des Tschad einige Verse gewidmet: »Ebou-é! Du bist der Löwe mit dem kurzen Gebrüll, der Löwe, der aufrecht steht und nein sagt! Der schwarze Löwe mit seherischem Auge, der schwarze Löwe mit der Mähne der Ehre...!«

Jedenfalls trommelte Leclerc, nunmehr von de Gaulle zum Oberst und Militärbefehlshaber des Tschad befördert, die paar weißen Kolonialoffiziere und Sergeanten zusammen, die ihm zur Verfügung standen, setzte sie an die Spitze einer lächerlichen Truppe schwarzer *tirailleurs*, die an ihrer roten Mütze, der *chéchia*, zu erkennen waren, stellte ein bescheidenes Kamel-Corps auf, requirierte die wenigen Lastwagen, die in Fort Lamy aufzutreiben waren. Dann bewegte sich dieser kleine Haufen auf Steppen- und Wüstenpisten nach Norden, quälte sich über eine endlose Sandstrecke von tausendsiebenhundert Kilometern. Er attackierte dort, wo sich ihm eine Möglichkeit bot, und er suchte sich zwangsläufig den schwächsten Außenposten der Achsenmächte aus, die vorgeschobenen Stellungen der Italiener im südlichen Libyen. Hundert Franzosen, zweihundertfünzig eingeborene Meharisten und *tirailleurs* haben die weit überlegene Garnison der italienischen Oase Kufra am Ende einer tollkühnen Wüstensafari zur Kapitulation gezwungen.

Das deutsche Oberkommando, das zu diesem Zeitpunkt bereits mit einiger Sorge auf die ausbleibenden Waffenerfolge der Mussolini-Armee blickte, dürfte dieses Scharmützel in der entlegenen afrikanischen Mondlandschaft des Fezzan kaum zur Kenntnis genommen haben. Aber für die »Français libres« von London wurde die Episode von Kufra zum Fanal nationaler Wiedergeburt. In der Figur Leclercs hatte de Gaulle seinen Lancelot gefunden. Keiner dieser versprengten Wüstensoldaten in verschlissener Uniform empfand es als lächerlich, daß der »Sieger von Kufra« seine buntscheckige Truppe vor der

Trikolore im Sand antreten ließ und einen feierlichen Schwur leistete: »Wir werden die Waffen nicht niederlegen, ehe nicht wieder die französische Fahne vom Straßburger Münster weht.«

Gallische Anmaßung, unerträgliche Donquichotterie? Im August 1944 rollte General Leclerc de Hauteclocque an der Spitze der Zweiten französischen Panzerdivision in Paris ein und nahm die Kapitulation des deutschen Stadtkommandanten Dietrich von Choltitz entgegen. Die Amerikaner waren galant genug, einer französischen Einheit die Befreiung der eigenen Hauptstadt zu überlassen.

Im klirrenden Frost des Winters 1944/45 kampierte Leclerc auf der Höhe von Saverne über der rheinischen Tiefebene. Gegen die ausdrückliche Weisung General Eisenhowers stieß er mit seinen Panzern auf Straßburg vor, überraschte die deutsche Garnison im Schlaf und hißte – wie in Kufra gelobt – die Trikolore auf dem Münster. Als wenige Wochen später die Ardennen-Offensive des Generalfeldmarschalls von Rundstedt die alliierten Stellungen im Norden erschütterte, erteilten die Amerikaner den Befehl zur Räumung des gefährdeten Frontvorsprungs im Elsaß und zur erneuten Preisgabe Straßburgs. Aber da hatten sie ihre Rechnung ohne de Gaulle gemacht. Der General richtete einen pathetischen Appell an das provisorische Parlament in Paris und gab seinem alten Gefährten Leclerc die Order, die Hauptstadt des Elsaß mit allen Mitteln zu halten, selbst wenn nur ein Trümmerhaufen übrigbliebe.

Unmittelbar nach der deutschen Kapitulation übernahm Leclerc das Kommando des französischen Expeditionskorps in Fernost. Ernest Hemingway hat ihn abfällig als einen arroganten Junker und bornierten Querkopf beschrieben. Aber in Vietnam plädierte Leclerc vergeblich – gegen die vorherrschende Meinung der Minister und Parlamentarier der Vierten Republik – für ein Arrangement mit dem Kommunisten Ho Tschi Minh. Ins Mutterland zurückgerufen, stürzte er im November 1947 mit seinem Flugzeug über der Sahara ab. Postum wurde er zum Marschall von Frankreich ernannt.

Lange Zeit habe auch ich der These angehangen, die Deutschen seien vom Schicksal begünstigt gewesen, daß sie durch den Versailler Vertrag ihrer Kolonien so frühzeitig verlustig gingen. Der Vorwurf imperialistischer Ausbeutung ist ihnen dadurch in Afrika weitgehend erspart geblieben. Im übrigen wagt man sich kaum vorzustellen, wie die braunen Parteibonzen mit der Hakenkreuzbinde sich als Herrenmenschen bei den Negern aufgeführt hätten.

Und dennoch – mit der räumlichen und politischen Distanzierung vom schwarzen Erdteil ist den Deutschen vielleicht auch der Sinn für die Realitäten der Dritten Welt abhanden gekommen. Keimende, oft intime Bindungen zu den fremden Völkern brachen ab, und an die Stelle eines gesunden Pragmatismus und skeptischen Wohlwollens in der Chancen-Beurteilung der exotischen Kontinente haben sich blinde Schwärmerei oder törichte Vorurteile gedrängt. Eine Form von weltverbesserischer Provinzialität in der Beurteilung der Dritte-Welt-Probleme war der Preis, den die Deutschen für ihren erzwungenen frühen Abgang von der Bühne des Kolonialismus zahlten.

Wie anders die Franzosen! Sie waren angetreten mit der großartigen Proklamation menschlicher Egalität und dem Endziel der Assimilation aller Eingeborenen an das erhabene gallische Vorbild. »Nos ancêtres les Gaulois – Unsere Vorfahren die Gallier...« plärrten die pechschwarzen Mohrenkinder auf ihren Schulbänken. Diese hehren Ziele gingen einher mit handfester Unterdrückung und Ausbeutung, mit Zwangsarbeit und staatsbürgerlicher Unmündigkeit der *indigènes.* Gleichberechtigung wurde diesen schwarzen, braunen und gelben Völkern – so schien es – nur eingeräumt, wenn es darum ging, das Blut ihrer besten Söhne für die ferne, kalte Metropole auf den Schlachtfeldern der Champagne und Lothringens zu vergießen.

Im Gegensatz zu den Briten, die – elitär und klassenbewußt wie auf der eigenen Insel – die bestehenden Herrschaftsstrukturen ihrer Kolonialvölker unter dem Mantel des *indirect rule* bestehen ließen, bekannten sich die französischen Kolonial-Administratoren, deren Entsagung, ja Opferbereitschaft in ihren kargen Lehmburgen nicht hoch genug gerühmt werden kann, zur »Direktverwaltung«, nahmen die Geschicke des ihnen anvertrauten Distrikts in die eigene Hand, fühlten sich als Missionare eines Zivilisationsmodells, dessen Weltgeltung außer Zweifel stand. Mochten die einen sich als Nachlaßverwalter des heiligen Ludwig empfinden, die anderen als Vollstrecker jakobinischer Egalität, sie waren alle zutiefst überzeugt, daß es das höchste Ziel aller Menschen – welcher Hautfarbe auch immer – sei, Angehörige der französischen Kulturnation zu werden.

Bei diesem auf den ersten Blick hirnrissigen Unterfangen haben die Franzosen – zumindest in Schwarzafrika – auf erstaunliche Weise reüssiert. Aus dem »Empire colonial français« wurde vorübergehend das »Überseeische Frankreich – la France d'outre-mer«, und heute behauptet sich weit über die Grenzen des angestammten Eigenbesitzes hinaus »L'Afrique francophone«. Die periodischen Gipfelkonferenzen dieser französisch-sprachigen Staatengemeinschaft, denen sich der Präsident der Fünften Republik nie versagt, finden je nach Sachlage und politischer Opportunität mit kompletter oder auch nur begrenzter Beteiligung der farbigen Staatsoberhäupter statt. Die ideologischen und religiösen Differenzen werden dabei in bemerkenswerter Weise relativiert.

Im Indochina-Feldzug haben die Schützenregimenter aus Schwarzafrika, die überwiegend beim Kriegervolk der Mossi in Obervolta, dem heutigen Burkina Faso, rekrutiert wurden, keine sehr rühmliche Figur abgegeben. Der tückische Partisanenkrieg im Schlamm der Reisebene von Tonking war ihnen unheimlich. Sie taugten allenfalls zum Objektschutz, und ich habe es mehrfach erlebt, wie diese erschreckten Söhne Afrikas, die die Kasematten der »de Lattre-Linie« rund um das Delta des Großen Flusses verteidigen sollten, bei Einbruch der Dunkelheit in ihren Betonbunkern eingesperrt wurden, damit sie nicht in nächtlicher Panik flüchteten. Auch im Algerien-Feldzug waren schwarzafrikanische Einheiten auf französischer Seite im Einsatz. Bis auf seltene Ausnahmen hat sich sogar in diesem unseligen Kleinkrieg ihre Loyalität zur Trikolore bewährt. Mancher schwarze Offizier, der im Namen Frankreichs gegen den Aufstand der asiatischen und maghrebinischen Befreiungsbewegungen die Waffe geführt hatte, ist wenig später in der eigenen, zur Unabhängigkeit beförderten Heimat zu hohen politischen Ehren gekommen.

In Paris waren sich die kurzlebigen Regierungen der Vierten Republik wohl bewußt, daß sie die spätkolonialen Irrtümer, denen sie in Indochina und Nordafrika erlegen waren, südlich der Sahara nicht wiederholen durften. In Wirklichkeit haben die Vietnamesen und vor allem die Algerier den schwarzen Völkern die Unabhängigkeit erkämpft. Großes Verdienst kommt dem damaligen Übersee-Minister Gaston Defferre, dem sozialistischen Bürgermeister von Marseille, zu, der mit seinem Rahmengesetz für die allmähliche politische Emanzipation der afrikanischen Besitzungen den reibungslosen Übergang zu weiter Autonomie und zur *indépendance* einleitete.

Die Machtübernahme de Gaulles vollendete diese Entwicklung. Während die Kämpfe im Atlas fortdauerten und immer sinnloser wurden, öffnete der General – der seit seinem Emanzipations-Manifest von Brazzaville im Oktober 1940 bei den Schwarzen ohnehin als großer weißer Fetisch verehrt wurde – den Territorien südlich der Sahara den

Weg zur vollen Souveränität. Als der Regierungschef der Elfenbeinküste Houphouet-Boigny, in klarer Erkenntnis der wirtschaftlichen Vorteile eines Verbleibens beim Mutterland, die Bewahrung enger organischer Bindungen mit Frankreich forderte, wies ihn der General gebieterisch auf den Weg afrikanischer Eigenständigkeit. So entfaltete sich zu Beginn der sechziger Jahre eine Vielzahl frankophoner Staaten zwischen Sahara und Kongo und akzeptierte mit tiefer Gläubigkeit die von de Gaulle vorgeschlagene, vage »communauté«. Damit verlängerte sich die gallische Metropole, die mit fünfzig Millionen Einwohnern heute nurmehr ein Hundertstel der Menschheit darstellt, um eine Palette befreundeter und insgesamt zuverlässiger Partner. Vor allem in der Vollversammlung der Vereinten Nationen kann sich der Quai d'Orsay auf einen massiven Anteil positiver afrikanischer Voten stützen.

Nur einer hatte sich dem Ruf de Gaulles versagt: Ahmed Sekou Touré, der stolze und eigenwillige Gründer der Republik Guinea. Er hatte den General in seiner Hauptstadt Conakry mit dem Hochmut eines revoltierenden Erzengels herausgefordert und alle Bindungen an Frankreich zerrissen. Sekou Touré, der große Elefant »Silly«, wie er sich nennen ließ, genoß anfangs breite Popularität bei den jungen, zum Marxismus tendierenden Intellektuellen von Dakar, Abidjan und Duala. Aber schnell sprach sich herum, daß im Zeichen seines radikalen afrikanischen Sozialismus Elend, Hunger und blutige Willkür in diesem reichsten Land Westafrikas Einzug hielten. Experten aus dem Ostblock – Russen, Tschechen, Ostdeutsche – drängten sich an die Stelle der scheidenden französischen Beamten und Techniker, die – in kleinlicher Vergeltung – alle Archive und Statistiken vernichteten, sogar die Telephonanschlüsse in ihren Büros herausrissen.

Doch auch für die Sowjets war der starke Mann Guineas ein höchst unbequemer Partner. Der Kreml machte an dieser Küste seine ersten enttäuschenden Erfahrungen mit dem schwarzen Kontinent und leitete in Conakry die Serie seiner weiteren Fehlschläge in Äthiopien, Angola und Mosambik ein. Lange nach dem Tod de Gaulles sollte der »große Elefant« sich mit dem Präsidenten Giscard d'Estaing auf spektakuläre Weise versöhnen. Seine Freunde von einst, die schwarzen Abgeordneten der Vierten Republik, die die harten Bänke des Palais Bourbon gegen aufwendige Präsidialpaläste in Afrika vertauscht hatten, waren ohnehin von Anfang an skeptisch gewesen: »Armer Sekou«, hatten sie geraunt, »in Zukunft wird er nicht mehr auf den Champs-Elysées bummeln dürfen.«

Als der Staatschef von Guinea bei einem Aufenthalt in New York überraschend starb, nahm, wie schon erwähnt, die entsetzte Welt zur Kenntnis, was bislang – mit Rücksicht auf die damalige Dritte-Welt-Euphorie – systematisch verschwiegen worden war: Die Republik Guinea war von »Silly« in ein riesiges Konzentrationslager, das mit Bodenschätzen und Fruchtbarkeit gesegnete Land zwischen Fouta Djalon und Niger in ein hungerndes Armenhaus verwandelt worden. Der Horror des Staatsgefängnisses von Boro überstieg jede Vorstellung. Aus dem strahlend revoltierenden Erzengel Sekou Touré war, den Aussagen seiner geschundenen Untertanen zufolge, ein blutrünstiger Dämon, ein afrikanischer Luzifer geworden.

Seit der kritischen Stunde der Entkolonialisierung hat Frankreich eine glückliche Hand in Schwarzafrika bewahrt. Sämtliche Nachfolger de Gaulles haben sich um ein enges, herzliches Verhältnis zu jenen schwarzen Erben bemüht, die sie aus den Hörsälen der Universitäten, aus den Offiziersschulen der Metropole oder aus der Pariser Nationalversammlung intim kannten. Das Verharren französischer Armee-Kontingente an zahlreichen strategischen Punkten des Schwarzen Erdteils gilt in den Augen der Herrschenden, oft auch der kleinen Leute als Gewähr für politische Stabilität und wirtschaftlichen Beistand.

Nirgendwo wird das deutlicher als in der winzigen Republik Dschibuti, die am Ausgang des Roten Meeres dem sowjetischen Stützpunkt Aden in der Demokratischen Volksrepublik Südjemen gegenüberliegt. Alle Voraussetzungen für Chaos und Blutvergießen schienen an dieser ehemals französischen Somali-Küste vereint. Das Volk der Afar, den Danakil Äthiopiens eng verwandt, stand hier in angestammter Blutfehde gegen den Stamm der Issa, der seinerseits der Somali-Rasse angehört. De Gaulle war während eines kurzen Aufenthalts im Sommer 1967 von der aufgebrachten Hafenbevölkerung Dschibutis in Sprechchören beschimpft und mit Steinen beworfen worden.

Wie groß war meine Überraschung, als ich fünfzehn Jahre später die Republik Dschibuti aufsuchte und dort die stärkste Übersee-Garnison Frankreichs entdeckte. Die Flugzeugträger »Clemenceau« und »Foch« kreuzten im heißen Dunst des Golfes von Aden. Mindestens viertausend Soldaten aller Waffengattungen waren auf ausdrückliches Ersuchen der Regierung von Dschibuti ans Horn von Afrika entsandt worden. Das nächtliche Treiben der Marine-Infanteristen, Fremdenlegionäre, Matrosen und Fallschirmjäger weckte Erinnerungen an das

Saigon der späten vierziger Jahre. Die einheimische Bevölkerung von Dschibuti gab sich mit dieser martialischen Präsenz der ehemaligen Kolonialmacht zufrieden. Sie hatte den Wüstenkrieg zwischen Äthiopien und Somalia vor Augen, der in unmittelbarer Nachbarschaft in der Provinz Ogaden ausgetragen wurde. Sie erlebte die sukzessiven Terrorwellen der marxistisch-leninistischen Revolution, die Zuckungen des Militärregimes von Addis Abeba und sah aus sicherer Entfernung zu, wie das Reich des Löwen von Juda in Bürgerkrieg, Zwangskollektivierung und entsetzlichen Hungersnöten unterging.

»Masque nègre«

Georges Pompidou, Nachfolger de Gaulles an der Spitze der Fünften Republik, verfügte über seine eigenen Trümpfe im afrikanischen Spiel. Sein joviales Temperament behagte den schwarzen Potentaten. Der Auvergnate war absolut frei von irgendwelchen rassistischen Vorurteilen. Schon als Student in der »Ecole normale supérieure« hatte sich Pompidou mit einem hochbegabten schwarzen Kommilitonen aus Senegal angefreundet, mit Léopold Sédar Senghor. Auch die blonde Claude Pompidou hatte diesen exotischen Intellektuellen von der afrikanischen Westküste in ihr Herz geschlossen.

Senghor wurde unter der Vierten Republik Abgeordneter der Pariser Nationalversammlung, vorübergehend auch Minister. Vor allem hatte er sich als Dichter französischer Sprache hervorgetan. Es war bestimmt kein spätes politisches Zugeständnis, daß er schließlich Mitglied der »Académie Française« wurde. In seinem Präsidentenpalast von Dakar, dem früheren Sitz des französischen Generalgouverneurs für Französisch-Westafrika, habe ich diesem schwarzen Orpheus mehrfach gegenübergesessen. Für einen Katholiken aus dem idyllischen Flecken Joal bedurfte es hoher staatsmännischer Gaben, ein zu neunzig Prozent muselmanisches Land zu regieren. Senghor brachte dieses Kunststück mit Hilfe einer subtilen Austarierung der diversen Tendenzen des senegalesischen Islam zustande. Er stützte sich auf die Macht der Marabus, jener Führer der Großen Bruderschaft oder Tariqat, die sich oft als »Khalifa« verehren lassen.

Auch als Staatschef ist Senghor im persönlichen Gespräch stets ein Mann ohne jede Prätention geblieben. Er war in der deutschen Literatur fast ebenso bewandert wie in der französischen, und es war kein Ruhmestag, als ein Haufen Frankfurter Studenten diesen Sänger der *négritude* anpöbelte und ihn wegen seiner angeblichen Kompromißbereitschaft gegenüber westlichen Zivilisationseinflüssen ausbuhte.

Mir ist bei Senghor stets eine gewisse Ähnlichkeit mit Jean-Paul Sartre aufgefallen, ein Vergleich, den der Präsident weit von sich gewiesen hätte. Das Gesicht war schwarz wie Ebenholz, und dennoch führte er mit einem Anflug von Eitelkeit seinen Namen Senghor auf das portugiesische Wort »Senhor« zurück. Seine afrikanische Philosophie bewegte sich an den Antipoden der Blut-und-Boden-Theoretiker des Dritten Reiches. »Toute civilisation est métissage«, beteuerte er nachdrücklich: »Jede Kultur ist Frucht einer Vermischung«, und er hat in seinem literarischen Werk den schlüssigen Beweis erbracht, daß die scheinbar törichte Assimilations-Saat französischer Kulturapostel auf fruchtbaren negroiden Boden fallen konnte.

Er hat es nicht immer leicht gehabt, der Professor für französische Literatur Léopold Sédar Senghor, der schwarze Soldat der französischen Infanterie, der 1940 in deutsche Gefangenschaft geriet. »Die schwarze Schande«, so lautet auf Deutsch einer seiner Verse, die ansonsten dem Rhythmus des Tam-Tam und Balafon zu folgen scheinen. Er hat den Tod jener afrikanischen Soldaten besungen, »in der Einsamkeit der schwarzen Erde und des Todes«. »Fünfhunderttausend eurer Kinder hat man den Ruhm kommenden Todes versprochen. Nehmt den Gruß eurer schwarzen Kameraden entgegen, ihr Senegal-Schützen, ihr seid für die Republik gestorben!«

Wie oft mag er gelitten haben unter der Arroganz weißer Dummheit. Die Rechtsradikalen der dreißiger Jahre wüteten in ihren Kolumnen gegen das »vernegerte Frankreich«. Hinter dem Stacheldraht der deutschen Sieger stellte sich Senghor die schmerzliche Frage: »Schwarze französische Gefangene, ich betone französische Gefangene, ist es denn wahr, daß Frankreich nicht mehr Frankreich ist? Ist es wahr, daß der Feind das Gesicht Frankreichs verstümmelte?«

In jungen Jahren hatte der franko-afrikanische Intellektuelle sein schönstes Gedicht dem »Masque nègre« gewidmet. Ahnte er bereits, daß die Kunst des schwarzen Erdteils, die Abstraktion seiner Kulturen, der Rhythmus seiner Tänze und Gesänge die Kulturszene der Weißen eines Tages beeinflussen, ja beherrschen würden? Keine geringe Revanche über Jahrhunderte weißen Hochmuts und weißer Verachtung für diese Nachfahren Hams, von denen selbst der Aufklärer Voltaire – der aus dem Sklavenhandel der *négriers* der Hafenstadt Nantes eine Rente bezog – geschrieben hatte: »Der Weiße ist dem Neger überlegen wie der Neger dem Affen.« Angesichts der Katastrophen, die das von Kolonialherrschaft befreite Afrika heute heimsuchen und es in den Abgrund zu zerren drohen, ist es kein geringes Kompensations-Phänomen, daß schwarze Lebenskraft, schwarze Gestaltungsgabe und schwarze Musik die neue Freizeitgesellschaft der kommenden Generation dröhnend beeinflussen und ihr – selbst in ihrer extremen Triebhaftigkeit – die verworrene Identitätssuche vorzuzeichnen scheinen.

Senghor war weise genug, seine Herrschaft über die Republik Senegal rechtzeitig an seinen muselmanischen Vertrauensmann Abdou Diouf weiterzureichen, einen riesenlangen, spindeldürren Wolof, der eine mäßigende Rolle spielt im großen Klub der Frankophonie. Zuvor hatte aber der Sänger von Joal noch eine Elegie auf den verstorbenen Freund Georges Pompidou verfaßt.

Im Frühjahr 1971 hatte ich die beiden – anläßlich eines Staatsempfangs zu Ehren Pompidous – im Palast von Dakar beobachten können. Wie sie sich begegneten, diese alten *copains,* in der Feierlichkeit ihrer Staatsfunktion, umgeben von steifen Honoratioren und den prächtig uniformierten Zinnsoldaten der Garde mit gezogenem Säbel, da spielte ein heimliches Augurenlächeln auf dem schwarzen und auf dem weißen Gesicht, da zwinkerten sie sich insgeheim zu. Sie kosteten den ungeheuerlichen *canular,* den säkularen Studentenulk aus, der – die Phantasie eines Jules Romains weit übertreffend – sie an die Spitze ihrer jeweiligen Republik befördert hatte.

Drei Jahre später war Pompidou seiner Krankheit erlegen, und Senghor griff zum klassischen Instrument des afrikanischen *griot,* zum Balafon. »Georges, mein Freund«, so sang er; »du trägst eine weiße Maske im Gesicht... Ich besinge dich jenseits allen Rassenhasses, jenseits der ideologischen Mauern... Ich besinge deine elysäische Einsicht, mein Freund... Du hast standgehalten in aller Klarheit und mit kraftvoller Leber, Kelte in deinem Keltentum... Ich habe einen Wochentag ausgewählt, einen Nachmittag, wenn das Licht auf dem Friedhof durchsichtig ist. Es waren brave Leute aus Frankreich zugegen: Auvergnaten gewiß und Bretonen, Korsen und Katalanen, Elsässer und alle Randbevölkerungen, auch die von Übersee, Arbeiter und Bauern, Kleinhändler und Conciergen mit ihren Kindern, aber natürlich kein Bourgeois. In dem viel zu hellen

Frühling habe ich lange Klagegesänge angestimmt wie bei uns im Lande der Serer…«

Die Beziehungen Valéry Giscard d'Estaings zu Afrika waren bescheidener Natur. Dieser *grand bourgeois* an der Spitze der Fünften Republik begeisterte sich für Großwildjagden. Auf seinen langen Pirschgängen in der Savanne, auf der Suche nach Elefanten und Nashörnern, kam es wohl auch zu jener kompromittierenden Kumpanei mit dem Präsidenten der Zentralafrikanischen Republik, Jean Bedel Bokassa, einem früheren Unteroffizier der Indochina-Armee. Als Bokassa nach seiner grotesken Krönungszeremonie zum Kaiser von Zentralafrika und einer Serie paranoischer Exzesse durch Eingreifen französischen Militärs später gestürzt werden mußte, suchte er sich an seinem früheren Freund Giscard durch Enthüllungen in der sogenannten »Diamanten-Affäre« zu rächen. Giscard d'Estaing betrachtete Afrika als exklusive Domäne seiner präsidentiellen Vollmacht. Viel später sollte der liberale Kulturminister François Léotard die Veranlagung Giscards mit der eines Raubvogels vergleichen, der sein Opfer an der verwundbarsten Stelle zu packen versteht.

Doch mit Safaris und Palastintrigen hat sich die afrikanische Rolle dieses Präsidenten keineswegs erschöpft. Giscard gab den Befehl zur militärischen Blitzaktion von Kolwezi, als angebliche Katanga-Gendarmen, von der marxistischen Regierung Angolas ausgerüstet, von Experten aus dem Ostblock angeleitet, zum Todesstoß gegen die Republik Zaire, die Domäne des ausschweifenden, aber prowestlichen Marschalls Mobutu ansetzten. Auf Weisung Giscards sprangen die Fallschirmjäger der Fremdenlegion über dem Grubenrevier von Schaba ab, und die Invasionsarmee aus Angola löste sich wie ein Spuk im unübersichtlichen Savannen-Gestrüpp Katangas auf. Von jenem Tag an war Zaire, der ehemals belgische Kongo, das riesige Herzland Afrikas, integrierender Bestandteil der frankophonen Gemeinschaft, übernahmen französische Offiziere sogar den direkten Befehl über eine Elitebrigade zairischer Fallschirmjäger und garantierten den Bestand des Mobutu-Regimes.

In die Amtszeit Giscards fiel – wie gesagt – die Ausrufung Bokassas zum Kaiser von Zentralafrika am 4. Dezember 1977. Sein Staatsgebiet, aus der ehemaligen Kolonie Ubangi-Schari hervorgegangen, zählt zu den rückständigsten und ärmsten Landstrichen des Kontinents. Die Steinzeit war hier kaum überwunden. Ausgerechnet in dieser desolaten grünen Wildnis hat ein maßloser Tyrann das pompöse Zeremoniell der Kaiserkrönung Napoleons I. bis ins letzte Detail rekonstruiert. Er hat gewissermaßen das berühmte Gemälde Davids mit schwarz überpinselten Gesichtern zum Leben erweckt und das Theaterstück »Les nègres« auf eine Weise inszeniert, daß es Jean Genet den Atem verschlagen hätte. Die kostbarsten Diamanten Zentralafrikas wurden zusammengetragen, um die Krone des Herrschers und seiner schwarzen Gemahlin Catherine zu schmücken. Kaleschen und Pferde wurden aus Frankreich eingeflogen und die schwarzen Gardereiter in bonapartistische Uniformen mit Tschako und Stulpenstiefeln gesteckt. Der eigentliche Krönungsakt – die Gewandung Bokassas mit Purpur und Hermelin, die Übergabe des goldenen Szepters – vollzog sich in erstickender Hitze unter einem vergoldeten Adler, der wie ein überdimensionaler Geier den Thron umklammerte.

Die Kosten dieses aberwitzigen Festaktes haben den armseligen Staat am Zusammenfluß von Ubangi und Schari auf Jahre ruiniert. Die Weltöffentlichkeit schüttelte sich vor Lachen beim Anblick des Filmstreifens dieser kaiserlichen Tragikomödie und der plumpen Anmaßung des größenwahnsinnigen Hauptdarstellers. Für das Ansehen Afrikas und der schwarzen Menschheit war das eine düstere Stunde. Alle rassistischen Vorurteile schienen bestätigt, zumal kurz nach der Inthronisierung Schilderungen gräßlicher Gewalttaten aus der kleinen Hauptstadt Bangui nach außen drangen. Da waren protestierende Schüler zu Tode geknüppelt, politische Opponenten den Krokodilen zum Fraß vorgeworfen worden, ja nach dem Sturz des Tyrannen entdeckten die Putschisten angeblich Stapel von Menschenfleisch in den gewaltigen Eisschränken des Palastes von Berengo. Bokassa wurde des Kannibalismus bezichtigt.

Und dennoch war er nicht immer eine Horrorgestalt gewesen, dieser joviale, etwas tumbe *sergent* der »Infanterie coloniale«, dieser trinkfreudige, aus Indochina heimgekehrte *troupier*, der durch einen eher zufälligen Staatsstreich an die Spitze jenes schwer regierbaren, bettelarmen Staates gehievt worden war. Noch als Präsident der Zentralafrikanischen Republik hatte er zu seinem Idol de Gaulle mit kindlicher, grenzenloser Bewunderung aufgeschaut. Er redete den General so beharrlich mit »Papa« an, daß de Gaulle ihm etwas gereizt antwortete: »Voyons, Bokassa, je ne suis pas votre père – Hören Sie auf, Bokassa, ich bin doch nicht Ihr Vater.«

Niemand hat die Tragik des frisch emanzipierten Negers – ehemaliger Sklave auf den Antillen oder *colonisé* im schwarzen Erdteil – so eindringlich nachempfunden wie Aimé Césaire – Erfinder des Wortes *négritude* und erster Verherrlicher schwarzer frankophoner Kultur. Anläßlich eines Besuchs de Gaulles auf Martinique im Frühjahr 1964 habe ich diesen schwarzen französischen Abgeordneten und Bürgermeister von Fort-de-France in seiner von blühenden Bougainvilleen umrahmten Villa aufgesucht. Césaire hatte sich geweigert, an den Kundgebungen zu Ehren de Gaulles teilzunehmen. Er suchte beileibe nicht die totale Separation seines heimischen Insel-Départements vom französischen Mutterland, doch er hielt sich abseits, getreu seiner Forderung nach schwarzer Selbstverwirklichung, und legte seinen Stolz darein, Neger zu sein. Seine Gedichte, seine Theaterstücke glorifizieren den sich aufbäumenden schwarzen Menschen, aber sie verschweigen nicht die geradezu schizophrene Spannung, in die er durch den Zivilisationsschock hineingepreßt wird.

Bestes Beispiel für diese dramatische Zerrissenheit ist sein Schauspiel vom »König Christophe«. Es handelt sich um eine historische Begebenheit zu Beginn des 19. Jahrhunderts, als der ehemalige Sklave Christophe nach der Befreiung der Insel Haiti vom französischen Joch und von der bonapartistischen Repression eine Monarchie errichtete, die in mancher Hinsicht den grotesken Wahnvorstellungen des »Roi Ubu« nahekam. Ganz bewußt hat Aimé Césaire, der heute der Sozialistischen Partei Mitterrands nahesteht, allen Staatsgründern junger afrikanischer Republiken die Figur des Christophe als tragisches Modell vorgezeichnet. Am Ende des Bühnenspiels steht der Ruf »Le Roi est mort!« – So wurde am Hofe der Kapetinger der Tod des Monarchen verkündet, und aus den Savannen und Regenwäldern Afrikas, so hatte der Dichter wohl gehofft, würde der ebenso zeremonielle Ruf über den Atlantik zurückhallen: »Vive le Roi!« Christophe hatte das Krönungsritual der Kapetinger in Reims – seltsamer Präzedenzfall zu Bokassa – auf seine Antillen-Insel Haiti verpflanzen wollen. Er ist sich dabei – im Gegensatz zum Kaiser von Zentralafrika – mit afrikanischer Heiterkeit der Absurdität des eigenen Mimikry bewußt geblieben. Er ernannte seinen schwarzen Adel, den Herzog von Limonade, den Herzog von Marmelade – beide Namen sind haitianischen Dörfern entliehen –, den Grafen von Trou Bonbon, den Grafen von Sale Trou. Als der Comte de Trou Bonbon sich linkisch und verschüchtert anschickt, dem König Christophe das Szepter zu übergeben, da wird er von seinem Herrn zur Ordnung gerufen. »Achte doch auf deinen Gang und deine Bewegungen«, brüllt er ihn an; »ich werde dich schon nicht auffressen, Trou Bonbon. Man könnte meinen, du wolltest einem Elefanten eine Banane reichen!«

In Wirklichkeit wurzelt der »Roi Christophe« dennoch in seiner urafrikanischen Überlieferung. Er ist »Muntu«, mit magischer »Lebenskraft« ausgestattet, er ist »N'golo«, der Mann des mächtigen Wortes, des Palavers, so schildert ihn Césaire, und der Poet hat nichts erfunden. Von der kurzen Herrschaft dieses blutrünstigen Machtmenschen kündet noch heute die gigantische Steinmasse der Zitadelle von Cap Haïtien im Norden der Insel, die auf den Knochen zahlloser Untertanen errichtet wurde. Keine Festung des Baumeisters Vauban, der von Ludwig XIV. mit dem Schutz des Lilienreichs beauftragt war, kann sich mit der ungeheuerlichen Steinmasse dieser Zitadelle messen. Der schwarze Fremdenführer zeigte mir den steilen Abgrund, in den der König Christophe seine Soldaten blindlings marschieren und abstürzen ließ, um seine Gäste zu beeindrucken. Der Unterschied zwischen diesen beiden Gewaltmenschen, »Roi Christophe« von Haiti und »Empereur Jean Bedel I.« von Zentralafrika? Der erste ist, durch Césaire glorifiziert, Bestandteil der französischen Literatur geworden; der andere wurde von den schwarzen Richtern Banguis – gemäß den pedantischen Formalien des französischen *Code pénal* – schimpflich zum Tode verurteilt und dann zu lebenslanger Haft begnadigt.

»Die Franzosen pfeifen auf den Tschad!«

Auf Giscard und seine afrikanischen Eskapaden folgte der Sozialist François Mitterrand, und jedermann fragte sich in Paris, mehr noch in den schwarzen Kapitalen der Frankophonie, wie denn dieser rigorose, in der ersten Phase jakobinisch anmutende Staatschef der Fünften Republik mit den bizarren, eigenwilligen Machthabern Afrikas zurechtkommen werde, ob dieser aufklärerische Rationalist den Brückenschlag vollziehen könne zur unberechenbaren Vitalität des *pouvoir noir*? Insbesondere der greise Houphouet-Boigny von der Elfenbeinküste, den jungen schwarzen Progressisten ein Monument neokapitalistischer Reaktion, würde seine Schwierigkeiten mit dem Sozialisten Mitterrand haben, so murmelten die Auguren.

Genau das Gegenteil trat ein. Der Parteipolitiker Mitterrand hatte zur Zeit der Vierten Republik eine kleine Formation, »Union démocratique et socialiste de la Résistance« (UDSR) geführt, die ihre Scharnierfunktion bei den zahllosen Kabinettskrisen, ihre Unentbehrlichkeit bei jeder neuen Regierungsbildung nur deshalb ausspielen konnte, weil dieser routinierte Taktiker die Mehrzahl jener schwarzen Parlamentarier auf seine Seite gezogen hatte, die die französischen Territorien der »Union Française« im Palais Bourbon vertraten. Mit Hilfe solcher Verbündeten wurde Mitterrand vierzehnmal Minister in dieser verworrenen Dekade.

Als junger Politiker hatte Félix Houphouet-Boigny – auch das war offenbar verdrängt worden – mit der Kommunistischen Partei sympathisiert, war deswegen verfolgt worden und hatte seinen Absprung von den französischen Moskowitern erst vollzogen, als Mitterrands UDSR ihm einen sicheren Hafen der Respektabilität bot. Die kleine Parlamentsfraktion Mitterrands wurde zum Sammelbecken all jener schwarzen Nationalisten – gute französische Patrioten übrigens –, die zur Verselbständigung ihrer Heimatländer den langen, erfolgreichen Weg durch die Institutionen der Vierten Republik angetreten hatten. »Scipio Africanus« hatte der Ehrentitel eines römischen Feldherrn geheißen. In Frankreich galt es ebenfalls als honorig, mit ähnlichem Prädikat ausgestattet zu werden. »De Gaulle, l'Africain«, hatte es geheißen, und jetzt sprach man von »Mitterrand, l'Africain«.

Eine leichte Bürde ist dieses resolute französische Engagement in Afrika nicht. Von Paris erwarten die befreundeten schwarzen Republiken nicht nur wirtschaftliche und technische Unterstützung. Sie pochen auch auf militärischen Beistand. Die Situation ist nicht einfacher geworden, seit die Mehrzahl der in der Mentalität des Pariser Parlamentarismus groß gewordenen schwarzen Schlüsselfiguren durch meuternde Offiziere, egalitätsbesessene Hauptleute oder gar durch abenteuerliche Condottieri der Wüste abgelöst wurden. Nicht die Blitzaktion der Fremdenlegion in Katanga, sondern der endlose Konflikt in der Republik Tschad wurde zur Nagelprobe postkolonialer französischer Afrika-Präsenz. Die Erfahrungen der Pariser Diplomatie, mehr noch die strategische Mobilität und die Terrainkenntnis der Geheimdienste wurden aufs äußerste gefordert in diesem langgezogenen, disparaten Territorium, das sich von der Libyschen Wüste des Fezzan mit ihren räuberischen Tubu-Beduinen bis zu den Baumwolle pflanzenden Sudan-Negern vom Volk der Sara in der südlichen

Savanne erstreckt. Die einen sind fanatische Muselmanen, die anderen wurden zu diversen christlichen Konfessionen bekehrt, soweit sie nicht im Animismus verharrten.

Im Herbst 1969 habe ich zum ersten Mal die Oasen des Bornu und des Tibesti im Norden des Tschad aufgesucht. Eine Transportmaschine der französischen Luftwaffe brachte mich von Fort Lamy, dem heutigen Ndjamena, nach Faya-Largeau, einem langgezogenen Palmenhain mit gelben Lehmbauten und den Zinnen eines Forts der Kolonialzeit. Die französischen Offiziere hatten diese Wüstenlandschaft mit zinnoberroten Felsklötzen, endlosen Sanddünen, urzeitlichen Geröllhalden, über denen die Sonne mit unvorstellbarem Farbenspiel unterging, auch nach der Unabhängigkeit der Republik weiter verwaltet. Sie betätigten sich als erfahrene und respektierte Schlichter zwischen den diversen Wüstenstämmen der Tubu und Goran, die mit vererbten Blutfehden, islamischer Sektiererei und angestautem räuberischem Nomadentrieb in stets angespanntem Argwohn nebeneinander lebten.

»Wenn wir hier fortgehen, werden die Gewehre von selbst losgehen«, prognostizierte ein Major mit hellblauem Képi, der den Abzug Frankreichs aus Algerien noch nicht verschmerzt hatte. »In Ndjamena regiert der autoritäre Präsident Tombalbaye, ein Mann ohne jedes Gespür für die subtile Ausgleichspolitik, die man bei diesen Herren der Wüste praktizieren muß. Überdies gehört er dem schwarzen Sudan-Volk der Sara an, negroiden Ackerbauern, für die unsere Nomaden des Nordens nur Verachtung aufbringen. Früher hatten sie im Süden bei ihren kriegerischen Razzien, die sie gern als ›Dschihad‹ tarnten, Sklavenjagden veranstaltet. Tombalbaye ist von inkompetenten, bestechlichen Negern des Südens umgeben, und die Tatsache, daß die meisten von ihnen Christen sind, ist für die strengen Muslime des Nordens vollends unerträglich. Im übrigen hat sich im Exil bereits die Aufstandsbewegung ›Frolinat‹ konstituiert und wartet auf ihre Stunde. Nördlich der willkürlichen Kolonialgrenze, die durch ein Abkommen zwischen Mussolini und Laval mit dem Lineal gezogen wurde und den Wasserpunkt Aozu den Italienern überließ, werfen ohnehin die Libyer begehrliche Blicke auf diese Verlängerung ihrer Fezzan-Provinz.«

Mochte Präsident Tombalbaye – von Großmannssucht überwältigt wie so mancher andere afrikanische Erbe der Kolonisation – bei den offiziellen Feierlichkeiten seiner Republik die Reitervölker des Sahel in ihren malerischen Rüstungen an sich vorbeiziehen lassen, ähnlich gepanzert wie die Krieger von Garua im nahen Nordkamerun; mochten die muslimischen Notabeln in ihren weißen und blauen Gewändern mit Turbanen, bis auf den schmalen Sehschlitz total verhüllt, unbeweglich – wie erstarrte Gespenster – auf die Anmaßung und die Paraden ihrer ehemaligen Sklaven blicken: Jeder wußte, daß es im Norden gärte.

Im Sommer 1974 ist der schwelende Aufstand plötzlich entflammt. Dem französischen Mutterland wurde die allmähliche Auflösung der Staatsautorität im Tschad erst bewußt, als eine Ethnologin, Françoise Claustre, von revoltierenden Tubus des Tibesti entführt und monatelang als Geisel festgehalten wurde. Es ist hier nicht der Ort, die komplizierten Verästelungen der rivalisierenden Rebellen-Bewegungen zu schildern, an deren Spitze sich zwei herausragende, sehr bald verfeindete Persönlichkeiten profilierten: der mit islamischer Autorität ausgestattete Tubu-Häuptling Gukuni Weddei und der hochbegabte Bandenführer des Goran-Volkes Hissène Habré, der in Faya beheimatet war. Damals hätte niemand in Paris geahnt, daß dieser grausame, verschlagene Wüstenräuber Hissène Habré, der in den französischen Verwaltungsschulen durch seine ungewöhnliche Intelligenz aufgefallen war und vorübergehend das Amt eines Unterpräfekten ausgeübt hatte, zur unentbehrlichen Stütze französischer Afrika-Politik würde. Habré hatte nämlich – während der endlosen, erpresserischen Verhandlungen über die Freilassung der Madame Claustre – einen Offizier des französischen Nachrichtendienstes, den Major Galopin, der ihn als einsamer Emissär in seinem Schlupfwinkel aufgesucht hatte, auf bestialische Weise foltern und ermorden lassen.

Mit dem Sturz Tombalbayes fiel der Tschad chaotischen Bürgerkriegsunruhen anheim. Mordende und plündernde Haufen verunsicherten auch die bislang friedlichen Weidezonen der Sahel-Hirten, überfielen die wehrlosen Dörfer der Hirse- und Baumwollpflanzer. Für Oberst Gadhafi von Libyen bot sich die Chance massiver Expansion. Er gab das Signal zum Heiligen Krieg, rekrutierte eine »Islamische Legion«, und es gelang ihm vorübergehend, im Bündnis mit Gukuni Weddei die Hauptstadt Ndjamena mit seinen Panzern sowjetischer Bauart zu besetzen. Eine solche logistische Leistung wäre natürlich ohne aktive Beratung durch Experten des Ostblocks undenkbar gewesen.

In dieser verzweifelten Situation setzte Frankreich in aller Diskretion zum Gegenstoß an. Seit Jahren hatten Piloten, Fremdenlegionäre, Marine-Infanteristen und hochtrainierte Spezialtrupps der französischen Armee in diesem ungewissen Konflikt, der mit ständig wechselnden Fronten geführt wurde, elastisch eingegriffen. Giscard d'Estaing und die widerstrebende französische Generalität mußten sich zu der Erkenntnis durchringen, daß nur ein Mann in der Lage war, das Land zu retten und den Legionen Gadhafis die Stirn zu bieten: der verhaßte Hissène Habré, dem noch das Blut des Majors Galopin an den Händen klebte.

Hissène Habré erbrachte den Beweis seiner Begabung als Feldherr. Er zwang – mit französischem Beistand natürlich – die Libyer zum Rückzug nach Norden. Längs des 15. Breitengrades, der quer durch die Wüste des Tschad verläuft, wurde eine imaginäre »grüne Linie« gezogen, deren Überschreiten durch die Libyer sofortige französische Gegenschläge auslösen würde. Kleine Trupps französischer Soldaten kampierten als Garanten dieser prekären Ordnung an den seltenen Wasserlöchern.

Aber Habré, inzwischen zum Staatschef der Republik Tschad avanciert, gab sich mit dieser partiellen Rückgewinnung seines Staatsgebiets nicht zufrieden. Er wollte Gadhafi über die Nordgrenze zurückwerfen. So wie früher die säbelschwingenden Kamelreiter der Tubu und Goran Furcht und Schrecken in den Oasen der Sahara verbreitet hatten, so rüstete der Präsident Habré jetzt seine lächerlich kleine Armee mit Landrovers und Toyotas aus. Auf den geländegängigen Fahrzeugen wurden schwere Maschinengewehre, panzerbrechende Waffen montiert, und nun begann eine Serie von atemberaubenden Husarenstreichen, die selbst die französischen Wüstenkrieg-Experten sprachlos ließen. In sukzessiven Blitzoperationen wurden die verschiedenen Oasen des nördlichen Tschad den Libyern entrissen, ja die Krieger Habrés stießen ein paar hundert Kilometer tief auf libysches Territorium vor und vernichteten dort eine waffenstarrende Wüstenfestung. Die russischen Panzerkonzentrationen, mit denen die Armee Gadhafis ihre Stellungen zu behaupten suchte, verhielten sich wie unbeholfene Schildkröten gegenüber der »Hit and run«-Taktik der tollkühnen Wüstensöhne des Tschad. Der Überraschungscoup Habrés bestand darin, die Geländewagen seiner Gefolgsleute mit 120 Kilometern in der Stunde durch die Minenfelder des Gegners zu jagen, so daß die Sprengladungen weit hinter den Fahrzeugen explodierten.

Der selbstherrliche Diktator von Tripolis, dem das konzentrierte Bombardement der US Air Force im Februar 1985 nichts hatte anhaben können, der dem Massenaufgebot ägyptischer Streitkräfte erfolgreich getrotzt hatte, erlitt im Sand der Sahara eine vernichtende und beschämende Niederlage. Jedermann weiß natürlich, daß Gadhafi noch nicht am Ende seiner Listen, seines verletzten Ehrgeizes ist und auf Rache sinnt. Aber der französischen Afrika-Strategie war es wider Erwarten gelungen, diese Schlüsselposition, diese entscheidende Drehscheibe zu behaupten. Das wog schwer in einem Erdteil, wo Chaos und Hunger um sich griffen, wo sich die von der Kolonisation ererbten Strukturen in Anarchie aufzulösen drohten. Die Staatschefs des frankophonen Afrika wurden sich bewußt, daß sich im fernen Tschad auch ihr eigenes Schicksal entschied. Insbesondere der Präsident und Marschall von Zaire hatte diese Gefährdung wahrgenommen und nicht gezögert, ein Kontingent seiner zum Kampf wenig tauglichen Armee als symbolischen Verteidigungsbeitrag nach Ndjamena zu entsenden.

Für Mitterand war es im Winter 1985 ein schwerer Entschluß, seine sozialistische Regierung mit spätkolonialen Abenteuern in einem desolaten Winkel Afrikas zu belasten. Vor dem franko-afrikanischen Gipfel von Bujumbura, in jenem winzigen Königreich Burundi, das einmal zu Deutsch-Ostafrika gehört hatte, schien er sich mit dem libyschen *fait accompli* abgefunden und seinen Protégé Hissène Habré preisgegeben zu haben. Aber er hatte die Rechnung ohne die schwarzen Staatsoberhäupter der Frankophonie gemacht, die dem arabischen Drang nach Süden mit bangen Erinnerungen begegneten. Nicht nur Mobutu von Zaire, auch Houphouet-Boigny von der Elfenbeinküste, Omar Bongo von Gabun, Abdou Diouf von Senegal, sogar Major Kountche von Niger bedrängten den französischen Präsidenten, drohten, ihm die kalte Schulter zu zeigen, verwiesen auf die schneidige Interventionsbereitschaft Giscard d'Estaings, der nicht gezögert hatte, die angolanischen Invasoren aus Kolwezi zu verjagen.

Die französischen Journalisten, die Mitterrand auf seiner Afrika-Reise nach Zaire und Burundi begleiteten, fielen mit Häme und Aggressivität über Guy Penne, den Afrika-Berater des Präsidenten her, einen vitalen, streitbaren Sozialisten und Freimaurer aus dem südfranzösischen Département Vaucluse. Der Zusammenprall der Meinungen beim späten Whisky-Gelage im Hotel »Intercontinental« von Kinshasa bleibt mir lebhaft in Erinnerung. Der Alkohol hatte die

Stimmung erhitzt. Selbst die Parteigänger Mitterrands sprachen von nationaler Schmach, von Kapitulation vor der schamlosen libyschen Aggression. »Meint ihr denn tatsächlich, daß die Franzosen für den Tschad und für diesen zweifelhaften Patron Hissène Habré Krieg gegen Gadhafi führen wollen?« brüllte Penne zurück und krempelte die Hemdsärmel hoch, als ginge es um eine tätliche Auseinandersetzung. »Ihr habt hier gut reden, aber der Präsident trägt die Verantwortung. Wie wollt ihr es vertreten, wenn Dutzende unserer Soldaten in dieser verdammten Wüste umgebracht werden? Ihr kennt eure eigenen Landsleute doch gar nicht. Les Français se branlent du Tchad!« fügte Guy Penne wütend hinzu, was – vornehm übersetzt – bedeutet: »Die Franzosen pfeifen auf den Tschad!«

Der irritierte Guy Penne hatte sich, trotz aller Kenntnis des schwarzen Erdteils und der heimischen politischen Szene im Hexagon, geirrt. Der Durchschnittsfranzose schreckte nicht zurück vor einem Abenteuer im Tschad, auch wenn er insgeheim davon ausging, daß sein Nachbar die Flinte zur Hand nehmen würde und nicht er selbst. Das Engagement der Luftwaffe und eines kleinen Interventionstrupps französischer Freiwilliger wurde – von links bis rechts, mit Ausnahme der Kommunisten natürlich – freudig begrüßt. Ein paar Verluste wurden in Kauf genommen, wenn es zu beweisen galt, daß die Republik zu ihrem Wort stand. Der Tschad war ja nicht eine beliebige Exkolonie, hier hatte Leclerc die erste rühmliche Waffentat des »Freien Frankreich« vollbracht, und Gadhafi war nur in die Fußstapfen Mussolinis getreten, der sich seinerzeit nicht entblödet hatte, das »Schwert des Islam« zu gürten.

In jener Nacht von Kinshasa haben wir lange über Realität und Zukunft der Frankophonie diskutiert, über die südliche Ausweitung des französischen Sprachraums, der nunmehr bis an die Grenze des früheren Rhodesien reichte. Würde Frankreich dank und mit Hilfe dieses schwarzen »Commonwealth« seine kulturelle Weltgeltung behaupten können? Schon war abzusehen, daß im Jahr 2000 nicht mehr Frankreich das bevölkerungsstärkste Land französischer Sprache sein würde, sondern die riesige Republik Zaire im dampfenden Becken des Kongo-Stroms, es sei denn, die unheimliche Aids-Seuche verhinderte den gewaltigen demographischen Schub der schwarzen Menschheit. Aber auch die extrem patriotischen Kollegen aus Paris mußten eingestehen, daß die Addierung aller Territorien französischer Zunge, gemessen am unvergleichlichen Siegeszug der englischen

Sprache, eine dürftige Bilanz abgab. Sogar die Spanier mit ihrem lateinamerikanischen Halbkontinent jenseits des Atlantik, die Portugiesen mit dem gewaltigen Potential Brasiliens hatten die Frankophonen abgehängt. Die Weltgeltung der *civilisation française* schien ernsthaft in Frage gestellt, und die postkoloniale Konsolidierung im Bereich der *négritude* war eine bescheidene Kompensation.

Zwischen Cayenne und Tahiti

Ganz bestimmt gründet sich der Bestand Frankreichs und sein Anspruch auf Größe nicht auf jene Inselchen und Gebietsfetzen, die rund um den Erdball verstreut sind und die uns wie »Konfetti des Kolonialreichs« erschienen. Ich habe sie alle besucht und mich mit keinem dieser »Dom-Tom«, dieser »Départements et Territoires d'outre-mer«, befreunden können. Mögen die Antillen-Inseln Martinique und Guadeloupe auch als Ferienparadiese angepriesen werden, es geht ein unterschwelliges Unbehagen von ihnen aus. Die schwarzen Nachkommen der Sklaven hatten de Gaulle noch aus vollem Halse zugejubelt. Aber inzwischen hat sich hier ein umgekehrter Rassismus eingenistet, wird der weiße Tourist oft mit einer an Feindseligkeit grenzenden Reserve behandelt. Die Zeiten, da die alteingesessenen französischen Pflanzer und ihre schwarzen Bediensteten sich noch leutselig mit »Bonjour, Béké« – so wurden die Weißen genannt – und »Bonjour, nègre« begrüßten, sind längst vorbei.

Gewiß, die handfabrizierten Bomben der winzigen Unabhängigkeitspartei, die gelegentlich in Pointe-à-Pitre oder Fort-de-France explodieren, sollten nicht zu ernst genommen werden. Die schwarzen Franzosen der Karibik – vollwertige Bürger der Fünften Republik – können an den sozialen Mißständen der umliegenden Inseln ermessen, welche unschätzbaren Vorteile ihnen die komplette Anbindung an das ferne Mutterland bringt: Sozialversorgung, Altersrente, Kindergeld, Arbeitslosenunterstützung, vorbildliche Verwaltung, moderne Infrastruktur, großzügige Berufschancen als Staatsbedienstete in der transatlantischen Metropole. Vor allem beim französischen Zoll und der Grenzpolizei sind die »Antillais« weit überproportional vertreten. Aber auf die Dauer ist diese von den Rechtsextremisten als »parasitär« verschriene Symbiose keine Basis für brüderliches Zusammenleben und dauerhafte Integration. So hat sich Aimé Césaire die Würde des schwarzen Mannes bestimmt nicht vorgestellt.

Hingegen erscheint das dritte Übersee-Département in der neuen Welt, Französisch-Guayana, für die Zukunft des Mutterlandes und Europas bis auf weiteres unverzichtbar. In diesem trostlosen Randgebiet des Orinoko-Dschungels, wo alle Siedlungsprojekte, die bereits im 18. Jahrhundert eingesetzt hatten, mit Ruin und Seuchentod besiegelt wurden, lebt eine zahlenschwache Bevölkerung von rund dreißigtausend Menschen: Schwarze und Mulatten, Indianer und Weiße, ja sogar eine kleine, aber rege Gruppe von Asiaten, die nach 1975 durch Flüchtlinge des indochinesischen Gebirgsstammes der Meo verstärkt wurde. Hier geht es nicht um die Behauptung der trostlosen Départements-Hauptstadt Cayenne, der Sträflingskolonie Saint-Laurent du Moroni oder gar der Teufelsinsel, die mehr noch durch den Häftling Papillon als durch den tragischen Hauptmann Dreyfus zu Weltberühmtheit gelangte. Aber in der reizlosen Retortensiedlung Kourou – in Sichtweite der »Ile du Diable« – ist das einzige europäische »Kosmodrom« gewachsen, hier wurde nach endlosen Verzögerungen und einigen Fehlschlägen das europäische Raketenprogramm »Ariane« verwirklicht und dürfte in absehbarer Zeit rentabel sein. Von Kourou aus – weil die Nähe des Äquators die Plazierung auf der Erdumlaufbahn begünstigt – soll eines Tages auch die europäische Raumfähre »Hermes« starten, falls der alte Kontinent die Kraft aufbringt, den unentbehrlichen Wettstreit mit den Supermächten aufzunehmen, und sich nicht durch krämerhafte Kostenberechnung vom größten Zukunftsprojekt der Menschheit, der Eroberung des Weltalls, ausschließen läßt.

An Guayana lohnt es sich festzuhalten, und die französische, besser gesagt europäische Beharrung auf diesem Eckchen Südamerikas beansprucht auch keinen sonderlichen Kraftaufwand. Die paar Kompanien Fremdenlegion, die über die Sicherheit von Kourou wachen und durch den trostlosen Urwald eine Straße in Richtung auf das nahe Brasilien freilegen, sind durchaus in der Lage, Stabilität und Ordnung zu garantieren. Seit das benachbarte, früher wohlhabende Suriname, das einst von Holland kolonisiert wurde, in den Wirren des Bürgerkrieges versinkt, seit das ehemalige Britisch-Guayana durch den Rassengegensatz zwischen Negern und Indern in permanenter Krise lebt, dürfte die Unabhängigkeitsbewegung von Cayenne, die ohnehin das Hirngespinst einiger Randgruppen ist, viel von ihrem Schwung verloren haben.

Ich will sie nicht alle aufzählen, die »Konfetti« im Atlantischen, im Indischen, im Stillen Ozean. Der französische Archipel Neu-Kaledonien hingegen – im Osten Australiens gelegen – steht im Zentrum heftiger Auseinandersetzungen. Am Streitfall Neu-Kaledonien wurde das trügerische Zusammenspiel, die *cohabitation* zwischen Mitterrand und Jacques Chirac als Farce entlarvt. Der sozialistische Präsident hatte sich für weitgehende Autonomie der einheimischen Kanaken eingesetzt. Der Premierminister hingegen – auf das Mehrheitsvotum der Gesamtbevölkerung gestützt – forderte die Beibehaltung dieser Insel als französisches »Übersee-Territorium« ohne jeden Kompromiß an die *indépendantistes* der kanakischen Befreiungsfront.

Von meinem Aufenthalt in Neu-Kaledonien im Frühjahr 1975 bleiben mir wenig positive Eindrücke. Die dort seit Generationen ansässigen Weißen, »Caldoches« genannt, Nachkommen ehemaliger Bagno-Sträflinge aus dem Mutterland, darunter auch wackere Aufständische der Pariser Commune von 1871, flößten geringe Sympathien ein. Gemeinsam mit den weißen Neu-Immigranten, die schnell die Reflexe der *petits blancs* gegenüber den aufsässigen Melanesiern entwickelten, haben sie auf diesem entlegenen Außenposten im Pazifik die Nachfolge der »Schwarzfüße« von Algerien angetreten, die in ihrer mediterranen und warmherzigen Überschwenglichkeit ungleich liebenswerter waren. Neu-Kaledonien wird ein dorniges Problem der französischen Innenpolitik bleiben.

Andererseits versteht man François Mitterrand und Jacques Chirac, wenn sie sich mit Vehemenz gegen die Welle der Entrüstung wehrten, die ihnen aus Australien und Neuseeland entgegenbrandete. Den Kanaken Neu-Kaledoniens ist es, obwohl sie häufig genug des Bodens ihrer Ahnen und ihres Totem-Erbes beraubt wurden, viel besser ergangen als den Aborigines des fünften Kontinents – ganz zu schweigen von den Ureinwohnern Tasmaniens, die dem Neandertaler nahestanden und noch zu Beginn unseres Jahrhunderts von den angelsächsischen Kolonisten auf Treibjagden zur Strecke gebracht und ausgerottet wurden. Im südtasmanischen Port Arthur habe ich vergilbte Photos gesehen, wo erfolgreiche weiße Jäger auf Dutzenden ermordeter Eingeborener in der Prahlgebärde erfolgreicher Waidmänner posierten.

Auch für Französisch-Polynesien, die vielgepriesenen Gesellschaftsinseln, habe ich mich nicht begeistern können. Mag der Club Méditerranée vor allem auf Morea und Bora-Bora ein paar paradiesische Tropenkulissen für seine Ferienlager erschlossen haben, die Hauptinsel Tahiti, vor allem das Verwaltungs- und Handelszentrum Papeete, sind nur ein Abklatsch von Hawaii. Die ungelösten rassischen und kulturellen Probleme haben sich im Aufstand der Docker-Gewerkschaft und in der Agitation diverser Unabhängigkeitsgruppen kundgetan. Der vulkanische, schwarze Sand von Papeete, die Hula-Hula-Tänze der Wahine sind auf extreme Weise kommerzialisiert worden. Die Traumwelt von Paul Gauguin entsprach wohl damals schon der verzweifelten Autosuggestion eines Außenseiters und Gestrandeten. Die schönsten Mädchen Tahitis sind ohnehin die chinesischen Mischlinge und nicht die kupferfarbenen, eher plumpen Töchter der Ur-Rasse, von denen die Meuterer der »Bounty« schwärmten.

Der künstliche Wohlstand des französischen Übersee-Territoriums Polynesien ist an die Existenz der Nukleartestanlagen auf dem Atoll Mururoa gebunden. Dieses Eiland der Tuamotu-Gruppe ist Zielscheibe internationaler Empörung und kühner Einsätze der Greenpeace-Organisation geworden. Es ist bezeichnend für die Mentalität des Durchschnittsfranzosen und für seinen Abstand gegenüber der vorherrschenden deutschen Antiatom-Stimmung, daß er die Sabotageaktion des Geheimdienstes DGSE im neuseeländischen Hafen Auckland, die Sprengung des Schiffes »Rainbow Warrior«, das in Richtung Mururoa fahren wollte, um die dortigen Atomtests zu behindern, mit großer Gelassenheit akzeptiert hätte, wenn dieses Unternehmen der Froschmänner und Agenten nicht so unsäglich dilettantisch und blamabel angepackt worden wäre. Die französischen Nachrichtenoffiziere, die nach Auckland entsandt wurden, ließen die elementarsten Vorsichtsmaßnahmen außer acht und waren nicht einmal der englischen Sprache mächtig.

Die neuseeländische und australische Entrüstung gegen die Fortsetzung nuklearer Explosionen in den Korallen-Schächten von Mururoa, wo unter anderem die Neutronenwaffe getestet wird, stößt auf eine massive Mauer gallischer Abweisung. Schließlich ist Neuseeland unendlich weiter von Mururoa entfernt als etwa die kalifornischen Großstädte von der Nevada-Wüste, die immer wieder von den unterirdischen Nuklearexplosionen der Amerikaner erschüttert wird. Gegen diese »typisch angelsächsische Heuchelei« schließt sich die Nation zu trotziger Abwehr zusammen.

Auch aus anderen Gründen lohnt es sich für Frankreich, an diesen ungeheuren Weiten der polynesischen Territorial-Gewässer festzuhalten, die ungefähr der fünffachen Fläche des Mutterlandes entsprechen. In absehbarer Zukunft könnten Methoden gefunden werden, die mineralischen Reichtümer der Meerestiefen zu fördern, und diese Chance soll durch überstürzte Zugeständnisse an die ohnehin konfuse Emanzipationsforderung polynesischer Splittergruppen nicht verspielt werden. Es mutet wie eine feierliche Besitzergreifung an, wenn die Verteidigungsminister der Fünften Republik und andere hohe Besucher nach einem Atomtest auf Mururoa schnurstracks zur dortigen Lagune eilen und ein demonstratives Bad im angeblich verseuchten Wasser des Pazifik nehmen.

Lilienbanner über Kanada

Im Sommer 1950 war ich als Dritter-Klasse-Passagier des Luxusdampfers »Ile de France« zum ersten Mal nach Amerika gereist. An Bord freundete ich mich mit einer kleinen Gruppe frankokanadischer Studenten aus Montreal an, die die Universitätsferien zu Hause verbringen wollten. Im Kriege hatten sie in den britisch-kanadischen Streitkräften gedient. Einer von ihnen, Antoine, erzählte mir eine Episode, um mir die Situation seiner kleinen linguistischen Randgruppe am Sankt-Lorenz-Strom plausibel zu machen. Als Leutnant hatte er in einem Offizierskasino seiner Division einen Captain, von dem er irrtümlich annahm, daß auch er Frankokanadier sei, auf Französisch angesprochen. Der hatte sich mit allen Zeichen der Mißachtung im Sessel aufgerichtet und ihn nicht etwa aufgefordert: »Speak English«, sondern von oben herab gemaßregelt: »Speak white« – sprich wie ein Weißer, nicht wie ein Farbiger!

Das war durchaus kein isolierter Vorfall. In den frühen siebziger Jahren, als in der Provinz Québec der Separatismus unter dem Lilienbanner der französischen Könige seinen kurzen Höhenflug antrat, trug der Protestsänger Lalande unter dem stürmischen Beifall der Studenten der Universität Laval seinen zornigen Refrain vor: »...speak white!«

Zwei Monate bin ich im Sommer 1950, dem Lauf des Mississippi folgend, durch die Vereinigten Staaten getrampt. Die Städtenamen

Detroit, St. Paul, St. Louis, Des Moines, Baton Rouge, New Orleans gaben immer noch Kunde von den französischen Jesuiten, die auf Indianerkanus den »Méschacebé« erforscht hatten. Aus ihren armseligen Missionsstationen, aus den Proviantlagern der wagemutigen französischen Pelzjäger und *voyageurs* waren inzwischen kraftstrotzende angelsächsische Ballungszentren geworden. Der Einfluß Frankreichs war ausgelöscht. Erst als ich am Ende meines Amerika-Aufenthalts mit dem Greyhound-Bus die kanadische Provinz Québec erreichte, stieß ich auf die letzte Bastion französischer Selbstbehauptung jenseits des Atlantik. Die Devise dieser *belle province*, eines vom Mutterland preisgegebenen und vergessenen Stücks Frankreich in der Neuen Welt, lautete: »Je me souviens – Ich erinnere mich.« Es klang Resignation und traurige Wehmut aus diesem Wappenspruch.

Die Frankokanadier waren erstarrt in ihrem Haß auf die »maudits Anglais«, auf die verfluchten Engländer. Sie hatten immer noch nicht die endgültige Niederlage des Bourbonenreichs im Jahr 1759 verwunden. Damals waren die Truppen des französischen Generals Montcalm von den Rotröcken des englischen Generals Wolfe auf der Abrahams-Ebene vor den Toren der Stadt Québec besiegt worden. Beide Kommandeure waren in der Schlacht gefallen. Der Hof von Versailles hatte 1763 leichten Herzens die Konsequenz aus dieser Niederlage gezogen und die *belle province*, auch »Nouvelle France« genannt, mitsamt ihren sechzigtausend französischen Siedlern an die Dynastie der Hannoveraner ausgeliefert. Die Niederlage Frankreichs im Siebenjährigen Krieg war damit besiegelt.

Die französischen Aristokraten mitsamt den Beamten der Krone und der hohen Geistlichkeit bestiegen die Schiffe und kehrten ins Mutterland zurück. In Kanada verblieben die kleinen Leute, ganz auf sich gestellt. Sie vertrauten sich der geistlichen und auch weltlichen Führung des niederen katholischen Klerus an, der in dieser unendlichen Landschaft schneebedeckter Wälder und vereister Küsten ausharrte. Zweihundert Jahre lang haben die Frankokanadier der britischen Oberhoheit widerstanden. Sie haben den römischen Glauben ihrer Väter und den rauhen normannischen Dialekt, »Joal« genannt, gegen jede Überfremdung behauptet. Die dickschädeligen Dorfpfarrer sorgten dafür, daß die Erhaltung der französischen Sprache sich als Abschirmung gegen den herrschenden Protestantismus bewährte.

In Begleitung meines Freundes Antoine habe ich 1950 einen Ausflug in die halbverödeten Dörfer der Gaspésie unternommen, wo die ärmlichen Holzhäuser rund um den See Saint-Jean noch den überaus bescheidenen Lebensstandard dieser versprengten Gemeinschaft belegten. Sie waren in der Mehrzahl Holzfäller, Fischer und Trapper geblieben in den zweihundert Jahren britischer Unterdrückung. In den endlosen Winternächten, wenn der Polarwind und die Schneestürme alle Zufahrten sperrten, versammelten sich die Bauernfamilien um den Spinnrocken, sangen ihre Volksweisen und beteten den Rosenkranz.

Nicht nur die Engländer, auch die Franzosen jenseits des Atlantik wurden verflucht, »les maudits Français«, die von der Leichtlebigkeit des Rokoko angekränkelt, durch den frivolen Geist der Aufklärung dem wahren und strengen Glauben entfremdet waren. Ludwig XV., »le bien aimé«, wie er in Frankreich auch bei seinen Untertanen und nicht nur beim höfischen Heer der Kokotten hieß, hatte seinem Königreich wirtschaftlichen Wohlstand verschafft. Er hatte den Aufstieg des Bürgertums zu Reichtum und Einfluß geduldet, hatte den Freigeistern der »Encyclopédie« liberalen Spielraum gelassen und vor allem jene Kriegsanstrengungen auf ein Minimum reduziert, die unter seinem illustren Vorgänger, dem Sonnenkönig, das Land ausgelaugt hatten.

Aber für die wackeren Pioniere der Neuen Welt hatte er nichts übrig. Bei Abschluß des für Frankreich schmählichen Friedens von Paris, der nicht nur die nordamerikanischen Besitzungen, sondern auch den bislang umstrittenen indischen Subkontinent den Briten überließ, war für die Geschäftemacher im Umkreis des Lilienthrons die Bewahrung von ein paar winzigen Zucker- und Gewürzinseln in der Karibik wichtiger als der Besitz jener unendlichen Wälder und Seengebiete des amerikanischen Kontinents, wohin sich im folgenden Jahrhundert das Schwergewicht der weißen Menschheitsentwicklung verlagern würde. Warum sollte Frankreich schon Krieg führen für »ein paar Morgen Schnee – quelques arpents de neige«, läßt der Philosoph Voltaire, der um ein politisches Fehlurteil selten verlegen war, seinen pfiffig-naiven Helden Candide fragen. Dieser Übersee-Feldzug verschlinge doch viel mehr Geld, als Kanada überhaupt wert sei.

Kein Wunder, daß sich beim frankokanadischen Klerus Wut und Entrüstung breitmachten über diese gottlosen Aufklärer, diese Schöngeister der Hof-Kamarilla, daß sich die Geistlichen und ihre Pfarrkinder nach einem traditionsverankerten katholischen Frankreich sehnten, das es gar nicht mehr gab, nach der Krone des heiligen Ludwig. Die Revolution von 1789, der Sieg der Jakobiner, bestärkte sie noch in ihrer Ablehnung. Sie hielten unverzagt an der Lilie der Kapetinger in ihrer blau-weißen Fahne fest und verschmähten die Trikolore, Symbol einer für sie unverständlichen Libertät. So beharrlich war dieses Ressentiment gegen die laizistische Republik, die sie zu Recht als Tochter des frivolen *siècle des lumières* erachteten, daß die meisten Québecois während des Zweiten Weltkrieges mit Marschall Pétain sympathisierten und die jungen Frankokanadier sich nur widerwillig zum Waffengang auf seiten der Angelsachsen bereitfanden. Bei der Volksabstimmung über die Einführung der Wehrpflicht am 27. April 1942 antworteten 71 Prozent der französischsprachigen Wähler mit »nein«, während sich 80 Prozent der Anglokanadier für den Waffendienst auf seiten der Alliierten aussprachen.

Mein Freund Antoine betrachtete damals schon die Wolkenkratzer der geschäftigen City von Montreal als unerträgliche Siegessäulen des triumphierenden angelsächsischen Kapitalismus. Die Québecois, auch wenn sie dem vermögenden Bürgertum angehörten, sträubten sich gegen diese Welt des *big business* und des Dollars. Als konservative und von Natur her bäuerliche Katholiken waren sie dem Ansturm puritanisch-protestantischer Geschäftstüchtigkeit nicht gewachsen. Die Masse der Frankokanadier – vergleichbar mit den katholischen Iren von Ulster – wurden in die Rolle des *underdog* abgedrängt, in die Situation einer vernachlässigten, untüchtigen Minderheit. Antoine führte mich in jene Slumviertel am Rande von Montreal, wo ausschließlich »Joal« gesprochen wurde und wo die Frankokanadier das niedere Proletariat für die angelsächsisch beherrschte Wirtschaft stellten. Sie waren – ihren eigenen Dichtern und Schriftstellern zufolge – »die weißen Neger Amerikas – les nègres blancs d'Amérique«. Im Sommer 1950 stand die Provinz Québec noch unter der monolithischen Herrschaft des ultrakonservativen »Bloc National« und des Premierministers Duplessis, der sich auf die Allmacht der Kirche stützte, um seine reaktionären, ja obskurantistischen Überzeugungen durchzusetzen und seine fetten Pfründe zu behaupten. Antoine und seine Altersgenossen schwärmten bereits von einer säkularen Öffnung der *belle province*, von tatkräftiger Modernisierung, wie sie endlich in den sechziger Jahren durch den liberalen Premierminister Lesage und seine »stille Revolution« eingeleitet werden sollte.

Vor meiner Weiterreise nach New York hatte ich 1950 das Heiligtum der heiligen Anna von Beaupré am Sankt-Lorenz-Strom aufgesucht, wo gläubige Naivität und frömmelnder Kitsch eine dubiose Verbindung eingegangen waren. Eine Art Wachsfigurenkabinett führte den Pilgern den Werdegang der *belle province* vor. Es begann mit jener glorreichen Epoche, als französische Offiziere die erbeuteten englischen Fahnen zu Füßen der heiligen Anna, der Schutzpatronin von Québec, niederlegten; und es endete mit der verzweifelten, trutzigen Verkapselung in der franko-katholischen Religiosität. Der damalige französische Generalkonsul von Montreal war über die reaktionäre Verstocktheit des »Bloc National« und die exorbitanten Privilegien der kirchlichen Hierarchie so verbittert, daß er mir anvertraute: »Für das Ansehen Frankreichs in der Neuen Welt wäre es vielleicht vorteilhafter gewesen, wenn diese Frankokanadier assimiliert und anglisiert worden wären.«

Als ich im Sommer 1978 die *belle province* am Sankt-Lorenz-Strom wieder aufsuchte, um einen Fernsehfilm über die Unabhängigkeitsbewegung des »Parti Québecois« und ihren energischen Premierminister René Lévesque zu drehen, hatten sich die Gesellschaftsstrukturen radikal gewandelt. Die Kirchen standen leer. Die Klöster waren von den meisten Ordensleuten verlassen, die katholische Inbrunst des Volkes schmolz dahin. Die frankokanadische Jugend kehrte dem verpönten Klerikalismus der Altvorderen resolut den Rücken. Es schien in jener Johannisnacht von Québec, als die jungen, emanzipierten *indépendantistes* – die entfesselten Mädchen an der Spitze – ihre Feuer auf der Abrahams-Ebene anzündeten, das Lilienbanner schwenkten und Schmählieder gegen die britische Krone anstimmten, als sei der militante Nationalismus der »Nouvelle France« an die Stelle der innigen Frömmigkeit von einst getreten.

Parallel zu dieser Hinwendung zur säkularen *francité* vollzog sich allerdings auch – in jenen ersten Jahren des Überschwangs noch wenig beachtet – ein dramatischer Rückgang der Geburtenziffern. Unter der Fuchtel des Klerus hatte Québec demographische Rekordzahlen vorzuweisen, aber seit der sittlichen und sexuellen Emanzipation war der allmähliche Bevölkerungsrückgang kaum noch zu bremsen. Dem Selbstbehauptungswillen der Provinz Québec waren enge Grenzen gesetzt. Wie sollte diese Insel von fünf Millionen Frankophonen in einem Ozean von zweihundertachtzig Millionen Angelsachsen Nordamerikas auf die Dauer überleben?

Solche Betrachtungen wurden in jener Phase der Begeisterung für die Unabhängigkeit der Provinz Québec, ihrer Herauslösung aus der kanadischen Föderation beiseite geschoben. René Lévesque war sich des Wagnisses des radikalen Separatismus wohl bewußt und wich auf die Losung »Souveraineté-Association« aus. Aber auch mit dieser Kompromißformel stieß er auf den entschlossenen Widerstand seines großen Gegenspielers, des gesamtkanadischen Regierungschefs Pierre Elliott Trudeau, und diesem Widerpart war er nicht gewachsen.

Trudeau war Sohn eines frankophonen Vaters und einer anglophonen Mutter und bei aller Treue zur Föderation ein überzeugter Québecois. Dieser hochbegabte Politiker, dessen kühnes Profil auf indianische Ahnen hinzuweisen schien, hatte auf seine Weise für das Überleben des französischen Kulturraums, für die wirtschaftliche Verselbständigung und Dynamisierung Québecs gestritten. In der Umgebung seines Kabinetts von Ottawa waren die Frankokanadier so einflußreich, daß die Angelsachsen sich ärgerlich über den *french power* beschwerten. Die geistige Brillanz und Ausstrahlung Pierre Elliott Trudeaus hat entscheidend dazu beigetragen, daß die »Indépendance québecoise« sich nicht durchsetzen konnte und daß Lévesque schließlich bei seiner Volksabstimmung über die »Souveraineté-Association« der *belle province* im Jahre 1982 von den eigenen Landsleuten im Stich gelassen wurde.

Im Sommer 1978 herrschte noch Euphorie unter dem Lilienbanner. Wir filmten eine hochsymbolische Zeremonie. Zum dreihundertsiebzigsten Jahrestag der Gründung Québecs durch den französischen Seefahrer Samuel de Champlain exerzierten junge Frankokanadier in den Uniformen und nach dem Reglement der französischen Armee des 18. Jahrhunderts. Im weißblauen Tuch mit Dreispitz waren die »Gardes français« vor dem Denkmal Champlains angetreten, das den Sankt-Lorenz-Strom beherrscht. Hauptfigur war natürlich Premierminister Lévesque, der zwei Jahre zuvor an der Spitze seiner Unabhängigkeitsbewegung »Parti Québecois« einen unerwarteten Wahlsieg davongetragen hatte. Lévesque war ursprünglich als Journalist und Fernseh-Kommentator beim breiten Publikum populär geworden. Der kleine Mann mit der grauen Mähne war alles andere als ein bulliger Demagoge. Er gab sich burschikos und lässig, nahm die Zigarette nie aus dem Mundwinkel.

Als prominenter Gast neben verschiedenen Repräsentanten aus Ottawa und den benachbarten USA war der französische Kulturminister Jean-Philippe Lecat zum Gedenktag Champlains nach Québec gekommen. Im Auftrag des französischen Staatspräsidenten Giscard d'Estaing legte Lecat – als einziger in feierliches Schwarz gekleidet – seinen Kranz nieder. Im übrigen herrschte Kirmes-Stimmung, während Lévesque von den Schanzen der einstigen Festung den Weg zum alten französischen Stadtkern antrat. Nach einer Periode der Vernachlässigung wurden die historischen Häuser restauriert. Minister Lecat überreichte ein Geschenk aus Frankreich, die Nachbildung einer Batterie altertümlicher Kanonen, wie sie im 18. Jahrhundert auf den englischen Erbfeind abgefeuert wurden. René Lévesque ließ sich dieses unzeitgemäße Spielzeug mit schalkhaftem Lächeln erklären. Er hatte wohl von der absonderlichen Bewunderung gehört, die Giscard d'Estaing ausgerechnet jenem König Ludwig XV. entgegenbrachte, der soviel Unheil über die »Nouvelle France« gebracht hatte. »Sie kommen etwas spät für uns, Ihre Kanonen«, vermerkte Lévesque.

Der Festzug erreichte die älteste Kirche von Québec, Notre-Dame-des-Victoires – Unsere Liebe Frau vom Sieg. Am Eingang dieses bescheidenen Gotteshauses empfing Kardinal Roy den Premierminister und seine Begleiter. Der Erzbischof von Québec erinnerte in seiner Predigt an jene Männer und Frauen aus Frankreich, die Amerika zwischen Neufundland und Louisiana erschlossen hatten. Mögen der Provinz Québec die Tugenden dieser Helden und Heiligen, ihr Glaube und ihr Mut erhalten bleiben, mahnte er. Der Hauptaltar wurde von einem Wandgemälde aus der Zeit Ludwigs XIV. beherrscht, das an die Errettung Québecs aus mehrfacher Bedrohung durch englische Flottenverbände erinnerte. »Deus providebat – Gott hat vorgesorgt. Kebeka liberata – Québec ist frei.«

Hatte Charles de Gaulle an dieses fromme Bekenntnis über dem Altar der Québecer Kirche Notre-Dame-des-Victoires gedacht, als er im August 1967 auf den Balkon des Rathauses von Montreal trat und zu jener Rede ausholte, die das Gefüge der kanadischen Konföderation vorübergehend erschütterte und – allen Gewährsleuten zufolge – der Unabhängigkeitsbewegung der *belle province* den großen Auftrieb verlieh? An Bord des Kriegsschiffs »Colbert« war de Gaulle die Mündung des Sankt Lorenz hochgekreuzt. Wie ein legitimer Nachfolger der allerchristlichsten Majestäten, denen die Frankokanadier nachtrauerten, hatte der General mit seiner Autokolonne jene Straße zwischen Québec und Montreal befahren, die aus den frühen Zeiten französischer Kolonisation »Le chemin du Roi – Weg des Königs« genannt wurde. Der Jubel, der den Gründer der Fünften Republik in der »Nouvelle France« umbrandete, war unbeschreiblich. Auf dem Balkon von Montreal, der modernen Wirtschaftsmetropole, wo der Sprachenkonflikt am härtesten ausgetragen wurde, verglich de Gaulle die Begeisterung der »Québecois« mit den Freudenstürmen, die ihn bei der Befreiung Frankreichs umfingen. Dann rief er die Worte, die weltweites Aufsehen erregten und in Ottawa tiefe Verstimmung auslösten: »Vive le Québec libre – Es lebe das freie Québec!«

Mit all seiner Beschwörungskunst hat Charles de Gaulle den Gang der Geschichte nicht zurückdrehen können. Die *belle province* genießt heute kulturelle Autonomie. Die Provinzregierung von Québec liegt in den Händen des gemäßigten Premierministers Bourassa von der Liberalen Partei, und René Lévesque ist nach dem Scheitern seines Lebensziels, der Unabhängigkeit, als enttäuschter Mann gestorben. Im 18. Jahrhundert, so sieht es wenigstens der Historiker und Soziologe Fernand Braudel, hat Frankreich seine Chance verspielt, die maßgebliche Macht an beiden Gestaden des Nordatlantik zu werden. Statt seiner nationalen Ambition durch den Ausbau einer mächtigen Flotte auf den Ozeanen, durch die Förderung einer konsequenten Siedlungspolitik in der Neuen Welt hegemoniale Perspektiven für die folgenden Jahrhunderte zu eröffnen, habe sich Frankreich – laut Braudel – durch seine kontinental-europäischen Prioritäten fehlleiten lassen. Der General auf dem Balkon von Montreal mußte es wissen: Nicht der Sankt-Lorenz-Strom, sondern der Rhein war seit dem Verlust der »Nouvelle France« der Schicksalsstrom der Nation.

Die Beutefahnen der Invaliden

Paris, 22. Januar 1988

»Tristis est anima mea usque ad mortem – Meine Seele ist traurig bis zum Tod«, sang der weißgewandete Jugendchor in der Kirche Saint-Louis-des-Invalides. Die Kantate war von Francis Poulenc komponiert worden. Es folgte ein altes deutsches Kirchenlied von Johann Hermann Schein: »Die mit Tränen säen...« Zur Zelebrierung des 25. Jahrestages des Elysée-Vertrages hatten sich die Organisatoren dieses abendlichen Weiheaktes nicht gerade fröhliche Akzente einfallen lassen. Ich ließ den Blick über die lange Reihe von Beutefahnen schweifen, die die Höhe des Kirchenschiffs zu beiden Seiten dekorieren. Es waren überwiegend österreichische, auch ein paar preußische Fahnen, die dort vermoderten. Lieselotte Jünger, die neben mir saß, machte mich auf eine lange dreieckige Standarte mit dem chinesischen Drachen aufmerksam, und ich entdeckte ein Tuch mit türkischem Halbmond. Die beiden Flaggen mit dem Hakenkreuz aus dem Zweiten Weltkrieg, die diese Galerie auf dem rechten Flügel sonst abschließen, waren an diesem Abend mit Rücksicht auf die deutschen Gäste eingerollt worden.

Das Konzert – vom Deutsch-französischen Jugendwerk in lobenswerter Absicht gestaltet – wollte weder der Frau Ernst Jüngers noch mir selbst gefallen. Die Zeit des Versöhnungsapostolats, der romantischen Verbrüderungsappelle, denen stets etwas Pfadfinder-Mentalität anhaftete, gehörte der Vergangenheit an. Die deutsch-französische »Schicksalsgemeinschaft« hatte sich längst zur Normalität entwickelt, zur pragmatischen Routine, und das war gut so. Am Vormittag, bei der Unterzeichnung der Dokumente über einen gemeinsamen Verteidigungs- und Wirtschaftsrat, waren François Mitterrand und Helmut Kohl gut beraten gewesen, auf eine Wiederholung des Bruderkusses zu verzichten, mit dem de Gaulle und Adenauer ein Vierteljahrhundert zuvor den Freundschaftsvertrag besiegelt hatten.

Das wirkliche Ereignis hatte am frühen Morgen dieses 22. Januar 1988 stattgefunden, als unter strömendem Regen das Wachbataillon der Bundeswehr mit klingendem Spiel – unter dem Relief des Sonnenkönigs – in den Ehrenhof der Invaliden einzog und sich zu Füßen der Statue Napoleon Bonapartes aufreihte. Die französischen Infanteristen standen auf der Gegenseite. Wie das bei solchen gemeinsamen Truppenbegegnungen üblich ist, spielten die Deutschen die Marseillaise – etwas zu flott – und die Franzosen das Deutschlandlied – etwas zu getragen. Während die Nationalhymnen erklangen, öffnete sich der düstere Himmel, und ein Strahl der Sonne von Austerlitz fiel auf das Denkmal des Korsen.

»Preußens Gloria« im Allerheiligsten der französischen Armee, das war auch heute noch keine Banalität. Nach dem Verlesen des Tagesbefehls in beiden Sprachen, ferne Reminiszenz an die »Straßburger Eide«, marschierte die Truppe ab, die Deutschen straffer und exakter als die Franzosen. Aber mit dem Exerzieren hatte es wohl schon die Grande Armée Napoleons weniger genau genommen als die preußischen Regimenter Friedrich Wilhelms III. Wie groß war doch die Verwunderung jener Berliner des Jahres 1806 gewesen, die als Gaffer am Brandenburger Tor die anmarschierenden Sieger von Jena und Auerstedt erwarteten, als an der Spitze der französischen Vorhut ein pfeiferauchender, lässiger *sergent* mit einem Pudel an der Leine auftauchte und seelenruhig die Allee Unter den Linden inspizierte.

Im Herbst 1962 hatte Charles de Gaulle bei seinem Besuch der Führungsakademie der Bundeswehr in Hamburg den deutschen Offizieren die Richtung gewiesen: »Die organische Zusammenarbeit unserer Armeen mit dem Ziel einer einzigen, identischen Verteidigung... ist die Voraussetzung für eine wirkliche Union zwischen unseren beiden Ländern.« Fünfundzwanzig Jahre waren verstrichen, ehe dieses Projekt sich zu realisieren begann mit der Schaffung des gemeinsamen Verteidigungsrates und der Aufstellung einer deutsch-französischen Brigade, die in Böblingen stationiert werden sollte. Natürlich fiel es den Skeptikern leicht, an dieser symbolischen Truppenverschmelzung Kritik zu üben, die von deutscher Seite – aufgrund der strikten Nato-Integration der Bundeswehr – nur mit Territorial-Einheiten bestückt werden konnte. Aber hier wurde ein Anfang gemacht und ein Tabu durchbrochen. Bis dahin hatte die Unterstellung der deutschen Streitkräfte unter die Weisungsgewalt des großen transatlantischen Verbündeten absolute und zwingende Priorität besessen vor allen Bekundungen kontinental-europäischer Wehrhaftigkeit.

Die Präsenz der ehemaligen Minister Gerhard Schröder und Kai-Uwe von Hassel im Elysée-Palast erinnerte an die kritischste Phase des deutsch-französischen Annäherungsprozesses. Der Unterzeichnung am 22. Januar 1963 war eine stürmische Kampagne gegen den deutsch-französischen Pakt gefolgt. Konrad Adenauer konnte bei der Ratifizierungsdebatte im Bundestag ermessen, wie weit seine persönliche Machtposition abgebröckelt war. Er mußte von seiten einer massiven Mehrheit deutscher Abgeordneter aller Parteien jene Präambel hinnehmen, die den Elysée-Vertrag seiner Substanz beraubte. Der atlantischen Militärintegration, der gesamteuropäischen Einigung, dem Beitritt Großbritanniens zur EWG, sogar dem Freihandelsabkommen GATT wurde ausdrücklicher Vorrang eingeräumt gegenüber der Vertiefung der deutsch-französischen Beziehungen. Jedermann in Paris wußte, daß das deutsche Abrücken vom Alleingang mit Frankreich unter massivem Druck der Amerikaner zustande gekommen war, daß der Unterstaatssekretär George Ball im Auftrag Präsident Kennedys die Bonner Politiker mit drohenden, fast erpresserischen Interventionen zum atlantischen Treuebekenntnis angehalten hatte.

Besagte Präambel war lediglich der Auftakt zu einer zusätzlichen Aktion Washingtons, um die strategischen Extratouren de Gaulles – insbesondere die Schaffung seiner nuklearen »force de frappe« – zu durchkreuzen, wenn möglich abzuwürgen. Die atlantische Gespensterflotte MLF – die Vorgaukelung multilateraler Beteiligung der europäischen Verbündeten an einem Zipfel des amerikanischen Atompotentials – war damals in Bonn durchaus ernst genommen, in den zuständigen Ministerien mit Verbissenheit verfochten worden, ehe das Weiße Haus dieses absurde Projekt sang- und klanglos fallen ließ. In jenen Stunden herber Enttäuschung hatte de Gaulle im Gespräch mit Adenauer den Dichter Malherbe zitiert. »Die Verträge«, so wandelte er das Poem zu Ehren eines früh verstorbenen Mädchens ab, »gleichen den Rosen, sie blühen nur einen Morgen – et rose, elle a vécu ce que vivent les roses, l'espace d'un matin.« Worauf der Kanzler als erfahrener Gärtner einwandte, daß die Rosenstöcke überaus robuste Pflanzen seien und jeden Winter überdauerten.

Damals hatten es die Amerikaner darauf angelegt, den deutsch-französischen Sonderbund zu blockieren. Es war die Zeit der hemmungslosen, der kniefälligen Bewunderung der Bundesbürger für die USA und ihren jungen, strahlenden Präsidenten Kennedy. De Gaulle hatte bei seiner Deutschland-Reise im Herbst 1962 die Massen in der

Bundesrepublik – sogar in Hamburg – in Jubelstimmung versetzt, als er ihnen zurief, das deutsche Volk sei ein großes Volk. Aber wenige Monate später zog Präsident Kennedy die Show an sich, verdrängte das Bild des alten Generals und entfesselte grenzenlose, fast hysterische Zustimmung, als er vom Balkon des Schöneberger Rathauses proklamierte: »Ich bin ein Berliner!«

Es ist der amerikanischen Diplomatie im Sommer 1963 tatsächlich gelungen, einen Keil zwischen Deutsche und Franzosen zu treiben. Das Gerede vom zweiten, vom europäischen Pfeiler der Nato war ja nur Augenwischerei zu einem Zeitpunkt, da die USA – vor die brutale Tatsache gestellt, daß die sowjetischen Langstreckenraketen nunmehr das amerikanische Heimatterritorium nuklear heimsuchen konnten – von der These der *massive retaliation* abrückten und sich zur *flexible response* bekannten, als die Vorstellung eines auf Europa begrenzten Nuklearkonfliktes in gewissen Planungsstäben Washingtons hypothetisch erwogen wurde. Washington wollte freien Handlungsspielraum bewahren für das Direktgespräch mit der sowjetischen Supermacht und dabei nicht durch das Eigengewicht einer kontinental-europäischen Koalition behindert werden.

De Gaulle stieß in Bonn auf taube Ohren, wenn er vor der Komplizenschaft der Supermächte – »la complicité des superpuissances« – und der Verewigung des Kondominiums von Jalta warnte. Ludwig Erhard, der von Adenauer ungeliebte Nachfolger, beobachtete den französischen Alleingang in Verteidigungsfragen mit kopfschüttelndem Unverständnis, und Außenminister Gerhard Schröder wurde zur *bête noire* der gaullistischen Diplomatie, tauschte kaum noch einen flüchtigen Gruß mit seinem französischen Amtskollegen Couve de Murville. Wenn der Elysée-Vertrag in seiner ersten Dekade nicht völlig in die Brüche ging, so war das der verbrieften Verpflichtung zum permanenten Ministerialkontakt und vor allem jenen Routinetreffen zu verdanken, die zweimal im Jahr den französischen Staatschef und den deutschen Kanzler am selben Tisch vereinten, auch wenn sie sich wenig zu sagen hatten.

In der Bundesrepublik brach der absurde Disput zwischen Gaullisten und Atlantikern aus. Kaum einer jener Politiker, die seinerzeit zu den »deutschen Gaullisten« zählten, hatte wohl die geringste Ahnung von den tatsächlichen Intentionen des Generals, von seinen sozialpolitischen Ambitionen, von seinen oft revolutionären Visionen und seiner Sorge um die Krisenentwicklung in der Dritten Welt. Schon seine

Anerkennung der Volksrepublik China war in Bonn als schnöde Hintergehung des amerikanischen Partners interpretiert worden. Jedesmal wenn ich in jenen Jahren – bei den Korrespondententreffen der ARD zum Beispiel – die Thesen des gaullistischen Alleingangs in Strategie und Diplomatie zu erklären suchte, stieß ich bei den Kollegen auf amüsierte Herablassung, manchmal sogar auf schallendes Gelächter. Die Bundesrepublik wäre doch am besten dran, so wurde damals widerspruchslos argumentiert, wenn sie sich als fünfzigster Partner den United States of America anschlösse.

Helmut Schmidt hat mit Mut und Ehrlichkeit seine persönliche Wandlung beschrieben. Von Geburt sei er anglophil gewesen; später habe er sich dem proamerikanischen Trend angeschlossen, heute sei er aus Überzeugung frankophil. Aber zwischen der Präambel zum Elysée-Vertrag, für die der Abgeordnete Helmut Schmidt energisch eingetreten war, und den ersten Absprachen zwischen Bundeskanzler Schmidt und dem französischen Präsidenten Giscard d'Estaing über eine gemeinsame europäische Verteidigungskonzeption hatte eine lange Durststrecke gelegen, ein strapaziöser Hindernislauf. Auf Ludwig Erhard war Kurt Georg Kiesinger gefolgt, der zwar viel Gespür für die Thesen des Generals besaß, dessen Handlungsfreiheit jedoch gelähmt wirkte. Zwischen dem Außenminister der Großen Koalition Willy Brandt und de Gaulle war der Funke zweifellos übergesprungen. Schon bei seinem ersten Treffen mit Brandt in Saint-Dizier hatte der General in dem damaligen Bürgermeister von Berlin instinktiv einen Politiker von hohen Gaben erkannt. Im übrigen respektierte er diesen Deutschen als wirklichen *résistant.* Zwischen dem Präsidenten Georges Pompidou hingegen und dem Bundeskanzler Willy Brandt lief nichts mehr.

Beim Bankett im Elysée-Palast an diesem 22. Januar 1988 war ich mit Maurice Herzog, dem ehemaligen Jugend- und Sportminister de Gaulles, ins Gespräch gekommen. Herzog hatte mich darauf hingewiesen, daß die engagiertesten Befürworter einer engen deutsch-französischen Allianz sich erstaunlicherweise bei den Veteranen des französischen Widerstandes gegen die deutsche Besatzung fänden. Aber Pompidou gehörte nun einmal nicht zur Résistance. Im übrigen fühlte er sich in den Schatten gestellt, überflügelt durch einen sozialdemokratischen deutschen Kanzler, der die Schranken des Kalten Krieges in Europa zu überwinden suchte, der mit seinem Kniefall im Warschauer Getto Gespür für die Macht der Symbolik bekundete und der verdientermaßen mit dem Friedensnobelpreis belohnt wurde. Um diese deutsche Dynamik einzuengen, griff Pompidou auf die *Entente cordiale*, auf die britische *connection* zurück und hatte das Glück, in der Person Edward Heaths einen gleichgestimmten Partner zu finden. Mit den Deutschen wußte Pompidou wohl ebensowenig anzufangen wie Ludwig Erhard mit den Franzosen.

Hatte de Gaulle einst auf die unausweichliche nationale Rückbesinnung der Deutschen spekuliert, um die Bundesrepublik aus ihrer willfährigen Unterwerfung unter die amerikanische Hegemonie zu lösen, so hatte er sich gründlich getäuscht. Der tatsächliche psychologische Umschwung jenseits des Rheins wurde durch den Vietnam-Krieg ausgelöst. Die Bundesbürger hatten das militärische Engagement der USA in Südostasien anfangs fast einhellig begrüßt und keinen Zweifel am Sieg der GIs aufkommen lassen. Mit den ersten Rückschlägen der Amerikaner in diesem zweitklassigen Partisanenkrieg kamen erste Bedenken auf. Sie wurden geschürt durch die tägliche Ausstrahlung von Fernsehbildern brennender Dörfer, verstümmelter Zivilisten, sinnloser Vergeltungsschläge. Der Funke der Anti-Kriegs-Stimmung sprang von den kalifornischen Universitäten auf die deutschen Studenten über. Wenige Jahre zuvor noch unvorstellbar: Im Protest untergehakte junge Westdeutsche marschierten zum Ruf »Ho-Ho-Ho-Tschi-Minh!« durch die Straßen der Bundesrepublik und West-Berlins. Sie verbrannten sogar die Flagge mit den *stars and stripes*.

Es war moralische Entrüstung, gewiß, die dieser deutschen Friedensbewegung der späten sechziger Jahre ihren Elan verlieh, aber es klang unterschwellig schäbiger Opportunismus mit. Die bedingungslose proamerikanische Gläubigkeit hatte so lange gedauert, wie der transatlantische Gigant unerschütterlich und unbesiegbar auftrat. Jetzt wirkte er wie ein Koloß auf tönernen Füßen. Bei einer Fraktion deutscher Jugendlicher stellte sich die Neigung zum Pazifismus und Neutralismus ein, zumal die neuen Nato-Thesen von der *flexible response* den beiden deutschen Staaten im europäischen Konfliktfall ein Super-Vietnam, eine nukleare Apokalypse zu verheißen schienen.

Frankreich hatte von diesem Sinneswandel östlich des Rheins in keiner Weise profitiert. Der feierliche Appell, den de Gaulle 1966 von der kambodschanischen Hauptstadt Phnom Penh an Amerika richtete, den sinnlosen Feldzug in Südostasien zu beenden, war in der Bundesrepublik kaum zur Kenntnis genommen worden. Am Quai d'Orsay hieß es unterdessen – im Hinblick auf den amerikanischen Vietnam-

Krieg, aber auch auf alle anderen potentiellen Kriegsschauplätze, in die die westliche Supermacht verstrickt würde –, der *casus foederis* gelte für Frankreich nur im Falle einer *aggression non provoquée*, ein Begriff, der bei der Ausarbeitung der Locarno-Verträge geläufig gewesen war.

Ein Vierteljahrhundert nach Abschluß des deutsch-französischen Freundschaftsvertrages saßen Gerhard Schröder und Maurice Couve de Murville gemeinsam am Ehrentisch im Elysée-Palast, als hätten sie beide harmonisch am Gedeihen dieses Abkommens mitgewirkt, und die wenigsten Festgäste wußten offenbar um ihre tief eingefleischte Gegnerschaft. Weit mehr als die Präsenz dieser Epigonen beschäftigte mich die Anwesenheit eines ganz anderen Zeitzeugen aus ferner, epischer Vergangenheit. Ich konnte das Auge nicht von Ernst Jünger wenden. Der weiße Haarschopf, die zierliche, aber straffe Gestalt des Zweiundneunzigjährigen faszinierte nicht nur mich. Es war ein ausdrücklicher Wunsch Mitterrands gewesen, daß dieser Pour le mérite-Träger des Ersten Weltkrieges, Autor der »Stahlgewitter«, allen deutsch-französischen Kommemorationen beigesellt würde.

Jünger war schon beim Treffen in Verdun dabeigewesen. Der sozialistische Staatschef Frankreichs war mit Helmut Kohl nach Wilflingen in das Heim des Überlebenden gereist, der in den »Strahlungen« ein unbestechliches Bild der deutschen Besatzungszeit in Paris entworfen, der mit der Porträtierung des schrecklichen »Kniebolo« dem braunen Pöbel getrotzt und zuvor – in den wirren, nachträglich verklärten Jahren von Weimar – mit dem »Arbeiter« ein umstrittenes Modell gesellschaftlicher Erneuerung entworfen hatte.

Welche Absurdität, daß dieser deutsche Schriftsteller von allen gebildeten Franzosen als Meister präziser Diktion, unbestechlichen Denkens, phantasiereicher Disziplin gewürdigt wurde, während ihm – nach der Verleihung des Goethe-Preises der Stadt Frankfurt – beim Verlassen der Paulskirche die Schmährufe einer buntgemischten Rotte aus Radaubrüdern und Pseudo-Progressisten entgegenschlugen.

Bruch mit der Nato

Am 7. März 1966 hatte die düsterste Stunde geschlagen, wurde die deutsch-französische Annäherung aufs äußerste strapaziert. De Gaulle hatte den Auszug Frankreichs aus der Nato, aus der integrierten Organisation des Atlantikpaktes, verfügt. »Dies ist die letzte große Schlacht meines Lebens«, so hatte er den Ministerrat informiert. Vorher hatte er außer Georges Pompidou nur zwei Kabinettsmitglieder ins Vertrauen gezogen, Außenminister Couve de Murville und Armeeminister Pierre Messmer. »Das Schiff des Staates geht schweren Brechern entgegen«, fuhr der Präsident fort, »ich hoffe, Messieurs, daß Sie nicht seekrank werden.« Wer mit seiner atlantischen Politik nicht einverstanden sei, solle es jetzt offen sagen und daraus die Konsequenzen ziehen. Persönlich würde er das niemandem übelnehmen. Aber die Minister stimmten einmütig zu. Landwirtschaftsminister Edgar Faure, der unter der Vierten Republik zu den Mitbegründern des Atlantikpaktes und der Nato gehört hatte, meldete sich zu Wort: »Ich verleugne mein Kind nicht, aber heute gebe ich Ihnen recht, mon Général. Der Vertrag ist in seiner jetzigen Form überholt.« Nur einmal hatte de Gaulle in ähnlich feierlicher Prozedur den Konsens des Kabinetts eingeholt: bevor er Algerien die Unabhängigkeit gewährte.

Die Zeitungs- und Fernsehredaktionen in Deutschland brauchten zwei Tage, ehe sie begriffen, was wirklich in Gang gekommen war. Dieses Mal spielte der französische Staatschef nicht um taktische Einsätze wie in den verschiedenen EWG-Krisen. Hier ging es an den Nerv seiner außenpolitischen Konzeption. Er rüttelte am Nachkriegs-Status quo in Europa. De Gaulle lüftete plötzlich die Maske.

Die Rückfragen beim Quai d'Orsay, die ersten Kontakte mit hohen französischen Beamten ließen keinen Zweifel an der Entschlossenheit des französischen Präsidenten. Frankreich forderte die Räumung der im eigenen Land befindlichen amerikanischen Luftstützpunkte, die bisher weitgehend der französischen Souveränität und Kontrolle entzogen waren, innerhalb eines Jahres. Ungefähr hunderttausend Mal im Jahr seien amerikanische Militärmaschinen von Frankreich aus gestartet; auf dem Höhepunkt der Kuba-Krise sei über die US-Basen die höchste Alarmstufe verhängt worden, ohne jede Konsultation des französischen Partners, tönte es aus Regierungskreisen. Das könne sich die Fünfte Republik in Zukunft nicht mehr bieten lassen.

Es ging nicht um eine Einschränkung dieser Flüge oder um eine Ausweitung der französischen Lufthoheitsrechte. Ziel war die totale Räumung der militärischen Infrastruktur der US Air Force in Frankreich und der Abzug von rund siebenundzwanzigtausend GIs, deren Präsenz zwanzig Jahre nach Kriegsende die Integration Frankreichs in das atlantische Verteidigungssystem wirksamer garantierte als die mehr symbolischen denn effektiven Kommandostäbe der Nato in der Ile-de-France. Über die Benutzung der amerikanischen Pipeline von Saint-Nazaire nach Karlsruhe würde der General mit sich reden lassen. An dem gemeinsamen Luftwarn- und Radar-System, das natürlich auch der französischen Verteidigung zugute kam, wollte Frankreich festhalten. Die Räumung der amerikanischen Flugplätze und Nachschublager hingegen könnte allenfalls durch zweiseitige Verhandlungen zwischen Washington und Paris um ein paar Monate hinausgezögert werden. De Gaulle hatte die Frist eines Jahres gesetzt, und der Wortlaut der Kündigungsklausel in den bilateralen Geheimverträgen, die noch Georges Bidault abgeschlossen hatte, kümmerte ihn wenig.

De Gaulle holte zum Schwerthieb gegen den Gordischen Knoten der atlantischen Integration aus. Schon am 1. Juli 1966 würden die französischen Militärs aus den Stäben der Allianz ausscheiden und allenfalls durch Verbindungsoffiziere ersetzt werden. Den beiden großen atlantischen Hauptquartieren, Shape in Rocquencourt und Europa-Mitte in Fontainebleau, wurde – dieses Mal unter Respektierung der einjährigen Kündigungsfrist – mitgeteilt, sie hätten bis zum 1. April 1967 Frankreich zu verlassen. Der Bundesrepublik wurde avisiert, daß die in Deutschland stationierten französischen Truppen in Höhe von etwa siebzigtausend Mann ab 1. Juli 1966 dem integrierten Nato-Kommando entzogen und dem nationalen französischen Befehl unterstellt würden. Paris sei bereit, über ihren künftigen Einsatz und ihren Rechtsstatus auf der Basis des Truppenvertrages von 1954 mit Bonn direkte zweiseitige Verhandlungen zu führen. Der Alleingang de Gaulles erhielt mit dieser knappen Terminsetzung einen ultimativen Charakter. Die Konsternation, die Entrüstung war groß bei den 14 atlantischen Verbündeten der Fünften Republik.

In Paris hatte der *Canard Enchaîné* ob dieses einsamen Entschlusses nicht den Witz verloren. Das satirische Blatt brachte eine Karikatur, die de Gaulle im Kreise seiner beifallspendenden Getreuen vor einer Breitleinwand zeigte: »Er läßt sich den Film ›The longest day‹ im Rücklauf vorführen«, stand darunter. Auf dem Schirm sah man eine Armee von GIs, die alle die Züge Präsident Johnsons trugen, in wilder Auflösung und Flucht auf die Atlantikküste zustürmen, während jenseits der Dünen Charles de Gaulle mit der Geste des siegreichen Feldherrn die gebieterische Weisung erteilte: »Go home!« Der deutsche Kanzler Erhard, mit einer Pickelhaube versehen, versuchte vergeblich, einen dieser ausrückenden Johnsons am Brotbeutel festzuhalten.

Würde de Gaulle nicht nur der atlantischen Organisation und Integration, würde er auch der eigentlichen Allianz den Rücken kehren? so fragte man damals in Bonn. Die Beteuerung aus dem Elysée-Palast klang formell: Frankreich respektiere seine Bündnisverpflichtungen, ja, es beabsichtige, auch nach 1969 im atlantischen Verteidigungspakt zu bleiben. Diese gaullistische Bekräftigung des prinzipiellen Bündniswillens war ebenso alt wie die Ankündigung von Frankreichs Ausscheiden aus den Integrationsformen der Nato, die Paris seit 1958 als amerikanisches Protektorat empfand. Trotzdem wurde in Europa der Verdacht geäußert, de Gaulle sei drauf und dran, an die Stelle der atlantischen Partnerschaft einen französischen Neutralismus zu setzen.

Die Amerikaner, die im Umgang mit dem störrischen Mann im Elysée-Palast mehr Übung hatten, beurteilten seine Ziele gelassener als ein Teil der öffentlichen Meinung in Deutschland. Nur der ehemalige Außenminister Dean Acheson, der von Präsident Johnson gerade als Sachberater in der Nato-Krise berufen worden war, unterstellte dem Pariser Widersacher, daß er seinen Bündnispflichten ausweichen wolle. Acheson wertete die Aktion des französischen Staatspräsidenten grob und rundheraus als perfekten Blödsinn und forderte indirekt die Franzosen auf, den ohnehin nicht mehr fernen Tod des Generals geduldig abzuwarten, um ihren Stuhl innerhalb der Nato wieder einzunehmen.

Der Ausbruch Dean Achesons war so exzessiv, daß selbst die antigaullistische französische Presse den ehemaligen Staatssekretär Trumans an seine Paris-Reise im Oktober 1962 erinnerte. Während damals die Kuba-Krise ihrem Höhepunkt zusteuerte, war Acheson von Präsident Kennedy eilends an die Seine geschickt worden. In jenen Tagen näherten sich sowjetische Frachter, mit Raketen beladen, der großen karibischen Insel. Der Zusammenstoß mit der US-Flotte schien unvermeidlich. Die Gefahr eines Atomkonflikts war riesengroß. Im Auftrag Kennedys sprach Acheson bei de Gaulle vor. Die Engländer zauderten. Die Deutschen starrten wie hypnotisiert auf die Grenze im Herzen des eigenen Landes, die morgen eine Front werden konnte. Die übrigen atlantischen Verbündeten machten sich klein. De Gaulle, der es sein Leben lang nach Kräften vermieden hatte, englisch zu sprechen, hat an diesem düsteren Tag zu dem Abgesandten des Weißen Hauses den entscheidenden Satz auf Englisch gesagt: »If there is a war, we shall be with you – Wenn es einen Krieg gibt, werden wir auf eurer Seite stehen.«

In Kuba, so hatte de Gaulle die Lage beurteilt, machten die Amerikaner Front gegen eine sowjetische Provokation. Durch die Installierung von Mittelstreckenraketen mit Atomsprengköpfen vor ihrer Haustür auf Kuba waren die USA in ihren Lebensinteressen, ja in ihrer Existenz bedroht. Damit war in den Augen de Gaulles der Bündnisfall gegeben, auch wenn die karibische Insel nicht zum strikten geographischen Bereich der Allianz gehörte. Ähnlich war ja auch seine Haltung in den sukzessiven Berlin-Krisen gewesen. Er hatte unter den westlichen Alliierten stets den härtesten Stand bezogen. Seine These lautete: Wir gehen kein zusätzliches Risiko ein, wenn wir einer sowjetischen Drohung in der unnachgiebigsten Form begegnen. Wegen Berlin werden die Russen keinen Weltkrieg vom Zaun brechen. Wenn sich trotzdem ein großer Konflikt an Berlin entzünden sollte, so hätte der Kreml diesen Waffengang unabhängig von den Ereignissen in der ehemaligen deutschen Hauptstadt beschlossen. Als der russische Botschafter Winogradow im Sommer 1961 besonders nachdrücklich auf die Schrecken eines möglichen Nuklearkonflikts verwies, hatte de Gaulle sarkastisch erwidert: »Eh bien, Monsieur l'Ambassadeur, dann sterben wir eben gemeinsam.«

Der Wille de Gaulles, im Bündnis zu bleiben, nachdem er die ihm verpönten Fesseln der Integration abgestreift hatte, war eindeutig. Es würde schon eines regelrechten atlantischen Kesseltreibens, einer systematischen Anhäufung amerikanischer und deutscher Fehlgriffe bedürfen, um die Franzosen vollends aus der Allianz hinauszuekeln. Die Frage, die alle Pariser Beobachter beschäftigte, lautete anders: Warum hatte de Gaulle so überstürzt gehandelt? Warum hatte er mit der Aufkündigung der integrierten Organisationsform des Paktes nicht bis 1969 gewartet, bis die gültige Vertragsperiode ohnehin ablief?

Die Antwort hatte de Gaulle selbst gegeben. »Dies ist die letzte große Schlacht meines Lebens!« Der alte Mann war sich bewußt, daß ihn seine Kräfte schon bald verlassen könnten. Die Zeit drängte. Niemand wagte vorauszusagen, wie die kommenden Wahlen ausgehen, ob dann die Gaullisten noch das Parlament beherrschen würden. Auch wenn de Gaulle einen ihm genehmen Nachfolger fände, er würde ihm nicht zutrauen, diesen Nervenkrieg gegen den erdrückenden transatlantischen Verbündeten und dessen ergebene Partner in der Allianz durchzustehen. Nur er selbst fühlte sich dieser Auseinandersetzung gewachsen.

In Deutschland gehörte es damals zum guten Ton, den Alleingang de Gaulles als krassen Undank gegenüber den Amerikanern anzuprangern. Ob de Gaulle wohl auch darauf bestehe, daß die im Kampf um die Befreiung Frankreichs gefallenen amerikanischen Soldaten aus ihren Gräbern evakuiert würden, lautete eine boshafte Frage der Kommentatoren. Unbestreitbar war manches an der Attitüde des Generals zutiefst irritierend. Aber war es wirklich die Rolle der Deutschen, die Franzosen an ihre Dankesschuld zu erinnern? Zeugte die Verquickung von akuten Bündniserwägungen und historischen Sentiments nicht im Grunde von fatalem politischen Unvermögen? Schon war man in Bonn wieder dabei, mit Emotionen Diplomatie zu machen und bekundete damit, daß die Deutschen in ihrer kurzen nationalen Geschichte seit 1870 leider niemals Gelegenheit gehabt hatten, Partner einer wirklichen Allianz zu sein; die Koalitionen mit dem österreichischen Bruderland und dem wankelmütigen italienischen Partner konnten schwerlich als solche gelten.

Als Außenminister Couve de Murville einmal im Ministerrat von den »Freunden Frankreichs« in der Welt gesprochen hatte, war de Gaulle ihm ins Wort gefallen: »Ein Staat, der seinen Namen verdient, hat keine Freunde.« Bei aller Proklamierung humanitärer Grundsätze, die er übrigens in der Tagespolitik nach Kräften respektierte, offenbarten sich die Staaten im Weltbild de Gaulles als eiskalte Ungeheuer, deren *sacro egoismo* von den Geboten der Atomstrategie nur noch bestätigt wurde. Nicht nur bei Maurras, auch bei Nietzsche war Charles de Gaulle in die Schule gegangen. Die von ihm regierten Franzosen konnten sich dazu beglückwünschen, daß die Proklamation der Menschenrechte eine revolutionäre »Erfindung« Frankreichs war und somit zum philosophischen Gepäck dieses widerspruchsvollen Mannes gehörte.

Die Anwesenheit eines französischen Armeekorps in Deutschland wurde in jenem Frühjahr 1966 zur zentralen Reibungsfläche der atlantischen Kraftprobe. Kein Zweifel, daß Paris diese Einheiten in Deutschland belassen wollte, denn sie sicherten das französische Mitspracherecht in der Deutschland-Frage, ja sie stellten ein gewisses Faustpfand der französischen Deutschland-Politik dar. Aber als der Quai d'Orsay, um die Deutschen zu besänftigen, mitteilte, Frankreich sei durchaus bereit, seine siebzigtausend Soldaten, auch nach der Unterstellung unter nationales Kommando, in Deutschland zu belassen, da mehrten sich plötzlich die Stimmen an Rhein und Potomac, die dem General entgegenhielten, man sei an nicht-integrierten französischen Divisionen gar nicht sonderlich interessiert und werde sich durch die Drohung eines französischen Abzugs aus Schwarzwald und Moseltal nicht erpressen lassen. Auf deutscher Seite wurde gefordert, daß Paris sich zunächst mit den in der Nato verbliebenen Bündnispartnern über die zukünftige Rolle der »Forces françaises en Allemagne« einigen und in aller Klarheit darlegen sollte, welche Aufgaben sie im Krisenfall übernähmen. Die Franzosen haben dieses Verlangen so ausgelegt, als wolle das deutsche Auswärtige Amt stellvertretend für die Amerikaner die Franzosen dazu bringen, jene Militärintegration praktisch wiederherzustellen, die de Gaulle mit seinem spektakulären Nato-Austritt gerade verworfen hatte.

Manchen Fachkennern schien es in jenen Tagen, als begrüße man in Paris die deutsche Aufregung über die Nato-Krise. Endlich glaubte der General etwas Unruhe in den Brei des deutschen Nachkriegsimmobilismus gebracht zu haben. Als der Schweizer Botschafter Soldati im Elysée-Palast empfangen wurde und dabei de Gaulle auf die Gefahr verwies, die französische Überbetonung der nationalen Interessen könne in Deutschland ein unerfreuliches Echo auslösen, hatte der General das gar nicht bestritten. »Ce n'est pas encore assez – Es ist noch nicht genug«, hatte er dem Schweizer erwidert.

Für de Gaulle wirkte die hemmungslose Integrationsfreudigkeit der Deutschen ohnehin unglaubwürdig und bedenklich. Dank der europäischen Integration hatte Westdeutschland nach der bedingungslosen Kapitulation und faktischen »Debellation« des Jahres 1945 in dem Maße souveräne Rechte zurückgewonnen, wie sie Frankreich auf dem Altar Europas opferte. Die atlantische Integration wiederum, so sahen es die Franzosen, hatte den Deutschen den Weg zur Wiederbewaffnung geöffnet. Das Schwinden patriotischer Reflexe in Deutschland war in den Augen de Gaulles nur ein oberflächliches Phänomen und auf eine oder zwei Nachkriegsgenerationen beschränkt. Er weigerte sich, die Schwächung des deutschen Nationalempfindens als eine permanente Gegebenheit der Zukunft anzusehen. Ihm schien es einfach widernatürlich, ja verdächtig, daß die Deutschen auf die Dauer der europäischen und transatlantischen Integration den Vorzug gäben vor der nationalen Frage der Wiedervereinigung.

Durch seinen brutalen Nato-Austritt hatte de Gaulle den Westdeutschen mit schmerzlicher Deutlichkeit das Ausmaß ihrer Unterordnung unter die strategische Planung der USA vor Augen geführt. Kein Wunder, daß man ihm das verargte und daß die Empörung in Deutschland heftigere Formen annahm als in der Neuen Welt. Die Nato-Krise würde die Deutschen nur noch enger an die Amerikaner ketten, klang es über den Rhein und aus den Zeitungsspalten der französischen Opposition. De Gaulle glaubte es besser zu wissen. Mit der Wirklichkeit eines verminderten Status innerhalb der Allianz konfrontiert, würden die Deutschen, so spekulierte er, gewisse Konsequenzen ziehen, zumindest die ausgetretenen Trampelpfade des selbstgefälligen Nachkriegskonformismus verlassen. Den Deutschen sollte nach dem Willen des französischen Staatschefs vor Augen geführt werden, daß militärische Integration nur ein leeres Schlagwort, ja eine Tarnung des amerikanischen Führungsanspruchs sei im Zeitalter der Atomstrategie und der damit verbundenen Wiederaufwertung der nationalstaatlichen Entscheidung. Jetzt war ihm die Gelegenheit geboten, den Atlantikern am Rhein ihre Präambel zum Elysée-Vertrag heimzuzahlen.

Im Mai 1966 hatte – ungeachtet der Bündniskrise und der wachsenden Entfremdung zwischen Bonn und Paris – eine deutsch-französische Truppenübung am Atlantik stattgefunden. In Ermangelung einer gemeinsamen strategischen Planung für irgendeine Form der Vorneverteidigung längs des »Eisernen Vorhangs« wurde im Umkreis des Hafens Royan von Pionieren und Matrosen beider Armeen der logistische Küstenumschlag am Atlantik geprobt. Das diesjährige Manöver, zu dem wir speziell aus Paris angereist waren, trug den Namen »Allegro«. Es ging von der Hypothese aus, daß die normalen Hafenanlagen durch Feindangriffe vernichtet wären, und unterstrich die Bedeutung des französischen Hinterlandes für das Überleben der Bundesrepublik.

Etwas unbedacht war der Manöverbeginn auf den Jahrestag der deutschen Kapitulation angesetzt worden, so daß man Zwischenfälle mit den Veteranen der Résistance des Départements Charente-Inférieure befürchtete.

Die Stadt Royan hatte die tragischen Kriegsjahre noch nicht vergessen. Sie war bis zum Waffenstillstand von der eingeschlossenen deutschen Garnison gehalten und durch amerikanische Bombenangriffe total zerstört worden. Die neue Kathedrale, die geraden weißen Straßenzüge im modernen Kolonialstil, wie sie nach 1945 aus den Trümmern gewachsen waren, hätten besser an die Elfenbeinküste gepaßt als in die liebliche Gironde-Landschaft. Am Tag vor dem Manöverbeginn war in Royan eine kleine Gruppe von Fahnenträgern, an ihrer Spitze vier Überlebende der Konzentrationslager im gestreiften Kittel vor dem *poilu* aus Bronze aufmarschiert und hatte einen Kranz niedergelegt, auf dessen Schleife die Worte standen: »Kein Haß, aber auch kein Vergessen.« Bei Nacht hatten anonyme Hände in der Nähe des deutschen Zeltlagers bei Saint-Georges-de-Didonne Hakenkreuze gemalt und das Wort »Raus« an die Mauer gepinselt. Damit erschöpfte sich das Ressentiment.

Schon am nächsten Tag wurde das Ausgehverbot für die Bundeswehrsoldaten aufgehoben. Kinder sammelten sich um die dickbäuchigen Amphibien-Fahrzeuge mit dem Balkenkreuz. In den Bistros kam es zu lebhaften Gesprächen. Gemischte Patrouillen von Gendarmen und Feldjägern machten freundschaftlich radebrechend ihre Runden. Junge deutsche Matrosen und Pioniere besichtigten die zyklopischen Überreste jener Verteidigungsanlagen, die ihre Väter unter dem Namen »Atlantik-Wall« in der Umgebung von Royan und Saint-Georges-de-Didonne gebaut hatten. Sie kletterten in die Betonbunker, in denen zwei Jahrzehnte zuvor die »Festung Europa« gegen die gelandeten Amerikaner und Engländer verteidigt worden war.

Unter dem Zelt von Royan hatten die Offiziere der Bundeswehr zum Bierabend eingeladen. Der deutsche Bevollmächtigte für Logistik in Frankreich, General Selle, hob das Glas und ließ die »Armée française« hochleben, worauf ein französischer Brigadegeneral in bemühtem Deutsch erwiderte: »Es lebe die deutsche Bundeswehr.« Die Überbetonung der herzlichen Verbundenheit der Soldaten klang im Frühjahr 1966 wie ein Protest der Militärs gegen die Intrigen und Schachzüge der Diplomaten, die im Begriff standen, die junge und noch anfällige Allianz zwischen den beiden Erbfeinden am grünen Tisch zu verspielen.

Die Übung »Allegro« stand unter dem bösen Stern der Nato-Krise, und mancher Offizier fragte sich, ob der Name »Finale« für dieses Manöver nicht angebrachter gewesen wäre. Der deutsch-französische Gegensatz hatte sich zugespitzt. In Paris war man allen Ernstes darauf gefaßt, daß der Rückzug der in Deutschland stationierten französischen Truppen über den Rhein am 1. Juli 1966 beginnen würde.

Das französische Armeeministerium hatte mitgeteilt, daß die Räumung fristgerecht innerhalb eines Jahres stattfinden könne. Ursprünglich hatte die Regierung Pompidou eine so einschneidende und verhängnisvolle Entscheidung wohl gar nicht ernsthaft in Erwägung gezogen. Aber angesichts der Versteifung der deutschen Haltung schien der Elysée-Palast zum äußersten entschlossen. De Gaulle wollte den Deutschen zeigen, daß er im atlantischen Konflikt nicht bluffte. Die Genugtuung des Generals, den militärischen Status quo der Nachkriegszeit auf den Kopf zu stellen und die französische Neigung zum strategischen Disengagement wie ein Damoklesschwert gegen die ratlosen Alliierten nutzen zu können, war offensichtlich.

In Bonn war man von der im Brustton der Überzeugung vorgetragenen Annahme ausgegangen, de Gaulle werde seine Soldaten schon deshalb in Deutschland belassen und die Bedingungen der Amerikaner und Deutschen schlucken, weil er nicht seines Mitspracherechtes in der deutschen Frage verlustig gehen wollte. Doch im Notfall genügte es der Fünften Republik, die französische Garnison in Berlin zu belassen, wo sie sich ohnehin unabhängig von allem Vertragsrecht noch aufgrund des Besatzungsstatuts befand, um weiterhin am deutschen Schicksal beteiligt zu sein. An der Seine wurde der Verdacht geäußert, Außenminister Schröder habe die deutsche Karte in der Stationierungsfrage so unerwartet überreizt, weil er insgeheim den Abzug der Franzosen wünsche und hoffe, auf diese Weise die französische Mitbestimmung bei einer späteren Regelung des Deutschland-Problems zugunsten einer geschlossenen deutsch-amerikanischen Verhandlungsposition auszuschalten.

Unterdessen lief ein Teil der gaullistischen Presse Sturm gegen den blinden »Atlantismus« des Auswärtigen Amtes in Bonn. Couve de Murville beurteilte die französischen Einwirkungsmöglichkeiten auf die deutsche Politik ohnehin als minimal. »Wir verfügen über keinerlei Ansatzpunkt, um den Lauf der Dinge jenseits des Rheins zu beeinflussen«, soll er gesagt haben, »es bleibt uns nichts anderes übrig als abzuwarten, bis das innige deutsch-amerikanische Verhältnis sich lockert, bis die Deutschen den Mut aufbringen, der Wirklichkeit der Koexistenz der Supermächte ins Auge zu sehen.«

Aber de Gaulle, der noch im Dezember 1965 vor der Kamera der Télévision Française nachdenklich erklärt hatte: »Nous ne savons pas, absolument pas, où va l'Allemagne – wir wissen absolut nicht, wohin

Deutschland steuert«, legte mehr Interesse für die deutschen Angelegenheiten an den Tag als sein Außenminister. Auch er versprach sich nicht viel von spektakulären Aktionen auf Regierungsebene, aber er sorgte sich über die Verschlechterung der Stimmung zwischen den beiden Völkern, über die deutliche Abkühlung der öffentlichen Meinung, die in der Bundesrepublik weit fühlbarer war als in Frankreich.

Schon reagierten ein paar Pariser Kommentatoren allergisch und mißtrauisch auf eine kurzlebige Vereinbarung zwischen SPD und SED, gemeinsame Redner-Begegnungen in Chemnitz und Hannover zu veranstalten. Am Ende ist aus diesem hochtrabend angekündigten gesamtdeutschen Dialog nicht viel geworden. Dennoch stellte der Karikaturist des *Canard Enchaîné* zwei deutsche »Gretchen«, zwei vollbusige, bezopfte Germaniae einander gegenüber, die beide einen Stahlhelm mit der jeweiligen Aufschrift »Bonn« und »Pankow« trugen. Die Gretchen hatten von Ost und West eine Leiter an die Berliner Mauer gelehnt und reichten sich über dem Stacheldraht die Hand. »Deutschland«, sagte das Gretchen aus Bonn, »über alles«, erwiderte das Gretchen aus Pankow.

Die große Schweigende

Ein glänzender Einfall war das wohl nicht gewesen, dem ersten deutsch-französischen Manöver im September 1987, das einer halbwegs realistischen Kriegsübung nahekam, den Namen »Kecker Spatz« zu geben. Die karolingischen Verbündeten wurden im Boxring der Mächte damit in die Kategorie der »Federgewichte« eingestuft. Diese Übung von fünfzigtausend Bundeswehrsoldaten und zwanzigtausend Angehörigen der französischen »Force d'action rapide«, denen die Aufgabe gestellt war, einen aus Süden über die Donau vorrückenden Gegner aufzuhalten und zurückzuwerfen, hat manche hämische Bemerkung ausgelöst. Die französischen Panzer trafen teilweise mit Verspätung ein, zwangen die deutschen »Leoparden«, mit heißlaufenden Motoren zu warten. Die Verständigungsschwierigkeiten waren erheblich. Seit dem Ausscheiden der Franzosen aus den integrierten Nato-Strukturen taten sich die Offiziere beider Nationalitäten schwer mit den Code-Bezeichnungen, den technischen Definitionen bis hin zu den Gefechtszeichen. Für den Gegenstoß in den

Dispositionsraum der südlichen Invasionsarmee, auf den die deutsche Manöverführung gedrängt hatte, mußten die Franzosen ihre leichten Straßenpanzer vom Typ ALX 10 einsetzen, die, dem britischen *Economist* zufolge, mit ihren Geschossen im Ernstfall kaum die Tarnfarbe der sowjetischen Tanks ankratzen würden. Im übrigen wurde es als wenig galant empfunden, daß die französischen Stäbe auf die Ausladung des Generals Galvin, des amerikanischen Oberbefehlshabers der Nato, als Manövergast gedrängt hatten, während sich die Beobachtungsoffiziere des Warschauer Paktes auf dem Terrain tummelten.

Einen besonders kritischen Vergleich zwischen der Perfektion deutscher Waffentechnik und der Unzulänglichkeit gewisser französischer Typen konventioneller Rüstung stellten ein paar spanische Militärbeobachter an. Spanien war von François Mitterrand als erster potentieller Zusatzpartner der deutsch-französischen Militärachse angesprochen worden, und das gewiß nicht nur aus Sympathie für Felipe Gonzalez, den sozialistischen Regierungschef in Madrid. Die Iberische Halbinsel, so hatte man im Elysée erkannt, war dazu geeignet, der westeuropäischen Verteidigungszone endlich jene geographische Tiefe zu bieten, die ihr gegenüber den unermeßlichen Bereitstellungsräumen Osteuropas so bitter fehlte. Die französischen Panzeroffiziere waren sich der Überalterung und Unterlegenheit ihrer *arme blindée* gegenüber dem deutschen Aufgebot schmerzlich bewußt.

Das Manöver »Kecker Spatz« war in erster Linie eine Demonstration. Der harte Kern des Elysée-Vertrages wurde wieder freigelegt, die strategische Schicksalsgemeinschaft. Alles andere würde eine Frage der Routine, der Gewöhnung, des Zusammenwachsens sein. Täuschte die vielbetonte Sprachbarriere nicht über die Tatsache hinweg, daß linguistisch und national in sich geschlossene Heereskörper eine späte Erfindung des 19. Jahrhunderts waren?

Ganz andere, psychologische Hemmnisse müßten bei der Vereinheitlichung der beiden Armeen überwunden werden und dürften sich bereits bei der Aufstellung der Brigade von Böblingen offenbaren. Das Verhältnis zwischen Offizierskorps und Mannschaften, eine Frage, die auf den ersten Blick zweitrangig erscheinen mochte, würde im täglichen Garnisonsablauf einer Angleichung bedürfen. Die Französische Revolution hatte den bewaffneten *citoyen* erfunden und der »Conventionnel aux armées«, Lazare Carnot, mit der *levée en masse* ein für das ausgehende Rokoko umstürzlerisches Konzept der Mobilmachung des ganzen Volkes verordnet. Bonaparte hatte die Schlachtordnung des späten Feudalismus aus ihrer linearen Erstarrung gelöst, mit den *voltigeurs* und *flanqueurs* Elemente des Bewegungskrieges in jedes Scharmützel getragen. Doch mit dem Ende des napoleonischen Adlerfluges war dieser großartige innovative Schwung wieder abhanden gekommen. Der Standesdünkel des Offizierskorps führte zu seiner Verkrustung in der Zeit monarchischer Restauration. Unter dem Zweiten Kaiserreich Napoleons III. hatte die französische Generalität auf Nebenkriegsschauplätzen in Mexiko, auf der Krim, in Italien den Blick für die Gebote moderner Strategie, wie sie ein Moltke erarbeitete, verloren.

Im Ersten Weltkrieg war die nostalgische Kaste der französischen Berufsoffiziere noch einmal mit der gesamten Nation zusammengeschweißt worden. Vom Jubel des ganzen Volkes und vom Revanchegeist getragen, behauptete sie sich bravourös und ohne Unterschied des Ranges in den Schützengräben der Somme, der Marne und der Maas gegen das Wilhelminische Reich. Doch als die Dritte Republik – konservativ bis ins Mark unter den trügerischen Zügen republikanischer Egalität – sich nach Hitlers Machtergreifung der völkisch-revolutionären Sturmflut gegenübersah, die aus Germanien anbrandete, da wurden die französischen *piou-piou,* die einfachen Muschkoten, in seltsamer Aufmachung und erbärmlicher Bewaffnung in die *drôle de guerre* geschickt. Sie schulterten das altertümliche Lebel-Gewehr, das mit aufgepflanztem Bajonett wie eine zerbrechliche Lanze wirkte. Sie trugen Wickelgamaschen, grobes Uniformtuch und auf dem Kopf jenen lächerlichen *calot,* der auf beiden Seiten in spitzen Eselsohren auslief.

Während jenseits des Rheins der Ruf hallte: »Volk ans Gewehr!«, blieb in Frankreich die soziale Differenzierung zwischen aktiven und Reserveoffizieren – letztere rekrutierten sich zur Entrüstung des Adels und der Bourgeoisie zunehmend aus Volksschullehrern – strengstens gewahrt, ebenso zwischen Feldwebeln und Unteroffizieren, Korporalen und Gemeinen. Es war, als habe es nie ein revolutionäres Massenaufgebot und einen napoleonischen Tagesbefehl gegeben, demzufolge jeder Soldat den Marschallstab im Tornister trug. Die Armee des Généralissime Gamelin schien zur *guerre en dentelles* – zum Krieg im Spitzenjabot – zurückgefunden zu haben. Die deutschen Sieger des Mai 1940, vom gleichmacherischen, volksbewußten Massenrausch beflügelt, mochten sich in den eroberten Garnisonen Frankreichs vorkommen wie die Grenadiere Friedrichs des Großen, als sie nach der Schlacht von Roßbach in den Puderquasten und Parfumphiolen der Offiziere Ludwigs XV. wühlten und deren seidene Morgenröcke zerrissen.

Es ist heute immer noch ein Tabu, über die Ablehnung des Klassengedankens, über die nivellierenden Absichten der »Nationalsozialistischen Deutschen Arbeiter-Partei« und deren Verwirklichung zu sprechen. Gewiß, das sogenannte Führerprinzip ordnete totale, bedingungslose Unterwerfung unter die Befehlsgewalt an. Aber die »Volksgemeinschaft« war kein leeres Wort. Im Militärischen verpflichtete sie den Wehrmachtsoffizier – unbesehen aller Exzesse des Kasernenhofdrills – zur engen Solidarisierung mit der Truppe. Beim »Schwarzen Orden« der Waffen-SS wurde diese Gleichschaltung wohl am konsequentesten betrieben und eine neue düstere Meritokratie gezüchtet, die auf die mythischen Begriffe von Blut und Boden ausgerichtet war.

Unter der Großoffensive einer derart ideologisierten Truppe, die vom Bewußtsein der eigenen Überlegenheit durchdrungen war, brach die Armee der Dritten Republik hilflos zusammen. Bis auf den heutigen Tag wirkt dieses Debakel fort. Trotz intakter Traditionspflege hat die französische Armee nicht wieder Fuß gefaßt. Vom »Bürger in Uniform«, wie ihn die Bundeswehr programmierte, ist der französische Dienstpflichtige noch weit entfernt. Erst die erzwungene Anpassung an die Wandlungen der postindustriellen Ära schafft in den französischen Kasernen langsamen Wandel. Wie oft bin ich darauf hingewiesen worden, daß aufgrund der der französischen Gesellschaft innewohnenden Diskrepanzen ein enges kameradschaftliches Verhältnis zwischen Offizier und Gemeinem nicht praktikabel sei. »Mag sein, daß ein deutscher Korvettenkapitän mit einem Matrosen Schach spielen kann, ohne daß beim folgenden Dienstablauf die strikte Disziplin – ›la force principale des armées‹ – darunter leidet«, gestand mir ein Marineoffizier im Golf von Tonking; »aber bei uns Franzosen würde der Matrose sich am folgenden Tage Vertraulichkeiten herausnehmen – il me taperait sur le ventre.«

Aus deutscher Sicht erscheint es auch überholt, daß bei den französischen Streitkräften den Offizieren, Unteroffizieren und Soldaten weiterhin unterschiedliche Mahlzeiten serviert werden. Bei Intensivierung der sich abzeichnenden Symbiose mit der Bundeswehr wird das französische Verteidigungsministerium nicht umhin kommen, den kümmerlichen Sold seiner Wehrpflichtigen dem deutschen Tarif anzupassen.

In seinem Erinnerungsband »Macht und Leben« erwähnt Valéry Giscard d'Estaing eine Äußerung Helmut Schmidts, die ihn sehr nachdenklich gestimmt habe. »Valéry, es fällt mir nicht ganz leicht, Sie darauf anzusprechen, aber ich denke, ich muß es tun«, hatte Schmidt angesetzt. »Es geht um die in Deutschland stationierten französischen Truppen. Ich bin Verteidigungsminister gewesen und kenne daher ihre wirkliche Situation. Sie dürften das nicht länger zulassen: Ihre Soldaten sind gute Soldaten, sie sind tapfer und diszipliniert. Aber ihre materielle Lage ist ihrer unwürdig. Ja, sie ist sogar für die deutsche Bevölkerung in ihrer unmittelbaren Umgebung schockierend. Die Kasernen sind in einem beklagenswerten Zustand. Es ist ganz offensichtlich, daß die Armee kein Geld hat. Sie benutzt altes und völlig unbrauchbares Material... Sie können eine solche Situation nicht länger dulden.« Mag sein, daß sich in den französischen Garnisonen seitdem einiges gebessert hat.

Bei den Fallschirm-Regimentern, den »Paras«, hatte von Anfang an ein ganz anderer Geist geherrscht. Die harte physische Herausforderung war für Vorgesetzte und Untergebene dieselbe, erzwang den Schulterschluß. Gleichzeitig pflegten diese Einheiten das Bewußtsein, einer militärischen Elite anzugehören. Als ich in Indochina dem »Commando Parachutiste Ponchardier« zugewiesen wurde, teilte man mir sofort mit, in dieser Einheit grüße man nur die eigenen Vorgesetzten und schere sich den Teufel um die *police militaire.* Es war wohl auch kein Zufall, daß bei den Paras jene martialischen Weisen populär wurden, die wie Plagiate früherer Wehrmachtslieder klangen und zu denen sich wuchtiger marschieren ließ als zum trippelnden *pas de chasseur.* Charles de Gaulle, der von Erziehung und Temperament her noch einer Vorstellung des *chef militaire* anhing, in der sich Soldatisches und Mönchisches mischten, wo Schwert und Ziborium komplementäre Insignien der geistlich-kriegerischen Würde blieben, hat das Hochkommen des neuen »Para-Geistes« mit Mißmut beobachtet. Dem tapfersten Verteidiger von Dien Bien Phu, Oberst Bigeard, dessen Fallschirm-Regiment in Algerien aufs härteste belastet wurde, hat de Gaulle, so lange er es konnte, die Beförderung zum General vorenthalten. Bigeard war aus dem Mannschaftsstand hervorgegangen.

Der abweisende Dünkel, mit dem das französische Offizierskorps sich oft umgab, wurde verstärkt durch die bittere Folge von Niederlagen im Mutterland und in Übersee. »Die große Schweigende – la grande muette«, so hatte die Armee sich selbst in besseren Zeiten vorgestellt. Jetzt drohte sie zur »ewig Schmollenden« zu werden. Wie es nach dem Verlust Algeriens um viele französische Offiziere stand, hatte ich im Frühjahr 1966 im Pariser Vorort Ville-d'Avray erlebt. Michel Sallert feierte damals seine Beförderung zum Major. Im Militärjargon nannte man das »seinen vierten Streifen oder Galon begießen«. Sallert hatte zur selben Zeit wie ich – wenn auch bei einer anderen Einheit – in Indochina gedient, ehe wir uns zehn Jahre später im arabischen Sprachzentrum von Bikfaya im Libanon anfreundeten.

Noch bevor ich hinging, wußte ich, daß das ein wehmütiger Cocktail würde. Wo sich in jenen Tagen französische Offiziere zu gesellschaftlichen Veranstaltungen trafen, taten sie es stets in schmerzlicher Abschiedsstimmung. Der Abend bei den Sallerts bildete keine Ausnahme. Die Offiziere waren alle in Zivil gekommen. Ihre Anzüge saßen nicht sonderlich gut. Ihre Frauen waren bürgerlich-bieder gekleidet. Der Sold war knapp im Mutterland. Manche von ihnen kannte ich von Dalat, von Dakar, von Constantine her, und jeder schien zu sagen: So sehen wir uns also wieder und können nur von der vergangenen kolonialen Herrlichkeit reden.

Ein Oberstleutnant, dem ich einst am Tschad-See begegnet war, wurde lebhaft beglückwünscht. Am Vortage hatte er erfahren, daß er den Befehl über ein Panzer-Regiment im Schwarzwald übernehmen würde. Nach dem Verlust Afrikas und Asiens war die Stationierung in Deutschland das beste Los, das einen Offizier des französischen Heeres erwarten konnte. Aber wie lange noch? Immer wieder bildeten sich kleine Gruppen von ernsten Männern. Sie griffen nur zerstreut nach den *petits fours,* die Madame Sallert eigenhändig auf silbernem Tablett anbot, immer noch strahlend wie damals, als sie in Dakar bei ähnlichen Anlässen eine Hilfstruppe von Boys und schwarzen Ordonnanzen befehligte.

Die Offiziere erörterten das unerschöpfliche Thema des *reclassement,* des Überwechselns aus dem Militärstand ins Zivilleben, das Minister Messmer den meisten Chargen nahegelegt hatte. Die Aussichten waren alles andere als glänzend. Für den rauhen und unedlen Wettbewerb in Handel und Industrie taugten diese Soldaten mit ihren altmodischen Vorstellungen von Korrektheit und Ehre in den seltensten Fällen. Als Personalchefs großer Unternehmen waren sie gelegentlich unterzubringen. Der Staat versuchte seinerseits mit allen Mitteln und Lockungen, die ehemaligen Militärs in die Unterrichtslaufbahn einzuschleusen. Das war keine begeisternde Perspektive für die Troupiers der »Infanterie coloniale«, sich mit grauen Haaren noch einmal mit der Bewältigung neuer Lehrstoffe zu plagen und ungezogenen Jungen anderer Leute Mathematik oder Geographie beibringen zu müssen.

Nur Colonel de Bracourt, den ich einst als Chef des Zweiten Büros in Französisch-Äquatorialafrika kennengelernt hatte, schickte sich mit heiterer Entsagung in sein Schicksal, ab nächstem Herbst in einem Gymnasium von Senegal schwarze, krausköpfige Wolof-Kinder in Algebra und Geometrie zu unterrichten. Oberst de Bracourt hatte schon damals in Brazzaville zu jenen klösterlichen Erscheinungen gehört, wie sie in der französischen Armee gar nicht selten sind. Er war wohl auch der einzige Gaullist auf diesem Cocktail. Alle anderen konnten es dem General nicht verzeihen, daß er die Armee durch die Aufgabe der »France d'outre-mer« ihres Glanzes beraubt hatte.

Während ich ihren Gesprächen über eine ungewisse Zukunft lauschte, mußte ich an jene denken, die diese Demütigung vorausgesehen und sich dagegen aufgelehnt hatten. Die mächtigste Triebfeder der gegen de Gaulle revoltierenden Offiziere von Algier war gar nicht so sehr die Treue zum französischen Algerien gewesen, sondern die Aussicht auf eine schmähliche Rückkehr ins Mutterland. Einer von ihnen hat es mir auf dem Höhepunkt der »Bataille d'Alger« mit zynischer und sympathischer Offenheit gesagt. Colonel Godard war oberster Sicherheitschef gewesen. Unter seinem Kommando hatten die Fallschirmjäger das Gassengewirr der Kasba – Haus für Haus, Keller für Keller – von Rebellen gesäubert. Es war dabei zu häßlichen Ausschreitungen und zu Folterungen gekommen.

Trotzdem war der Haudegen Godard, der im *maquis* des Vercors gegen die Deutschen und die Vichy-Miliz gekämpft hatte, alles andere als eine Gestapotype. Er war einer der wenigen französischen Aktivisten gewesen, die sich schon damals keine Illusionen über den Ausgang des Ringens um Nordafrika machten. Wie eine Bulldogge stand er an jenem heißen Sommermorgen in seinem Büro des Gouvernement Général von Algier. »Wir wissen genau, daß wir hier unseren letzten Auftritt spielen«, sagte er. »In Algerien ist das Leben für einen Soldaten noch lebenswert. Was erwartet uns in Frankreich? Muffige Kasernen und die kleinbürgerliche Enge der Garnisonsstadt. Nein, wir haben keine Lust, Algerien aufzugeben und in Romorantin zu versauern.«

Kein Mensch wußte damals, was aus Oberst Godard geworden war. Nach dem Generalsputsch des Jahres 1961 ging er in den Untergrund und lenkte später aus einer verschwiegenen Villa von El Biar die mörderischen Kommandos der OAS. Als der Mythos der *Algérie française* im Chaos und in der überstürzten Auswanderung der europäischen Siedler unterging, glaubte man, eine halbverkohlte Leiche als die des Colonel Godard identifizieren zu können. Anderen Quellen zufolge war ihm der Absprung nach Südamerika geglückt.

Die Offiziere in Ville-d'Avray, die sich bei Michel Sallert versammelt hatten, um seinen neuen Dienstgrad mit Gin Tonic und Whisky Soda zu begießen, hatten nicht die harte Konsequenz des Draufgängers Godard besessen. Aber verbittert waren auch sie. Hauptleute der Infanterie, Artilleristen, selbst Panzerkommandeure waren nicht mehr gefragt in der Fünften Republik de Gaulles. Hoch im Kurs standen nur noch die Techniker der modernen Strategie des Atomkrieges: Piloten von Überschall-Bombern, Raketen-Spezialisten, Kapitäne von U-Booten, die sich allmählich mit den Problemen des nuklearen Antriebes vertraut machten, und vor allem jene hochbezahlte Kaste der Militär-Ingenieure, die sich neben den »inspecteurs des finances« als eine neue Elite der Nation durchsetzten und die Vollendung der »force de frappe« mit kaltem Eifer betrieben, als seien sie persönlich herausgefordert.

Gemessen an diesen Kriegern eines kaum begonnenen, unromantischen Atomzeitalters fühlten sich die alten Troupiers als unzeitgemäß, als Stiefkinder, als »demi-solde«. Ihre Generale hatten eine ihnen angemessene Umstellung versucht und bei de Gaulle Vorschläge eingereicht, um die aus Algerien rückgeführten Divisionen, die infolge ihrer jahrelangen Verwicklung in einen Partisanenkrieg jeden Kontakt zur modernen Strategie verloren hatten, zu einer stattlichen gepanzerten Streitmacht zu formieren, die den Vergleich mit der Bundeswehr oder der 7. US-Armee in Europa ausgehalten hätte. »Wenn ich auf Sie hören würde, Messieurs«, hatte de Gaulle entgegnet, »würde ich heute über jene Panzerdivisionen verfügen, die uns 1940 gefehlt haben.«

Sechstausendmal Hiroshima

Bei der Unterzeichnung des Protokolls über die Schaffung eines deutsch-französischen Verteidigungsrates fehlten zwei Männer, deren Präsenz weit berechtigter und sinnvoller gewesen wäre als die der alten Duellanten Schröder und Couve de Murville. Aber Helmut Schmidt und Giscard d'Estaing waren dem Staatsakt des 22. Januar 1988 ferngeblieben. Ich habe die beiden Freunde Helmut und Valéry, die sich »auf Englisch duzten«, mehrfach aus der Nähe beobachtet und nie begriffen, auf welche segensreichen Mißverständnisse sich ihre herzliche Partnerschaft gründen mochte. Aber den beiden gebührt das Verdienst, die deutsch-französische Kooperation aus der Versenkung und der öden Routine herausgeholt, sie als treibende Kraft des kontinentalen Zusammenschlusses und der europäischen Verselbständigung reaktiviert zu haben. Dieser Wille zur verstärkten Kooperation, der in der Schaffung des Europäischen Währungssystems gipfelte, schloß die militärische Komponente keineswegs aus. Es war eine unverhoffte Gnade für Westeuropa, daß sich nach de Gaulle und Adenauer – mit fünfzehnjähriger Verspätung – der konservative Großbürger Giscard mit dem Hamburger Sozialdemokraten Schmidt, von Herkunft und Temperament höchst unterschiedlich strukturiert, zu enger pragmatischer Kursbestimmung zusammenfanden. Sie haben dem nachfolgenden, mindestens ebenso disparaten Duo Mitterrand/Kohl den Weg geebnet. Nach langen Jahren der Lethargie hatte der Zufall persönlicher Zuneigung, die vermutlich in der Gegensätzlichkeit der agierenden Charaktere begründet war, ein neues deutsch-französisches Wunder bewirkt.

Am 13. November 1986 hatte ich in Heidelberg ein Colloquium mit Helmut Schmidt und Valéry Giscard d'Estaing moderiert, das im Rahmen des »Bremer Tabakskollegiums« stattfand. Beide Vortragenden waren sich einig in der Forderung nach verstärkter deutsch-französischer Führung und nach kontinentaleuropäischer Wehrbereitschaft. Der ehemalige Bundeskanzler verfügte über keinen nennenswerten Anhang mehr in der eigenen Partei, auch wenn er bei Meinungsumfragen weiterhin an der Spitze der Beliebtheitsskala deutscher Politiker stand.

Schmidt, der als erster im westlichen Bündnis vor dem Entstehen europäischer »Grauzonen« und vor dem wachsenden Erpressungspotential der sowjetischen Mittelstrecken-Raketen SS 20 gewarnt hatte, stemmte sich zu Recht gegen den latenten europäischen Defätismus, der sich gegenüber den Amerikanern in peinlichen Zugeständnissen, im Verhältnis zu den Russen in schlotternder Angst äußerte. Aus der eigenen Kriegserfahrung an der Ostfront glaubte er ableiten zu können, daß eine dezidierte Koalition Westeuropas der Roten

Armee sogar in konventioneller Schlacht gewachsen wäre. Bei anderer Gelegenheit hatte Helmut Schmidt sich zugunsten einer deutsch-französischen Militärunion unter dem Kommando eines französischen Generals ausgesprochen. Für die Präsidentschaft der westeuropäischen Konföderation, die ihm vorschwebte, dachte er vermutlich in erster Linie an seinen bewährten Sozius Giscard d'Estaing. Aber dabei würden wohl die Franzosen noch ein Wort mitzureden haben.

Am Rande dieses Tabakskollegiums in den Räumen der alten Universität war die Verwüstung des Heidelberger Schlosses durch die Soldaten Ludwigs XIV. erwähnt worden. Giscard zitierte – geistreich, aber ein wenig taktlos – den früheren Botschafter François-Poncet, der die Schloßruine als französischen Beitrag zum romantischen Charme der Neckarstadt gerühmt hatte. Mir kam dabei die Erinnerung an die Bauern der Pfalz, von denen mein Großvater erzählte. Sie hatten zweihundert Jahre lang ihre Hunde nach jenem General Mélac benannt, der sich im Auftrag des Sonnenkönigs wie ein Berserker aufgeführt und ihre blühenden Fluren zu verbrannter Erde gemacht hatte.

Mit seinen Warnungen vor den SS 20 und der Forderung nach atlantischer Nachrüstung war Helmut Schmidt keineswegs allein geblieben. Ungeachtet seines Zweckbündnisses mit den Kommunisten hatte François Mitterrand schon während seines Wahlkampfes zu Beginn des Jahres 1981 ins gleiche Horn gestoßen. Zum Präsidenten gewählt, war er an den Rhein geeilt und hatte vor dem deutschen Parlament – vor begeisterten Christdemokraten und konsternierten Sozialdemokraten – Helmut Kohl im hitzigen Disput um die Stationierung der Pershing II auf dem Boden der Bundesrepublik nachhaltig unterstützt. Diese Bundestagsrede mag entscheidend zur Zementierung des Vertrauensverhältnisses zwischen Kohl und Mitterrand beigetragen haben. Für die Franzosen ging es darum, gegen die Flutwelle von Pazifismus, ja Neutralismus, die die Bundesrepublik im Jahr 1983 zu überschwemmen schien, Dämme zu bauen. Sie waren dabei in erster Linie auf das Durchhaltevermögen Helmut Kohls angewiesen.

*

Wie massiv die Sowjetunion bemüht war, die deutsche Allergie gegen die Nachrüstung zu nutzen und gegen das atlantische Bündnis auszuschlachten, habe ich während meiner kurzen Tätigkeit als Chefredakteur des *Stern* sehr persönlich miterlebt. Die Besucher aus Moskau gaben sich am »Affenfelsen« – so heißt das Verlagshaus Gruner und Jahr im Hamburger Volksmund – die Türklinke in die Hand. Da wurde ich von Anatolij Gromyko, dem Sohn des früheren Außenministers und heutigen Staatspräsidenten der UdSSR, aufgesucht. Beim gemeinsamen Mittagessen im Grill des »Intercontinental« verlangte er grusinischen Rotwein, und erst in Ermangelung dieses im Westen wenig verbreiteten Getränks gab er sich seufzend mit einer Flasche Burgunder zufrieden. Natürlich ging es bei diesen Kontakten, in die sich prominente sowjetische Journalisten einreihten, darunter die Spitze der *Literaturnaja Gaseta*, um die systematische Schürung des unterschwelligen, wohl auch überschätzten Überdrusses der Westdeutschen am Atlantikpakt. Anatolij Gromyko – seinem Vater auf erstaunliche Weise ähnlich und sehr amerikanisch geprägt – amtierte in Moskau als Leiter eines Instituts für afrikanische Studien. Nach ausführlicher Begegnung mit diesem Sohn der höchsten Nomenklatura glaubte ich zumindest eine partielle Erklärung für die Serie sowjetischer Rückschläge im schwarzen Erdteil gefunden zu haben.

Aber die Russen setzten weit stärkeres Geschütz ein, und ich frage mich heute noch, wie sie wohl auf den Gedanken kamen, ausgerechnet in mir einen Befürworter ihrer Thesen zu suchen. Kein Geringerer als Leonid Samjatin, in Begleitung meines alten Bekannten Nikolai Portugalow und des Armee-Experten für Nuklear-Rüstung, General Tscherwow, verbrachte fünf volle Stunden in der Redaktion des *Stern* und beim anschließenden Mittagessen im Fischrestaurant »Cölln«. Nachdem Portugalow mein Chefredakteursbüro als Gesprächsort abgelehnt hatte – von meinem Fenster ging der Blick unmittelbar auf das US-Generalkonsulat mit der flatternden amerikanischen Flagge, und der Berater des Zentralkomitees war überzeugt, daß die CIA ihre Abhörgeräte auf meine Fensterscheiben gerichtet hatte –, saß ich dem sowjetischen Trio zwei Stunden lang allein in einem abgelegenen Konferenzraum gegenüber.

Es war bemerkenswert, wie unterschiedlich Samjatin, der zu jener Zeit eine maßgebliche Stellung im Propaganda-Apparat des Kreml einnahm, reagierte. In der Redaktionsrunde des Hamburger Magazins trug er die üblichen, wohlbekannten Argumente sowjetischer Friedfertigkeit und Verständigungsbereitschaft vor. Im Tête-à-tête hingegen – Portugalow betätigte sich als Dolmetscher, und General Tscherwow war ein schweigsamer Zuhörer – ging er auf alle

Gegenargumente ein und gab sich durchaus nuanciert. Er forderte Nikolai Portugalow auf, Notizen zu machen, als ich die Frage aufwarf, ob die Hinwendung zum Pazifismus und Neutralismus, die von Moskau den Westdeutschen nahegelegt, ja aufgedrängt wurde, nicht auch in der DDR ein Echo wecken müßte, ob die Russen sich denn tatsächlich der Illusion hingäben, die psychologischen Schwankungen der Deutschen seien fein säuberlich auf den westlichen Nachfolgestaat des Deutschen Reiches einzugrenzen.

*

Die Franzosen haben 1983 ziemlich fassungslos miterlebt, wie die Bundesrepublik von einem Taumel euphorischer Abrüstungsbekenntnisse erfaßt wurde. Die Losung, von deutschem Boden dürfe nie wieder Krieg ausgehen, wurde in Paris als Banalität empfunden. Als ob das heute noch von den Deutschen abhinge! Dabei hatte die deutsche Linke die französische Atomstreitmacht keiner besonderen Würdigung für wert befunden. Die »force de dissuasion« galt als *quantité négligeable* bei den Hunderttausenden, die – brav wie die Lämmer – am Bonner Hofgarten im Zeichen der Friedenstaube zusammenströmten und deren ausgetretene Turnschuhe manche Gallier fast ebenso erschreckten wie die auf Hochglanz polierten »Knobelbecher«, die Marschstiefel ihrer Großväter. Egon Bahr, der kluge Abrüstungsexperte der SPD, hatte mich früher schon, am Rande einer Beiratssitzung des Zweiten Deutschen Fernsehens, mit seiner Überzeugung verblüfft, die Franzosen müßten sich wohl oder übel der Reduzierung der Atomwaffen, die weltweit anlaufen würde, anschließen. Mein Einwand, daß Frankreich – unabhängig von Person und politischer Ausrichtung seiner Regierenden – unbeirrt an seinem Nuklearpotential und an dessen Weiterentwicklung festhalten werde, hat ihn nicht beeindruckt.

Am 13. Februar 1960 hatte de Gaulle die Explosion der ersten französischen Atombombe bei Reggane in der Sahara mit dem archaischen Kriegsschrei »Hurra« begrüßt. Aber er selbst und seine Nachfolger waren sich voll bewußt, daß die nukleare Erfindung den Erdball in eine neue Fragwürdigkeit der Existenz hineingestoßen hatte, daß die Menschheit nunmehr aus eigener Kraft imstande war, die Reiter der Apokalypse zu entfesseln, den Weltuntergang, den *dies irae* auszulösen. Die Diskussion über Atomstrategie wurde zwangsläufig zum theologischen Disput. In Paris verfolgte man die sowjetisch-amerikanischen Bemühungen um Reduzierung der *overkill*-Kapazität mit Skepsis. An die totale nukleare Abrüstung mochten im Ernst nur Narren glauben. Das Rad ließ sich nicht mehr zurückdrehen. Man würde wohl oder übel mit dem Atom leben müssen. Dafür sorgte schon das sich allmählich vermehrende Arsenal der außereuropäischen Nuklearstaaten – China an der Spitze –, ganz zu schweigen von den zahlreichen Schwellenländern.

Wir wollen uns hier nicht in die endlose und theoretische Diskussion über Sinn oder Unsinn der französischen »Abschreckungskraft« einlassen. Die vielgeschmähte »force de frappe« hat Frankreich nicht in den Bankrott getrieben, wie anfangs behauptet wurde. Sie hat zusehends an Gewicht gewonnen. Mögen die Mirage IV, die beim Anfliegen der Sowjetunion in der Luft aufgetankt werden müßten, um ihre Nuklearlast ins Ziel zu bringen, inzwischen veraltet sein – die Unzulänglichkeit der russischen Luftüberwachung und -abwehr, die beim Abschuß des koreanischen Jumbo über Sachalin und vor allem beim Kreml-Flug des Hobby-Piloten Mathias Rust offenkundig wurde, räumt selbst diesen fliegenden Oldtimern eine Chance ein.

Auch die 18 Raketen vom Typ S-3, die auf dem Plateau d'Albion in der Provence in ihren Silos bereitstehen – Reichweite dreitausend Kilometer, Sprengkraft je eine Megatonne – und auf die Ukraine gerichtet sind, mögen sich im Falle des Undenkbaren als Ziel eines Präventivschlags anbieten. Doch ihre bloße Präsenz relativiert das INF-Abkommen der beiden Supermächte.

Erster Protest gegen diese Drachenhöhlen des Atomzeitalters wurde übrigens schon im Frühjahr 1966 laut, und es bedurfte dazu nicht der Ermutigung deutscher Friedensbewegter. Der provençalische Heimatdichter und ehemalige Partisanenführer René Char hatte die Todesinstrumente des Plateau d'Albion mit Bardenstimme verflucht: »Ich prophezeie euch, Raketen, daß der Boden euch begraben, daß ein Erdrutsch euch verschütten wird...« Im nahen Städtchen Apt hatte der gaullistische Maire Santoni die nukleare Entfaltung begrüßt, weil sie diesem verlassenen Landstrich Auftrieb, Zuzug und Einnahmequellen versprach. Auch Santoni wurde Opfer des dichterischen Zorns: »Das Unheil im Gewand der Dummheit erhob den Zeigefinger und gürtete sich mit der blau-weiß-roten Schärpe des Bürgermeisters.«

Der bedrohlichste Teil der »force de dissuasion« bewegt sich unter den Weltmeeren. Auf den fünf Atom-U-Booten der älteren »Redoutable«-Klasse sind jeweils 16 Nuklearraketen vom Typ M 20 installiert – Reichweite 3000 Kilometer, Sprengkraft je eine Megatonne. Auf dem neuesten U-Boot »L'Inflexible« sind 96 Sprengköpfe untergebracht – Reichweite 4000 Kilometer, Sprengkraft je 150 Kilotonnen. Im nichtstrategischen Bereich müssen 250 zusätzliche Sprengköpfe hinzugezählt werden. Im Herbst 1987 verfügte die »force de dissuasion« über die Vernichtungskapazität von knapp 6000 Hiroshima-Bomben.

Bis 1991 – so hat die Nationalversammlung beschlossen – werden mehr als 140 Milliarden Mark für die Modernisierung und die Entwicklung neuer Waffen ausgegeben werden, überwiegend auf dem nuklearen Sektor. In fünf Jahren dürfte Frankreich über 500 moderne Atomsprengkörper verfügen. Eine Bagatelle oder ein Prestige-Spielzeug ist das beileibe nicht.

Daneben gibt es die taktischen, in Frankreich sagt man: die prästrategischen Waffen. Bisher erreichte die von AMX-Lafetten gefeuerte Pluton-Rakete nur 150 Kilometer Weite. Eine neue Generation von 180 Hadès-Raketen wird 480 Kilometer weit tragen. Pluton und Hadès belasten heute die deutsch-französische Verteidigungssolidarität, denn nach Stand der Dinge würden sie auf deutschem Boden – in der Bundesrepublik oder in der DDR – explodieren, und die Formel kam in Mode: »Je kürzer die Waffen, desto toter die Deutschen«. François Mitterrand ist sich dieser unerträglichen Problematik offenbar bewußt. Dem deutschen Partner wurde die Zusicherung gegeben, daß die prästrategischen Waffen niemals zum Schaden der deutschen Bevölkerung eingesetzt würden.

Inzwischen hat Washington die Bonner Regierung wissen lassen, daß ein Verbleiben der US-Army in der Bundesrepublik ohne taktischen Nuklearschutz nicht in Frage komme. Für die Experten ist die Modernisierung, das heißt die Ersetzung der veralteten Atomträger, insbesondere der »Lance«-Raketen, durch tauglicheres Gerät eine logische Konsequenz dieses Imperativs. Sollten jedoch die Verhandlungen über eine dreifache Null-Lösung vorankommen, über die Abschaffung der taktischen Atomraketen und -artillerie bis fünfhundert Kilometer Reichweite, dann würden zwangsläufig auch die französischen Kurzstreckenwaffen in die Diskussion einbezogen. Der Sowjetunion bietet sich hier die Chance, Argwohn und Dissens zu säen.

Mehr und mehr neigen die französischen Stäbe dazu, in Pluton und Hadès besonders geeignete Träger für jene Neutronenwaffe zu sehen, deren Erprobung auf Mururoa abgeschlossen ist und deren Serienproduktion jederzeit aufgenommen werden kann. Die Neutronenwaffe – perfektes Instrument gegen überlegene feindliche Panzerkonzentrationen – löscht angeblich in begrenztem Radius alles organische Leben aus, läßt hingegen das Material intakt und bewirkt keine Verseuchung des Terrains. Ob diese »perverse« Waffe wirklich schrecklicher ist als ein massives Napalm-Bombardement, bleibt dahingestellt. Die französischen Kommunisten, die bislang die »force de frappe« bejahten, haben sich mit wütenden Appellen gegen diese technische Innovation gewandt, die ihren sowjetischen Freunden offenbar höchst ungelegen käme.

Die Geographie diktiert Franzosen und Deutschen unterschiedliche strategische Optionen. Die Bundeswehr wird stets auf die DDR-Grenze und das böhmische Viereck starren; die Franzosen hingegen sind Anrainer des Mittelmeers und somit unmittelbare Nachbarn der brodelnden islamischen Welt. Wie sensationell sich das beiderseitige Verhältnis seit dem »Panthersprung von Agadir« 1911 gewandelt hat, ist an dem französischen Wunsch zu ermessen, die Bundesmarine möge ständig mit einigen Flotteneinheiten im Mittelmeer präsent sein.

Vielleicht wird angesichts der fortschreitenden Verbreitung von Atomwaffen in der Dritten Welt auch der deutschen Öffentlichkeit eines Tages die Erkenntnis dämmern, daß das französische Nuklearpotential, dessen Abschreckungsgebärde gegenüber dem Osten von der Bereitschaft zum kollektiven Suizid der eigenen Nation belastet ist, einen ganz anderen Nutzeffekt gewinnen wird, falls eines Tages bedenkenlose Potentaten, von wirren Fanatismen hochgepeitschte Staatswesen in Afrika oder Asien zur nuklearen Erpressung gegenüber den reichen, aber relativ ungeschützten Völkern Westeuropas ausholen sollten. Nicht von ungefähr hat sich Israel als *ultima ratio* seines Überlebens inmitten einer feindseligen, numerisch überlegenen Umgebung eine eigene Atomwaffe zugelegt. Das gleiche dürfte auch eines Tages für die westeuropäische Staatengemeinschaft gelten, deren Wohlstandsbürger das Nord/Süd-Verhältnis immer noch unter der Wunschvorstellung freundschaftlichen Dialogs und positiver Entwicklungs-Solidarität angehen, statt sich auf eine unerbittliche Konfrontation der Zukunft vorzubereiten.

Für Hamburg sterben?

»Sind die Franzosen bereit, für Hamburg zu sterben?« Die Frage wurde dem französischen Staatschef am 28. Dezember 1987 an Bord des Flugzeugträgers »Clemenceau« von einem Fernsehreporter gestellt. Das Kriegsschiff befand sich in der Reede von Dschibuti. Für jeden Franzosen der älteren Generation klang die Formulierung auf fatale Weise vertraut. Unter dem Titel »Mourir pour Dantzig? – Für Danzig sterben?« hatte der Nazi-Sympathisant und spätere Kollaborateur Marcel Déat die Franzosen im Sommer 1939 beschworen, von dem Kriegseintritt auf seiten Polens Abstand zu nehmen. Fast die gesamte politische Klasse Frankreichs – mit Ausnahme der Kommunisten natürlich – ist sich heute einig, daß die Verteidigung Frankreichs nicht erst am Rhein beginnen kann. Schon General de Gaulle hatte darauf verwiesen, daß die Strecke, die die sowjetischen Panzer in Thüringen vom elsässischen Gebietsvorsprung bei Hagenau trennt, einer knappen Etappe der »Tour de France« entspricht.

Für eine Beteiligung an der Vorne-Verteidigung im Verbund mit der Bundeswehr waren die maßgeblichen französischen Militärs längst eingetreten. In Bonn tat man sich allerdings schwer mit der Erkenntnis, daß diese Bereitschaft zum vollen konventionellen Engagement in der ersten Phase einer östlichen Offensive in keiner Weise die Neigung signalisierte, die französischen Streitkräfte den integrierten Strukturen der Nato unterzuordnen.

Wenn Mitterrand sich neuerdings für die Brüsseler Militärplanungen interessiert und den Ratssitzungen der Allianz nicht länger systematisch fernbleibt, so entspricht das einer sehr nüchternen Analyse. Man will dabei sein, das eigene Gewicht in die Waagschale werfen. Ein französisches Sprichwort besagt, daß die Abwesenden stets im Unrecht sind. Nun geht es in einer ersten Phase darum, dem deutschen Partner gegenüber massivem angelsächsischen Druck den Rücken zu steifen, die Unstimmigkeiten über eine dritte Null-Lösung zu schlichten und vor allem auch Margaret Thatcher zu widerstehen, die gegen den deutsch-französischen Sonderbund Sturm lief. Vielleicht ließ sich hier – bei aller gebotenen Skepsis – auch das Rumpfgebilde der »Westeuropäischen Union« (WEU) langfristig aktivieren. Alain Minc, ein erfolgreicher Manager, der als politischer Autor *en vogue* ist, gab die eindeutige Antwort, die Mitterrand auf der

»Clemenceau« staatsmännisch umgangen hatte: »Für die französische Sicherheit ist Hamburg ebenso unverzichtbar wie Straßburg.«

Selbst Jacques Chirac, dessen Pressesprecher Baudouin im Sommer 1987 in Moskau noch über eine Rundum-Verteidigung – »tous azimuts« – orakelt hatte, bekannte sich jetzt zum gemeinsamen strategischen Raum: »Wer kann noch daran zweifeln«, betonte der Premierminister, »daß Frankreich sich unmittelbar und ohne Vorbehalt engagiert, falls die Bundesrepublik Opfer einer Aggression würde? Es gibt keine getrennte Schlacht um Deutschland und um Frankreich... Frankreich kann das Territorium seines Nachbarn nicht als ein Vorfeld, als ein Glacis betrachten...«

Natürlich war man sich in Paris des problematischen Dualismus zwischen konventioneller Verteidigung und nuklearer Abschreckung bewußt. Über die »force de dissuasion« – auch im prästrategischen Bereich – könne nur der französische Staatschef entscheiden, bestätigte Mitterrand dem *Nouvel Observateur.* Aber wenn man diese prästrategischen Waffen als letzte Warnung für einen angreifenden Gegner ins Auge fasse, so dürfe dieser Faustschlag niemals auf deutschem Boden stattfinden. »Die letzte Warnung – l'ultime avertissement – ist für denjenigen bestimmt, von dem die Drohung ausgeht.« Eine ähnliche Betrachtung hatte Charles Hernu, den früheren Verteidigungsminister der Sozialisten, zu der Überlegung geführt, ob Frankreich auf seine Kurzstrecken-Raketen Pluton und Hadès nicht überhaupt verzichten solle. Tatsächlich ist die französische Rüstung mit der Entwicklung eigener *cruise missiles* und anderer Träger beauftragt, die, aus der Luft oder von See abgefeuert, bis in die sowjetischen Bereitstellungsräume eindringen würden.

Ob die automatische Solidarität, die Verkoppelung zwischen den USA und Westeuropa durch das Mittelstrecken-Abkommen in Frage gestellt worden sei, war Mitterrand weiter gefragt worden. Die Antwort lautete kategorisch: »Diese Solidarität ist nie automatisch gewesen, das müssen Sie wissen. Eben weil die sofortige Intervention der Vereinigten Staaten in Westeuropa ungewiß blieb, deshalb ist General de Gaulle aus dem integrierten Nato-Kommando ausgeschieden und hat Frankreich mit einem autonomen Nuklear-Arsenal versehen, dessen Einsatz ausschließlich von der eigenen Entscheidung abhängt. Seitdem hat sich nichts geändert... Das atlantische Bündnis ist eine Realität, die nicht unterschätzt werden darf. Als jedoch die europäischen Mitglieder der Nato auf Betreiben Präsident Kennedys und seines Ministers McNamara in den Jahren 1962 bis 1967 eine Strategie der *flexible response*, der abgestuften Abschreckung, akzeptierten, haben sie sich mit der Ungewißheit abgefunden und den Amerikanern die Entscheidung darüber zugestanden, wann und unter welchen Bedingungen sie den Europäern auf dem Schlachtfeld zu Hilfe kämen.«

Während des Banketts anläßlich des 25. Jahrestages des Elysée-Vertrages saß ich an einem Tisch mit Jean-Pierre Chevènement, dem ehemaligen Erziehungsminister der Regierung Fabius. Der Abgeordnete von Belfort wirkte immer noch jung und leidenschaftlich mit schwarzer Mähne und buschigen Augenbrauen. Er stilisierte sich gern als zeitgenössischer Jakobiner. In vorzüglichem Deutsch unterhielt sich Chevènement, der dem linken Flügel der Sozialisten zugerechnet wird, mit einem wohlbeleibten FDP-Politiker aus Schwaben.

Dabei entsann ich mich seiner Erklärungen, die *Le Monde* ein paar Wochen zuvor veröffentlicht hatte. Die Aufgabe der französischen Nuklearwaffen bestehe heute darin, die »amerikanische Verteidigung« Europas durch eine autonome europäische Verteidigung zu ersetzen, die sich auf ein Konzept der Abschreckung und nicht der *bataille* stütze. Es gebe dazu keine Alternative; denn Abschreckung bedeute Frieden. Es sei deshalb richtig, daß Frankreich seinen konventionellen Verteidigungsbund mit Deutschland ausbaue, aber andererseits den politischen Willen bewahre, die nukleare »force de dissuasion« kontinuierlich zu modernisieren. Bei dieser Gelegenheit zitierte Chevènement einen hohen deutschen Gesprächspartner, der ihm gestanden habe: »Wenn eine einzige Atomrakete auf deutschem Boden explodiert, werden wir Deutschen nicht tapferer sein als die Japaner im Jahr 1945; wir werden sofort die weiße Fahne hissen.«

Seltsame Einstimmigkeit von links bis rechts: Wenn es um die Verteidigung Deutschlands geht, überschlagen sich die Präsidentschaftskandidaten und ihre Gefolgsleute jedweder Couleur in Bekundungen karolingischer Schicksalsgemeinschaft. Es vergeht keine Woche ohne solche Schwüre und Beteuerungen. Die Absicht ist leicht erkennbar und unverhohlen. Man will nicht in die Fehler der französischen Diplomatie nach dem Ersten Weltkrieg zurückfallen. Man will die Deutschen nicht isolieren, sie nicht im Abseits lassen, sondern sie einbinden, ihnen einen festen kontinentalen Ankerplatz bieten. Man möchte sie eingestandenermaßen vor ihren eigenen Dämonen schützen, sie bewahren vor dem Abdriften in die *incertitudes allemandes*.

Mögen hierzulande die Ideologen darüber streiten, ob die deutsche Frage »offen« ist oder nicht. Für die Franzosen – so cartesianisch denken sie immerhin heute noch – steht die Tatsache unumstößlich fest: Die deutsche Frage bleibt offen. Das ist für sie eine Selbstverständlichkeit. Und wiederum möchte ich Jean-Pierre Chevènement zitieren, gerade weil er nicht im geringsten Verdacht spätgaullistischer Voreingenommenheit steht:

»Das deutsche Volk, wie jedes andere Volk, hat ein Recht auf Selbstbestimmung – *autodétermination* –, vorausgesetzt, daß dadurch der Frieden in Europa nicht bedroht wird. Warum sollen wir uns nicht vorstellen, daß Frankreich und die Bundesrepublik eines Tages eine gemeinsame Öffnungspolitik gegenüber dem Osten verfolgen?... Gewiß, der Schlüssel zur deutschen Wiedervereinigung befindet sich in Moskau, aber eine solche Wiedervereinigung wird die Sowjets und deren Verbündete mit einer Fülle von Problemen konfrontieren. Selbst im Falle einer Neutralisierung Gesamtdeutschlands. Wenn die Sowjets der Bundesrepublik eine Art Österreich-Lösung für ganz Deutschland vorschlagen würden, fände sich die Mehrheit der Deutschen dazu bereit. Aber man geriete damit in eine historische Sackgasse: Eine solche Entwicklung ließe Deutschland ohne Verteidigung und schüfe in Mitteleuropa eine zerbrechliche Zone der Entstabilisierung. Jeder Versuch, ein europäisches Europa zu bauen, ein von den Amerikanern und Russen unabhängiges Europa, wäre *ad calendas graecas* vertagt. Nein, so kann es nicht gehen: Deutschland kann doch im Ernst seine Sicherheit nicht dem permanenten Wohlwollen der Sowjetunion ausliefern, selbst nicht unter Gorbatschow. Im übrigen bietet auch Amerika für die Deutschen keinen definitiven Schutz.«

Zwischen zwei Regenböen und zwei preußischen Märschen war im Ehrenhof der Invaliden gemutmaßt worden, ob wohl am kommenden 14. Juli 1988, am Jahrestag der Bastille-Erstürmung, eine symbolische deutsche Einheit an der Parade auf den Champs-Elysées teilnehmen würde. Bis dahin könnten die ersten Elemente der deutsch-französischen Brigade von Böblingen aufgestellt sein. Die Angehörigen der älteren Generation hatten noch das Schauspiel der siegreichen Wehrmacht vor Augen, die 1940 die Prachtstraße der Nation unter ihren Stiefeln erdröhnen ließ. Seitdem waren deutsche Waffenträger allenfalls unter dem weißen Képi der Fremdenlegion über die Champs-Elysées marschiert.

Für die Bundeswehr wäre es zweifellos ein tröstliches Erlebnis, einbezogen zu sein in das militärische Ritual der Nachbarnation und in deren ungebrochenes Traditionsbewußtsein. Vielen Deutschen mag sie verstaubt oder lächerlich erscheinen, diese unentwegte Entfaltung des blau-weiß-roten *panache*, wenn hinter den Kadetten von Saint-Cyr mit dem weißen Federbusch und der roten Hose, hinter den Panzern AMX-30, den Matrosen mit dem roten Pompon auch die Feuerwehrleute, die *pompiers* von Paris, mit silbernen Helmen vor dem Staatschef an der Concorde defilieren. Aber welcher Franzose möchte auf diese Kundgebung patriotischer Kontinuität verzichten?

Natürlich gibt es auch in Frankreich starke antimilitaristische Strömungen, und kaum ein Rekrut träumt mehr vom Heldentod fürs Vaterland. Für Ernüchterung wurde gesorgt in den Schützengräben des Ersten Weltkriegs, auf den Fluchtwegen von 1940, in den Reisfeldern Indochinas und in den kahlen Schluchten des Atlas. Aber kaum ein Gallier – auch kein Punker oder *loubard* – hat Verständnis für jene rabiaten teutonischen »Friedenskämpfer«, die mit Wurfgeschossen gegen die Vereidigung von Rekruten der Bundeswehr antoben und Kriegerdenkmäler mit roter Farbe beschmieren.

Wann immer sich mir die Gelegenheit bot, habe ich die Parade des 14. Juli im Fernsehen angesehen. Jedes Jahr nimmt die Zahl der jungen Französinnen in Uniform zu, die an diesem Schauspiel teilnehmen. Im Ausland hat man über diese zierlichen Amazonen gelächelt, insbesondere über die *polytechniciennes*, die mit Dreispitz und halblangem Rock über den Schaftstiefeln antreten, die vor der Ehrentribüne den Knauf des Degens an die Lippen führen, ehe sie die Klinge zu feierlichem Gruß senken. Aber man schaue sie sich genau an, diese französischen Mädchen in Uniform. Ihre Gesichter sind todernst und entschlossen. So ähnlich mag die Demoiselle d'Orléans geblickt haben, wenn sie das Schwert zog gegen die Feinde Frankreichs. In den jungen französischen Frauen – weit mehr als in ihren männlichen Altersgenossen – verkörpert und behauptet sich heute der harte Kern, die spröde Kraft dieser Nation inmitten der vielfältigen Auflösungserscheinungen eines turbulenten Jahrhunderts.

Die Musikzüge auf den Champs-Elysées lösen sich ab. Die schmetternden *clairons* bestimmen den Ton beim flotten Rhythmus von »Sambre et Meuse« und »Division Leclerc«. Feierlich dagegen dröhnt dazwischen die »Marche consulaire«, zu deren Klängen Bonaparte zur Eroberung Europas antrat. Wie kommt es, daß mir angesichts des

Marionettenspiels des »Quatorze Juillet«, dieser Beschwörung alter Herrlichkeit, die jedes Jahr zelebriert wird wie ein Abschied vom Ruhm, ein ganz anderes Lied einfällt? Es wurde im ausgehenden Mittelalter von dem Galgenvogel François Villon gedichtet, in einer allegorischen Sprache, die bereits das Aufkommen der Renaissance ankündigte. So paradox es erscheinen mag, aus den Versen des geächteten Vaganten Villon klingt das patriotische Pathos vielleicht eindringlicher als aus dem Scheppern der Panzerketten auf dem Pflaster der Champs-Elysées, aus dem Düsengefauche der »Patrouille de France« über dem Triumphbogen. All jene larmoyanten oder revoltierenden Bänkelsänger deutscher Zunge, die heute an die selbstzerstörerische Kraft, an die abgrundtiefe Gesellschaftsverachtung ihres vermeintlichen Vorläufers François Villon anknüpfen möchten, sollten sich jene Reime merken, die dieser den »Verleumdern Frankreichs« entgegenschleuderte*:

»Dem sollen wilde Tiere Feuer speien,
wie Jason sie auf Fahrt zum Goldvlies sah,
in Tiergestalt soll sieben Jahr' er sein,
wie einst Nebukadnezar es geschah,
er geh zugrund' im bösen Krieg zerschlagen,
wie Troja ihn um Helena ertragen.
Verschlungen soll er sein mit Tantalus
und mit Proserpina im Höllenfluß,
Leid, schwerer als das Hiobs ihn erreiche,
er schmacht in Haft im Turm des Dädalus,
wer übel wollte Frankreichs Königreiche...«

»... qui mal vouldroit au royaulme de France!«

---

* Übersetzung von Walther Küchler

Der Niedergang der Stalinisten

Lens, 16. Februar 1988

Auf einen Betonpfeiler am Eingang von Lens haben die »Jungen Kommunisten – Jeunesses Communistes« – mit weißer Farbe die Forderung gepinselt: »Befreit Mandela!« Die KPF gibt ein schwaches Bild ab im *pays noir,* im Land der Gruben und der Kohle, einer ihrer Hochburgen in den Nachkriegsjahren. Dem kommunistischen Präsidentschaftskandidaten André Lajoinie, dessen kantige Gesichtszüge sich für die Statisterie eines Revolutionstribunals eignen würden, waren nur ein paar Plakate gewidmet mit der banalen Aufforderung an die Genossen: »Faites vous entendre – Meldet euch zu Wort!« Nelson Mandela, der ferne schwarze Widerstandskämpfer gegen die südafrikanische Apartheid, bot offenbar ein besseres Propagandathema für die jungen, moskautreuen Linken.

Hingegen strahlte Jacques Chirac, werbend, fast kokett lächelnd, von unzähligen riesigen Postern auf rußigen Mauern. »Der Wille – der Eifer – der Mut – oui, c'est Chirac«, klang die aufdringliche Losung. Rätselhaft wie ihre gesamte Strategie im Ringen um das höchste Amt der Republik gaben sich die Sozialisten. Da Mitterrand immer noch keine klare Stellung bezogen hatte und sich weiterhin sibyllinisch gab, waren die Werbefachleute, deren »Kreativität« von Scharlatanerie zuweilen schwer zu unterscheiden ist, auf eine nur ihnen verständliche Allegorie verfallen. Auf riesiger weißer Fläche standen die Worte »Génération Mitterrand«, und zwischen den Lettern erkannte der staunende Passant ein strahlendes Baby, dem sich eine anonyme Männerhand entgegenstreckte. Ähnlich wurde Adam in der Sixtinischen Kapelle von Gottvater zum Leben erweckt. Sollte damit die definitive Entmündigung des souveränen Wahlvolkes vor Augen geführt werden? So schäumten gewisse Pariser Kommentatoren.

Es bedurfte keiner großen soziologischen Untersuchung, um den Niedergang der Kommunisten im nordfranzösischen Revier festzustellen. Die Wählerschaft, die in den ersten Nachkriegsjahren die

30-Prozent-Marke erreicht hatte, war auf die Hälfte geschrumpft. Von der revolutionären Siegesstimmung der umstürzlerischen Streikwelle des Winters 1947/48, die die Vierte Republik an den Rand des Untergangs gespült hatte, war nichts mehr zu spüren. Seit Michail Gorbatschow mit Ronald Reagan Verbrüderungsbotschaften austauscht, seit *Perestrojka* und *Glasnost* die moskowitische Nomenklatura verunsichern, ist der französischen KP nicht mehr wohl in ihrer Haut.

*

Als junger Journalist war ich im Januar 1952 nach Lens gereist, um über die dort heftig entbrannte Rivalität zwischen Kommunisten und Sozialisten zu berichten. Damals stützte sich Stalin auf eine bedingungslose Gefolgschaft bei den französischen Moskowitern. In Lens hatte ich das Büro der KPF in einem dürftigen Reihenhaus entdeckt. Die freudlose Straße lief schnurgerade auf eine rauchende Schlackenhalde zu. »Hast du deinen Parteiausweis bei dir?« hatte mich der örtliche Parteisekretär, ein blasser junger Arbeiter mit stechenden Augen, gefragt. »Bist du nicht André aus Paris?« Er blickte mißtrauisch, als er sich der Verwechslung bewußt wurde, und dann schwieg er. »Ich kann Ihnen keine Auskunft geben ohne einen Brief vom Zentralkomitee«, hatte er schließlich hinzugefügt.

Ich sah mich in der kahlen Schreibstube um. Auf dem Tisch lagen ein paar Broschüren aus der Volksrepublik Rumänien. Nur ein Bild hing an der Wand, das Portrait Stalins. Nur eine Büste stand auf dem Aktenschrank, die Büste Stalins. An der Schreibmaschine saß ein blondes Mädchen. Auch sie musterte mich zurückhaltend. Schließlich hatte der Parteisekretär doch noch ein paar Statistiken über die letzten Wahlen herausgekramt. Er erzählte vom eben beendeten Streik, den er mit dem Stolz eines Aktivisten als eine »gelungene schöne Aktion der Werktätigen« bezeichnete und gab schließlich freimütig zu, daß hier oben im Nord und Pas-de-Calais die Sozialisten der »Section française de l'Internationale ouvrière« (SFIO) ernst zu nehmende Gegner seien, weil ihre Führer, anders als im übrigen Frankreich, aus der Arbeiterklasse hervorgegangen seien.

»Die proletarische Bewegung«, so hatte Friedrich Sieburg im Jahr 1929 geschrieben, »kann auf Generationen hinaus keine ernste Stoßkraft erlangen, weil der Kapitalismus in Frankreich noch nicht jene hohe Form durch die Industrialisierung erreicht hat, auf die jede proletarische Bewegung angewiesen ist.« Maurice Thorez, ein ehemaliger Bergarbeiter aus Noyelles-Gerdault und echter nordfranzösischer »Chtimi«, der in fünfundzwanzig Jahren die KPF aus einer relativ kleinen, aber stählernen Vorhut zur gewaltigen Massenbewegung, zur stärksten Partei Frankreichs hochgeführt hatte, sollte auch eine andere, durchaus plausible These Sieburgs widerlegen: »Die Kommunisten (Frankreichs) erschöpfen sich in Kämpfen mit den Sozialisten, die um so fruchtloser sind, als letztere ihre Taktik vollständig auf die Struktur des Landes eingestellt haben und infolgedessen imstande sind, die kleinbürgerlichen Elemente, ja die Landbevölkerung ... zu erfassen.«

Auf dem Kongreß von Genevilliers im Oktober 1952 hatte Maurice Thorez, der sich in seiner Autobiographie als »Sohn des Volkes« vorstellte – den Titel »Vater der Völker« hatte Stalin für sich gepachtet –, feierlich erklärt: »Von Paulus bis zum Mailänder Edikt« – das dem Christentum im römischen Weltreich zum Durchbruch verhalf – »sind drei Jahrhunderte verflossen; aber von Marx bis zur Oktober-Revolution verging nur ein halbes Jahrhundert.« Dieser Vergleich sprach Bände über das Wesen der Kommunistischen Partei Frankreichs. Gewiß, der Zweite Weltkrieg, die Niederlage, die Besatzung, der entscheidende Beitrag der Sowjetunion zum Sieg der Alliierten, das Stahlbad der Résistance hatten das Hochkommen der KPF begünstigt. Aber andere soziologische und auch mystische Motivationen traten hinzu.

Im Januar 1952 hatte ich noch ganz im Geist meiner Politologie-Studien geschrieben: »Der dürre Rationalismus der Revolutionsväter von 1789 konnte auf die Dauer nicht das Brot der Armen bleiben. Er hatte ihnen zwar die christliche Gläubigkeit genommen, ließ aber eine Leere zurück, die heute erst durch den Mythos aus dem Osten gefüllt wird, durch die Verheißung der klassenlosen Gesellschaft nach der Zwischenphase der Diktatur des Proletariats. Der freche, aufklärerische Gesang des Gavroche wurde von einem uralten Offenbarungsspruch abgelöst: ›Ex oriente lux‹. Die Partei wurde somit zur Kirche, die Opfer der Bewegung zu Märtyrern – ›le parti des fusillés‹ – und Stalin zum unfehlbaren Interpreten des dialektischen Materialismus. Nach eineinhalb Jahrhunderten nüchternen Rationalismus' hat sich eine Fraktion des französischen Volkes mit quasi religiösem Eifer auf die stalinistische Heilslehre gestürzt, und die Intellektuellen, die daran teilnehmen, tun das mit einer Wollust der Selbstverstümmelung, die von jeher den konfessionellen Massenwahn ausgezeichnet hat. Deshalb steht der Kommunismus außerhalb der parlamentarischen französischen Demokratie, wie – um den Vergleich Maurice Thorez' weiterzuführen – das frühe Christentum sich weigern mußte, der heidnischen Ordnung des römischen Cäsarentums zu huldigen.«

Nach den Kommunisten von Lens hatte ich 1952 einen Verantwortlichen der »Französischen Sektion der Sozialistischen Internationale« dieser Grubenstadt aufgesucht. In seinem bescheidenen Backsteinhaus saß mir ein schwerer Mann flämischen Typs und unzweifelhaft proletarischer Herkunft gegenüber. Er äußerte sich mit einer Offenheit, die ihn wohltuend von den kleinen Apparatschiks der benachbarten KP unterschied. Mit seiner ruhigen Kraft hob er sich auch von den nervösen Intellektuellen in der Pariser SFIO-Zentrale an der Cité Malesherbes ab, wo unter anderen Besuchern stark gepuderte Damen im Pelzmantel antichambrierten.

»Ja, das stimmt, was der Kommunist Ihnen sagte«, bestätigte der Sozialist von Lens. »Wir sind hier ungefähr die einzige SFIO-Föderation, deren Mitglieder und Wähler überwiegend aus der Arbeiterschaft kommen. Aber wir sind eben anders als unsere Parteifreunde in Paris oder Béziers. Wir schweben nicht so sehr in den ideologischen Sphären. Wir stehen mit beiden Füßen auf dem Boden. Als die Intellektuellen der Partei, Léon Blum an der Spitze, anläßlich der Volksfront von 1936 hinter den Kommunisten herliefen, da haben wir uns weiter mit den Stalinisten herumgeschlagen, und wenn heute die SFIO aus der Konfessionsschule, der ›école libre‹, eine Staatsaktion macht, so ist das für uns unaktuell, ja hindert uns nicht, mit den christlichen Gewerkschaften hier die Reihen enger zu schließen.«

Über seinem Kopf hing ein Gewerkschaftsplakat in englischer Sprache. Er folgte meinem Blick und lächelte. »Ja, sehen Sie, wir haben den richtigen Moment verpaßt, die französische Labour Party zu gründen. Als hier vor einem halben Jahrhundert – als Folge der Industrialisierung und der Abkehr vom Katholizismus – die Masse sich nach links orientierte und zunehmend sozialistisch wählte, da hätten wir mit der großen ›Confédération Générale du Travail‹ gemeinsam eine unwiderstehliche Arbeiterpartei schaffen müssen, dann hätten uns auch die Umwälzungen des Zweiten Weltkrieges nichts anhaben können. Aber da stand zu Beginn des Jahrhunderts die ›Charta von Amiens‹ mit dem Verbot der politischen Parteibetätigung innerhalb der Gewerkschaften, und damit haben wir den Kommunisten, die sich 1920 auf dem Kongreß von Tours von der II. Internationale lossagten, die Bolschewisierung der CGT ermöglicht.«

*

In diesem Februar 1988 strahlt eine verfrühte Frühlingssonne über Nordfrankreich. Selbst die schwarzen Schlackenhalden, die im Gegensatz zum Ruhrgebiet noch längst nicht grün bepflanzt werden, die verrosteten Fördertürme, die trostlosen Reihenhäuser aus Backstein wirken nicht ganz so deprimierend wie an trüben Tagen. Die Rüben- und Getreideäcker zwischen den Bergarbeiter-Siedlungen werden von Kriegerfriedhöfen aus dem Ersten Weltkrieg unterbrochen. Viele Engländer sind hier gefallen.

In öden Außenbezirken kündigt ein Gewirr von Zweckbauten aus Eternit, Eisenstangen und bunt bemaltem Blech mit aufdringlicher Firmenwerbung eine zaghafte Konsumgesellschaft an. Beeindruckend sind hingegen die historischen Stadtkerne von Arras, Béthune und Lille mit ihren wehrhaften Türmen des Mittelalters, *beffroi* genannt. Das Wort ist verwandt mit dem deutschen »Burgfried«. Zwischen 1914 und 1918 ist Arras, die Hauptstadt der Grafschaft Artois, von der deutschen Artillerie verwüstet worden. Die Pracht des spätgotischen Rathauses, die mächtige Abtei, die feierlichen Fassaden der Patrizierhäuser, die bereits flämisch anmuten, sind in vollem Umfang restauriert worden. Dennoch geht von diesen Mauern eine unendliche Tristesse aus. Irgendwie hat sich diese Landschaft wohl nie erholt von den endlosen Feldzügen, die sie fast tausend Jahre lang plagten. Merkwürdig, daß Frankreich an dieser Stelle seine Grenzen niemals dauerhaft in die nahe Schelde-Niederung vorschieben konnte. Dem standen erst die flämischen Zünfte, dann die Habsburger und vor allem die »Tercios« der spanischen Infanterie im Wege.

Noch schlimmer ist der französische Norden durch die überstürzte Industrialisierung des 19. Jahrhunderts heimgesucht worden. In der Umgebung von Douai ist die Welt Emile Zolas bis auf den heutigen Tag wie ein Museum des Elends und der Menschenschinderei erhalten geblieben. Die Zahl der Bergarbeiter ist von zweihunderttausend auf vierzehntausend geschrumpft. Nur noch vier Zechen sind in Betrieb, und auch sie werden bald schließen.

Nach den belgischen, polnischen und italienischen Fremdarbeitern sind Nordafrikaner in dieses sterbende Kohlebecken geströmt. Doch auch bei der alteingesessenen Bevölkerung sieht man häufig Gesichter, die aus den Romanen »Germinal«, »La bête humaine«, »L'assommoir« stammen könnten. Die erbarmungslose kapitalistische Ausbeutung unter Tage, die verzweifelte Flucht der ausgelaugten Bergarbeiter in den Absinth haben ihre Spuren hinterlassen bei diesen Nachfahren der »Rougon-Macquart«. In einer Kneipe, deren Schäbigkeit mit der herrlichen Architektur der »Grande Place« kontrastiert, haben sich ein paar freundliche, aber heruntergekommene Mittagsgäste eingefunden. Zu meiner Verwunderung entdecke ich unter dem Spiegel einen Aufkleber in deutscher Sprache, der auf die Partnerschaft zwischen Arras und Herne im Ruhrgebiet verweist. Auch in Herne stehen die Fördertürme still.

Auf einen Abstecher nach Lille habe ich dieses Mal verzichtet. Das Geburtshaus de Gaulles in der mißmutigen Rue Princesse – sinnigerweise zwischen einer Kaserne und einer Kirche gelegen – ist mir aus dem Juli 1965 in deutlicher Erinnerung. Es war ein heißer Sommertag gewesen. Am Ende der Rue Princesse gegenüber der »Caserne Négrier« und keine hundert Meter vom bescheidenen Haus der de Gaulles entfernt hatte unser Kamerateam eine kleine Bar entdeckt, die völlig aus dem Rahmen der steifen flandrischen Stadt Lille fiel. Besitzer dieses Lokals waren zwei ehemalige Schauspieler, die – offenbar in der Erkenntnis, daß Kunst nach Brot gehen müsse – der Bühne den Rücken gekehrt hatten und sich in der derben Atmosphäre dieses Ausschanks fröhlich verkommen ließen. Attraktion für die Stammgäste – dazu gehörten wohl die meisten Außenseiter von Lille – war ein blutjunges Serviermädchen mit langer brauner Mähne und einem frechen Bardot-Gesicht. Sie trug einen karierten Tweed-Anzug, wie er damals in der Hauptstadt *dernier cri* war, und behandelte die Zecher mit burschikoser Zutraulichkeit. Sie sprach ständig davon, mit dem nächsten zahlungskräftigen Gast nach Paris aufzubrechen, um endlich diesem muffigen Provinznest zu entrinnen. Eine eigenartige Gesellschaft, vom homosexuellen Industriellen-Sprößling bis zum Clochard reichend, hatte in der Nachbarschaft des Vaterhauses Charles de Gaulles ihren Treffpunkt gewählt. Die Misfits aus der Bar der Rue Princesse hätten gut in einen Simenon-Roman gepaßt.

Die Nonnen, die die artigen Reihen uniformierter Mädchen zur Kirche Saint-André führten, schlugen züchtig die Augen nieder, wenn sie an dem Ausschank vorbeikamen. Vor der »Caserne Négrier« lärmte eine Gruppe Soldaten. Vom Schießplatz jenseits der Chaussee hallte das Rattern von Maschinenpistolen. Der Nachmittag war schwül. Auf dem nahen Kanal unter schattigen Bäumen glitten Lastkähne träge nach Osten.

Hier hatte das Kind Charles de Gaulle die ersten Jahre seiner Kindheit verlebt, ehe sein Vater, ein Lehrer, nach Paris versetzt wurde. In diesem flachen Land des Nordens, das der belgische Nachbar Jacques Brel in seinem Chanson »Ce plat pays qui est le mien« besingt, war er aufgewachsen, im platten Land, wo die Kathedralen als einzige Berge in den trüben Himmel ragen und wo die Kanäle sich schwermütig im nebligen Horizont verlieren.

Der Dissident aus dem Politbüro

Am späten Nachmittag bin ich in weitem Bogen um Paris herum in die südliche Banlieue bei Orly gelangt. Ich brauchte einige Zeit, ehe ich mich in den einförmigen Sozialbauten von Massy zurechtfand und den niedrigen Kastenbau der »Bourse du travail« entdeckte. Ich hatte mich dort mit Pierre Juquin verabredet, ehemaliges Mitglied des Politbüros, der im Oktober 1987 wegen ideologischer Abweichung aus der Kommunistischen Partei Frankreichs ausgeschlossen worden war und sich nun – ungeachtet seiner minimalen Chancen – als unabhängiger Präsidentschaftskandidat vorstellte. Die Pressekonferenz Juquins ließ auf sich warten. Die Arbeitsbörse war noch von einer Gruppe Kommunalarbeiter besetzt, die mit einem Beauftragten der Gemeinde Massy über Lohnanhebung, über die Einstellung von zwei zusätzlichen Straßenkehrern, über die Verbesserung des Kantinenessens diskutierten. Eine Gruppe armer, redlicher Leute beratschlagte hier mit dem Segen der prokommunistischen CGT-Gewerkschaft. Diese Männer mit den ausgezehrten, sorgenvollen Gesichtern gehörten jener Kategorie von fünf bis sieben Millionen Franzosen an, die – der Aussage Alain Mincs in »La machine égalitaire« zufolge – an der Grenze oder gar unterhalb des Existenzminimums dahinleben.

Hinter dem Tisch der kommunistischen Gewerkschafter waren bereits die bescheidenen Saalplakate des Dissidenten Juquin angebracht. Aber das schien niemand zu stören. »Le courage – c'est Pierre

Juquin« verkündete eine Banderole mit dem zuversichtlichen Gesicht des Herausforderers. Andere Inschriften forderten das Wahlrecht für die Gastarbeiter und deren Familien sowie die Unabhängigkeit für die neu-kaledonischen »Kanaken«.

Seit 1982 war ich Juquin nicht mehr begegnet, aber er erkannte mich sofort. Die Zeit war nicht spurlos an diesem engagierten kommunistischen Funktionär vorbeigegangen, der sich früher durch jungenhafte Frische und Unbekümmertheit vorteilhaft von seinen strengen Genossen des Politbüros unterschied. Die Pressekonferenz in Massy war mäßig besucht, und danach kamen wir schnell ins Gespräch. In diesem Bezirk der Essonne, südlich von Paris, sei er zwölf Jahre lang kommunistischer Abgeordneter gewesen, und 1974 habe er diese Arbeitsbörse eingeweiht, sagte Juquin. Noch zu Beginn der siebziger Jahre sei diese Gegend rein landwirtschaftliches Gelände gewesen. Aber dann habe man billige Sozialwohnungen in aller Eile hochgezogen, um die geflüchteten Algier-Franzosen in dieser Satellitenstadt unterzubringen.

Neben Pierre Juquin saß eine gut aussehende Algerierin, Kaissa Titous. Sie war Assistentin des Kandidaten, verkörperte sein Engagement zugunsten der nordafrikanischen Einwanderer. Kaissa besaß nicht einmal die französische Staatsangehörigkeit. Auf der anderen Seite hatte sich ein graubärtiger Aktivist niedergelassen, ebenfalls ein Abtrünniger der KPF. Einige Sympathisanten, die Juquin um sich scharte, entsprachen dem Typus der deutschen »Grünen«. Er bestätigte mir, daß er zu den Naturschützern der Bundesrepublik bereits Fühler ausgestreckt habe. Sein Ökologie-Programm, seine Absage an die französische Nuklearrüstung, sein Eintreten für die Ausländer reihten ihn in das verschwommene Lager der europäischen »Alternativen« ein.

Dennoch kam bei dieser kleinen Versammlung immer wieder der Eindruck bei mir auf, ich sei in eine Inszenierung des spanischen Bürgerkrieges rückversetzt. Auf seine eigene »stalinistische« Vergangenheit angesprochen, reagierte Juquin kurz und heftig. Tatsächlich hatte er einst die jungen Achtundsechziger in den eigenen Reihen mit inquisitorischer Strenge verfolgt. Aber jetzt beanspruchte er das Recht auf Revision vergangener Irrtümer. »In diesem Land konnte doch ein Mann Staatschef werden, der die algerischen Freiheitskämpfer als Banditen beschimpft hatte«, ereiferte er sich in eindeutiger Anspielung auf Mitterrand.

Ob dieser Außenseiter, den die rüden Genossen vor den Fabriktoren oft genug mit dem Wort »Verräter« begrüßen, ein paar Wählerprozente für sich gewinnen würde, war ungewiß. Für André Lajoinie, den farblosen offiziellen Kandidaten der KPF, der sich auf ein vernichtendes Resultat gefaßt machen mußte, war Juquin dennoch ein gefährlicher Rivale. Was ihn denn fundamental von den rechtgläubigen Kommunisten unterscheide, fragte ich. Juquin faßte das in drei Punkten zusammen: Absage an den sogenannten demokratischen Zentralismus; Säkularisierung – er gebrauchte das Wort »laïcisation« – der Beziehungen zu Moskau, zu dem dritten Rom der roten Orthodoxie; klares Bekenntnis zur europäischen Einigung und somit zur kontinentalen Selbstbehauptung zwischen Ost und West.

Zweifellos ging Pierre Juquin einen schweren Gang. Die allein seligmachende Partei hatte ihn verstoßen wie einen Häretiker, wie einen *prêtre défroqué*, einen abgefallenen Priester. Er suchte jetzt Verbündete beim kleinen Trupp der französischen *écologistes*, bei den Trotzkisten der unermüdlichen Arlette Laguiller, die mit ihrem Mini-Verbund »Arbeiterkampf« Rosa Luxemburg auf französisch spielte.

Nach der Pressekonferenz plauderten wir über unser letztes Treffen im Frühjahr 1982. Schon damals ging es mit den französischen Kommunisten steil bergab, und Juquin, als Beauftragter für Propaganda, war sich dessen bewußt. Im Pariser Hauptquartier der KPF an der Place du Colonel Fabien hatte er sich in ungewöhnlich offener Weise über die Polen-Krise ausgelassen. Sein Büro war mit einfallsarmen Plakatentwürfen tapeziert. In den oberen Etagen dieses mächtigen Gebäudes herrschte eine Atmosphäre der Nüchternheit und Effizienz. Ein modernes Industrie-Unternehmen oder ein überdimensionales Verlagshaus würden sich dem Besucher ähnlich darbieten, so schien es auf den ersten Blick. In Wirklichkeit verbarg sich unter der modernistischen Glasfassade, die der berühmte Architekt Niemeyer, der Schöpfer Brasilias, für die KPF entworfen hatte, eine wohlgeschützte, betonierte Festung, die durch versteckte Kameras rundum überwacht wurde. Bullige Sicherheitsbeauftragte kontrollierten die Besucher wie am Eingang einer Geheimdienstzentrale. Im Allerheiligsten – tief unter der Erde – öffnete sich die Stahltür wie in einem Bunker für Atomraketen. Dahinter befanden sich die streng abgeschirmten Sitzungssäle des Zentralkomitees und der Befehlsstand des Politbüros.

Schon im März 1982 rumorte es in der KPF. Die Partei hatte bei den Wahlen ein Jahr zuvor sieben Prozent ihres Stimmenpotentials eingebüßt. Welches die Gründe dafür seien, hatte ich Juquin gefragt, und er hatte mit einer Freimütigkeit geantwortet, die einem roten Kurienkardinal schlecht anstand. »Es ist ein schwieriges Problem. Wie kann man unseren Wählerschwund erklären? Es gibt triftige Gründe hierfür. Die Perspektive, das Programm unserer Partei haben jahrzehntelang der modernen Entwicklung der französischen Gesellschaft nicht mehr entsprochen. Wir haben ein Modell des Sozialismus entworfen und vertreten, das unserer Gesellschaft, unserer Geschichte, unseren Traditionen nicht entsprach. Vor dem Krieg pflegte zum Beispiel unser damaliger Generalsekretär Maurice Thorez am Ende seiner Rede auszurufen: Es lebe ein sowjetisches Frankreich! Es lebe die französische Sowjetrepublik! Dabei hatten wir aus den Augen verloren, daß die bolschewistische Revolution, die einen sehr großen Fortschritt in der menschlichen Geschichte darstellt, nicht zu wiederholen ist, insbesondere nicht in einem westlichen Land wie Frankreich. Die Sowjetunion hat – das ist doch eine Binsenweisheit – keine Französische Revolution hinter sich. Wir hatten längst demokratische Errungenschaften geschaffen, wir verfügten über eine demokratisch-republikanische Tradition. Unsere Gesellschaft ist viel weiter entwickelt als die russische Gesellschaft vor einem halben Jahrhundert. Also ist es verfehlt, in einem Land wie Frankreich eine Art sowjetische Gesellschaft, selbst wenn sie akklimatisiert wäre, zu empfehlen. Wir haben das geändert. Wir haben auf dieses Modell verzichtet. Die Perspektive, die wir vorschlagen, ist eine nationale und demokratische Perspektive. Es handelt sich um den *socialisme à la française,* Sozialismus in der Freiheit durch die Freiheit. Aber wir haben die Realität zu spät entdeckt. Das hätten wir vor zwanzig oder fünfundzwanzig Jahren vollziehen müssen. Diese historische Verspätung wollen wir nachholen, aber es geht nicht so schnell, und jetzt zahlen wir dafür. Die Franzosen werden sich allmählich davon überzeugen können, daß wir für einen durch und durch französischen Sozialismus kämpfen, und dann werden wir allmählich wieder unseren Einfluß vertiefen können. Das ist absolut notwendig für den weiteren Fortschritt der Linken in Frankreich. Daran arbeiten wir, und das tun wir im Rahmen der neuen parlamentarischen Mehrheit, innerhalb der Regierungskoalition mit den Sozialisten, die wir nach dem Wahlsieg Mitterrands im Mai 1981 gebildet haben.«

Als Pierre Juquin dieses nationalkommunistische Bekenntnis ablegte, herrschte noch offizielle Eintracht bei der »Union der Linken«. Die Furcht des Bürgertums vor dieser neuen Volksfront wurde durch eine Vielzahl überstürzter Sozialgesetze, durch Verstaatlichungen großer Konzerne, durch dirigistische Experimente, durch verstärkte Steuer- und Devisen-Inquisition geschürt. In schwarzen Citroën-Limousinen fuhren kommunistische Minister des Kabinetts Mauroy im Hof des Elysée-Palastes vor. Als Vertrauensmann des KP-Generalsekretärs Georges Marchais war Transportminister Charles Fiterman, von Beruf Elektriker, in den Rang eines »Ministre d'Etat« erhoben worden. Zwischen Juni 1981 und August 1984 war die Kommunistische Partei Frankreichs mit vier Repräsentanten an den Regierungsberatungen beteiligt, die Staatspräsident Mitterrand im Elysée leitete. Gemessen am Dilettantismus mancher ihrer Kollegen von der Sozialistischen Partei taten sich die Kommunisten durch Disziplin, Arbeitseifer und Kompetenz hervor.

Diese Regierungskoalition, die Pierre Mauroy, sozialistischer Bürgermeister von Lille, im Auftrag des Staatschefs zusammengefügt hatte, blickte 1981 auf eine bewegte Inkubationszeit von zehn Jahren zurück. Als die KPF unter Georges Marchais und die Sozialisten François Mitterrands sich 1972 in der »Union de la gauche« zu einer Art neuer Volksfront zusammengeschlossen hatten, war die stark strukturierte Kommunistische Partei von der Erwartung ausgegangen, daß sie es mit einem unterlegenen Partner zu tun hätte. Die Sozialistische Partei hatte sich gerade aus einer langen Periode der Zersplitterung und Diskreditierung gelöst. Niemand konnte damals ahnen, daß François Mitterrand aus diesem Sammelsurium widerstrebender Kräfte binnen weniger Jahre die stärkste politische Formation Frankreichs schmieden würde. Über die Linksunion mit den Sozialisten wollte die KPF an der Macht teilhaben und respektabel werden. Sie wiegte sich in der Gewißheit, daß sie innerhalb dieses Bündnisses am Ende der stärkere Partner bliebe.

Die trügerische Harmonie war damals durch eine denkwürdige Kundgebung bekräftigt worden. Mitterrand und Marchais trafen gemeinsam am Friedhof Père Lachaise ein. Sie verneigten sich vor der »Mur des Fédérés«, jener schmucklosen Mauer, wo 1871 Hunderte von Communarden erschossen worden waren. Die Niederschlagung der Pariser Commune durch eine unerbittliche Bourgeoisie vor hundert Jahren belastete immer noch das gesellschaftliche Klima Frankreichs und verlieh der neugegründeten Linksunion ihre Weihe.

Aber spätestens im Jahr 1977 sollten die französischen Kommunisten erkennen, daß die Sozialisten keine Mitläufer waren, die man in brüderlicher Umarmung ersticken konnte. Es kam zum Bruch der Linksunion. Das gemeinsame Programm war keine tragfähige Basis für die beiden Parteien mehr. Die Gewerkschaft CGT griff die sozialdemokratischen Neigungen, die man François Mitterrand unterstellte, fast ebenso heftig an wie das konservative Regime des Präsidenten Giscard d'Estaing. »Weder Giscard noch Mitterrand; wir wollen eine revolutionäre Front des Volkes«, so verkündeten die roten Transparente.

Zu Beginn des Jahres 1981 glaubten die KPF und ihre Gewerkschaft CGT so wenig an einen möglichen Sieg Mitterrands bei der Präsidentschaftswahl, daß – wie Pierre Juquin später enthüllte – die Weisung an die Parteikader erging, in aller Heimlichkeit den konservativen Kandidaten Giscard zu begünstigen. Es gehörte von seiten der Kommunisten eine gehörige Dosis Opportunismus und Zynismus dazu, um nach dem Triumph Mitterrands am 10. Mai 1981 diesen angeblichen Klassenfeind, den man am Vortag beschimpft hatte, plötzlich als Schirmherr der neuen Regierungskoalition zu preisen, an der die KPF sich nun doch beteiligte.

Wie jedes Jahr war im Herbst 1981 das Fest der kommunistischen Parteizeitung *L'Humanité* – »la fête de l'Huma« – im Stil eines grandiosen, politisch orientierten Kirmesrummels gefeiert worden. Im Schatten des Riesenrades und unter den Luftballons sammelten sich die Vertreter aller nur denkbaren marxistischen Parteien sowie artverwandte Bewegungen aus fünf Kontinenten. Die Angolaner vom MPLA waren dort vertreten und die engagiertesten Palästinenser, die Polisario-Front aus der West-Sahara und die Tudeh-Partei aus dem Iran. Letztere hatte ihr Zelt mit einem Portrait Khomeinis geschmückt, den sie vergeblich zu umgarnen suchte. Vor allem die Stände von El Salvador und Nicaragua versammelten Scharen von Schaulustigen und Sympathisanten.

Höhepunkt war das offizielle Zusammentreffen der Parteihierarchen. Die Mitglieder des Politbüros und des Zentralkomitees saßen einer breiten und ziemlich buntscheckigen Menge gegenüber. Generalsekretär Georges Marchais behauptete sich an der Spitze, unbeschadet seiner Stimmeneinbußen bei der letzten Volksbefragung. Auch sein Zick-Zack-Kurs gegenüber Mitterrand schien ihm nichts anzuhaben. Stark umschwärmt waren die vier kommunistischen Minister des Kabinetts Mauroy. Der prominenteste war wiederum Charles Fiterman. Die KPF hatte sich zur Regierungssolidarität verpflichtet. Agitation und Protest würden in Zukunft vor allem Aufgabe der Gewerkschaft CGT sein. Selbst auf dieser roten Kirmes präsentierte sich die Partei als eine seriöse, verantwortungsbewußte Organisation, die sich seit ihrer Beteiligung an der Macht Zurückhaltung in Wort und Tat auferlegte.

Ein roter Mönchsorden

Im Februar 1982 hatte die KPF ihren XXIV. Kongreß in Saint-Ouen abgehalten, und sämtliche Kameras richteten sich auf die neue Leitlinie, die in großen Lettern über der Tribüne prangte: »Wir wollen den Sozialismus in den Farben Frankreichs bauen.« Jeder fragte sich, ob Generalsekretär Georges Marchais dafür der richtige Mann war. Er hatte kurz zuvor nämlich als zusätzlichen Beweis seiner ohnehin bewährten Moskau-Treue die Invasion Afghanistans durch die Rote Armee gutgeheißen.

Die enge Bindung an die KPdSU wurde dieses Mal durch die Präsenz des Moskauer Politbüro-Mitglieds Tschernenko unterstrichen, der bereits als potentieller Nachfolger Breschnews im Gespräch war. An hervorragender Stelle saß auch der polnische Außenminister aus der Militärjunta Jaruzelskis. Dieses war ein Parteitag der Langeweile, des platten Konformismus. Die Polen-Krise lastete auf den französischen Kommunisten. Pierre Juquin tanzte bereits aus der Reihe, als er die »verhängnisvollen Fehler« der Warschauer Parteifreunde kritisierte und die Forderung nach unabhängigen Gewerkschaften an der Weichsel erhob. Der permanente Anhängerschwund schuf Ratlosigkeit unter den Delegierten. Die Beteiligung an einer von Sozialisten beherrschten Regierung lähmte die konsequenten Verfechter des Klassenkampfes. An der Spitze der roten Gewerkschaft CGT wurde der versöhnlich wirkende Generalsekretär Georges Séguy, den man oft mit einem rundlichen Kanonikus verglichen hatte, durch den knallharten Funktionär Henri Krasucki abgelöst, dessen Raubvogel-Profil unter dem kahlen Schädel nicht nur das Bürgertum verschreckte.

Zu Beginn dieser dreijährigen Regierungsbeteiligung der KPF hatte sich im westlichen Ausland, zumal in der Bundesrepublik, manche

Befürchtung geregt. Frankreichs Bindung an das Atlantische Bündnis könne dadurch hinfällig werden, so wurde zeitweilig in Bonn gemutmaßt. Ich hatte damals Gelegenheit, François Mitterrand zu diesem heiklen Thema zu befragen, und die Erwiderung war eindeutig:

»Wenn ich diese Befürchtung teilen würde, gäbe es (in Frankreich) keine kommunistischen Minister ... Wir Sozialisten verfügen über die absolute Mehrheit in der Nationalversammlung. Wir können die Gesetze verabschieden ohne äußere Hilfe, im Namen all jener, die meine Wahl zum Präsidenten der Republik ermöglicht haben. Meine Berufung und meine Funktion ist es jetzt, so viele Franzosen wie möglich um mich zu sammeln. Zunächst einmal jene, die die Ziele der Linken unterstützen, denn das ist mein natürlicher Ausgangspunkt. Ich wiederhole, die französischen Kommunisten, die mir in der zweiten Runde der Präsidentschaftswahl ihre Stimme gaben, sowie die sozialen Schichten, die sie vertreten, haben ihren Platz in der Regierung Frankreichs. Aber mir obliegt es als Präsident der Republik und gemäß der Verfassung, die Politik Frankreichs und vor allem die großen außenpolitischen Entscheidungen zu definieren. Die Regierung, die ich berufen habe, führt diese Politik durch. Das Atlantische Bündnis ist eines der Fundamente unserer internationalen Aktion. Die Unabhängigkeit der Entscheidungen Frankreichs auf militärischem Gebiet, insbesondere was die nukleare Strategie betrifft, ist eine andere Grundlage unserer internationalen Politik ... Wir akzeptieren nichts, was dem Westen im Hinblick auf das militärische Kräfteverhältnis abträglich sein könnte. Deshalb habe ich von Anfang an gegen die Einrichtung der sowjetischen SS 20-Raketen Stellung genommen und akzeptiere nicht die geringste Schwäche gegenüber der sowjetischen Macht. Wir respektieren die Sowjetunion, aber wir wollen, daß sie auch uns respektiert.«

Über die wahre Natur der Kommunistischen Partei Frankreichs machte sich Mitterrand keine Illusionen. Er duldete keine Moskowiter im internen »Verteidigungsrat«. Er wußte um die Sorge der hauptberuflichen Funktionäre der KPF, der *permanents*, diese Regierungsbeteiligung könne zu ideologischer Aufweichung führen. Die Partei war dennoch ein streitbarer roter Mönchsorden geblieben. Das französische Fernsehpublikum konnte sich davon überzeugen, als ein einmaliges Filmdokument über die bislang streng geheime Kaderschule der KPF zur Ausstrahlung freigegeben wurde.

In Choisy-le-Roi, einem Pariser Vorort, trafen sich die jungen Anwärter auf die höheren marxistischen Weihen in geradezu klösterlicher Abgeschiedenheit. In diesem abgeschirmten Gebäudekomplex hatte einst der historische Gründer der KPF, Maurice Thorez, gelebt, der nach seiner partiellen Lähmung infolge eines Schlaganfalls noch jahrelang versucht hatte, den Parteiapparat durch seine fanatisch engagierte Lebensgefährtin, Jeannette Vermeersch, im Sinne stalinistischer Unerbittlichkeit zu gängeln. Jeannette wurde von vielen Genossen weit mehr gefürchtet als der jovial auftretende Maurice. Diese französische Tschiang Tsching war 1939 – gemeinsam mit Thorez – nach Moskau geflüchtet. Bei den französischen Patrioten hieß der Generalsekretär damals *le déserteur*. Aber das Kriegsglück war am Ende den Russen hold, und im Herbst 1944 kehrte das Paar unter dem Jubel seiner Anhänger nach Paris zurück. Thorez wurde sogar Staatsminister im Kriegskabinett de Gaulles.

Die erste große Krise kam auf die damals übermächtige KPF zu, als Marschall Tito sich von der sowjetischen Bevormundung lossagte. In Frankreich schlug die Stunde der härtesten Stalinisten, an ihrer Spitze Thorez und Vermeersch, die durch Hexenjagd und Präventivschläge dafür sorgten, das Aufkommen jeder Form von Nationalkommunismus in den eigenen Reihen im Keim zu ersticken. Nach einer Periode unerträglicher interner Spannungen wurden im Jahr 1952 die ruhmreichsten Veteranen, André Marty und Charles Tillon – sie hatten bereits 1919 an der Meuterei der französischen Schwarzmeer-Flotte zugunsten der Bolschewiki teilgenommen, im spanischen Bürgerkrieg gekämpft, während der deutschen Besatzung die *maquis* der roten FTP erfolgreich geleitet –, nach einem Geheimverfahren des Politbüros auf niederträchtige Weise verleumdet und aus der Partei ausgeschlossen.

Der Statthalter des Generalsekretärs, der ehemalige Zuckerbäcker Jacques Duclos, ein kleiner, rundlicher Mann mit rollendem mediterranem Akzent, hinter dessen scheinbarer Bonhomie sich ein fast mörderischer Machtinstinkt verbarg, konnte es dem glorreichen Veteranen Tillon nicht verzeihen, daß er schon im Juni 1940 – als der Hitler/Stalin-Pakt noch in voller Blüte stand – zum Widerstand gegen die Deutschen aufgerufen hatte. Duclos hingegen hatte den Kadavergehorsam gegenüber Moskau so weit getrieben, daß er sich bei der deutschen Kommandantur von Paris um die Druckerlaubnis für die kommunistische Parteizeitung *L'Humanité* bemühte. Am 10. August

1944 hatte Tillon seinen Aufruf zum bewaffneten Aufstand in Paris erlassen, während Duclos – auf Weisung der sowjetischen Auftraggeber – diesen zu verschleppen suchte. Vermutlich ging es Stalin damals darum, den Vormarsch der amerikanischen Alliierten im Westen nach Kräften hinauszuzögern, um zwischenzeitlich im Osten Europas möglichst viel Terrain an sich zu reißen.

Die Parteischule von Choisy-le-Roi, das ging aus besagtem Filmstreifen deutlich hervor, war trotz aktiver Regierungsbeteiligung und frisch bestätigter Linksunion mit den Sozialisten dem Geist Maurice Thorez' treugeblieben. Vor der endgültigen Weihe stellte der Leiter dieses marxistischen Priesterseminars Gewissensfragen nach dem Parteiengagement eines jeden Kandidaten, nach seinem Einkommen, nach den Familienverhältnissen, nach der Gesundheit. Vier Monate lang wurden die Parteiaktivisten hier einem Intensivtraining unterzogen. Ziel dieses Kurses, so erläuterte der Institutsleiter, sei die Erlernung von Kampfmethoden gegen das Großkapital. Von vierundzwanzig Schulungsteilnehmern kamen siebzehn aus der Arbeiterschaft.

Schon damals gehörte die polnische Frage, die Unterdrückung der Gewerkschaft Solidarnosč, zu den schwierigsten psychologischen Belastungen, denen sich die KPF ausgesetzt sah. Wieder einmal war – den Worten des »Exerzitienmeisters« zufolge – die bürgerliche Presse, vor allem das Fernsehen, an der verzerrten Darstellung der Tatsachen schuld. Statt konkrete Fakten zu berichten, habe die französische Télévision über die Ereignisse in Polen nur eine Flut von subjektiven und böswilligen Kommentaren gebracht. Am Ende des Kurses, so zeigte eine Befragung in Choisy-le-Roi, waren die jungen Kommunisten im Glauben gefestigt. Die ideologische Indoktrinierung war auf fruchtbaren Boden gefallen. »Haben Sie jemals gezweifelt?« wurde ein sympathisch wirkender Absolvent gefragt. – Die Antwort lautete: »Ich habe nachgedacht...« Neue Frage: »...nie gezweifelt?« – Darauf erklang ein klares »Nein«.

Einen Monat vor dem XXIV. Parteikongreß hatten wir den kommunistischen Staats- und Transportminister Charles Fiterman bei einem Arbeitsbesuch im verschneiten Alpengebiet von Chambéry gefilmt. Er galt – in strikter Anlehnung an Generalsekretär Marchais – als der kommende Mann der KPF. Fiterman wurde im Schneetreiben vom Präfekten begrüßt. Er war nach Chambéry gekommen, um einen Straßentunnel einzuweihen, und durchschnitt das blau-weiß-rote

Band. Dabei fragte sich mancher Zuschauer insgeheim, ob dieser Mann, der die militärischen Mobilisationspläne und Nachschubdispositionen für den Ernstfall kennen mußte, ein Sicherheitsrisiko darstellte.

Dem Minister wurden Petitionen der Gewerkschaften überreicht. Es handelte sich im wesentlichen um die Befreiung der Arbeitslosen von öffentlichen Transportkosten. Am Eingang des Tunnels kam es unvermutet zu einer politischen Kundgebung. »Monsieur Fiterman, wo ist Walesa?« stand auf einem Spruchband. Aus dem Hintergrund rief eine Stimme: »Fiterman, du bist doch in Polen geboren.« Tatsächlich war der Minister polnisch-jüdischer Herkunft. »Gibt es Tote in Polen?« wollte ein anonymer Fragesteller wissen, aber Fiterman würgte dieses Thema ab.

Während er auf einem Schneepflug Platz nahm, erzählte er, daß er als junger Soldat der französischen Armee Sattelschlepper für Tanks gefahren habe. »Ich bin, wie ich bin«, rechtfertigte sich Fiterman vor der Kamera; »ich habe mich als Minister und gar in meinen Beziehungen zu den Mitmenschen keineswegs verändert.« Beiläufig erwähnte er auch: »Die Kommunisten, die zu hohen Ämtern gelangen, führen freiwillig einen großen Teil ihres Gehalts an die Partei ab. So erhalte auch ich eine mäßige Vergütung ausbezahlt.« Er habe jetzt als Minister zwar gesteigerte Ausgaben, vor allem im Hinblick auf Kleidung, aber nach seinen Abgaben an die Partei behielte er von einem Monatsgehalt, das sich auf etwa dreißigtausend Francs bezifferte, lediglich achttausend Francs; das waren damals dreitausendzweihundert D-Mark.

Mitterrand bootet die Kommunisten aus

Die Kommunisten hatten unter Mitterrand manche Kröte geschluckt. Man denke nur an die Kampagne des Staatschefs für die Stationierung der Pershing II in der Bundesrepublik. Noch schwieriger wurde es für die Gefolgsleute Georges Marchais' und vor allem die befreundete Gewerkschaft CGT, als die Regierung Mauroy – unter dem Druck der wirtschaftlichen Realitäten – die feierlichen Gelöbnisse eines straffen, sozialistisch orientierten Regierungsprogramms Punkt für Punkt preisgeben mußte.

Im Sommer 1984 war es soweit. Der gemäßigte nordfranzösische Sozialist Mauroy, der sich verdienstvoll abgerackert, aber auch abgenutzt hatte, wurde vom Präsidenten überraschend seines Amtes enthoben. Als neuer Regierungschef wurde der bisherige Budget-Minister Laurent Fabius eingesetzt. Bei allem mitterrandistischen Eifer, dem dieser ehrgeizige, vorzeitig kahlköpfige junge Mann, Sohn eines hochbegüterten Antiquars, seine ehrgeizige Blitzkarriere verdankte, war jedem politischen Beobachter klar, daß diese Regierungsumbildung eine demonstrative Hinwendung zur Marktwirtschaft signalisierte.

Genau zu der Stunde, als die Nachricht der Berufung Fabius' über die Ticker ging, war ich aus dem Iran zurückgekehrt, wo ich das gräßliche Schlachtfeld in den Sümpfen des Schatt-el-Arab und die umkämpfte Insel Madschnun besichtigt hatte. Noch war die Zusammensetzung des neuen Pariser Kabinetts in keiner Weise fixiert, aber als ich um einen Sofortkommentar im ZDF gebeten wurde, bestand für mich kein Zweifel, daß die KPF von nun an über keinen Ministerposten mehr verfügen würde. Alle zähneknirschenden Zugeständnisse der Kommunisten hatten nichts gefruchtet. Der rote Mohr hatte seine Schuldigkeit getan.

Die Partei hatte sich in dieser Koalition verschlissen. Ihr Ansehen bei Freund und Feind war ramponiert. François Mitterrand konnte Charles Fiterman und seine drei Minister-Genossen mit allen Kundgebungen majestätischen Wohlwollens in die Wüste schicken. Er hatte mit Klugheit und Raffinesse die Absichten der französischen Moskowiter durchkreuzt. Ihm kam auch das historische Verdienst zu, die Kommunisten Frankreichs, vor denen einst die Vierte Republik gezittert hatte, auf eine Marginalposition von rund zehn Prozent reduziert zu haben. Natürlich war diese Entwicklung durch eine Umschichtung erleichtert worden, die die Arbeiterschaft der postindustriellen Gesellschaft – von Proletariat wollte ohnehin keiner mehr sprechen – ihrer klassenkämpferischen Machtposition ohnehin beraubt hatte.

Gerade um die rote Gewerkschaft CGT war es schlimm bestellt. Sie litt nicht nur unter dem Erstarken rivalisierender Arbeitnehmer-Verbände wie der CFDT, die ursprünglich aus einer christlichen Organisation hervorgegangen war, oder der »Force Ouvrière«, die sich zur Sozialdemokratie bekannte. Henri Krasucki, der Generalsekretär der CGT, der wie sein Vorgänger Georges Séguy dem Politbüro der KPF angehörte, war nun einmal kein Sympathieträger. Der Mann mit der spitzen Nase und dem starren Blick wurde zur tragischen Figur. Als Jüngling hatte dieser Sohn polnisch-jüdischer Einwanderer sich einer aktiven kommunistischen Widerstandszelle angeschlossen, die speziell unter den in Frankreich lebenden Ausländern, meist Juden und Armeniern, rekrutiert wurde und von der Parteizentrale für besonders gefährliche, oft tödliche Einsätze ausgesucht war. Krasucki gehörte zu den wenigen Überlebenden dieser »Groupe Manouchian« – nach einem von der Gestapo ermordeten Armenier benannt –, deren Selbstaufopferung in der späteren offiziellen Geschichtsschreibung des »parti des fusillés« systematisch verdunkelt wurde.

Als höchster Stratege der CGT hatte Henri Krasucki in den späten siebziger Jahren mit Schwergewicht in den großen Automobilwerken rund um Paris für Lohnkampf, Streik und Aufruhr gesorgt. Es waren überwiegend unqualifizierte Hilfsarbeiter, die seinen klassenkämpferischen Parolen gegen das »Patronat« folgten, die Fabrikdirektoren in ihren Büros einschlossen und auf dem eroberten Werkgelände rote Fahnen schwenkten. Verhängnisvoller noch als in den Privatbetrieben wirkten sich die Arbeitsniederlegungen in den verstaatlichten Renault-Werken auf die Produktion aus.

Dem Durchschnittsbürger, der diese Ereignisse tagtäglich auf dem TV-Schirm verfolgte, bot sich ein merkwürdiges Bild. Die ausländischen Gastarbeiter, in der Mehrzahl Nordafrikaner, gaben den Ton an. Sie machten Front gegen die Sozialpolitik des französischen Staates. Die Streikführer, die gestikulierend das Wort ergriffen, trugen ihre Forderungen mit dem kehligen Akzent des Maghreb vor. Die meisten französischen Vor- und Facharbeiter hingegen wurden an die Seite gedrängt oder gingen freiwillig auf Distanz. Schon kursierten Meldungen bei den »Renseignements généraux«, jener diskreten Abteilung des Innenministeriums, die die politische Überwachung wahrnimmt, daß Henri Krasucki – aufgrund seiner jüdischen Herkunft – von vielen muselmanischen Werktätigen als Interessenvertreter kaum noch akzeptiert würde.

In den französischen Großunternehmen häuften sich die Forderungen frommer Koran-Gläubiger, man möge ihnen auf dem Werksgelände kleine Moscheen zur Verrichtung der täglichen Gebete bauen. Der militante Islam, nicht der Marxismus – so schien es – mochte am Ende der Nutznießer dieser Mobilisierung der *travailleurs étrangers* sein. Die Zeit war reif für den Trommler Le Pen, der einen Teil der französischen Arbeiterschaft von der KPF weg zur »Nationalen Front« hinüberziehen sollte.

Beim XXV. Parteikongreß wurde nicht Charles Fiterman zum Präsidentschaftskandidaten erkoren, obwohl der sachliche, elegant argumentierende Ex-Transportminister der Regierung Mauroy zweifellos das höchste Ansehen auch bei Nichtkommunisten genoß. Georges Marchais schob den unkomplizierten Genossen André Lajoinie nach vorn. Der Kreml mißtraute ohnehin dem starken jüdischen Einfluß in den hohen Parteisphären Frankreichs und ließ sich auf diesem Konvent im Oktober 1987 durch Jegor Ligatschow vertreten, der sich bereits als Bremser des Gorbatschowschen Reformkurses einen Namen gemacht hatte. Marchais wollte sich als Anwärter nicht noch einmal persönlich exponieren. Seine peinliche Niederlage im ersten Durchgang der Präsidentenwahl von 1981 steckte ihm in den Knochen.

Der Niedergang dieses hemdsärmeligen Politikers war spektakulär. Ein paar Jahre lang hatte er sich als beliebter politischer Entertainer beim französischen Fernsehpublikum behauptet. Sein Mutterwitz, seine betont proletarische Jovialität vor der Kamera, sein polternder, etwas singender Tonfall wirkten erfrischend gemessen an der pompösen Rhetorik der Giscardschen Nobelgarde. Sogar seine Unzulänglichkeit im Umgang mit Grammatik und Syntax wurde mit Vergnügen quittiert – bis Georges Marchais seine forensischen Erfolge allzu sichtlich auszukosten begann, seine dialektischen Mätzchen bis zur Ermüdung wiederholte und unversehens vom derb-fröhlichen Arbeitersprecher zum Grobian und Hanswurst abstieg. Marchais wurde zur Karikatur seiner selbst. In der »bébête-show« der komischen Stofftierchen trat er als »Miss Piggy« auf.

Pierre Juquin hatte mich schon in den siebziger Jahren mit Georges Marchais bekanntgemacht. Auch mir hatte er damals ganz gut gefallen, dieser robuste Mann mit dem Faubourg-Akzent, der nie um einen Scherz verlegen war. Seine intensiv blauen Augen blickten unter buschigen Brauen hervor. Damals redete er noch vom »blau-weißroten Kommunismus«, ja, einmal hatte er beteuert, die französischen Kommunisten würden im Falle eines unvorstellbaren russischen Überfalls in der ersten Linie der französischen Landesverteidigung stehen. Er ist damals wohl aus Moskau energisch zur Ordnung gerufen worden und richtete sich nun auf die absurdesten Positionen der

Breschnew-Doktrin aus. Er versagte sich so konsequent jeder Form von Eurokommunismus, daß die italienische KP ihre Beziehungen zur französischen Schwesterpartei einfror.

Das Geheimnis der Kreml-Hörigkeit Georges Marchais' ist bis auf den heutigen Tag nicht gelüftet worden. Wir sind im Sommer 1980 in den normannischen Flecken La Hoguette gefahren, aber wir haben in der einzigen Dorfkneipe vergeblich nach der Bestätigung jener Gerüchte gesucht, die die Wochenzeitschrift *L'Express* ausgestreut hatte. Wir stießen bei den Bauern von La Hoguette auf eine Mauer der Ablehnung und des Schweigens. Niemand weiß so recht, wo Georges Marchais, dieser unermüdliche Warner vor dem westdeutschen Militarismus und Monopolkapitalismus, die entscheidenden Jahre des Zweiten Weltkrieges verbracht hat. Im zugigen, unfreundlichen Bistro von La Hoguette hat sich kein Mund geöffnet. Es ist aktenkundig, daß Marchais in Deutschland für Messerschmitt gearbeitet hat. Zwangsverpflichtet oder freiwillig, das ist die Frage. Angeblich sei er vorzeitig aus Augsburg entkommen und eben in diesem normannischen Dorf La Hoguette untergetaucht. Aber Widerstand, bewaffnet oder auch nur passiv, hat dieser Mann nie geleistet, und dennoch behauptet er sich an der Spitze einer Partei, die auf ihre Ruhmestitel in der Résistance pocht.

Auf dem Parteitag von Genevilliers hat Georges Marchais noch einmal beweisen wollen, daß er die Funktionäre seiner zerbröckelnden Klassenkampf-Armee weiterhin zu manipulieren, ja zu begeistern versteht. Das rhythmische Klatschen, das Absingen der Internationale – »debout les damnés de la terre« –, das Loslassen von bunten Luftballons täuschten indes nicht über die bange Ungewißheit, die Ansätze der Spaltung innerhalb dieser bislang monolithischen Glaubensgemeinschaft hinweg. »Zwei große Gefahren bedrohen die Existenz der Religion: das Schisma und die Indifferenz«, so hatte der unvermeidliche Alexis de Tocqueville im 19. Jahrhundert doziert. Die wachsende Gleichgültigkeit gegenüber der moskowitischen Heilslehre wird in jedem Arbeiterviertel Frankreichs offenkundig. Ob es dem Abweichler Pierre Juquin jedoch gelingen wird, im Zeichen der Revitalisierung der proletarischen Linken einen Keil in die verbleibende Phalanx der unentwegten Parteigläubigen zu treiben, sei dahingestellt.

Dieser französische Dissident gibt eine Anekdote zum besten, die ein grelles Licht auf die Krise des Weltkommunismus wirft. Vor ein paar Jahren, so schreibt Juquin in seinem letzten Buch, habe Michail Gorbatschow in aller Diskretion Paris besucht. Von der Höhe des »Trocadero« habe er die Herrlichkeit der Seine-Stadt, ihr modernes, pulsierendes Leben intensiv beobachtet. Er habe eine Weile geschwiegen und dann zu dem jungen Begleiter, den ihm die KPF beigegeben hatte, gesagt: »Sie haben völlig recht, daß Sie in Frankreich einen anderen Weg einschlagen wollen als wir...«

Die Ketzer von Albi

Toulouse, 27. März 1988

Die Sportler sammelten sich zum Start. Dabei herrschte fröhliche Unordnung. Einem Marathonlauf in Toulouse ist kein verbissener Erfolgswille anzumerken. Der private Radiosender »Nostalgie« sorgte für musikalische Untermalung mit Schlagern aus den fünfziger und sechziger Jahren. Die Supermarkt-Kette »Carrefour« pries über Lautsprecher ihre Getränkespenden für Teilnehmer und Zuschauer an. Sanitäter der 11. Fallschirm-Division standen für Erste Hilfe bereit. Die kompakte Truppe der Athleten – darunter auch Frauen und Senioren – drängte sich vor einem Seil, das den Boulevard Lascrosses versperrte. Ein jugendlich wirkender Mann im blauen Mantel – von ein paar Ordnungshütern umgeben – stieg auf einen Schemel, versicherte sich, daß die Uhrzeit stimmte, und feuerte den Startschuß ab.

Dominique Baudis, Bürgermeister von Toulouse und Präsident des Regionalrates von Midi-Pyrénées, ist erst 42 Jahre alt. Dieser Maire entspricht in keiner Weise der gängigen Vorstellung vom mediterranen Politikertyp. Er ist blond und blauäugig. Seine wohlerzogene Reserviertheit wird manchmal mit Schüchternheit verwechselt. Während die Marathonläufer das Weite suchten, ging er in den nahegelegenen Pavillon, um eine Ausstellung regionaler Produkte zu eröffnen. Die Ehrenjungfrauen, die ihm die Schere zum Durchschneiden des blau-weiß-roten Bandes reichten, schmolzen beim Nahen dieses *prince charmant* sichtlich dahin.

Baudis lud mich zum Kaffee in einem nahen bescheidenen Bistro ein, und er begrüßte die wenigen Gäste mit Handschlag. Wir kannten uns flüchtig aus Paris, wo er sich als junger Fernsehreporter einen Namen gemacht hatte. Damals war noch sein Vater Bürgermeister der »ville rose«, ein Name, den die Stadt Toulouse der zart rötlichen Tönung ihrer harmonischen Ziegelarchitektur verdankt. Vor ein paar Jahren hatte Dominique die Nachfolge an der Spitze dieser aufstrebenden Metropole des Südwestens angetreten. Die Ochsentour war ihm erspart geblieben.

Die Bürgermeister der großen Provinzstädte Frankreichs üben nicht nur in ihren jeweiligen Verwaltungsdistrikten, den Départements und den sich allmählich konsolidierenden Regionen erheblichen Einfluß aus. Die feste Verfügung über eine Mairie ist meist das unentbehrliche Sprungbrett für den Einstieg in höchste Pariser Verantwortungsposten. Ihre ferne Provinzbastion verleiht den Abgeordneten und Ministern den nötigen Rückhalt, um sich in dem zermürbenden Spiel zwischen Palais Bourbon und Hôtel Matignon zu behaupten. Hervorragendes Beispiel für diese wechselseitige Einflußnahme war Edouard Herriot gewesen, dessen Hausmacht in Lyon ihm den Aufstieg zum Regierungschef der Dritten Republik ebnete. Aktueller ist das Beispiel von Jacques Chaban-Delmas, des jetzigen Bürgermeisters von Bordeaux, der die Hauptstadt Aquitaniens seit 1947 verwaltet. Unter Pompidou hatte er es zum Premierminister gebracht und amtiert jetzt, im Frühjahr 1988, als Präsident der »Assemblée Nationale«.

Auch kleine Ortschaften, sofern sie als permanente Pfründe gesichert sind, eignen sich zum ministeriellen Aufstieg. James M. Markham, Korrespondent der *New York Times*, zitiert das Beispiel Michel Crépeaux', der seit sechzehn Jahren über die Geschicke des Hafens La Rochelle wacht, einer winzigen Radikalen Partei vorsteht und von den Sozialisten Mitterrands fünf Jahre lang für seine zuverlässige Vasallenrolle mit diversen Kabinettsposten belohnt wurde. »In Frankreich«, so erklärte Crépeaux dem amerikanischen Kollegen, »verhält sich der Präsident der Republik ein wenig wie ein Erbe der römischen Caesaren, während der fest etablierte Bürgermeister über seinen urigen keltischen Stamm herrscht wie einst die langhaarigen Häuptlinge der Gallier. Der Maire sorgt für Schutz, löst die Alltagssorgen, betätigt sich als Clan-Chef und ein wenig als Zauberer.«

Mag sein, daß eine solche Beschreibung auf die Ädilen der rauhen Atlantikküste und anderer Provinzen zutrifft. Zu Dominique Baudis und Toulouse paßt sie keineswegs. Baudis hat sich nicht in die Parteipolitik verstricken lassen. Er gilt als *gestionnaire*, als kühler, erfolgreicher Unternehmer seiner *municipalité*. Schon sein Vater hatte als »Unabhängiger« mit der ideologischen Grundstimmung von Toulouse gebrochen, das seit 1905 – erstaunlich früh – von Sozialisten verwaltet wurde. Dominique Baudis ist in die Fußtapfen jener Grafen von Toulouse getreten, die im frühen Mittelalter über eine der blühendsten, kultiviertesten Regionen Galliens herrschten.

Während wir an der blankgewienerten Theke unseren Kaffee schlürften, mußte ich an die Bilder des französischen Fernsehens denken, die den heutigen Bürgermeister hinter den Barrikaden der christlichen Phalangisten von Beirut zeigten. Damals noch keine dreißig Jahre alt, zeichnete er sich bei seinem Reportage-Einsatz durch ungewöhnlichen Mut aus. Er knüpfte, ohne sich dessen wohl bewußt zu sein, an die epischen orientalischen Erlebnisse jenes Raimund IV. von Toulouse an, der an der Seite Gottfried von Bouillons den ersten, erfolgreichen Kreuzzug der Christenheit angeführt hatte und hoch über dem nordlibanesischen Hafen Tripoli die zyklopische Festung Saint-Gilles errichten ließ.

Natürlich kamen wir auf die bevorstehende Präsidentenwahl zu sprechen. Baudis unterstützte die Kandidatur Raymond Barres. Doch für große politische Kundgebungen war er nicht zu haben. Ihm ging es darum, seine Stadt, die sieben Jahrhunderte lang im Schatten, ja in der Ächtung der Geschichte gestanden hatte, an die Spitze der kühnsten Zukunftstechnologie zu befördern. Heute ist Toulouse ein europäischer Begriff für Flugzeugbau und Raumfahrt-Ambitionen. Hier befinden sich die langgestreckten Ateliers der »Aérospatiale«, wo nach dem bescheidenen Anfangserfolg der »Caravelle« die Überschallmaschine »Concorde« gegen zahllose Widerstände realisiert wurde. Hier erproben Militäringenieure die verschiedenen Varianten ihrer Mirage-Kampfflugzeuge und arbeiten am Projekt »Rafale«. Die europäische Trägerrakete Ariane wurde zu wesentlichen Teilen an der Garonne zusammengeschweißt, ehe sie nach Guayana zur Erdumrundung verschifft wurde. Hier soll schließlich die Raumfähre Hermes entstehen, falls es der Pariser Regierung gelingt, sich bei ihrem zögernden deutschen Verbündeten durchzusetzen.

Im alten Okzitanien ist man nicht wenig stolz darauf, daß die Fackel der Modernität, der postindustriellen Forschung sich in diese Landschaft des Midi verlagert hat, die verkehrstechnisch durch den Sperriegel des Massif Central in ihrer Verbindung zum Moloch Paris am meisten benachteiligt ist. Gewiß, schon der Erste Weltkrieg hatte den Wandel eingeleitet. Damals galt es, die zusätzlichen Rüstungsbetriebe und die im Entstehen begriffene Luftfahrt-Industrie so weit wie möglich ins Hinterland, so abgeschirmt wie nur denkbar vor jedem feindlichen Zugriff anzusiedeln. Seitdem hat sich auch in

Frankreich eine Schwerpunkt-Verlagerung durchgesetzt, die den alten Industrierevieren von Kohle und Stahl im Norden und Nordosten den Rücken kehrt, ja sie dem Verfall anheimgibt, während in den südlichen Gefilden, die außer Ackerbau wenig zu bieten hatten, die Technologie der Zukunft heimisch wurde und Wohlstand schuf. Die Umkehrung des Nord/Süd-Gefälles, die sich in der Bundesrepublik mit dem Aufschwung Bayerns und Baden-Württembergs, in den USA mit der Begünstigung des »Sonnengürtels« zwischen Georgia und Kalifornien durchsetzt, ist offenbar auch in Frankreich in Gang gekommen, ungefähr jenseits der Linie Le Havre–Marseille.

Das gilt gewiß nicht für alle Départements des Midi. Aber in den Werkstätten und Laboratorien von Toulouse ist die Neuerung bereits Realität. Baudis machte sich keine Illusionen über seine Region Midi-Pyrénées. Abseits der Autobahnachsen verharren die Kommunen und Dörfer oft in inzüchtiger Abkapselung, in säkularem Schlaf. Es werde wohl noch eine Generation dauern, so meinte er, ehe der staatliche Dirigismus und der nationale Wettbewerbswille, die die futuristischen Projekte von Elektronik, Luft- und Raumfahrt bisher stimuliert und getragen hätten, durch breitgestreute Privatinitiative, unternehmerisches Engagement ergänzt würden, ehe eine Vielzahl von Klein- und Mittelbetrieben auf soliden eigenen Füßen ständen.

Ich verwies den Bürgermeister auf die riesigen Plakate Jean-Marie Le Pens, die sich der rosa Ziegelmauern seiner Stadt bemächtigt hatten. »Das wird der Nationalen Front nicht viel nutzen«, entgegnete er; »Toulouse wird mehrheitlich für Mitterrand stimmen. Beim letzten Urnengang hat er es auf sechzig Prozent gebracht. Die Le Pen-Anhänger werden den Landesdurchschnitt nicht wesentlich überschreiten. Auch wenn das Languedoc, unsere alte Landschaft, keine besondere Sympathie für das benachbarte Aquitanien empfindet: Mitterrand gilt dennoch als ein Mann aus unserer südwestlichen Gegend. Ein de Gaulle hingegen hatte hier keine Chance. Er erschien den Toulousains wie ein kapetingischer Monarch aus dem Norden, ein landesfremder König aus Lille.«

Als ich Dominique Baudis erzählte, daß ich dem historischen Schicksal des Languedoc auf den Grund gehen und bei dieser Rückkehr nach Okzitanien eine Anzahl Ortschaften zwischen Montauban und Foix aufsuchen wollte, wo sich zu Beginn des 13. Jahrhunderts die Ketzer-Bewegung der Albigenser gegen die römisch-katholische

Kirche und den König von Frankreich aufgelehnt hatte, stimmte er mir lebhaft zu: »Das ist unerläßlich; Sie können auch heute noch das Languedoc und das Land Okzitanien nicht begreifen, wenn Sie die Albigenser und ihren tragischen Untergang beiseite ließen.«

Der Kreuzzug aus dem Norden

Am Eingang der Kirche Saint-Sernin boten ärmlich gekleidete Gelegenheitsverkäufer Olivenzweige zum Palmsonntag an. »Tun Sie ein gutes Werk«, lauteten ihre Rufe. Der rötliche Backstein verleiht den Kirchen Okzitaniens das Aussehen von Trutzburgen, und das waren diese massiven Kirchenschiffe mit den seitlich gerundeten Kolossalmauern wohl auch gewesen, als die Irrlehre der Katharen diesen Teil des Abendlandes heimgesucht hatte. Das Hochamt war relativ gut besucht. Der Priester verlas das Evangelium des Tages. »Bist du der Messias?« wurde Jesus gefragt, und als der Gottessohn das bestätigte, zerriß der Oberpriester Kaiphas seine Kleider, so vernahm die Gemeinde.

Nach dem Gottesdienst überquerte ich den zentralen Platz des Capitole und strebte über die Rue Gambetta dem festungsähnlichen Gemäuer des Jakobiner-Klosters zu. An dieser Stelle hatte 1216 ein kastilianischer Büßer namens Dominikus den Bettelorden der Prediger gegründet und seine ersten Jünger um sich geschart. Zwischen 1230 und 1789 befand sich hier das Mutterhaus des »Ordo fratrum praedicatorum« und seiner Mönche mit der schwarz-weißen Kutte. Napoleon hatte diese Weihestätte kurzerhand zur Artillerie-Kaserne umfunktioniert, und erst 1865 war diese Entweihung rückgängig gemacht worden. Der Volkszorn von Toulouse und ganz Okzitaniens hatte sich jahrhundertelang gegen dieses Bollwerk päpstlicher Rechtgläubigkeit gerichtet, war doch der Dominikanerorden speziell zur Bekämpfung der albigensischen Ketzerei gegründet worden. Hier stand die Wiege jener unerbittlichen Inquisition, die sich aus dem Languedoc nach Spanien und später über ganz Europa ausdehnen sollte.

In der Jakobiner-Kirche waren die Beter selten. Hingegen bewegten sich zahlreiche Touristen mit hallenden Schritten zwischen dem herrlichen Wald der hohen Säulen, blickten zu den Farbfacetten der langgezogenen Fenster hinauf und ließen sich durch die kahle Strenge dieses Gotteshauses beeindrucken. Unter dem Hauptaltar liegt der Vater der Scholastik, der heilige Thomas von Aquin, begraben. Ein Gemälde zeigte ihn in Dominikaner-Kutte vor der Jungfrau kniend. Ein anderes Bild stellte eine schwarz-weiß gewandete Nonne dar. Ihre Hände sind von den Ausstrahlungen eines wundertätigen Kruzifixes mit blutigen Stigmen gezeichnet.

Der Kreuzgang des Jakobiner-Klosters umschloß einen wohlgestutzten Garten. Der *cloître* erinnerte mich in seiner harmonischen Schlichtheit an manche maurischen Bauten Andalusiens, wie überhaupt die Kirchtürme des Languedoc oft wie überdimensionale Minarette in den Himmel ragen. Schließlich stützt sich die »Summa theologica« des Thomas von Aquin auf die philosophische Methodik des Aristoteles, die auf dem Umweg über die Araber und deren Schule der Mu'taziliten zu den christlichen Scholastikern des Hochmittelalters gelangt war.

Zum Mittagessen war ich mit dem Archivar der Stadt Toulouse im Restaurant »Emile« an der Place Saint-Georges verabredet. Bei »Emile« wurde vorzügliche Regionalküche und als »plat de résistance« natürlich das landesübliche *cassoulet,* ein Bohnengericht mit diversen Fleisch- und Wurstzutaten, serviert. Auch diese Gaststätte war in einem Haus aus rosa Ziegeln untergebracht. Der Archivar war ein schmächtiger Mann mit Bart und Brille. So mochte man sich einen südfranzösischen Freidenker des 19. Jahrhunderts vorstellen. Er sprach Französisch in singendem Tonfall mit dem rollenden R seiner Region. Seine Eltern hätten noch okzitanisch geredet, er selbst verstehe die *langue d'oc,* aber ansonsten gehe dieses Idiom, dem Katalanischen eng verwandt, allmählich verloren, behaupte sich nur auf dem Lande, werde mehr und mehr durch die *langue d'oïl* des Nordens verdrängt. Daran könne auch der neubelebte okzitanische Kultur-Partikularismus nicht mehr viel retten. Aus dem »oïl« der »Français«, wie man die Leute aus dem Norden immer noch distanzierend bezeichnet, war das moderne »oui« geworden. Das »oc« des Südens hingegen erhielt sich lediglich als Kuriosität.

Christian Cau – so hieß der Archivar – war des Lobes voll für den Bürgermeister Baudis. Es habe für diesen jungen Mann, der zudem den ominösen Namen Dominique trug, einiger Mut dazu gehört, sich in dieser zutiefst antiklerikalen Umgebung zur christlichen Demokratie zu bekennen. Aber selbst die heutigen Dominikaner des Jakobiner-

Klosters würden ja als Vorkämpfer sozialer Forderungen auftreten, und die hohe Amtskirche beargwöhne gelegentlich die Begeisterung dieser Bettelmönche für Befreiungstheologie und dogmatische Flexibilität. Jedenfalls habe der Siegeszug der Spitzentechnologie die modrige Stadt Toulouse aus ihrer Lethargie gerissen. Baudis habe ein urbanes Restaurationsprogramm großen Ausmaßes eingeleitet, und dafür sei es höchste Zeit gewesen. Der Name Toulouse war neuerdings nicht mehr gleichbedeutend mit *cassoulet, bel canto* und Rugby. Diese Sportart war wohl während der langen englischen Präsenz im benachbarten Aquitanien ins Languedoc importiert worden.

Christian Cau war ein gescheiter Mann, mit jeder historischen Einzelheit seiner Heimat vertraut. »Der Maire hat völlig recht«, bestätigte er; »die Albigenser haben das Land zutiefst gezeichnet. Sie bleiben bis heute der Schlüssel zum Verständnis Okzitaniens.« Im späten 12. Jahrhundert sei das Land zwischen Rhône und Garonne ein Hort der Künste und des guten Lebens gewesen. Die okzitanische Kultur habe das ganze Abendland überstrahlt. Hier hätte sich die höfische Dichtung des Minnesangs entfaltet, möglicherweise in Anlehnung an die arabische Inspiration der »Qassida«, des melancholischen und keuschen Liebesgedichtes der Wüste. Hier seien die bedeutendsten Troubadoure aufgetreten.

Toulouse, vom Patriziat der »Capitouls« wie eine Republik verwaltet, habe mit den reichsten Städten Norditaliens rivalisiert und sie oft übertroffen. Mit ihren Grafen habe die kunstbeflissene, üppige Bürgerschaft in guter Harmonie gelebt. Nur auf den hohen Klerus sei man schlecht zu sprechen gewesen. Die Bischöfe und Äbte hätten sich durch Geldgier und Sittenlosigkeit der Verachtung des Volkes ausgesetzt. Diese korrupte Klerisei habe sogar den Stuhl Petri – zu jener Zeit von den mächtigen Figuren eines Gregor VII. und Innozenz III. beherrscht – in Verruf gebracht. »Prix et parage« – edle Herkunft und vornehme Gesinnung – seien die Idealvorstellungen dieser ritterlich-musischen Welt zwischen Garonne und Rhône gewesen. Auf die »Français« des Nordens, deren Sprache unverständlich, deren brutale Kriegerinstinkte barbarisch, deren glühende katholische Frömmigkeit den Okzitaniern töricht erschienen seien, habe man im sonnigen, lieblichen Land des *gai saber*, der »fröhlichen Wissenschaft«, mit Hochmut und *dégoût* herabgeblickt.

Doch der rauhe, neblige Norden wurde dem fröhlichen, gesitteten Süden zum Verhängnis. Eigentlich hatte für die Kapetinger von Paris nicht der geringste geographische oder linguistische Zwang bestanden, sich über das Bollwerk des Massif Central nach Süden bis ans Mittelmeer auszudehnen, zumal die aquitanische Küste im weiten Umkreis von Bordeaux sich damals fest in englischer Hand befand. Der Lehnsanspruch des Frankenkönigs von der Seine gegenüber dem Grafen von Toulouse hatte vermutlich weniger Gewicht als die gleiche Feudalbeziehung, die zu jener Zeit die Grafen von Flandern an den Kapetinger-Thron band und die 1302 in der »Sporenschlacht« von Courtrai abgeschüttelt wurde. Zwei getrennte abendländische Reiche, so argumentieren die Historiker, hätten sehr wohl auf dem Boden des heutigen Frankreich entstehen können, das eine zwischen Seine-Mündung und Rhein, das andere zwischen Rhône-Tal und den Windungen der Garonne. Aber zur Zeit des Papstes Innozenz III. und der von ihm fast verwirklichten »Civitas Dei« war der Anspruch des Glaubens, war die Treue zur katholischen, allein seligmachenden Lehre das oberste kirchliche wie weltliche Gebot, und das gab den Ausschlag.

Schon als Schüler war ich von der Irrlehre der »Katharen« fasziniert gewesen, die von unseren Patres im Geschichtsunterricht als trügerisches Blendwerk Satans geschildert wurde. Das Wort »Katharoi – die Reinen« kam aus dem Griechischen und verwies auf den morgenländischen Ursprung dieser Sekte. Bei meinen späteren islamischen Studien wurden mir seltsame Parallelen zwischen gewissen Abweichungen der koranischen Lehre und dem albigensischen Glaubensgut bewußt. Ganz am Anfang stand wohl das manichäische Urprinzip – aus der Zarathustra-Lehre abgeleitet –, wonach die Welt von zwei unversöhnlichen Prinzipien des Guten und des Bösen, des Lichts und der Finsternis beherrscht und in schaurigem Gleichgewicht gehalten wurde. Es war kaum ein Zufall, daß die Predigt der Katharen über die Levante, über Konstantinopel und den Balkan nach Norditalien und vor allem nach Südfrankreich vordrang. Die ersten Kreuzzüge bewirkten wohl manchen theologischen Brückenschlag zwischen den verzückten Übungen der muslimischen »Sufi« und den verklärten Visionen christlicher Mystik. Die im Orient unterschwellig weiterwirkende Gnostik der frühen Christen mochte dabei Pate gestanden haben.

Die tatsächlichen Dogmen und Überzeugungen der »Albigenser« – so wurden die Katharen im heutigen Languedoc nach dem Städtchen Albi genannt, wo sie sich besonders kraftvoll behaupteten – sind nur in Bruchstücken bekannt. Die Inquisition hat alle Initiationsschriften, derer sie habhaft wurde, als Teufelszeug vernichtet. Die Grundidee der Katharen – das deutsche Wort »Ketzer« mag davon abgeleitet sein – bestand darin, alles Irdische, Weltliche, Körperliche kategorisch als Werk des Bösen abzustempeln. Nur wenigen Auserwählten – den *parfaits*, den Vollkommenen, den *bonshommes* und *bonnes femmes* – blieb es vorbehalten, den Weg des Lichtes zu beschreiten, was mit dem Verzicht auf alles Fleischliche verbunden war. Die *parfaits* waren zu Keuschheit, zu karger vegetarischer Kost, zu ärmlichster Kleidung verpflichtet. Zu zweit zogen sie durch die Lande, predigten Friedfertigkeit, lehnten jede Gewalt auch als Mittel der Selbstverteidigung ab. Das göttliche Wohlwollen ward nur denjenigen zuteil, die allen Gütern, allen Freuden dieser Erde entsagten.

Diese Lehre rief natürlich den Argwohn, dann die Verfolgung der Albigenser durch all jene Prälaten auf den Plan, deren Lebenswandel zum Himmel schrie. Von der Masse der Bevölkerung wurden die sanften, aber unerbittlichen Künder asketischer Spiritualität mit Hochachtung und tiefer Verehrung aufgenommen. Insbesondere beim Adel Okzitaniens und beim Bürgertum der reichen Städte fanden die *bonshommes* Anklang.

Es war die Zeit, die dem heutigen Leserpublikum durch Umberto Ecos Roman »Der Name der Rose« nahegebracht wurde. In der Christenheit herrschte eine fast revolutionäre Gärung, rumorte es gegen die weltliche Entfaltung des Papsttums in Herrschaft und Prunk. In weiten Teilen des Abendlandes entstanden Bewegungen wie die Waldenser oder die »Fraticelli« in Italien, die in Erwartung des bevorstehenden Weltunterganges Buße und reuige Einkehr predigten. Vermutlich ist Franz von Assisi nur deshalb dem Scheiterhaufen entgangen, weil der Bischof von Rom endlich begriff, daß die Gründung eines dem Heiligen Stuhl ergebenen frommen Bettelordens das wirksamste Kampfmittel gegen die tugendhaften Häretiker darstellte.

Ihre grundsätzlichen und flagranten Abweichungen vom überlieferten christlichen Glaubensgut machten die Katharen in den Augen Roms vollends unerträglich. Angeblich leugneten sie sogar die Menschwerdung Christi, stellten die Dreifaltigkeit in Frage, verwarfen die heiligen Sakramente der Ecclesia, die auch dem schlimmsten Sünder den Heilsweg offenhielten. Das einzige Sakrament der Albigenser war das »Consolamentum«, das die »Vollkommenen« sich gegenseitig spendeten, das als totale und unwiderrufliche Absage an die übermächtige Gewalt des Bösen galt. Die kleine »reine« Gemeinschaft der Eingeweihten, die an diesen mystischen Geheimnissen teilhatte, hob sich von der Masse der unwissenden Sympathisanten ab. Die »Laien« blieben weiterhin dem Irdischen, das heißt dem Bösen ausgeliefert – dazu gehörte auch der Zeugungsakt –, es sei denn, auf dem Totenbett wurde ihnen noch die Gnade des Consolamentum gespendet.

Gewissen Exegeten zufolge war die Seelenwanderung Bestandteil des konfusen Ideenguts der *bonshommes.* Das wäre kein reiner Zufall gewesen, denn ungefähr zur gleichen Zeit entstand unter der Herrschaft des geistesgestörten Fatimiden-Kalifen Hakim bi Amrillah in Ägypten jene Geheimsekte der Drusen, die – heute überwiegend im libanesischen Schuf und im syrischen Hauran siedelnd – ebenfalls an die »Metempsychose« glaubt und eine ähnlich strenge Unterscheidung wie die Katharen praktiziert zwischen den »Uqqal«, den Wissenden, und den »Dschuhhal«, den Uneingeweihten.

Von Bulgarien hatte sich die mystische Strömung der »Bogumilen« – so nannte man die Katharen auf dem Balkan – mit Schwerpunkt im heutigen Bosnien etabliert. Als die Bogumilen vom orthodoxen Patriarchat in Konstantinopel ebenso rigoros verfolgt wurden wie von den Emissären des Papstes aus Dalmatien, da suchte diese versprengte esoterische Gemeinschaft schließlich Zuflucht beim Islam. Wenn sich heute mehr als fünfzig Prozent Bosniaken der Volksrepublik Jugoslawien – reine Serbokroaten übrigens – zur koranischen Lehre bekennen und als Muselmanen, als gesonderte Nationalität, eingestuft sind, so ist das letztlich auf diese wirre katharische Vergangenheit zurückzuführen.

Innozenz III., der kraftvollste Papst, den die Christenheit je hervorgebracht hat, empfand das Überhandnehmen der Ketzerei zwischen Rhône und Garonne als gotteslästerliche Herausforderung. Der kastilianische Mönch Dominikus stellte ihm seinen Predigerorden als Phalanx der katholischen Rechtgläubigkeit gegen die Abtrünnigen von Albi zur Verfügung. Als der päpstliche Legat Pierre de Castelnau durch einen exaltierten Anhänger der Irrlehre mit der Lanze durchbohrt wurde und der Graf von Toulouse, Raimund VI., dem Vermächtnis seines frommen Vorfahren Raimund IV. den Rücken kehrend, mit den Ketzern zu konspirieren schien, rief Innozenz III. zum Kreuzzug gegen die Albigenser auf. Er wußte, daß er sich bei diesem Unternehmen auf die nordfranzösische Ritterschaft des Kapetinger-Königs Philipp August stützen konnte.

Die Gelegenheit war besonders günstig für einen solchen fränkischen Eroberungszug nach Süden im Zeichen des Heiligen Kreuzes. Kaiser Otto IV. war 1214 in der Schlacht von Bouvines durch Philipp August zurückgeschlagen worden. Der schwächliche englische König Johann ohne Land mußte seinem Adel 1215 die »Magna Charta« zugestehen und war politisch gelähmt. Der Herrscher von Aragon, der trotz seiner strikten Katholizität mit den befreundeten Grafen von Toulouse und den rassisch wie sprachlich verwandten Okzitanern sympathisierte, war vollauf mit seinen endlosen Feldzügen gegen die Mauren beschäftigt und verfügte über wenig Einfluß nördlich der Pyrenäen.

Die Armee des Glaubens, die aus dem Norden in den blühenden Midi vorrückte, verbreitete Schrecken und Verwüstung. Dieser Religionskrieg kannte keine Gnade. Als die Festung Béziers sich weigerte, die bei ihnen lebenden *bonshommes* der päpstlichen Rache auszuliefern, wurde die Stadt gestürmt, die Einwohner wurden bis zum letzten Kind und Greis niedergemetzelt. Angeblich versuchten ein paar Ritter, den päpstlichen Beauftragten Arnaud Amalric von diesem Blutbad abzuhalten und verwiesen darauf, daß auch zahlreiche gute Katholiken in Béziers lebten. Die Antwort des geistlichen Richters war schneidend und ist in die Legende eingegangen: »Tötet sie alle; Gott wird die Seinen erkennen!«

Der Stuhl Petri und der Lilienthron von Frankreich haben anläßlich des Albigenser-Kreuzzuges eine neue Allianz geschmiedet, die an die Taufe des Merowingers Chlodwig anknüpfte. Das nationale Schicksal Galliens wurde damals auf erstaunliche Weise gestaltet. Die aufsässige Ritterschaft der Grafschaft Toulouse und des Vicomte von Trencavel, dessen Ländereien sich zwischen Carcassonne und Montpellier erstreckten, wurden vom kirchlichen Bannstrahl getroffen. Ihr Besitz wurde zur Plünderung freigegeben, und an ihrer Stelle etablierten sich die rauhen Barone des Nordens mit ihrer rechtgläubigen Grobschlächtigkeit.

Der bedeutendste, fürchterlichste unter ihnen hieß Simon de Montfort, Herr von Yvelines in der Ile-de-France, Graf von Leicester. Er war ein genialer Stratege, und im Auftrage seines Königs, der fernab an der Seine residierte, brach er nicht nur der albigensischen Ketzerei das Genick, sondern er unterwarf das Land Okzitanien dem Monarchen von Paris. Von diesen Gemetzeln und Brandstiftungen des frühen 13. Jahrhunderts – der eigentliche Kreuzzug dauerte zwanzig Jahre – hat sich der Midi zwischen Garonne und Rhône nie erholt. Im tiefsten Unterbewußtsein empfindet sich das Languedoc heute noch als ein besiegtes, ja als erobertes Land.

Der Archivar von Toulouse bestätigte diese These vollauf. Was der Name Simon de Montfort für diese Region weiterhin bedeutete, sei an zwei eigenen Erlebnissen zu ermessen. Christian Cau war mit einer 92jährigen Greisin gut bekannt, die gern aus ihren Kindheitstagen erzählte. Ihre Eltern hätten ihr jedesmal mit dem bösen Simon de Montfort gedroht, wenn sie ihren Teller nicht leeressen wollte; andererseits hatte vor wenigen Wochen in Toulouse bei einer landeskundlichen Veranstaltung der Vortragende von der »Ermordung« Simon de Montforts gesprochen, was den tosenden Protest der anwesenden Okzitanier ausgelöst habe.

Dieser »Soldat Jesu Christi«, wie ihn die Chronisten des Mittelalters priesen, hat im Jahr 1218 einen würdigen, seiner rüden Natur angemessenen Tod gefunden. Er wohnte dem Meßopfer bei, als erregte Gefolgsleute ihm das Nahen einer überlegenen albigensischen Streitmacht meldeten. Doch Montfort ließ sich nicht ablenken. Er scheuchte seine Gefährten mit dem Hinweis weg, er werde mindestens bis zur Wandlung vor dem Altar knien bleiben, denn er wolle seinen Herrn Jesus Christus noch einmal mit eigenen Augen sehen. So verharrte er, blickte inbrünstig zu Hostie und Kelch auf. Als er endlich die Kirche verließ und zum Schwert griff, wurde er vom tödlichen Geschoß der Ketzer getroffen.

Auf die kriegerische Niederwerfung des Albigenser-Aufstandes, auf die faktische Inbesitznahme dieser reichen Region, die dem König von Frankreich definitiv den Zugang zum Mittelmeer öffnete, folgte das Wüten der heiligen Inquisition. Die Jagd auf die »Vollkommenen« kannte kein Pardon. In ganz Okzitanien wurden Geständnisse und Denunziationen durch Folterungen erpreßt. Die Scheiterhaufen loderten. Die Mönche in der weißen Kutte des Dominikus ließen sogar die Gebeine der Ketzer aus ihren Gräbern reißen und den Hunden vorwerfen. Aber auch sie waren auf ihre Weise mutige, zutiefst überzeugte Verfechter ihres Glaubens. Die Inquisitoren wanderten meist zu Fuß und ohne militärischen Schutz durch die Dörfer und Städte, wo sie nach verborgenen Katharen forschten. Als einer der schlimmsten dieser geistlichen Wüteriche sich im Städtchen Avignonet mit seinen paar Mönchen plötzlich von bewaffneten Anhängern der Irrlehre umringt sah, da versuchte er gar nicht zu fliehen und flehte nicht um sein Leben. An der Spitze seiner Gefährten schritt er – das »Salve Regina« singend – in Erwartung der Seligkeit auf die Streitäxte seiner Mörder zu.

Durch Brand und Totschlag ist der Midi zum Bestandteil Frankreichs geworden. Die Kluft zwischen Nord und Süd hat sich nie geschlossen. Das Lilienbanner und die Schlüssel Petri haben am Ende triumphiert. Frankreich behauptete sich mehr denn je als »älteste Tochter der Kirche«. Die Gewaltlosigkeit, zu der die Albigenser sich bekannten, wurde ihnen in dieser Welt hemmungslosen Blutvergießens zum Verhängnis.

»Die Folgen des Albigenser-Kreuzzuges wirken bis auf den heutigen Tag fort«, nahm der Archivar von Toulouse unser Gespräch wieder auf. »Mit der Ausmerzung der *bonshommes* und der *bonnes femmes* war es ja nicht getan. Das Languedoc hat sich mit der katholischen Kirche nie wieder ausgesöhnt, auch wenn Ludwig IX. auf kluge Weise einlenkte und einen Teil der geächteten okzitanischen Ritter auf seine Seite brachte. Er hat sie sogar für seine Kreuzzüge mobilisiert, die im ägyptischen Damiette mit der Gefangennahme, in Tunis mit dem Seuchentod des heiligen Königs endeten.«

Die geistlichen Wirren im Languedoc nahmen kein Ende. Erst stiftete der fanatische Franziskaner-Mönch Délicieux Aufruhr und Glaubensabfall gegen Ende des 13. Jahrhunderts. Es folgten die Hungerrevolten der Bauern, die natürlich mit religiösen Exzessen einhergingen. Dann schlug die Stunde der Flagellanten. Sogar der kriegerische Mönchsorden der Tempelherren, der zur beherrschenden Finanzmacht Frankreichs herangewachsen war und sich im Orient auf bedenkliche Weise den gnostischen Glaubensvorstellungen genähert hatte, mag vom Geist der Katharen berührt worden sein, ehe sein Großmeister von Philipp dem Schönen all seiner Güter beraubt und auf der Seine-Insel öffentlich hingerichtet wurde.

Am Ende war nicht der Heilige Stuhl der Nutznießer dieser Komplizenschaft zwischen Rom und Paris, sondern der Kapetinger-Thron. An seiner katholischen Rechtgläubigkeit ließ Philipp der Schöne keinen Zweifel aufkommen; er kannte keine Gnade mit den Häretikern. Dafür schickte er jedoch seinen finstersten Gefolgsmann, den Legisten Nogaret, Sohn einer Albigenser-Familie, nach Agnani, um sich den Papst Bonifaz VIII. gefügig zu machen. Nogaret, der Katharen-Erbe, erhob die Hand gegen den Heiligen Vater, ein unglaublicher Frevel für jene Epoche. So sehr hatte die Kirche sich als

Folge des Albigenser-Kreuzzuges in die Abhängigkeit des Königs von Frankreich begeben – von Friedrich II. von Hohenstaufen hatte sie ohnehin nichts Gutes zu erwarten –, daß Philipp der Schöne ihre Schmach voll machte, ihren fatalen Abstieg auf schreckliche Weise beschleunigte. Er verlagerte den Sitz des Papsttums an die Rhône nach Avignon, ins neue Babylon. Mit der zwielichtigen Figur Klemens V. installierte er einen ihm genehmen, skrupellosen Oberhirten, den geldgierigen Erfinder des Ablaß-Unwesens, an der Spitze der heiligsten Institution der Christenheit.

Der kleine bärtige Archivar genoß seine Rache, die Revanche Okzitaniens. Im Süden Frankreichs, im Umkreis der alten Albigenser-Städte, fiel im 16. Jahrhundert die calvinistische Reformationslehre auf fruchtbaren Boden. Hier wurde der französische Protestantismus zur nationalen Kraft, der die Herrschaft der letzten Valois in ihren Grundfesten erschütterte. Auf der nordfranzösischen Gegenseite rekrutierte die papistische »Liga« ihre entschiedensten Anhänger bei der Gefolgschaft des Herzogs von Guise. Das Duldungsedikt von Nantes, mit dem Heinrich IV. den Religionsfrieden mit den Protestanten besiegeln wollte, nahm bezeichnenderweise die Stadt Toulouse von dieser konfessionellen Toleranz aus. Als Ludwig XIV. das Edikt widerrief und die große Vertreibung der Hugenotten einsetzte, haben sich vor allem im Süden kompakte calvinistische Gemeinden behauptet, sind in die »Wüste« des Cevennen-Gebirges ausgewichen, verlagerten ihren Schwerpunkt in den Umkreis von Nîmes, aber auch in die alte Katharen-Hochburg Montauban.

Der katholischen Kirche ist das Land Okzitanien spinnefeind geblieben. Der schleichende Antiklerikalismus fand neue Nahrung bei der Freigeisterei der Aufklärung. Nirgendwo entfaltete sich die Freimaurerei so mächtig wie in Toulouse und im ganzen Languedoc. So ist es geblieben bis auf den heutigen Tag. Die rosa Stadt an der Garonne beherbergt 36 Logen, und die mächtigste Dachorganisation bleibt »le Grand Orient de France«, wo man sich am schwersten tut mit den neuerdings propagierten Kontakten zum römischen Klerus.

Die Revolution von 1789 wurde im Midi wie ein neuer Glaubenskrieg ausgetragen. Der Sturz der verhaßten Monarchie wurde vor allem von der okzitanischen Bourgeoisie wie eine längst fällige Wiedergutmachung gefeiert. Aber nach der Rückkehr der Bourbonen im Troß der Alliierten tobte sich die weiße, die monarchistische Reaktion, die *terreur blanche*, besonders blutrünstig in den Städten Toulouse und Nîmes aus, als gelte es, das Werk Simon de Montforts wieder aufzunehmen.

»Schießt auf die Raben!«

Während wir im »Emile« zum Dessert eine »Coupe des trois mousquetaires« löffelten, trieb der Westwind schwarze Wolken vom Atlantik heran. Über der Place Saint-Georges entlud sich der Wolkenbruch. Es war ein Hundewetter. So weiteten wir unser okzitanisches Gespräch bis in den späten Nachmittag aus und genossen die kitschige Gemütlichkeit der knallrosa gelackten Gaststube. Ich erzählte Christian Cau von meinem ersten Besuch in Toulouse im Januar 1952.

Damals zeichnete sich angeblich im Südwesten Frankreichs – nach den Wirren und Ängsten der Nachkriegszeit – eine Wiedergeburt der alten »Radikalen Partei« ab, sie nannte sich jetzt »radikalsozialistisch«. Sie hatte während eines halben Jahrhunderts der Dritten Republik ihren Stempel aufgedrückt. Das Herz des Radikalismus schlug im Redaktionsgebäude der *Dépêche*, und die zu jener Zeit blauen Titelbuchstaben der weitgestreuten Regionalzeitung sorgten wirksamer als alle Plakatkampagnen für die Verbreitung dieses reichlich verschwommenen Gedankenguts. Mein Gewährsmann, ein Conseiller Général, an dessen Namen ich mich bei bestem Willen nicht erinnere, glich mit seinem behäbigen Auftreten und seinem rollenden Akzent dem damaligen Präsidenten Vincent Auriol.

Wir hatten uns in einem verschnörkelten Konferenzraum der *Dépêche* getroffen. Viel kam bei der programmatischen Erklärung des Conseiller nicht heraus. »Wir sind Republikaner, Republikaner seit jeher«, hatte er begonnen. »Wir sind die Partei des Fortschritts, aber auch die Partei der Mäßigung. Wir sind durchaus sozial, aber wir hängen vor allem an der Freiheit, und der Privatbesitz erscheint uns als ein unveräußerlicher Teil der Freiheit.« Dieser Regionalpolitiker schien sich gar nicht bewußt zu sein, daß seine Stellungnahme für das Privateigentum seine Bewegung ins neokonservative Lager einordnete, daß die Radikalen, einst Verfechter einer rabiat antimonarchistischen und antiklerikalen Linken, unversehens nach rechts abgerutscht waren im veränderten Parteienspektrum der Vierten Republik.

Unentwegt hatte die *Dépêche* gegen den Pariser Zentralismus, gegen alle Versuche der bourbonischen oder bonapartistischen Restauration, gegen das erdrückende Monopol des katholischen Schulsystems gestritten, und es war ein mutiger und gefährlicher Kampf gewesen. Getreu dem albigensischen Vermächtnis zog man hier mit gespitzter Feder gegen Thron und Altar zu Felde, und die diskreten Riten der Freimaurer ersetzten das weihevolle Geheimnis des Consolamentum. Das Wort »laïcité« wurde groß geschrieben in Toulouse. Der Republikanismus – so schien es manchmal – war nur ein Teil dieser resoluten Säkularisierungsbemühung. Immerhin hat die Republik ein ganzes Jahrhundert gebraucht, bevor sie sich als anerkannte Staatsform Frankreichs durchsetzte. Ehe der 14. Juli 1889 als definitive Vollendung der Großen Revolution gefeiert werden konnte, mußte der im Herzen Monarchist gebliebene Präsident und Marschall Mac-Mahon zum Rücktritt gezwungen werden.

Von nun an waren es die Politiker des Midi, radikale Notabeln, Anwälte und Landärzte, die dem Staat sein neues kirchenfeindliches Gepräge gaben. Die Bewegung zur antiklerikalen Linken erreichte nach dem Jahr 1902 ihren Höhepunkt, als Emile Combes, ein Nachfahre der Albigenser aus dem okzitanischen Dorf Roquecombe, Ministerpräsident der Republik wurde. »Väterchen Combes«, wie ihn seine Anhänger nannten, ging mit gezielten Schlägen gegen alle katholischen Einrichtungen vor, schloß die Klöster, schikanierte die Geistlichen, laisierte die Schulen, und er ließ durch die republikanische Truppe sogar eine Anzahl renitenter Pfarreien und Kirchen besetzen.

Schon die Zeitgenossen des »petit père« Combes verglichen den hageren, strengen, ja fanatischen Mann mit den asketischen *bonshommes* der Albigenser-Zeit, und kaum ein Politiker der damaligen Jahrhundertwende – mit Ausnahme des Hauptmann Dreyfus – hat soviel Zustimmung bei den einen, soviel Haß bei den anderen auf sich gezogen. Zwischen 1871 und 1914 haben die Politiker des Languedoc im Pariser Parlament eine maßgebliche Rolle gespielt. Die Radikalen natürlich, aber allmählich auch die Sozialisten, die dank der flammenden Rhetorik ihres Wortführers Jean Jaurès breiten Zulauf bei den Kleinbauern und Handwerkern fanden. Die Arbeiter spielten im Midi anfänglich nur eine marginale Rolle bei dieser ideologisch gefärbten Auseinandersetzung.

Der radikale »Pfaffenfresser« Combes und der sozialistische Tribun Jean Jaurès waren Landsleute, waren beide Söhne der Gegend von

Castres, die bereits nach Albi überleitet. Sie hatten sich gegenseitig geschätzt und unterstützt. Aber während der verbitterte, gehässige Emile Combes keine starke Erinnerung beim Durchschnittsfranzosen hinterlassen hat, lebt Jean Jaurès, der Prediger sozialer Gerechtigkeit und weltweiter Menschheitsverbrüderung, im Andenken der Nation fort. Dieser Tribun, der das Elend der Arbeiterklasse anprangerte, der die Massen und die Parlamente aufwühlte, wurde zur unentbehrlichen Referenzgestalt, der auch die Fünfte Republik noch ehrfurchtsvoll huldigt. In seinem verzweifelten Bemühen, den Frieden Europas zu retten, war Jaurès sogar nach Berlin gereist und hatte dort zu den deutschen Sozialdemokraten gesprochen. Wenige Tage vor Ausbruch des Ersten Weltkrieges wurde er in Paris meuchlings erschossen. Heute ruht er im Panthéon, und der sozialistische Staatschef Mitterrand legte, wie erwähnt, anläßlich seiner Inaugurationsfeier seine erste Rose auf dem Sarkophag dieses frühen Sozialisten, dieses späten Albigensers nieder.

Entgegen ihren Hoffnungen des Jahres 1952 haben die Radikalen – von wenigen Ausnahmen abgesehen – in der Fünften Republik nicht wieder Fuß fassen können. Sie wurden durch die Sozialisten abgedrängt. Diese Angehörigen der II. Internationale haben sich im Languedoc nicht zur proletarischen Massenbewegung entwickelt, sondern gerieten ihrerseits in den Sog der Klientelwirtschaft der Notablen und Kaziken. Wie gesagt, in Toulouse wurde schon 1905 mehrheitlich sozialistisch gewählt, und daran konnte auch die *Dépêche du Midi* nichts ändern, die seit dem Tod ihres selbstherrlichen Verlegers, Jean Baylet, an Einfluß und Prägnanz verloren hatte und sich diskret in die Gefolgschaft Mitterrands einreihte.

Die Kommunisten, so berichtete mir Christian Cau, hätten unmittelbar nach der Räumung Südwestfrankreichs durch die deutsche Wehrmacht ihre große Stunde gewittert. 1944 seien die roten »Francs-Tireurs Partisans« – viele von ihnen anarchistische oder kommunistische Veteranen des spanischen Bürgerkrieges – aus ihren abgelegenen *maquis* in die Städte des Languedoc eingedrungen, hätten blutige Willkür entfacht und die Macht an sich gerissen, bis de Gaulle mit Hilfe regulärer Truppen diesen bewaffneten Sowjets Einhalt gebot. Heute sind die Spanier voll integriert, und die KPF des Languedoc zählt weniger Anhänger als die Nationale Front Le Pens.

Der Archivar kam noch einmal auf Jean Jaurès zu sprechen, dem er sich wohl sentimental verbunden fühlte. Er wisse nicht, ob der Pazifismus des Sozialistenführers, der dem Gewaltverzicht der frommen Katharen auf seltsame Weise verwandt war, bei seinen Landsleuten nachhaltig abgefärbt habe oder ob die Absage an die fremde Regierung des Nordens so tief im Volk verankert bliebe. Jedenfalls seien die Männer des Languedoc ohne jede Begeisterung in den Ersten Weltkrieg gezogen, und als das Blutvergießen kein Ende nehmen wollte, habe die Region am Rande der Wehrdienstverweigerung gestanden. Die Menschen Okzitaniens hätten dieses Gemetzel an Somme und Maas eben nicht als ihren Krieg empfunden, sondern als eine Angelegenheit der »Français du Nord«. Daran habe auch die eminente Rolle nichts ändern können, die zwei südfranzösische Marschälle, Joffre und Foch, beim Sieg über das wilhelminische Reich gespielt hätten. Beide seien – im Gegensatz zur väterlichen Fürsorge des Marschall Pétain für seine Soldaten – recht rüde und menschenverachtende Heerführer gewesen. Und im Frühjahr 1940 sei es noch viel schlimmer abgelaufen; da seien viele Regimenter aus Okzitanien dem Kampf ausgewichen, und schon in den ersten Stunden des Zusammenpralls sei es zu Auflösungserscheinungen bei den Truppen aus dem Midi gekommen.

Der Archivar Cau liebte seine Landsleute, aber er machte sich keine Illusionen über sie. Man lehne nun einmal alles ab, was aus dem Norden, von den »Français« komme, aber deshalb seien die »Occitans« noch keineswegs in der Lage, eine geschlossene Position zu beziehen oder gar einen autonomistischen Anspruch durchzuhalten.

Der okzitanische Partikularismus hatte sich als Folge der Achtundsechziger-Bewegung spektakulär entfaltet. Ich hatte im Frühjahr 1975 über den großen Aufruhr berichtet, der sich des Languedoc bemächtigt hatte. Hundertzwanzigtausend Demonstranten – überwiegend junge Leute – waren in Montpellier zusammengeströmt. Sie trugen keine Trikolore, sondern die rote Fahne Okzitaniens mit dem goldenen Kreuz, von dem sie irrtümlich annahmen, es sei das Wappen der Albigenser gewesen. Die Losung dieser Kundgebung lautete: »Région morte – totes Land«.

An der Spitze marschierten natürlich die Weinbauern, die ihre Produktion wegen den billigeren italienischen oder iberischen Importen nicht mehr verkaufen konnten. Jetzt rächte sich die systematische Abkapselung des Languedoc, wo man aller Vernunft zum Trotz den

Rebstock als Monokultur weiter angebaut und seine qualitative Verbesserung versäumt hatte. Groß war der Zorn, als ein Abgeordneter im Pariser Parlament erklärte, diesen sturen *vignerons* des Midi sei ohnehin nicht zu helfen, so lange sie darauf beharrten, »à faire pisser la vigne – die Rebstöcke pissen zu lassen«. Linksradikale Studenten unter der schwarzen Fahne des Anarchismus hatten sich am Protest von Montpellier beteiligt wie auch disziplinierte Gewerkschafter der CGT, die die Grubenarbeiter von Alès aufgeboten hatten. Poujadistisch bestimmte Kleinhändler schlossen sich an. Eine bretonische Autonomistenfahne war ebenfalls dabei, und die maghrebinischen Fremdarbeiter traten unter arabischen Schriftzeichen an.

Winzerrevolten hatte es im Languedoc schon vor der Französischen Revolution gegeben, und sie brandeten besonders um die letzte Jahrhundertwende hoch, als die Philoxera-Seuche die endlosen Weingärten verwüstete, die sich bis zum Horizont erstreckten. Doch in jenem Frühling 1975 hatte sich die Unzufriedenheit politisch und kulturell ausgeweitet, war plötzlich die Rede von Selbstbestimmung für Okzitanien. Die Trauben des Zorns schmeckten bitter.

Auf der Fahrt nach Carcassonne hatten wir im Dorf Minerve im Département Aude haltgemacht. In den grauen Mauern lebten nur noch achtzig Menschen. Die Festungswälle waren von den Kreuzzüglern Simon de Montforts geschleift worden, denn in Minerve waren die Katharen einflußreich gewesen. Jetzt wurde in der Zwergschule des Dorfes die *langue d'oïl* unterrichtet. Noch vor wenigen Jahrzehnten wurden die Kinder bestraft, wenn sie in der Pause zur alten Regionalsprache, zur *langue d'oc,* zurückfanden. Scheinbar hatten sie sich dem Norden unterworfen, die Nachfahren der albigensischen Ketzer von Minerve. Der katholische Gottesdienst wurde von einem Priester zelebriert, dessen Meßgewand an die weißen Kutten der Dominikanermönche und an die Inquisition erinnerte. Aber gleich neben dem Kirchlein, wo vor siebenhundert Jahren hundertvierzig *bonshommes* den Feuertod erlitten hatten, war die Erinnerungstafel mit frischen Blumen geschmückt.

Im Dorf Lauraguel bei Carcassonne hatte eine Autonomistengruppe zur Solidaritätskundgebung mit den Winzern aufgerufen. Es ging vor allem um die Befreiung des Weinbauern Tesseyre, der unter dem Verdacht, auf die Gendarmen geschossen zu haben, inhaftiert worden war. Die Protestveranstaltung wurde von dem jungen Lehrer Claude Marty inszeniert, der seltsamerweise den gleichen Namen trug wie der letzte große Prediger der katharischen Irrlehre. Mit schöner Stimme trug Claude Marty seine Kampflieder vor. »Kommando der Nacht« hieß das eine; »Schießt auf die Raben ...« lautete das andere, und jeder wußte, wer damit gemeint war.

Was denn aus dieser großen okzitanischen Begeisterung geworden sei, fragte ich den Archivar. Der zuckte die Schultern. Ein »totes Land« sei das hier nicht mehr; im Gegenteil, das Languedoc sei eine recht dynamische Region geworden. Aber das alte Okzitanien der Albigenser leide weiterhin an seiner Demütigung und Unterwerfung. Es könne sich mit seinem Schicksal schlecht abfinden.

Mit welcher historischen Figur sich die Leute von Toulouse wohl am ehesten identifizieren könnten, ob es eine Art Nationalhelden Okzitaniens gebe, fragte ich am Ende; ob Heinrich IV., der König aus dem nahen Béarn, der ursprünglich Calvinist war und jedem Bauern am Sonntag das Huhn im Topf gönnte, sich für eine solche Idealgestalt nicht eignen würde? Doch Christian Cau sah mich lächelnd an, strich sich über den Bart und verneinte. Henri IV., für den Paris eine Messe wert war, das sei gewiß nicht der rechte Mann für die Nachfolger der Katharen. Im übrigen sei er ein recht zweifelhafter Patron gewesen, der die vom Religionskrieg ausgeblutete Normandie bis zum letzten geplündert habe.

Der Archivar schwieg eine Weile, und dann lachte er auf. »Nein, unser Nationalheld heißt d'Artagnan, der Musketier, die Romangestalt des Alexandre Dumas. Er verkörpert den Idealtypus unserer Region: ›grande gueule, bretteur, coureur de jupons – Großmaul, Raufbold, Schürzenjäger‹. In ihm erkennen sich unsere jungen Leute wieder, und viel weiter – so fürchte ich – reicht ihr Ehrgeiz auch nicht.«

Der Scheiterhaufen von Montségur

Am Vortag hatte ich unter strömendem Regen das Städtchen Castres aufgesucht. Selbst die grauen Wolken konnte den Charme dieser alten albigensischen Hochburg kaum beeinträchtigen. Auf dem stilvollen Marktplatz erwies ich dem Denkmal des Jean Jaurès meine Reverenz. Knappe fünfzig Kilometer trennen Castres von Albi. Das Wetter hellte sich endlich auf. Zwischen Weinbergen und Äckern schimmerten Herrensitze mit rosa Ziegelfassaden aus wohlgepflegten Parks.

Der Adel aus dem Norden und dem Süden hatte sich längst verschmolzen, achtete in katholischer Frömmigkeit auf standesbewußte Distanz zu den wortseligen Politikern des freisinnigen Bürgertums, zu der im Linksprotest verankerten Bauernschaft.

Die Kathedrale von Albi, der heiligen Cäcilie geweiht, war im gleichen Stil, aber noch trutziger und wehrhafter gebaut als die Jakobiner-Kirche von Toulouse. Einer Vogtei ähnlich ragte sie in den blauen Abendhimmel, beherrschte eine rundum feindselige katharische Domäne. Oder bildete ich mir das nach dem ausholenden geschichtlichen Exkurs des Archivars Christian Cau nur ein? Immerhin hatte die neue Okzitanien-Bewegung durchgesetzt, daß die »Place Sainte-Cécile« auch in der *langue d'oc* ausgeschildert war: »Plaça Santa Ceselha«.

Weit war es dennoch nicht her mit der folkloristischen Auflehnung der Außenprovinzen gegen den Zentralstaat der Kapetinger und der Jakobiner, der Könige und der Republikaner. Die Autonomiewünsche im Languedoc waren so gut wie verstummt. Der Unabhängigkeitsruf des spanischen »Euskadi« im nahen Baskenland hatte nördlich der Pyrenäen nur schwaches Echo und schüchterne Komplizenschaft gefunden. Die Bretagne hat ihre Sonderansprüche längst auf linguistische Extratouren reduziert, wenn nicht gerade ein paar bäuerliche Querköpfe ihrer Unzufriedenheit mit den Agrarpreisen durch Bombenanschläge gegen die Präfekturgebäude Nachdruck verleihen. Als wirkungsvollster Repräsentant der Felsenküste des Morbihan hatte sich Jean-Marie Le Pen, Sohn des Fischerdorfes La Trinité-sur-Mer, in den Vordergrund geschoben, und seine Parole lautete: »La France aux Français«.

Da war gewiß noch die Insel Korsika mit ihren Separatisten und ihren Killer-Kommandos, die »Vendetta« und gelegentlich auch »Cosa nostra« spielten. Sie spürten wohl, daß sie gegenüber den dynamischen Algier-Franzosen und anderen Zuwanderern vom Festland in die Minderheit gedrängt wurden. Aber in Paris war die Diskussion längst noch nicht verstummt, ob die Korsen von den Franzosen kolonisiert würden oder ob nicht eher das Gegenteil der Fall sei, so zahlreich waren die Söhne der Insel Napoleons in allen Schlüsselstellungen Frankreichs vertreten. Wollte Korsika etwa ein zweites Malta werden, abhängig von den Launen der maurischen Barbaresken? Dem stand schon der ungebrochene Bonaparte-Kult Ajaccios im Wege.

Am schmerzlichsten verlief der kulturelle Überlebenskampf im alemannischen Elsaß. Dort schritt die Französisierung der Jugend systematisch und schier unaufhaltsam fort, ungeachtet aller Bekenntnisse zur europäischen Vielfalt. Im Elsaß stellte der junge Biologe Antoine Waechter mit seiner Ökologie-Partei noch am ehesten einen psychologischen Konsens zum eng verwandten badischen Gegenufer des Rheins her. Das trotzige Aufbegehren der alemannischen Protestsänger hingegen – in dem Vers gipfelnd: »Das Münster schreiet in der Nacht...« – gehörte der Vergangenheit, den frühen siebziger Jahren an. Nur im Kabarett »Barabli« an der Place Kléber stimmte der Straßburger Bürgermeister Germain Muller mit seinem elsässischen Chor unentwegt, aber zutiefst resigniert seinen schönen Refrain an: »Wir sind die Letzten, die Allerletzten, die noch schwätzen, wie uns der Schnabel gewachsen ist.«

*

In einem distinguierten Teesalon – wer hätte den schon in Albi vermutet? – habe ich ein paar nachdenkliche Minuten verbracht, ehe ich die Rückfahrt nach Toulouse antrat. Der Himmel färbte sich gelb und violett. An der Ausfallstraße hielt ich vor dem Kasernentor des 7. Régiment de Parachutistes an. Die muskulösen Soldaten mit den knappsitzenden grünlichen Uniformen und dem dunkelroten Béret der Elitetruppe wirkten martialisch. Die schlagkräftigsten Interventions-Einheiten der »Force d'action rapide« waren hier im äußersten Südwesten Frankreichs mit Schwerpunkt in Pau und Tarbes stationiert, standen auf dem Sprung zum Einsatz in Schwarzafrika oder in der Levante, neuerdings auch an Elbe und Donau.

Bei einer letzten Schleife durch Albi hatte ich die Büste des kühnen Seefahrers und Entdeckers La Pérouse aus dem 18. Jahrhundert entdeckt, und dann – ganz plötzlich – fiel mein Blick auf ein ganz anderes, massives, irgendwie bedrohliches Monument. Die Jungfrau von Orléans, ins Gewaltige gesteigert, das lange Schwert in der gepanzerten Faust, blickte von ihrem mächtigen Bronze-Roß mit strafendem, starrem Blick auf diese störrische Bastion der Ketzerei. Fast erschien sie mir als eine jüngere Schwester jenes Simon de Montfort, den die Chronisten seinerzeit ja auch als Soldaten Jesu Christi und als treuen Paladin des Königs von Frankreich besungen hatten. Die wackere Lothringerin aus Domrémy war sichtlich fehl am Platz in dieser katharischen Umgebung, im einst frivolen Land des *gai saber.* Mir fiel der katholische Ultranationalist Maurice Barrès ein, der den Verlust Elsaß-Lothringens an die Deutschen schon deshalb beklagte, weil dadurch das Übergewicht des antimonarchistischen, antiklerikalen Midi im Kräftespiel der Dritten Republik entscheidend begünstigt worden sei.

Auch das alte Land der Albigenser verfügt über seine *colline inspirée,* seinen abgeschiedenen Ort der Weihe und Eingebung. Die Ruinen der Festung Montségur krallen sich wie eine Wagnersche Parsifal-Vision an den steilen Felskegel am Rande der Pyrenäen. Die Umgebung ist wild und bedrohlich. Die Kuppen sind an diesem späten Märztag mit Schnee bedeckt, und der Wind weht eisig. An Montségur gemessen ist die Lothringer Marienschanze von Saxon-Sion ein lieblicher Hügel. In dieser Trutzburg, die nur durch Verrat überwunden wurde, hatten sich die letzten Katharen mitsamt ihren »Vollkommenen« verschanzt und jahrelang gegen das Heer der Kapetinger behauptet. Aber als die Stunde des Untergangs nahte, so sagt die Legende, seien die meisten albigensischen Ritter mit der Weihe des »Consolamentum« versehen worden, und dann hätten sie unter Anstimmen ihrer Hymnen zu zweihundert den riesigen Scheiterhaufen der Inquisition bestiegen.

Der Kletterpfad nach Montségur ist mühsam. Zu Füßen des Felsens erinnert ein vermooster Gedenkstein – mit Frühlingsblumen geschmückt – an die »Katharen und Märtyrer«, die hier im Geiste des »amor christian« den Tod auf sich nahmen. Die felsige Fährte ist durch die Regengüsse des Vortages verschlammt. Mit meinen Straßenschuhen rutsche ich mehrfach ab. Nach dem Erklimmen des Gipfels von Montségur schweift der Blick vom höchsten Ruinenblock auf die weißen Pyrenäenschluchten und das grüne, fruchtbare Land der Grafschaft Foix.

So eindrucksvoll und streng ist diese einsame, vom Sturm gepeitschte Burg, daß sich jenseits des albigensischen Mysterienspiels uralte keltisch-germanische Legenden dieses Felskegels bemächtigt haben. Montségur, so heißt es, sei identisch mit dem Montsalvat der Artus-Sage. An dieser Stelle sei der Heilige Gral aufbewahrt und der weise Tor Parsifal auf die Probe gestellt worden. Im fernen Westen der Pyrenäen suche ich vergeblich nach jener Schlucht von Roncevaux, wo der edelste Recke des Mittelalters, der getreue Ritter

Roland, den Rückzug Karls des Großen mit seinem Leib und einer kleinen Nachhut deckte. In seinem Opfermut ist er – dem Rolandslied zufolge – der Übermacht der Sarazenen, in Wirklichkeit einem Hinterhalt der wilden Basken erlegen.

Wahrscheinlich ist allzuviel hineingedichtet worden in diese abweisende feierliche Opferstätte. Die Albigenser-Sekte, so heißt es, habe in den esoterischen Riten des Templerordens, im strengen Reformationsglauben Calvins, im Freimaurertum und in der Aufklärung, im politischen Antiklerikalismus und im humanistischen Sozialismus weitergelebt. Auch die Rosenkreuzler führen ihre Ursprünge auf die Katharen zurück, ja manche Vorstellungen dieser Häretiker fänden sich in der Anthroposophie eines Rudolf Steiner wieder.

Zwischen den Festungsquadern begegne ich zwei deutschen Familien aus Karlsruhe, deren Autokennzeichen mir schon an der Zufahrtstraße nach Montségur aufgefallen war. Die jungen Leute aus Baden, mit Pudelmützen und Anoraks gegen die Kälte geschützt – die Männer trugen Bärte –, mochten der grünen und alternativen Bewegung nahestehen. Auf der Heckscheibe ihres Wagens klebte die weiße Taube auf blauem Grund. Ich habe sie nicht nach dem Beweggrund ihrer Pilgerfahrt nach Montségur gefragt, auch nicht, ob sie eine Beziehung herstellten zwischen ihrem Bekenntnis zur Friedensbewegung und dem rigorosen Gewaltverzicht, der einst den Albigensern zum Verhängnis wurde. Vielleicht hätte der Steiner-Schüler und Grünen-Abgeordnete Otto Schily darüber Auskunft geben können.

Wieder einmal offenbarte sich die Beharrlichkeit des politischen Temperaments der Franzosen in dieser extremen Südwest-Region mit merkwürdiger, fast unheimlicher Intensität. Auf der Heimfahrt von Montségur habe ich in dem Präfekturstädtchen Foix zu Füßen der schroffen Burgmauern Rast gemacht und einen sauren Rotwein *du pays* bestellt. Am Nebentisch saßen alte Bauern mit abgegriffenen Schirmmützen über den rotgeäderten Gesichtern. Sie unterhielten sich über die bevorstehende Präsidentenwahl. Mitterand hatte sich endlich als Kandidat erklärt. Ich verstand nur ein paar Fetzen der Bistro-Debatte. Die Bauern sprachen okzitanisch. In diesem Land der Aufsässigkeit gegen Thron und Altar würde Mitterrand keine Mühe haben, die Stimmenmehrheit für sich zu gewinnen.

Mir fiel die Kampagne des Jahres 1965 ein, als François Mitterrand gegen de Gaulle angetreten war und den General wider Erwarten in die zweite Runde, in die Stichwahl, gezwungen hatte. Die Stadt

Toulouse hatte dem Anwärter der Linken, dem Herausforderer des katholischen Wahlmonarchen des Nordens damals einen jubelnden Empfang bereitet. Hatte man ihn nicht mit Aramis verglichen, jenem Musketier Alexandre Dumas', der sich durch seine listige Zurückhaltung, seine pfäffische Geschmeidigkeit so gründlich von seinen polternden Kumpanen unterschied? Die jungen Mädchen hatten sich die rote phrygische Kappe der Galeeren-Sträflinge und der Großen Revolution übergestülpt. Sie überschütteten Mitterrand mit Blumen.

Im Dezember 1965 hatte das Schicksal der gaullistischen Republik auf der Kippe gestanden. Das Département Gers am Fuß der Pyrenäen, wohin siebenhundert Jahre zuvor die letzten versprengten Albigenser geflüchtet waren, hatte die massivste antigaullistische Mehrheit zustande gebracht. Wenn damals das Frankreich südlich der Loire, südlich der Linie La Rochelle – Genf, separat abgestimmt hätte, wäre François Mitterrand ohne Zweifel schon 1965 zum Staatschef gekürt worden. »Le Président du Midi« nannten ihn denn auch die Pariser Kommentatoren. Beim Eintreffen der schlechten Resultate aus dem Languedoc hatte der historisch gebildete Premierminister Pompidou resigniert die buschigen Brauen angehoben: »Ah, ces Albigeois!«

Am Abgrund der Geschichte?

Paris, 15. Mai 1988

Zwei Tage vor der Wahl war warmer Südwind aufgekommen. Er hatte rote Sandpartikel aus der Sahara bis nach Paris geweht wie an jenem heißen Augustsonntag, als ich nach Colombey-les-Deux-Eglises zum Kreuz von Lothringen aufgebrochen war. In der Nacht vor dem Urnengang am 8. Mai, der die Bestätigung François Mitterrands als Präsident der Fünften Republik bringen sollte, ging Regen über dem Seine-Becken nieder, und der feine Sahara-Staub haftete wie Rost auf dem Lack der Autos.

Am Morgen des 8. Mai waren sich die Rivalen Mitterrand und Chirac noch einmal am Triumphbogen bei der Kranzniederlegung am Grab des Unbekannten Soldaten begegnet. Frankreich gedachte der deutschen Kapitulation vor 43 Jahren. Ein Siegesfest war das ohnehin nicht. Es kam zu einem flüchtigen Händedruck. Die *clairons* bliesen zum Trauersignal, und schon enteilten die Kandidaten in ihren jeweiligen Wahlbezirk, der Staatschef nach Château-Chinon in der Nièvre, der Premierminister nach Sarran in der Corrèze.

Die Präsidentenwahl, die so müde, fast blasiert begonnen hatte, war nach dem 24. April – nach dem Ausscheiden des behäbigen Professors Barre – auf ungewöhnliche Weise dramatisiert worden. Am Abend eines TV-Duells, eines großen »kathodischen Schauspiels«, während Mitterrand und Chirac wie Gladiatoren aufeinanderstießen, die lange Zeit hochgepriesene *cohabitation* als Schauspiel entlarvt wurde und wie eine Seifenblase platzte, waren die Straßen von Paris wie leergefegt. Ganz Frankreich saß vor dem Fernsehapparat. Wieviel bittere Feindschaft mochte sich während der vergangenen zwei Jahre in den Kulissen der Macht angesammelt haben?

Am Tag der Stichwahl, am 8. Mai um 18 Uhr, hatten die großen Rundfunkstationen und Zeitungen ihre engen Freunde und ein ausgesuchtes Publikum zur Entgegennahme der ersten Hochrechnungen eingeladen. Die Türen blieben bis 20 Uhr – bis zum Ende der Stimmabgabe – hermetisch geschlossen, damit keine übereilten Indiskretionen nach außen drangen. Es handelte sich um ein durchaus mondänes Ereignis, und das überwiegend großbürgerliche Publikum in der Rue Bayard ließ sich die Enttäuschung nicht anmerken, bewahrte Contenance, als schon um 18 Uhr 15 die Meinungsforschung das Ergebnis verkündete, das sich im weiteren Verlauf des Abends kaum noch ändern sollte: 54 Prozent für François Mitterrand; 46 Prozent für Jacques Chirac. Nur de Gaulle hatte 1965 um einen bescheidenen Punkt besser gelegen als sein sozialistischer Gegenspieler von einst an diesem Maiabend 1988.

Wie hatte Mitterrand diesen eindeutigen Sieg geschafft? Die Zeitung *Libération* sollte am nächsten Morgen die mächtige Balkenzeile bringen: »L'artiste«, was man mit Künstler und auch Akrobat übersetzen kann. Die Sphinx im Elysée-Palast hatte sich gegen den jungen, dynamischen Regierungschef durchgesetzt, ihn systematisch zermürbt. Dabei hatte die »neogaullistische« Gefolgschaft Chiracs es in den letzten Tagen vor der Wahl an keiner Anstrengung, an keinem Trick mangeln lassen, um doch noch das Schicksal zu wenden. Jede Mauer, jedes Trottoir schien mit den Bildern des Pariser Bürgermeisters zugepflastert. Mit werbenden Samtaugen verfolgte das Konterfei des Rechtskandidaten den potentiellen Wähler.

In der Umgebung Chiracs war es zu Spannungen zwischen seinen einflußreichsten Beratern gekommen. Edouard Balladur, der Finanzminister, wollte mit Mäßigung und Vernunft an die bürgerliche Mitte appellieren. Innenminister Charles Pasqua hingegen setzte auf die populistische Tradition des Bonapartismus, versuchte mit bedenklichen Anpassungserklärungen sogar Einbrüche in die rechtsradikale Gefolgschaft Jean-Marie Le Pens zu erzielen. Pasqua war es auch, der die drei großen Coups landete, die den Franzosen imponieren und die Schwankenden in letzter Stunde zugunsten des Premierministers umstimmen sollten. Da wurden in einer Nacht-und-Nebel-Aktion die drei französischen Geiseln im Libanon, die seit drei Jahren in den Verliesen der schiitischen Hizbullahi schmachteten, wie durch magische Einwirkung plötzlich freigelassen, und niemand wagte es so recht, in der Stunde nationaler und familiärer Euphorie nach dem Preis zu fragen, den die Pariser Regierung an die Mullahs in Teheran für diese präzis kalkulierte Termingestaltung wohl entrichtet hatte.

Am Tage darauf kam ein Siegesbulletin aus Neu-Kaledonien. Für extreme Krisenfälle spezialisierte Sondertrupps des Geheimdienstes

DGSE, der Gendarmerie und der Marine hatten auf der kleinen Insel Ouvéa in einer Blitzaktion 23 Gendarmen befreit, die die melanesische Unabhängigkeitsbewegung in einer schwer zugänglichen Höhle gefangenhielt. Bei dieser Operation waren zwei französische Militärs und 19 militante Kanaken ums Leben gekommen. Der nationalen Demütigung, so hieß es, war durch diese Blitzaktion auf dem fernen »Konfetti« des Imperiums im Pazifik ein Ende gesetzt worden. Als dann auch noch der weibliche Hauptmann Dominique Prieur – sie war an der Versenkung der »Rainbow Warrior« in Auckland maßgeblich beteiligt gewesen und im Einvernehmen mit der neuseeländischen Regierung für drei Jahre auf das Pazifik-Atoll Hoa verbannt worden – wegen ihrer Schwangerschaft mit einem Spezialflugzeug nach Paris geschafft und vom Verteidigungsminister Giraud wie eine Heldin begrüßt wurde, da dämmerte vielleicht den Wahlstrategen Chiracs, daß sie des Guten zuviel getan hatten. Die Publikumsbeeinflussung wirkte plump und massiv.

Mitterrand war dieser hektischen Betriebsamkeit mit überlegener Distanz begegnet. Er spürte wohl instinktiv, daß sein quasi-monarchisches Verhalten den Erwartungen entsprach, die die meisten Franzosen in den höchsten Repräsentanten des Staates setzen. Vorübergehend war der Präsident Gefahr gelaufen, seine majestätische Rolle allzu sichtbar auszukosten. Im Volk nannte man ihn seit langem *tonton*, den Onkel – ein Code-Name, den die Sicherheitsorgane des Elysée-Palastes bei öffentlichen Auftritten des Staatschefs erfunden hatten. Inzwischen keimte unter den Höflingen des *château*, wie der Amtssitz genannt wird, sowie unter den begeisterten Anhängern einer lyrisch gestimmten Linken ein hemmungsloser, fast kriecherischer Personenkult, den die einen als »Mitterrandolâtrie« – als Mitterrand-Vergötzung –, die anderen als »Tontonmania« bezeichneten.

Wenn Mitterrand, vom Massenjubel umbrandet, auf die Rednertribüne zuschritt, stimmte der gealterte Schlagersänger Charles Trenet, den man einst »le fou chantant – den singenden Narr« genannt und der mit »La mer« einen bleibenden Welterfolg erzielt hatte, »Douce France« an. Das Chanson endete jetzt mit dem trivialen Werbeslogan »... und wir tragen Mitterrand in unserem Herzen«. Die schwarzhaarige Barbara, die mit ihrem elegischen, hastig vorgetragenen Chanson über die »blonden Kinder von Göttingen« berühmt geworden war, huldigte am Klavier »dem Mann mit der Rose in der Hand, der den Weg zu einem anderen Morgen öffnet«. Einen Augenblick lang kam mir der Verdacht, soviel kniefällige Verehrung könne bei diesem wankelmütigen, republikanischen Volk den tief eingefleischten Instinkt zum Königsmord wecken. In diesem Falle hätte sich die steile Rednerkanzel mit dem blau-weiß-roten Bort, auf der Mitterrand wie ein Prälat amtierte, vorzüglich zum Schafott geeignet.

Aber *tonton* wurde sich dieser Gefahr offenbar rechtzeitig bewußt und glättete die Wogen der *adoration*, präsentierte sich nunmehr als der »weise Alte«, der paradoxerweise bei der Wählerschaft unter vierzig Jahren seinen stärksten Zuspruch fand. Vielleicht lag es daran, daß diese jüngere Generation die diversen Wandlungen und Irrungen ihres Idols nicht miterlebt oder aus ihrem Bewußtsein verdrängt hatte. Die Älteren sahen ihn anders, den schillernden Biedermann aus dem Städtchen Jarnac in der Nähe von Angoulême. Dieser Staatschef, der im Jahr 1984 noch den Rekord der Unbeliebtheit, ja der haßerfüllten Abneigung erreicht und lange Zeit damit gerechnet hatte, das Schicksal des ermordeten Chilenen Salvador Allende zu erleiden, schwamm nun auf einer Welle breiter Zustimmung, die sich weit über die Grenzen der Sozialistischen Partei ausbreitete.

Kreon oder Antigone?

Nicht eine Sphinx, ein Januskopf befinde sich an der Spitze der Republik, so konnte man hören. Hatte Mitterrand nach seinem Entkommen aus dem Kriegsgefangenenlager nicht in Vichy als Sonderbearbeiter im »Kommissariat für Kriegsgefangene« gewirkt, war er nicht für seine Arbeit mit der *francisque*, der von Pétain gestifteten Dekoration mit der doppelten Streitaxt der Franken, ausgezeichnet worden? Gewiß, seine Widerstandsleistungen waren unbestritten. Unter dem Tarnnamen »Morland« hatte er im besetzten Frankreich und in der Résistance mit viel Mut agiert. Dabei hatte er seine Frau Danielle kennengelernt, die – damals blutjung – diesen geheimnisvollen Emissär aus London als etwas unheimliche Erscheinung und als südamerikanischen Macho-Typ empfand, ehe sie seinem unbestreitbaren Charme erlag.

Über diese Ehe mit einem Mädchen aus Burgund, deren Vater als Lehrer der *école publique* der militanten antiklerikalen Linken angehörte und von den Vichy-Behörden wiederholt gemaßregelt worden war, hat sich François Mitterrand in seinen zahlreichen Schriften humorvoll geäußert. Für seine zutiefst katholische, zur Monarchie neigende Sippe sei diese Bindung an eine junge Person, die sich beim Schulgebet weigerte, das Kreuzzeichen zu schlagen, ein arger Schock gewesen, ganz abgesehen von der geradezu provokativen Geste eines Bürgersohns aus Aquitanien – wo die Endogamie in Blüte stand –, sich mit einer mittellosen Sozialistentochter aus dem fernen Burgund zu verbinden.

In Algier ist Mitterrand während des Krieges zum ersten Mal Charles de Gaulle begegnet. Von Anfang an stellte sich zwischen den beiden Männern Abneigung und Mißtrauen ein. Mitterrand habe an sämtlichen Krippen gefuttert – »il a mangé à tous les rateliers« –, ließ der General bösartig verlauten. Sein Ressentiment war so beharrlich, daß er bei der Verschickung seines späten Erinnerungsbandes »Mémoires d'espoir« von allen Personen des öffentlichen Lebens nur zwei Namen aus der Verteilerliste streichen ließ: François Mitterrand, den unentwegten politischen Gegenspieler, und Raoul Salan, den General von Algerien, der gegen die Fünfte Republik geputscht hatte.

In diesen letzten, polemischen Tagen des Wahlkampfes vor dem 8. Mai 1988 kramte der *Figaro* auch die dubioseste Episode aus dem Leben des Kandidaten Mitterrand heraus, die Affäre des »Observatoire«.

Der Vorfall hatte sich im Oktober 1959 ereignet, in der unseligen Zeit der Bombenattentate der OAS, der Kampforganisation für den Verbleib Algeriens bei Frankreich. Nicht nur de Gaulle und seine Minister, auch die Politiker der liberalen Opposition wurden von den Terroristen der OAS an Leib und Leben bedroht. François Mitterrand wurde angesteckt von dieser Atmosphäre voll Nervosität und Verdächtigung, die Paris in jenen Tagen vergiftete. Vielleicht fühlte sich der »Florentiner«, wie Mauriac ihn nannte, inmitten dieser Verschwörungen, Attentate und Verleumdungskampagnen sogar in seinem Element.

Aber in der Nacht zum 16. Oktober 1959 verlor er die Nerven. Ein geheimnisvoller Mittelsmann namens Pesquet hatte ihn aufgesucht, um ihm unter dem Siegel der Verschwiegenheit anzuvertrauen, ihm – Pesquet – sei von der »Organisation de l'armée secrète« befohlen worden, Mitterrand in der kommenden Nacht umzubringen, aber sein Gewissen sträube sich gegen diesen Mordauftrag. Falls Pesquet die Weisung jedoch nicht befolge, stünde er seinerseits in Lebensgefahr, und deshalb mache er Mitterrand den Vorschlag, ein Attentat zu fingieren. Damit würde er seine Pflicht gegenüber seinen Auftraggebern erfüllen, während Mitterrand in den Augen der Öffentlichkeit ohne großes Risiko als Opfer der Rechtsextremisten erscheine. So ähnlich jedenfalls ist das angebliche Attentat gegen Mitterrand rekonstruiert worden.

Tatsache ist, daß Mitterrand in besagter Nacht nach einem späten Diner in der Brasserie »Lipp« gegenüber von Saint-Germain-des-Prés, wo man angeblich das beste Elsässer Sauerkraut von Paris serviert und sich die Parlamentarier ein Stelldichein geben, eilig in seinen Peugeot stieg und – sobald er merkte, daß ein anderer Wagen ihm mit abgeblendeten Scheinwerfern folgte – durch die verwinkelten Gassen des linken Seine-Ufers in Richtung auf den Parc de l'Observatoire fuhr. Dort angekommen, hielt Mitterrand sein Auto an, lief auf das Gitter zu, sprang über die Brüstung und ging dahinter in volle Deckung. Kurz darauf erschien der Wagen des vermeintlichen Attentäters Pesquet, der aus einer Maschinenpistole vom Modell Sten eine Salve auf den stehenden Peugeot des Abgeordneten Mitterrand abfeuerte.

Wenige Tage später, als alle Zeitungen voll waren mit dem mißlungenen Attentat auf den Deputierten der Nièvre, ließ sich plötzlich der zwielichtige Pesquet vernehmen, die ganze Sache sei ja mit Mitterrand abgekartet gewesen und lediglich ein Versuch des linksliberalen Politikers, in die Scheinwerfer des öffentlichen Interesses und die Gunst der allgemeinen Anteilnahme zu geraten. Pesquet hatte sich seine Version der Ereignisse ein paar Tage zuvor notariell beglaubigen lassen. »Une ténébreuse affaire – eine finstere Angelegenheit«, schrieb dazu eine französische Abendzeitung und wählte für ihre Überschrift nicht von ungefähr den Titel des Romans von Balzac.

In Bonn hätte ein Politiker ein solches Abenteuer nicht überlebt. In Deutschland, so scheint es den Franzosen, schwankt die Politik zwischen totaler Ruchlosigkeit, wie sie sich im Hitler-Reich austobte, und einem utopischen *angélisme,* dem naiven Glauben, man könne sich mit Engelstugenden im harten parlamentarischen Geschäft behaupten. Eine alte gallische Erkenntnis besagt: »On ne gouverne pas innocemment – Man kann nicht in Unschuld regieren.« In der Sprache Pascals, der übrigens auch in der Rue Monsieur-le-Prince gewohnt hatte, ausgedrückt: »Qui veut faire l'ange, fait la bête – Wer sich als Engel aufspielt, wird leicht zum Tier.« Jedenfalls werden

Skandale in Frankreich mit größerer Gelassenheit hingenommen als in Deutschland.

Allein unter der Herrschaft Giscard d'Estaings hatten drei sensationelle Todesfälle für Schlagzeilen gesorgt, wurden nie aufgeklärt und schließlich *ad acta* gelegt. Der frühere Minister Herzog de Broglie, einer der wichtigsten Verhandlungspartner des Algerien-Abkommens von Evian, wurde am hellichten Tage in der Rue des Dardanelles erschossen. Ein ähnliches Schicksal erlitt im Februar 1980 der prominente christdemokratische Politiker Fontanet. Und unter höchst mysteriösen Umständen hatte sich im Oktober 1979 der angebliche Selbstmord des Ministers Pierre Boulin vollzogen. Er »ertrank« in einem Tümpel des Parks von Rambouillet, dessen Wasser ihm nur bis zu den Knien reichte; die Leiche war wohl nachträglich manipuliert worden. Daß Chiracs Justizminister Albin Chalandon mit den Edelsteinen seiner Frau, einer gebürtigen Prinzessin Murat, spekulierte, bei dem Juwelier Chaumet, der auf spektakuläre Weise Bankrott machte, ein gut verzinstes Konto unterhielt, konnte diesem Altgaullisten, der als »Siegelbewahrer« zum Richter in eigener Sache geworden war, nichts anhaben. Allenfalls schüttelte man in Wirtschaftskreisen darüber den Kopf, daß Chalandon, früher Generaldirektor der Erdölgesellschaft Elf-Aquitaine, sein Vermögen nicht auf modernere, dem allgemeinen Wohl dienlichere Weise angelegt hatte, statt sich der Verhökerung von Diamanten, Rubinen und Smaragden zu widmen. Die Dritte Republik hatte Schlimmeres erlebt und überlebt, als beispielsweise um 1887 Staatspräsident Jules Grévy sich auf Betreiben seines Schwiegersohnes, des Senators Wilson, die Verleihung des Kreuzes der Ehrenlegion in klingender Münze vergüten ließ.

Louis Pauwels hat sich ein Vergnügen daraus gemacht, die vielen Widersprüche, die häufigen Kehrtwendungen Mitterrands aufzudecken. Er bediente sich dabei lediglich der gesammelten Zitate des wiedergewählten Präsidenten, brauchte dessen jüngste Stellungnahme nur mit den Deklamationen als Minister der Vierten Republik zu konfrontieren. Aber in Frankreich wußte ohnehin jedermann, daß dieser Präsident, der sich heute für die politische Autonomie der Kanaken einsetzte, im Jahr 1958 eine eventuelle Preisgabe Algeriens durch Frankreich als »Verbrechen« bezeichnet hatte. Bedenklicher klang die Aussage, die der Direktor des *Figaro Magazine* einer Notiz des Mitterrand-Bewunderers Jean Daniel entnahm: »Dieser Mensch« – gemeint war *tonton* – »erweckt nicht nur den Eindruck, daß er an nichts glaubt; man fühlt sich in seiner Gegenwart sogar irgendwie schuldig, wenn man selbst an etwas glaubt.« Das literarisch-politische Werk Mitterrands tat Pauwels als »vierzehn Bände im Stil eines Lamartine« ab, die mit Selbstverleugnungen angefüllt seien.

Und dennoch – der Mann aus Jarnac hat gewonnen. Er blickt auf eine zerklüftete politische Landschaft. Vermutlich schmeichelt es ihm, daß die französischen Politologen diesem »Fürsten der Zweideutigkeit« grandiose, historische Analogien zuweisen. Mitterrand sei ein Ludwig XI. – der durchtriebene, aber überaus erfolgreiche Vernichter des Hauses Burgund –, der sich zu einem Heinrich IV., zum Einiger der widerstreitenden Konfessionen, aufgeschwungen habe.

Der kluge Analytiker Alain Duhamel beschreibt, wie man der sogenannten »Generation Mitterrand« – den Dritte-Welt-Enthusiasten, den studentischen Aufrührern des Dezember 1986, den Kämpfern für die Menschenrechte, aber auch den tüchtigen Unternehmern, den hedonistischen Aufsteigern – ihr Idol präsentiert habe: »Der Präsident erscheint als humanistischer Patriarch, als wohlwollender Protektor. Das ›gemeinsame Programm‹ (mit den Kommunisten), die hundertzehn Vorschläge (zur Schaffung einer sozialistischen Gesellschaft) wurden kurzerhand der Archäologie des Mitterrandismus zugerechnet. Der Staatschef hat sich neuerdings der ›soft psychology‹ und der Pflege des Konsens gewidmet. Überall wird zu Recht festgestellt, daß er einer fast heidnischen Verehrung ausgeliefert ist. Dabei unterschätzt man die geschickte Anpassungsfähigkeit dieses Präsidenten, der sich den anderen als Spiegel ihrer selbst anbietet. Er ist Kreon, wenn er muß, er ist Antigone, wenn es – nach siebenjähriger Herrschaft – darum geht, die Macht der Unschuld zu verkörpern ...« Mitterrand habe sich die Überzeugungen der Linken zu eigen gemacht, aber er bewahre das Temperament der Rechten, hieß es an anderer Stelle.

Mehr Fuchs als Löwe – so sei die Veranlagung der meisten französischen Könige gewesen, berichten die Chronisten. Eine solche Charakterisierung trifft auch auf Mitterrand zu. Er ist ein Mann vielfältiger Facetten geblieben. Sein Bankguthaben, das er bei der erneuten Berufung zum Staatschef veröffentlichen mußte, beläuft sich auf umgerechnet knapp hundertfünfzigtausend D-Mark. Er besitzt zusätzlich das schmalbrüstige Pariser Haus in der Rue de Bièvre am Rande des Quartier Latin, das er mit mönchischer Strenge eingerichtet hat und wo er sich wie ein Enzyklopädist des 18. Jahrhunderts gebärdet. Geld habe ihn nie interessiert, versichert er glaubhaft, und was sein Gefühlsleben angehe, so sei er normal veranlagt.

Seine wirkliche Heimat, das sind die Wälder, die Seen, das ist die Heidelandschaft des Südwestens. Dort hat er einst für eine lächerlich geringe Summe einen Schafstall und ein paar Hektar Land bei Latche in den »Landes« erworben. Dort bewegt er sich, die Bauernbluse übergezogen, den knorrigen Stock in der Hand, wie ein verspäteter Jünger Rousseaus, Liebhaber der Natur, schöngeistiger Spaziergänger. Seine wahre Berufung sei die Literatur, äußert er gelegentlich im *cénacle* seiner engsten Freunde, in der »Abendmahlsrunde«. Aus Pflichtbewußtsein habe er auf die intellektuelle Evasion verzichtet, seine Leidenschaft für Florenz und Venedig gezügelt, sich dem zeitlosen Müßiggang entzogen. Nicht ohne Koketterie verweist er darauf, daß er sich als Kandidat für die neue Amtszeit an der Spitze der Republik mit entsagungsvollem Stoizismus zur Verfügung gestellt habe.

»Um mich nicht zu verirren«, so schrieb dieser vielschichtige Politiker, der auf den Besucher oft kalt und zynisch wirkt, »brauche ich den regelmäßigen Rhythmus der Tage, mit einer Sonne, die auf- und untergeht, den Himmel über meinem Kopf, den Geruch des Korns, den Duft der Eichen, den Ablauf der Stunden.« Die dreiundzwanzigjährige Karenzzeit der Opposition zwischen 1958 und 1981, ihre Kränkungen und Schmähungen, hat Mitterrand in Latche wie ein keltischer Naturpriester, wie ein Druide durchgestanden.

De Gaulle hat sich von Frankreich eine hehre, exaltierte Vorstellung wie ein nationaler Minnesänger gemacht. Dem entgegnet Mitterrand etwas ironisch, aber kaum weniger romantisch: »Ich habe es nie nötig gehabt, mir eine Idee von Frankreich zu machen. Frankreich erlebe ich. Ich habe ein instinktives Bewußtsein, eine körperliche Bindung an Frankreich. Das sind meine Wurzeln. Die Seele Frankreichs brauche ich nicht zu suchen, sie wohnt in mir.« Tatsächlich verkörperte er – mit vielen ihrer positiven und auch negativen Aspekten – *la France profonde*.

Etwa fünftausend Einwohner zählt der Ort Jarnac, ganz in der Nähe von Cognac, wo Mitterrand zur Welt kam. Hier ist er aufgewachsen. Jarnac ist ein stiller, etwas trister Ort. Das Geburtshaus trägt noch den Namen der Familie, aber die Essigfabrik seines Vaters ist stillgelegt. Diese Landschaft prägt ihre Menschen mit einer gewissen Melancholie. »Ich bin unter dem feuchten Himmel Aquitaniens groß geworden«, schreibt der Präsident, »in einem katholischen Milieu. Sehr gläubig, aber sehr offen bin ich erzogen worden ... Wenn man zu jener Zeit in einer kleinen Provinzstadt katholisch war, dann reihte man sich im Politischen automatisch nach rechts ein. In diesem Milieu wurde die Spreu vom Weizen geschieden, je nachdem, ob man sonntags zur Messe ging oder nicht.«

Seit der Jugend Mitterrands hat sich in Jarnac nicht viel geändert. Als Knabe wollte der heutige Sozialistenführer Priester werden. Im nahen Angoulême war er bei den katholischen Patres im Internat. Es wäre ihm damals natürlich erschienen, so berichtete Mitterrand später, wenn die Kirche den Weg zum Sozialismus in Frankreich freigemacht hätte. Aber die Erfüllung dieser Hoffnung hat auf sich warten lassen. Dennoch, so bekennt Mitterrand, werde er wohl als Christ sterben wollen.

Ein paar Protestanten gibt es übrigens auch in Jarnac, und die herbe Strenge der calvinistischen Lehre scheint auf die katholische Frömmigkeit abgefärbt zu haben. Der große Sohn von Jarnac ist bei der Ortsbevölkerung keineswegs unumstritten. Es ist typisch für diese vorsichtigen, abgekapselten Provinz-Franzosen, daß sie der klaren politischen Aussage, wenn sie über Mitterrand befragt werden, fast immer ausweichen.

Auf dem Friedhof von Jarnac besitzen die Mitterrands ein Familiengrab, das ansehnlicher wirkt als ihr Wohnhaus. Der große Schriftsteller François Mauriac, der ein nachdrückliches und persönliches Verhältnis zum jetzigen Präsidenten Frankreichs pflegte, hat in der Stimmung dieser Provinzgesellschaft die hintergründigen und selbstquälerischen Figuren für seine Romane gefunden.

Während des Wahlkampfes ist Mitterrand von dem Literaturpapst Bernard Pivot, dessen exzellente Fernsehsendung »Apostrophes« die ungebrochene kulturelle Kraft dieses Landes spiegelt und trotz hohem intellektuellem Anspruch vorzügliche Einschaltquoten registriert, nach seinen Lieblingsautoren gefragt worden. »Ich habe einen literarischen Gott«, versicherte der Einsiedler von Latche, »das ist Tolstoi.« Im übrigen habe er eine Präferenz für »Die Reise ans Ende der Nacht« von Céline, für den »Hügel der Eingebung« von Maurice Barrès, für die »Religionen und Philosophien Zentralasiens« des Grafen Gobineau. »Das sind alles Autoren, die nicht sonderlich links orientiert sind«, fügte er ironisch hinzu. Photographieren ließ er sich vor ein paar Bänden von Ernest Renan, Emile Zola, Marcel Proust, Roger Martin du Gard, eine merkwürdige Auswahl.

Im Dezember 1982 hatte ich im goldenen Käfig des Elysée-Palastes die Frage an François Mitterrand gestellt, welche Spuren er in der Geschichte Frankreichs hinterlassen, wie er in die Historie eingehen wolle. Ein seltsames Lächeln huschte über sein Gesicht. »Sie fragen mich, als würde ich bereits mein Testament schreiben«, holte er aus. »Erst am Ende meines Mandats werden die Schlüsse gezogen, wird das Buch geschrieben. Man hüte sich vor Prophezeiungen. Was ich für mein Land wünsche, für die Entwicklung der Republik und ihre Institutionen, das ist die Vertiefung der Demokratie. Eine Hinwendung zu mehr Gerechtigkeit, zu mehr Freiheit. Ich möchte der Ausbeutung des Menschen durch den Menschen ein Ende setzen, soweit ich die Macht und die Zeit dazu habe. Das ist ein großer Ehrgeiz. Ich möchte, daß Frankreich zu einer Botschaft von universaler Bedeutung zurückfindet, wie das 1789 der Fall war und zwei- oder dreimal in den folgenden beiden Jahrhunderten. Die Begegnung Frankreichs mit dem Sozialismus sollte wie ein Erwachen die ganze Welt aufrütteln.

Mir ist die Größe Frankreichs aufgetragen worden. Dazu gehört das Wohlergehen der Nation, und das ist keine leichte Aufgabe in dieser Krise, die uns schüttelt. Wenn ich der Kultur und der Forschung die Priorität einräume, so deshalb, weil ich der Überzeugung bin, daß wir die *grandeur* in der Politik nur erreichen können, wenn sie sich aus den Quellen des Geistes nährt. Wissenschaft, Technik und Kultur sollen dazu beitragen, daß der menschliche Geist sich durch seine eigene Bemühung bestätigt. Wenn Frankreich auf diese Weise zur Welt spricht, dann werde ich eine Spur in der Geschichte meines Landes hinterlassen.

Im übrigen hat der französische Dichter Laforgue gesagt: ›Ach, wie alltäglich das Leben doch ist.‹ Das Schwierigste, das ist die Mühe eines jeden Tages. Tagtäglich, zu jeder Stunde muß man die Richtung wahren, das Ziel nicht aus den Augen verlieren, nicht der Versuchung erliegen, seitlich auszuweichen oder mit seinem Rucksack am Straßenrand stehenzubleiben. Das ist das Schwierigste. Ich versuche, viel nachzudenken, mich durch die Aktion nicht verwirren zu lassen. Darum bemühe ich mich.«

Die Mitterrandisten bestreiten, daß ihr *tonton* Gefangener seines Machtinstinktes geworden sei, daß er seine tiefste Genugtuung in der Entfaltung des prunkvollen Staatsapparates finde, den die Könige Frankreichs ihren bürgerlichen Nachfolgern hinterließen. In der Umgebung des Präsidenten gebe es natürlich Höflinge, aber er halte nicht Hof, so behaupten seine Getreuen. Dennoch wählt er gern den grandiosen Rahmen von Versailles, das Kolossalschloß des Sonnenkönigs, um seine ausländischen Gäste zu beeindrucken, ob sie nun vom Potomac oder vom Kongo heranreisen. Seit seiner Wiederwahl am 8. Mai 1988 habe *tonton* oder *Mimi* den Zustand der »Levitation« erreicht, zischen die Spötter. Er gebärde sich wie »Dieu le Père«, wie Gottvater in seiner Allmacht und Allwissenheit. Unterdessen wurden dem Fernsehpublikum allabendlich während des gesamten Wahlkampfes die Stofftierchen der »Bébête-Show« in ätzender Persiflage vorgeführt, wurden die Kandidaten, die hier als Bärchen, Schweinchen und Krähen auftreten, aufs härteste maltraitiert. Keine einzige Partei hat sich darüber beschwert. Im Mittelpunkt des Ulks stand natürlich der salbungsvolle grüne Frosch Mitterrand. Der nahm die Angriffe von der humorvollen Seite. »Es ist nicht das erste Mal, daß der Frosch des Märchens sich in einen Prinzen verwandelt«, erwiderte er.

Die »Génération Mitterrand«

Die rauschende Siegesfeier der Linken fand dieses Mal an der Place de la République statt, nicht an der Bastille. Die Festung der Reaktion war ja schon im Mai 1981 symbolisch zum zweiten Mal geschleift worden. An der »République« sollte die vom wiedergewählten Präsidenten gepredigte »Union« und »Öffnung« zelebriert werden. Aber es war eine seltsame Jubelmenge, die am 8. Mai gegen zehn Uhr abends dort zusammenströmte. Die Nordafrikaner waren als erste da, dann die schwarzen Malier und Senegalesen. Tanzende Juden, mit der blau-weißen »Kippa« auf dem Kopf, mischten sich unter die Muselmanen. Die Araber entfalteten blau-weiß-rote Fahnen. Nach Einbruch der Dunkelheit brandete der Ruf auf: »On a gagné – Wir haben gewonnen!« Und die farbigen Einwanderer stimmten den Singsang an: »On va rester – Wir werden bleiben!« Der Sieg Mitterrands schien die Gefahr der Ausweisungen gebannt zu haben, öffnete – so glaubten die Demonstranten – die Tore Frankreichs den hungrigen Massen der Dritten Welt.

Die Franzosen, die sich an diesem Freudentaumel beteiligten – Rockorchester und Popsänger waren natürlich auch gleich zur Stelle –, gehörten meist linksextremen Gruppen an. Die Trotzkisten genossen ihre große Stunde. Der abtrünnige Kommunist Pierre Juquin, der mit nur 2,3 Prozent der Stimmen schlechter als erwartet abgeschnitten hatte, kam mit einem Trupp Gleichgesinnter anmarschiert, stimmte die »Internationale« an, ließ die Unabhängigkeit der »Kanaky«, die Loslösung Neu-Kaledoniens von Frankreich hochleben. Einige »Punks« mit metallbeschlagenen Rocker-Jacken und Irokesen-Haarschnitt, mit Ketten bewaffnet – Figuren, die man ansonsten in den Reihen der Rechtsradikalen sucht –, ließen Bierflaschen kreisen und randalierten im Namen der geretteten *liberté*.

Der Masse der Franzosen, die diese Veranstaltung am Bildschirm verfolgte, wurde auf einmal bewußt, welche Nebenerscheinungen der Triumph Mitterrands auf den Plan rief, welche Perspektiven er auszulösen drohte, welches Kapital die militante nationale Rechte Le Pens aus dieser farbigen Kirmes der Place de la République schlagen könnte. Bei einer der zahllosen Debattier-Runden, die sich in dieser Nacht in den diversen Fernsehanstalten zusammenfanden, empörte sich ein hochangesehener bürgerlicher Publizist, der Raymond Barre nahestand. »Da brüllt ihr: ›on a gagné‹«, knurrte er ärgerlich, »aber das habt ihr 1981 ja auch schon herausgeschrien. Und was habt ihr damals gewonnen? Arbeitslosigkeit, wirtschaftliche Stagnation, sinkenden Lebensstandard, Rassenkonflikte. Singt nur weiter ›On a gagné‹. In Wirklichkeit verlieren wir alle.«

Noch standen die endgültigen Resultate aus, und schon wurden die ersten Zweifel und Bedenken laut. Nicht nur bei den Rechten. Wie würde sich Mitterrand gegen ein überwiegend konservatives Parlament durchsetzen? Sollte die Farce der *cohabitation* fortgesetzt werden? Wie viele gemäßigte Zentristen würde der neuberufene Premierminister auf seine Seite ziehen können? Schon wurde gewettet, daß der dritte Wahlgang nach Auflösung der »Assemblée Nationale« unmittelbar bevorstehe.

Jean-François Kahn, Herausgeber der Zeitschrift *L'Evènement du Jeudi,* alles andere als ein Reaktionär, sah der zweiten Amtszeit Mitterrands mit bangen Ahnungen entgegen. Ein wenig trauerte er »dem wackeren Chirac schon nach, den wir im Grunde alle gern haben«. Kahn übte Kritik am *cénacle,* an jenen prätentiösen Pariser Intellektuellen, Snobs und Arrivisten, die Mitterrand von der Realität des Volkes abzuschotten drohten. Er warnte andererseits vor der Einbetonierung des Staatschefs durch die Kafkasche Nomenklatura seines sozialistischen Parteiapparats. »Sollte sich der allerhöchste *tonton* –›le tonton suprême‹ – durch seinen Sieg betören lassen, dann würde man seinen Narzißmus anschwellen sehen; sein Größenwahn und sein maßloser Stolz würden sich überschlagen ...«

Was in der Nacht des 8. Mai kombiniert wurde, hat sich drei Tage später bestätigt. Mitterrand hat nach dem Rücktritt Jacques Chiracs den Sozialisten Michel Rocard eiligst zum Premierminister ernannt. Nach so vielen Enttäuschungen, nach so vielen Intimfehden mit dem »Übervater« Mitterrand war das eine tiefe Genugtuung für den kleinen, zappeligen Calvinisten aus Conflans-Sainte-Honorine und mehr noch für seine ehrgeizige Frau Michèle.

Bei der Amtsübernahme in Matignon ging es locker zu. Chirac und Rocard waren Absolventen des gleichen Jahrgangs der »Ecole nationale d'administration« und duzten sich seitdem. Eine gewisse Kontinuität der elitären Staatszöglinge blieb gewahrt. Doch schon am nächsten Tag stellte sich heraus, daß keine herausragende bürgerliche Persönlichkeit für eine Zusammenarbeit mit den Sozialisten zur Verfügung stand, und Mitterrand bemühte sich auch gar nicht ernsthaft um eine solche prekäre Koalition. Der Staatschef verfügte in kürzester Frist die Auflösung der Nationalversammlung und Neuwahlen. Das Mehrheitswahlrecht, das die Regierung Chirac resolut, aber mit großer Leichtfertigkeit durchgepeitscht hatte, verschaffte dem Staatschef Aussicht auf eine eindeutige sozialistische Parlamentsmehrheit.

Es werde weitgehend von der Gnade des Wahlmonarchen abhängen, wie viele und welche bürgerlichen Politiker ins Palais Bourbon zurückkehren würden, so spekulierten die Ratgeber des Elysée. Danach ließe sich aus einer Position der Stärke heraus über jene »Öffnung« zur Mitte verhandeln, die Sozialdemokraten und Liberale in einer großen Koalition gegen die Extremisten von rechts und links vereinen würde. Nutznießer dieses machiavellistischen Meisterstücks wäre natürlich der Staatschef, dem die eigene Sozialistische Partei noch viel zu doktrinär, die bürgerlichen Verbündeten von morgen zu renitent erscheinen mochten. *Tonton* holte zum großen Schlemm aus. So wie die Dinge standen, würde es ihm vielleicht auch noch gelingen, den lästigen Verbündeten Michel Rocard, der sich ihm allzuoft in den Weg gestellt hatte und dessen breite Popularität ihn zum Nachfolger prädestinierte, in Mißkredit zu bringen und als wortreichen Theoretiker der Macht zu entlarven. Schon munkelten die Auguren, die ihren *tonton* intim kannten, die Berufung Michel Rocards sei ein »Danaer-Geschenk«.

Ob Michel Rocard, der bei Einführung des Verhältniswahlrechts durch die Regierung Fabius aus seinem Amt als Landwirtschaftsminister mit Protest geschieden war – er wollte keine Mitverantwortung tragen an der Multiplizierung der Deputierten der Nationalen Front –, sich in dieser Stunde trügerischer elyséeischer Gunst der Ränke des Staatschefs bewußt blieb? Seine Beziehung zu *tonton* war weiterhin gespannt. Als er kurz vor dem 8. Mai gefragt worden war, ob er sich der sogenannten »Génération Mitterrand« zugehörig fühle, zu der sich so viele Höflinge und Opportunisten willfährig bekannten, hatte er distanzierend geantwortet, schon wegen seines Alters von 57 Jahren rechne er sich eher der »Génération de Gaulle« zu. *Tonton* dürfte diese Äußerung mit Mißfallen vernommen haben.

Immer noch stand Mitterrand im Schatten des Generals. Unaufhörlich wurde er nach seiner Beziehung zu dieser erdrückenden Kommandeursgestalt, zu diesem »steinernen Gast« der Fünften Republik gefragt. Don Juan-Mitterrand, der so erfolgreich die wankelmütige Marianne umgarnt hatte, lebte in permanenter Auseinandersetzung mit diesem illustren, erdrückenden Vorgänger und Gegner.

»Seit dreißig Jahren trägt François Mitterrand ein unaufhörliches, heroisches, teils direktes, teils postumes Duell mit de Gaulle aus«, schrieb Alain Duhamel in *Le Monde*. Raymond Barre hatte sich direkter ausgedrückt: »Mitterrand wird sein Ziel erreicht haben, wenn ihm die Verwirklichung seiner eigenen Konzepte erlaubt, de Gaulle auszulöschen.«

Der sozialistische Präsident konnte nicht umhin, seine Todfeindschaft zum General nachträglich in einer großen historischen Perspektive abzumildern. »Für mich stellt de Gaulle vor allem die Beherrschung seiner selbst dar, Voraussetzung zur Beherrschung der Geschichte. Ich habe nicht die Absicht, mich in die Nachfolge de Gaulles einzureihen; mein Ehrgeiz und mein Wille bestehen darin, mich in eine Überlieferung Frankreichs einzufügen, die sich jeder Form von Selbstaufgabe versagt.«

Sein eigenes Menetekel hatte der Mann aus Jarnac, der sich im Alter von einundsiebzig Jahren eine weitere Amtsperiode von sieben Jahren aufbürdet, an die Wände des Elysée-Palastes geschrieben, als er dem illustren Gründer der Fünften Republik im Wahlkampf von 1965 entgegenschleuderte: »Wenn sich de Gaulle heute zur Wahl stellt, wenn er sich zur Wahl stellen muß, dann gibt er damit selber das Scheitern seines gaullistischen Unternehmens zu. Ohne ihn ist sein Werk ein Torso. Ohne ihn geht es nicht weiter. Dieser alte Mann muß noch einmal für eine Dauer von sieben Jahren nach der Macht greifen, weil er weiß, daß kein Nachfolger vorhanden ist und daß auf ihn das Nichts folgen würde.«

Heute ließe sich diese lästerliche Herausforderung gegen Mitterrand selbst kehren. Deshalb nahm er Zuflucht zu den Schriften des Griechen Plutarch, der über die Erosion des Alters geschrieben hatte, noch niemals in der Natur habe der Ablauf der Zeit bewirkt, daß aus einer Biene eine Drohne geworden sei. Da war Georges Clemenceau, der »Vater des Sieges« von 1918, kritischer mit sich umgegangen. »Die Friedhöfe der Welt«, hatte der »Tiger« gepoltert, »sind mit Menschen gefüllt, die sich unentbehrlich vorkamen.«

Der zweite Tod des Generals

Wenn die Geschichte sich wiederholt, gerät sie leicht ins Stottern oder wird gar zur Karikatur ihrer selbst. So geschah es auch am Freitag, dem 6. Mai 1988, als die Parteigänger Jacques Chiracs auf der Place de la Concorde unter strahlend blauem Himmel eintrafen, um mit einer Massenkundgebung die drohende Wiederwahl Mitterrands *in extremis* abzuwenden. Den Organisatoren – an ihrer Spitze Innenminister Pasqua – schwebte wohl eine ähnliche Veranstaltung vor, wie sie am 30. Mai 1968 auf den Champs-Elysées mehr als eine halbe Million Gaullisten aufgeboten und der Studenten-Revolution mit diesem gewaltigen patriotischen Aufgebot den Todesstoß versetzt hatte.

Es waren viele Menschen, etwa dreißigtausend, auf der Concorde zusammengeströmt, an der Stelle, wo Ludwig XVI. enthauptet worden war. Sie gaben sich siegesgewiß, hatten kleine Werbezettel auf Hemd und Hose, teilweise sogar auf die Stirn geklebt, die Mitterrand schmähten und vor dem Rückfall in den Sozialismus warnten. Mir selbst heftete ein älterer Herr ein grünes Schildchen ans Jackenrevers: »Ich wähle Chirac!« Doch Illusionen kamen nicht auf. Hier offenbarte sich keine breite Volks- und Meinungsströmung. Ich kannte sie zu gut, diese Gesichter der gehobenen Klasse. Aus den Sprechchören, die gelegentlich vehement zu werden suchten, klang der »diskrete

Charme der Bourgeoisie«. Vertreten waren vor allem »les beaux quartiers«. Zwei Transparente fielen mir sofort ins Auge und ordneten das Schauspiel soziologisch ein. Auf dem einen stand »Neuilly«, der luxuriöseste Villenvorort an der westlichen Peripherie; auf dem anderen las ich »Banques«, womit diese Demonstrationsgruppe sich professionell zu erkennen gab. Dem Zyniker Jean Genet hätten keine besseren »Paravents« einfallen können.

Die Menschen an der Concorde waren im Namen der neogaullistischen Sammlungsbewegung RPR angetreten. Aber Lothringer Kreuze wurden von diesem Publikum des *bon chic, bon genre,* das besser auf die Zuschauertribünen des Tennisstadions Roland Garros gepaßt hätte, nicht hochgehalten. Die jungen Mädchen, sonnengebräunt, leger, aber elegant gekleidet, vom undefinierbaren Reiz des Luxus umgeben, bildeten das aktivste Element. Es waren die wohlgeratenen Töchter jener »Marie-Chantals«, wie man ihre Mütter nannte, die in den fünfziger und sechziger Jahren jeden Wahlsieg der konservativen Klasse mit Hupkonzerten ihrer Cabriolets und provozierendem V-Zeichen auf den Champs-Elysées zu zelebrieren pflegten.

Jacques Chirac war nicht anwesend. Er befand sich auf Wahlkampftournee in Marseille, aber seine kurze Ansprache wurde über einen riesigen elektronischen Bildschirm live übertragen. Die Stimme klang wenig überzeugend, beinahe ölig. Die Aussage war aggressiv, aber banal. Eine Bemerkung Georges Pompidous kam mir in den Sinn. Chirac sei ein Pferd, das sich für einen Jockey halte, hatte dieser über seinen ansonsten hochgeschätzten Mitstreiter geurteilt.

In der Rue Royale fiel mein Blick auf ein großes Kinoplakat, das für den Film »Chouans« warb. Auf gewittrigem Hintergrund standen sich schemenhaft gezeichnete Armeen gegenüber. Die Revolutionstruppen waren an ihren blau-weiß-roten Fahnen zu erkennen, während die königs- und kirchentreuen Chouans das weiße Banner der Bourbonen führten. Zwei Anführer überragten diese beiden Heerhaufen, und ein Passant hatte sie sinnvoll aktualisiert. »Chirac« hatte er über den Kommandeur der Chouans gekritzelt, »Tonton« über den Feldherrn der Republikaner. Die feinen Leute, die an dieser historischen Stätte im Namen des »Pseudo-Gaullismus« die Privilegien ihrer Kaste verteidigten, hätten sich jenes Ausspruchs des Generals entsinnen sollen: »Nicht die Linke ist Frankreich; nicht die Rechte ist Frankreich. Wer behauptet, Frankreich im Namen einer Fraktion zu repräsentieren, begeht einen unverzeihlichen nationalen Fehler.«

Höhepunkt der Veranstaltung war die Rede des pensionierten Admirals Philippe de Gaulle, der mit der Schärpe des Senators ans Mikrophon trat. Die Menge reagierte verdutzt, so frappant war die Ähnlichkeit mit dem Vater. Sogar die Stimme war vergleichbar. Aber die Aussage kam nicht herüber. Die Anklagen gegen den Sozialismus wirkten dürftig und parteiisch. Der Auftritt Philippes wurde zur ungewollten Parodie. Es war Victor Hugo, der in seinem Gedicht »Le châtiment« die Nachfolge Napoleons III. auf den großen Bonaparte als schreckliche Rache der Geschichte bezeichnete. Wer mochte sich in dieser Stunde nicht dazu beglückwünschen, daß die Republik die dynastische Erbfolge abgeschafft hatte? Wie stände es um Frankreich mit einem gaullistischen Thronfolger von solch rechtschaffener Mediokrität?

»In Frankreich ist kein Platz für Nostalgie«, hat Arnold Gehlen geschrieben. Aber an diesem Nachmittag an der Concorde war sie mit Händen zu greifen, die französische Nostalgie. Die Nation nahm – ohne sich dessen recht bewußt zu sein – endgültig Abschied vom Gaullismus. Was an dieser Stelle bourbonischer Hinrichtung aufgeführt wurde – von der Stimme des Sohnes fast gespenstisch untermalt –, das war der zweite Tod des Generals. François René de Chateaubriand, der Napoleon I. sein ganzes Leben lang bekämpft hatte, mag ähnliches empfunden haben, als er in seinen »Mémoires d'outre-tombe« schrieb: »Der Sturz, der uns nach Bonaparte und dem Kaiserreich heimsuchte, das war der Sturz aus der Realität in das Nichts, vom Berggipfel in einen Abgrund. Ist mit Napoleon wirklich alles zu Ende?«

Der Schlagersänger Gilbert Bécaud hatte im Oktober 1965, als Frankreich wieder einmal vor dem Rücktritt des Generals bangte oder auf ihn hoffte, ein volkstümliches Lied komponiert. Der Rhythmus, der diesem Chanson zugrunde lag, entsprach der Frequenz des V-Morsesignals aus London. Der Sänger – »Monsieur Hunderttausend Volt« genannt – preßte im Aufnahmestudio das Mikrophon dicht an den Mund, als wolle er eine Reliquie küssen. »Tu le regretteras«, lautete der Refrain, »du wirst ihm nachtrauern, du wirst ihn vermissen.«

»Erinnert ihr euch an jene Stimme«, fragte Gilbert Bécaud, »der ihr einst hinter verschlossenen Türen lauschtet und die euch ein freies Frankreich versprach? Eine Stimme, die für uns die Fahne Frankreichs bedeutete? Die Stimme eines Mannes, dessen Geschichte dein Sohn einst in der Schule lernen wird? Wenn diese Stimme eines Tages schweigen wird, wenn dieser Mann gegangen ist, dann wirst auch du ihn vermissen, mein Freund, der du im anderen Lager stehst und gegen ihn Stellung bezogen hast ...«

Diese Huldigung Bécauds ist 1965 – vermutlich auf höchste Weisung – sehr schnell aus dem Verkehr gezogen worden. Aber wie schön und würdig hatte sie doch geklungen neben dem Auftreten des alternden Rockstars Johnny Halliday, der Chiracs Wahlreden begleitete, neben den Gassenhauern des blassen Renaud, der seinen *tonton* mit den typischen Wortverkehrungen der jungen Generation beschwört, die Brocken nicht hinzuschmeißen: »Tonton, laisse pas béton ...«

Nach dem Admiral Philippe de Gaulle hat sich Jean d'Ormesson auf die Tribüne gereckt. Dieser Mann ist ein glänzender Schriftsteller und begabter Polemiker. Aber seine aristokratischen Ursprünge, die er gern zur Schau stellt, ordneten ihn an dieser historischen Stelle in die Reihe der *ci-devant* ein, machten ihn zum kleinen *marquis*. Irgendwie mußte ich an den Baron de La Ferronnière im Gestapo-Gefängnis von Graz denken, so zerbrechlich wirkte d'Ormesson trotz seiner metallenen Stimme, seiner wohlartikulierten Sprache. Die rötliche Sonnenscheibe näherte sich dem Arc de Triomphe, ihre Bahn streifte den Obelisk, der zu Ehren des Lebensgestirns einst im fernen Niltal aufgerichtet worden war. »Die Franzosen wollen durch Träume geführt werden«, hatte Bonaparte gesagt.

Auf d'Ormesson folgte eine ganze Litanei kurzer, kämpferischer Aufrufe zugunsten Chiracs. Da war der Rennfahrer Alain Prost, der Bestseller-Autor Paul-Loup Sulitzer; da traten Wissenschaftler und bekannte Ärzte auf, die Stars des *show business*, erfolgreiche Unternehmer, sogar die Witwe des Filmschauspielers Lino Ventura. Der uralte Politiker Antoine Pinay war aus seinem Provinznest geholt worden, von dem man zur Zeit seiner Berufung an die Spitze des Quai d'Orsay gescherzt hatte, er sei der »Ministre étranger aux affaires«. Fast die gesamte Kabinettsliste wurde aufgerufen, von Balladur bis Pasqua, die sich nun als Rivalen gegenüberstanden, der Finanzminister mit seinem Projekt einer großen bürgerlichen Sammelpartei, der Innenminister mit seinem Wunsch nach Schaffung einer breiten Volksbewegung.

Während ich mich – lange bevor die Manifestation zu Ende ging – zum Métroschacht durchdrängelte, wußte ich, daß Mitterrand die Stichwahl am folgenden Sonntag gewinnen würde. Der Chirac-

Bewegung fehlte der große Atem des Sieges. Ein boshafter Satz Malraux' kam mir in den Sinn: »Le Gaullisme sans de Gaulle, c'est idiot – Gaullismus ohne de Gaulle ist idiotisch.«

Am 17. Dezember 1965, zwei Tage vor jener anderen Stichwahl, zu der Charles de Gaulle damals gegen den Kandidaten der vereinigten Linken, François Mitterrand, hatte antreten müssen, war die Veranstaltung der Getreuen des Lothringer Kreuzes ganz anders verlaufen. Die gaullistische Feier fand im Pariser Sportpalast statt. De Gaulle selbst war nicht zugegen. Doch sein Portrait beherrschte die riesige Halle. Seine Fernsehrede wurde auf einen großen Schirm projiziert. Bevor dieser letzte Appell de Gaulles eingeschaltet wurde, griff der MRP-Abgeordnete Maurice Schumann, der ehemalige Sprecher der »France Libre« während des Krieges, zum Mikrophon, und wie in den alten glorreichen Tagen des Exils von London rief er »Honneur et patrie – Ehre und Vaterland, es spricht der General de Gaulle«. Dessen Ansprache endete in tausendstimmiger Akklamation.

Die Kundgebung wurde von François Mauriac präsidiert. Wie ein heiserer alter Adler beobachtete der katholische Schriftsteller die Versammlung vom Podium aus und kündigte mit kaum verständlicher, krächzender Stimme den großen Redner, den Star des Abends an: André Malraux, Minister im Kabinett Pompidou, aber in erster Linie Autor von »La Condition Humaine«, »Les Conquérants«, »L'Espoir«, »Les Noyers de l'Altenburg«. Malraux, das war mehr als ein Name, das war ein Fanal. Der Mann, der jetzt auf die Rednertribüne stieg, war ein »ausgebrannter Fall«. Er hatte seit Jahren kein großes Werk mehr geschrieben. Seine Gegner sagten ihm nach, er rauche Opium. Seine Finger zitterten wie Trommelstäbe auf dem Pult. Der Schweiß, der unter den Jupiterlampen hell aufglänzte, strömte in Bächen über das hagere Gesicht. Die Augen flackerten, die dunkle Haarsträhne klebte an der feuchten Stirn.

Aber es ging eine magische, unbeschreibliche Ausstrahlung von dieser Ruine aus. Seine Stimme klang feierlich, röchelnd, beschwörend, wie eine religiöse Inkantation. Die Menge war gebannt, verstand ihn nur in Bruchstücken und geriet in den Rausch, in den Sog dieser herrlichen Sprache und ihrer sakralen Kadenz. Ein Dichter sprach hier mit seherischer Intensität. Der Gaullismus hatte mythische Ausmaße angenommen.

Auf dem Höhepunkt der Krise hatte die entscheidende Großkundgebung zugunsten des Generals unter der Schirmherrschaft der beiden bedeutendsten französischen Schriftsteller jener Tage stattgefunden. Welches andere Land konnte sich einen solchen intellektuellen Luxus leisten? Wo sonst ließe sich Literatur zu klingender politischer Münze umgießen? Günter Grass mochte an diesem Abend mit Wehmut nach Paris geblickt haben. In der Gefahrenstunde hatte der Gaullismus auf seinen linken Flügel zurückgegriffen, auf die »gaullistes de gauche«, zu denen sich sowohl Mauriac als auch Malraux zählten. André Malraux weckte die Erinnerung an den revolutionären Elan der *levée en masse,* an die romantische Legende der frühen Revolutionsheere. Natürlich zitierte er Victor Hugo. War es wirklich der Geist von Valmy, von Fleurus, der im Sportpalast beschworen wurde, oder war es nicht vielmehr die bonapartistische Tradition? Ähnlich hatte Napoleon nach seiner Rückkehr von Elba auf dem »Champ de Mai« an das niedere patriotische Volk und nicht an die Würdenträger des Empire appelliert. Malraux hätte am liebsten alle Gegner de Gaulles als geistige Emigranten abgestempelt, als restaurative Spalter der Nation, die nichts vergessen und nichts dazugelernt hatten.

Der Autor der »Condition Humaine« kam zur Schlußperiode. Er zitierte einen Brief des katholischen Schriftstellers Bernanos aus dem Jahre 1942. »Quält euch doch nicht und macht euch keine Sorgen«, schrieb damals Bernanos an einen Freund in der besetzten Zone. »Frankreich hat in der Stunde der Not einen Clemenceau gefunden, einen Saint-Just, eine Jungfrau von Orléans. Frankreich wird auch in Zukunft noch andere Retter finden. Unsere Aufgabe ist es zu verhindern, daß diese Retter auf dem Scheiterhaufen verbrannt werden.«

Taumelnd war Malraux auf den hageren Mauriac zugeschritten. Die beiden Männer umarmten sich wie auf einem Gemälde von Delacroix. Aus dem Lautsprecher dröhnte die Fünfte Symphonie von Beethoven, die Schicksalssymphonie. Aber die aufgewühlte Menge wollte es anders. »La Marseillaise«, schrie es aus dem Saal. »Wir wollen die Marseillaise singen.«

»Johanna, wenn du dein Frankreich sähest ...«

Fünf Tage vor Chirac, am Sonntag, dem 1. Mai, hatte Jean-Marie Le Pen seine Heerscharen aufgeboten. Der Himmel meinte es nicht gut mit dem bretonischen Fischersohn. Nach einem grauen, kühlen Morgen regnete es mittags in Strömen über den Tuilerien. Die rechtsradikale »Nationale Front« wollte den Tag der Arbeit begehen. Warum auch nicht, lästerte ein deutscher Kollege; schließlich habe in Deutschland ein gewisser Adolf Hitler dieses Fest der »Arbeiter der Stirn und der Faust« als offiziellen Feiertag eingeführt. Le Pen stellte seine vaterländische Demonstration jedoch auch in den Dienst der heiligen Jungfrau von Orléans, »Jeanne«, wie er sie familiär nennt, und zu diesem Zweck modifizierte er willkürlich den Kirchenkalender.

Mindestens fünfzigtausend Teilnehmer – so hatte die Polizeipräfektur geschätzt – waren in langsamem, feierlichem Marsch von der Oper zur Place des Pyramides gezogen, mehr eine Prozession denn eine Parade. Die Menge bewegte sich unter einem Meer blau-weiß-roter Fahnen. Bewohner sämtlicher Stadtviertel von Paris waren zugegen, und die ehemals kommunistischen Hochburgen der Banlieue – Seine Saint-Denis, Val de Marne, Aubervilliers – waren besonders stark vertreten. Auch die Provinzen waren vollzählig da, an der Spitze die Delegation des Elsaß, das mit fast einem Viertel aller Wähler für Le Pen am vergangenen Sonntag eine Sensation ausgelöst hatte.

Während sich der Umzug ohne Hektik, ohne Rabaukentum, brav und feierlich der Place des Pyramides näherte, wo die vergoldete Jeanne d'Arc, in einer für ihr Jungmädchengesicht viel zu plumpen Rüstung, hoch zu Roß die Standarte Frankreichs umklammerte, wurden Sprechchöre laut. Aber auch sie waren weder wild noch exzessiv: »Frankreich den Franzosen« hallte es da, und: »Frankreich, Freiheit, Le Pen!«

Der Tribun war auf ein himmelblaues Podium geklettert, der streitbaren Jeanne unmittelbar gegenüber. Dank strenger Diät hatte er fünfzehn Kilo abgenommen. Die blonden Haare – gefärbt, so behaupteten seine Gegner – hatte er militärisch stutzen lassen. Le Pen trug einen gutsitzenden dunklen Zweireiher. Den blauen Augen merkte man selbst bei intensiver Beobachtung nicht an, daß eines von ihnen – seit der Verletzung bei einer politischen Schlägerei – aus Glas war. Der Präsident der Nationalen Front machte mit seiner immer noch massigen Gestalt keine schlechte Figur. Er spreizte die Arme zum V-Zeichen mit geballten Fäusten und wurde nicht müde, seinen Anhängern zuzuwinken. Er trug die blau-weiß-rote Schärpe des Abgeordneten und die Insignien des Europa-Parlaments. Wie ein siegreicher Catcher stand er dort auf der Tribüne. Den einen mag er wie ein keltischer Mussolini erschienen sein. Aber das breite, gerötete Gesicht mit den mächtigen Kinnladen konnte auch auf Danton verweisen.

Am erstaunlichsten war die Musik, die diesen Auftritt und diesen Vorbeimarsch begleitete. Immer wieder dröhnte der »Chor der Gefangenen« aus der Verdi-Oper »Nabucco« über die Lautsprecher. Le Pen knüpfte bewußt an den riesigen Protestumzug für die katholische Schule an, der im Sommer 1984 das Regime Mitterrand erschüttert hatte und bereits zu den Klängen dieses italienischen *bel canto* durch Paris marschiert war. Immerhin war es bemerkenswert, daß hier eine nationale Bewegung, die im Ruf des Rassismus und unterschwelliger antisemitischer Instinkte steht, mit dem Klagegesang der Kinder Israel in der babylonischen Gefangenschaft an die Öffentlichkeit trat, diese Hymne auf die Hebräer gewissermaßen zu ihrem »Horst-Wessel-Lied« machte.

Es klangen auch andere Lieder auf. In regelmäßigen Abständen wurde das »Ave Maria« von Gounod übertragen, vielleicht jenen katholischen Integristen und Lefèbvre-Anhängern zuliebe, die die Trikolore mit einem Herz Jesu im weißen Mittelfeld geziert hatten. Die Lilienbanner der Royalisten waren selten, und an Ausländern wurden nur eine Handvoll Italiener des neofaschistischen MSI sowie ein paar spanische Falangisten gesichtet. Hingegen waren die ehemaligen Frontkämpfer, die Veteranen aus Indochina und Algerien, unter rotem, schwarzem und grünem Barett stark repräsentiert. Sie stimmten die Hymne der nordafrikanischen *pieds noirs* an: »Nous sommes les Africains qui revenons de loin ...«

Ob Jean-Marie Le Pen an diesem 1. Mai wohl bedachte, in welch aussichtslose Lage Frankreich sich begeben hätte, wenn es den fanatischen Verfechtern der »Algérie française«, zu deren militanten Mitgliedern er gehört hatte, gefolgt und heute gezwungen wäre, fast dreißig Millionen muselmanische Maghrebiner als vollwertige Mitbürger, als »Français à part entière« zu akzeptieren und zu integrieren?

Vergebens hielt ich nach Schlägertypen, nach brutalen Rollkommandos Ausschau. Die jungen Leute vom Ordnungsdienst der Nationalen Front waren im dunkelblauen Blazer mit grünem Wappen wie für eine Gala-Veranstaltung uniformiert. Sie achteten darauf, daß sich keine »Skinheads« oder andere Rowdies in den Umzug einschlichen. Die vielgeschmähten *nuques rasées*, die kahlen Schädel neonazistischer Extremisten, auf die die Pressephotographen so versessen waren, bildeten eine winzige Minderheit. Statt dessen waren die bescheidenen Durchschnittsfranzosen in der Mehrzahl, viele Hausfrauen darunter. Das Ganze sah fast nach einem Familienfest aus, und der Vergleich mit den braunen Horden des Dritten Reiches wäre verfehlt gewesen. Die Jugendgruppe der Nationalen Front – durchschnittliche Gesichter, in denen sich alle Gesellschaftsschichten wiederfanden – begnügte sich mit dem Ruf: »Le Pen, Jugend, Europa, Nation!« Ein paar Nordafrikaner, die als Zuschauer am Straßenrand standen, lösten weder abfällige Bemerkungen noch Drohgebärden aus.

Der Regen hatte mit voller Wucht eingesetzt. Le Pen harrte mit aufgesetztem strahlendem Lächeln aus. Er dachte vielleicht an das Bad, das er Anfang Januar dieses Jahres bei Nizza im eiskalten Mittelmeer genommen hatte, um seinen Anhängern mit seinen Muskelpaketen zu imponieren. Zwischen dem »Gefangenenchor« aus »Nabucco«, dem »Ave Maria«, dem Schlußchor »An die Freude«, die der Veranstaltung eine theatralische, fast weihevolle Note verliehen, tönte wiederholt ein Lied über die Tuilerien, wo von Johanna und Frankreich die Rede war. Der Sänger Denoel trug es im Ton einer pathetischen Klage vor. Ich brauchte einige Zeit, ehe ich den Text durch das Rauschen der Lautsprecher klar verstand. »Jeanne«, so wurde die Heilige von Domrémy angerufen, »Jeanne, wenn du heute dein Frankreich sähest, würdest du über seinen Niedergang weinen ... Jeanne, dieses vielgeliebte Frankreich, das unter Drogen und Aids leidet ... Wenn du sähest, wie dein geliebtes Frankreich sich prostituiert, dann würdest du Alarm schlagen, dann würdest du wieder zur Waffe greifen. Dein Volk, Jeanne, liegt auf den Knien, liegt im Schlamm ... Da singt man ›douce France‹ zu den Akzenten von Byzanz ... Jeanne, si tu voyais ta France!«

Vor der Nässe bin ich in ein Café-Tabac der Rue de Rivoli geflüchtet. Es war voll besetzt mit Le Pen-Anhängern, deren Triumphstimmung durch das schlechte Wetter in keiner Weise beeinträchtigt wurde. Durchschnittsfranzosen schienen hier gemütlich versammelt, und für den Unvoreingenommenen wirkte die Runde ganz sympathisch. »Unsere besten Aktivisten sind die ehemaligen Mitglieder der Kommunistischen Partei«, sagte eine Frau am Nebentisch. Seine Verbundenheit mit der Arbeiterschaft hatte Le Pen durch die Präsenz einer Gruppe Bergleute aus dem Pas-de-Calais herausstreichen wollen. Die Kumpels waren in voller Montur mit Schutzhelm und Grubenlampe gekommen und hatten sich Ruß ins Gesicht geschmiert.

Sie standen auf der Ehrentribüne neben den blau-weiß-rot drapierten Honoratioren.

Am Vortage hatte ich im *Nouvel Observateur* gelesen, daß beim ersten Wahlgang am 24. April, der Jean-Marie Le Pen 14,4 Prozent der Stimmen in ganz Frankreich beschert hatte, ihn jedoch von der endgültigen Entscheidung ausschloß, ein Dorf in Lothringen alle Rekorde gebrochen hatte. Der Flecken Hellering-lès-Fénétrange zählt zwar nur hundertsiebzig Einwohner, aber diese kleine Gemeinde hatte sich mit fünfundfünfzig Prozent zur Nationalen Front bekannt. Der Reporter hatte versucht, die Gründe für dieses Umschwenken zum Rechtsradikalismus zu entdecken, hatte in der Wirtschaft mit den jungen Leuten diskutiert; die Älteren hatten sich noch überwiegend im deutschen Dialekt unterhalten. Sie seien die Araber leid, behaupteten die jungen Männer von Hellering-lès-Fénétrange. Frankreich solle den Franzosen gehören. Im übrigen brauchten die Deutschen in Zukunft Elsaß-Lothringen gar nicht mehr zu erobern, sie seien ohnehin dabei, es aufzukaufen. Ein verkniffener Eiferer soll sogar geäußert haben, für die Nordafrikaner würde man am besten das nahe ehemalige Nazi-Konzentrationslager Struthof wieder aktivieren.

Beim Lesen dieser Reportage waren seltsame Gefühle in mir hochgekommen. Mir schien auf einmal, als schlösse sich ein Kreis. Der Flecken Hellering-lès-Fénétrange – das Bindewort »lès« ist von dem lateinischen »latus« abgeleitet und bedeutet »nahebei« – rief alte Erinnerungen wach. Im Herbst 1944 hatte ich bei Fénétrange, das damals Finstingen hieß, vergeblich versucht, durch die Frontlinie zu kommen, und schließlich im Gasthof dieser Ortschaft dem Gespräch flüchtender französischer Kollaborateure gelauscht. Damals hatte ich V-Zeichen mit dem Lothringer Kreuz auf den grauen Mauern der Gehöfte entdeckt.

An den Tuilerien wurde inzwischen ein lateinisches Hochamt zelebriert. Jean-Marie Le Pen – obwohl er in jungen Jahren gelegentlich mit »keltischem Heidentum« kokettiert hatte – wohnte der eucharistischen Feier als treuer Katholik bei. Er trat für kirchliche Tradition, für Ordnung, Sitte und Familie ein. Offenbar hatte er durch die Eskapaden seiner Ehefrau nicht den geringsten Schaden genommen.

Die blonde, temperamentvolle Pierrette Le Pen war eines Tages mit einem jungen Akademiker durchgegangen, der als *nègre* für ihren Ehemann engagiert worden war, das heißt, er redigierte Reden und Broschüren für den Vorsitzenden der Nationalen Front. Als Pierrette finanzielle Forderungen an den verlassenen Gatten stellte, hatte er sie grob wissen lassen, er denke gar nicht daran, für sie aufzukommen. Seinetwegen könne sie putzen gehen. Die Rache Pierrettes war giftig: Sie ließ sich im *Playboy* mit dem Schrubber in der Hand, nur mit einem winzigen Schürzchen angetan und praktisch pudelnackt, in diversen suggestiven Posen – nach einigen wohltuenden Retuschen natürlich – im Großformat auf Hochglanzpapier abbilden.

Wie es denn komme, daß diese peinliche Familienaffäre dem Ansehen des nationalen Tugendwächters nichts habe anhaben können, hatte ich eines Tages einen befreundeten Verleger gefragt. Aber der hatte laut gelacht. »Im Gegenteil«, sagte er, »Pierrette hat Jean-Marie ungewollt geholfen. Jeder zweite Franzose trägt Hörner – il est cocu –, und jetzt fühlt er sich mit Le Pen auf zusätzliche Weise solidarisch.« Jedenfalls haben die rundlichen blonden Töchter zum Vater gehalten und sind im Wahlkampf nicht von seiner Seite gewichen.

Die seltsamste Begegnung an diesem verregneten 1. Mai stand indes noch bevor. Unmittelbar neben mir im Café-Tabac hatte sich ein einzelner, älterer Mann niedergelassen. Er war beinahe ärmlich gekleidet, das graue Blouson vom Regen aufgeweicht. Aber der Blick war voll rastloser Energie. Er bestellte einen Rum, und wir begannen ein Gespräch. Nach ein paar Allgemeinplätzen kam er unverblümt zur Sache. Während des Zweiten Weltkrieges hatte er auf seiten der *milice* gegen kommunistische *maquis* gekämpft und sich dann zur französischen Waffen-SS gemeldet. Mit der Brigade »Charlemagne« hatte er Pommern gegen die Russen verteidigt, und nur per Zufall sei er nicht zum Endkampf am Führerbunker in Berlin abkommandiert worden. Statt dessen habe er sich nach Bayern durchgeschlagen und sei nach dem Zusammenbruch des Dritten Reiches bis Italien gelangt. Dort sei er von den Engländern an Frankreich ausgeliefert worden. Man hatte ihn wegen Kollaboration zum Tode verurteilt, dann zu lebenslänglicher Haft begnadigt. Mehr als zehn Jahre habe er in den Kerkern der Republik abgesessen.

»Und jetzt sind Sie bei Le Pen?« fragte ich. Aber der alte SS-Mann mochte sich für den Bretonen nicht recht erwärmen. »Das ist für mich allenfalls ein Nachhutgefecht«, meinte er. »Der Bretone ist mir ziemlich egal, und die *curés*, die Pfaffen Lefèbvres, die sich so gern an ihn hängen, sind mir zuwider.« Am kommenden Sonntag, am 8. Mai, werde er in der entscheidenden Stichwahl seine Stimme für Mitterrand abgeben, keinesfalls für diesen Neogaullisten Chirac, hinter dem sich die »Plutokratie« verschanzt habe. Nicht aus Sympathie für diesen »faux jeton«, diesen »falschen Fuffziger« Mitterrand, gewiß nicht, sondern weil dessen Wiederwahl zum Präsidenten die wahren Verhältnisse im Land aufdecken und die antikommunistischen Kräfte zwangsläufig in die Richtung einer entschlossenen nationalen Erneuerung treiben würde. Im übrigen mache er sich über Frankreich keine großen Illusionen mehr.

Ein dunkelhaariger Reporter, der mir aus den siebziger Jahren vage bekannt war, mischte sich in unseren Dialog ein. »Es wird Ihnen nicht gefallen, was ich jetzt sage«, richtete er sich an den Veteranen der Brigade »Karl der Große«, »aber ich bin Jude und ich bin Franzose zugleich, und ich habe damit kein Problem.«

Der ehemalige SS-Mann blieb gelassen. »Wissen Sie«, lenkte er ein, »das ist mir völlig egal. In meinen jungen Jahren bin ich Antisemit gewesen. Aber das war wohl ein Irrtum. Inzwischen haben wir gesehen, daß ihr Juden in Israel zu kämpfen versteht. Einen Moshe Dayan, so einen Mann würde Frankreich brauchen, damit wir wieder festen Boden unter den Füßen gewinnen.« Auf beinahe unheimliche Weise war der Bogen geschlagen, nicht nur zur Wirtsstube von Fénétrange, sondern auch zu den düsteren Zellenbetrachtungen in den Haftanstalten des agonisierenden Dritten Reiches. Durch die geöffnete Tür wehte der Gefangenenchor aus »Nabucco« herein.

Am Nachmittag – es goß immer noch vom Himmel – hielt Le Pen seine programmatische Rede. Mir fiel der starke Prozentsatz mediterraner Typen in seiner engsten Umgebung auf. Sein erster Stellvertreter, Jean-Pierre Stirbois, wirkte sogar ein wenig arabisch. »Ich bin kein Rassist, und ich bin kein Fremdenhasser«, rief Le Pen ins Mikrophon. »Aber ich möchte, daß jeder bei sich zu Hause bleibt.« Hatte der Wolf Kreide gefressen, um sich bei einem möglichst breiten Publikum anzubiedern? Immerhin gab es auch ein paar Franko-Maghrebiner in den Reihen der Nationalen Front, und ein pensionierter Oberst Bloch hatte mit Zustimmung Le Pens eine Zelle »jüdischer Franzosen« gegründet. Unter den libanesischen »Kataeb« rekrutierte der Bretone einige seiner resolutesten Gefolgsleute.

Im Klatschen des Regens gingen die meisten rhetorischen Effekte des begabten Redners Le Pen unter. Dieser bullige Mann, der sein bescheidenes Publikum unmittelbar anzusprechen verstand, war der Gegentyp zum elitären Höfling Balladur. Er war der Troupier aus den rauhen Bergen Algeriens geblieben, auch wenn er inzwischen über eine prächtige Villa in Saint-Cloud verfügte. Wie mancher andere vor ihm hat er das Mädchen von Domrémy für seine politischen Ziele eingespannt und dafür die richtigen Worte gefunden: Für ihn ist Jeanne »Tochter Gottes, Tochter Frankreichs, Tochter des Volkes«. Noch sind die Konturen des aufkommenden, mächtig um sich greifenden Nationalpopulismus ungewiß. Hat Le Pen wirklich ein Erdbeben ausgelöst, wie er am ersten Wahlabend behauptete? Er verwies auf den historischen Rahmen seiner Veranstaltung zwischen dem Louvre der Könige und dem Triumphbogen des Kaisers. »Es lebe das französische Frankreich! Es lebe das europäische Europa!« Mit diesem Ruf endete die Rede Le Pens.

In der Gefolgschaft der Nationalen Front befinden sich beileibe nicht nur alte Kollaborateure oder junge Sympathisanten des Neonazismus, wie allzuoft behauptet wird. Der ehemalige Hauptmann Pierre Sergent, Le Pen-Abgeordneter aus den Ostpyrenäen, hatte am Widerstand gegen die Deutschen teilgenommen, ehe er während des Algerien-Krieges den Bruch mit dem alten *patron* de Gaulle vollzog und dem General nach dem Leben trachtete. Dieser todesmutige Verschwörer ist um Haaresbreite dem Exekutionspeloton entkommen. Seine Sprache ist die eines Zenturionen geblieben: »Ich habe als Franzose das Gefühl, einer Nation anzugehören, die sich wie ein Freudenmädchen aufführt. Jedesmal, wenn man von uns verlangt, in die Knie zu gehen, legen wir uns auch gleich noch auf den Rücken.«

Der Gaullismus ist für Sergent nur noch eine leere Schale, und das Ei wird von den verfressenen Profiteuren geschluckt. Dieser gealterte Haudegen ist auf der Suche nach einer Führungspersönlichkeit, einem entschlossenen Mann, der – frei von jeder Interessenvertretung und Finanzlobby – an jene Wurzeln Frankreichs anknüpft, die seit der Enthauptung des Königs durch die Revolutionäre abgerissen sind. »Die Russen haben Peter den Großen wieder auferstehen lassen, und die Chinesen ihre Ming-Kaiser«, so tönte dieser Volksvertreter aus den Pyrenäen; »warum sollen wir unser Königtum nicht wieder einführen?« Der Spiegelsaal von Versailles könne doch noch anderen Zwecken dienen als dem Empfang von »Negerkönigen« aus den ehemaligen afrikanischen Kolonien.

Der schmächtige, blasse Sänger Renaud, der sich als Troubadour für Mitterrand verdungen hat, macht es sich zu leicht, wenn er die Anhängerschaft der Nationalen Front mit dem Frankreich der Vichy-Kollaborateure, mit dem Frankreich der reaktionären »Versaillais«, die die Pariser Commune im Blut erstickten, mit dem Frankreich der Dummheit und des Hasses gleichsetzt. Ernsthafte Soziologen untersuchen heute, ob Jean-Marie Le Pen eventuell in die Fußstapfen jenes Oberst François de la Roque getreten ist, der in den dreißiger Jahren mit seinen »Feuerkreuzlern« und seiner »Parti social français« die ehemaligen Frontkämpfer sammelte und immerhin eine Mitgliederzahl von einer Million hinter sich brachte. Zweifellos hatte la Roque dem »Faschismus« ideologisch nahegestanden. Doch in der Stunde der nationalen Bewährung hatte er sich den Machenschaften Vichys versagt, war der Aufstellung der *milice* und der französischen Freiwilligen-Legion gegen den Bolschewismus entgegengetreten. Im März 1943 wurde er – als Führer eines Widerstandsnetzes – von der Gestapo verhaftet und deportiert. Hundertfünfzig seiner Feuerkreuzler haben ihren Patriotismus mit Konzentrationslager und Tod bezahlt.

Natürlich blüht unter den Handwerkern, Kleinhändlern und Bauern, die dem Ruf der Nationalen Front gefolgt sind, auch der sogenannte »Poujadismus« wieder auf. Pierre Poujade – Symbolfigur für den französischen Spießbürger, den *épicier* – hatte sich in den fünfziger Jahren zum Wortführer dieser verarmenden, verängstigten Mittelschicht gemacht, die sich den großen ökonomischen und sozialen Umwälzungen nicht gewachsen fühlte und insbesondere vor dem unerbittlichen Konkurrenzkampf in einem weiten europäischen Wirtschaftsraum zurückschreckte. Immerhin ist Le Pen als junger Mann auf einer Poujadisten-Liste zum ersten Mal ins Palais Bourbon gewählt worden.

Schon verweisen die Kommentatoren auf diese eingefleischte Kategorie von Anti-Europäern, die den engstirnigen nationalen Beharrungsinstinkt zum Schutz ihrer mediokren Überlebenschancen mißbrauchen wollen. Doch diese Analyse geht nicht so recht auf. In den Küsten-Départements des Mittelmeers, wo die radikale Rechte mindestens ein Viertel aller Stimmen kassierte, möchten sich die verstörten »Weißen« auf die Solidarität ganz Europas stützen, um der maghrebinisch-islamischen Unterwanderung Einhalt zu gebieten. Im Elsaß, wo Le Pen mit 22 Prozent der Stimmen einen überraschenden Triumph feierte, erregt man sich eher über die viel zu schleppende Verwirklichung eines voll funktionierenden europäischen Marktes. Da hat man es eilig mit der Öffnung der Grenzen nach Osten und entrüstet sich über die letzten Zollschikanen an der Brücke nach Kehl.

Das Abkippen einer beachtlichen Fraktion ehemaliger Kommunisten zum Nationalpopulismus Jean-Marie Le Pens ist das hintergründigste Ereignis dieses Volksentscheids. Gewiß, in den dreißiger Jahren waren rabiate Rechtsextremisten aus der Linken hervorgegangen. Jacques Doriot, der spätere Nazi-Kollaborateur, war kommunistischer Abgeordneter des proletarischen Wahlbezirks Saint-Denis gewesen, und der Hitler-Bewunderer Marcel Déat gehörte ursprünglich der Sozialistischen Partei an. Doch dieses Mal ist viel mehr ins Rutschen gekommen in der ehemals roten Bannmeile von Paris. Zunächst ist die Zahl der echten französischen Arbeiter, die ihren Lohn noch mit den schwieligen Fäusten verdienen, auf einen minimalen Bevölkerungsanteil geschrumpft. Die »white-collar workers« geben den Ton an, die kleinen Angestellten des Dienstleistungsgewerbes, und die letzten französischen Werktätigen sind es leid, mit den beruflich unqualifizierten Einwanderern aus Nordafrika verwechselt zu werden.

Das Zusammenleben zwischen Muselmanen und Franzosen führt auch hier zu permanenter Konfrontation, oft zu hysterischen Wahnvorstellungen. So hat eine Gruppe älterer Einwohner aus Roissy eine Anfrage an den Bürgermeister gerichtet, ob es wahr sei, daß die Gräber in diesem Département in Zukunft alle nach Mekka ausgerichtet werden sollen. Im Krankenhaus von Aulnay hat das Pflegepersonal vergeblich versucht, die Khomeini-Bilder zu entfernen, die algerische Patienten über ihren Betten befestigten. In vielen Schulkantinen hat die Direktion aus Rücksicht auf die koranischen Vorschriften längst darauf verzichtet, den Kindern Schinken oder Schweinefleisch zu servieren. Viele Eltern beschweren sich darüber, daß nicht nur die französische Orthographie im gemischtrassigen Unterricht aufs schlimmste maltraitiert wird, sondern daß die kleinen Europäer mehr und mehr dazu übergehen, in ihren Aufsätzen arabische Ausdrücke zu benutzen.

Kurz nach der Wiederwahl Mitterrands hat Jean-Marie Le Pen eine leichte Herzattacke erlitten. Seine politischen Gegner haben diese Schwäche des bretonischen Hünen mit Schadenfreude quittiert. Natürlich geht die Debatte weiter, ob das Phänomen Le Pen und somit die Nationale Front, für die er als Inspirator unverzichtbar ist, nicht doch ein Strohfeuer ist, ob die Franzosen nicht schon bald zu maßvoller Normalität zurückfinden.

Für solche spekulativen Meinungsschwankungen gibt es einen frappierenden Präzedenzfall, der sich vor genau hundert Jahren abspielte.

Damals war der Mißmut der Franzosen über den parlamentarischen Tumult, über den Streit um die noch ungewisse demokratische Staatsform so groß, das Land noch so schmerzlich auf die Niederlage von 1871 gegen die Deutschen fixiert, die den Revanchismus schürte, daß der Ruf nach dem Retter laut wurde, »l'appel au soldat«. Eine breite, gewaltige Sympathie- und Begeisterungsströmung hatte sich damals dem General Georges Boulanger zugewandt, einem Mann stattlichen, martialischen Aussehens, reaktionärer Gesinnung und begrenzter geistiger Gaben. Es wäre beinahe zum Putsch gekommen. Das Volk umjubelte den »Général à la barbe blonde«, und Maurice Barrès, der wohl immer dabei sein mußte, schrieb die denkwürdigen Worte: »Man will Boulanger die Macht übergeben, weil man vertrauensvoll davon ausgehen kann, daß er bei jeder Gelegenheit so empfinden wird wie die Nation.«

Doch die monarchistische Reaktion hatte das Selbstbewußtsein und die Dynamik der erstarkten Republikaner unterschätzt. General Boulanger wurde zum Rücktritt gezwungen. Mochten sich zahlreiche Pariser auf den Schienenstrang legen, um seine Ausweisung nach Belgien zu verhindern, er wurde doch nach Brüssel abgeschoben und erschoß sich – in seltsamer, romantischer Anwandlung – auf dem Grab seiner verstorbenen Geliebten. Gegen ein solches makabres Melodrama sind die Franzosen mit Jean-Marie Le Pen gefeit. Selbst die Provokation der nackten Pierrette auf dem Titelblatt des *Playboy* hat ihn nicht in die Verzweiflung getrieben.

Was mag die biederen Elsässer zu fast einem Viertel bewogen haben, diesem Fischersohn aus der fernen keltischen Bretagne nachzulaufen? Was hat die bedächtigen Lothringer im Département Moselle dazu gebracht, mit zwanzig Prozent für die Nationale Front zu optieren? In diesen ehemals wilhelminischen Reichslanden pflegte man christlich-sozial, für die Volksrepublikaner Robert Schuman oder Pierre Pflimlin zu stimmen. Die Elsaß-Lothringer waren von Anfang an die treuesten Gefolgsleute Charles de Gaulles gewesen. Sogar Giscard d'Estaing konnte – unter Berufung auf den tief eingefleischten Legitimismus – im Elsaß sechzig Prozent der Stimmen auf sich vereinen. Und jetzt diese Hinwendung zu Le Pen, parallel übrigens zu einem stärkeren Vordringen der Sozialistischen Partei Mitterrands!

Vermutlich ist es die bonapartistische Tradition dieser Grenz-Départements, die heute hinter der entstellenden Larve der Nationalen Front durchschimmert. Unter Pompidou und Chirac war der gaullistischen Sammelbewegung jene organische Volksverbundenheit abhanden gekommen, die der Kaiser Napoleon einst zu verkörpern verstand und die sich im Unterbewußtsein der *compagnons* später auf Charles de Gaulle übertragen sollte. Diese Lücke versucht Le Pen instinktiv auszufüllen.

Als er im April 1988 in Straßburg auftrat – es waren auch Sympathisanten aus verschiedenen Nachbarländern zugegen –, hatte der Führer der Nationalen Front zu einer Formel ausgeholt, die seine rhetorische Begabung verriet und einem anderen, renommierteren Anwalt des kontinentalen Zusammenschlusses gut angestanden hätte. »L'Europe sera impériale ou elle ne sera pas«, hatte Le Pen ausgerufen; »Europa wird imperial sein, oder es wird kein Europa geben.«

Die Schleichwege des Serail

Paris, 25. Juni 1988

»La France continue«; auf etwas bedenkliche Weise bestätigt sich die tief verwurzelte Beharrlichkeit der Nation. Die Parlamentswahl am 12. Juni 1988 hat Unklarheit und Verwirrung gestiftet. Fast fühlt man sich in den Parteien-Wirrwarr der Vierten Republik zurückversetzt. »La politique politicienne« kommt zu ihrem Recht. Aber gleichzeitig hat dieses Volk Instinkt für Gleichgewicht und Gewaltenteilung demonstriert. Montesquieu ist nicht tot in Frankreich.

Da hatten alle gemeint, Mitterrand werde nach seinem großen Erfolg bei der Präsidentschaftswahl am 8. Mai mit einer »rosaroten Welle« von sozialistischen Deputierten auch das Palais Bourbon überschwemmen. Die bürgerlichen Parteien neigten zur Resignation. Die Sozialisten – unter der Führung des korpulenten Nordfranzosen Pierre Mauroy, der gegen den Wunsch Mitterrands zum Ersten Sekretär nominiert worden war – ließen ihren Machtansprüchen freien Lauf, schienen sich ihrerseits darauf vorzubereiten, »harte Kerne« im Staats- und Wirtschaftsapparat an sich zu reißen. Mit der viel gerühmten Öffnung zur Mitte würde es unter diesen Auspizien nicht weit her sein.

Pierre Mauroy, der hinter schwülstigem Pathos und oberflächlicher Bonhomie plötzlich ideologische Linksneigungen durchschimmern ließ, hatte in einem neuen Wahlbündnis mit den Kommunisten die Priorität der Stunde erkannt. Die paar gemäßigten Außenseiter, die sich der »Generation Mitterrand« angeschlossen hatten, ließ er im Regen stehen, wenn es hart auf hart ging. So war der Arzt Bernard Kouchner – weltweit wegen seiner humanitären Hilfsaktionen und seiner vorbildlichen Organisation »Médecins du monde« bekannt – im zweiten Wahlgang schnöde fallengelassen worden. Mauroys Präferenz kam einem hartgesottenen Kommunisten in diesem umstrittenen Wahlkreis des Grubenreviers im Norden zugute. Kouchner mit seiner eleganten, apfelgrünen Jacke, seiner lockeren Unabhängigkeit paßte offenbar nicht in das Erscheinungsbild des Parteiapparats.

Mauroy hatte sich bei der brüsken Ausbootung Kouchners – als man ihn auf den Anachronismus des neuen Zweckverbundes zwischen Sozialisten und Kommunisten verwies – zu dem Satz hinreißen lassen, es gebe in Frankreich unabhängig von jeder »Öffnungspolitik« eine politische Konstante, die es zu beachten gelte: die Teilung des Landes in eine »Partei der Bewegung« und eine »Partei der Ordnung«. Die Realitäten von Warschau und Kabul hatten gewisse klassenkämpferische Reflexe offenbar noch nicht beseitigt, und der Jargon tönte hohl.

Mit elf Prozent Wählern und 27 Abgeordneten haben die Kommunisten sich gar nicht schlecht aus der Affäre gezogen. Die vorübergehende Neuauflage einer »Links-Union« mit den Sozialisten hatte sich für sie ausgezahlt, sonst wäre ihnen nur eine Handvoll Deputierter erhalten geblieben. Aber auch Generalsekretär Georges Marchais konnte der Partei Mitterrands vorrechnen, daß mehr als hundert sozialistische Abgeordnete dem Stimmenübertrag der KPF im zweiten Wahlgang ihren Sitz im Palais Bourbon verdankten.

Grund zur Euphorie gab es bei den Stalinisten indes nicht. In dem Maße, wie Mitterrand seine Gefolgschaft auf eine moderne Sozialdemokratie ausrichten wollte und die enge Kooperation mit der liberal-bürgerlichen Mitte suchte, wurde die Partei Moskaus zwar wieder zur einzigen Zuflucht des sozialen Protestes, zumal die »Nationale Front« Le Pens, die bei der Präsidentschaftswahl so starke Anziehung auf einen Teil der Arbeiterschaft ausgeübt hatte, durch die Tücken des Wahlrechtes über keine nennenswerte parlamentarische Vertretung mehr verfügte. Doch der Scheinerfolg der Kommunisten übertraf nur minimal die kläglichen Ergebnisse von 1986, und eine neue Beteiligung an einer von den Sozialisten geführten Regierung wurde unmittelbar nach Verkündung der Ergebnisse von Georges Marchais vehement abgelehnt. Die Erfahrungen der Jahre 1981 bis 1984 waren für die Spät-Stalinisten allzu bitter gewesen.

Wieder einmal richteten sich alle Blicke auf François Mitterrand. Er hatte sein Ziel einer knappen sozialistischen Kammermehrheit verfehlt und mußte nun, da eine Koalition mit den Kommunisten auch für ihn nicht in Frage kam, Verbündete im Zentrum suchen. Seine taktische Begabung, seine meisterhafte Beherrschung der Intrige, die er sehr wohl in den Dienst der nationalen Sache zu stellen verstand, war dieses Mal aufs äußerste gefordert. Die bürgerlichen Parteien – die RPR-Bewegung Chiracs und das konservativ-liberale Sammelsurium der »Union pour la démocratie française« (UDF), die sich nunmehr fast die Waage hielten – waren nicht gewillt, dem Staatschef Geschenke zu machen. Langfristig bahnte sich – statt einer gnädigen *ouverture* der Sozialisten, wie sie ursprünglich geplant war – eine Art Mitte/Links-Koalition an, und der deutsche Präzedenzfall Schmidt/Genscher war in aller Munde. Ob der neuernannte Premierminister Michel Rocard viel Freude an diesem Spiel haben würde, ob er nicht in absehbarer Zeit zum Sühneopfer dieses Rituals prädestiniert war, blieb den Auguren noch unklar.

Jedenfalls fand Frankreich zu den »Wonnen und Giften – les délices et les poisons«, wie de Gaulle es genannt hat – seiner zänkischen gallischen Urveranlagung zurück. Der Ausgang der Parlamentswahl hinterließ zunächst Überdruß und Katzenjammer. Mitterrand kam zugute, daß er sich in diesem Irrgarten besser zurechtfinden würde als irgendeiner seiner Gegenspieler. »Im Serail aufgewachsen, kenne ich dessen Schleichwege«, hätte er mit dem großen Tragöden Racine sagen können: »Nourri dans le sérail, j'en connais les détours.«

Die Demoskopen und Soziologen hatten sich gründlich geirrt. Entgegen ihren Analysen war der traditionell rote Midi nicht massiv ins schwarze Lager des Faschismus abgeschwenkt, und die Bewohner der katholisch-konservativen Bastionen Westfrankreichs, »die Weißen«, wie man sie nach der Farbe der Bourbonen noch bezeichnete, hatten sich nicht zum »Blau« der säkularen Republik bekehrt. Auf den ersten Blick kehrte alles ins Lot, in eine ziemlich verkrustete Routine zurück. Die Kaziken atmeten auf: Die Zweiteilung des Landes blieb erhalten. Die Dinosaurier hatten offenbar überlebt.

Sogar der Pendelschlag des Elsaß – teilweise zugunsten Le Pens, teilweise zugunsten Mitterrands – ließ sich durch atavistische Neigungen erklären. Der protestantische Pfarrer Frédéric Hoffet, ein enger Vertrauter Rocards, hatte den Durchschnitts-Elsässer – ohne Bosheit übrigens – als *boche français* definiert, der, neben seinem Wunsch nach straffer Führung durch einen »Chef«, ständig beweisen wolle, daß er – trotz seiner gemischten Kulturwurzeln – französischer sei als die Franzosen. In den Augen der Elsässer seien vorübergehend Le Pen und auch Mitterrand als »hypertrophierte« Repräsentanten Frankreichs erschienen. Hoffet hatte der kritischen Betrachtung über seine Landsleute den beruhigenden Satz angefügt: »Wenn die Elsässer ein starkes Frankreich verlangen, das mit eiserner Hand regiert wird, und für diejenigen stimmen, die ihnen ein diktatorisches Regime versprechen, täuschen sie sich selbst. Sie würden sich sehr bald von einem Staat loslösen, der allzusehr jenem Deutschland gliche, dessen Sinn für Disziplin sie nur dann loben, wenn sie davon befreit sind.«

Die Gefahr ist groß für alle Kommentatoren des Sommers 1988, sich in müßigen Spekulationen zu erschöpfen. Dennoch muß festgehalten werden: Eine tiefe psychologische Umschichtung ist weiter im Gang und wird durch das verzerrte Wahlergebnis nur notdürftig verschleiert. Schließlich war es ein Beweis gesunden Menschenverstandes und bürgerlicher Reife, daß die Masse der Franzosen dem sozialistischen Staatschef, den die Satiriker inzwischen als »Dieu«, als »Gott« persiflieren, nicht auch noch eine »rosarote Kammer« auf dem Silbertablett servierten.

Die Entwicklung zur »Öffnung«, der »Zentrismus«, wie man es in Paris nennt, entspricht weiterhin dem Zeitgeist. Es scheint, als suchten die Franzosen lediglich nach neuen, weniger heuchlerischen Formen der *cohabitation*. So schreibt Serge July über »le recentrage« und das damit verbundene neue Lebensgefühl: »Der Pragmatismus, der Materialismus, der gesunde Menschenverstand, der Utilitarismus, der Rückzug auf das eigene Heim und eine weitverbreitete Bescheidenheit obsiegen über jene anderen Werte, die im Zeichen der Eroberung, des Konservativismus oder der Solidarität antraten. Dieser Wandel ist bei der Rechten wie bei der Linken spürbar ...«

Michel Rocard hat alte Illusionen über Bord geworfen, als er erklärte: »Il faut affadir la politique – Die Politik muß fader gestaltet werden.« Gilt das auch für Mitterrand und seine herrschaftlichen Allüren als *tonton suprême?* Seine Lust an der Kombination – im italienischen Sinne des Wortes – wurde ihm einst als größte Schwäche angelastet. Heute erscheint sie – angesichts des parlamentarischen Patts – als ein unverzichtbarer Trumpf. Serge July schreibt dazu in *Libération*: »Je bescheidener die Möglichkeiten der Politik sind, desto erfahrener und routinierter müssen die Handelnden der Politik sein.«

Nicht mehr im Heroismus enthüllt sich die Begabung des Staatsmannes. Insgeheim hatte die demokratische Banalisierung der Politik vielleicht schon um die Jahrhundertwende mit dem Erziehungsminister Jules Ferry eingesetzt, der die Schaffung eines obligatorischen, säkularisierten Schulwesens als fundamentale Aufgabe der Republik definierte. Für seine Nachfolger der angepaßten Linken wird heute ein neues Ziel gesetzt: der Eigentumserwerb für alle und der konsequente Abbau des Stundenlohn-Systems. Die tägliche Sinnesüberflutung durch die audiovisuellen Medien trägt zu dieser Abflachung bei. »Je mehr sich die Politik der Medien bedient«, schreibt der Soziologe Gilles Lipovetsky in seinem Buch »Die Republik der Leere«, »desto mehr kippt die Politik in die Gleichgültigkeit der Massen ab, in fluktuierende Veränderlichkeit der Meinungen; je mehr Verführung geboten wird, desto geringer werden die großen politischen Leidenschaften.«

Der moderne Staat sei ein bescheidener Staat, so stellen die Politologen fest. Selbst ein großer Meinungsmacher wie Robert Hersant ist Opfer seines eigenen Instruments geworden. Sein Fünfter Fernsehkanal steht tief in den roten Zahlen, und vielleicht liegt das daran, daß dieser »Conquistador« der Presse trotz der Allüren eines eiskalten Geschäftsmannes insgeheim immer noch ein Romantiker der Macht geblieben war im Gegensatz zu seinem TV-Rivalen des Ersten Programms, Francis Bouygues, des nüchternen Baulöwen, der bereits satte Profite kassiert.

In diesem Umfeld erscheint selbst Jean-Marie Le Pen wie ein lebender Anachronismus. Bei seiner letzten Kundgebung vor der für ihn katastrophalen Parlamentswahl, die ihm nicht einmal in Marseille einen Deputierten einbrachte, hatte er seine geschrumpfte Gefolgschaft in der riesigen Kongreßhalle an der Porte de Bercy zusammengetrommelt. Nur fünftausend waren gekommen, und dieses Mal bestieg der letzte »große Regenmacher, der Wunderdoktor«, wie *Le Monde* ihn nannte, nicht zu den Klängen »Nabuccos« die Bühne, auf der sich sonst die Rock-Orchester austobten, sondern zum düsteren Signal von »Also sprach Zarathustra«. Die Rolle Le Pens ist dennoch nicht ausgespielt.

Unter dem Titel »Das Erinnerungsloch« beschreibt der Journalist Edwy Plenel das Auseinanderbrechen der wohltuenden, beschwichtigenden Fiktionen: »Gaullistische Erinnerung und kommunistische Erinnerung nährten sich aus der Konstruktion einer Legende. Beide weigerten sich, die Realität eines mit den Deutschen kollaborierenden, pétainistischen Frankreichs anzuerkennen. Das Vokabular der ›grandeur‹ überlagerte die Wirklichkeit des historischen Rückgangs französischer Weltgeltung; der Gedächtnisverlust verschleierte den Algerien-Krieg und das Ende des Kolonialreichs. Das Jahr 1988 besiegelte den Zusammenbruch dieser Traumvorstellungen. Frankreich hat sich jener ›Vergangenheitsbewältigung‹ verweigert, die die junge deutsche Generation ihren Vätern auferlegte.«

Am 3. Mai 1988 hatten wir in kleiner Runde einen Abend mit Valéry Giscard d'Estaing in Hamburg verbracht. Der ehemalige Staatschef war in die Hansestadt gekommen, um die deutsche Ausgabe seines Buches »Macht und Leben« vorzustellen. Er hatte als Schriftsteller mehr journalistisches als literarisches Talent an den Tag gelegt, schilderte auf lockere, elegante Weise seine eigenen Begegnungen und Erfahrungen, offenbarte dabei eine Spontaneität, die ihm keiner zugetraut hatte. Auf seinen besten Seiten kam er seinem Lieblingsautor Maupassant nahe. In Frankreich war »Le pouvoir et la vie« der Bestseller der Saison und versöhnte viele Leser mit einem Präsidenten, den sie einst – seiner majestätischen Unnahbarkeit überdrüssig – »in die Wüste« geschickt hatten.

Auch beim persönlichen Gespräch war ein bemerkenswerter Wandel an diesem Mann zu erkennen. Während seiner Amtszeit hatte er seine Gäste im Elysée gelegentlich wie Lakaien, bestenfalls wie Störenfriede behandelt. Jetzt wirkte er sympathisch, bescheiden und klug. Mit der Macht schien eine steife *cappa magna* von ihm abgefallen zu sein. Er sah sich nicht mehr genötigt, seine Rolle als Reinkarnation Ludwigs XV. weiterzuspielen. Im übrigen witterte er Morgenluft, erkannte instinktiv die Chancen, die sich – angesichts der neuen, ungewissen Gewaltenteilung – für seine unbestreitbare politische Begabung und seinen ungebrochenen Ehrgeiz boten.

Hatte er nicht recht gehabt, so diskutierten wir an jenem Abend in der »Auberge française« an der Hamburger Rutschbahn, als er schon vor zehn Jahren die Forderung nach einem nationalen Konsens erhob, der zumindest zwei von drei Franzosen umschließen sollte. Er hatte längst jene »Einheit jenseits der Schablonen von rechts und links« gepredigt, die neuerdings auch zum Repertoire Mitterrands gehört, und er geißelte die Spaltung als den »Erbfeind der Gallier«. Folgerichtig hatte er diskrete Kontakte zum sozialistischen Staatschef aufgenommen. Giscard pflegte seine weitverzweigten internationalen

Beziehungen und verwies uns während des Diners auf die Umstellungen, denen sich beide Supermächte demnächst unterziehen müßten. Er schloß dabei eine dramatische, fast selbstzerstörerische Entwicklung in der Sowjetunion nicht aus.

An jenem 3. Mai ahnte Giscard d'Estaing bereits, daß das innenpolitische Puzzle künftig unendlich kompliziert sein würde. Er hatte einst gegen de Gaulle die These des »oui mais«, des »ja, aber« verfochten und zum Ende des Gaullismus beigetragen. Daß am Ende eine Rückkehr zum sterilen, teilweise entwürdigenden Einflußschacher der Vierten Republik drohen würde, hatte er wohl nicht bedacht.

Am 12. Juni 1988 waren die Würfel gefallen, und laut Verfassung war dem Präsidenten nun ein Jahr lang untersagt, die Kammer erneut aufzulösen. Michel Rocard werde sich – so orakelten die Experten – notfalls mit Hilfe wechselnder Bündnisse auch an der Spitze eines sozialistischen Minderheitskabinetts recht und schlecht behaupten können. Im übrigen bröckelte die Union der bürgerlichen Parteien, die anläßlich der letzten Herausforderung dauerhafte Solidarität gelobt hatten, bereits auseinander. Der bretonische Abgeordnete Pierre Méhaignerie formierte mit salbungsvollen Gesten seine eigene Fraktion, stützte sich auf rund fünfzig Abgeordnete des »Centre des démocrates sociaux« (CDS). Noch verweigerte er sich den Sozialisten als Koalitionspartner, aber er nahm die Tradition des MRP, jener umfangreichen christlich-demokratischen Bewegung der Vierten Republik, wieder auf, die einst von Georges Bidault und Robert Schuman angeführt worden war.

Merkwürdig, wie klerikal, wie pfäffisch diese Rivalitäten des bürgerlichen Zentrums anmuteten, seit es sich vom verdorrenden Baum des Neogaullismus distanzierte. Der Karikaturist Plantu zeichnete sie alle mit Mitra und Krummstab, die Kontrahenten der Mitte, die sich gegenseitig an der Stola packten oder finstere Blicke zuwarfen wie auf einem Konklave von Avignon. Da wurde der »Kardinal« Giscard gegen den devoten »Fürstbischof« Méhaignerie handgreiflich, während die »Prälaten« Raymond Barre und Jean Lecanuet ihre Hirtenstäbe wie Lanzen umklammerten. Auf überhöhtem Chorgestühl thronte *tonton* Mitterrand in fast päpstlicher Würde, neigte sich zu dem schmächtigen Calvinisten Rocard, der mit Knickerbockern und dem Bäffchen des reformierten Geistlichen dargestellt war; dabei flüsterte er ihm zu: »Vivement le schisme – hoffentlich kommt es bald zur Kirchenspaltung.«

Daß in diesen Tagen ein tatsächliches Schisma bevorstand, die Exkommunizierung des verbohrten Bischofs Lefèbvre und seiner reaktionären Gemeinde von Ecône durch Johannes Paul II., beschäftigte die Franzosen eher am Rande.

Von einer Renaissance des politischen Katholizismus in Form einer christlich-sozial orientierten Massenbewegung konnte natürlich trotz der Geschäftigkeit Méhaigneries nicht die Rede sein. Die Desakralisierung des Landes war viel zu weit fortgeschritten. Welcher Weg hier zurückgelegt wurde, sei an einem persönlichen Erlebnis verdeutlicht. Während meiner Gymnasialzeit im Collège Saint-Michel gehörte die Tragödie »Polyeucte«, das Martyrium eines armenischen Frühchristen zur Zeit der römischen Herrschaft über Vorderasien, zur Pflichtlektüre. Der große Dichter Corneille – Zeitgenosse des Sonnenkönigs – hatte, unseren geistlichen Lehrern zufolge, im Bekenner Polyeucte den vorbildlichen christlichen Helden schlechthin portraitiert.

Anläßlich einer Neuinszenierung in der »Comédie française« im Frühjahr 1987 haben sich jedoch die Exegeten über den Fall Polyeucte gebeugt und diesen Archetypus gottgefälliger Standhaftigkeit als zwielichtigen Kollaborateur Roms mit homosexuellen Neigungen entlarvt. Zwischen den frommen Alexandrinern entdeckten sie einen recht hintergründigen Vers des gar nicht so biederen Corneille. Die Religion, so hieß es da, sei zur Zähmung der Völker erfunden.

Ähnliches sollte zweihundert Jahre später bekanntlich auch Karl Marx proklamieren, als er die Religion als »Opium des Volks« verdammte. Doch dessen Gemeinde in Frankreich ging es keineswegs besser als den in frommer Tradition erzogenen Katholiken, die ihr *aggiornamento* immerhin hinter sich hatten und deren religiöse Grundhaltung im Unterbewußtsein breiter Volksschichten fest verankert bleibt. Die unangemessen hohe Zahl der kommunistischen Abgeordneten im Palais Bourbon änderte nichts an der Tatsache des unaufhaltsamen marxistischen Niedergangs.

In Moskau wurde der tausendjährige Jahrestag der Christianisierung Rußlands gefeiert, und die von Gorbatschow ausgelöste Reformbewegung, wie vorsichtig sie auch beurteilt werden muß, trägt zutiefst ikonoklastische Züge, rüttelt an den unverzichtbaren Dogmen der Weltrevolution. Wie lange würde man im Politbüro der Place du Colonel Fabien diesen schleichenden Wandlungsprozeß noch krampfhaft verschleiern können?

Welcher andere Mythos bot sich in dieser Stunde an, wenn nicht die Hinwendung zur kollektiven Furcht? Was da so trutzig und kämpferisch im Namen der »Nationalen Front« angetreten war, diese Sieghaftigkeit der Le Pen-Gefolgschaft, verdeckte am Ende bei den meisten wohl nur die bange Ratlosigkeit vor einer unkalkulierbaren, sich rasend beschleunigenden Zukunft.

Bei den bevorstehenden Kantonal- und Kommunalwahlen würde die extreme Rechte mit Nachdruck ihre Forderungen stellen und eine Revanche für ihre parlamentarische Quarantäne suchen. Da stand auch noch das rätselhafte Reservoir von dreißig Prozent all jener Stimmen im Abseits, die sich dem letzten Urnengang verweigert hatten. Wurde die Nationale Front nicht allzu hastig totgesagt? Gewiß, es sah kläglich aus in der drittklassigen Artus-Runde des keltischen Recken Le Pen, ja es grenzte an Komik, wenn einer der engsten Vertrauten des »Menhir«, Roger Holeindre, sich zu der Äußerung verstieg, die Preisgabe Neu-Kaledoniens sei schlimmer als einst die Auslieferung Kanadas an die Briten. Im Gegensatz zu den faschistoiden Formationen der dreißiger Jahre, die sich mit großen literarischen Namen schmücken konnten, war die extreme Rechte des Jahres 1988 mit intellektueller Dürftigkeit geschlagen.

Ein Schimmer Hoffnung

In den exklusiven Salons, auf den bürgerlichen Cocktailparties an der Seine wurde – geistreich und eitel wie eh und je – über den Zustand der Nation parliert. Die Spekulationen schossen ins Kraut, wer zur Bildung einer kleinen Koalition mit den Sozialisten am besten geeignet sei – der Professor Raymond Barre, der sich langsam und massiv nach vorne schob, die engagierte Europäerin Simone Veil, der RPR-Außenseiter Michel Noir?

Die tatsächliche Stimmung des Volkes schien sich der Wahrnehmung durch die geistige Oberschicht zu entziehen. Dabei genügte es, in die Métro-Schächte von Paris hinabzusteigen, in diese unterirdische Parallelwelt der strahlenden Seine-Metropole einzutauchen. Dort wuchern die Subkulturen der Dritten Welt, die sich längst weiter Wohnbezirke der Banlieue bemächtigt haben und langsam auf das Zentrum der Hauptstadt zudrängen. Assoziationen mit der »Zeitmaschine« H. G. Wells' drängen sich da auf. Die Unsicherheit in diesem unterirdischen, muffigen, von Neonlicht fahl erleuchteten Verkehrsnetz ist oft übertrieben worden. Aber sie nistet sich im Unterbewußtsein des Fahrgastes ein. Der Eindruck von Schäbigkeit, von Trostlosigkeit beherrscht diese gekachelten Gänge und Schienenstränge. Die Gesichter sind deprimiert. Sinnlose Wandkritzeleien lösen sich mit den Verkaufsständen der Exoten ab, die nur Ramsch anbieten. Zerlumpte Gelegenheitsmusikanten im Souterrain der Durchgangsstationen produzieren die Begleitmusik zu einem imaginären Horror-Film.

Die Politiker reden – teils tolerant, teils entrüstet – über das Entstehen einer neuen gemischtrassigen Gesellschaft, über die Einbeziehung Frankreichs in eine zivilisatorische Grauzone. Selbst Jacques Chirac hatte auf den Antillen anläßlich einer Wahlkundgebung werbend proklamiert: »Nous sommes tous des métis – Wir sind alle Mischlinge«, und sein vielgeschmähter Innenminister Pasqua hatte ihn mit der Bemerkung übertrumpft, er selbst fühle sich ein wenig arabisch.

Wieder einmal hatte der »Jakobiner« Chevènement es sich als ausgewiesener Linker leisten können, die Dinge beim Namen zu nennen. Den Europäern, vor allem den Deutschen, warf er Mangel an politischem Willen vor. Im übrigen, so beteuerte er, gäbe es kein »europäisches Europa« mit einem unterlegenen und kranken Frankreich oder mit einem neutralisierten Deutschland. Als Verteidigungsminister Rocards hat Chevènement die Kontinuität der französischen Wehrpolitik und insbesondere ihrer nuklearen Komponente voll bestätigt. Als Erziehungsminister der Regierung Fabius hatte er 1985 bei aller Treue zu egalitären Prinzipien eindeutig gefordert, die Immigranten hätten sich in das französische Zivilisationsschema einzuordnen.

»Ein menschlicher Bruch«, so argumentiert der Abgeordnete von Belfort, »vertieft sich zwischen den beiden Ufern des Mittelmeers. Auf Dauer ist diese Fraktur explosiv: islamischer Integrismus dort drüben, Rassismus bei uns, Terrorismus zwischen den beiden ... Eine Stabilisierung des Bevölkerungszuwachses in Afrika wird vor Mitte des kommenden Jahrhunderts nicht stattfinden. In diesem einst leeren Kontinent wird dann mehr als eine Milliarde Menschen leben. Europa wird bei dreihundert Millionen stagnieren. Andererseits weitet sich der wirtschaftliche Abstand zwischen dem überfütterten Europa und dem elenden Afrika zu einem Abgrund aus ... Die Unterentwicklung Afrikas ist der Wegbereiter des islamischen Fundamentalismus. Wenn der sich morgen vor unseren Toren installiert – in Ägypten, auch im

Maghreb –, dann können wir uns vorstellen, welche Masse von *boat people* bei uns strandet, dann können wir uns auch die Reaktion Frankreichs ausmalen.«

Die »Partei der Angst« ist mit der Niederlage Le Pens nicht ausgelöscht worden. Da nutzt die Beschwörung der großen Prinzipien wenig, die vor zweihundert Jahren die Väter der Französischen Revolution beflügelten. Zur Überwindung der sozialen und rassischen Gegensätze, zur Schaffung einer harmonischen oder gar glücklichen Gesellschaft reicht die Berufung auf die Menschenrechte, die von Harlem Désir und so manchem Sonntagsredner als Allheilmittel gepriesen werden, längst nicht aus. »Die Menschenrechte«, so schreibt André Glucksmann, »sind eine Versicherung gegen das Unmenschliche; sie öffnen nicht die Tore zum Paradies, aber sie verrammeln die Pforten der Hölle. Die intellektuelle und medienwirksame Faselei über die Menschenrechte irritiert mich zutiefst. Die Menschenrechte sind keine Volksküche für die Rechtschaffenen, sie verleihen keinen Anspruch auf Erholung im Club Méditerranée.« Wie lautet noch eine alte gallische Redensart? »Les peuples heureux n'ont pas d'histoire – Die glücklichen Völker haben keine Geschichte.« Frankreich indessen besitzt zuviel davon.

Schon löst die Perspektive politischer Instabilität, wie die Republik sie seit dreißig Jahren nicht gekannt hat, bei den Pariser Leitartiklern die Befürchtung aus, die große europäische Zielsetzung könne darunter leiden. Zwischen Großbritannien, das unter Margaret Thatcher eine bemerkenswerte Zielstrebigkeit zurückgewonnen hat, und der Bundesrepublik Deutschland, die sich als Vormacht des Kontinents profiliert, plagt sich ein Teil der Franzosen mit byzantinischen Alpträumen des nationalen Niedergangs.

Im Zentrum aller Hoffnungen und Befürchtungen steht natürlich das letzte »monstre sacré« Frankreichs, der einundsiebzigjährige Präsident François Mitterrand. Ob er – während seiner erdverbundenen Wanderschaften in der Heidelandschaft Aquitaniens – ähnliche Betrachtungen anstellt wie einst der Gründer der Fünften Republik? »Als alter Mann stehe ich hier«, hatte Charles de Gaulle am Ende seiner Kriegsmemoiren geschrieben; »in Prüfungen ermattet, von der Geschäftigkeit der Welt gelöst; so spüre ich das Nahen der ewigen Kälte und werde doch nie müde, im Dunkel nach einem Schimmer Hoffnung auszuspähen.«

Am 18. Juni 1988, dem 48. Jahrestag des Appells von London, ist François Mitterrand zum Mont Valérien am Stadtrand von Paris gepilgert. An dieser Stelle wurden während der deutschen Besatzung eine Vielzahl von Widerstandskämpfern und Geiseln erschossen. Der Präsident trat unter dem wuchtigen Lothringer Kreuz, das in Granit gemeißelt ist, in die Krypta des alten Forts und verneigte sich vor den Toten. Verteidigungsminister Chevènement verharrte in gebührendem Abstand vor der Gruft, während auf beiden Seiten der Zugangsallee die Überlebenden der Résistance mitsamt ihren Fahnen aufgereiht waren. An diesem nationalen Gedenktag war Mitterrand noch einmal zum imaginären Zwiegespräch mit de Gaulle verurteilt.

Euphorie dürfte nicht der Weggefährte Mitterrands sein zu Beginn seines zweiten Septennats, auch wenn sich die industriellen Indikatoren verbessern, die nationale Produktion – teilweise noch dank der Regierung Chirac/Balladur – um drei Prozent ansteigt und die Investitionen beachtlich anziehen. Viele Franzosen fragen sich mehr denn je, ob sie an der Spitze der Republik nicht einem Zyniker der Macht ausgeliefert bleiben.

Ein paar Tage vor der Wiederwahl war Mitterrand in diesem Sinne interviewt worden. Der Veranstalter der Fernsehsendung »Apostrophes«, Bernard Pivot, bediente sich eines Zitats Paul Valérys, um seinen Gesprächspartner aus der Reserve zu locken. »Le pouvoir sans abus perd de son charme – Macht ohne Mißbrauch verliert ihren Anreiz«, hatte Valéry provozierend formuliert. Aber Mitterrand kannte seine Autoren. »Das ist eine Vorstellung Paul Valérys, den ich übrigens für einen der größten Schriftsteller unseres Jahrhunderts halte«, hatte er entgegnet; »aber Valéry war besessen von dem Wunsch, politischen Einfluß auszuüben. Er betrachtete deshalb dieses Milieu der Politik, zu dem er allenfalls mondänen Zutritt fand, mit ein wenig Neid und sagte sich dabei: Wenn ich die Macht ausüben dürfte, wie gern würde ich sie dann mißbrauchen, das heißt ihren Charme voll auskosten. In Wirklichkeit hätte er sich natürlich ganz anders verhalten.«

Mag sein, daß der olympische Glanz des Elysée blendet, daß die vielgeübte Lust an der politischen Übertölpelung des Gegners bei diesem alten Mann übermächtig bleibt. Aber er ist nun einmal – auf seine Art – Nachfolger der Kapetinger und vorrangig mit der Abrundung seines Bildes in der Geschichte beschäftigt.

Am 31. Dezember 1968 – gegen Ende seiner Herrschaft – hatte de Gaulle dem Grafen Henri von Paris ein gerafftes politisches Testament zukommen lassen, wobei dem Thronprätendenten Frankreichs die Rolle des berufenen Notars der Nation zugewiesen wurde: »Die Aufgabe des Staates«, so hatte de Gaulle seine Nachfolger wissen lassen, »besteht darin, den Erfolg der Ordnung über die Anarchie zu sichern und all das umzugestalten, was den Erfordernissen der Zeit nicht mehr entspricht.« Es ist ein Glück für Frankreich, daß Mitterrand sich auf diese Linie festgelegt hat. Es ist ein Vorteil für Europa und Deutschland, daß der jetzige Präsident dem kontinentalen Zusammenschluß die absolute außenpolitische Priorität einräumt. So hat er sich – unmittelbar nach seiner Wiederwahl – mit dem deutschen Bundeskanzler getroffen. In Evian am Genfer See, wo vor einer Generation die Unabhängigkeit Algeriens ausgehandelt wurde, war Helmut Kohl der erste ausländische Gesprächspartner und Vertraute.

Wer könnte heute schon sagen, ob der grandiose Versuch der neokarolingischen Union, der europäischen Selbstbehauptung gegenüber den Supermächten und mehr noch gegenüber dem beängstigenden Gären der Dritten Welt Erfolg haben wird und kann? Bei aller Oberflächlichkeit, die ihnen nachgesagt wird, sind die Franzosen – sobald es um die historische Perspektive geht – die profunderen Denker. Sie schließen dabei auch das katastrophale Scheitern nicht aus, obgleich ihnen die Lust am Untergang fremd ist. In seinem literarischen Werk hat sich Paul Valéry glücklicherweise nicht nur als Möchtegern-Politiker geäußert. Von ihm stammt die Definition Europas als einem »Kap Asiens«. Er war es auch, der die düstere Feststellung traf, die allen Europäern, insbesondere den Deutschen und den Franzosen, unter die Haut gehen, sie zur Bündelung ihrer Energien veranlassen sollte: »Dans le gouffre de l'histoire, il y a de la place pour tout le monde – Im Abgrund der Geschichte ist Platz für alle.«

Nachwort zur Taschenbuchausgabe

Die Ostpolitik ist wie eine Springflut über Europa hereingebrochen. Ihre Brecher haben die Fundamente der deutsch-französischen Union nachhaltig unterspült. Durch die unverhofft schnelle Realisierung der deutschen Einheit ist das bisherige kontinentale Gleichgewicht aus den Angeln gehoben worden. Ohne seine Alliierten zu konsultieren oder auch nur zu informieren, hat Helmut Kohl die historische Chance ergriffen und mit einer Entschlossenheit, die ihm niemand zutraute, die deutsche Einheit realisiert, die volle deutsche Souveränität im Zwiegespräche mit Gorbatschow wieder hergestellt. Offenbar hatte der Kanzler gespürt, wie dünn das Eis der *Perestrojka* war, auf dem die Absprachen mit dem Kreml-Herren getroffen wurden. In der Schicksalsstunde Deutschlands schien er den Ratschlag zu beherzigen, den Charles de Gaulle einst dem amerikanischen Präsidenten Kennedy erteilt hatte: »N'écoutez que vous-même! – Hören Sie nur auf sich selbst!«

Daß dieser deutsche Alleingang in Paris mit Mißtrauen und Befremden beobachtet wurde, konnte niemanden wundern. Nach einem mißglückten Versuch François Mitterrands, die Auflösung der DDR unter Kontrolle zu bringen und bei einem Blitzbesuch bei Gorbatschow in Kiew mit der *belle et bonne alliance* wieder anzuknüpfen, war die Versuchung der Franzosen groß, sich in den Schmollwinkel zurückzuziehen. Sowohl aus dem ultra-konservativen Lager, wo das Gedankengut Charles Maurras längst nicht erloschen war, wie auch auf der jakobinischen Linken, wie sie etwa durch den damaligen Verteidigungsminister Chevènement verkörpert wurde, ertönte der Ruf nach einem französischen Alleingang, »la France seule«. Innerhalb einer organisch föderierten kontinentalen Gemeinschaft drohte Frankreich in die Rolle einer »europäischen Wallonie« herabzusinken. Das übermächtige vereinte Deutschland – föderativ strukturiert, auf supranationalen Zusammenschluß ausgerichtet – trat in der Sicht mancher Franzosen das Erbe jenes Heiligen Römischen Reiches an, das jahrhundertelang die Alpträume der französischen Könige genährt hatte und sich an den Antipoden der gallischen Staatsidee der *nation une et indivisible* entfaltet hatte.

Dazu kam die naive deutsche Massenbegeisterung für den angeblichen Heilsbringer und Friedensfürsten Gorbatschow. Bundespräsident von Weizsäcker jonglierte allzu behend mit dem Begriff einer Mitteleuropa-Politik. Die politische Klasse Frankreichs, Journalisten und Politiker, weit mehr übrigens als die breite Bevölkerung, malten bereits ein neutralistisches Abdriften der Deutschen oder gar eine resolute Hinwendung Bonns zur osteuropäischen Verklammerung an die Wand. Tauroggen und Rapallo wurden zitiert. Mitterrand glaubte wohl, kontinentale Gleichgewichtspolitik zu treiben, indem er die anfängliche deutsche Zögerlichkeit bei der Anerkennung der Oder-Neiße-Grenze harsch kritisierte.

Zur großen Verblüffung des gesamten Auslandes hat der rasante Vollzug des deutschen Einigungsprozesses keinen germanischen Freudenrausch, keinerlei Triumphalismus, bestenfalls eine kurzlebige Euphorie ausgelöst. Helmut Kohl war um *low profile* bemüht und entsprach damit zweifellos der Stimmung der breiten Bevölkerung. Die Festlichkeiten waren überaus bescheiden gemessen an dem Prunk und der *gloire*, mit der François Mitterrand am 14. Juli 1989 den 200. Jahrestag der Französischen Revolution hatte zelebrieren lassen. Aber dem nüchternen Beobachter konnte nicht entgehen, daß sich im östlichen Teil Deutschlands eine reale Revolution vollzog, während auf den Champs-Elysées einer historischen Reminiszenz gehuldigt wurde. Ein Jahr später, im November 1990, gedachte Frankreich des hundertjährigen Geburtstags Charles de Gaulles zu einem Zeitpunkt, da der germanische Nachbar seine volle Souveränität zurückgewann und mit Gorbatschow den Abzug der sowjetischen Streitkräfte aus der Ex-DDR vereinbarte. Die Dynamik, so schien es, der geschichtsgestaltende Impetus, war endgültig auf die Deutschen übergegangen. Schon entwarf Hans-Dietrich Genscher weltumspannende Perspektiven, die den karolingischen Sockel des Abendlandes recht obsolet erscheinen ließen. Die Sowjetunion, so hieß es in Bonn, müsse in die europäische Einigung einbezogen werden, wobei offensichtlich übersehen wurde, daß das russische Siedlungsgebiet sich nicht nur bis zum Ural, sondern bis Wladiwostok am Pazifischen Ozean erstreckt. Die »Konferenz für Sicherheit und Zusammenarbeit in Europa« (KSZE) müsse institutionalisiert werden, hieß es im gleichen Atemzug, und niemand schien zwischen Rhein und Oder zu begreifen, daß eine solche Allianz, bei der Europa nur ein zentrales, aber brüchiges Bindeglied gebildet hätte, den nordamerikanischen Halbkontinent sowie die euro-asiatische Ländermasse der Sowjetunion in eine Konstellation einbezogen hätte, die in den Augen der Dritten Welt als ein Zusammenschluß der weißen Menschheit erschienen wäre. Hatte nicht schon de Gaulle prophezeit, daß sogar die Russen »eines Tages begreifen würden, daß sie Weiße sind«. Die Ernüchterung im Osten ließ nicht auf sich warten. Die Einverleibung und Angleichung der ehemaligen DDR erwies sich sehr bald als weit kostspieliger und schwieriger als ursprünglich erhofft wurde. Vor allem die psychologischen Differenzen zwischen »Wessis« und »Ossis« klafften so weit auseinander, daß viele Bürger der Bundesrepublik sich bei ihren gallischen, niederländischen oder italienischen Nachbarn auf vertrauterem Boden bewegten als bei den wiedergefundenen Brüdern und Schwestern im Osten. Angesichts der anarchischen Unruhen, der wirtschaftlichen Misere, die sich des dahinsiechenden Warschauer Paktes bemächtigten, angesichts der Balkanisierung und Ratlosigkeit, die sich im einstigen sowjetischen Glacis ausbreiteten, mochte der abgeklungene Kalte Krieg mit seinen brutalen Gewißheiten, seinem atomaren Patt und der Zwangsjacke der *pax sovietica* im nachhinein als ein Garant internationaler Stabilität und als zwingender Impuls zum beharrlichen abendländischen Einigungsprozeß erscheinen.

Das drohende Chaos in Ost-Europa löste bei den Verantwortlichen in Paris und Bonn eine heilsame Rückbesinnung auf die gemeinsamen Gewißheiten und die gewachsene Solidarität aus. Dem Ausbau des europäischen Binnenmarktes – auf den 1. Januar 1993 programmiert – sollte eine neue Beschleunigung verliehen werden. Mitterand drängte auf eine Währungs- und Finanzunion. Kohl wollte die längst fällige politische Kooperation der Gemeinschaft endlich in verbindliche Konturen gießen und damit der schwelenden Verdächtigung deutscher Alleingänge definitiv den Boden entziehen. Kurzum, es keimte neue Hoffnung für die schwer gebeutelten Karolinger, die auf die deutsch-französische Kernfunktion bei der Föderation des Kontinents nicht verzichten wollten, ungeachtet der offensichtlichen gallischen Unfähigkeit, Einfluß auf die Vorgänge im Osten zu nehmen, ungeachtet der deutschen Wirtschaftsexpansion jenseits von Elbe und Oder, die doch wohl nur durch temporäre Widrigkeiten gebremst war.

Am 2. August 1990 dröhnte der Donnerschlag, der alle Perspektiven verändern sollte. Ein Ereignis am Rande, die Besetzung Kuwaits durch den irakischen Diktator Saddam Hussein erwies sich als Stunde der Wahrheit und legte die realen Machtverhältnisse bloß. Europa schrumpfte zur Fiktion, und das vereinigte Deutschland enthüllte seine politisch-strategische Unzulänglichkeit, ergab sich beinahe lustvoll der eigenen »Angst« und den »incertitudes allemandes«. Wurde bislang das vereinte Germanien bereits als treibende Kraft des Kontinents dargestellt, so stellte sich jetzt die Frage, ob dieses Land überhaupt bündnisfähig sei. Die deutschen Politiker verschanzten sich hinter verfassungsrechtlichen Spitzfindigkeiten. Man war in Bonn weit von jener faktischen Souveränität entfernt, die den Deutschen nunmehr formell verliehen worden war. Die Bundesregierung wurde in einen *circulus vitiosus* peinlichster Art gepreßt. In Ermangelung kriegerischer Leistung wurde Deutschland zum Zahlmeister der Welt. Als Israel mit Raketen beschossen wurde, die von deutschen Wirtschaftsprofiteuren perfektioniert worden waren, meldete der Judenstaat seine finanziellen Ansprüche an. Als die Araber sich ihrerseits über solche Einseitigkeiten entrüsteten, reiste der große Spendenverteiler aus Bonn auch in deren Hauptstädte. Solche Freizügigkeit war man im Orient nur von seiten der saudischen Dynastie gewohnt, und die steht mit ihren Gönnergesten, Frucht der eigenen Erpreßbarkeit, nicht sonderlich hoch im Kurs.

Von deutsch-französischer Koordination war in jenen kritischen Wochen wenig zu spüren. Es bedurfte einiger Schwankungen und Kurskorrekturen, ehe François Mitterrand in Person ein resolutes Engagement auf Seiten der Amerikaner beschloß, vielleicht mit dem Hintergedanken, den ach so erfolgreichen Deutschen in Washington ein wenig das Wasser abzugraben. Etwa zwölftausend Berufssoldaten hat Frankreich in die arabische Wüste entsandt, und diese »Division Daguet«, die gemeinsam mit US-Luftlandetruppen bis zum Euphrat in den Rücken der irakischen Republikaner-Garde vorstieß, hat vorzüglich operiert. Am Quai d'Orsay war man sich jedoch der unermeßlichen diplomatischen Belastung bewußt, die der Elysée-Palast mit dieser Kreuzritter-Geste auf sich nahm. Die Kluft zwischen Frankreich und den benachbarten arabischen Staaten des Maghreb drohte weit aufzureißen. Im Innenministerium am Place Beauvau sorgte man sich um das explosive Potential der nordafrikanischen Immigranten, die ja zu Millionen in der Metropole vorhanden sind.

Die Kontinentaleuropäer werden in absehbarer Zeit durch den Golfkrieg und dessen Lehren zu einer totalen Revision ihrer strategischen Konzeptionen gezwungen werden. Die französischen Stäbe wissen von nun an, daß eine Armee von Wehrpflichtigen, das die »levée en masse«, wie Carnot sie einst glorreich aus der Taufe gehoben hatte, ein Anachronismus ist. Schon de Gaulle hatte in den 30er Jahren die Forderung und das Konzept der *Armée de métier* formuliert. Briten und Amerikaner standen am Tag der Bewährung mit ihren *professionals* weit besser da, und die Franzosen schickten ausschließlich aktive Fallschirmjäger und Fremdenlegionäre ins Feld.

In Deutschland wurde die Bundeswehr durch eine Einsatzverweigerung erschüttert, die sogar auf Zeit- und Berufssoldaten übergriff. Diese einst bramarbasierende militaristische Nation gab sich auf einmal dem »blökenden« Pazifismus hin. So sahen es zumindest jene britischen Kommentatoren, die die angebliche Zahl von dreizehntausend *deserters* aufgegriffen, um über die »Schande Deutschlands – the shame of Germany« zu schreiben. In neuem, düsterem Licht erschien plötzlich auch der von der Bundesregierung neu proklamierte Verzicht auf Herstellung und Besitz aller ABC-Waffen. Eine Maßnahme, die im Kalten Krieg zwischen Ost und West Sinn gemacht hätte, wurde für die Deutschen langfristig lebensgefährlich, seit sich in der südlichen und südöstlichen Nachbarschaft Europas die weittragenden Lenkwaffen häuften und eine Vielzahl von Potentaten tyrannisch regierter Staaten sich – wenn nicht mit nuklearem Arsenal – so doch mit chemischen Kampfstoffen ohne großen technischen Aufwand ausstatten konnten. Die atomare Proliferation in der Dritten Welt ist ohnehin nur eine Frage der Zeit.

Mag sein, daß diese Bedrohung jenes strategische Zusammenrücken der beiden alten karolingischen Nationen erzwingt, das längst fällig ist. Aber es könnte sich nur im Zeichen eines gemeinsamen Selbstbehauptungswillens bewähren. An dieser Schicksalsfrage gemessen, erscheint die deutsch-französische Brigade von Böblingen wie ein *gadget.* Auf beide Völker, Deutsche und Franzosen, rücken schreckliche Alpträume zu. Statt einer harmonischen Friedenseuphorie wird Ost-Europa von schweren Auseinandersetzungen geschüttelt. Das Schicksal Rußlands ist völlig ungewiß. Sogar das Gespenst eines Bürgerkrieges wird in Moskau an die Wand gemalt. Sollte es zu einer solchen Katastrophe kommen, sähe sich Deutschland einem Massenandrang von Flüchtlingen aus dem Osten ausgesetzt, der die Form einer Völkerwanderung annehmen könnte. Das Wort »Asylanten« erscheint in diesem Zusammenhang als eine der üblichen Verharmlosungen deutscher Polit-Phraseologie. Einem ähnlichen, vielleicht noch bedenklicherem Phänomen sieht sich Frankreich durch die sich abzeichnende Machtergreifung des islamischen Fundamentalismus im Maghreb ausgesetzt.

Vielleicht löst dieser doppelte Druck aus Osten und aus Süden schließlich doch noch zwischen Deutschen und Franzosen jenen existentiellen Zusammenhalt aus, ohne den es kein vereintes Europa geben kann, das diesen Namen verdient. Es besteht jedoch keinerlei Gewähr dafür, daß sich solche staatsmännischen Erkenntnisse, daß sich die Postulate einer kontinentalen Strategie auf beiden Seiten des Rheins in Taten umsetzen werden. Die beiden Kernvölker Europas laufen weiterhin Gefahr, jenem Abgrund, jenem »gouffre«, vor dem Paul Valéry warnte, Schritt für Schritt näher zu kommen.

Paris, März 1991

GROSSBRITANNIEN
Portsmouth
Ärmelkanal
HAUTE-
Bayeux
CAEN
BASSE-
NORMANDIE
BRETAGNE
RENNES
ATLANTIK
PAYS DE LA LOIRE
Tours
Amboise
Loire
NANTES
POITIERS
POITOU-
CHARENTES
La Rochelle
Royan
LIMOGES
BORDEAUX
AQUITAINE
Montauban
TOULOUSE
Pau
SPANIEN
Frankreich
und seine Regionen

BELGIEN
BRÜSSEL
NIEDERLANDE
BONN
BUNDESREPUBLIK
DEUTSCHLAND
Maas
Rhein
Mosel
LUXEMBURG
LUXEMBURG
Lens
-CALAIS
ARDIE
Sedan
Reims
CHÂLONS-SUR-MARNE
CHAMPAGNE-ARDENNE
Thionville
METZ
Verdun
LORRAINE
Fénétrange
Sarrebourg
Nancy
STRASSBURG
ALSACE
Domrémy-la-Pucelle
Bar-sur-Aube
Colombey-les-Deux-Eglises
Auxerre
Clamecy
Vézelay
DIJON
BOURGOGNE
FRANCHE-COMTÉ
BESANÇON
BERN
SCHWEIZ
Rhône
Genf
Annecy
CLERMONT-FERRAND
AUVERGNE
LYON
RHÔNE-ALPES
St.-Jean-de-Maurienne
ITALIEN
Turin
Genua
PROVENCE-CÔTE D'AZUR
LANGUEDOC-
Avignon
Vence
Nice
Monaco
Théoule
MONTPELLIER
MARSEILLE
MITTELMEER
CORSE
AJACCIO
Sardinien

Grönland
KANADA
Québec
Labrador
Ontario
Neufundland
St. Pierre et Miquelon
Neubraunschweig
U S A
NORDAMERIKA
GROSS-
BRITANNIEN
EURO
BELGIEN
LUXEMBURG
SCHWEIZ
FRANKREICH
ITALIEN
PORTUGAL
SPANIEN
TUNESIEN
MAROKKO
ALGERIEN
LIBYEN
WEST-
SAHARA
DOMINIKAN.
REPUBLIK
CUBA
HAITI
Guadeloupe
Martinique
TRINIDAD
MAURE-
TANIEN
MALI
NIGER
SENEGAL
BURKINA
FASO
TSCHAD
GUINEA
NIGERIA
BENIN
GHANA
SIERRA LEONE
LIBERIA
TOGO
KAMERUN
ELFENBEINKÜSTE
VENEZUELA
Suriname
GUAYANA
Französisch-Guayana
STILLER
OZEAN
ÄQUATOR
Amazonas
BRASILIEN
ATLANTISCHER OZEAN
GABUN
KONGO
ZAÏ
ANGOLA
AFRIKA
SÜD-
AMERIKA
Französisch Polynesien
Tuamotu-
Archipel
Gesellschafts-
Inseln
Tubuai-
Inseln

SOWJETUNION
ASIEN
VOLKSREPUBLIK CHINA
JAPAN
IRAK
SAUDI-ARABIEN
INDIEN
DSCHIBUTI
SOMALIA
LAOS
THAILAND
VIETNAM
KAMBODSCHA
PHILIPPINEN
ÄQUATOR
STILLER OZEAN
SEYCHELLEN
INDONESIEN
KOMOREN
INDISCHER OZEAN
MAURITIUS
RÉUNION
VANUATU
Neu Kaledonien
AUSTRALIEN
Die frankophone Welt
Länder mit Französisch als Amtssprache
Länder mit Französisch als Verkehrssprache

Personenregister

Marion Gräfin Dönhoff im dtv

Namen die keiner mehr nennt
Ostpreußen –
Menschen und Geschichte

»Dieses Buch unterscheidet sich höchst wohltuend von vielen sentimentalen Traktaten über die verlorenen Ostgebiete ... Natürlich spürt man, daß die Gräfin Dönhoff mit allen Fasern ihres Herzens an dem Land hängt, in das ihre Vorfahren vor 700 Jahren gekommen waren ... Aber sie weiß auch, daß diese 700 Jahre deutscher Kultur in Ostpreußen unwiederbringlich verloren sind – verloren durch deutsche Schuld.« (Nordd. Rundfunk)
dtv 247

Weit ist der Weg nach Osten
Berichte und Betrachtungen aus fünf Jahrzehnten

Von der Ära Stalins bis zu der Gorbatschows, von der starren Unbeweglichkeit des sowjetischen Systems bis zu »Glasnost« und »Perestrojka« hat Gräfin Dönhoff die Beziehungen der Bundesrepublik zur UdSSR und ihren Satellitenstaaten mit ihren Kommentaren begleitet. Sie hat, aus der Beobachter-Position heraus, Veränderungen wahrgenommen, die eine Reaktion des Westens, eine Neueinstellung seiner Politik möglich gemacht hätten: Stalins Tod etwa oder die Ereignisse in Ungarn, Jugoslawien, Polen, der Führungswechsel in Ost-Berlin und nicht zuletzt der in Moskau selbst. dtv 10971

Der südafrikanische Teufelskreis
Reportagen und Analysen aus drei Jahrzehnten

Gibt es einen Ausweg aus dem Teufelskreis, in den Südafrika geraten ist? Oder kommt es am Kap der einst guten Hoffnung unvermeidlich zu einer Katastrophe? Marion Gräfin Dönhoff versucht in Reportagen und Analysen von 1960 bis heute eine Antwort auf diese Fragen zu geben. Sie charakterisiert die gegenwärtige Situation in Südafrika, setzt jedoch auch heute noch auf vernünftige Einsicht auf beiden Seiten.
dtv 11110

Alfred Grosser im dtv

Foto: Isolde Ohlbaum

Geschichte Deutschlands seit 1945

»Nach wie vor der einzige, bemerkenswerte und im Rahmen der Möglichkeiten gelungene Versuch, die deutsche Nachkriegsgeschichte im Zusammenhang, und zwar für die beiden Nachbarvölker Deutschland und Frankreich zugleich darzustellen.«
(Frankfurter Allgemeine Zeitung)
dtv 1007

Das Deutschland im Westen

Eine historische Bilanz der vierzigjährigen Bundesrepublik: Mit der kritischen Schärfe des Analytikers, die nirgends die Sympathie für Deutschland verleugnet, und eng vertraut mit der Realpolitik und der politischen Kultur der Bundesrepublik, erklärt Grosser die Zusammenhänge und Faktoren ihrer Entwicklung und ermuntert zu mehr Nachdenklichkeit und Engagement.
dtv 10948

Frankreich und seine Außenpolitik 1945 bis heute

Grosser begnügt sich nicht damit, bloße Handlungsvorgänge der französischen Außenpolitik zu beschreiben, er will »französische Mythen entlarven und französische Überheblichkeit bekämpfen«, ohne aber dem deutschen Leser Grund zur Genugtuung zu geben. Entstanden ist so eine souveräne Gesamtdarstellung der französischen Außenpolitik seit dem Ende des Zweiten Weltkriegs. Grosser stellt kritische Fragen: Ob die französischen Politiker nicht entscheidende Chancen auf dem Weg zu einer politischen Einigung Europas ungenutzt ließen und ob es Frankreich gelungen ist, in der europäischen Nachkriegsordnung eine herausragende Stellung einzunehmen.
dtv 11022